天

Borderless

下

博稽古今 融汇天下

天
Borderless
下

法学新经典

法的价值论

卓泽渊 著

第三版

法律出版社 LAW PRESS · CHINA

作者简介

卓泽渊 法学博士，中共中央党校政法部教授、主任，博士研究生导师。中国法学会常务理事、中国法学教育研究会副会长、中国法学理论研究会副会长、中国行为法学会副会长、中国特色社会主义法学理论研究会副会长。出版有《法律价值》《法的价值论》《法的价值总论》《法治国家论》《法治泛论》《法政治学》《法政治学研究》等学术专著，以及国家高校规划教材《法学导论》、高校文科教材《法理学》。主编《法学导论》《法理学》等，总主编《法学论点要览》（10卷）、副主编《马克思主义法学新探》《社会主义市场经济法律问题研究》等，参编国家教委、司法部教材多部。曾任西南政法大学教授、副校长，兼任《现代法学》主编，以及中共中央党校政法部副主任、研究生院院长等职，挂职最高人民法院司法体制改革办公室副主任。先后当选司法部优秀教师，获得司法部法学教育优秀育人奖、国务院政府津贴，入选全国“跨世纪百千万人才”国家级人选，第二届中国十大杰出中青年法学家、中国法学名家、全国首届“四个一批人才”、国家哲学社会科学首届领军人才、国家社科基金法学评审专家组成人员、影响中国法治建设进程的具有突出贡献的法学家等。分别为中共中央十六届、十七届政治局、中共中央办公厅、国务院办公厅主讲法治讲座，独自担任了国家纪念世界反法西斯战争暨中国人民抗战胜利七十周年依法治国专场新闻发言人。

总　　序

法是什么，法的内容是什么，法的功能和价值是什么等问题，看起来十分简单却又十分难以回答。说它们简单，是因为这些问题几乎是所有的法学人和法律人都必须首先学习的，也都能说出一个“子曰”的问题；说它们困难，是因为这些问题几乎使所有的法学家都感到十分棘手，甚至没有人能够自称并同时被大家公认已经毫无疑义地回答了这些问题。历史上众多法学大师都从这些问题起步，并取得了丰硕的成果，但是还没有一个法学家被公认穷尽了对于这些问题的解析与论说。

从法是什么来看：

在西方，从古希腊的苏格拉底、柏拉图、亚里士多德，经古罗马的西塞罗以及著名的五大法学家，中世纪的奥古斯丁、阿奎那，近代的格劳秀斯、卢梭、孟德斯鸠、洛克，直到奥斯丁、庞德、凯尔森，乃至德沃金等人，无不关注这个问题，而且一直探讨这个明知没有结论又要无限追寻下去的问题。20 世纪中期，美国法学家庞德一再思考“什么是法律”或“法是什么”。[①] 英国

---

① 庞德的《通过法律的社会控制》第二章即为“什么是法律?”,《法律的任务》第二章也是“法是什么?”。参见[美]庞德:《通过法律的社会控制·法律的任务》,沈宗灵、董世忠译,商务印书馆 1984 年版。

的著名法学家哈特写出了专门解析法律概念的著作,书名就是《法律的概念》。[①] 他们对法的论述,为人类法学发展作出了重要的理论贡献,灿若法学这一浩瀚星河中的点点星光。

在中国,从老子、孔子,经董仲舒、朱熹,到梁启超、康有为、严复以及今天的法理学家,乃至所有法学家,几乎都希望自己能在什么是法的问题上获得真知灼见,并对世人有所贡献。他们对法是什么或者什么是法的问题,提出了种种解答方案,或者供后来者参考,或者为后来者提供一个新起点,以帮助他们去继续那没有终结的探索。先贤们对于法的论述,像火炬一样照亮了人类法学理论的夜空,它们是一把把穿越历史的火炬,引导和照耀后学们一段一段的前进路程。

我显然是一个微不足道的执迷不悟者。积三十多年的学习与研究概莫能离什么是法这一问题之左右。我曾经尝试给法下一个自我的定义。[②] 但是这依然是难以令人满意的。它只是在中国关于法的若干定义之中的一种而已。我不敢肯定自己更接近了法的本质或内涵。

从法的内容是什么来看:

法的内容是什么?它是一个极小而又极大的问题,但它最起码涉及法的分类等方面的众多学说。法的分类理论很多,具体的种类划分也特别复杂。其中包括宪法、刑法、民法、行政法、诉讼法;公法和私法;成文法与不成文法;等等。其实,这些对于法的划分是很不周延的。因为这些分类主要还是立足于或着眼于制度的法而作出的,忽略了法在存在方式上的观念、制度与现实的三种形态。这三种形态也是法的三个层次。(1)第一种形态或第一个层次——观念的法。观念的法是抽象而普遍的。社会大众可能不学习法律,但是只要他们生活在法律社会中,就会有法的观念,有他们心目中的法

---

① [美]哈特:《法律的概念》,张文显等译,中国大百科全书出版社1996年版。

② 卓泽渊主编:《法学导论》,法律出版社1998年第一版、1999年第二版、2002年第三版、2003年第四版。其将法定义为:“法是表现为国家意志的,以权利义务为主要内容的,具有普遍约束力和国家强制性的社会行为规范。”卓泽渊:《法学导论》,法律出版社2007年第五版、2014年第二版,将法定义为:“法是由国家制定或认可的,以权利义务为主要内容的,由国家强制力保证实施的社会行为规范及其相应的规范性文件等的总称。”

的“定义”。他们中的许多人尽管不能从理论上对法进行阐释,但是他们关于法的理解是客观存在的,而且影响他们的行为。(2)第二种形态或第二个层次——制度的法。制度的法是明确而规范的。它是以立法的结果状态存在的。立法上,作为制度的法在总体上是规范而严格的。制度的法以具体的法典或判例作为存在载体,或者表现为成文法,或者表现为不成文法。它们具有规范的意义,能够明确地告诉人们可以做什么、不能做什么以及必须做什么。在规范意义上,成文法与不成文法都是明确的,只是表达上具有差异或因表达差异而有所区别。作为制度的法,都是严格的,即使有所模糊也是在有限幅度内的模糊。其含义相对确定,而不可随意变更。(3)第三种形态或第三个层次——现实的法。现实的法是生动而变化的。它存在于社会的现实之中,具体来说,存在于政府行政、检察活动、法官审判以及社会民众的社会生活之中。它通过具体的法律行为、法律文件、法律文书,乃至社会生活的现实来表达,是最生动的法、最富于变化的法。

从法的功能和价值是什么来看:

随着时代的发展、法的发展,对于法的认识也要发展。在我国社会发展中,法的功能、法的价值发生着重要的变化;法的功能观和价值观也应当得到更新。这些问题早已引起了一些法学家的注意和重视,他们还作出了许多精彩的论述,但是关于功能观和价值观这样的最基本的认知还没有得到普遍的认同,一些教科书还固守着早该抛弃的结论。

法的功能是什么?历史发展到现在,这一功能认识也同样必须被修正。到了当代,中国法的功能也许应该被定位为公民权利的保障和社会管理的工具。在现实社会中,法作为公民权利的保障,应该是每个公民乃至每一个人权利的确认者、维护者和保卫者;法作为社会管理的手段,应该是维护社会秩序与实现社会和谐的工具。其规范功能,包括指引功能、教育功能以及社会功能中的社会公共管理职能都应当受到特别重视。法的功能定位应该转化为公民权利的保障和社会管理的工具。

法的价值目标是什么?从20世纪中叶以来很长的历史时期,

我们一直否认法有价值存在,似乎法根本就与价值无关。经过改革开放数十年的发展,我们逐步认识到司法机关及其改革目标都应当在于实现全社会的公平与正义。其实就整个法律来说,其价值目标也应该是实现和维护全社会的公平正义,促进人类的全面自由发展。一个进步的社会,它的法律不是要不要公平正义的问题,而是在何种程度上实现了公平正义,是否真正地符合公平正义?我们必须改变那种既有的对于法的价值的无知状态,科学把握法的价值,推进法学理论的进步,使法的制度及其实施最大限度地符合公平正义。通过对公平正义的追求,最终促进人类的全面自由发展。

对这些基本而重大的理论与现实问题的探讨,也许永远都没有绝对的定论,远无止境。能对法是什么做一个相对合理的回答,能在宏观上对法的内容做些研究,能对法的功能、价值提出新的见解,或能在其中的某个领域有所发现,或能对某个方面的某些问题进行一些探讨,并获得某些成果,实为不易。我只是尝试做了一些浅尝辄止的工作。现在将《法的价值论》《法治国家论》《法政治学研究》集中成一个系列出版,也许可以构成一个粗略的整体,以后还会有新的著作列入。几部著作跨度二三十年,前后不断修订,其中的交错、重复和错漏繁多。这些往复交错的文字,都不过是为了对法有一番言说。在这三种形态或三个层次的法的研究中,我总是把自己在不同时期对于法的本质、功能和价值的认识熔铸于其间,形成了三种形态或三个层次与三个基本认识的交汇,逐步形成了以本丛书为代表的学术认知。

在不自觉与自觉、非理性与理性的人生旅途上,我与法结下了不解之缘。法的神圣、神秘与神异,牵引我不断思考和探索。之所以我能继续这些努力,老师的教导、朋友的关爱、家人的支持都是不可或缺的动力。我愿意把丛书敬献给我的老师、朋友和家人,是他们帮助我敲开了学术之门,使我由此远行。不知道我能走多远,但我深知身后的目光以及那期待的眼神。为了那无限的情谊,我将努力为之!

卓泽渊

2005 年 3 月于海淀大有庄

2017 年 2 月修订

目　录

中篇:法的价值目标

下篇：法的价值实现

引　言

人在自然世界之中，又创造着人为世界；人在物质世界之中，又创造着精神世界；人在客观世界之中，又创造着主观世界。世界与人的类、与人的集体和个体之间是什么关系，始终是人类思考的问题。法或法律是世界中由人所设、因人而设的存在物，人类与它是怎样的关系，它与人有怎样的联系，尤其是它对于人的整体、集体与个体有怎样的意义，是法学家们所关注的。千百年来法学家们不断地思考这一问题，追寻应有的结论。历经千辛万苦也很难说已经得其真谛。迄今乃至永远，法的价值会是法学家们不懈探求的神圣领域。

法是人的创造物。千百年来，人类发明了法，并且不断地推进法的发展。最后才有了现代这样的法。面对法或法律，我们不禁要问，法对于人究竟具有怎样的意义？要完全准确地回答这个问题并不是一件容易的事情。

这是人类多年来一直在思考的问题。许多著名的思想家包括法学家，一直都在思考法的意义。在中国古代，老子、孔子、荀况、韩非子、董仲舒等思想家，在近代以来康有为、梁启超、孙中山等，都有关于法的价值的思考。在西方古代，苏格拉底、柏拉图、亚里士多德等，近代以来格劳秀斯、洛克、卢梭等都在进行法的价值思考。其后的德国法学家拉德布鲁赫认为法之成为法,必须包含三个方面,即作为平等原则的正义、合目的性和安定性。这三个方面都与法的价值相关联。[①]美国社会法学家庞德先生身为哈佛大学法学院院长、世界知名的法学家,其所做的一个重要演讲《通过法律的社会控制》中的内容除了"文明和社会控制"之外,就是"什么是法律""法律的任务""价值问题";其另一重要演讲《法律的任务》中包含的也是"为什么要有法""法是什么""法律可以做些什么"等问题。对法的意义的思考,显然是他关注的重要内容。因为什么是法、法的任务是什么、法可以做些什么,无一不与法的价值密切相关,甚至就是法的价值问题。

排除了人,法就毫无意义。因为,仅从法自身来看,它不过是一大堆规则。无论怎么给法下定义,最后都要归结到法是一种行为规则上去。作为一种行为规则来说,作为主体的人是其存在的先决条件。主体的性质、状况、要求决定和制约规则的性质与内容,也制约它的价值状态。

法的价值是人的价值追求的一种表现、一个方面。离开了人,单纯的法是没有价值可言的。价值因人而产生,因人而存在,因人而丰富,因人而完美。法的价值追求的神圣性来自人类精神的神圣性,来自人类对于美好的向往与追求,来自人类的良知、理性与嘉行。

如果认为法是为人而存在和发展的,那么它的存在和发展就都应当具有人的根据。如果认为人的最基本属性是人的自然属性、社会属性和意识属性的话,那么人的自然属性也就会直接促使人类运用法律来保护人的生命、维护人的安全、追求人的幸福。人的社会属性使人与人之间的关系成为不得不考虑的内容,社会成为人生存的空间,于是秩序、自由、平等、公正就成为人类作为高级群体动物的"必需品"。因为没有秩序,人与人之间就无法联系起来。在人与人联系起来以后,个体之间的关系就成为极为重要的事项。各自的疆界,各自在自己疆界内的自主、自治以及对别人疆界内事务的

---

① [德]阿图尔·考夫曼:《古斯塔夫·拉德布鲁赫传》,舒国滢译,法律出版社2004年版,第23~24页。

无涉,也就是个人的自由问题了。只要一个人与其他人并存,就有一个社会地位的比较,是否以及如何实现被同等对待或者对等对待的问题,就是人类所要解决的平等问题。在人类共存的过程和场景之中,作为一个主体对待另外的主体,或群体对待个体的关系,就有一个是否合于公正的问题。综观人的自然属性和社会属性,作为人都有对于幸福的渴望,而幸福的路径当然是人的全面自由发展。于是法相对其主体的价值也就显现了出来,即尊重和维护人的生命、安全、秩序、自由、平等、公正、幸福。这些成为了人的基本需要,也成为了法的价值追求。将自然的人与社会的人相统一,在人的理性的指导之下,人们的价值追求就升华为一切人乃至每个人的全面自由发展等。

由于法的价值是相对于人而存在的,而人的创造物并不仅限于法。法所追求的目标,也并不是法所独占和独有的。所以法的价值目标也可能为其他社会规范所共同期求。这些社会规范与法在不同层面、不同侧面、不同角度实现人所需要的价值目标。这里需要指出的有两个基本方面。一是法的价值是不可取消的。如果取消了法的价值,人关于法的价值需求就无法得到满足,人就难以过着他本应过着的法律生活。二是法的价值不能被取代。如果有某一种规范确实要取代法律,并完全发挥法的价值的效用,那么它其实就已经演变为了法,而不是从前的社会规范了。所以法从自己的层面、侧面、角度对于人的价值意义,是法始终所具有并不可被取消和取代的。

法的价值是人在创设法律的时候被用心地赋予的,是在法对人类社会关系和行为进行调整中得以体现和完善的。法的价值包含人们关于法的主体期待,也包含法对于主体需要的满足。其实也可以说,法的价值是人对于法的冀望,也是法对于人的意义。法一旦出现、一旦产生,就有对于人类的价值。

人是一切价值存在的基础和前提,也是法的价值存在的基础与前提,是法的价值的最终归宿。人同时具有个体与社会的双重属性。个体是人存在的最基本方式,社会是人存在的仅次于个体的基本形态。个体是法的价值产生和存在的最基本前提,社会则是法的价值产生和存在的最基本条件。没有人的个体和社会，法的价值就没有必要产生，也不可能产生。从个体的意义上讲，人的生命是法的首要价值；从社会的意义上讲，社会的秩序则是法的首要价值。基于个人是社会的基础的考虑，理应把法的生命价值放到所有价值目标之首。将个人与社会结合，我们则可以考虑把人的全面自由发展作为所有法的价值的终极目标与准则。当然所有的价值包括人的全面自由发展，都应归结到人或人类自身。只有这样界定的价值，才永远具有自身的性质而不致被异化，才能使法的价值永远成为对于人的意义。

法的价值目标是极其多元的。与本书的第一版相比较，本书的第二版删除了对于效益、文明、民主、法治、理性、权利的论述，将以前关于正义的论述改为了对于公正的论述。这并不意味着这些被删除或修改的价值目标不再是价值目标。这些目标永远都应当是法的价值追求。只是因为我认为本书有限的价值目标应更多地贴近作为法的价值主体的人。本书只是力图把人作为更严格意义的起点、依归和中心来认识法的价值，所以才有了将生命价值列为第一个价值目标的努力，也才有了将离主体稍远的价值目标不予特别论及的变化。本书依然不是我对价值的全部认识，它只是我对法的价值具有更真切理解的记录，我期待它能更好地体现我的法的价值认知。

这是本书的第三版。

上篇:法的价值总论

第一章　法的意义探究

价值研究就是对于意义的探寻。法的意义是什么,是法律学者必须在一定程度或层次上予以回答的理论问题,也是所有的法律工作者不可回避的现实问题。对于他们来说,即使没有能够清晰地意识到这一问题,但是在其内心,也必然有自己的认识,并以此作为自己学术立论与法律行为的根据。

一、价值概念与价值理论

价值概念是价值理论的基础,价值理论是建立在价值概念之上的学术体系。对价值概念和相关价值理论的认知,是价值理论研究必须依赖的基础。对价值概念和价值理论的认识,对相关理论建设具有前提性的意义。

(一)价值概念

价值,在英语中为 value。在西方,“价值”一词的含义十分复杂。价值论著名学者富兰克纳总结了西方“价值”一词的使用情况及其基本含义。他说,“价值”及其同源词、复合词,以一种被混淆和令人混淆然而广为流行的方式,应用于我们的当代文化中——不仅应用于经济和哲学中,也应用于其他社会科学和人文科学中。价值这个术语在意义上和用法上的扩展,最初始于经济学,即当时所谓的政治经济学,随着这一过程的发展,价值成了经济学中价值理论的中心术语。而一些哲学家如尼采等,则在更加广泛的意义上来理解价值和价值准则的概念,并在他们的思想活动中赋予这些概念以重要的地位。通过奥地利迈农、艾伦菲尔斯的著作,通过德国舍勒、哈特曼的研究,一般价值理论的观念在欧洲大陆和拉丁美洲普及开来。在英国,这种观念有相当的影响力。在美国,这种观念在第一次世界大战前后受到了热烈欢迎。培里、杜威、泰勒等人将其发展、创新。对"价值""价值准则"的广泛探讨也随之扩展到了心理学和各门社会科学、人文科学,甚至日常谈论领域之中。

"价值"的用法即便在哲学家那里,也是多种多样的。在富兰克纳看来,它们大致可以被归纳为:(1)"价值"有时被用作抽象名词:①在狭义上只包括可以用"善""可取"和"值得"等术语来恰当地表示的东西;②在广义上则包括了各种正当、义务、美德、美、真和神圣。(2)"价值"作为一个更具体的名词(譬如当我们谈及一种价值或多种价值时):①往往是用来指被评价、判断为有价值的东西,或被认为是好的、可取的东西;②也被用来指有价值或是有价值、好的东西,"各种价值"就意味着"有价值的各种东西""好的各种东西"或"各种善"。(3)"价值"一词还在"评价""作出评价"和"被评价"等词组中被用作动词。

富兰克纳在概述了西方学者的"价值"用法之后说,像"价值"这样的词可以、也的确有多种多样的用法,即使我们小心翼翼地使用它们也是如此;遗憾的是,在哲学和其他学科中人们往往并不小心翼翼地使用它们。在使用这些术语时,人们应当选择一个清晰而又系统的方案,并力图前后一致。[①]

Cambridge Advanced Learner's Dictionary 则对 value 作出了以下七种解释: value (importance); value (money); face value; rateable value; street value; value judgment; take sth at face value。[②]

---

① [美]培里等:《价值和评价》,刘继编选,中国人民大学出版社 1989 年版,第1~7页。

② 参见 http://dictionary.cambridge.org/。

自称可能是日本介绍哲学价值问题的第一本书《价值哲学》[①]的作者牧口常三郎说:“在政治经济学被看作是积累财富的艺术的那个时代,价值概念在政治经济学领域内并未受到特别的看重。可是随着时间的推移,价值逐渐具有了极大的重要性,价值概念也逐渐被推广,现在它已成了哲学的一个最重要的方面。”[②]“‘价值’这个词在它的最早使用阶段,也许只是在经济意义上使用。‘价值’或‘有价值的’意味着被指称的一些事物是能充分满足我们需要的客体。”[③]

对于价值概念的使用,中国的情形也是十分纷繁的。有学者认为,“关于价值范畴在定义上的歧见根于至少在四个大的层面使用‘价值’概念:第一是在经济学上,价值已纳入科学规范,取得其清晰而确定的含义;第二是日常生活用语,它几乎无所不在,我们可以在任何一个领域遇见它,价值的判断总是结合着具体的评价对象的经验,对一个物质与精神的这样那样需要的对象表达我们满足的丰富多样的评价语言;第三是所谓的‘哲学价值一般’,这是个关系价值理论或价值学的建立的关键范畴;第四是从日常用语中抽象出来的‘价值一般’,在日常生活中‘这是有价值的’或‘这是值得的’作为价值判断与第二层面分流到生活各领域,如最广泛的‘好坏’或在‘价值一般’前附加领域限定,如‘这是有……价值’等。日常生活之价值一般同‘哲学价值一般’的分别仅在于是否进入学术殿堂”。[④] 相比较而言,《价值学大词典》对“价值”概念在中国现实中的含义所作的解释更为明晰:“在现实中,人们使用‘价值’一词的

① [日]牧口常三郎:《价值哲学》,原版于1931年出版,其“序言”就说:“这本书可能是介绍哲学价值问题的第一本书,而哲学价值问题被现代欧洲哲学界认为是特别困难的问题——当然也是非常重要的问题之一。”参见[日]牧口常三郎:《价值哲学》,马俊峰等译,中国人民大学出版社1989年版,“原版序言”。

② [日]牧口常三郎:《价值哲学》,马俊峰等译,中国人民大学出版社1989年版,第54页。

③ [日]牧口常三郎:《价值哲学》,马俊峰等译,中国人民大学出版社1989年版,第55页。

④ 毛崇杰:《颠覆与重建——后批评中的价值体系》,社会科学文献出版社2002年版,第67~68页。

内容所指,往往有不同的情况。从理论层次上来说,大体有三种类型:第一种是政治经济学意义上的价值,是特指劳动产品和商品的内在社会的本质特征。……政治经济学中所考察的这种个别意义上的价值,与哲学和其他社会科学所研究的价值没有直接关系,而是政治经济学所特有的概念。第二种是日常生活和一些社会科学中所说的价值,它的特定含义是指'有用'或功利效用。……第三种则是在哲学的最高抽象意义上所理解的'价值一般',这里所说的价值是对包括功利、道德、审美等在内的所有具体价值的共同概括,即考察它们的共性。后两种类型的理解本质上有一致性,即都在主客体关系中理解价值,把价值看作是客体的作用同主体需要之间的关系,是客体对主体的某种意义。"①

"价值"一词在中国的使用情况,与前述大词典所表述的观点类似,但又有所不同。"价值"一词在中国的使用主要有三种基本含义:一是在经济学意义上使用的价值概念,指体现在商品中的社会必要劳动,即商品的劳动价值。这是经济学研究的主要对象。至于商品的使用价值,经济学虽然承认,但并不以其为研究的对象。②二是在日常生活和某些社会科学中运用的价值概念,指客观事物的有用性或具体的效用。其中也包括经济学承认但拒绝作为主要研究对象的商品的"使用价值"的含义。三是在哲学意义上使用的价值概念,是就客体对主体的意义的概括。

在哲学领域,随着我国哲学价值论研究的开展和深入,许多学者从不同的视角对价值概念进行不同的诠释。有的学者认为,价值一般是指客体对主体的意义;也有的学者认为,价值是客体的属性对于满足主体需要的积极意义(正价值)或消极意义(负价值);还有的学者认为,价值应是客体对主体的生存和发展的效用。有的学者糅合了上述观点提出自己的主张,认为价值"是指客体的存在、作用以及它们的变化对于一定主体需要及其发展的某种适合、接近或

---

① 李德顺主编:《价值学大词典》,中国人民大学出版社 1995 年版,第 261 页。

② 这不仅仅是《价值学大词典》所说的政治经济学上使用的概念,而且是整个经济学或从经济学的角度都使用的概念。

一致”,[①]或者表述为“客体的存在、属性及其变化同主体的结构、需要和能力是否相符合、相一致或相接近的性质”。[②] 也有人认为价值是指“一切能够满足人和社会需要的东西。换言之,‘价值’是指物满足人和社会需要的那种属性,即物对人和社会的有用性,是指对人的生存、发展和享受具有积极意义的一切东西”。[③] 更有学者认为,“所谓价值,既不是有形的、具体的存在所构成的实体,也不是客观对象与主体需要之间的满足与被满足的关系,而是人类所特有的绝对的超越指向”。[④] 价值立足于客体与主体需要之间的满足与被满足的关系,但并不局限于这一关系。

事实上,价值是客体对于主体的意义,包括客体对于主体的需要的满足和主体关于客体的绝对超越的指向两个方面。

价值的主体是人或人之延伸与结合,而不是物。最基本而最终意义的价值主体只能是人。“凡是谈论价值,从根本上说都应当是相对人而言的,价值为人而产生,为人而存在,人是一切价值的主体。”[⑤]

价值的客体主要是物,这里的物并非物理学意义上的物,而是哲学意义上的物,是指人主观世界以外的客观实在。它可能是物质形态的,也可能是意识形态的。作为物质形态的物自不必多言,作为意识形态的物则包含道德规范、宗教规范、法律规定、政治策略、社团规章、组织纪律等。作为价值客体的“物”既包括“自然物”,也包括“社会物”。前者如河流、山川、冰雹、雨、雪等,后者如道德、宗教、巫术、法律、纪律等。作为价值客体的不仅有物,而且也包括作为价值客体的人。人在总体上是价值主体而不是价值客体。在特定的情况下,一部分人或一个人对另一部分人或对另一个人就有价值的问题。诸如“人人为我,我为人人”和“毫不利己,专门利人”等人生价值准则,就存在于以人为价值客体的价值关系之中。

---

① 李德顺:《价值论》,中国人民大学出版社 1987 年版,第 13 页。

② 李德顺主编:《价值学大词典》,中国人民大学出版社 1995 年版,第 261 页。

③ 杜齐才:《价值与价值观念》,广东人民出版社 1987 年版,第 9 页。

④ 何中华:《论作为哲学概念的价值》,载《哲学研究》1993 年第 9 期。

⑤ 王宏维:《社会价值:统摄与驱动》,人民出版社 1995 年版,第 37 页。

价值的前提是人的需要。没有人的需要,价值就不可能得以体现,就没有价值问题。人的需要是多层次多方面的。

价值的内容为“对于人的意义”,即一是客体对于人的需要的满足,二是人在处理客体与人的关系时关于客体的绝对超越的指向。作为对于人的需要满足的价值,是最直观的价值表现,表现为外在物与人的关系的应然状况,包含人的希望与理想的成分。所谓绝对超越的指向,是指价值在主体处理主客体关系时对于主体始终具有的不可替代的指导意义。“绝对”一是指价值与主客体关系始终同在,在时间上是绝对的;二是指价值对于主体具有不可用其他替代的性质,在性质上是绝对的。“超越”一是指价值作为永远追求,总是超越于主体的能力的;二是指价值总是高于现实的,是主体的理想。作为绝对超越的指向,价值对于人类的行为和思想具有根本的指导意义,甚至是人的精神企求与信仰。价值在满足人的需要的同时,作为一种绝对超越的指向,包含人类的要求与愿望。它属于人的理想范畴,是人的思想与行为的目标,在指导人类的同时,又评价人类关注的外在物与自己之间的关系以及人类的相关思想与行为。价值是人类维持生存与走向完善的双重需要。价值第二个方面的内容是以其第一个方面的内容作为基础的,并且是第一个方面的延伸与发展,其实质仍是客体对于主体的意义。

(二)价值理论

对于价值的思考和研究最终形成了价值理论。价值理论也被称为价值论或价值哲学,基本的含义是指人们关于价值的系统化的理性认识。

值得注意的是,这里说的价值理论不是指经济学意义的价值理论。在经济学领域,价值的概念远比哲学上的价值概念形成要早得多,甚至可以说,哲学的价值概念是从经济学的角度引申而来的。

从思想渊源上讲,价值哲学的产生发端于休谟在《人性论》(1739)中提出的要区别“是”与“应该”的思想。从这个思想出发,他把知识区别为事实的知识与价值的知识。康德赞同休谟的这种区分,他把世界分为事实世界和价值世界。[①] 但是价值理论在康德的著作中并不占有显著的位置。学术界普遍认为的价值论之父是德国的两个哲学家洛采(1817—1881)和尼采(1844—1900)。洛采将世界分为现实事物的领域、普遍规律的领域和价值的领域三个领域,并且把价值作为一个独立的世界,认为它是善、美和圣的世界,是目的的世界,在这个世界中,理性和逻辑都是无用的,只有情感才起作用。几乎与洛采同时代的尼采则喊出了"重估一切价值"的口号,将价值变成了当时最重要、最热门的话题。此后,奥地利的爱伦费尔斯(1859—1932)于 1893 年出版了《价值理论与伦理学》,1896 年和 1897 年分别出版了《价值论体系》的第一、二两卷。奥地利的迈农(1853—1920)于 1894 年出版了《价值理论的心理——伦理研究》,1923 年又写了《一般价值论的基础》一书。[②] 杜威·厄本(1873—1952)、培里(1876—1957)、刘易斯(1883—1964)以及人格主义者和新托马斯主义者都致力于价值论的建立和研究。他们写下了许多价值论著作。其中,大多数都认为价值论的中心概念是"价值",价值论的主要研究内容为:价值的性质、价值的分类、价值的终极标准、价值的主客观性、价值同事物或存在和实在的关系。对这些问题,各个学派乃至各个学者都有不同的看法。

价值论是哲学发展到现阶段的重大成果。"哲学的发展是逐步深化的过程,是由本体论到认识论,再到历史观,然后再到价值观的过程。"[③]在古代,由于社会发展的水平不高,人们的认识还不发达,科技水平也较低,因此哲学主要解决的是世界的本原问题,研究的是本体论。在近代,随着生产力,尤其是科技的发展,人类对于世界的认识也不断得到深化,哲学逐步开始了对于认识论的探讨。在科学技术的进一步发展中,人类的认识得到了更进一步的发展。"19 世纪 70 年代以后,随着生产力的进一步发展和科学技术的巨大进步,人类开始由蒸汽时代过渡到电气时代,出现了一次新的产业革

---

① 王玉梁:《近几年中国价值哲学研究情况简介》,载王玉梁、[日]岩崎允胤主编:《价值与发展》,陕西人民教育出版社 1999 年版,第 504 页。

② 李德顺、马俊峰:《价值论原理》,陕西人民出版社 2002 年版,第 7 页。

③ 王玉梁:《追寻价值——重读杜威》,四川人民出版社 1997 年版,第 13 页。

命。人的本质力量进一步增强,创造力增大,创造的价值更多,人的价值也增大。这就要求人们重视价值问题。在这种情况下,一些哲学家开始思考价值问题,在欧洲大陆,德国新康德主义的弗莱堡学派甚至认为价值问题是哲学研究的中心问题,认为哲学就是研究普遍的价值。价值问题开始超越经济学领域,进入哲学领域,逐步形成一门独立的哲学学科:价值哲学、价值论或价值学。在本体论、发展观、实践论、认识论、历史观的基础上,进一步研究价值论,是现代哲学发展的基本特点和主要趋向。"①

在中国,价值论研究应是源于20世纪30年代。② 最早肇始于经济学界。中国经济学界与如同整个国际社会的经济学界一样率先开始了对于价值问题的关注。1933年,孙寒冰与林一新翻译了李卜克拉西和卢彬等著的《价值学说史》,"上篇中叙述了约翰·斯图亚特·弥尔以前英国前期各大经济学者价值学说之史的发展,下篇则为此等价值学说之批评"。③ 张素民先生在1934年由世界书局出版的经济学著作《价值论》一书中,④对有史以来的价值论学说进行了综述,并说,"价值为经济学中最难了解之一问题。凡只习一普通经济学原理者,于价值论,常模模糊糊,似懂非懂。本书所述,包括经济科学(economic science)成立以来(即自亚当·斯密以来)之各大派价值学说,虽不无遗漏,然各重大价值学说之要点,亦大体具备"。⑤ 江理中先生在1937年更是直接以《价值学说发展史大纲》

---

① 王玉梁:《追寻价值——重读杜威》,四川人民出版社1997年版,第14~15页。

② 有学者认为,中国的价值论研究始于20世纪70年代末。如认为"我国的价值论是在70年代末实践标准大讨论中诞生的"(王玉梁、[日]岩崎允胤主编:《价值与发展》,陕西人民教育出版社1999年版,第12页)。其实这种说法是不准确的,因为张东荪先生早在20世纪30年代就已经出版了有关著作,不能因其影响不大就否定其初始的意义。

③ [德]李卜克拉西、[苏联]卢彬等:《价值学说史》,孙寒冰、林一新译,黎明书局1933年版,"著者序"。

④ 张素民:《价值论》,世界书局1934年版。该书共99页。内容除导言外,还包括古典派之价值论、批评派之价值论、奥国派之价值论、新古典派之价值论、异端派之价值论六章。

⑤ 张素民:《价值论》,世界书局1934年版,"序"。

的书名，在中华印书局出版了专著。[1] 该书认为，"价值学说是研究各派经济学的中心问题；并且各派的著名经济学家没有不重视价值学说的研究。所以我们要想研究各派的经济学，第一必须先要彻底明了各派的价值学说"。[2]

在哲学界，中国的哲学学者也开始了自己的价值哲学研究。张东荪的《价值哲学》就是其中的一个代表。1934 年，张东荪出版了《价值哲学》[3]一书，但未能引起学术界的应有重视。从它对价值理论发展与意义的认识，足可见价值理论在当年的发展情形与那个时代哲学家们对于价值理论的认识。"古代希腊哲学家，到了苏格拉底、柏拉图、亚里士多德时对于价值论的问题已经都加以相当的注意了。这种现象不但于古代的哲学史中有之，即于近代的哲学史中也可以找出它的痕迹。近代哲学开始的时候，便有大陆理性主义对于本体论竭力的研究。笛卡儿对于神的确立和他的二元论的雄辩、斯宾诺莎的泛神论以及莱布尼茨的单元论都是本体论上绝代的好文章。在他们之后，认识论（即知识论）便继之而兴。洛克、柏开莱、休谟的经验主义开其端，康德的批判主义集其大成，他们都在认识论史上写下了几页贵重的历史记载。到了最近，价值论又几乎好像要取认识论的地位而代之。现代哲学研究的趋向大体是集中于价值论的研究，尤其是以价值论来吸收伦理学。"[4]1949 年以后，我国哲学界不仅不研究价值哲学，而且将价值哲学视为资产阶级哲学加以批判。偶然出版的一本《论生活和文化的价值》（苏联学者图加诺夫所著），也是被作为批判资料出版和使用的。中国学者基本无人涉足价值论或者价值哲学。中国如同苏联一样，都把价值学与价值理论当作"资产阶级唯心主义"哲学，认为"辩证唯物主义摒弃

---

① 江理中：《价值学说发展史大纲》，中华印书局 1937 年版，共 216 页。内容包括绪论、重商学派的价值学说、重农学派的价值学说、正统学派的价值学说、李嘉图价值学说之争论、科学社会主义的价值学说、澳大利亚学派的价值学说、新正统学派的价值学说。

② 江理中：《价值学说发展史大纲》，中华印书局 1937 年版，第 1 页。

③ 该书出版于 1933 年，全书有 62 个页码。

④ 张素民：《价值论》，世界书局 1934 年版，"序"。

价值哲学”。[①] 直到20世纪60年代,苏联意识形态解冻,中国才兴起了对于价值哲学的研究。而我国对于价值论进行比较集中的研究,应是开始于20世纪70年代末80年代初的关于真理标准问题的讨论之后。哲学界认为“价值哲学是改革开放以来在我国哲学界兴起、至今方兴未艾的重要研究领域。关于价值哲学的已有的研究论文难以计数,涉及价值哲学的方方面面;关于价值哲学的学术专著也有相当的数量”。[②] 其中,以李德顺的《价值论》[③]为代表。到现在,价值论的论文数量已相当可观,价值论专著陆续问世。它们从不同侧面、不同角度展开了对价值问题的全面研究,提出了许多颇具学术意义和实践意义的价值学说。然而,价值论研究在中国毕竟刚刚起步,许多主张和看法还有待深入,许多基本概念也还未能取得一致的认识。就是对于价值论的名称,哲学界也有不同的表述方式。价值论、价值哲学、价值学、价值理论都是被普遍使用的称谓。在价值论的研究中,先后出现了主体性人学价值论、主客体统一论、效应价值论、人道价值论、价值是人论、价值二重性论、价值本体论等。[④]

“现在不仅哲学界重视价值问题,而且文学、美学、史学、法学、管理学、文化学、教育学等都很重视价值和价值观。”[⑤]在国际上,由于人文科学,特别是价值问题研究的深入、社会发展的理性需要,价值问题逐步引起了哲学之外的其他人文学科的重视,价值研究开始了向其他人文学科的渗透。“培里和泰勒就列出了如下八大价值领域:道德、艺术、科学、宗教、经济、政治、法律和习俗或礼仪。”[⑥]拉德

---

① 毛崇杰:《颠覆与重建——后批评中的价值体系》,社会科学文献出版社2002年版,第78页。

② 刘永富:《价值哲学的新视野》,中国社会科学出版社2002年版,第1页。

③ 李德顺:《价值论》,中国人民大学出版社1987年版。

④ 王玉梁:《近几年中国价值哲学研究情况简介》,载王玉梁、[日]岩崎允胤主编:《价值与发展》,陕西人民教育出版社1999年版,第504页。

⑤ 王玉梁:《追寻价值——重读杜威》,四川人民出版社1997年版,第350~351页。

⑥ [美]培里等:《价值和评价》,刘继编选,中国人民大学出版社1989年版,第3页。

布鲁赫认为,“法律是人的创造物,只能根据人的理念,也即创造的目的或价值来理解。所以对任何法律现象不可能采取价值盲的观点。法律又是一种文化现象,即与价值有关的事实”。[①] 在国际哲学社会科学领域价值论受到普遍重视的时代背景下,走向开放和世界的中国法学界也开始了自己关于法的价值论的研究。

二、价值世界与价值认识

价值世界是价值认识的对象,是价值认识得以形成的前提,也是各种价值认识综合而成的整体。价值世界并不同于自然世界,但却是人类不可缺少的精神空间,它包含和体现着人类价值认识的成果与状态。

(一)法的价值世界

关于人类究竟是在怎样的世界中生活的这一问题,哲学家们一直进行着不懈的探讨。经过苦苦的追寻,哲学家们终于发现人们生活在两种关系之中:一是人与客观事物以及客观事物相互之间的关系,这些关系包括逻辑关系、物理关系、化学关系、生物关系等,笼而统之,即事实关系;二是客观事物以及它们与人类之间的事实关系对于人类生存与发展的意义,即意义关系。前者可以说是事实世界的基础和内容,后者则可以说是意义的世界——价值世界——的基础和内容。人类既生活在事实世界之中,也生活在价值世界之中。康德就以休谟把知识划分为事实知识和价值知识的理论为基础,把世界分为事实世界和价值世界,认为事实世界是人们可以经验到的现实世界,价值世界则是人们可以经验到的现象之外的本体世界,是真正自觉自由的世界。人类的理性能力是有限的,只能把握事实世界、现象世界,不能认识价值世界。[②] 后来的学者将其表述为“人存在其中的世界一方面是一种客观的世界,另一方面又是一个意义

---

① 沈宗灵:《现代西方法理学》,北京大学出版社 1992 年版,第 41 页。

② 王玉梁:《近几年中国价值哲学研究情况简介》,载王玉梁、[日]岩崎允胤主编:《价值与发展》,陕西人民教育出版社 1999 年版,第 504 页。

的世界”。①

从人类的法律生活来看,人类也同样生活在法的事实世界和价值世界之中。法的事实世界是最直接的客观世界。各种法律事实和法律关系都是法律世界的构成元素。它们是法律世界的基础。但是法律世界并不仅限于事实世界,还有一个价值世界。价值世界与事实世界并存,与事实世界共同构成法律世界的整体。

任何一部法典,本身也就是一个事实。这个事实蕴含大量的意义。一部专利法,它所关注的是专利及其运用——专利产品的生产等事实,但是它追求的往往是物质生产力的提升,是生产效益的提高,是物质生产的发展或者进步。它的价值追求是给专利发明人以法律权利,给世界以新的发展手段,促使人获得更全面的自由发展。激励创造发展、效率和效益都是专利法的意义。一部贫困者救济法所关注的是贫困现象,但是它所追求的价值则是社会公平与基本人权的实现,使每一个个体都获得生存与发展的最基本条件。保障公正、维护公正、保证人权等都是贫困救济法的意义。人们面对各种先进的专利产品,更体悟社会的进步和获得的自由与发展。面对贫困者的现状及其获得救济的状况,人们也感受到公平与人权的情形,并用以影响自己的思想,修正自己的行为。人类同时生活在事实世界与价值世界之中,是两个世界的主体。

(二)法的价值认识

人类对世界的认识包括两个部分:事实认识和价值认识。法的价值认识是与法的事实认识相对应的。法的事实认识所要解决的问题为“是什么”或者“怎么样”,而法的价值认识所要解决的问题则是“应如何”或者“该怎样”。法律的首要问题显然是要解决“是什么”或“怎么样”的问题。在立法中是这样,在司法中也同样是这样。立法者总是力图了解相关的社会状况,并以此作为立法工作的基础。进行立法调查,是立法中特别重要的基础性工作或先决性前提。优秀或成功的立法者总是要在了解相关的社会状况之后,才进

① 马俊峰:《价值论兴起对当代中国哲学发展的影响》,载王玉梁、[日]岩崎允胤主编:《价值与发展》,陕西人民教育出版社1999年版,第17页。

入法律议案的提出或者法律条款的草拟阶段。在执法中,对于事实的查明,弄清事实真相,始终是执法者最为首要的工作。在查明事实之后,才有怎样适用法律的问题。案情查明了,法律适用了,人们才可以从案情的查明过程和法律的适用过程中,得到对于价值的认识,如权利是否得到了维护、公正是否得到了实现等。

法的领域的事实认识和价值认识具有重要的区别。法的事实认识更多地具有理性的、精确的、抽象的形式,而法的价值认识往往具有情感的、模糊的和直观的形式。法的价值认识与事实认识的联系是十分紧密的。在法的事实认识与价值认识之间,法的事实认识从价值认识中分离出来,又反过来促进价值认识的发展;法的事实认识是价值认识的基础,法的价值认识是法的事实认识的导向,这两点特别值得我们加以注意。

三、法的价值理论的发展

法的价值的探索应该说是从法和法学的最初萌芽时就开始了,并逐步向前发展,到十七八世纪古典自然法学将法的价值研究推进到一个新的境界。其后,法的价值研究在 19 世纪稍有回落,到 20 世纪,特别是第二次世界大战之后,法的价值研究获得了新的历史机遇,迎来了法的价值理论发展的重要时期,出现了以法的价值为研究中心的新自然法学和政策法学。中国法学中的法的价值理论是在中国政治对于价值哲学解禁之后,为适应中国法学和法治发展的需要而逐步产生和发展的。

(一)西方法的价值理论的发展

对于西方关于法的价值的思考情形,我们可以从一些古老的法律规定和思想家们的理论著述中去寻找当年的足迹。对于法的价值思想做出重要贡献的法学家不胜枚举。

在古希腊最值得称道的,恐怕应当是苏格拉底。由于史料的原因,现在我们已经无法确知苏格拉底究竟是如何思考法的价值问题的。但是,苏格拉底在不认为自己构成犯罪,又有朋友或学生表示愿意帮助其逃离的时候,拒绝了逃离而接受了审判,并在庭审中为自己作出了辩护。他的行为向我们表明了他关于法的价值的认知以及他那令人钦佩的牺牲精神。可以认为,苏格拉底是思想家中基于自己对法的价值认识而勇于牺牲的第一人。柏拉图对于法的价值,有着非常重要的论述。在柏拉图看来,法律就是一种社会行为准则,它是公道与正义的标志。亚里士多德的价值理论,是以他的正义学说作为核心的。他认为人与其他动物的区别就在于人有正义的分辨能力,并由此指出家庭和城邦的结合就是正义等的结合。"人类所不同于其他动物的特性就在于他对善恶和是否合乎正义以及其他类似观念的辨认(这些都由言语为之呼吸传达),而家庭和城邦的结合正是这类义理的结合。"[①]他进而分析道,"人类由于志趋善良而有所成就,成为最优良的动物,如果不讲礼法、违背正义,他就堕落为最恶劣的动物。……城邦以正义为原则。由正义衍生的礼法,可凭以判断(人间的)是非曲直,正义恰正是树立社会秩序的基础"。[②] 在他看来,法律是正义的权衡。"要使事物合于正义(公平),须有毫无偏私的权衡;法律恰恰正是这样一个中道的权衡。"[③]法律的意义是什么?亚里士多德作出的回答是,"法律的实际意义却应该是促成全邦人民都能进于正义和善德的(永久)制度"。[④] 这些都是亚里士多德当年对于法的价值的思考。

古罗马的西塞罗,继续了古希腊法学家们对于正义的思考。他把法和正义紧紧地联系在一起,并认为不公正的法律不是法律,因为法律本身包含公正的意思。"那些违背自己的诺言和声明,给人民制定有害的、不公正的法规的人立法时,他们什么都可以制定,只不过不是法律。阐释'法律'(lex)这一术语本身可以清楚地看出,它包含有公正、正确地进行选择(legere)的意思。"法律与正义紧密联系,都是值得追求的。"法和各种美德本身是值得追求的。实际上,所有高尚的人都喜欢公正和法本身,并且高尚的人不应该发生迷误、珍视不应该受到珍视的东西。就这样,法本身要求人们追求

① [古希腊]亚里士多德:《政治学》,吴寿彭译,商务印书馆 1997 年版,第 8 页。
② [古希腊]亚里士多德:《政治学》,吴寿彭译,商务印书馆 1997 年版,第 9 页。
③ [古希腊]亚里士多德:《政治学》,吴寿彭译,商务印书馆 1997 年版,第 169 页。
④ [古希腊]亚里士多德:《政治学》,吴寿彭译,商务印书馆 1997 年版,第 138 页。

和珍视。既然是这样，那么正义也是这样。”①西塞罗进而认为法律的任务是对正义和非正义进行区分，并维护正义。“法律是根据最古老的、一切事物的始源自然表述的对正义的和非正义的区分，人类法律受自然指导，惩罚邪恶者，保障和维护高尚者。”②

新自然法学的代表人德国的拉德布鲁赫、美国的富勒、法国的维莱、比利时的达班、英国的菲尼斯等，都把法的价值作为自己学说的中心内容。政策法学的代表人拉斯威尔、麦克杜格尔等也把法的价值列为自己的中心论题。以至于现代西方法学研究者将新自然法学和政策法学的法学理论直接称为价值论法学。

新自然法学的前驱德国的拉德布鲁赫对法的价值进行了较为详细的研究。他认为，事物的最终价值是无法被证明的，但法律哲学和法律科学都应研究价值问题。他具体论述了作为法的价值的正义、功利、法律确定性。他认为“法律理念即价值，首先在于正义，正义的实质在于平等，即对平等的平等对待，不平等的不平等对待。为了进一步确定平等和不平等，就必须加上法律理念的第二个因素即功利。但对功利的分析也仅能归结为不同政党的意识形态以及对国家和法律的不同观点。这些又都是相对的，仍然不能得出法律哲学的最终结论。‘可是法律代表一起生活的秩序，不能把法律交付给意见分歧。必须要有凌驾于一切意见之上的一种秩序’。因此我们就见到法律理念的第三个因素——法律确定性”。③ 拉德布鲁赫甚至认为“哲学的对象不在于存在而在于当为，不在于现实而在于价值，不在于原因而在于目的，不在于万物的存在而在于存在的意义。尤其法哲学亦非以有效的法而以应该适用的法、非以实在法而以正当法为其对象。即不以法而是以法的价值、意义、目的——正义——为其研讨对象”。④ 在他看来，“法律只有在涉及价值的立

---

① ［古罗马］西塞罗：《论共和国·论法律》，王焕生译，中国政法大学出版社 1997 年版，第 203 页。

② ［古罗马］西塞罗：《论共和国·论法律》，王焕生译，中国政法大学出版社 1997 年版，第 219～220 页。

③ 沈宗灵：《现代西方法理学》，北京大学出版社 1992 年版，第 47 页。

④ 吕世伦：《现代西方法学流派》，中国大百科全书出版社 2000 年版，第 961 页。

场框架中才可能被理解。法律是一种文化现象,也就是说,是一种涉及价值的事物”。①

新自然法学的代表人菲尼斯对法的价值又做了更进一步的研究。他提出了自然法的人类基本幸福或基本价值的七种形式——生命、知识、游戏、美感、社交、实践理智性、宗教,以及体现这些基本价值的自然法上的九个道德原则等。②

政策法学派的法学家虽以强调法的适用应作出政策选择为特征,但他们对法的价值的研究毫不逊色。他们公开宣称自己的法学理论是一种价值理论。“法律政策学寻求用一种真实的语言来阐明问题,也就是用规划和分配特定价值的语言,用所要求的价值的综合画面会议规划与分配价值的实践活动,把社会期望和社会成就之间的距离减至最小。”③政策法学派的法学家认为,价值是指人们所“希望的事件”。价值体系包括权力、财富、安宁、教化、技巧、感情、正直和尊重等,民主的最高价值是人的尊严和价值。法是权力价值的一种形式,权力即人们参与重要决策的制定,因此法是社会中权力决策的总和。社会成员应参与权力的分配和享有。法的目的在于使人们尽可能广泛地分享价值,最终目的是建立这样一个世界共同体:民主地分配价值、最大限度地利用自然资源和维护人类尊严等,并使之成为社会政策的重要目标。为了促进价值民主化,法学应放弃主要依靠法律技术规则的传统而代之以主要依靠政策,因为依靠这种传统不仅不能保证法的确定性,而且经常妨碍实现社会所希望的目的。依靠政策就要求根据民主生活的目标和问题来解释法术语,将法律决定看作社会活动中的价值变革,并且对任何法律规则(制定法和习惯法规则)的适用,都应作出政策选择,即注意对社会未来的影响。④

---

① [德]拉德布鲁赫:《法哲学》,王朴译,法律出版社2005年版,第4页。

② 沈宗灵:《现代西方法理学》,北京大学出版社1992年版,第79~80页。

③ 吕世伦:《现代西方法学流派》,中国大百科全书出版社2002年版,第654页。

④ 《中国大百科全书·法学》,中国大百科全书出版社1984年版,第749页。政策法学提出的八种价值,是以拉斯韦尔和麦克道格尔为代表的。吕世伦著《现代西方法学流派》(中国大百科全书出版社2002年版,第654~655页)将该八种价值表述为:权力、启蒙、财富、福利、技能、情爱、尊重和正直。

其实,法的价值是现代西方法学普遍关注的课题。社会法学的学者们也十分注意法的价值研究。美国社会法学的代表人物庞德在其《通过法律的社会控制》的四章中专门设一章为“价值问题”。在法律价值问题上,庞德主要论述了以下几个问题:(1)法的价值的意义。他认为价值问题是一个困难的问题,但它是法律科学所不能回避的。即使是最粗糙、最草率的或最反复无常的关系调整或行为安排,在其背后总有对各种互相冲突和互相重叠的利益进行评价的某种准则。在每一种场合,人们都使各种价值准则适应当时的法学任务,并使它们符合一定时间和地点的社会理想。① (2)庞德总结了五种可能的价值准则:保持和平;保持社会现状;促进最大限度的自由的个人自我肯定;一个占统治地位的社会或经济阶级或是争取成为占统治地位的阶级的自我利益的实施;维护和加强一个已经确立的政治组织的权力。② (3)庞德还对法学家们对法律秩序与法的价值之间的关系进行了概括,并认为多种观点都与价值准则相联系。他列举了数种对于法律秩序的认识,认为其中至少有四种与价值准则相关。在他的论述中所涉及的,一是“曾经设想法律秩序是一种理性秩序,因而设想来自纯粹理性的价值准则”。二是“曾经认为法律秩序是以经验为依据的,因而曾经认为它是一种代表文明社会生活经验的价值准则”。三是“曾经认为法律秩序是一种自由的秩序,一种保障每个人(所有其他人都一样)在最大限度上自由地运用其意志的制度。在这个观点中,就有一种为形而上学所论证的价值准则”。四是“有人企图创造一种以经济学为基础的价值准则或企图从阶级斗争理论中推论出一种价值准则来,他们把价值归因于一个阶级而不归因于个人;归因于以一个阶级的地位所提出的要求,而不归因于以个人生活或社会生活的地位所提出的要求(社

---

① [美]庞德:《通过法律的社会控制·法律的任务》,沈宗灵、董世忠译,商务印书馆1984年版,第55页。

② [美]庞德:《通过法律的社会控制·法律的任务》,沈宗灵、董世忠译,商务印书馆1984年版,第55页。

会生活地位把社会看作一个整体)”。[①] (4)即使价值准则不能证明,我们也可以利用价值准则。针对霍姆斯[②]主张法律秩序是一种单纯的强力秩序,甚至更极端地认为“只有为政治组织社会的官员所行使的强力的存在才是法律”的主张,他认为,我们不能提出一种每个人都必须接受和遵从的价值尺度,但是我们不能因为这一缘故,就必须要把法律秩序搁在一边,放到完成这一不可能完成的任务位置。法律是一个实际的东西。即使我们不能建立一个为每个人所同意的普遍的法律价值尺度,也不能由此得出结论,认为我们必须放弃一切而将社会交给不受制约的强力。对于近代各种法律体系所假设或接受的价值尺度,即使我们不能证明它们,我们却可以利用它们,把它们看作我们的实际目的。[③] (5)法律在实际上对价值尺度的处理方式。庞德总结了人们处理价值尺度的三种方法。第一种方法是,从经验中去寻找某种能在丝毫无损于整个利益方案的条件下使各种冲突的和重叠的利益得到调整,并同时给予这种经验以合理发展的方法。这样,尺度就成为一个能在最小阻碍和浪费的条件下调整关系和安排行为的实际的东西。第二种方法是,依照一定时间和地点的文明的法律假说来加以衡量。当它们被承认后,就用这个尺度来调整它们和问题被承认的利益间的关系。当它们与其他利益的关系被划定界限时,用来保障这些利益的手段也是用同一尺度来确定的。第三种方法是,关于法律秩序的一种公认的、传统的权威性观念以及关于法律制度和法律学说应当是怎样的东西,把它们适用于争端时应当取得什么样的后果等的公认传统性权威观念。[④] (6)认为必须关注价值问题,而不能用纯粹法学来加以搪塞。他说,我们必须注意对于把价值的尺度或准则的问题看作比

---

① 此处关于法律秩序与价值准则之间的关系的论述,引文和内容都可参见[美]庞德:《通过法律的社会控制·法律的任务》,沈宗灵、董世忠译,商务印书馆 1984 年版,第 55~56 页。

② 奥利弗·霍姆斯(Oliver Holmes,1841—1935),美国联邦最高法院大法官。

③ [美]庞德:《通过法律的社会控制·法律的任务》,沈宗灵、董世忠译,商务印书馆 1984 年版,第 57~58 页。

④ [美]庞德:《通过法律的社会控制·法律的任务》,沈宗灵、董世忠译,商务印书馆 1984 年版,第 58~65 页。

法学问题更为广泛这一点的承认，即认为价值尺度问题是各门社会科学共有的一个问题，既要在法学上这么看待，又要从其与法律科学一切有待解决的问题的特殊关系上去看待。不能用一种“纯粹法律科学”来加以搪塞，“纯粹法律科学”企图重复英国分析法学的方法而把这一问题推给某门别的学科。①

美国当代法哲学家迈克尔·D. 贝勒斯在其《法律的原则》一书中论述了他的价值理论。在他看来，除了期望财富、荣誉等，理性人也需要诸如自由、隐私、责任、机会、平等这类价值。这些价值常常关系到对法律原则的性质和结果的评价。这些价值中有三个价值对法律原则尤为重要，并一直在传统的普通法中得到承认。自由、责任和平等中的每一个都与将人尊重为理性人有着内在的联系。如果人们被拒绝给予活动的自由，而缺少依据他们从理性上能够合理接受的原则所作出的证成，那么他们就是没有被尊重为理性人。理性人也是责任主体。当人们是有责任的主体时，不把他们作为责任主体对待，就是不给他们以尊重。一个人可能认为，在无责任的时候判定他们承担法律上的责任，他们就被剥夺了尊重，因为他们此时被处置为实现他人福利的纯粹的工具。不管这种联系是否合理，在理性人无责任时判定他们承担责任，他们是不会接受的，除非存在以他们能够接受的支持这样做的原则为依据的充足理由。最后理性人应当领受平等的机会。不平等地待人，而又没有任何理由，就是不给予人们平等的尊重。② 贝勒斯进一步论证了他认为尤为重要的价值：自由、责任、平等。（1）自由。在他看来，自由就是免除对做某种事情的限制。他把自由的限制区分为两类。一类是外在限制，是人之外的条件，如惩罚的威胁或身体强制。外在限制往往以使某种事情不值得去做的方式起作用。另一类是内在限制，则是使一个人不能作出理性选择。一个人的无知和缺乏信息，就是内在限制。如果一个人的无知归因于另一个人的误导陈述，那么这

---

① ［美］庞德：《通过法律的社会控制·法律的任务》，沈宗灵、董世忠译，商务印书馆1984年版，第66～67页。

② ［美］迈克尔·D. 贝勒斯：《法律的原则》，张文显等译，中国大百科全书出版社1996年版，第8～9页。

种限制就可以归类于外在限制。“自由——不受某种限制去做某事——的价值在我们所研究的每一个领域都得到承认。”[①]他详细论述了，“尽管在程序法中自由不像其他价值那样处于核心地位，它仍有一席之地”；“确认财产法的目的之一是取消对人们使用财产的自由的法律限制”；“侵权法对自由的承认集中于同意原则。它把自由承认为一种责任，这在故意侵权中最为明显”；“刑法在限制自由的范围的同时，也把自由承认为一种根本的价值……刑法的目的之一是通过禁止拐卖、谋杀、伤害和其他类似行为来保护自由。人们希望更自由地从事各种活动而不必担心这些事件”。[②] （2）责任。他把责任分为三种：应负责任、能力责任和因果责任。应负责任，就是被判定对自己的行为或意外事件有责任或应负责任；能力责任，是指如果一个人有能力理性地决定是否做某事或使某事发生，并且这样选择了，他就是有责任的；因果责任，是指一个人或一桩事件如果引起了某种事实状态，他（它）就要对此负责。如果一个人不能正常地被指望去履行责任和义务，我们就不会尊重他（她）。不承认某人是一个负责任的人的一个方面，是他（她）具有能力责任的时候，却说他缺乏能力责任，我们往往禁止人们从事某些活动，而把这归因于缺乏能力责任，例如，我们不允许小孩使用火器，因为他们缺乏安全地控制火器的能力。一个人也可能因不相信他人能对行为负责而不把他作为具有能力责任的人去加以尊重。一般来说，如果不像允许其他人那样允许某人活动或者不相信他能负责任，他就未被尊重为一个理性的人。法律原则如要求承认责任是一种价值，它们将允许具有能力责任的人们去活动，并在他们从因果关系上对伤害负有责任的时候将应负的责任归于他们，但不对那些对伤害缺乏因果责任的人们强加责任。[③] （3）平等。贝勒斯提

① ［美］迈克尔·D. 贝勒斯：《法律的原则》，张文显等译，中国大百科全书出版社1996年版，第415页。

② ［美］迈克尔·D. 贝勒斯：《法律的原则》，张文显等译，中国大百科全书出版社1996年版，第415～418页。

③ ［美］迈克尔·D. 贝勒斯：《法律的原则》，张文显等译，中国大百科全书出版社1996年版，第11页。

出了平等和公平的两个标准。第一个标准是对负担的公平分配的程度。公平分配就是平等分配,除非有充足理由对人们实行另一种可选分配。不过如果有充分的理由对人们实行不同待遇,那么平等分配也违反了平等和公平。[①] 第二个标准是人们拥有平等机会的范围。如果某人被赋予机会而另一个人却没有,那么,他们就不是被作为平等的人对待。例如,准许一个当事人出示证据而不准许另一个当事人出示证据,就没有平等的尊重。当然这两个标准是相互联系的,因为强加不公平的负担,也就是拒不给予他们机会平等。[②] 贝勒斯还具体地论述了不同法律部门对于平等的体现。在程序法中,公平原则直接针对不公平的机会或负担。它包括了对机会平等来说是必不可少的具体因素:中立的法官;双方均可出示证据的听审;有机会了解对方的出证并做出答辩。调查原则的目的在于提供了解诉讼文件和避免受到不公平的出其不意攻击的平等机会。法律帮助原则有助于提供提出自己见解的平等机会。在财产法中,负担的公平分配在社会负担原则中得到表达。在占有财产的诸项原则中,机会平等间接地得到承认。对能够以那些手段获得财产的人没有施加任何限制。劳动原则和知识产权原则尊重每个人的富有成果的努力。先占原则也承认平等。在契约法中,承认人的平等的最重要的原则是诚信原则,它宽泛地禁止不公正地利用别人或剥夺别人的公平机会。契约废除原则平等地在当事人之间分配实际损失。不法契约原则要求根据违法责任来分配损失,它不允许非法契约造成的损失不公平地落到与有责任的当事人相对立的无辜当事人头上。在侵权法中,取消豁免原则否定某些侵权行为人的特优地位。每个行为人都平等地为自己的侵权行为承担责任。同样地,责任分担原则把所有当事人置于平等状态,并以违法责任为根据公平地分

---

① [美]迈克尔·D.贝勒斯:《法律的原则》,张文显等译,中国大百科全书出版社1996年版,第12页。

② [美]迈克尔·D.贝勒斯:《法律的原则》,张文显等译,中国大百科全书出版社1996年版,第12页。

配负担。[①]

在现代德国的法学家中，魏德士教授关于法的价值理论的观点也是值得我们重视的。其主要的价值观点有：（1）法的价值观是变迁的。价值变迁是为什么今天还需要法理学的原因之一，也是学习法理学的强烈而现实的动机之所在。在他看来，生活关系的迅速变化使延续了几百年的传统价值观受到质疑，并被新的价值观所替代。基督教堂作用的深刻变化，即其信徒不断减少（尤其是德国东部）及其宗教对人们行为的影响逐渐减弱，性道德观的改变，这些都是价值观发生深刻变化的典型例子。法律共同体中价值观的内容和活力则比有关法律条文的变化更加迅速，以致公民价值观与法律规范的价值标准之间常常出现紧张关系。[②]（2）法律秩序实质上是价值秩序。在魏德士看来，法律秩序被设计为越来越协调的、深思熟虑的、无矛盾的、法律的（和法官法）价值判断体系，远比“外部体系”更加精确、更加细致。价值判断体系指导着法律裁判问题的解决。[③]（3）价值评判在法律中起着重要的作用，价值判断原则上是自由而不可撤销的。法律秩序中充满了价值判断。任何完整的法律规范都以实现特定的价值观为目的，评价特定的法益和行为方式。在规范的事实构成与法律效果的联系中总是存在立法者的价值判断。他认为，法的价值判断与事实主张的区别就在于，价值判断原则上是自由的。对违法的价值判断不能要求撤销，只能要求停止。国家对价值判断也不享有撤销权。[④]（4）法律适用总是一种价值实现的行为。他认为这种观点对理解整个法律并在方法上合理地适用具有基础性意义。基本法作为最高位阶的国内法，其适用方式是特殊的，这是因为宪法定义并确定着整个法律秩序的“基本价

---

① ［美］迈克尔·D. 贝勒斯：《法律的原则》，张文显等译，中国大百科全书出版社1996年版，第422～424页。

② ［德］伯恩·魏德士：《法理学》，丁小春、吴越译，法律出版社2003年版，第22～24页。其中的“置疑”一词系原译文如此，似应为“质疑”。

③ ［德］伯恩·魏德士：《法理学》，丁小春、吴越译，法律出版社2003年版，第330～331页。

④ ［德］伯恩·魏德士：《法理学》，丁小春、吴越译，法律出版社2003年版，第54～55页。

值”，同样也规定了它（这些基本价值）对一切法律秩序领域的效力和作用强度。但是，其他的法律与具体规范也都包含了法律确定的价值标准，这些价值标准根据法律秩序的层级结构在总体上形成了“价值体系”。探究和实现整个法律秩序的这种内部价值体系，就是法律适用的任务。[①]（5）基本价值不可放弃。他认为，任何法律秩序都以特定的价值秩序为基础。任何法律规范都回溯到立法者的价值判断。整个法律秩序是一个假设为理想的统一制度，它由法律与法官确定的关于人的行为的价值标准和要求组成。法哲学对法的基本价值的回答随着历史的发展而变换。基本价值的效力依据建立在得到人们赞同的“理性”——法律共同体中具有不同动机的多数人的信仰、信任或者认可——的基础上。自 18 世纪至今，各种关于人权和公民权利的宣言使几乎所有文明国家的宪法基本权利都有着类似的结构。这暗示了各文明民族的法律意识在基本价值问题上具有一致性。在过去和当今极权主义制度中发生的重大事件，特别是在法的名义下的重大犯罪的教训表明：一种法律秩序、一种法学和一种司法倘若意识不到不可放弃的基本权利和人权的实质性的价值秩序，就可能成为当时统治者为所欲为的工具。而所谓的无价值或者价值中立的法、司法和法理学就仿佛一只风向标，只能随着各自所处的时代的统治者摇摆不定。任何法理学如果不研究法的价值基础就等于失去了自身的对象。[②]

Aleksander Peczenikyu 于 1989 年由 Kluwer Academic Publishs 出版了 *On Law and Reason* 一书。法的价值是其贯穿全书的基本概念，并重点从法律解释、法的模糊性、法的缺陷、事实的证据、法律规则的选择、法律结果的选择等方面论述了价值判断的意义。[③]

日本的川岛武宜是在法的价值研究上很有造诣的著名法学家之一。其在《现代化与法》中，论述了“法律的要素——（A）法律价

---

① ［德］伯恩·魏德士：《法理学》，丁小春、吴越译，法律出版社 2003 年版，第 331～332页。

② ［德］伯恩·魏德士：《法理学》，丁小春、吴越译，法律出版社 2003 年版，第 422～423页。

③ Aleksander Peczenikyu, *On Law and Reason*, Kluwer Academic Publishs, 1989.

值判断”，对法律价值判断的含义、过程，法律价值判断与立法、审判之间的关系，进行了很有见地的阐述，此外，其还从法的价值论角度，论述了自己对于法律学的认识，指出了围绕法的价值的法律学任务。在他的著作中，“法被理解为社会控制的技术，包括价值体系的结构的形成、价值判断的相互关系的调整以及价值实现的语言沟通活动的技巧等方面，法律科学的目标是实现法律解释的价值中立性”。[①]

西方以“法的价值”作为书名的专著并不多。[②] 比较著名的一部是 *Legal Values in Western Society*，[③]这一著作较为全面地论述了西方社会的法律价值认识。另两部是 Folke Schmidt and Stig Strö Mholm：*Legal Value in Modern Sweden*[④] 和 Ze' ev Falk：*Legal Value and Judaism*。

（二）中国法的价值理论的发展

中国内地法的价值论研究起步很晚，但法的价值论的进步却是很迅速的。中国内地法的价值论研究是在哲学上的价值论研究发展到一定程度的基础上，逐步启动的。论述法的价值的专著主要有：严存生于 1991 年在陕西人民出版社出版的《法律的价值》，乔克裕、黎晓平于 1991 年在法律出版社出版的《法律价值论》，杜飞进等于 1993 年在陕西人民出版社出版的《法律价值论》，卓泽渊于 1994 年在重庆大学出版社出版的《法律价值》、于 1999 年在法律出版社出版的《法的价值论》、于 2001 年在人民出版社出版的《法的价值总论》，谢鹏程于 2000 年在山东人民出版社出版的《基本法律价

---

① 季卫东：《法律秩序的传统与创新》（代译序），载［日］川岛武宜：《现代化与法》，王志安等译，中国政法大学出版社 1994 年版。

② 笔者查阅了 The Library of Congress online Catalog，Harvard University Harvard Library Hollis Catalog，以及 The Library Catalog of the University of Cambridge，都只发现了本段文字所论及的三部著作。

③ Peter Stein and John Shand，*Legal Values in Western Society*，Edinburgh University Press，1974. 中译本为［英］彼得·斯坦、约翰·香德：《西方社会的法律价值》，王献平译，中国人民公安大学出版社 1990 年版。

④ Folke Schmidt and Stig Strö Mholm，*Legal Value in Modern Sweden*，Scandinavian University Books，1965.

值》,严存生于2002年又在法律出版社出版的《法的价值问题研究》。法的价值论的学术专著的不断推出,推动了法的价值理论研究的发展。

此外,薛伦倬主编的《马克思主义法学新探》设专章论述了马克思和恩格斯的法律价值思想。[①] 张文显的《法学基本范畴研究》也设专章论述了法律价值问题。[②] 公丕祥的《马克思法哲学思想述论》设专篇论述了马克思法哲学思想中的价值论学说。[③] 谢晖的《法律信仰的理念与基础》中在论述法律信仰的价值基础时论述了他对法律价值的许多见解。[④] 1989～1990年,许多学者较为集中地在《法律科学》《现代法学》《中国人民大学学报》等刊物发表了关于法的价值或法律价值的论文,阐述了他们对于法的价值或法律价值的学术见解。[⑤] 随后,亦偶有关于法的价值或法律价值的论文发表。新的法的价值或法律价值的专著亦在酝酿之中。但有关法的价值的部门法学专著却以超常的状况发展。先后有关保英的《行政法的价值定位》、[⑥]陈兴良的《刑法的价值构造》、[⑦]刘善春的《行政诉讼价值论》[⑧]出版。其他有关刑法、诉讼法的价值论著作和论文也时有出版和发表。在法学基础理论或法理学教材、教学上,一些高校率先将法的价值或法律价值纳入教材,在教学内容之中,作为一章或一编讲授。[⑨] 现在几乎所有的法理学教材都将法的价值或法律价值作为重要的内容。中国法的价值论已经起步,并正以前所未有的速度向前发展。只是由于社会发展水平、法学发展状况的局限,远未达到应有的境界。随着中国法的价值研究的深入,中国法的价值

---

① 薛伦倬主编:《马克思主义法学新探》,重庆出版社1992年版。

② 张文显:《法学基本范畴研究》,中国政法大学出版社1993年版。

③ 公丕祥:《马克思法哲学思想述论》,河南人民出版社1992年版。

④ 谢晖:《法律信仰的理念与基础》,山东人民出版社1997年版。

⑤ 倪正茂:《法哲学经纬》,上海社会科学院出版社1996年版,第922页。

⑥ 关保英:《行政法的价值定位》,中国政法大学出版社1997年版。

⑦ 陈兴良:《刑法的价值构造》,中国人民大学出版社1998年版。

⑧ 刘善春:《行政诉讼价值论》,法律出版社1998年版。

⑨ 章若龙主编:《新编法理学》,华中师范大学出版社1990年版;卢云主编:《法理学》,四川人民出版社1993年版,有专章论述法的价值或法律价值;卓泽渊主编:《法理学》,法律出版社1998年版,设专编讲述"法的价值理论"。

理论必将获得充分的发展，必将形成较为完善的法的价值理论。

四、法的价值研究的意义

为什么人类要对法的价值问题进行不懈的探究，法的价值研究的意义是什么？这是法的价值研究必须明确的问题。在此，本书仅就其主要的方面做一些简要的阐释。

（一）法和法学研究的重大课题

法的价值是任何法律在创制时就必须被考虑的重大问题，是立法的动力根据。“任何自觉的活动都追求一定的价值，都受价值判断的支配，都包含着相应的价值取向。在这里只有一种价值与另一种价值的区别，没有价值的有与无的区别。不仅如此，而且任何自觉的活动本身都被活动者认作对自己的‘以某种角色进行的某种自我实现’有正价值。”①不管什么时代，立法都是严肃的国家或社会行为，立法中价值认识的残缺或者疏漏都必然会导致立法的失误，使法律在价值上缺失。法律上的大量问题，首先便是价值的问题；法律上的失误首要的就是价值上的失误。缺乏对于价值的正确认识导致立法的重大问题，也是制约我国立法发展的重要因素。开展对于法的价值研究，无疑有助于我们在立法中准确进行价值定位，很好地解决立法中的价值问题。对立法上价值问题的忽视，必然导致整个法和法的体系的价值缺失与失误。从这个意义上说，进行法的价值研究就不仅仅是立法的重大问题，而且是弥补整个法和法学的价值缺失或修正整个法和法学价值失误的重要方面或根本措施。

法的价值，千百年来，不管人们是否明确地提出了这一概念，都从未停止或中断过对它的孜孜以求。因为“价值问题虽然是一个困难的问题，但它是法律科学所不能回避的”。② “在法律史的各个经典时期，无论在古代和近代世界里，对价值准则的论证、批判或合乎

---

① 刘永富：《价值哲学的新视野》，中国社会科学出版社 2002 年版，第 173 页。

② ［美］庞德：《通过法律的社会控制·法律的任务》，沈宗灵、董世忠译，商务印书馆 1984 年版，第 55 页。

逻辑的适用，都曾是法学家们的主要活动。”①“一个无视人类作品目的的，亦即，一个无视人类作品价值的思考是不可能成立的，因此对法律的或者对任何一个个别的法律现象的无视价值的思考也是不能成立的。”②“任何值得被称为法律制度的制度，必须关注某些超越特定社会结构和经济结构相对性的基本价值。”③“一种完全无视或根本忽视上述基本价值中任何一个价值或多个价值的社会秩序，不能被认为是一种真正的法律秩序。”④“倘若将法理学简化为方法论问题，那么法理学就犹如一个领航员，尽管他拥有极好的测量工具和计算仪器，但却找不到可靠的固定坐标（无线信号发射点、灯塔和星星）来确定其立足点和目标。法学和法律实践在哪里，并且怎样才能发现监督其发展的法律内容与标准的可靠点，这个问题是无法避免的。这个固着点就是法律秩序的基本价值及其效力基础。上述问题是法哲学的任务。对每个法律工作者而言，它涉及对法律工作的意义、后果和应承担的责任问题。”⑤

既然法学、法学家、法律制度和法律秩序都必须，而且都特别关注法的价值，那么法的价值的研究定然有其独特的吸引力。

历史和现实都作出了说明，研究法的现象，包括法的规范、法的实施和法的秩序等在内的，与法有关的一切事实，都必须解决这些问题：法为什么而存在？应具有什么样的意义？其最终的目的、追求和归宿应是什么？作为法学家，除了要解决上述问题外，还必须回答，对现有法的规范、法的实施、法的秩序等应如何评价？它们应以怎样的姿态来对待现实的社会生活？人们对它们有何社会期求？它们对于人类有何意义？这些都成为了最引人注目、最迫切需要回

---

① ［美］庞德：《通过法律的社会控制·法律的任务》，沈宗灵、董世忠译，商务印书馆1984年版，第55页。

② ［德］拉德布鲁赫：《法哲学》，王朴译，法律出版社2005年版，第4页。

③ ［美］博登海默：《法理学：法律哲学与法律方法》，邓正来译，法律出版社1999年版，“作者致中文版前言”。

④ ［美］博登海默：《法理学：法律哲学与法律方法》，邓正来译，法律出版社1999年版，“作者致中文版前言”。

⑤ ［德］伯恩·魏德士：《法理学》，丁小春、吴越译，法律出版社2003年版，第422页。

答的问题。

尽管现在法的价值研究还十分薄弱,但法的价值的确是一个一直为法学家、思想家们所冥思苦想、萦绕心头的千古课题。他们的许多论述,在历史的长河中至今还闪耀着熠熠动人的光辉。

W. K. 富兰克纳在其《哲学百科全书》中就认为,“从柏拉图时代起,哲学家们就一直在善、目的、正当、义务、美德、道德判断、美、真理和合法性的标题下,探讨各种各样的问题”。[①] 并说,从根本上讲是从柏拉图发端就产生了这样的看法,即“既然这些问题与价值……有关,那么,所有这些问题都归属于同一个家族”。富兰克纳断言:人们相信,如果把这些问题看作囊括了法学等的一般价值和评价理论的组成部分的话,这些问题就不仅可以归到价值和评价这样的总标题下,而且能够得到更好的处理并找到更加系统的解决办法。[②]

法的价值伴随法产生了,它从一产生就引起了历代统治者以及法学家、思想家们的高度重视。他们直接或间接地对其进行了实践上的探索和理论上的探讨,甚至创立了丰富的高层次的法的价值观——法的价值理论。法的价值观在人类的思想世界中经历了从自发到自觉,从简单到复杂的过程。人类的法的价值追求,是人类法律发展的动力,人类的每一个法律实践和法律认知都无不以一定的价值追求作为基础和动因。法的任何一个环节一旦缺少价值追求,法的发展就必然会出现阻滞。可以说,法的价值贯穿于立法、执法、守法和法的监督等各个环节之中。非但如此,法的价值同时还是人类对法的现象进行认识的成果。人类在法的价值上的进步是人类文明发展的重要组成部分。在法的研究中,法的价值研究具有重要而独特的意义。

有的法学家认为,“法律基本上是关于各种价值的讨论,所有其

---

① [美]培里等:《价值和评价》,刘继编选,中国人民大学出版社 1989 年版,第1~2页。

② [美]培里等:《价值和评价》,刘继编选,中国人民大学出版社 1989 年版,第1~2页。

他都是技术问题”。[①] 法哲学的内容分为两个部分:一是对法律价值分配问题的讨论;二是对于法律技术问题的讨论。前一部分是基本的方面,后一部分是从属的方面。[②] 忽视法的价值研究曾经是我国法理学的严重缺陷。法理学曾被不恰当地称为法学基础理论,作为法学学科的理论基础,必须要回答人类为什么要制定法?人类制定法的目标是什么?如何衡量、评价各种法的现象对于人或人类的意义?在法的多种目标发生矛盾和冲突时,应以什么原则作为指导来解决这些矛盾和冲突,并作出科学的抉择?对于这些问题,长期以来,法理学或法学基础理论都未能作出令人信服的回答,而这些正是法的价值研究的课题。现在,这种状况有所改观,但各个著作中关于法的价值的论述仍然带有初始研究所难以避免的不尽如人意。没有法的价值研究的法理学是残缺的法理学;没有良好的法的价值论述的法理学不是良好的法理学。但法的价值并不是一个仅仅局限于法理学范畴的概念,它与其他一般的法学范畴一样,涉及法学的方方面面,对于整个法学都具有重要的影响。有了它,法和法学未必科学或完善,但没有它,整个法和法学就不可能科学与完善。在这个意义上,同样可以说,没有法的价值的法学也是不科学的法学、不完善的法学。

社会的进步和发展迫切要求重视法的价值理论。在新中国成立初期,我们忙于共和国的创建、国民经济的恢复、向兄弟国家学习和模仿。20 世纪 50 年代末 60 年代初,由于政治上的反复“运动”和中苏关系的破裂,法学无法对本国法乃至人类的法现象做过多的理性思考,因此法的价值研究在中国法学界一直无声无息。在 20 世纪 60 年代末至 70 年代末的 10 年间,由于轰轰烈烈的“无产阶级文化大革命”,法学被禁锢了,更何谈法的价值。20 世纪 70 年代末 80 年代初,随着“文化大革命”被彻底否定,“左”的思潮被清算以及思想解放的极大成功,对内改革、对外开放的实行,法学逐步得到了

---

① 吕世伦:《西方法律思潮源流论》,中国人民公安大学出版社 1993 年版,第 232 页。

② 吕世伦:《西方法律思潮源流论》,中国人民公安大学出版社 1993 年版,第 232 页。

恢复和发展，对法的价值进行认真探讨的时代终于到来了。思想的解放和人文科学的繁荣，必然要求对法的目标、意义、评价标准、内在动因等作出解释，必然要求对法律的目标、意义、评价标准、内在动因等进行思考。而这些，原有的法学已无法胜任，甚至在原有的法学体系中竟无类似问题的立足之地。发展法学、完善法学，就成了法学发展的历史使命。开展法的价值研究，正是完成这项历史使命的重要环节。

（二）提升法和法学的理性层次

对于法的价值的研究有助于提升现实社会法的理性层次。法律本身应当是一个国家或民族理性发展的产物，也是一个国家或民族理性发展程度的标志。我国法和法学理性层次较低的重要原因在于对法的意志性和本质观有许多错误或偏颇的认识。而我国社会正是长时期地处于这种误区之中，这就必然使我们对于法的认识过于肤浅而缺乏理性。

我们在法律上的理性缺乏，与在法律上的实用主义认识和实践有重要联系。在我国，法律几乎一直受着实用主义的影响。根据笔者的认识，我国法律实用主义主要有三个基本阶段、三种表现形式：一是在1949～1956年的附从政治的法律实用主义阶段；二是1956～1976年的否定法制的法律实用主义阶段；三是1976年以后的一定时期的走向法治的法律实用主义阶段。在第一个阶段，我们进行了最基本的法制建设，其中包括制定了起临时性宪法作用的《中国人民政治协商会议共同纲领》和第一部《中华人民共和国宪法》以及为建立政权所必需的各类组织法。这个阶段，我国的法制建设主要是围绕建立和巩固政权而进行的。没有这些法制建设，政权的建立和巩固都将受到影响或难以进行。在第二个阶段长达20年的时间里，真正的法制建设几乎没有，这种取消法制建设的历史现象，也是法律实用主义的产物。因为在当时看来，法制建设是不必要的，而且是有碍的，因此，就无须法律，就必然否定法制和法治。这个时期连法制都反对，当然更反对法治。法治在主流认识上完全被当作敌对的东西。所以，笔者更倾向于将其称为否定法制的实用主义而不是否定法治的实用主义。第三个阶段中，我们在对第二个阶段进行反思与批判的基础上逐步得出了新的认识,认识到法制是必需的,进而认识到我们也必须进行法治建设,并着手法制和法治建设。在这一阶段之初,为了补偿法制建设的历史欠账,法律实用主义依然是无法避免的,并存在一定的合理性与必然性。随着法律被不断完善,立法的目的不再完全被定位在社会现实的需要上。完备制度体系的意识、保证法律良性发展的意识、建设法治国家乃至法治社会的意识逐步生成,法律实用主义逐步被克服。① 在这三个阶段中,理性都是缺乏或不充分的。在第一阶段,法制建设中的理性程度较低;在第二个阶段,完全没有什么关于法的理性;在第三个阶段,则是从实用主义逐步走向理性,理性的成分逐步得以增强。纵观中国20世纪后半叶的法律历史,法律上的理性缺失与我们对于法的价值的认识不清或认识错误有着重要的关系。我们对于法的价值的认识极其肤浅和偏颇。法对于秩序、自由、平等、人权、正义、人的全面自由发展等的价值被忽略了。对于法的价值的忽略,不能不说是法律实用主义得以畅行、法律理性缺失与偏颇的重要原因之一。

法的价值研究是对中国长期缺乏理性指导的法学的重大发展。我国现有的法学体系实际上是苏联20世纪50年代法学模式的修缮品。苏联的这一模式是在激烈的政治斗争中产生,并为激烈的政治斗争服务的。当时没有也不可能对法和整个法现象做出深刻的理性思考。适应革命需要的实践性、实证性是整个法学体系的主旋律。我国模仿了苏联的这一模式后,由于政治斗争在我国从未间断过,所以,对苏联法学的实践性和实证性求之若渴,更未能对法做出超越实证的理性探索。这种片面强调实证、忽视理性的法学体系,在我国一直延续,其影响还不会在短期内彻底消除。现在在法学中名正言顺地研究法的价值问题,实际上是对中国四十多年来片面强调法学阶级性的矫正,是从理性角度对法学的重大发展和完善。

法的价值研究对我国整个法学理论的升华都具有不容忽视的重要意义。长期以来,我国法学基本上是注释型的(还称不上严格

---

① 法律实用主义的克服是一个社会过程,中国法学的发展将在很长时间内都需要力戒实用主义的影响。

意义上的注释法学)。整个法学体系,且莫说部门法学,就是法理学,也似乎只是相关共产党政策和法律规定的说明书。感性的议论有余,理性的思考不足;简单的解说有余,复杂的思辨不足。法学被整个地降格了。许多学者或其论著很少能对刑法、民法、诉讼法的任务、目的、最终目标、最高价值以及相互协调,对它们与人的文明、理性、自由、平等、人权、正义的关系,从理论上清楚地讲述。法的价值研究,正是强化中国法学理性内容的契机。虽然不会因为它的发展就使整个法学完全改观,但如果能予以足够的重视,或许它真的会成为使整个法学向理性化迈进的突破口,而导致整个法学体系的理性升华。

法的价值研究对于整个法学的意义,在我国一直未能得到法学界的应有重视。少数学者在自己的学术研究中,从不同的法学学科视角对法的价值进行着一定的探讨。在一些学校的教学中,即使教材写了相关的内容,他们也因课时安排等原因而将其省略。然而,在西方现代法学发展中,却出现了被称为价值论法学的新自然法学、政策法学。德国的拉德布鲁赫、美国的罗尔斯和德沃金都是价值论法学的代表人。日本的川岛武宜也以对法的价值等的研究而著名。川岛武宜认为,法的价值的变化,包括旧价值的消失、新价值的出现,价值相互之间的关系也在发生着变化。立法和审判通常是在已有的价值范围内或在其延长线上进行具体的价值判断,但亦可经常看到它也在促使价值发生着变化。法律学的任务在于,弄清这些尚处于模糊状态的变化,依此为将来的立法和审判提出正确的方针,还可以依此对立法和审判是否正确作出客观的评价。[①] 他将法律学的任务具体划分为三:一是“必须首先明确构成价值判断基准的各种价值及其相互关系,即价值体系”;二是“必须明确立法与审判过程中实施的具体的价值判断的内容”;三是“研究对特定的社会关系所做的法律价值判断与价值体系的关系及其价值判断相互

① [日]川岛武宜:《现代化与法》,王志安等译,中国政法大学出版社 1994 年版,第267 页。

之间的关系”。[①] 他甚至认为，法律学的主要研究对象是审判过程中的法律技术，即审判工程中所做的具体的价值判断及其词语构成的技术。[②] 将法的价值研究与法学的任务联系起来的并不仅限于川岛武宜，庞德早在20世纪上半叶就总结道，“在每一种场合，人们都使各种价值准则适应当时的法学任务，并使它们符合一定时间和地点的社会理想”。[③]

（三）正视法和法学中人的主体地位

人是社会生活的主体，是社会的创造者和构成者。法是人创造出来、为人而存在的。但由于我国法学长时期片面地理解和运用阶级斗争学说，使从法的主体——人出发来探索法、认识法与人的关系的研究，被不恰当地忽略了。

在我国长时期的法学理论研究中，主要重视的是法的阶级本质、法的社会作用、法的运作过程（包括立法、执法、守法和法的监督等）的研究。这些都不是对法与其主体——人的关系的直接研究。人与法究竟是什么关系？人们为什么要去创设法、实施法？在法的生成、发展、更替、消亡的运动中，人们有无某种需求、某种企盼、某种精神在法的背后起着指导、支配甚至灵魂的作用？人需要具有什么意义的法？法对人具有怎样的意义？这些都需要法的价值研究予以回答。

所有的部门法学，乃至整个法学，在实质上都应研究人与法之间的关系。但是，其中除了具体问题的论述之外，对于人与法的总体关系的理论思考一直严重缺乏或极不完善。人对于法的主体地位，在忽视人、抹杀人的不良文化之下，实际上是被严重地畸形化了、异化了、否定了。研究法的价值无疑有助于人作为法的主体的地位的复归与确立。

---

① ［日］川岛武宜：《现代化与法》，王志安等译，中国政法大学出版社1994年版，第265～271页。

② ［日］川岛武宜：《现代化与法》，王志安等译，中国政法大学出版社1994年版，第265页。

③ ［美］庞德：《通过法律的社会控制·法律的任务》，沈宗灵、董世忠译，商务印书馆1984年版，第55页。

法的价值研究是从人出发来开展的研究。它研究的是人与法之间的需要与满足的对应关系，研究的是人需要怎样的法，法可能怎样地对人有用、有利、有益、能够满足人的某种需要，有助于人实现某种目标以及如何避免法对人的无用、无利、无益，甚至有害或与人的需要相背离。法的价值研究的中心是人。法对于人的意义，只有以人为中心的法的价值研究才可能予以说明。法学，从一定意义上说，也是“人学”。我国既有的忽视“人”的法和法学研究，显然是法律、法学研究上的重大缺失。开展法的价值研究是正视、突出法和法学中人的主体地位的重大课题。

（四）丰富法和法学的研究方法

研究方法对于任何科学研究来说都是必不可少的。研究方法的正确与否直接关系着科学研究的成败以及发展状况的好坏。研究方法的变革往往会带来法学的变革与飞速发展。历史上，法学理论的许许多多的重大更新和发展，甚至都与其研究方法的更新和发展密不可分。历史上的法学流派往往都有其研究方法上的独到之处。每一法学研究方法的创新往往都意味着法学研究新发展的来临。

法的价值研究是法学界长期采用而又未予以应有正视的科学研究方法之一。我们现有的被普遍认可的法和法学研究方法，均是从主体认识法的手段、工具或途径的意义上被提出和确认的。而从主体出发，从主体和客体之间的关系的角度认识法的研究方法——法的价值论方法，却被不应有地忽略了。确立并采用法的价值研究方法必将有助于法和法学研究方法的丰富、更新，有助于从新的角度运用新的手段促进法的实践和法学理论的发展。

（五）推动法的价值理论的形成

法的价值研究是法的价值论得以建立的前提和过程，也是法的价值论得以发展的动力。系统而全面的法的价值论是法的价值研究的理论成果。法的价值论，也可以称之为法的价值理论，是人们对法的价值的理性认识，往往以学说、理论作为其表现与存在的形式。它是以学说、理论形式表现出来的人们对于法的价值的理性认识。

法的价值论的形成有一个理论发展的过程。它需要一些而不是极个别学者的探讨。学者们经过自己的理论研究和深入思考所获得的对于法的价值的较深层次的系统认识,即是法的价值论。否则,至多只能称为法的价值观念,而不是法的价值论。法的价值论的形成必须依赖法的价值研究。中外法学界关于法的价值论的启动、进程、成果都有较大的差异。法的价值理论研究的最直接的现实成果必将推动中国法的价值理论的形成,并为世界法的价值理论的发展做出应有的贡献。

第二章　法的价值概念

基本概念总是相关理论的基础,它直接影响和制约着整个理论的发展路径与发展状况。法的价值概念是法的价值理论的基本范畴,也是整个法的价值理论的基础。对法的价值概念进行阐释将永远是法的价值研究不可回避的难题。

一、法的价值的定义

如何定义法的价值,是法的价值研究的起点,也是法的价值研究必须首先回答的问题。

(一)法的价值的不同定义

对法的价值,学者们有不同的理解。日本学者川岛武宜认为:"法律所保障的或值得法律保障的(存在着这种必要性)的价值,我们将其称之为'法律价值'……各种法律价值的总体,又被抽象为所谓的'正义'。"[①]他对于法律价值的定义,在一定程度上揭示了法律价值的内涵,具有它的学术意义。但是他将法律价值的总体抽象为正义,多少有些偏颇。尽管正义具有很大的概括性,几乎所有的价值准则都可以在最后被归结为正义,但是正义并不是价值的全部内容。英国《牛津法律大辞典》在解释

---

① [日]川岛武宜:《现代化与法》,王志安等译,中国政法大学出版社1994年版,第246页。

“价值观”时指出，“价值因素包括：国家安全，公民的自由，共同的或者公共的利益，财产权利的坚持，法律面前的平等、公平，道德标准的维护等。另外还有一些较次要的价值，如便利、统一、实用性等”。[①] 显然，他并没有给法的价值下定义，仅仅是论述了它将法的价值划分为较重要的价值和较次要价值的主张，概括了法的价值的内容。

“法的价值”一词从20世纪80年代以前的无人问津到现在，已经成为中国法学著作中频繁使用的概念。有的学者写作了专门的著作予以论述，几乎所有的《法理学》著作都将其作专章或专编讲解，部门法学研究也从其特定的视角对法的价值进行探讨。对其基本含义的理解仍众说纷纭，概括起来主要有以下几种定义。

有的学者认为：“法的价值是标志着法律与人关系的一个范畴，这种关系就是法律对人的意义、作用或效用和人对这种效用的评价。因此，法的价值这一概念包括以下两个方面的基本含义：第一，法律对人的作用、效用、功能或意义。……第二，人对法律的要求和评价。”[②]这种观点认为法的价值包括法对人的作用、效用、功能或意义与人对法的要求和评价两个方面。就第一方面的含义来说，应当认为是有失偏颇的。如果法的价值是指法的作用、效用、功能，法的价值本身就很难有存在的价值。因为法的作用、功能已经是法学上确定的、被普遍认可的概念，没有必要设定一个新的“法的价值”的概念来将其取代。至于法的效用，无非是法的功能与作用的另一种表述罢了。用“法的价值”来指法的效用，同样没有必要，而且是对法的价值意义的贬低。在这第一方面的含义中，将法的价值归结为法对人的意义，虽然不尽全面，亦无可厚非。但随意地将“意义”与“作用”“功能”“效用”相并列或相等同，显然是极不妥当的。它们应当是不同层次上的概念与范畴，将其混同，不利于对法尤其是法的价值进行准确的认识。就其第二个方面的含义来说，人对法的

---

① ［英］沃克：《牛津法律大辞典》，邓正来等译，光明日报出版社1988年版，第920页。

② 严存生：《法律的价值》，陕西人民出版社1991年版，第28页。

要求，只能认为是人对法进行价值设定和制度安排的目的与前提，但它还不是法的价值本身。其中只有成为人的超越指向的部分才属于法的价值的范畴。因此，不能简单地说人对法的要求就是法的价值。至于人对法的评价，应当说，在价值意义上的评价属于法的价值的范畴，但不属于法的价值范畴的评价则不应归入法的价值的范围之内。因此，将整个法的评价归入法的价值之中，也同样是有失偏颇的。

有的学者认为："法的价值是一定的社会主体需要与包括法律在内的法律现象的关系的一个范畴。这就是，法律的存在、属性、功能以及内在机制和一定人们对法律要求或需要的关系，这种关系正是通过人们的法律实践显示出来的。……法的价值应该包括以下几方面的内容：第一，法律的内在要素、功能及其相互关系。第二，社会主体对法律的需求。如果主体没有法律需求，法的价值就是若有若无的，更谈不上评价法的价值问题。第三，要有法律实践这一重要环节。"①这一定义所指出的，"法的价值是一定的社会主体需要与包括法律在内的法律现象的关系的一个范畴"，虽然不是一个完整的定义，但还是具有一定科学性的。但它对法的价值内容的理解却远离了自己所设定的含义范围。其第一点，"法律的内在要素、功能及其相互关系"都是法的内容，而不是法的价值的内容。其第二点，"社会主体对法律的需求"，是法的价值的前提条件与存在根据，并不是法的价值本身。其第三点，"法律实践"是法的价值实现的过程与途径，也不应被作为法的价值的内容。

有的学者认为："法的价值就是法这个客体对满足个人、群体、阶级、社会需要的积极意义。一种法律制度有无价值、价值大小，既取决于法律制度的性能，又取决于一定主体对这种法律制度的需要，取决于这种法律制度能否满足一定主体的需要以及满足的程度。"②这一定义将价值主体确定为个人、群体、阶级、社会，使法的价值具有更大的不确定性。尽管阶级、社会都是由人所构成的，但

---

① 乔克裕、黎晓平：《法的价值论》，中国政法大学出版社 1991 年版，第 40～41 页。

② 孙国华主编：《法理学教程》，中国人民大学出版社 1994 年版，第 94 页。

是它们与人本身还有差异，将法对于它们需要的意义也视为法的价值，存在将法的价值与法的作用相混同的可能性。

（二）法的价值的含义

法的价值，一般地说，也可以称之为法律价值。正如在通常的情况下，人们可以将“法”与“法律”两个语词相等同一样，在这个意义上“法的价值”与“法律价值”并无差别。但从严格的意义上讲，法的外延比法律的外延更为广泛。它除了包括制度状态的法外，还包括观念状态的法和现实状态的法。如果说法倾向广义的整体描述，法律则更侧重于制度含义。本书意在论述的并不仅是作为法律制度层面的价值问题，因此，本书主要使用的概念语词是“法的价值”，而不是“法律价值”。有时为了论述的方便，本书也偶尔使用“法律价值”这一语词，但一般情况下都以“法的价值”来展开论述。

法的价值在广义上可以指法对于人的一切意义。这种意义包括法的一切有用性。假借价值这个语词，我们可以说广义的价值既包括法的目的性价值，也包括法的工具性价值。前者如法对自由、平等、公平、正义、人的全面自由发展的意义，后者如法在效益、民主、法治等方面的功能与作用。将法的功能与作用归结为法的价值，是法学界许多学者经常的看法，也没有什么不妥。只是由于法的功能与作用已经是法学界既有并公认的概念与范畴，所以在严格意义上，我们完全没有必要再将法的功能与作用列入法的价值。再说，过分庞大的法的价值内容并不利于我们对法的价值进行具体而深入的研究。因此，对于法的价值的内容范围还是以适度限制为好。在笔者看来，严格意义的法的价值应该是指在法的功能与作用之上的，作为功能与作用之目的的至上目标与精神存在。只有法基于自身的客观实际而对于人所具有的精神意义或人关于法所设定的绝对超越指向，才是最严格的法的价值。法的价值是以法的物质存在为基础的精神存在，是以法的知识体系为基础的超知识范畴。

法的价值是以法与人的关系作为基础的，是法对于人所具有的意义和人关于法的绝对超越指向。

法的价值以法与人的关系作为基础。法的价值存在的条件就是人与法的关系。人是法的主体，法是人的制造物；人是法的制造者,人又是法律的遵守者。法律由人所创设又是人的行为规范。作为守法者和行为主体的人,与创造法的主体的人存在诸多的差异,但是毕竟都是人。人与法的这若干关系,抽象地说是哲学上的主客体关系,具体地说也即法的价值关系。法的价值是在法的价值关系中产生、存在,并体现出来的。没有价值关系,法的价值就没有产生和存在的社会基础。法的价值以法与人之间的客体与主体的关系为客观基础。法的价值都是以客体与主体之间关系作为存在依据的。但也有许多学者认为,法的价值或者法律价值就是客体与主体或者是法与人之间的关系。"法的价值或法律价值是一定的社会主体需要与包括法律在内的法律现象的关系的一个范畴。"[①]认为法的价值是客体和主体之间关系的产物是正确的,但认为法的价值是客体与主体的关系的观点,就有所偏颇了。因为客体与主体的关系仅是法的价值存在的基础,而不是法的价值本身。法的价值是在法与人的关系上产生的。

法的价值客体是法。作为法的价值客体的法是广义的法或者可以称为法的现象或法律现象。法的价值客体首先是指法的体系、法的制度以及作为制度的法及其规范;其次是指以社会状态存在的法,包括法的被执行与遵守,包括法律行为、法律裁决和其他法现象;最后是指以观念形态存在的法,包括意识中的法和法意识。法的价值客体可以是法律体系、法律制度、法律规范、法律事实等。法律事实可以是某种法律事件,也可能是某种法律行为或者是其他的某种法律现象,如起诉、立案、拘留、逮捕、审判、合议、裁判、执行、监督等。法的价值客体的内容非常丰富。

法的价值是以法的属性为基础的。任何价值都是客体自身所具有的属性在一定条件下的外化。客体具有相应的属性,是一定价值存在于其上的内在根据。客体未作用于主体,其也存在潜在的价值。一旦作用于主体,潜在的价值即转化为现实的价值。没有作用于主体的客体,不是没有价值,而是仅有潜在的价值。潜在的价值当然是非现实的价值,但是它确实存在。法的价值是法所有属性的

---

① 卢云主编:《法学基础理论》,中国政法大学出版社1994年版,第192页。

表现。如果法根本就不具有可以实现秩序、自由、平等、人权、正义和促进人的全面发展等价值的属性基础，法将不可能具有相应的价值。有的学者认为，“法律价值是法的一种内在属性”。[①] 这种将法的价值等同于法的属性的观点是不妥当的。因为法的价值决定于法的属性，但并不等于法的属性。将法的价值等同于法的属性，是错误的。但法的价值的确是以法的属性为基础的，法的属性为法的价值提供了客体上的产生法的价值的物化基础与客体可能性。

法的价值主体是人。法的价值主体是具有社会性的个人、群体、人的相对独立与综合统一。“人作为价值主体是很主动、很自觉的，他知道自己需要什么及需要是否获得满足，并可作出明确的价值评价。而且这一切都能够直接通过一定方式表达出来，并能在不同主体之间进行交流和传播。”[②]作为法的价值主体的人包括人的个体、群体和人的类，但是最基本的还是作为个体的人、一般的人。凡主体不是人的法的价值，都应当认为是异化了的法的价值；凡是认为主体可以不是人的法的价值理论，都是异化了的法的价值理论，都应当受到摒弃。

法的价值是法对人的意义，其一：法对于人的需要的满足。价值都是相对于主体而言的，都是主体需要的满足。没有主体的需要，就无所谓价值。满足人的需要是法的价值最基本的内容，是法对于人的首要意义。人的需要是多元、多层次的，法的价值也具有多元、多层次性。法的价值的多元、多层次性是以人的需要的多元、多层次性作为主体根据的。但是人的需要包括人已经认识到的需要和人尚未认识到的需要。对于两种需要的满足都是法的价值的表现。法对于人的需要的满足，也可以理解为人的需要因法而获得的满足。主体对于客体的能动状况是与客体的性质密切相关的。凡是客体为自然物（人类未施加影响的自然物）的，其价值是其属性所决定的，而不是由主体所赋予的。凡是客体为人为物（包括人改造的自然物）的，其价值有的是在客体出现之后由人为赋予的，有

---

① 谢晖：《法律信仰的理念与基础》，山东人民出版社 1997 年版，第 148 页。

② 王宏维：《社会价值：统摄与驱动》，人民出版社 1995 年版，第 38 页。

的则是由人事先赋予和确定的。因为“寻求意义，并在任何具体形式中赋予价值意义，是人类内心最深沉的呼唤”。[①] 法是人的创造物，人在创制法的时候，就赋予或确定了它应有的价值使命。或者也可以说，法是人在一定的价值指导之下而创制出来的。法的状况、法的价值状况都与人的主观企求有极大的关系。法对人的需要的满足表现为人的法需要的法律化以及将法律化的需要现实化为主体的满足。具体来说，法对于人的需要满足意义，一是将人的需要法律制度化，使之具有合法的、为法律所保护的性质。这是在制度层面的法律化。二是将已经法律制度化了的人的需要现实化，为主体获得满足的法律现实。法满足人的需要的价值，具体表现为法的社会积极的作用或者效能。只有这两个方面都得以实现了，才能说是人的需要真正在社会生活意义上获得了法律化的满足。

法的价值是法对人的意义，其二：法的价值是人关于法的绝对超越指向。“指向”，具有目标、导向双重含义，既包含目标也包含达成目标的路向在内。“绝对”是指它的超越具有永远的、不断递进的，而又不可彻底达到的性质。一是指在时空上，法的价值与法同在，即时空上的绝对。凡是有法存在的时间期间就有法的价值存在；凡是有法存在的空间范围就有法的价值存在。二是指在性质上，法的价值对于人具有不可被替代的性质，即性质上的绝对。“超越”一是指法的价值作为人关于法的永远追求，总是超越于人的客观能力。法的价值作为人们关于法的追求，人总是无限接近，并在这种无限接近中得到发展。但是人们所能做出的努力，与彻底实现法的价值所对人们提出的能力要求总有或多或少的距离。二是指法的价值总是高于法和法的价值的现实状况。法和法的价值的实现状况总是无限地接近于理想的状态，一旦二者完全同一，法本身也就没有了存在的意义。那将是法包括法的价值发展的最高阶段和最后状态。法的价值具有的这种“绝对超越指向”性质，为法的价值的崇高与神圣奠定了基础。法的价值是人在处理法与人的关

---

① ［英］查尔斯·汉普登－特纳、阿尔方斯·特龙佩纳斯：《国家竞争力——创造财富的价值体系》，徐联恩译，海南出版社1997年版，第8页。

系时关于法的绝对超越指向。作为对于人的需要的满足的法的价值,是第一层次的价值表现,表现着法与人的关系的应然状况,包含着人对法的希望与理想。说法的价值是人关于法的“绝对超越指向”,是指法的价值对于主体与现实都始终具有不可替代的指导性质。作为绝对超越的指向,法的价值对于人类关于法的行为和思想具有根本的指导意义,甚至是人的精神企求与信仰。法的价值在满足人的需要的同时,作为一种绝对超越指向,包含着人类在法上的要求与愿望。它也属于人的理想范畴,是人的相关思想与行为的目标,在指导人类的同时,又评价着人类的法、人类社会的法律现象以及人类的相关思想与行为。

法的价值应当是主体内心确立并确信的绝对超越指向。人们对法的期望、追求、信仰,总是法发展的重要动因。客观世界作用于人而产生的对于法的需求,仅是法的价值的一个前提。满足这种需求是法的价值的重要方面和主要内容,但它并不是法的价值的全部。法的价值还应当而且也确实具有人们的期望、追求与信仰的意义。人们在运用法满足自己需要之前、之中、之后都对于法有这样或者那样的精神寄托或精神诉求。这种精神的寄托与诉求也是法的价值,而且也许是更为重要的价值,它具有更大的精神意义。它是由主体内心确信并追求的。

法的价值也因其具有绝对超越指向的性质,而使其具有永恒的指导意义,成为人类法律实践的永远追求、不断完善的动力。所以,在最终意义上,人类无法完全实现自己的法的价值追求,但也正是这种无法完全实现的追求,使人类在法上的前进步伐永不停歇。法的价值的超越指向意义使法具有了神圣的信仰,是人们关于法的崇高期待、精神支柱和信念依托。

理解了法的价值是人们关于法的绝对超越指向,我们便能够理解历代圣哲、先贤、清官为什么能为法的实现死而无怨、死而无憾、死而无悔。历史上,不乏为了法而无视权贵,甚至敢于牺牲的勇士。他们何以能为法而视死如归,其中一个重要的原因,就在于他们清楚其行为对于法的意义(实际上也是法对于人——他人和社会的意义),在于其内心确信为法的理想而捐躯具有无上的光荣。

理解了法的价值是人们关于法的绝对超越指向，就能理解为什么许多受到法律制裁的人会感觉到罪有应得、认罪服法，甚至很欣慰，并感激司法官员对其进行的适当的处罚。其中，一个重要的原因就是他们有对法的价值认同。中国古代学者早就注意到了这一点。南宋永嘉先生的《八面锋》中的“用法公平则人无怨”写道：“昔管仲夺伯氏骈邑三百，没齿无怨言。圣人以为难。诸葛亮废廖立为民，徙之汶山。及亮卒而立垂泣。夫水至平而邪者取法，鉴至明而丑者忘怒。水、鉴之所以能穷物而无怨者，以其无私也。水、鉴无私，犹以免谤，况大人君子怀乐生之心，流矜恕之德。法行于不可不用，刑加乎自犯之罪，天下其有不服乎？”①

理解了法的价值是人们关于法的绝对超越指向，才能使人们具有为法献身的精神。这种献身精神并不仅是为了实现法，更是为了实现法的价值：自由、平等、人权、公平、正义，乃至整个人类的全面自由发展。

法对于人的意义中，法对于人的需要的满足与人关于法的绝对超越指向，两个方面呈现出层级递进关系。人的需要是多种多样的，法满足人的需要的方式也是多种多样的。这是法作为价值客体必须具有的。同时，由于法是人的创造物，因而，人们在创制它的时候就赋予和确定了它的应然价值。法的价值包含着人们关于法的永恒的终极理想，凝结着人类的法精神与法信仰，所以它才具有绝对超越指向的意义。

对于法的价值这种“绝对超越指向”的形而上学的认识，法学界一直是忽略的。迄今还未见任何其他学者的著作有过先论。在哲学领域，关于价值的“绝对超越指向”的性质，哲学家们已经有所注意。如以德尔班、李凯尔特等为代表的新康德主义者就认为，价值是处在客体与主体的彼岸的东西，它不具备实在性而只有意义性，它是一种虚无缥缈的现象，但它却是人类文明所不可或缺的。德国哲学家 M. 舍累尔认为，有这么一种经验，它的对象对于理性是

① （南宋）永嘉先生：《八面锋》（又称《治国方略》），吉林人民出版社 1997 年版，第 109 页。

封锁着的，它在认识这些对象时是盲目的，我们可以从中了解真正客观的对象及永世长存的体系，如价值和价值的等级。美国哲学家D. 比德内断言，价值世界超然于实在的自然界境界之外，又超然于现实的文明世界的境界之外，它是乌托邦的观念形式的超感觉世界。[①] 与他们类似的观点，在中国哲学领域长期受到批评。就笔者来说，笔者也不完全赞同他们的主张，甚至在许多方面都与他们持不同或者相反的主张，但在肯定价值具有绝对超越指向性质的认识上，却是相近的，而且笔者也认为，在这一点上，他们的相关观点与学说是科学的。

法的价值的两个方面的内容即法对于人的需要的满足与人关于法的绝对超越指向，统一于法作为客体对于其主体——人的意义，它们是相互区别而又彼此互动的两个价值侧面。

二、法的价值的属性

法的价值属性是法的价值所固有的性质。它决定着法的价值的表现形式、应有功能和社会作用。认识法的价值属性是认识法的价值的重要方面和重要途径。对于法的价值属性的误解必然会导致对于法的价值的错误认识，它不仅会阻碍理论认识的正确进行，而且可能误导法的实践，使法的价值的作用出现异常，使法治建设出现不应有的偏差和失误。法的价值属性包括以下几个重要的方面。

（一）属人性和社会性

法的价值具有属人性和社会性的双重属性。两者之间是紧密联系的。法的价值的属人性决定着法的价值的社会性。法的价值的社会性是以其属人性作为基础而形成的。

1. 法的价值的属人性

关于价值的属人性问题，哲学界有着不同的认识。有的哲学家认为，“既然我们所知的一切都处在绵延不绝的相互作用、相互影响之中，从而一切都处在价值关系之中，那就一方面没有绝对无价值

---

① 公丕祥：《马克思法哲学思想述论》，河南人民出版社1992年版，第182页。

的所知；另一方面也没有仅仅对某主体有价值的所知。……任何所知都可以对任何所知有价值。……这也就是说，价值不仅仅是对某主体而言的，除了对某主体而言的价值，还有对该主体以外的客体而言的价值”。[①] 他们举例说，“我们完全可以在食品对人有价值的意义上说饲料对动物有价值、肥料对植物有价值、氧气对燃烧有价值”。[②] 即使是如此认识的哲学家他们也同样认为，虽然“价值不只是对主体而言的”，但“对客体而言的价值也是由主体确定的”；“一切对客体而言的价值在某种意义上都是对主体而言的价值”。[③]

法的价值是属人的，具有属人性。任何法的价值都是相对于人而产生、存在的。离开了人就无所谓价值，也无所谓法的价值。肯定法的价值的属人性，实际上是对其人的主体性的肯定。

法的价值的主体是人。尽管这里的人是多层次、多侧面的，也是有阶级、种族、民族、职业划分的，但是都是人。无论如何都必须注意到法的价值属性中的属人性。我们常说的法的价值，实际上也完全可以说是法对于人的价值。法不过是价值的客体，而人才是法的价值的主体。法的价值主体属性决定了法的价值的属人性。

法的价值并不在任何意义上都属于人。法的价值的属人性是从根本意义上讲的。比如野生动植物保护法，它就具有对于动植物的“价值”。但是这种对于动植物的价值，不是价值的归宿。因为，第一，动植物保护法对于动植物的价值是由人来认识的。如果人认识不到法律在这个方面的意义，这样的法律就不可能产生。第二，动植物保护法对于动植物的意义，是由人来确定的。第三，法对于动植物的意义最终是归结于人的。当然我们别把这里的人简单地理解为狭隘的自私的人。而应当将人理解为有理性的人，它是能够认识到动植物与自身关系和对自身意义的人。第四，最根本的是法调整的是人的行为，动植物是人行为所存在和应该存在的方面。是因为动植物领域是人的活动的场所，人的行为已经或将要加之于这

---

① 刘永富：《价值哲学的新视野》，中国社会科学出版社 2002 年版，第 47 页。

② 刘永富：《价值哲学的新视野》，中国社会科学出版社 2002 年版，第 47 页。

③ 刘永富：《价值哲学的新视野》，中国社会科学出版社 2002 年版，第 48～49 页。

个领域,法才可能在这个领域发挥作用。

2. 法的价值的社会性

法的价值在具有属人性的同时,当然也具有社会性。法是社会发展到一定阶段的产物,是社会关系的调整器。法没有一定的社会性就不可能在社会中产生并存在、发展。法具有社会性,法的价值也具有社会性。法总具有自己的价值追求,而这价值追求中不可能不含有社会性的因素,否则根本就不可思议,因为那样将导致法毫无社会意义。再说,拥有各种不同法的价值观的人,是社会中的人,是在一定的社会物质生活条件中生活并永远无法与社会绝对脱离的人。他们对于法的价值的看法、见解等,不可能不具有社会的属性。社会属性是法的价值的基本属性。

当然,如果从人都是社会的人的角度来看,我们可以说,法的价值的属人性也不过是其社会性的构成部分。但是,如果我们从社会性的产生的意义上讲,法的价值的社会性不过是法的价值的属人性的延伸。法的价值的属人性是基本的,是社会性的基础,社会性是必要的,也是必然的,是属人性的产物。

(二)客观性和主观性

客观与主观总是对应存在的,尤其是人类的思想成果更是如此。法的价值的客观性和主观性是对应、共生的两大基本属性,并存于法的价值之中。

1. 法的价值的客观性

对于法的价值的客观性,我们至少可以从人的法需要是客观的、法律现象是客观的、法对人的需要的满足过程是客观的三个方面来加以考察。

人的法需求是客观的。任何社会,人类的任何需要无不与其物质生活条件有关。在茹毛饮血的历史时期,人类就不会有制定和实施食品卫生法的需求;在人人平等的原始状态,人类就不会有运用法实行阶级专政的需求;在木牛流马的落后时代,人类就不会有制定并实行复杂的交通管理法规的需求。人的法需求与其他需求一样,其产生及其具体内容,无不与其所依赖的物质生活条件密切相关。人类对法的需求是以必要的社会物质生活条件为基础的。社会物质生活条件决定了人的法需要是客观的。

法律现象是客观的。首先，法律现象的产生具有客观性。法律现象是社会发展到一定阶段的产物。它与人类的共同生活，与人类不可或缺的生产、分配、交换等活动密不可分。法律规则甚至本身就是人类客观的生产、分配、交换等方面规则的特定化。法律事实都有其外在的表现形式和存在状态，导致、形成或引发某种法律事实的诱因、动因、条件等总是客观的、现实的。其次，法律现象的内容具有客观性。广义的法律现象（包括法律规范、法律体系、法的制定、法的适用、法的遵守、法的监督、法律事实、法律关系等）一旦确立，无疑是客观的。法的制定、法的适用、法的遵守、法的监督等动态法律活动必然是客观的。法的意识虽然具有较大的主观性，但一定法的意识（比如他人的法的意识、自身已存在的法的意识、社会的法的意识、集体的法的意识等）一旦产生形成，也由纯粹主观的东西变成了现实的客观存在。至于历史上的法律现象更是客观的、无法改变的历史事实。

法对人的需要的满足过程是客观的。法律现象作为法的价值客体存在，人作为法的价值主体存在，但并不意味着法就能自觉地满足人的需要或人的需要也就自然被满足了。这只能是幻想。法的价值的实现也如任何社会实践一样，必须要通过人发挥主观能动性的自觉活动。没有人的外部社会活动，法且莫说不能产生，就是产生了也无法满足人的需要。人的外部社会活动是客观的，法满足了人的需要的结果也是客观的。如果没有这种客观结果，法的价值的存在就没有依据。这些都决定了法的价值必然具有客观性。

2. 法的价值的主观性

法的价值的主观性是由法的主观性、人的需要的主观性、法对人的需要的满足的主观性所决定的。

法具有主观性。法本身就是特定意志的表现形式，属于社会制度的范畴。[①] 法的体系如何建立，如何变化；法的规范如何制定，制

---

① 作为制度的法，也如同其他制度一样，是一种特殊的社会存在，既具有客观性的一面，也具有主观性的一面。其内容和形式都具有主观和客观两个方面的属性。

定些什么，都有相当大的主观性。尽管法具有很大的客观性，并以客观的社会物质生活条件作为自己建立的基础，但对社会物质生活条件的反映的方式与程度，却具有相当大的主观性。在同一时代的不同国家，完全可能有不同的立法；同一国家的不同立法者制定的法，也可能有极大的差异。之所以会出现如此状况，一个根本的原因，就在于法具有主观的性质。在法的实施中，法如何适用、如何遵守、如何监督，都离不开人的主观意志。

人的需要具有主观性。人的需要并不是社会物质生活条件本身，它是社会物质生活条件经过人脑思考而作出的反应或得出的结论，人的思维肯定具有主观性。如果说人的需要没有主观性，那就无法解释在相同物质生活条件下的人们为何会存在需求上的差异。在相同的社会背景和自然环境之中，不同的人具有不同的需要。这里除了客观条件等因素的影响外，更有相关主体主观性的影响，甚至就是其主观性的表现。

法对人的需要的满足具有主观性。在人的法需要的满足问题上，同一个需要可以通过多个途径得以满足。但对满足途径的选择，除了主体各自的社会物质生活条件等因素外，立法者、执法者的主观愿望和精神文明状况也同样是不可忽视的重要因素。满足途径的选择具有主观性。对于满足状况的评价，更具有主观性。同样的结果状态，在一些主体看来，其需要被满足了，在另一些主体看来，其需要没有得到满足或远远没有得到满足。同一个法律现象，对于不同阶级、不同国家、不同民族、不同阶层、不同社团，甚至不同的性别、年龄的人，对于其需要是否满足，都可能有不同的结论。那么，又怎能说法的价值不具有主观性呢？

说法的价值既具有主观性又具有客观性，并不矛盾。这正如法律规范既有主观性又有客观性一样，它是由社会物质生活条件的客观性、法律现象的客观性、人的意志的主观性和人的法律活动的主观性等因素决定的。法的价值既是客观的，又是主观的；既具有客观性，也具有主观性。

（三）应然性和实然性

应然与实然是对应的，也是联系的和对立的。在法的价值领域也同样如此。两者之间的联系与对立,使法的价值变得丰富多彩且生机勃勃。

1. 法的价值的应然性

在一般意义上,法的价值都是在应然意义上存在的。[①] 法的价值的应然性是指法的价值是以应然作为自己的立足点来确立自身并发挥作用的。应然的法的价值,是人关于法的价值目标,是人关于法的价值理想。每一个价值准则或目标都可以说是特定价值理想的具体化。它可以为人们的行为提供精神上的追求,使人们在法的现实中获得精神需求的满足。作为应然的法的价值,还是人们运用法的价值评价法的现实的重要标准。也就是说,法的价值的应然性一是使法的价值对于人们的行为具有目标的意义,它能明确地指明人们在法律上的奋斗目标、努力方向,为实现法的崇高理想而不懈进取,使人们的行为有终极目标可追寻。二是使法的价值对于人们的行为具有引导的意义,引导人们及其行为沿着法律所昭示的方向进行和发展,确保法的价值目标能够被充分实现,使人们的法律活动具有具体过程的保障。三是使法的价值对于人们的行为具有评价的意义。法的价值之所以能够评价相关的法律行为,根本之处就在于法的价值具有评价的功能,能够对人们的法律行为进行价值评价。

2. 法的价值的实然性

法的价值在具有应然性的同时,也具有实然性。这种实然性,一是指法的价值具有转化为客观现实的必要性;二是指法的价值具有可以转化为客观现实的可能性;三是指法的价值已经转化为客观现实的客观性。

只有法的价值转化为客观现实,我们才能说,法的价值在现实社会中被真正实现了。如何将应然的法的价值转化为现实的法的价值,始终是法律工作者的极为重要的任务。成功的法律工作者就是能将法的价值良好地转化为客观现实的法律家。法的价值并不

---

① 法的价值可能是实然的,也可能是应然的。但在通常未加特别说明的地方,法的价值应当是在应然意义上的,它是人们关于法与人关系的应然状态的构想与目标。

是虚无缥缈的,它具有转化为现实的可能性。尽管法的价值准则或目标具有很强的精神意味,但是这并不妨碍其具有实现的可能性。无论是秩序、效率、自由、平等、人权,还是法治、民主、正义、人的全面自由发展,无一不是现实的。在法律实践中,法的价值也无时无刻不在发挥其应有的作用,或者是被转化为法律实际,被直接实现,或者是被用来评价法律实践,使其在另一个层面得以实现。人们随时面对的都是法的价值被或好或差地实现的客观实际。

法的价值的实然性,使法的价值成为了可认识、测定、评价的社会存在,更使法的价值在人们社会生活中成为活生生的现实。

3. 法的价值的应然性和实然性的统一

法的价值的应然性和实然性有可能产生矛盾,而且经常处于矛盾状态之中。法的价值是法对于人的需要的满足,这种满足的量度首先是从应然意义上被确定的,尽管这种量度没有被特定化。实际中满足人的需要的程度,就是法的价值的实然价值量度。人类的法的价值现实,永远都只是在追求理想的价值实现。当两者完全重合的时候,法本身就难以存在了。在一般意义上,人们有充分的理由相信,法的价值的应然量度是法的价值实然状况的极大值。实然的法的价值只是无限接近或最终等于应然的法的价值,但并不是应然的法的价值本身。法的价值是人关于法的绝对超越的指向。这种指向就表明了人关于法的期望与理想。期望、理想高于现实是必须和必然的。如果人的期望和理想不高于现实,法的价值也就丧失了目标的意义,法也会丧失其崇高的精神意味而彻底地限于凡俗,甚至会堕入地狱。

法的价值的应然性是其实然性的指导、方向和目标,法的价值的实然性则是其应然性的表现、过程和得以实现的途径。人们关于法的价值的应然性努力,是真切地把握应然的法的价值,将实然的法的价值向应然的法的价值推进。我们所需要努力的是,实现法的价值在实然、应然两个层面的统一。[①]

（四）特殊性和普遍性

法的价值具有特殊性。法的价值的特殊性表现在这样两个主要方面：其一，法的价值不同于法的本质、功能、作用、制定、实施等法律现象，其有自己特定的内涵和外延，是一个相对独立的法学范畴和法学领域。这种意义的特殊性，是法的价值得以成立，并不被其他法学范畴或领域所取代的客观依据。其二，法的各种价值之间相互区别、相对独立，每一个价值准则或目标各具特色，都有自己与众不同的内容。这种特殊性是法的各种价值、价值准则、价值目标得以成立的根据。没有这种特殊性，法的价值就不会那么五光十色、丰富多彩。

法的价值具有特殊性，也具有普遍性。这种普遍性至少是在三个意义上成立的。其一，法的价值与法相伴随，有法存在的时空就有法的价值存在。其二，法的价值在不同的历史时代中具有一定的共同性。在不同社会或时代，法的价值不可能完全一样。但是法的价值在形式和内容上的历史传承性与一致性是不容否定的。这是因为，不管人类社会或时代有何不同，法毕竟是人类社会的产物，是人类社会的调节器，具有一定的共同道德追求和道德准则，法的价值在不同时代的共同性就成了理所当然。法的价值在不同历史时代具有某些共同性，在同一历史时期，更具有某些共同性。其三，法的价值在不同的法律之间具有一定的共同性。根据各种不同的标准，法可以被划分为各种类别，然而法虽有各种分野，但由于它们都是法，也必然会具有一定的共同属性。这是法的价值普遍性的又一重要表现。

法的价值的普遍性与法的价值的特殊性并不矛盾，不能将两者对立起来。它们相互之间是辩证统一的。从一定意义上说，法的价值的普遍性是其特殊性的必然结果，特殊性是其普遍性的重要

① 应然与实然的统一，也是理想的价值状态。在现实社会中，两者分离的情形并不少见，这也许就是应然的法的价值难以得到完全实现的重要原因之一。实现应然的法的价值也是法律工作者的重要使命。

依据。

（五）知识性和超知识性

法的价值本身是立足于人的一定知识的基础之上的，是人类相应知识的产物，也包含一定的知识。人作为价值主体，必须要具有一定的知识，才会创制法律，才会赋予法律以特定的价值追求，并以具体的法律规范来达成这些价值目标。法的价值主体——当然包括立法主体在内，因为立法主体是价值主体的构成部分——所设定的每一部法律及其每一个规范或相应条款，都包含一定的价值判断。这些价值判断的表达，必须要有足够的知识。这些体现着特定价值的体系、制度、法典、规范与条款，本身就是知识的体现，代表着所处时代人类对相关社会现象的认识水平、特定人们的立法技术发展水平以及特定社会或国家的法律调整能力与技术。这些都有着知识的成分，甚至就是知识。

但是，法的价值更具有超知识的属性。法的价值以知识为基础，体现着知识，但是并不完全属于知识的范畴。价值不是能用知识以及由知识而成的理论与科学来完全说明的，它具有超越知识的性质。这是由价值所具有的信念、信仰和理想的性质所制约的。具有精神指引意义的价值，并不都能用知识来加以诠释。法的价值的主体性、多元性、至上性都决定了它的非知识性。一个行为、法律、司法裁判的好与坏、善与恶、公正与不公正，是有助于或是有害于人类的自由、平等、人权，乃至人的全面自由发展，都不是像纯粹的知识那样可以作出准确甚至精确的判断的。其中具有相当的模糊性和不确定性。

法的价值的超知识性并不等同于非理性。在一定意义上，恰恰相反的是，法的价值要依赖人的理性。法的价值观也如同整个价值观一样，也需要进行自觉反思与自我校正。作为价值意义的信念、信仰和理想虽然不一定具有完全的知识的属性，但都可能是理性的。真正的良好的法的价值状态应当是理性的，应当以理性为基础并体现着理性。理性,在许多法学家那里都是法的价值之一。[①] 当然,如果一定要将理性理解为知识,进而认为信仰、信念、理想都是非理性的,那也可以说法的价值具有知识意义的非理性性质。

三、法的价值的存在形式

法的价值的存在形式是非常多样的。对于多样形式的探究,是对法的价值认识深化的重要视角。在此,本书仅就主要的存在方式做一个简要的描述。

(一)明示和暗含的存在形式

法的价值的存在形式可能是明示的。所谓明示的存在,即以法典、法律制度或法律规范的形式明确记述的方式存在。法的价值的许多内容都可能是以明示的形式存在的。例如,民事法律制度上明确要求诚实信用、公平合理,明确宣布显失公平的民事行为可以被宣告无效等;仲裁立法中直接规定,仲裁员可以依法采用公平正义的原则处理案件。[②]

法的价值也可以以暗含的方式存在于法律制度之中。例如,刑事法律对于正当防卫的规定。在许多法典中虽然没有指出正当防卫的价值根据在于人与人之间的平等性与对待人际关系的公正性,立法的价值追求在于维护平等和公正,但是它通过对正当防卫的保护,就向世人明确了其所蕴涵的价值精神。这种价值精神也就是法律所暗含的。再如,各国的各类法律中几乎都规定了时效制度。时效制度对于秩序、效率的意义,往往都是由法学家来讲解或由法律解释者来运用的,但是它并未被明确写明在制度或规范里,由制度来规范的往往都只是具有的时效期限。

---

① 在西方,从古到今的自然法学派的法学家无不肯定理性的价值意义。他们中有许多法学家甚至把理性作为法的价值之一。体现与符合理性,始终是法的目标与理想。本书第一版中就把理性列为重要的价值,并做了专章论述。只是由于对本书容量等的考量,才没有在本书第二版及其现在的第三版中继续保留"理性"一章。但这并不意味着理性不是法的价值。

② 这种明示性的法的价值追求,在许多法律制度或法律规范中都可以找到。但是立法中不可能将任何法的价值追求都加以明确的规定。因此,以暗含形式存在的法的价值蕴涵更为普遍和广泛。

（二）观念、理论和制度的存在形式

法的价值可能是以观念的形式存在的。人们观念中的法的价值具有其他形式存在的法的价值所不具有的形成的长期性、认识的稳固性、主体的普遍性和历史的传承性。法的价值观念往往是在人的社会化的过程中逐渐生成、形成起来的，并在人的再社会化过程中得到强化，深藏于人们的内心深处，呈现出根深蒂固的特点。一个人可能不具有高深的法的价值理论，但是他可能具有丰富的法的价值观念。法的价值观念还具有世代相传的性质。人类的世代更替包含法的价值观念的前后相继。

法的价值可以是以理论的形式存在的。这种形式的法的价值由特定的学问家包括思想家、法学家们所创设，并以理论形式予以记载。法的价值的理论形式是观念形式的升华，也是制度形式的基础。

法的价值更可以是以制度的形式存在的。以制度形式存在的法的价值，既可能是以原则形式存在的，也可能是以规范形式存在的。首先，我们考察一下法的价值以法律原则形式得以体现的情形。我国的法律面前人人平等的原则，就为我国许多法律法规在其基本原则中明确确认。我国民事、商事、经济、刑事、行政、诉讼、仲裁立法中，都把许多价值准则直接作为自己的法律原则规定出来。在这些情况下，法的价值就以法律原则的形式存在，而被视为整个法律部门或方面所必须遵从的价值准则。其次，我们再考察一下法的价值为具体规范所体现的存在形式。如紧急避险、两审终审的规定对于效益和公平的体现，死刑复核的规定对于人权的保障，不当得利的规定对于秩序与正义把握等，无不蕴含了相关的法的价值。可以说几乎所有的法律规定都是在一定价值指引下制作出来的，它们都有自己的价值依据和价值追求。

四、法的价值的意义

法的价值的意义，区别于价值研究的意义。法的价值在法治与社会中的意义，最终是对于人的意义。法的价值的意义体现在法的制定、法的实施以及防止法的失效、校正恶法、推动法的演进等人类法律活动之中。

(一)法的价值是法的制定的必需

法的价值是立法的思想先导。严格意义的立法活动都是在一定法的价值观指导之下的国家行为。[①] 这一行为的动因、意图、目标都无不由一定的价值需要所决定并为这一价值需要服务。在忽视或否定法的价值的统治者看来,法不过是可有可无的写在纸上的字。这样的统治者,他们根本不可能重视立法,更不可能开展大规模的立法活动。在歪曲或误解法的价值的统治者手中,不可能产生良好的法。错误的法的价值观念孕育出错误的法,这已千百次地为历史所证明。由此可知,统治者的法的价值观对立法活动具有极其重大的影响。有什么法的价值观作指导,就有为什么法的价值服务的立法。因为“任何具体的法律秩序都以立法者肯定的、通过规范证实和巩固的价值秩序为基础”。[②]

在法的制定中,立法者时常会因立法的目的而困惑,会因此法与彼法的难以协调而不解。这是为什么?如何正确评价立法的目的,估量此法或彼法的意义?人们在一系列立法问题上应做怎样的抉择?这些问题实际上都是法的制定中的价值认识问题、价值评价问题和价值选择问题。

在法的制定中,必须考虑以下几点:

其一,法的价值定位问题。法的价值定位,即立法的价值目标与追求是什么,例如,是保障自由还是剥夺自由,是保障平等还是制造特权与歧视,是维护正义还是保护邪恶等,它直接关系到制定的法是良法还是恶法。在法的制定中,许多人都沉醉于法的表面完备,认为只要有法可依,就算完成了法的制定的使命。如果立法上的法制要求仅是“有法可依”,那么这样的法制要求也未免太简单

---

① 我们不可将立法主体随意泛化。在严格意义上的立法只能是特定的国家机关。至于非国家制定的所谓的“民间法”,如果不是被国家认可的习惯法等,尽管其可能具有某种效力,在笔者看来,同样不能认为它是法。

② [德]伯恩·魏德士:《法理学》,丁小春、吴越译,法律出版社 2003 年版,第 55 页。该书译文为:“任何具体的法律秩序都是以规立法者肯定的、通过规范证实和巩固的价值秩序为基础。”其中似有笔误。以上引文是根据笔者的理解引出的。

了。事实上,“有法可依”并不是真正的立法上的法制完备,离法治之法还有遥远的距离。因为立的是什么法,其法的价值追求是什么尤其重要。制定出来的法是正价值、零价值或负价值的问题,比有无法的问题更加重要。具有负价值即坏的法——恶法制定出来了,比没有法更加可怕。因为没有法还有希望,而制定出来的是负价值的法——恶法,留下来的就只有失望和绝望。对于立法完全可以说,如果制定出来的法为零价值,立法就是毫无意义的徒劳;如果制定出来的法为负价值,立法就只是有害无益的恶行。

其二,此法与彼法的价值问题。在法的制定中,人们也许会发现此法的价值取向与彼法的价值取向相互对立。或许此法保护自由,而彼法妨碍自由;此法保护平等,而彼法制造特权与歧视。若将此法与彼法相较,稍加分析就不难发现两者的背离,实际上这也是法的价值冲突在法的制定中的表现。立法中要解决价值冲突问题,使法律与法律之间不至于在价值上相互矛盾、彼此冲突。立法中还要解决价值协调的问题。如何使自由与平等相协调,如何使效率与公正相统一,如何使秩序与人权相并重等,都是立法中必须解决的难题。如果有所疏忽就可能导致现实社会的矛盾、执法中的疑难、守法上的困惑。

其三,法律自我否定的价值问题。在法律制度中,人们也许会发现,有的法的具体规定的价值取向和基本原则的价值取向相矛盾。或者是基本原则否定了具体规定,或者是具体规定否定了基本原则,使法在制定时就注定实现不了应有的价值。人们也许还会发现一法内部,此规定是一个价值取向,彼规定又是一个与前者冲突的价值取向,而两者之间又缺乏有效的协调。所有这些都形成了法律自我否定的价值问题,即立法上的自相矛盾,这些都是我们在法的制定中必须考虑并予以解决的问题。

如何解决法的制定中的以上价值问题,是法的制定中的重大问题,而这些价值问题的解决,如果撇开了法的价值,其他任何手段都无能为力。[①]

(二)法的价值是法的实施的需求

法的实施包括法的执行和法的遵守两个方面。法的价值对于法的实施的意义也体现在这两个方面。

法的价值是法的执行的思想保障。法的执行离不开法的价值指导。法的价值主导整个执法的状况。如果法律内涵的价值良好,法本身所具有的良好的法的价值,就是法得以良好执行的价值前提。在恶法指导下不会有真正良好的法的执行。在恶法之下,公平正义将经受最残酷的考验。执法人员的良知不发挥作用,他们不过是恶法的帮凶,不过是邪恶法律之下的魔鬼。如果他们的良知发挥作用,就必然导致形式意义上的法治遭受破坏,有违执法人员工作性质的本质。法的价值通过影响执法人员而影响执法效果。再好的法,离开法的执行机关及其执法人员,都无法在社会中实现。法的执行机关及其执法人员对法的价值的认识状况和法的执行具有至关重要的影响。如果法的执行机关及其执法人员对法的价值具有良好的认识——具有良好的法的价值观,法的执行就可能取得良好的效果;如果法的执行机关及其执法人员的法的价值观出现偏差,法的执行就可能误入歧途或出现失误。因为法的执行机关及其执法人员的法的价值观影响着他们对既定法律原意的理解,影响着他们所作的法律解释,影响着他们对合法行为的保护和对违法行为的制裁。客观的法律实践已反复证明,同一法律规定,在不同的法的价值观作指导的执行机关和执法人员的认识上,具有不同的意义,法的执行就具有不同的后果。关于职权与法定公民权之间的关系,在有的执行机关或其执法人员看来,其职权就一定要高于公民权,于是当两者发生冲突时,就会为实现职权而牺牲公民权;在有的执行机关或其执法人员看来,其职权应尊重公民权,于是当两者发生冲突时,就会以职权服从公民权。为什么对同一法律的执行会有不同的后果?其重要的思想根源甚至也就在于法的执行机关或其

① 法的制定中的价值问题是多方面、多层次的,在这里,笔者仅仅是选择其中一个视角进行论述,并不意味着法的制定中只有笔者所提及的价值问题。

执法人员具有不同的价值观而已。当然，法的执行机关或其执法人员的法的价值观不是与生俱来的。也许正是鉴于法的价值观对于法的执行的重大意义，正是鉴于执法人员对法的价值不是生而知之，所以历朝历代的统治者总是十分注意对其执法人员的价值观的灌输和培养。

法的价值是法的遵守的思想条件。法在很大程度上都是被遵守的。法的实施如果仅靠的是强制，那么这样的法也不可能得以长久维持。作为社会成员，如果他对现行法律具有价值认同、价值肯定，那么他就可能自觉地遵守现行法，严格依法办事；如果他对现行法律产生价值疑义、价值否定，那么他就可能违反现行法，破坏现行法。法的价值对社会成员的守法意识、守法行为具有极其重要的影响。同一法律或同一法律规定，既可能得到一些社会成员的遵守，也可能遭到一些社会成员的违反，其原因之一就是人们拥有不同的法的价值观。法律要得到良好地遵守就必须依赖社会成员良好的法律意识。社会成员的法律意识是可以培养也需要培养的。培养法的意识，当然包括培养法的价值观在内。回想古罗马把法镌刻在铜表之上并悬之于公众场合，这里除了对法律规范的传播意义，是否还有法的价值宣传的意味呢？回答应当是肯定的。它不仅告诉了人们，法的规定是什么，而且还透过法律的文字规定告诉了人们法的价值内涵，并以此培养民众的宗“法”价值观念。我们所进行的普法宣传教育，要求全体公民认识到法所保护的利益与自己的利益是根本一致的，要求全体公民充分而正确地享有法的权利、忠实而全面地履行法的义务等，其中无不包含对全体公民的价值灌输和价值培养，并希望由此培养起正常的守法价值观念，调动全体公民遵守法律、维护法律、自觉同违法行为做斗争的积极性和主动性，使法得以全面遵行。

法的价值追求是多方面的，其中有秩序、理性、文明、自由、平等、人权、正义等。这些价值为各种法所分别或共同追求。各种法把这些价值贯彻在各个具体的规范性法律文件、法律规范之中。这些价值在它的独立的存在中并没有相互的冲撞和相互的对立，也没有取舍上的困难。当人们面临执法中的抉择困难时，执法的价值选择问题就现实地摆在了人们的面前。这个时候法的价值认识、价值评价、价值选择的意义就显得特别重要。面对一个既有有罪证据，又有无罪证据，而有罪证据并不周延、无罪证据也不周延的犯罪嫌疑人，司法机关就可能有三种选择：一是认定为有罪，若以后确认无罪，予以纠正；二是认定为“事出有因，查无实据”，拖延不决；三是认定为无罪，若以后确认有罪，予以惩办。这三者的冲突实际上就是法的价值冲突；三者间的选择实际上就是法的价值选择。中国从有罪推定到无罪推定的演变，实际上就是有关价值认识的转变，也是相关法的价值的转变。价值问题，在法的实施中可能经常遇到。对价值问题的科学处理，就是对价值的科学选择。法的价值选择的前提就包含必须对各项法的价值进行认知和把握。

（三）法的价值是防止法的失效的屏障

法的失效是指法的预期社会效果未能得到实现的客观情形。法的失效是相应的法的制定和法的实施的双重悲剧，是立法者所不期望的实施后果。若遇此情形，立法意图就无法实现。所以，法的失效问题是法存在以来就被人们关注的重大问题。有学者说，“法律并不永远导致立法者所期望的那些行为。正如人们扣动扳机时，枪却不发火，甚或更糟，它就在猎手的脸前爆炸。如果发生这种情况，那么法律是失效的”。[①] 法的失效问题实际上也是法的价值背离问题。它可能是因为立法的错误或者法的实施的畸形所致，但都是对应有的法的价值背离或违反的结果。正确认识了法的价值并坚持一定的法的价值，对于防止法的失效具有极其重大的意义。

在美国，有这么一个法律例证。美国内华达州立法机关制定了一项法律，要求每一个政府官员都买一双科纳特的耳朵并带到办公室去。科纳特是一种吃羊的野生动物，它严重地危害着内华达州的重要产业——养羊业。政府鼓励购买科纳特的耳朵，目的在于刺激人们猎取科纳特，以便减少科纳特的数量。从法的价值上看，其旨在促进生产，推动生产力，发展物质文明，促进社会生产的效益。然

① ［美］塞德曼等：《法律秩序与社会改革》，时宜人译，中国政法大学出版社 1992 年版，第 34 页。

而该法公布实施后,农民们为了有更多的科纳特耳朵卖给政府,谋取利润,便开始在家中设栏喂养科纳特。这样,内华达州的科纳特的数量不仅未减少,反而大量增加,社会被迫承担喂养科纳特的物质损耗。生产力、物质文明不能不受到一定影响。[①]

在中国也有类似的法律例证。比如在改革开放中,面对许多党政官员在经商中以权谋私的状况,有的地方法规曾明令禁止党政官员经商,以确保政治廉洁和社会公正。该法律公布实施后,党政官员经商的少了,但党政官员的子女、配偶、朋友经商的却多了。而这也是法所无法控制的。党政官员不经商做买卖只是一个表面现象而已,实际上他们更可能是某个商店、公司、企业的真正老板或合伙人,他们可以更合法地利用职权在更大程度上以权谋私而不受法律制裁,政治廉洁、社会公正遭到更严重的损害。

以上两个法的失效的例证,都表明了它们实际上也是自身应有法的价值的失落和畸变。如果在法的制定和执行中就注意保持既定的法的价值取向、价值原则和价值目标,从立法和执法等各方面力求法的价值实现,防止法的价值被扭曲,法的失效的严重状况就可以受到一定的控制。

(四)法的价值是校正恶法的准则

良法一直是人之所求,而恶法总是屡禁不止。恶法本身就是对法的价值的反动。但恶法一旦产生,人就面临着如何认定和对待恶法的问题。良法、恶法之争遍及古今中外。遵循恶法的恶行是否应受到良法的制裁以及良法如何制裁的问题,一直为人们争论不休。

在第二次世界大战中,在法西斯主义的法律下,许多恶行合法地肆虐。第二次世界大战结束后,对法西斯战犯、间谍、告密者的惩办问题就变得相当棘手。因为他们的恶行在当时的法律下都是合法的。按理,对他们的任何制裁都不符合法治的形式要求。然而,对他们却不能不予以制裁。这时,法的价值就发挥了不可取代的历史作用。

---

① [美]塞德曼等:《法律秩序与社会改革》,时宜人译,中国政法大学出版社 1992 年版,第 34 页。

1944 年,德国一妇女为了陷害当时正在服役的丈夫,便向纳粹当局告密其夫休假在家时曾讲过有损希特勒的话。结果,其夫被纳粹当局以 1934 年纳粹政府法令判处了死刑(未执行)。法西斯倒台后,该妇女在联邦德国法院被控犯有 1874 年刑法典规定的非法剥夺他人自由的犯罪。联邦德国法院的终审判决是:被告犯有罪行,纵然其丈夫是按照纳粹政府的法令被判刑的,因该法令本身违反了一切正直人的正当良知和正义感,尽管该妇女是依照纳粹法律告密的,由于纳粹法律本身是违反一切正直人的正当良知和正义感的,所以她必须接受法律制裁。

1945 年 3 月,德国纳粹党人中的某中级官员甲被任命为"与失败主义进行斗争并提高抵抗意志"的特别专员。他从情报中了解到,某妇女乙及其丈夫丙在家中藏了一个有半犹太血统的妇女丁,使丁免遭盖世太保——纳粹党秘密国家警察的逮捕。而且该夫妇即乙、丙二人还正在为英美盟军准备纳粹党官员名单。甲立即逮捕丙,丙企图逃跑,甲开枪将其击毙。第二天甲作证说乙的丈夫丙死于心脏病急性发作。在第二次世界大战后的审判中,被告甲以 1945 年 3 月国社党紧急命令作为辩解。联邦德国最高法院否认了这一辩解的合理性,认为"一个完全否认平等原则的实在法丧失了法律的性质"。这实际上是法的价值中"恶法非法"理论的具体运用。①

纽伦堡审判、东京审判都充分运用了法的价值对恶法和恶法下恶行的批判意义,并把平等、正义、人权等作为基本的法的价值准则来校正恶法、矫正恶法下的恶行,对恶法予以否认,对恶法下的恶行予以制裁。

法西斯法、法西斯法下的恶行也许不会再度降临人间,然而恶法的彻底清除还有待时日。只要有恶法存在,恶法之下的恶行就不可避免,人类要进步发展就必须运用良好的法的价值否定恶法,否定恶法之下的恶行。

(五)法的价值是法的演进的动因

法在社会中的发展必然会出现这样的悖论:法本为适应社会需

---

① 沈宗灵:《现代西方法理学》,北京大学出版社 1992 年版,第 49 ~ 50 页。

要、促进社会发展而产生,应为社会所依赖,最后竟背离社会需要、阻碍社会发展,为社会所抛弃。

法从正面走向反面的矛盾性,是其自身中就存在的。各种历史类型的法,在产生之初,本身就包含当时的合理性和未来的不合理性。只不过有的法在阻碍社会发展,走向自身原来的反面,即由合理到不合理时,取而代之的是能够适应社会发展,具有合理性的新法;有的法由合理走向不合理时,自行消亡,而为社会的共同生活准则所取代。

新的历史类型的法律代替旧的历史类型的法律的历史推进,乃至法的最终消亡,都不是简单的历史现象。这些历史进步都有一个重要的内在精神依据和精神动力,即法的价值。如果没有适应生产力发展,推动生产力发展,促进社会进步;没有尊重人的权利,推行人道主义,弘扬人文精神;没有推进社会文明、社会理性、社会自由、社会平等、社会人权、社会正义等精神动力,要突破法的历史悖论,要实现法的历史巨变,是根本不可能的。尤其是法的消亡和法向社会共同生活准则的过渡,更离不开人类法的愿望的善良和美好,离不开法对秩序、文明、自由、平等、人权、正义等崇高价值的执着追求。有了这种法的追求,法才会面对比自己美好的共同生活准则而自动地退出历史舞台,走向消亡。这时,虽然法及其秩序、文明、平等、自由、人权、正义等价值消失了,但这些价值精神却在新的社会规范中获得了永恒的意义。可见,法的消亡实际上也是以其价值上的崇高追求为内在动力的。正是这种内在动力,彻底消除了法存在的不合理性,从而结束了法存在与发展的社会历史悖论。法的价值是法进步的内在依据。

第三章　法的价值主体

任何价值的主体都是人,法的价值主体也同样只能是人。具体地说,法的价值主体是指参与法的价值关系的人,也是法的意义所归属的对象。法的意义不是相对于自然世界或者人以外的其他动植物而存在的。法是人的创造物,其意义当然是归属于人、从属于人的。作为法的价值主体的人,首先指个体的人,在根本意义上也是指具体的人。但在一定条件下,作为价值主体的人也可能是指人的集体或者由人所组成的社会,即集体的人或者社会的人。对于价值主体进行研究,是价值研究的必须,是对价值进行认识的前提。人既是价值认识的主体,更是价值的主体。人与法的价值究竟存在怎样的内在关系,我们可以做进一步的解析。

一、世界中的人与法

人所存在的世界可以被分为自然世界和人为世界。对于自然世界及其存在物,人类可以利用、运用和改造。自然世界及其存在物本身不是人类的创造物,不是人类劳动的成果,在人类出现之前就已经客观存在,并不以人的意志为转移,诸如山川、湖泊、沙漠、岛屿、大陆、海岸、海峡等。人为世界是由人类发挥自己的主观能动性创造出来的。人为世界在人类出现之前原本是不存在的,它或者是人类体力劳动或者智力劳动加之于自然世界的结果，或者就是人类体力劳动或者智力劳动的结果。其中包括人类体力劳动的成果，如宫殿、城池、水利设施等，也包括人类智力劳动的成果，如道德、宗教、哲学、法律等。法是人为世界的存在物，是人类创造性劳动的成果。法是人的创造物，人类为什么要创造法？换句话说，人类对自己创设的法，寄予了怎样的期望？法又是否能满足人类的需要？法是怎样满足人类的这些需要的？法是否能满足人类的需要，以及在何种程度上满足了人类的需要，满足了人类的哪些需要，其检测的标准是什么？这些问题是人类千百年来的思考。在现在看来这些问题无一不是法的价值问题。法伴随着人类走过了漫长的历史，人类作为人为世界的创造者，他们不可能不思考自己创造法的意义，不可能不思考法对于人所应有的价值。

法是特定时代中人类世界普遍存在的社会现象。人为世界是人的活动产物，是人有意识地设立或建构的。法正是人为世界中的存在物，是人类的制度产品与制度成果。人们可以对法这一制度现象有各种认识，但任何认识都无法否认法作为人类制度成果的性质。它的产生，在有的人看来是人类进步的表现，在有的人看来则是人类堕落的反映。其实，从善与恶两者关系的角度来看，法都是人在追求善或抑制恶的目的下，创制出来的社会规范。从总体上说，法都是适应人的需要而产生的。对法的思考，对于法的价值的追问，只有回归到其主体——人本身才可能获得最真切的答案。西塞罗在古罗马时代就得出了结论，“自然赋予人的是什么？人的智慧蕴含多么巨大的创造完美事物的能力？我们出生到世上是为了履行、完成什么样的义务？人们之间存在怎样的联系？人们之间存在什么样的自然的联合？要知道，所有这些问题解释清楚了，便可以找到法律和法的根源”。[①]

人类的价值观念很早就产生了。“当然，在文字没有产生的史前社会，我们无法准确地了解彼时人类价值观念的全部内涵，只能

---

① ［古罗马］西塞罗：《论共和国·论法律》，王焕生译，中国政法大学出版社 1997 年版，第 188 页。

通过考古学、地质学、生物学、解剖学和生物遗传学、文化人类学来推测、确定人类价值观念的发展进程。”①相对于人的起源与发展来说,法的价值出现的时间应当是很晚的。法是人类进步到了相当程度的产物。因为法的产生所需要的客观社会基础包括社会关系的复杂变化、社会矛盾的大量增加以及人类调整相互行为和解决社会矛盾的经验积累。至少在创设法的问题提将出来时,才有了法的价值问题。现在,我们对法的起源的时间,有着不同的见解:法与人类出现相伴随,有人类就有法,法起源于人类之最初;法是阶级社会的产物,仅仅存在于阶级社会,法产生于人类的第一个阶级社会——奴隶制时代,在原始社会没有法。我们不能知道法的起源的准确时间,更无法确知法将与人类共存多么久远。这些都有待进一步研究和历史发展来证明。但无论如何,不论法是否永恒存在,法的价值问题,作为人类的思想课题,在法存在的时空内,都具有重要的探讨意义。

法是人类价值观念等发展到一定程度的产物。人类是在自身与社会的发展中,逐步认识到自身以及作为自身延展结果的社会需要的。人类寻找满足这些需要的途径、方法、手段,也有一个历史的过程。在这个过程中,人类的价值观念逐步觉醒、丰富。法就是人在这个过程中,在价值观念有了相当发展的基础上,在人们有意无意地努力下创制的。法既是人类社会发展的自发产物,也是人类有意识的理性成果。有学者认为:“人类社会的制度文化的产生,是人类价值观发展到一定阶段的内在需要。人类在追求自身生命价值的过程中,产生了一定的价值判断、标准和观念。这些判断、标准和观念因价值主体的不同而不尽一致。当人类的物质生活方式发展到了一定阶段时,价值判断、标准和观念的差异性随之增大,此时氏族社会已经不能自发地进行价值调整了。需要产生调节平衡价值判断、标准和观念的契约,通过惩罚、奖励等形式来维护氏族社会内部的秩序和稳定。这种契约就是低级形式的制度。它是人类价值

① 李从军:《价值体系的历史选择》,人民出版社 1992 年版,第 20 页。

观念发展的必然结果。”[①]在人类社会的进一步发展中，人类社会组织逐步变化，氏族组织逐步被新型的社会组织——国家取代。“旧的价值体系被新的价值体系所取代。一切与新的生产方式相适应的价值形态、观念、标准，便为法律所认定，冠以全社会的名义制约着社会的所有成员。”[②]法正是基于人类价值观念的变化而产生的。法的产生又强化和确立了人类新的价值观念。法的价值观就成为人类价值观念的构成部分而与人类常依常伴。

法的价值，从最初的意义上讲是人所创造的，从其产生后人们的选择意义上讲，这种选择也是由人们自主地作出的。在论述一般的价值论时，萨特就认为人是价值的创造者。他在《有和无》中分析价值的本性时，同意尼采的看法，认为人自己是他的各种价值的创造者。“‘人的实在’是价值来到世界上的原因。”[③]萨特甚至认为，我们每个人都创造自己的价值，尽管我们的这些价值碰巧就是大多数与我们教养相同的人的价值。人人各自都在选择着自己的价值。他说，“一旦把企业放在离我一段距离以外，一旦为了将来有所成就而把我托付给我自己，我就立刻发现自己是一个这样的人：他按照自己的意旨拨好闹钟，他挂出牌子禁止自己践踏花坛草地，它使老板的命令得以雷厉风行，他给自己正在著述的书定下旨趣。总之，他使价值存在，以便按照价值的要求规定自己的行动”。[④] 萨特的整个价值论未必正确，但是以上论述中无疑包含科学的成分，是其悉心研究的心得。价值是人创造的，法的价值也是人创造的。在既定的价值环境中，人也是可以选择价值的。法的价值在立法上是立法者确定的，在实施上也是由实施者所认识、认同或选择的。

法的价值的评价，也是由评价者运用自己的价值观念和准则，

---

① 李从军：《价值体系的历史选择》，人民出版社 1992 年版，第 140 ~ 141 页。

② 李从军：《价值体系的历史选择》，人民出版社 1992 年版，第 143 ~ 144 页。

③ ［美］宾克莱：《理想的冲突——西方社会中变化着的价值观念》，马元德等译，商务印书馆 1988 年版，第 232 页。

④ ［美］宾克莱：《理想的冲突——西方社会中变化着的价值观念》，马元德等译，商务印书馆 1988 年版，第 234 ~235 页。

针对客观的法的价值状况作出的。制约法的价值评价的因素主要有两个：一个是法或法现象本身的价值状况；另一个是评价者自身的价值认识能力和水平。这两个因素中的任何一个都可以直接影响法的价值评价的结果。

（一）自然世界中的人与法

人类不论是其个体或者群体，他们都生活在一定的自然世界之中，并永远也无法彻底摆脱自然世界的惠助与束缚。自然世界尽管不是人类创造的，但是，人类生活在其间，为了自己的生存和发展就必然会对自然世界及其自然物加以利用，甚至改造，以有助于自己的生存与发展。

首先，自然世界对于人类的制约与影响，必然制约与影响着人类的意志，必然会反映到法中去。人类对于自然世界有一个从必然王国向自由王国不断进步的过程。人类的意志受到自然世界的影响和制约，是必然的。作为人类一定意志反映的法也必然会在一定程度上受到自然世界的客观状况的影响。地理环境、气候状况对于人类法律的影响就是佐证。孟德斯鸠认为："法律应该和国家的自然状态有关系；和寒、热、温的气候有关系；和土地的数量、形势与面积有关系；和农、猎、牧各种人民的生活有关系。"①而且他认为这些都是法的精神的构成因素。

其次，人类利用和改造自然世界也离不开人类的意志。这种意志有的可以转化为法的规则，有的已经被转化为法的规则。人类利用和改造自然世界的行为，是人类发挥主观能动性的结果。人类一定群体作用于自然世界的意志有时需要法予以确定化，以便众多的人都能按照集体的意志行事，能把相应的集体意志贯彻始终；有时需要法予以明确化，使其成为每个人的行动准则，使每个人的相关行为都得到法的明确指引；有时需要法赋予其强制性，对有关行为予以法定的惩戒与奖励，确保人类关于自然的集体意志得以实现。

最后，人类对于自然世界的利用和改造，是一种客观的行为。

---

① ［法］孟德斯鸠：《论法的精神》（下册），张雁深译，商务印书馆 1982 年版，第 7 页。

这种行为必然要有一定的行为规则并遵守一定的行为规则，而法就是这些行为规则中的一种。人类作用于自然世界的行为可能是以个体的形式做出的，也可能是以群体的形式做出的。即使以个体形式做出某种行为，这种个体也是生活在群体中的个体，而不是脱离群体的个体。他们每个个体的行为都可能受群体行为的制约，或会对群体产生影响，或得与群体行为相协调。因此不论人类行为是个体的还是群体的，一般地说，他们都得遵守必要的行为规范。这些行为规范中有宗教教规、道德规范，当然也会有法的规范。法是人类行为的重要规则之一。人类作用于自然世界的行为也会有一定法的调整问题。尤其是人类对于自然世界的群体行为更是可能与法有着这样那样的紧密联系。

（二）人为世界中的人与法

人为世界是人类创造性劳动的结果。说人是世界的主人，相对于自然世界来说，那只是人类的一种自我激励的表现。其实，人类总是处在一个不断战胜自然世界中的困难又不断面对自然世界中新困难的过程之中。一个困难被克服了，新的困难又会产生。所以很难准确地说，人类是世界的主人。在自然世界中，人类并不能总是随心所欲的。恰恰相反的是，越是在人类的早期，人类越是难以成为自然世界的主人。及至今天，还有很多自然灾害，人类无法克服。从古及今，面对自然世界，人类无可奈何的情形并不少见。但对于人为世界来说，情况就大不相同了。因为人为世界是人类根据自身生存与发展的需要而创造的。人类在创造其中的一事一物的时候，就已经赋予了它特定的使命，并随着时间的延展和人类认识的进步，而不断更新。法就是人为世界的存在物，它是由人类创造的。

法是人所创造的。有的人认为，法是世间万事万物都有的，即万事万物都有自己的法。这种观点以自然法学派为代表。在自然法学家们看来，自然规则就是自然界的法。这实际上是对法的泛化，如果说它能够成立，也仅是在比喻意义上成立的。任何事物都有它们的生存和发展规律，但这些规律并不是法。即使有人一定要称之为“法”，也绝不是人类社会的法的含义。事实上，法只能是人类社会才产生和拥有的。自然界的自然法则,并不是我们人类社会法的含义。

法是为调整人与人之间的关系而产生的。对绝对孤立的个人来说,法就毫无存在的价值。因为任何绝对孤立的个人存在,都不可能建立起任何人际关系。没有人际关系,也就没有人与人的协调,没有人与人之间的矛盾。既不需要协调,也不需要解决矛盾,也就没有产生协调、解决矛盾的可能和必要。法总是多个人共同的行为规则,其目的就是要解决人与人之间的矛盾,协调人际关系。

法是人为世界中的一种存在。在人为世界中,与法相共存的有道德、宗教、哲学、艺术等。人为世界的每一种"物"都有其他"物"无法替代的意义。这也正是各种"物"之所以能够在人类社会中长期存在并持续发展的原因。法正是人类社会的这种"物"之一。法与道德、宗教、哲学、艺术等并存,并与它们相互作用,甚至相互补充。法在与这些社会存在共存、互动、互补的同时,共同服务于人和人类社会。

二、法的价值主体与客体

价值的主体与客体是价值关系中必要的基本元素,没有这两个元素,任何价值关系都无法得以建立。

(一)法的价值的主体

法的价值的主体是构成法的价值关系的最首要的要素。没有价值主体,任何价值都不可能存在。因为任何价值都只能是一定客体对于主体的意义。在人为世界中,社会现象的主体只能是人,而不可能是其他任何别的事物,价值的归宿也只能是人。在自然世界中,人虽然不是世界的缔造者也不是世界的主宰者,但是人依然是自然世界中价值尺度的确定者,对整个自然世界依然有重大的影响,并以其价值观的状况影响着与之共存的相关事物。古罗马的西塞罗早就有对于人的独特能力——理性及其智慧的论述:"这种我们称之为人的有预见能力、感觉敏锐、感情复杂、善于观察、能记忆、富有理性和智力的动物是由至高的神明创造的,被置于可以说是最佳的状态,因为在如此众多种类的生物及其各种不同的天性中,只有人具有理性,能思维,而其他一切生物则缺乏这种能力。有什么——我不是说在人身上,而是说在整个天空和大地——比理性更神圣?当理性发展成熟和完善,便被恰当地称之为智慧。"①

法的价值如同其他价值一样,都是在特定的价值关系中产生和存在的。没有价值主体,任何价值关系都无从建立。法的价值主体的重要性也同样如此。法的价值主体是建立法的价值关系的根本,或者也可以说,法的价值的主体是法的价值的前提性要素,没有法的价值主体也就没有法的价值。

法的价值主体是人。作为法的价值主体的"人"的含义是十分复杂的。

作为法的价值主体的人,首先是具体的人。法总是由若干具体的法律制度、法律规范构成的。每一个法律制度、法律规范总是在特定历史时期,由特定的人创制的。它的目的也在于为特定时间、特定范围的人提供行为准则。它对于这些"人"的意义,也应当是具体的。再说,法的价值的评价总是由特定的人作出的。因此法的价值主体的特定性或者具体性,是不容忽视的。

作为法的价值主体的人,其次也是抽象的人。这种"人"首先不是"人"的个别,而是人的整体,是全体人的总称。法的产生与存在是整个人类社会发展变化过程中出现的历史现象。法并不是个别人努力的结果,它是人类精神发展进步的结晶。作为其主体的人,是作为类而存在的人。法的价值的主体——"人"应当是普遍的人。

作为法的价值主体的人既是具体的人,也是抽象的人,是具体与抽象的统一。作为法的价值主体的人既可能是作为个体的人,也可能是作为群体的人,是个体与群体的统一。仅认识到某一方面都是错误的。但是个体的人是法的价值最基本的主体。因为群体的人不过是个体的人的结合而已。群体的基础是个体。在一定情况下,没有群体也许会有个体的存在;在任何情况下,没有个体绝不可

---

① ［古罗马］西塞罗:《论共和国・论法律》,王焕生译,中国政法大学出版社 1997 年版,第 191 ~ 192 页。

能有群体。在法的价值主体的认识上既要避免仅看到个体而看不到群体的错误,也要避免仅看到群体而看不到个体的错误。由于传统的原因,在我国尤其要避免那种只看到群体但看不到个体的错误。作为群体的人,有一个群的量的问题。最大化的群体就是作为类的人。其他的人的群体可以是作为一个国家的人、一个民族的人、一个种族的人、一定社区的人、一定组织的人等。

作为法的价值主体的是人,而不是物。那种把物作为法的价值主体的理论或观念是十分错误的。在历史上有的学者曾把“自然法则”当作法的规则,在今天看来肯定是错误的。就是在当时也不是正确的。只是基于当时人们关于法的意识水平,基于其在某种意义上具有一定的合理性,于是才在许多人那里被当作了正确的而已。在今天依然有人认为法的主体可以是物,包括有生命的物(动物或生物)和没有生命的物。这种将法律主体泛化的理论和观念是错误的,甚至是有害的。那种把动物、机器人当作价值主体的认识和做法都是错误的。这种对于价值主体的随意扩大,实际上是对法的价值主体的误解及其语词的滥用。将法的价值主体扩大到人之外的动物或物,可以说是法的贬值,是人类自觉与不自觉中缺乏自尊与自重的表现。人类的法的确可能也需要对物或动物具有一定的保护意义。从非价值论意义上,将法对于物或动物的这种意义也可以叫作对于物或动物的“价值”。但这种“价值”实际上是人类在发展到一定阶段后自身认识发展进步的成果。这种法所满足的并不是动物的需求。它是人类自己的部分或整体对法的一种期望、一种高层次需要的表现。它所满足的是人的一定的物质需要和精神需要。例如人类对稀有金属的保护性开采、对大熊猫的保护。前者主要满足的是人的物质需要,因为世界的财富并不是无限的,人类实际上是为了自身的生存和发展对稀有金属的需要而采取了对其的保护。后者主要满足的是人的精神需要。因为人类发展到今天已经清楚地认识到了自己只是自然界的一种存在,世间的万事万物应当拥有生存的权利。再者人类为了自己的良好发展也必须维护必要的生态平衡并与其他物种并存,如果人类肆无忌惮地掠杀或不顾其他生命的存在,人类自己也将面临危险。所以,不论人类如何运用法保护其他物或动物，应当说这种法的价值还是为了人而存在的，是人的需要的产物，目的还是满足人的需要，它仍然是法对于人的价值。

（二）法的价值的客体

法的价值的客体是法的价值关系得以建立的又一要素。如果说没有价值主体，价值便没有"价值"，那么，没有价值客体，价值就没有来源。任何价值都不过是价值客体对于价值主体的意义。价值是在价值客体上体现出来的。法的价值也是由法的价值客体体现出来的。

法的价值客体也有一个抽象与具体的问题。抽象的法的价值客体即是指最泛意的法。这种法不是就某个法的制度或规范而言的。它是指法的总体，是对所有的法的一种概括，是指整个人类社会的一种广泛的法存在。它包括各个时代、各种类型、各种传统的法。具体的法的价值客体，当然是指特定的法律体系、法典、法律制度、法律原则、法律规范、法律条款等。这些都是法律的具体构成部分。作为法的一定表现形式，它们都包含并体现着一定的价值，都可以由人们对其进行法上的价值评价。

在广义上理解的法的价值客体，还应包括法律机构、法律事实、法律实施。因为在许多法学家看来，法包括法律机构、事实和实施的状况与过程等在内。它们都具有一定的法的价值，也可以作为人们进行法的价值评价的对象。抽象的法或者具体的法典、法律制度、法律原则、法律规范、法律条款，乃至法律机构、法律事实、法律实施等，都是法的价值的客体。

（三）主体与客体关系的反映

法的价值是以法的价值主体与法的价值客体之间的关系作为产生基础的。对于法的价值来说，其主体与客体，两者缺一不可。将法的价值主体与法的价值客体连结起来的是人的立法活动，是法能够满足人某种需要的属性，是法的实施。

立法活动是人创制法、修改法和废止法的活动的总称。当人们认识到自己的某种需要须由法来予以满足的时候，人们就会产生立法的动机，采取立法的行动，制定新法；当人们认识到现有的法不能完全满足自己的需要时，就会补充既有的法，使其更加完善，更能满足自己的需要；当人们认识到现有的法不能满足自己的需要或者阻碍了自己需要的满足，就必然会修改或废止现有的法。立法总是人们尤其是立法者所认识到的人的需要的体现。人们总是以“人”的需要为中心，来做出具体的立法行为。

法具有满足人们需要的属性。法在产生的时候，就具有满足一定的人的需要的性质。没有这个性质，谁也不会去创设法。这是从法的产生上讲的。从法本身的规范意义上讲，它作为人们的行为规范，当然是以人们对自己各种行为性质和价值的清楚认识作为基础的。其中必然包含人们对法之下的行为的价值期望。自古以来的法律实践已经向世人清楚地表明，法具有对人的意义，能够满足人的许多需要。法能满足人的需要的属性也是法的价值主体与法的价值客体相互连结的纽带和相互贯通的桥梁。

法的实施是法满足人的需要的具体过程。法通过其文字或者其他方式表述，具有一定的价值，并可能在某种程度上得到了实现。但这种价值实现是极不完善的。因为，法还必须靠人们的遵守，大量的法的价值都必须依靠遵守，才能得到现实化。当人们的行为符合了法所要鼓励的价值愿望，只有通过法的实施才能依法予以褒奖。人们偏离了法所昭示的准则，背离了立法者所期望的价值，即违法的时候，也只能通过特定的法律制裁才能保证法所包含的相应价值得以实现。

三、法的价值与人性

法是人的创造物，法与人性之间就必然地具有这样那样的联系，甚至可以说法就是人性发展的产物。法学中的价值研究必须将人性与法的价值联系起来。因为，“一切科学对于人性总是或多或少地有些联系，任何学科不论似乎与人性离得多远，它们总是会通过这样或那样的途径回到人性”。[①]

人性问题是人类关于自身认识上争议最大的问题之一。“在时

---

① ［英］休谟：《人性论》（上册），关文运译，商务印书馆1980年版，第6页。

间不断流逝的长河中,在人类生活的千变万化后面,传统哲学家们总是希望发现经久不变的人本性,曾提出了各种各样而又相互歧义的定义。”[①]具体地说,在西方,人性问题上最大的争议是人性的理性与非理性的问题,即人究竟是理性的还是非理性的;在中国,人性问题上最大的争议是人性的善与恶的问题,即人性究竟是善良的还是邪恶的;马克思主义则主要从自然属性、社会属性和精神属性三个方面揭示了人性的内涵。[②] 在人性上的不同认识往往会导致不同法律学说的产生与形成。换句话说,不同的法学学术主张可能是导源于不同的人性认识的。这些学说具有或多或少的科学性,因此为了全面探讨法的价值的人性依据,有必要对这些主要的人性理论进行评说,并肯定其中科学的部分。要探讨法的价值问题,就必须关注从人性角度进行的价值诠释,并应力争对法的价值与人性之间的基本关系作出科学的阐释。

法与人性的关系问题一直为学者所关注。中国古代的荀况、古希腊的柏拉图都是将法与人性联系起来的思想家、哲学家和法学家。荀况在《荀子·性恶》中提出,法是以人性恶作为其产生的基础的。他说:“从人之性,顺人之情,必出于争夺,合于犯分乱理而归于暴。故必将有师法之化。”[③]“古者圣王以人之性恶,以为偏险而不正,悖乱而不治,是以为之起礼义、制法度,以矫饰人之情性而正之,以扰化人之性情而导之也。”[④]柏拉图在其《法律篇》中指出:“人类必须有法律并且遵守法律,否则他们的生活将像最野蛮的兽类一样。……人类的本性将永远倾向于贪婪与自私,逃避痛苦,追求快乐而无任何理性,人们会先考虑这些,然后才考虑到公正和善德。这样,人们的心灵是一片黑暗,他们的所作所为最后使他们本人和

① 紫竹编:《中国传统人生哲学纵横谈》,齐鲁书社 1992 年版,第 21 页。

② 这是从总体上所做的概括,既不意味着中国没有人性的理性与非理性之争,也不意味着西方没有人性的善与恶之辩。其实,中国有学者探讨过人性的理性与非理性,西方也有学者探讨过人性的善与恶。作为考察方法,他们从不同侧面对人性进行探讨,各有存在的价值。对于其中的观点,应做客观而严肃的理论分析,不能轻易地肯定或者否定。

③ (战国)荀况:《荀子·性恶》。

④ (战国)荀况:《荀子·性恶》。

整个国家充满了罪行。如果有人根据理性和神的恩惠的阳光指导自己的行动,他们就用不着法律来支配自己;因为没有任何法律或秩序能比知识更有力量,理性不应该受任何东西的束缚,它应该是万事的主宰者,如果它真的名副其实,而且本质上是自由的话。但是,现在找不到这样的人,即使有也非常之少;因此,我们必须做第二种最佳的选择,这就是法律和秩序。”①

(一)理性与非理性的对立统一

也许是由于理性问题本身就过分艰涩,也许是由于理性在历史上被在多重意义上广泛使用,以至于现代的人们难清楚地把握其基本的含义,使人莫衷一是。理性被作为人的本性探讨的时候,情况更为复杂。有的学者认为,在人性学说中,理性观是与经验观相对应的。其实,情况并非如此。与理性相对应的,也可能是感性或经验,这是从认识论角度提出的;也可能是愚昧和迷信,这是针对神学而提出的。有的学者往往不区分在不同意义上使用的理性,而将其混用。其实,这两者间有着联系,也有着差别。在论述有关问题时,将其彻底区别开来是不现实的,也无法做到。在人性问题上,将与理性相对立的观念称为“感性或经验”或者“愚昧与迷信”都有不妥之处,也许称之为“非理性”更为准确。

1. 人性的理性性质与法的价值

人性是理性的,这一观点在西方源远流长。柏拉图将人性分为三个部分,即理性、志气、欲望。其中以理性为最高。因为,如果志气获得理性的支配,志气便表现为勇敢;如果欲望获得理性的支配,欲望便表现为节制;如果志气、欲望都获得理性的支配,人便获得正义的德性。柏拉图进而认为,人的理性处于了支配地位,善就占有优势,法律就用不着。否则,就必须让人们服从外在的权威——法律。法的作用就是禁止人们放纵欲望,使那些不能按照理性行动的

① [古希腊]柏拉图:《法律篇》,转引自《西方法律思想史资料选编》,北京大学出版社1983年版,第27页。

人能够约束自己，以维护个人正义的品德。[①] 亚里士多德认为，[②]“人的功能，绝不仅是生命，因为甚至植物也有生命，我们所求解的，乃是人特有的功能。因此，生长养育的生命，不能算作人的特殊功能。其次，有所谓感觉生命，也不能算作人的特殊功能，因为甚至马、牛及一切动物也都具有。人的特殊功能是根据理性原则而具有理性的生活”。[③] 亚里士多德还把人的理性与法联系起来，“法律恰恰正是免除一切情欲影响的神和理智的体现”。[④] 斯多葛学派将人的理性自然化，将人的理性等同于自然，而至高无上的法就是自然法。奥古斯丁、阿奎那等学者提出了宗教理性。奥古斯丁在一定程度上继承了柏拉图的人性学说，认为没有理性的人，就需要依靠外在的命令包括法来控制其欲望。法的目的和作用就是用来控制那些没有理性的人的各种欲望。阿奎那将法定义为，“法律不是别的，而是一种由管理社会的人所公布的、以共同福利为目的的理性的命令”。[⑤] 在他对法的分类中，永恒法来自神的理性；自然法是理性动物——人对永恒法的参与，体现着永恒法与理性动物的关系；人法是根据永恒法制定的，反映着人类理性等。近代理性主义哲学的开创者笛卡儿就认为，理性是人的天赋，人与禽兽的差异就在于人具有理性的禀赋。其后，理性主义经过康德、黑格尔发展到极致。在理性被作为一个哲学旗帜使用的时候，“法学是哲学的一个部门”，[⑥]法也当然被置于理性的阳光下，受到新的审视。

理性是人所独有的，是人与其他任何生命体的根本区别之所在。没有理性，人类就不可能认识到自身对于法这种社会规范的需求，也不可能自主地创设或者运用法来约束自我、规范自我、制止恶行。正是由于人有了理性，才可能有自知之明。法是理性的产物，而不是人类非理性的结果。

---

① 张宏生主编：《西方法律思想史》，北京大学出版社 1983 年版，第 30 ~ 31 页。

② 亚里士多德认为，人的本性是理性。但他也认为人具有非理性，人性是理性与非理性的对立统一。

③ 周辅成编：《西方伦理学名著选辑》（上卷），商务印书馆 1961 年版，第 280 页。

④ ［古希腊］亚里士多德：《政治学》，吴寿彭译，商务印书馆 1965 年版，第 169 页。

⑤ 转引自张宏生主编：《西方法律思想史》，北京大学出版社 1983 年版，第 35 页。

⑥ ［德］黑格尔：《法哲学原理》，范扬、张企泰译，商务印书馆 1979 年版，第 2 页。

2. 人性的非理性性质与法的价值

人性未必都是理性的。亚里士多德在肯定人的理性的同时,也肯定了人的非理性。他认为人性包含理性与非理性两个方面。中世纪的神学法学虽然肯定了神的理性和一定程度的人的理性,但由于其把神强调到了无以复加的地步,把神的理性置于了人的理性之上,实际上是使理性被践踏,使非理性的神性占了上风。面对理性主义的兴起,非理性的经验主义也得到了很大的发展。培根、休谟都怀疑和贬低理性的意义,强调情感与直觉等非理性的作用。现代非理性主义哲学思潮得到了相当大的发展,其认为,作为主体的人是个别的、不可重复的,人的非理性成分,如意志、情绪、直觉、本能被特别强调,并认为人的非理性因素对于人具有决定的作用。既然人是非理性的,法当然是人的非理性的产物。

在法的起源上,除了人的理性因素的作用之外,不可否认的是,人的非理性因素发挥了重要的作用。法的起源在一定意义上也是人类迫于社会发展的压力,面对各种从未遇到的社会矛盾,在人类智慧初步发展的基础上,自觉不自觉地发现和采用的社会调整手段。法的产生也不是人类把关于法的一切都认识清楚之后的理性选择,而恰恰相反的是它的产生具有十分特殊的非理性色彩。也就是说,人类法的产生,不仅是因为人拥有理性,甚至也是因为人具有非理性。人的非理性在法的产生上,具有重要的意义。第一,人的理性的发展是以一定的非理性存在作为认识基础的。人类认识法与运用法的过程,都离不开人类的非理性的作用。尽管这种作用或许是好的或许是不好的,但没有非理性的存在,法的产生是不可能的。第二,人的非理性也是法产生与存在的根据。人类有非理性的存在,就需要用代表理性的法来规范人类的行为,防止和制裁非理性行为,预防和减少非理性给人类带来的危害。

3. 理性与非理性的统一

人是理性的动物,人具有理性,也具有非理性。这两个方面,一般地说,是并存的。理性与非理性不是有或者无的差别,而只是一个主次的差别而已。亚里士多德关于人性中理性与非理性的观点是很有见地的。从法的产生历史过程来看,法是理性和非理性共同作用下的产物。从法的产生的根据来看，人的非理性为法的产生提供了必要性，人的理性为法的产生提供了可能性。没有理性或者没有非理性，法都不可能产生。法的价值也是在这样的根据和过程中产生和被确立的。法的价值也因为人的理性与非理性并存而被确立了下来。在法产生以后，人类对于法的把握，在很大程度上都是通过理性或非理性的方式进行和持续的。对于法的价值的理解，对于具有法的专业知识的学者和法律工作者来说，主要是理性的，对于其他人来说则并非都是理性的。即使是法学家或者法律家，他们对待法的价值的理解与追求，也并非全是理性的态度和理性的方法。非理性依然会在一定层面上和一定程度上发挥其作用。理性与非理性的统一，构成了法的价值的人性基础。

（二）善恶的有无与对立统一

善恶一直是人性判断与人性认识上的基本范畴与尺度。对于善恶与人性、善恶与法之间关系的认识，是对法的价值进行认识的重要前提。

1. 善恶理论与法的产生和价值设定

人性的善恶理论不是人类对于人的行为的善恶认识，而是指人类对人性的善恶的认识。弗兰西斯·培根在《论善恶的特征》中开宗明义地指出，“需要仔细考虑的问题在于，什么是善，什么是恶，什么是较大的善，什么是较小的恶”。“什么是善，什么是恶”这是20世纪以前的伦理学家主要关心的问题，但在20世纪，伦理学却发生了很大变化，它更关心的是“善是什么”。被推崇为20世纪西方伦理学开路人的乔治·爱德华·摩尔开拓了伦理学的一个新的领域：元伦理学。元伦理学的核心问题就是“善是什么”。①

人类为什么要去探求善与恶？这种探讨的目的绝不仅限于要搞清楚问题本身，而更在于要帮助人类区分善恶，衡量善恶，择善而从，从善去恶。人类除运用自己设定的道德来区分善恶，并帮助人们远恶趋善外，比道德更为严厉的手段就是法。人们通过法来表明自己的善恶观念与认识，对恶行予以禁止与制裁，对善行予以提倡

① 冯平：《评价论》，东方出版社1995年版，第17页。

与嘉奖。

对人性的善与恶的理论探讨,是中国传统哲学的核心论题,也是中国文化学说的理论基础。有学者做了这样的概括:"在中国传统的人生哲学思想发展的过程中,关于人的本性问题的探讨、展开及其演化,主要有儒家的人性说、道家的人性说和中国佛教哲学的佛性说。其中,以儒家的人性说为主导,形成了一种儒、道和佛互济互补的理论格局,从人性理论基础方面,规范了中国传统人生哲学思想的发展。"①

概观整个人类历史中的与人性善恶学说相关的法学思想和法学理论,不外乎四种基本的观点:一是性善论;二是性恶论;三是无善无恶论;四是有善有恶论。这些看法都包含人类在人性善恶上的思考。其中难免有失之偏颇的地方。其实,作为整体的人类或者作为个体的个人,其人性都是有善有恶的,人性中既有善恶之性,也有善恶之因。有善有恶及其内涵的善性恶性、善因恶因构成了法的价值的人性基础。

(1)性善论与法的产生和法的价值

儒家创始人孔子,除了从宏观上提出"性相近也,习相远也"②的命题外,缺乏对人性更多的论述。他的论述虽然没有涉及对人性的善恶判断,但是却为人性的善恶探讨确立了一个前提,即任何人在降生时人性是没有太大差别的。人性的差异系因后天"习"而有别。

孟子对人性的认识则离开了孔子的见解。他也是儒家的重要代表,其人性理论则为典型的性善论。孟子认为人性本善。"仁、义、礼、智,非由外铄我也,我固有之也。"③"人之所不学而能者,其良能也;所不虑而知者,其良知也。孩提之童,无不知爱其亲者,及其长也,无不知敬其兄也。亲亲仁也,敬长义也。"④可见,仁、义、礼、智的美德,都是人与生俱来的。在肯定人性善的同时,他把人的

---

① 紫竹编:《中国传统人生哲学纵横谈》,齐鲁书社 1992 年版,第 21 页。

② 《论语·阳货》。

③ 《孟子·告子上》。

④ 《孟子·尽心上》。

性与情对立起来,认为人的性是善的,无善恶之别,而人的情则有善有恶。

性善论在一定意义上为法的产生与存在提供了道德根据。人的本性是善的,那么人的恶就是与善相对立的。法是为善而设立的,其目的就在于制止恶的产生。惩恶扬善就成为了法的价值追求。性善论对于解释人类立法的动因与动力,对于引导法的向善和进取,都是很有价值的。

(2)性恶论与法的产生和法的价值

中国性恶论的代表人当首推荀况。他提出“人之性恶,其善者伪也”。[①] 其中的意思是非常明确的,人的本性是恶的,人的善是人为——经过人的礼义教化——的结果。这里的“伪”,即是人为,经过礼义教化的意思,而不是后人所理解的“虚假”之义。对于“伪”的理解,荀子自己是有所解释的,“性者,本始材朴也;伪者,文理隆盛也。无性,则伪之无所加;无伪,则性不能自美”。[②]

性恶论对于认识法的产生具有重要的价值意义。荀子性恶论的直接要求就是法的产生。他从其所认定的人性观出发,认为要防止人性恶导致的“暴”,使人性合于文理,归于治,就必须“有师法之化”,即“今人之性,生而有好利焉,顺是,故争夺生而辞让亡焉;生而有疾恶焉,顺是,故残贼生而忠信亡焉;生而有耳目之欲,有好声色焉,顺是,故淫乱生而礼仪文理亡焉。然则从人之性,顺人之情,必出于争夺,合于犯分乱理而归于暴。故必将有师法之化,礼仪之道,然后出于辞让,合于文理,而归于治”。[③] 他进而认为,“今人之性恶,必将待师法而后正,得礼义而后治。今人无师法,则偏险而不正;无礼义,则悖乱而不治。古者圣王以人之性恶,以为偏险而不正,悖乱而不治,是以为之起礼义、制法度,以矫饰人之性情而正之,以扰化人之情性而导之也”。[④] “故古者圣人以人之性恶,以为偏险而不正,悖乱而不治,故为之立君上之势以临之,明礼义以化之,起

① 《荀子·性恶》。
② 《荀子·礼论》。
③ 《荀子·性恶》。
④ 《荀子·性恶》。

法正以治之，重刑罚以禁之，使天下皆出于治，合于善也。”①由人性恶到法的意义，荀子都予以了论证。这是性恶论对法的基础意义，它也表明了性恶论对于法的价值。

性恶论看到了人性的恶因所导致的人的恶行。它比简单地肯定人性的善，更为冷静和理性。它在看到人性恶的基础上提出对人性恶的抑制，更为难能可贵。对法的产生提出了与性善论所不同的见解，其意义是不应低估的。但是，它把人的恶因与恶行相混淆，影响了人们对人性的客观认识，是有失偏颇的；它在肯定人性恶的同时，否认人性的善，又是片面的，甚至使人类创制道德、法等以制止恶的动力何在也无法解释。当年的荀子也意识到了后一问题，在其著作中写道：“问者曰：‘人之性恶，则礼义恶生？’应之曰：凡礼义者，是生于圣人之伪，非故生于人之性也。”②圣人也是人，圣人之善亦人之善也。更何况即使是圣人之善也有一个为有善者才能接受的问题。但荀子忽略了这些。

（3）无善无恶论与法的产生和法的价值

据说，我国战国时期的告子就提出过无善无恶的人性的观点，“性无善，无不善”。“性犹湍水也，决诸东方则东流，决诸西方则西流，人性之无分于善与不善也，犹水之无分于东西也。”③这种认识具有较大的科学成分。如果人们处于原初的状态，或者人们处于绝对孤立的状态，或者人们不把自己的道德的善恶标准加之于本无善恶的人性，人性的确是始终无所谓善恶的。

无善无恶论，对于认识人的自然本性，对于法律上的人人平等观念的确立都有着积极的意义。但是，无善无恶论往往只是对特定状态下人性的概括，不具有普遍的性质。人性的无善无恶论或许是基于原初的人，或许是基于孤立的、与社会和世界没有联系的人，或许是基于无善恶道德准则的人而得出的人性结论。而人类并不始

---

① 《荀子·性恶》。

② 《荀子·性恶》。

③ 告子，生平事迹不详。其曾与墨子、孟子等辩论人性，现无其著述可考。仅在《孟子·告子上》中可以看到其部分观点。参见《孟子·告子上》；《中国大百科全书·哲学》，中国大百科全书出版社 1985 年版，第 239 页。

终处于原初状态或孤立状态，也不可能摆脱道德的作用和影响，因此，它只是人性的特定情况，而非人性的常态，不能作为对于人性的一般概括，而且运用无善无恶理论也无法完全解释人性中善恶并存的客观事实。

(4)有善有恶论与法的产生和法的价值

有善有恶论指的是两重含义上的有善有恶。一是不同主体，有的人性是善的，有的人性是恶的。二是相同主体，其人性中既有善的因素，也有恶的因素；既有善的倾向，也有恶的倾向。

第一重意义上的有善有恶，在中国历史上是有其传统的。董仲舒就认为人性有善有恶。但他所谓的有善有恶是指不同主体，有的为善有的为恶。他认为，人性可以分为圣人之性、中民之性和斗筲之性，并且他认为，圣人之性，先天即是善的，无须教化；中民之性，需要教育；斗筲之性，经过教育也难以转化为善。[①] 王充认为，性善是中人以上，性恶是中人以下，善恶混是中人之性。[②] 这种人性认识是有疑问的。它缺乏对于“圣人”“中民”“斗筲之人”，“中人以上”“中人以下”“中人”人性的具体分析，而且对于人的这些种类划分也还未必正确。

第二重意义上的有善有恶，在中国历史上是否有学者做过探讨，难以知晓。“周人世硕，以为人性有善有恶，举人之善性养而致之则擅长，性恶养而致之则恶长”是否类此，由于其语焉不详，无法确知。

2. 人性善恶的新思考

人性的善恶，是人类用道德来解析本性后得出的结论。在无道德关照的情况下，人性无善无恶；在伦理状态之中，人性则有善有恶。

(1)无道德关照的人性，无善无恶

人性的善恶，不过是人们运用道德准则评价人性的结论。在没有道德规范或者完全排除了道德影响的情况下，人性是无善无恶

---

① 《中国大百科全书·哲学》，中国大百科全书出版社 1985 年版，第 1039 页。
② 《中国大百科全书·哲学》，中国大百科全书出版社 1985 年版，第 1040 页。

的。人的本性内容丰富,它是人作为一个独特生物、动物、生命体得以存在的规定性。没有它,甚至人都不配被称为人。一个人基于本性,要获得食物,并没有任何不正当的地方或问题。问题仅仅是在于获得食物的方式、途径、手段是否正当。也就是说,在人性本身无善无恶的情况下,手段是有善有恶的。也许是由于人们混淆了人的性质与行为,错把人的行为的善恶当作了人性的善恶。在这个意义上,人性最多只有导致人行恶或行善的问题,其本身仍无善恶,只是善恶的根因而已。

从这个意义上讲,我们不能把人性可能导致人去作恶,就认为人性就是恶的,其实,在人性可以导致人去作恶的同时,也可以引导人去从善。只看到人性可能导致恶,就认为人性是恶的,是片面的。正如只看到人性可能导致人从善就认为人性是善的一样。在认识人性的时候,许多学者都把人的本性与人的行为相混淆,误以为人的行为有善有恶,是因为人性中存有善恶,人性的善恶是人的行为的善恶的根因。

人的自然属性决定了人对物质的需求,这种需求本身并不是恶,但是如果采取不正当的方式或者途径去满足这种需求就必然会产生恶。人的意识属性(或者称精神属性)就可以使人认识自己需求的合理与否,自主地选择正当的满足自己需求的善或恶的行为方式。人的意识属性使人具有了从善的根因,但它也不等于就是善。因为,人也可能依据自己的意识而为恶。如果从人性具有理性与非理性两个方面来看,结论是一样的。非理性,易于使人作恶,但并不一定就是使人作恶,它本身更不是恶。理性,为人们区分善恶创造了条件,使人们能够认清善恶,但人们也可能利用"理性"能力去作恶。

(2)伦理状态下的人性,有善有恶

在道德的关照之下,人性有善有恶。此种情形中,人,不仅是作为整体的类的人,具有善恶之性,就是其中任何一个人都同时具有善恶的两种本性。所谓圣人、君子,无非是成功地抑制了自己本性中恶的成分而趋向于至善者。圣人、君子都是向善而能善的,只是善的程度有所不同,并非其本性中没有恶。如果圣人、君子本性中就没有恶,他们也就不值得人们那么敬重了。人要彻底战胜或驱除本性中的恶,并不是一件容易的事情。它需要人洗心涤虑、潜心修行才能做到。佛教、基督教、伊斯兰教等无不是为引导人克制本性中的恶、引导人去恶向善而创设的。历代道德典范无不是能在内心中去恶扬善的榜样。也正是因为人要战胜自己的恶性很不容易,所以那些敢于并能够战胜自己恶性的人才那么为人们所钦佩、崇敬。

肯定人性有善有恶,包括有善恶之分和有善恶之因,有利于人们正确认识人性。一是可以避免人们将人性作或恶或善的单一认识,将人性简单化、片面化。二是可以避免人为地为人性定性,使人性认识背离人性真实。

肯定人性有善有恶,有利于人们客观地认识人本身。许多人自觉不自觉地认为,善人(好人)在任何方面都是善人(好人),恶人(坏人)在任何方面都是恶人(坏人)。恰恰这又与人的真实情况大相径庭。一个人并不是用简单的善人(好人)或恶人(坏人)就能界定的。人也并非被分为善恶或者好坏两类。一个作恶多端的罪犯,可能非常孝顺其父母、挚爱其儿女。其犯罪是恶,但其孝顺父母、挚爱儿女则应当被认为是善。一个劳动模范,也有可能违法犯罪。作为劳动模范当然是善,而违法犯罪当然是恶。这恶与善都来自其本性,从人性的有善有恶中,我们可以得到比片面地认识人性更多的启示,我们对于人本身也会有更为真实的认识,对于好人的“恶”与坏人的“善”才会在理性上予以接受和理解。

肯定人性的有善有恶,有利于人类利用自己的行为规范引导人的行为,防止人性中恶的因素的作用。人性中有恶的根因,人类才可能作恶;人性中有善的根因,人类才可能行善,才可能努力地避免恶,甚至抑制恶。人类善因与恶因的并存决定了包括法在内的行为规则的存在意义。这一点是被荀子思考到了而又忽略了的。他面对“人之性恶,则礼义恶生”的疑问,应之曰:“凡礼义者,是生于圣人之伪,非故生于人之性也。”这一解释多少有些勉强。如果人性本身无善因,圣人从何而生?凡夫俗子们又何以能领悟圣人的至善情怀?所以,正是人性的善因与恶因并存,才为人难免作恶又要防止作恶奠定了人性基础;正是人性的善因与恶因并存理论,才为人为什么既会作恶，又要防止和惩治作恶作出了恰当的解释；正是人性的善因与恶因并存理论，才使人们无尽善与无尽恶的人性现实可以被理解。

肯定人性的有善有恶，有利于我们更好地对人对己，并在对人对己中运用法律和道德来处理好各种社会关系。就对人来说，如果他人有不好的地方，我们除了要帮助其改正之外，还应予以宽容。是帮助或是宽容，法律、道德都是我们进行判别的标准。对于自己来说，明知自己本性中有善有恶，就应当不断加强自身的修养，努力克制自己的恶性，张扬自己的善性。而何为善何为恶的判定依然离不开法律和道德的作用。

3. 人的属性与行为的善恶和法

人类为什么要创设法？法的产生与人性有着极大的关系。从一定意义上讲，法的产生是人善恶有无及其对立与统一的必然结果。可以说，善与恶是法存在的人性基础。

是人在道德批评中的恶性所导致的恶行，才使法有了抑制的对象，才使法的产生成为了必要。人一旦社会化以后，为了自己的生存与发展，就可能会与他人产生冲突。这种冲突的产生，是由人类生存与发展的重要性和物质生活资料等的稀缺性所决定的。

人的第一需要就是生存。这一点是不可否认的。[①] 人为了更好地生存，就必然会谋求发展。人的生存与发展都必须依赖一定的物质生活资料作为基础。没有物质生活资料等作为基础，任何人的生命本身都不可能存在。至于精神，其再伟大也会因缺乏人身这一载体而成为奢谈。

人的物质生活资料等并不是无限的。有史以来，尽管物质生活资料的数量不断增加，种类日益丰富，但人类的物质生活资料总是处于匮乏状态之中。因为在物质生活资料增长的同时，人类的需求也在增长，甚至后者比前者的增长还要快。因此人类始终处于物质

---

① 至于杀身成仁、舍生取义，则是另外一个问题。它并不否定在一般意义上生存是人的第一需要。那种“牺牲我一个，幸福千万人”的英雄壮举之所以为人们所称道也许其原因之一正是生存是人的第一需要。

生活资料短缺的环境之下。稀缺成为人类对物质生活资料的需求难以得到满足的最经常的结论。

人的生存与发展需要物质生活资料，而物质生活资料又总是处于稀缺状态之下，人类每一个个体乃至整体都必须关注对物质生活资料的获得。如果采取正常的、符合人类普遍道德要求的方式去获得，当然就是善。但如果以非常的，甚至违反人类道德法则的方式去获得，就是恶。对于这种恶仅靠道德的作用，是无能为力的。在人类相亲相爱、亲密无间的原始时代，人类实际上就已经有了如何分配、交换物质生活资料等的原始规则，人类中的个别人对物质生活资料的获得并非都能尽守原始规则。违反规则的人就会去抢劫、抢夺、偷盗、霸占或者通过不恰当交易方式获得等。为了维护人类共同的生存秩序，他们要受到谴责，甚至某种处罚。在原始规则的基础上，渐渐地建立起了道德规范，进而形成法律规范。①

通过劳动、分配、交易等获得物质生活资料，本身并无善恶，人人都需要一定的物质生活资料。但获得的方式是有善恶差别的。只要通过不正当的方式去获取物质生活资料，就是一种恶。当这种恶难以为比法更早产生的其他社会规范，如道德、习惯调整或控制的时候，法的产生就势在必然了。从这个意义上讲，没有恶，人类就无须法。法的设定本身就有惩恶的价值定位。

人的善性与人的善行，使法的产生成为了必要和可能。甚至法的存在本身就是人性中善的表现。人类之所以要创设法，可以说是因为人类有恶的存在。的确如此，如果人性中没有恶的存在，当然是不需要法存在的。但是人类为什么面对恶要去追求善，这正说明了人类并非仅有恶，应当说，人类在有恶的同时，更有善。如果说是人类的恶导致了法的产生，还不如说是人类的善导致了法的产生。

---

①　在原始规则的基础上产生并形成或分化形成了宗教规范、道德规范。原始规则并未能取代它们，而是逐步转化为社会习惯，并与它们共存，进而在宗教规范、道德规范的基础上产生并形成了法律规范。这时它们同样未能取代从原始规则中演化、发展而来的社会习惯、宗教规范、道德规范。这时社会规范就以最基础、最广泛的社会习惯作基础，宗教规范、道德规范、法律规范与之并存。社会规范即以社会习惯、宗教规范、道德规范、法律规范四个层面同时共存，相互影响。

人的恶，是法产生的前提，使法的产生具有了必要性；人的善，是法产生的动力，使法的产生具有了可能性。没有人的性与行的善恶，便无法的产生。

人性中善因恶因并存为人类行为的有善有恶提供了人性基础，人性的善因恶因并存与人的行为的有善有恶导致了法的产生，法的产生又反过来证明了人性的善因恶因并存。法就是为抑恶扬善而产生的。抑恶扬善，是法的价值追求。善，是法的重要价值目标。

（三）自然性、社会性、意识性的结合

人当然地具有自然性、社会性和意识性。这三者与法是什么关系，它们对于法的价值有何影响，是值得我们认真研究的。对这些问题的思考，对法的价值研究来说具有重要的意义。

1. 人的自然性是法的价值的重要依据

人是自然物，具有自然的属性。人是自然界长期发展的产物。地球与人类都不是上帝或者其他神圣所创造的。人与地球上的其他生命一样，都是自然按照其规律发展的结果。人类来自自然，必然具有自然的属性。首先，这种自然性表现为人都拥有自然生命。人都是以生命体形式存在的。没有生命当然就无所谓人的存在。其次，人的自然性还表现为人的生存都离不开必要的吃、穿、住、用，即必须要有一定的物质生活资料。人的吃、穿、住、用的需要是由人的自然生命所决定的。也就是说，人拥有自然生命也就必然需要吃、穿、住、用的物质生活资料。最后，人的自然性还表现在人都有一定的动物性，只是这种动物性受到其社会性和意识性的约束，或许表现得多些，或许表现得少些而已。

人的自然性，在多个层面上影响甚至决定着法的产生与价值。首先，由于人具有自然性，人就必须满足自己的物质生活资料的需要。满足这种需要的途径和方式如何，就有道德上的正当与不正当、法律上的合法与不合法的问题。用劳动、交换的方式，人们可以获得自己需要的物质生活资料。如果采取诈骗、抢劫、抢夺、偷盗等方式也可以获得自己需要的物质生活资料。后面这几种方式必然会危害人类的生活秩序，危及他人的生存与财产状态，对此必须予以禁止。但是对于诈骗、抢劫等获得方式，仅靠道德是无法彻底禁绝的。道德难以制止其中的恶行，于是在这个意义上，远比道德更有外在强制性的社会规范——法就有了产生的必要。法也就获得了弥补道德不足、实现道德期望而又难以实现的目标的价值使命。其次，人的自然性，对于法的某些价值追求来说具有直接的决定与根据的意义。人是自然的人，自然生命的存在与安全必然被放到首要的位置加以特别强调。当原始社会规范、道德都无力保护人的生命的生存、安全的时候，法的价值也就凸显了出来。应当说作为法的价值的生存、安全，首先就是源于人的自然性的。没有人的自然性，断无谋求生存、安全之说。法的其他许多价值也无不需要以人的生存与安全作为最基本的依据和前提。

2. 人的社会性是法的价值的重要依据

人总是社会的人，必然具有社会性。社会性是人的根本属性，是人与其他生命体的本质区别之一。首先，从人类来讲，人类的起源与社会是不可分离的。社会就是人与人结合的产物。人类原始时代的群体，也就是当时的社会。在从猿到人的进化历程中，群体是人类进化必不可少的条件。必须以人的群体存在作为前提，才可能有真正严格意义的人的存在与进化。其次，从个体的生存与发展来看，人是在社会中生存与发展的。就个体的人来说，不可离开类而孤立地生存在天地之间。人们从家庭到学校，从学校到工作单位，从一个工作单位到另一个工作单位，其实都是在社会中的位移而已。最后，人的活动与潜能的发挥都是在社会中进行的。人如果是绝对以个体状态存在的，那么其活动就不会具有社会意义，其潜能的发挥与否，就缺乏评价的主体和评价的准则。

人的社会性为法的产生提供了前提条件，并决定着法的价值设定。首先，人的社会性为法的产生提供了前提。人如果不是社会的，而是绝对孤立的存在，当然就没有人与人之间的关系，人也就没有与他人合作、与他人交换、被他人侵犯等问题。法总是调整人与人之间关系的，是人与人之间的行为准则。因此，人没有社会性，就不可能有法的产生，法也因此而失去了自己存在的根据。其次，人的社会性是法的某些价值最直接的基础与来源。如秩序、平等、公正等，它们都是以人的社会性作为自己最根本的依据的。有人与人结合的社会性,才会有人与人之间具有稳定性、一致性或连续性的关系状态——秩序。人的平等总是在人与人的共存中提出和要求的。仅就一个人来说,平等是没有意义的。个人的平等因没有参照系,也就无所谓平等或不平等。公正,之所以叫公正,就不会是没有社会性的人所能具有的。公者乃多人之谓也。没有社会性的人当然不存在"公"的可能,也就不会有公平或者不公平。

3. 人的意识性是法的价值的重要依据

意识性是人区别于动物的又一重要属性,它指的是人所具有的精神属性。

人的意识性,使人的劳动区别于动物的劳动,并具有创造的性质。如果人没有意识,人的劳动与动物的劳动就没有区别。人的意识性,使人的自然性、社会性与动物的自然性、社会性相区别。人具有自然性和社会性,动物也具有自然性,甚至在一定程度上具有社会性。但是,人的自然性、社会性与动物的自然性、社会性不同,就在于人的动物性与社会性是与人的意识性伴随着的,而动物的自然性与社会性却没有这种意识性相伴随。

人的意识性是法产生的精神基础。人的意识性使人能动地、创造性地对待外部世界,引导人有目的地去创设人为世界,包括创设人为世界的各个部分。法是人为世界的产物。人们之所以会创设天地之间本不存在的法,首先依赖的就是人的意识性。有了这种意识性,人们才有了法产生所必需的主体创造性。尽管法的起源并非完全出自人的完全自觉的认识,在一定程度上还是社会发展到一定阶段自觉不自觉的产物,具有一定的自发性质。这是针对法的产生导源于人的社会发展,尤其是导源于生产力、经济基础的发展意义上讲的,而不是说法是人无意识的产物。这并不排除人的意识性对法产生的意义。相反,法作为一种社会规范、一种社会意识形态,离开了人的意识性,是绝无可能产生的。

人的意识性的重要特征之一就是,人的意识中包含人的自我意识。"生活要求人不仅要认识外部世界,而且要认识自己。在反映客观现实时,人不仅处于认识外部客体的过程,而且也在认识作为一个有感觉并能思维的生物的自我本身,认识自己的理想、利益和道德品质。人把自己从周围世界中抽出来,就可以看清楚自己和世界的关系,看清楚自己在感觉什么、想什么和做什么。由此出发,人类就开始了从自在向自为、从生物本能向自由自觉发展的历程。正是自我意识开辟了人类自我控制、自我教育和自我完善的可能性。"[①]法并不是人创造出来直接改造自然世界的工具,它是被用于调节人与人自身关系的手段,正是人实现自我控制、自我教育与自我完善的规范。没有人恰当地运用自己的意识能力,对社会的人与人关系的理性认识和处置,人就不可能创设出法。即使产生了一个被叫作"法"的东西,也不会是为人的自身发展与完善而设计的,当然也就无法达到服务于人本身的目的。

价值论的产生本身就是人类自我意识觉醒的表现,是人类对自己及其命运关注的结果。"正是因为对人类命运的关注,对人的终极关怀,对哲学功能的重新思考,使价值论脱颖而出,成为哲学的一个新的组成部分;也正是因为这一原因,价值论非但不会随人类社会的发展而丧失其存在的价值,相反,它会越来越有生命力,只要它不断地更新,不断地从人类的关怀中吸取自我发展的动力。"[②]法的价值理论的产生也是如此,它同样是人类自我意识进步与文明的表现。随着人类的发展,法的价值一定会取得前所未有的进步和发展,法的价值的研究也会更加深入。

人的意识性使人的精神活动与社会实践具有价值定向性。"人类的活动,无论是认识或是实践,都是追求价值、实现价值的过程。不能取得或实现价值(无论是实用价值还是审美价值),人类根本不会给自己提出认识世界和改造世界的任务,人类也就不成其为人类了。追求价值作为人类活动的一般目的,直接决定着主体活动的指向性,影响着主体对客体的选择。人的全部激情、意向和活动过程,无不服从经过选择了的价值目标。"[③]人类创设法的时候,也就赋予了法的价值定向。尽管人类在创设法之初,也许未能对法的价

---

① 袁贵仁:《人的哲学》,工人出版社1988年版,第59页。

② 冯平:《评价论》,东方出版社1995年版,第16页。

③ 袁贵仁:《人的哲学》,工人出版社1988年版,第61页。

值作出全面的认识,但一定是设定了一定价值目标的。

法的一切价值,包括直接导源于人的自然性的生命、生存、安全等,和直接导源于人的社会性的秩序、平等、公正等,以及自由、人权、法治等,都无法脱离人的意识性。它们都是人的精神活动的结果。人的自然性、社会性与意识性共同构成了人的属性。其三者的统一,为法的产生和价值奠定了人性基础。

(四)法的价值对于人性的作用

人性对于法的价值的影响值得研究,但法的价值对于人性有何影响同样值得研究。它是人的主观能动性在人性问题上的反映,也是人在相关问题上的自觉与发展的体现。

1. 法的价值引导人性的发展

法的价值体现着人类关于法律问题的良好价值追求。它所追求的自由、平等、人权、正义等都是人类善良愿望和美好追求的集中反映。法将其结晶为价值目标,确立为人们关于法的超越的绝对指向,这就为人们确立了关于法的崇高精神信仰。人类的社会生活在很长一个时期都无法离开法,甚至会与法律相伴。法的价值追求在体现人的价值追求的同时,必然会作为人的价值追求的一个中间环节指引人们处理和对待相关事务。

人性具有抽象的一面,人性更有具体的一面。它是由每一个人的人性集合而成的。每一个人都在法的调整下生活,法的价值追求就必然会影响每一个人。每一个人都应当依照法而生活。虽然在任何时代都无法使每一个人都严格地守法,但是守法者还是大多数,甚至是绝大多数。人们对于法的遵守,显然是对其所处时代法的价值自觉与不自觉、自愿与不自愿的认可。在法的价值引导下,人们从事社会生活,久而久之,法的价值不仅具有原本具有的深厚的社会思想文化基础,而且还会更加深入人心,得到社会的普遍认可,并进一步内化为人们的内在精神。这个时候,法的价值将发挥出更大的作用。它蕴含的人类善良与美好的追求都会成为人类向善的动力,在人们的内心发挥更大的作用,进而作用于人们的行为,使整个人和人的活动都能倾向于法的价值所昭示的准则、企求与期望。人性就理所当然地在法的价值引导下,在社会实在与人们内心的两个方面，随着社会的发展而发展、进步而进步、完善而完善。

2. 法的价值矫正人性的变化

人性有无变化的问题，是一个十分艰深的问题，也许不能笼统地简单判定人性变还是不变。人性是变与不变的统一。人性在本原和总体上是无所谓变化的，它应当有其恒定的性质。但是离开了这一层意义，就人性的内容而言，这也还是有一个随着时代发展而发展的问题；就每一个人的人性而言，也还有一个良性发展与畸形恶变的问题。也就是说，人性也是有变化的。

人类的人性内容的变化、每一个人的人性变化都存在一个是变好或是变坏的问题。法的价值具有防止人性变坏的意义。如果说普遍人性内容的变化非常宏观而不好把握的话，每一个人的人性变化却是非常具体，而易于把握的。法的价值在每个人的人性变化中的作用表现得十分充分、具体。法的价值在防止每个人人性的畸形恶变中发挥着特别重要的作用。一个违法犯罪者违法犯罪的中止，也许就是由于法的存在而使其放弃违法犯罪的图谋。法在这里就通过具体规定和制裁措施阻止了这些主体人性的恶变，甚至使其改恶从善。在违法犯罪发生的时候，法通过良好价值指导下的法的适用而使各种违法犯罪受到应有的制裁。法的价值不仅发挥在违法犯罪者本人人性的矫正上，而且也使其他人的人性变化受到警示，或坚守善良之本性，或放弃恶念而修正其人性。

四、人的需要与法的价值

法是人的制造物，法是以人的需要作为客观基础的。法的价值受制于人，受制于人的需要。人的需要与法的价值之间的内在关系，需要我们深入其中进行进一步的探讨。

（一）人的需要决定法的价值

人的需要对于法的价值具有客观基础的意义，是人的价值思想、价值追求、价值目标等的基础。

1. 人的需要—社会—法的产生发展

面对人类社会，有的社会学家发出这样的疑问：人类社会的发展进步的动因是什么？是否就是生产或生产力？是否就是阶级斗争?许多社会学家都认为,最根本的应是人的需要。社会发展依赖于人的需要,法就是人的需要的产物。

人的需要是人类社会前进的动因。人的需要是永无满足的。人的需要的每一次满足都是暂时的。每一个需要的满足都是新一个需要的开始。没有人的需要就没有人类社会的发展与进步。人类适应与改造自然,适应和改造社会的目的,都在于满足自身的需要。人类适应、改造自然,创造、发展社会的过程,也就是人的需要不断满足、新的需要不断产生并再不断满足的过程。人类的需要,在一定层面上满足了,新的需要又会产生。所以许多社会学家和心理学家都认为,人的需要是社会活动的初始动因,是社会发展的动因。法是社会发展的产物。人的需要是社会发展的动因,也同样是法律发展的动因。人的需要与法有着千丝万缕的联系。

人的需要是人的主观与客观相结合的产物。需要在人本身的生理和心理上都有其存在的根据。人的第一需要应当是人的生存需要。生存需要的最基本根据是人体的新陈代谢。没有这种新陈代谢,人的生命就无法维持。所以,生存需要首先是源于人的生理需求,源于人的生命需求。

人的需要是人在一定自然环境中产生的。人是在自然环境中降生、生活的。这些自然的因素包括土地、阳光、空气、水源等。任何人都需要这些自然环境,没有这些自然环境人根本就无法存在。自然环境决定和影响着人们的需要。在土地匮乏的地方,人们会更需要土地;在见不到阳光的地方,人们更需要阳光;在空气稀薄的地方,人们更需要空气;在水源稀少的地方,水完全可能成为最为奇特的需要。自然因素是构成自然环境的一个个单元。没有自然因素及其组合形成的自然环境,人绝无存在的可能。它们的状况对人们的需要有着极其重要的影响,甚至在特定时候,可能具有决定性的意义。

人的需要是在一定的社会环境中产生、更新的。社会环境是人生存所必需的、与自然环境相并列的另一空间。这一空间的重要意义并不在自然环境之下。人从一出生就生活在一定的群体之中。他们不论是谁,都只是这个或那个群体中的一分子。每一个人,他生活的群体中的人际关系、行为规则、宗教信仰、伦理观念等都会对其产生影响。每个人从小就会受到这个群体的影响。他的需要与这个群体共同的需要、其他人的需要都有着这样或者那样的联系。每一个人要更新自己的需要,且这种更新是在他所生活的那个社会环境中完成的。新的需要能否获得满足,获得怎样的满足,也是由一定的社会环境所决定的。

从法的利益基础和意志本质上讲,人的需要都是法的基础。人的需要是法的利益基础和意志本质的决定力量。人的需要决定着人的利益,人的利益影响着人的意志。法无论在任何意义上都是以一定利益作为基础的人的意志反映。这种意志必然会反映人的需要。可以说,人的需要是法的决定因素之一。

法的产生是以人的需要为基础的。法的产生是一个复杂的社会现象与社会过程,人们可以从不同的角度,运用不同的方法来诠释法的产生。但是无论如何都无法否认法的产生是以人的需要作为基础和前提的。人们如果对于法始终没有某种需要,法的产生就会毫无意义,法就根本不可能产生,否则,人类的理性就会受到怀疑。

法的发展也是以人的需要为基础的。人类生存的基础、条件、环境总是处于变化之中的。只要它们发生了变化,人的需要就会发生变化。在人的需要变化了的时候,人类的思想、文化、观念就会发生变化,它们的变化就为法的发展变化奠定了基础,法也会适应人们的要求而发展变化。在生产力水平极其落后的时候,与之相适应,人类的文化也极其落后,人们对于法的需要也就十分简单。粗略的法已能够适应当时的需要了。在生产力水平提高到相当高的程度以后,人们的思想文化观念也得到了较大发展,这时既有的法就很难适应发展了的形势,变革和发展以前的法就会成为人们的时代要求,成为人们新的需要。法为适应这种需要不断进行变革,也就不断获得进步。循环往复,法就一次又一次地发展。法在人的需要的变化中发展着。

2. 人的生存发展需要决定法的价值

生存是人的第一需要。在生存需要之中,生命的维持就成为了必然的要求,与之相伴的安全等也成为题中应有之义。人的生存需要直接决定了法的关于维持人的生命与维护人的安全等价值期求。

人类生产物质生活资料的目的就是满足人的生存需要。人类物质生活资料的生产活动,是法得以产生的重要根源。法的产生的一个极其重要的原因是人类生产活动的需要。人的物质生活资料的生产,是人类存在的保障,是法起源的最根本依据。人类物质生活资料生产的发展也是法的发展动力。人类生产的方式总是在不断进步的。不同的生产方式会提出不同的法律要求。横跨社会生活、政治生活和精神生活的法,必然会受到生产方式的制约,并在一定的生产方式之下,为人的生产活动服务,并由此继续或进一步满足人的需要。

为了人类的生存,仅有物质资料的生产是远远不够的。因为人类的延续,除了必要的物质生活资料的需要以外,还有人的生育需要。人的生育需要,就必然要有两性之间的结合。因两性结合才产生出夫妻、父母子女关系等。这些关系在早期的人类那里也是必然存在的,只是由于人类早期物质生活条件和精神文化等多种因素的局限,人类只需要极其简单的规则就足以适应两性关系及其所导致的其他社会关系的规范化需要。在人类社会的进一步发展中,两性关系以及由其所导致的夫妻关系、父母子女关系、姻亲关系,就难再用习惯规则予以调整,于是渐渐地法就成为了调整两性关系及其相关关系的重要手段。社会发展到现代,夫妻关系、父母子女关系都已成为了法律关系,甚至因两性关系而形成的婆媳关系、岳婿关系等也成为了法律关系。法不但调整着婚姻,而且调整着因此而产生的生育、财产、抚养、赡养、继承等关系。也许有的学者会说这里的财产、抚养、赡养、继承似乎都与人的生育需要无关。如果真有这种见解,那只能是对有关问题的误解。因为没有人的生育需要,这一切就都不可能出现。对于生育需要导致的各种关系对法的需要,应当是人所共知的。其实,人的生育需要对法的需要,在历史和现实中都已经得到了多次的证实。在人口减少的时候,法总是通过降低婚龄、鼓励生育等手段促使人口增长;在人口太多的时候,法总是通过适当提高婚龄与节制生育的方式来减少人口的数量。法对于人的生育需要的价值,是法关于人的生存价值的构成部分,是法对于人的价值的重要方面。

人的发展决定了人的一系列的价值追求与价值目标。人的生存是人的发展的基础。但是人的生存本身也是人的发展的表现形式。人的持续的生存可以归结为发展的过程与状态。人要很好地生存,并为此做出努力,也就是人的发展的表现。人的生存和发展都是在人与人的关系即社会中进行的。在社会中,就有人与人之间的关系。人与人之间的行为有无约束、制约,何以约束和制约,这涉及人的自由问题;人与人之间的关系是否具有差等或等差,这就涉及人的平等问题;人在对待别人和接受别人的对待中是否被当作人来对待,这就涉及人权问题;人要维持和提高生存质量,就有追求快乐、幸福的问题;人与人之间有共同生活,就难免有纷争,纷争的产生与解决就有公平正义的问题。人类并不是一个简单的生物存在,他还要追求自身的发展完善——人类的全面自由发展。这些都是法的极为重要的价值追求和价值目标。

(二)法对于人的需要的意义

法并不能满足人的一切需要,但是它能够在多大程度什么意义上满足人的需要,是需要人们进行深入研究的。

1. 人的需要要求法的调整

面对人类的社会行为,有的社会学家发出了这样的疑问:"在社会领域,是什么东西在推动人们劳动、创作、交际、冒险或者疯狂地相互残杀?推动这些行为发生的动因,不在社会之外,而在社会内部。然而这隐藏在社会内部的神秘力量,究竟是什么?"①其实,它就是人的需要。

为了解释人类行为的动因,西方的社会学家等进行了认真的讨论。有的人认为,人是由经济诱因引发工作动机的,总是企图获取最大的经济利益;人的情感是非理性的,工作是为了报酬。即把人理解为"经济人",把人的需要理解为对经济的需要。有的人认为,人的需要不仅仅在于金钱,更主要的在于社会方面、心理方面的需

① 宋林飞:《现代社会学》,上海人民出版社1987年版,第112~113页。

要；人对人际关系及其意义的反应，比经济诱因更为强烈。即把人理解为“社会人”，把人的需要理解为对社会的需要。有的人认为，人类需要利用自己的能力与技术，进行富有创造性的、有意义与价值的活动，即自我实现；人都力求工作的成就，即为了实现其自治、独立的意义而发展特殊的能力与技术，富有弹性地适应环境；人是自动的、自制的，外在诱因和控制会对人产生一种威胁以致造成不良适应；个人将自动调整，将个人需要与组织目标结合起来。即把人理解为“自动人”，把人的需要理解为自动的自我实现①等。

在若干研究人的需要的理论中，马斯洛的需要层次理论具有突出的地位。他认为，人的基本需要至少五种：生理需要、安全需要、友爱需要、尊重需要和自我实现的需要。马斯洛的需要层次理论可评可点的地方并不少。例如，他所主张的需要实际上是欲望，并不是需要本身或需要的对象；他所主张的需要也只是个人的需要，而不包括群体或社会组织的需要。但是，马斯洛的需要理论的意义是不可忽视的。其中包含许多合理和科学的成分。从法和法学的角度看马斯洛的需要理论，应该说，在其五种需要中，没有一种可以完全脱离法，只是距法稍微远一点或者近一点罢了。具体地说，人的生理需要包括人的食欲、性欲，其获得满足的方式与途径，都与法有着紧密的关系。法在很早以前就已经对人们的有关行为作出了严格的规范。人的安全需要，除自然因素的影响外，其余如威胁安全的谋杀、伤害、抢劫、投毒、决水、爆炸等，无不有法予以具体防范。人的友爱需要与法的联系相对要少些，但是其中家庭关系等许多内容，依然在法调整的范围之中。人的尊重需要，包含名誉、荣誉、威信等在内。名誉、荣誉都与民事法中的人格权利（名誉权利、荣誉权利）有着法律上的联系，并因法而获得保障。人的自我实现的需要，包含的内容十分广泛，满足这些需要的客体和过程，都或多或少地与法有这样那样的联系。也就是说，从马斯洛的需要理论来看，人的需要与法也有着重要的联系，甚至在一定程度上制约着法的状况。

---

① 宋林飞：《现代社会学》，上海人民出版社1987年版，第126～127页。

中国的学者们并不都赞同马斯洛的需要层次理论。中国有的学者“提出新的需要层次论,主张将人的需要分为生存需要、情感需要、服务需要、社会生活需要、享受需要、发展需要六个层次”。① 从这六个需要层次来看,每一个方面都不可能离开法律相应的调整作用,并与法的价值密切相关。生存需要是人的全部需要的前提性基础。它是人维持生命的必须,主要包括生命安全、人身自由、人格尊严等,涉及衣食住行等最基本的需要。从法律产生以来,任何法律从来都没有忽略过对于伤害人身、剥夺生命的违法犯罪的惩罚,并在其后的发展中将每一个人的生存权包括生命权和健康权作为重要的人权加以特别保护。情感需要是人的重要需要,是人区别于非人的动物的特性之一。表面上看,法律对于人的情感需要无所助益。其实,只要做进一步的分析,就会发现法律对于人的情感需要并不是漠视的,相反的是,法律对于人的情感需要给予了特别的重视。在法律的一般原则中的扶助与照顾弱者原则,不能说没有关于人类情感的考虑。在民事的遗产分配中,对于残疾者、贫困者、多尽赡养义务者的照顾,其中也包含人类情感的因素。在刑事定罪量刑中,法官对于各种因素的酌情考虑也当然地包含对于人类普遍情感和案件中具体情感因素的考虑。服务需要,也叫互助需要。它包含着每一个人一方面要接受他人和社会的服务,另一方面又要服务于他人和社会。在家庭中,既有夫妻之间的相互扶养,也有父母对子女的抚养和子女对父母的赡养。在社会上,则有对于别人劳动的需要和为别人提供劳动的需要等。这些需要中,许多方面都与法律有着重要的联系。婚姻家庭法、劳动法、工资法等都与之相关。社会生活需要是作为一个社会人所必需的。任何人都只能是社会的。在社会生活中,每一个人都有许多权利、义务。在逻辑上,至少每一个人的权利都有可能受到侵犯,同样也都可能不履行或不能适当履行自己的义务。如果是一般的习惯权利义务或者道德权利义务,倒不一定涉及法律。但是如果是严重地不履行习惯或道德的义务,就

---

① 陈志尚、张维祥:《关于人的需要的几个问题》,载王玉梁、[日]岩崎允胤主编:《价值与发展》,陕西人民教育出版社 1999 年版,第 175 页。

很有可能触犯或者违反法律。有些侵犯权利的行为或疏于履行义务的行为,其本身就是违法或者犯罪。享受需要是指人们在满足生存需要的基础上,进一步改善和提高生活质量,享有舒适、幸福和美好生活的要求。享受需要并不是对于人类本性的反动,而恰恰是符合人的本性要求的。但是,人如何满足享受的需要,必须顾及法律的规定,尤其是法律的禁止性规定。凡是法律所禁止的享受,必然是违法的。如果违法地满足自己的享受需要,不仅会与法律相抵触,而且还会受到的法律的处罚。发展需要是一种高层次的需要,既存在于个体也存在于群体。它是对于生存等需要的超越。个体、群体或类的人,要谋求发展,都必须与自然相协调,与其他的群体相协调。其中包含个人之间、组织之间、集体之间、地区之间、国家之间、个体与群体之间、个体与人类之间、群体与人类之间的关系。法律在这些方面的价值意义十分突出。如果认为这六种需要就是人的基本需要的话,可以认为人的基本需要都与法律紧密联系。法律在它们的任何一个方面都有着某种程度的意义或影响。它们都需要法律的适度调整。

人的需要是多种多样的,我们无法尽数罗列或者进行完全的解析。综观整体的人的需要,不难发现人的需要具有类异性,这种类异性也决定了法律在人的需要方面的调整意义。“需要的类异性,一方面表现为若干个体或群体具有某些相同指向的需要,即需要的类别化;另一方面表现为若干个体或群体与另一些个体或群体具有某些不同指向的需要,即需要的差异化。”[①]需要与需要之间可能因类异性产生冲突,许多冲突的防止与解决都要求相应法律的调整。人都拥有生命体,人都拥有思想,人们在需要上的共同性是不争的客观事实,也没有哪一个社会学家或人类学家否认过这一点。满足人的需要的客体并不是无限的,满足的条件也不尽相同,满足的程度也会有所差异。那么,人的共同需要可能因客体有限、满足条件的不同、满足程度的差异而产生冲突。这种冲突总是表现为相同需要在不同主体之间的冲突,表现为人们满足需要的行为之间的冲

---

① 宋林飞:《现代社会学》,上海人民出版社 1987 年版,第 125 页。

突。人们不仅会因需要的相同而冲突,更会因需要的差异而冲突。因为不同的需要往往会因相互偏离或相互对立而冲突,这种冲突的解决一般都是以一些需要屈从于另一些需要告终。告终之前的过程,也即冲突的过程。在保证冲突的解决能够正确和及时地进行过程中,法担负着重要的使命。需要与需要、需要与行为的协调,都需要法律调整。相同需要的不同主体之间、不同需要的不同主体之间的这种冲突的防止,必然要求一种确定性的规范来划定利益的范围,这种规范中最有效的无疑是法。一旦冲突产生,解决冲突的手段是多元的,可以是道德,可以是习惯,当然也可以是法。但在众多的解决手段中唯有法最有权威性与确定性,因而法在防止与解决需要冲突中具有其他社会规范无法替代的地位。

2. 法是人的需要的调整手段

人的需要是可以调整的。其调整手段多种多样,法是人对需要进行调整的重要手段之一。

人的需要是多元的。这种多元性是在多重意义上成立的。在同一时刻的人,包括作为类的人和作为个体的人,都会有不同的需要。往往同时既存在自然性的需要也存在社会性的需要;既存在物质的需要也存在精神的需要;既存在生存的需要也存在发展的需要;既存在现实的需要也存在潜在的需要;既存在正常的需要也存在不正常的需要;既存在正当的需要也存在不正当的需要;既存在个体的需要也存在群体的需要和人类的需要。

在不同时候,人类或者个人更有不同的需要。人的需要,不管其主体是作为类或是作为个体,都会随着客观情况的变化而变化。人类的整体或个体的需要总是在变化之中的。在经济不发达的状态下,人类会把生存需要包括温饱等看成第一位的需要。在经济发达的状态下,人类则会把生存质量的需要放到重要的位置,充足的食物、娱乐享受的需要等也会随之被凸显出来。

人类整体的需要,在一定程度上需要法予以确认,尤其是需要国际法予以确认、保障和满足。人类个体的需要,既需要道德、宗教教规、风俗习惯等予以调整,也需要法予以调整。国际法和国内法在人权保护与保障上的实践已经作出了充分的说明。

法对人的需要的意义包括:

(1)法引导人类对需要的认识。人对需要的认识可能是多方面的,有物理意义的认识、化学意义的认识、数理意义的认识,也有法律意义的认识。法通过自己的规定,告诉人们哪些需要是合法的,哪些需要是非法的。例如少数人对毒品存在需要,在现代社会,法就会告诉人们那是非法的,人们的这种需要应当被禁止。人有交往的需要,对于正常的交往,法是保护的,但对于违法的需要、犯罪的需要,法就会告诉人们那是法所禁止的,人们应当抑制这种需要。

(2)法指引人类满足需要的行为方式。法凭借明确的规定,告诉人们应当怎样满足自己的需要。人们的需要即使是合法的,也有一个如何满足这一需要的问题。需要是合法的,但满足需要的方式是非法的,也会导致违法和犯罪的产生。例如,人们对食物的需要是合法的,在满足需要的方式上,如果通过合法劳动而获得食物,是合法的,但如果人们用抢劫的方式去获得食物,显然就是犯罪。人们对衣着的需要也是合法的,在满足需要的方式上,如果通过购买的方式获得,是合法的,但如果用偷盗的方式去取得,那必然会因获得方式的非法而演变为不合法。法就告诉人们应当用怎样的方式满足需要,而不能用何种方式满足需要,尤其是告知人们不能用何种方式去满足需要。

(3)法是人类满足需要的行为评价准则之一。同一需要,不同的人们,其用以满足需要的行为可能是不同的。不同的行为可以满足人们的相同需要,但是不同的行为在法上的意义却是不同的。从法上评价这些行为,它们中有的是合法的,有的则是非法的,有的甚至是犯罪的。法的制度或规范的评价通过法的实施得以具体贯彻,法使满足需要的合法行为得到保护,使满足需要的非法行为受到制裁。

(三)法满足人的需要的措施

法可以在多个方面满足人的需要。要准确地全面描述这些需要的满足,将是十分困难的。总体上说,法主要是在物质和精神的两个方面来满足人的需要的。

1. 法满足人在物质上的法需要

法满足人在物质上的法需要，主要表现为法满足人对物质生产的法需要、满足人对物质分配的法需要以及满足人对物质消费的法需要。

第一，法满足人对物质生产的法需要。

物质生产是人类众多需要得以满足的途径。首先，需要得以满足的物化要求，是物质生产成为满足需要的前提条件。就需要本身来说，它只是欲望、需求，它本身并不具有物质的实在内容。其满足，要求物化的物质生产作为其条件。因为只有物质生产才能使众多需要的满足成为可能。物质需要自不必说，即使是满足精神需要的精神产品，它们也无法完全脱离必要的物质载体。没有物化的载体，许多精神成果就难以存在，更无法满足人们的需要。其次，需要是依赖消费得以实现的，而消费是决定于物质生产的。只有物质生产，才能为人们的衣食住行提供物质生活资料，才能为消费提供材料和对象，使需要的满足从可能演变成为现实。物质生产是为消费——满足需要——而存在的。物质生产在满足既有的需要的基础上还会创造出新的需要。“通过消费掉生产出来的产品而被满足的最初的需要，加上生产活动，以及为进行生产而制造和使用工具，会在人们的思想中引起新的需要。”①物质生产不仅是为满足需要而存在的，它本身也制造出新的需要，并在新的社会环境中和新的社会条件下使需要发展变化。总之，需要本身需要物质生产。

物质生产作为人的重要社会活动，需要法。法是人的社会规范，调整的是人的社会活动。物质生产是人的社会活动的重要内容。人一旦出现，首先参加的就是物质生产，只有这样才可能保证人的生命体的存在和发展。人的物质生产首先便是社会的，而非个人的。人与人之间的社会关系，除血缘关系以外，也首先便是在物质生产中缔结的。法对社会活动和社会关系的调整，必然包括对物质生产的调整。

---

① 陈志尚、张维祥：《关于人的需要的几个问题》，载王玉梁、[日]岩崎允胤主编：《价值与发展》，陕西人民教育出版社1999年版，第190页。

物质生产本身的发展也需要法。人类的物质生产在最初总是很简单的,但随着人类社会的发展和生产力的不断进步,总是越来越复杂纷繁。原来的个体劳动日益为集体配合的劳动所取代。劳动中的分工日益细密。不同劳动者之间的合作日益成为社会发展的需要。相互合作的劳动者们如何遵守共同的生产规则也就成为了物质生产中的问题。他们是否遵守共同的规则,就不仅是他们每一个个人的事情,而且会累及他人和社会,因此,物质生产需要有一定的统一规则进行规范,以使物质生产顺利进行。在这种需要中,除了对生产技术的需要之外,还有对于法的需要。

物质生产发展到现代社会,更是到了离开法律就不可能顺利进行的地步。生产主体的法律地位、生产活动中的法律关系、生产技术的法律保护、生产活动的法律保护、法律责任和法律禁止,都需要法的明确规定。由于物质生产活动的复杂化和法律本身的细密化发展,二者之间的联系越来越紧密。

第二,法满足人对物质分配的法需要。

如果认为社会物质生产活动需要法,那么,社会物质生活资料的分配更需要法。人类生产了物质生活资料,生产的目的无疑是消费,消费之前就一定有一个如何分配的问题。可以说,分配是消费的前置条件和准备过程。

在原始时代,人们共同劳动,平均分配。这里尽管不太需要复杂的分配规则,其实也是有分配规则的,它就是平均分配的分配规则。人类实行绝对平均分配的时间并不是永远的。因为对老人、儿童、病人的多分或是少分,都有自己的逻辑和理性的根据,它们都不是绝对的平均分配。绝对而简单的平均分配,在人类生产力水平十分落后的情况下是可行而且必需的。但随着物质生产活动的延展和物质生活资料的丰富,平均分配的分配规则日益显得笨拙,社会迫切需要新的分配规则将原始、简单的平均分配规则取而代之。由于人们社会地位与生存状况的差异,对于新的分配规则,有的人会热烈欢呼,有的则可能抗拒反对。即使是人人都拥护的分配规则,在不同的条件下,有的人会继续拥护,有的人却会反对,甚至破坏。为了保障分配的正常进行,就必须使新的分配规则具有足够的权威,而能赋予其足够权威的就只能是由强力推行的法。

在人类走出原始时代之后或者在原始时代,就已经出现的抢夺、抢劫、偷盗,其实就是对原始平均分配规则的反动,就是不规则分配。随着人类社会的发展,如果这种非常的分配方式被一些不安分者经常采用,社会就会陷入混乱之中,人们的正常生活就没有保障。严重时以致正常的生产、分配都难以顺利进行。为了人类生产、生活的秩序需要,作为一种强制规则的法也就应运而生了。其目的,一是指导人们采用和遵循正常的分配原则,二是为人们的分配行为提供评价标准,三是为制裁畸形分配行为提供强制措施。

随着人类社会的发展,人类物质生活资料的分配越来越复杂,除了按劳分配之外,还有按能分配、按劳动力价值分配、按劳动成果分配、按资分配、按需分配等。这些分配形式都具有一定的合理性。多种分配形式并存,它们各自都需要一定的规则,彼此之间的相互关系也需要一定的规范予以调整。因此,在多种分配形式并存的情况下,法的作用更不应被低估。在哪些方面实行哪些分配形式,如何实行各种分配形式,在分配中如果产生了纠纷又由谁来解决,通过怎样的程序和方法来解决,解决中出现偏颇又如何处理等,都需要法的作用的充分发挥。

第三,法满足人对物质消费的法需要。

消费对于人的意义是不言而喻的。物质消费原本是最少依赖法的。但随着社会的发展、物质资料的日益丰富,消费中的法律问题越来越突出。消费者合法权益和产品责任问题,构成了消费法律问题的两个重要方面。

现实社会的每一个人都无一例外地是一定产品的消费者。消费者的法律保护必然会产生相应的法需要。作为消费者就有消费者权益的保障问题。消费者享有哪些法律权利,消费者的权利受到侵犯时,由哪些国家机关予以应有的法律保护,消费者应当向哪些机关进行投诉和诉讼,投诉与诉讼的法律程序为何,产品生产者和销售者应当对消费者承担怎样的法律责任等,都需要消费者权益保护法等作出具体的规定。消费者权益的保护,产生了有关的法需要。

产品责任是产品生产者所应当承担的法律责任。产品责任的种类、形式、目的等都需要法律予以确定。具体地说，产品生产者在哪些方面对产品承担责任、承担怎样的责任，都需要法来作出具体规定。有关的产品责任立法也肩负着这样的使命。它从产品责任的角度保护消费者的权利，是消费问题上的另一法需要得以满足的重要表现。

2. 法满足人在精神上的法需要

首先，法满足人心理上的法需要。由于历史传统和人类心理的双重原因，法作为人类社会生活的规则，它的存在本身就可以给人以心理上的满足，使人因法的符号意义而获得安全、秩序、正义、公平等的心理感觉。一个人到一个无法无天的国度，尽管他实际上也很难受到侵犯或者就没有受到侵犯，但由于法的缺失，他会充满着恐惧，甚至急欲逃离。这就是他对于法的精神需要未得到满足的表现。例如，到一个法制不健全的国家或地区去投资的投资者，他们总是要担心自己的投资与收益是否有保障。即使他们的利益不会受到实际的损害，他也可能因此而放弃本可以进行的投资。法不仅在正面给人以安全、秩序、正义等，也从另一个侧面给人威慑，使人服从法律所要求的安全、秩序与正义等。据说某地两村村民曾为用水产生纠纷，一场群殴爆发在即，一村干部在实在无法制止的情况下跑到当地法庭寻找法官。法庭无人，他径直抱法庭牌子而去。将法庭的牌子置于拉开架式准备大打一场的两方中间。双方一怔，冲突稍息，该干部从中调停，双方同意将争议提交法庭解决。后来在法庭的审理中，纠纷化解，双方达成了共同用水的协议，一场纠纷被彻底解决了。人们心目中法律制裁邪恶、主持正义的价值潜意识，因这块牌子而得到了唤醒。于是人们循着法律的指引做出自己的行为。

其次，法满足人对精神生产的法需要。人类的生产早已不仅是物质资料的生产。精神产品的生产早就成为人类重要的生产领域。人类的精神需要虽然是以物质需要为基础的，其对象也经常地以特定的物化形式作为其载体，但是它并不能为物质需要所代替。人类的精神需要也不能仅依靠物质生产来满足，必须要依赖精神生产本身。精神生产不仅以物质生产为基础，而且可以在一定物质生产的基础上超越物质生产的状况，相对独立地发展。人类的精神生产是人类与其他动物的根本区别之所在。人类的精神生产包括文化、科学、技术、文学、艺术、宗教、道德、卫生、体育、情操、理想、风尚方面的种种创造性活动。它们都是人类生存和发展必不可少的，并丰富着人类的生活。精神生产的状况影响着物质生产的状况，常常可以极大地推动生产力的发展，促进物质生产的进步。当然，在精神生产缺乏、滞后或者出现偏差的时候，人类的物质生产、精神生活本身都会受到严重的阻碍和破坏，甚至会导致极为严重的恶果，成为危害人类的灾难。人类的精神生产与物质生产相比较有它独特的性质，有时它比物质生产更需要法律的调整。如果说人类的物质生产本身并不会产生不良后果的话，人类的精神生产却是极其容易产生不良后果的。精神生产的过程和结果都会提出关于法的要求。社会必须要依赖法律来尽可能防止精神生产和精神生活的不良后果的发生。这是问题的一个方面；另一方面，精神生产还可能受到其他各种干扰而难以顺利进行。在对精神生产进行必要的社会调节时，常常难免调节不足或调节缺失，也可能调节过多或调节过滥，这些问题都需要引起高度重视。要保证人们对于精神生产的正确调节，的确是十分困难的事情。其尺度如何把握，是多少年来人类一直在寻求答案的难题。在众多的调节手段中，唯有法律具有最大的确定性质。只有法律才可能最大限度地排除不当的、偶然的非常干预，使精神生产良性发展。精神产品，包括戏剧、电影、电视、音像制品、文学作品、电子软件的生产，是法所关注的。社会既要求对其精神内容进行法律规范，也要求对其物质载体作出法律要求。其精神内容的合法与非法，需要法作出明确的界定。只有这样才能使精神生产正常进行、良性发展。其物质载体是否符合法的质量要求，也需要法的调整。适当的物质载体是精神内容得以存在的基础，也是其作用得以正常发挥的客观保证。精神生产需要法在其内容与载体的两个方面提供应有的保障。

最后，法满足人对精神消费的法需要。人们的消费，既包括物质消费，也包括精神消费。随着人类社会的发展，人类的精神消费必将越来越有更高的要求和更大的需求。在精神产品的消费上,也有保护消费者正当权益的问题。一方面法律要保障人们能够享有很好的、逐步发展进步的精神生活;另一方面法律又要防止人们精神消费中的畸形的、有害的现象发生。这往往是极为艰难的问题。各国法律难以避免地处于一种不断调适而又难以调适的状态之中。为了保障人们对精神产品的正当消费,除了需要运用法律来调节其生产过程与作为物质形态的产品质量之外,还有特别的精神质量的问题。精神产品的质量对消费者的危害和影响之大,甚至并不亚于物质产品。精神产品的质量与精神产品消费者的权益密切相关。为了保护人们的精神消费需要的良好满足,法律不仅仅要求人们关注精神产品和精神生活的物质形态方面,而且也关注人们的意识形态方面。在精神消费中,何以禁止假冒伪劣的精神产品,何以制裁生产这类产品的生产者,何以保护未成年人的精神消费,何以禁止严重违反人类道德、思想情感的精神产品等,都需要法的作用的发挥。法律将尽其可能地保障人们精神消费的安全、精神活动的自由、精神权利的平等与精神世界的美好。

第四章　法的价值体系

对于法的价值体系进行探究是十分重要的，它将有助于我们从总体和宏观上把握法的价值，形成对于法的价值的整体认知。

一、法的价值体系的构成

对于法的价值体系，学术界并无统一的认识，各种观点也是众说纷纭。将各种学术见解加以集中阐述并提出一些基本的学术见解，也是本书努力的目标之一。

有的学者认为，“价值体系是在一定社会生产方式的制约下由价值观念所构建的体系。它作为对一定社会生产方式内在反映的精神力量，笼罩着整个社会生活，主导和制约着人们追求和实现生命价值的社会意识和社会行为”。[①] 价值体系是多种价值以多种结构方式整合形成的统一整体。法的价值体系，也可以称为法的价值系统，是由法的价值所构成的价值系统或价值整体。

法的价值体系是由法作为客体而产生的价值所组成的价值系统。不同的客体有不同的价值，只有法作为客体所产生的价值才能被称为法的价值，

---

① 李从军：《价值体系的历史选择》，人民出版社 1992 年版，第 1 页。

只有法的价值才是构成法的价值体系的元素。在人类的价值视域中，价值是多样的，一切美好而有意义的准则和观念都可能是价值的体现。例如传统中国的仁、义、礼、智、信等，以及现代社会的善良、友谊、真诚等，它们虽然也是价值，但是，它们是道德价值，而不是法的价值。再如美观、愉悦、动听等，也是价值，是审美价值，而非法的价值。在法的价值体系之外，与之并存的还有道德价值体系、艺术价值体系、文学价值体系、科学价值体系、宗教价值体系等。法的价值体系是由法作为客体而产生的所有价值所构成的整体。与法无关的价值，不属于法的价值体系的范畴。

法的价值体系是由社会一般认可的价值所构成的。作为法的价值的主体，可以是一般的人，也包括构成一般人的个人、群体、社会。对于法的价值主体，学术界有不同的认识，但作为法的价值体系主体的，一定是普遍的、作为社会整体的人，而非某部分人或某特定的个人。在法律制度、法律规范中，所融入的价值寓意以复杂的状况存在或呈现出来。作为法的价值体系，在理想中和在表面上都主要是社会一般的价值追求的反映。

法的价值体系是客观存在的，并可根据主体需要而符合规律地创建意识状态。法的价值体系，可以蕴含在法律制度之中。作为法律制度所包含或者所体现的价值，也有其自身的结构与内在关系。法的价值体系可以是一个相对独立的价值系统。在人们的法律观念之中，价值之间也以人们意识到或未意识到的某种组合方式形成一个整体、一个系统。法律评价是有法律以来就存在的社会现象。评价法律的准则很多，虽然不是所有的准则都是价值准则，但一定有价值准则在其中。对于这些既有的价值系统，人们仅仅是去认识、总结，而不能臆造，但是人们可以发挥主观能动性完善它或者创建它。人们在创建法的价值体系的时候，务必尊重价值的科学法则。其中至少包括，所创建的价值体系中的每一个价值，都是法可能具有的价值，而不是法根本就不可能具有的价值；所创建的法的价值体系，要具有一定的公众认可的现实性和现实可能性；价值体系中每一个价值之间的关系得以较为科学、合理的设置，尽可能消除其内部的矛盾或冲突。法的价值体系的创建是一个社会工程，有一个循序渐进的历史过程，不可能一蹴而就。

对于法的价值体系的构成，不同的学者有不同的看法。有的学者认为，“法律的价值即法律所追求的目标和所要达到的目的是非常多的，如有安全、和平、秩序、自由、平等、文明、公共福利和正义等。而这些价值之间并不是截然割裂的，是互相联系、互相渗透甚至是互相包容和互相从属的。因此，我们可以把它们联结起来，构成一个价值的体系”。他列出了价值体系表。该体系表表明，法的总的价值为：正义、公共幸福、人类进步。其包括法对个人的价值和法对社会的价值的两个方面。法对个人的价值中，包括安全（人身安全、财产安全）、自由（独立自主、权利、发展）、平等（政治上的平等、经济上的平等）；法对社会的价值中，包括和平（国内和平、国际和平）、秩序（生产秩序、生活秩序）、文明（物质文明——经济发展、精神文明——科学文化发展和思想道德进步）。[①] 这个价值表表明了他对于法的价值体系的认识，并有一定的创建。但是其值得商榷的地方的确不少。其一，丰富、复杂的法的价值是否就尽在其表中，未被他列出的民主、法治、人权、权利、效益或者效率、人的全面发展，是否也可以称为法的价值。其二，正义、公共幸福、人类进步是否就是法的价值体系的最高层次，如果相对于人的全面发展，它们是否还是最高的价值准则。其三，在同一层次的若干个价值准则之间还有无层次或者等级的划分，如果有，又是哪一个具有较低或较高的意义。作为总价值的正义、公共幸福、人类进步之间有无层次、等级的差别。安全、自由、平等、和平、秩序、文明都是同一个层次的，如果它们之间需要确定等级层次关系，其价值表还将做怎样的表述。其四，他自己也认为“这些价值之间并不是截然割裂的，是互相联系、互相渗透甚至是互相包容和互相从属的”。在互相包容、从属的关系中，何以确定其层次等级差异，他没有回答，但是他的确拟出了表明等级关系的价值表，那么这一价值表的科学性就必然会导致一系列的疑问。

有的学者认为，“法律价值本身也是包含多方面内容的价值体

---

① 严存生：《法律的价值》，陕西人民出版社 1991 年版，第 151 ~ 152 页。

系,必须对它进行大体分类。……有的学者设想建立一个法律价值体系,我们认为这是一个有益的开拓性的设想。但是,鉴于目前对法律价值的研究尚处于起步阶段,我们面临的法制实践与理论问题浩繁,要建立一个完整的价值体系是困难的。……暂且对法律价值做出如下划分,这些划分可以说是法律价值体系中的不同类别或不同层次的构成雏形。……按法律价值关系中的价值客体承担者或者来源来划分,法律价值可分为法律的规范性价值和法律的社会性价值。……根据法律的功能特性来分类,法律价值可分为目的性的法律价值和工具性的法律价值"。[①] 作者用法律价值的分类来表述法律价值的体系构成,作为对于法律价值体系的一种描述,是可以的,但不是完善的。因为分类与构成虽然具有一定的一致性,但也有着视角的差异。他们仅从法律价值分类的角度考察法律价值体系,显然是不全面的。

法的价值体系包括多种结构形式,法的价值体系由多重元素以多种方式构成。法的价值的结构,不同的学者也有不完全相同的看法。在西方,有的学者认为,法的价值包括秩序、公平、个人自由、个人主义、责任、生命、个人隐私、财产权等。而其中秩序、公平、个人自由是基本的价值。其还认为,"法律正承受着各种价值的烦扰。其中的一些,例如秩序、公平和个人自由,已被人们视为应当通过法律来表达到的价值而普遍接受。它们基本属于法律价值。另外一些,例如仁慈、爱、雅等也得到了人们的普遍接受,但是由于其出身范围不够确切而不适合由法律加以保护。此外还有一些价值超然于法律之外,因为它们属于政治、社会等方面尖锐争论的话题"。[②] 有的学者认为,"除了期望财富、荣誉等,理性人也要求诸如自由、隐私、责任、机会、平等这类价值。这些价值常常关联到对法律原则的性质和结果的评价。这些价值中有三个对法律原则尤为重要,并一直在传统的普通法中得到承认。自由、责任和和平每一个都与将人

---

① 乔克裕、黎晓平:《法律价值论》,中国政法大学出版社 1991 年版,第 43 ~ 44 页。

② [英]彼得·斯坦、约翰·香德:《西方社会的法律价值》,王献平译,中国人民公安大学出版社 1990 年版,第 313 页。

尊重为理性人有着内在的联系”。① 有的学者认为，立法和审判要实现的社会价值包括，对各种权利的尊重、义务的履行、保障财产交换中的等价性、交易的安全、政府的各种利益等。② 在中国，有的学者认为，法律总的价值为正义、公共幸福、人类进步，下面又包括对个人的价值和对社会的价值。对个人的价值中包括安全、自由、平等；对社会的价值中包括和平、秩序、文明。③ 有的学者认为，当代的主要法的价值包括自由、正义、秩序、安全、平等。④

二、法的价值体系的准则结构

法的价值体系也是由不同价值准则所构成的统一整体。对于价值准则，不同的学者有不同的认识，千百年以来都从未统一过，而且永远也不可能完全统一。但是，在人们不尽相同的学说中却有着许许多多共同的见解。尽管人们对于秩序、自由、平等、人权、正义有不同的看法，但是人们中的大多数都会认为它们中的每一个都是法的价值准则。法的价值体系正是由这些人们具有不同认识的若干价值准则所构成的。从价值准则的角度来看，可以认为法的价值体系是由若干价值准则所构成的，也可以认为是由不同层级的价值准则所构成的。

（一）法的价值准则的含义

法的价值准则是人们将其固定化了的、具有一定共识性质的关于法的价值的原则、目标等。它既代表着人们的价值期求，也是人们评价一定法的现象的价值的标准。其内容非常复杂，人们的认识也不尽统一。⑤ 但是，它也具有某些公认的性质。其中至少包括秩

---

① ［美］迈克尔·D. 贝勒斯：《法律的原则》，张文显等译，中国大百科全书出版社1996年版，第8页。

② ［日］川岛武宜：《现代化与法》，王志安等译，中国政法大学出版社1994年版，第243页。

③ 严存生：《法律的价值》，陕西人民出版社1991年版，第152页。

④ 乔克裕、黎晓平：《法律价值论》，中国政法大学出版社1991年版，第六章。

⑤ 人们关于法的价值准则的认识的不统一，至少表现在这样两个方面：一是不同的人有不同的认识；二是同一个人对于法的价值准则的认识，也会存在划分不合逻辑、此准则与彼准则之间相互交叉或包容的问题。

序、自由、平等、人权、正义等。由于法的价值准则具有表达需要、评价标准的双重意义，也就使其成为了法的价值关系中不可缺少的要素。

法的价值准则是人的法需要的固化结果。人们对于法的需要是多元多侧面的，内容也十分复杂。在人类的法律实践中，人类逐步将自己的法需要用一定的语词加以概括，并以此作为自己立法和执法时所需要实现的目标。这种内涵特定含义的语词在漫长的社会发展中逐步获得了社会普遍的认可，从而具有了普遍认识的社会意义，并被社会确定下来，成为法的价值准则。秩序、理性、自由、平等、正义都是在这样的发展中被作为人的普遍需求而得到社会认同的。当然这种认同也还具有一定的模糊性和不确定性。尽管如此，它依然会有一定的共同认可度，并被社会在一定程度上共同使用。法的每一个价值准则都是人们某一方面需要的规范化、固定化的表述，代表着人类的相应需要。

法的价值准则是人们对于法包括法的现象的评价标准。既然法的价值准则是人们关于法的需要的固定化，那么这个固定化的准则一旦确立，人们就会自觉不自觉地运用它来评价各种客观的法的现实。法的价值准则进而从人们法需要的记录转化成为人们用以检验法的价值状况的尺度或标准。法的价值准则就具有了作为评价标准这一新的意义。在人类的法律实践中，人们不断地运用法的价值准则来评价各种法的现象。正因如此，才有了人们将一些法归结为“恶法”的结论和对于一些法现象的价值批判。秩序、自由、平等、正义等无不是人们评价法和法现象的准则。

法的价值准则具有时代性。法的价值准则是在人类的法律实践中逐步产生形成的，它经历了历史的发展形成过程。人类对于法的价值准则的认识是一个无限发展的过程，其内容也会随着时代的发展而有所变化和发展。不同的历史时代具有不完全相同的价值准则。例如，在中国古代，仁，曾经在相当长的时期都被作为法的价值准则；然而到了现代，虽然仁的精神依然保留在一些价值准则之中，但是，作为“仁”本身已经不再是直接的法的价值准则了。在近现代，人权逐步成为了法的重要的价值准则，但是在古代社会，无论是在东方或是在西方，几乎都没有能够被作为法的价值准则予以应有的重视。随着时代的发展，现代法的价值准则还会在历史发展中被修正，或者有新的价值准则产生并被纳入价值准则体系范围之内，或者有既有的价值准则消失，成为历史的遗迹。

法的价值准则具有一定的公认性。人们对于法的价值准则的认识会有很大的差异，但是这并不排除和影响人们对于法的价值准则的公认性质。法的价值准则，集中了一定人群或一定时期或一定地域内普遍的智慧，它是相当多数社会成员一致认识的精神成果。人们具有不同认识的价值准则，也可能被公认为价值准则。例如，中国古代对于正直的认识，不论人们是如何认识正直的或者在对于正直的认识上有着怎样的分歧，人们都会承认正直的确是法的价值准则之一。在现代，人们对于人权的认识，也可以说是歧见迭出，但是，人们也都会认可人权的确是法的价值准则之一。

法的价值准则具有相对性。这种相对性是在这样的意义上成立的：在对待法的问题上，不同的时代的人具有不完全相同的价值准则；不同地域的人具有不完全相同的价值准则；不同文化的人具有不完全相同的价值准则；不同人群的人具有不完全相同的价值准则。因此，法的价值准则也就具有了相对的性质，而不是绝对的。并不是在任何时代、任何地方、任何文化、任何人群中都具有完全相同的价值准则。①

（二）法的价值准则体系的构成

法的价值准则体系是由法的价值准则按照一定的结构方式所构成的整体。由于法的价值准则常常是以观念的形态存在的，又由于人们对于法的价值准则的认识具有较大的差异，就使法的价值准则体系的固定性和确定性的程度较差，因而要对其进行准确的描述极为困难。即使勉力为之也常常可能出现这样或者那样的错误。

法的价值准则体系中包含若干价值准则，如秩序、自由、平等、人权、民主、法治、权利、正义、人的全面发展等。这些价值准则构成法的价值准则体系的整体。在法的价值准则体系中，各个价值准则

---

① 价值准则的相对性使价值准则的情形更为复杂，也使价值理论更加丰富多彩。

之间有其内在的联系。它们既有层次差异、分别独立,又交互作用、相互辅助、共同整合。这些准则之间的层次差异是客观存在的。但是,它们之间并不会有抽象的、严格的等级分野或者划分。那种认为可以寻找到或建立起法的价值的严格等级体系的想法是不切实际的幻想。为了解决法的价值选择的困难和寻求解决法的价值冲突的出路,笔者也曾为寻找或建立价值的严格等级体系做过多年的努力,但最后没有成功。笔者最后认为,无法寻找到或建立起法的严格的价值等级体系。其原因首先是人们无法将所有的价值准则量度化。不能如此,就无法将各个价值准则在体系坐标中定位,固定的等级体系的建立就会十分困难。其次是价值准则的地位并不是绝对不变的。哪一个价值准则更重要,为主体的需要所决定,往往要根据主体需要的变化来确定。这同样会妨碍固定的价值等级体系的建立和保持。最后是社会是在不断变化的,人的生存环境、需要内容都在变化之中,它们都会对各个价值准则的等级关系提出适当的变化要求。法的价值准则要想建立一个一劳永逸的等级体系是不可能的。

值得注意的是,这里所说的,是不能建立起严格的价值准则等级体系,而不是说不能建立起基本的、相对稳定的价值准则体系或没有一定的价值准则体系。

从法的价值准则相互之间的关系来看,可以认为,法的价值准则体系由基础价值准则、最高价值准则和其他价值准则构成。其中基础价值准则是第一层次的,最高价值准则是最高层次的,其他价值准则居中。法的基础价值准则是任何法都应当具有,并不得违反的价值准则。法的最高价值准则是作为法的价值的最终归宿的最高需求和最高目标。除基础价值准则和最高价值准则之外的其他价值准则,是法的价值准则内容最为丰富的部分。

从法的价值准则的适用的范围来看,法的价值准则体系可以被认为由国内法的价值准则和国际法的价值准则所构成。在总体上不论是国内法价值准则或是国际法价值准则都是法的价值准则,并无质的区别。但是由于它们调整的领域的差异,二者之间也存在一些具体的差别。例如国内法和国际法上都有秩序的价值准则。在国内法上,秩序的价值准则可以具体理解为谋求稳定、安定;在国际法上,秩序的价值准则应更多地被理解为维护和平、反对战争等。

1. 法的基本价值准则

什么是法的基本价值准则?古往今来的法学家有着不同的认识。新自然法学的后起之秀菲尼斯提出了自然法的人类基本幸福或基本价值的七种形式,即生命、知识、游戏、美感、社交、实践理智性、宗教。此外,还有体现这些基本价值的自然法上的九个道德原则:首尾一贯的生活规则、对各种价值不应专横地偏爱、对人不应专横地偏爱、超脱、许诺、功效、在每个行为中尊重每一个基本价值、共同幸福、服从自己的良心。① 彼得·斯坦和约翰·香德则认为,秩序、公平、个人自由,"这是法律制度的三个基本价值"。② "作为法律的首要目的的,恰是秩序、公平和个人自由这三个基本的价值。"③

法的基本价值至少有这样一些:生命、秩序、自由、平等、人权、公正。之所以认为这几个价值准则是法的基本价值准则,首先是因为,它们是人对于法的最基本的需要。人类创设法律的首要目的就是保障这些基本的价值。没有生命,便没有人的生存、安全,便没有法律和法的价值;没有秩序,人就无法共同生存和生活;没有自由,人就会被奴役;没有平等,人就会遭到特权的凌辱或者受到歧视;没有人权,人就只有痛苦;没有公正,人就没有是非。其次,它们是任何良好的法律制度都必须具备的。这几个基本准则中缺少任何一个,都将使法律制度趋于邪恶而成为恶法。最后,其他任何价值准则都是以它们为基础而生成的。面对这几者,其他价值都不过是它们的延伸或者扩展。其他的,如正义,它当然是法的重要价值,但是正义是包含在公正之中的。因为正义在法的体现即为公正,显然在列出了公正之后,没有必要另列正义作为法的基本价值。至于财

① 沈宗灵:《现代西方法理学》,北京大学出版社 1992 年版,第 79 ~ 80 页。

② [英]彼得·斯坦、约翰·香德:《西方社会的法的价值》,王献平译,中国人民公安大学出版社 1989 年版,第 1 页。

③ [英]彼得·斯坦、约翰·香德:《西方社会的法的价值》,王献平译,中国人民公安大学出版社 1989 年版,第 3 页。

产，它也是法的价值，但是其与秩序、自由、平等、人权、公正相比较，显然次之。因此，同样不必将其列为基本价值。

法最基本的价值。在这个方面存在大量歧见。许多人认为最基本的价值是秩序。笔者认为，这是个严重的误解。于个体而言应当是生命，每个人的生命。于群体而言最基本的是秩序。

2. 法的最高价值准则

法的最高价值准则是法的终极价值企求，它是一切价值准则的目标和极致。多数学者都认为法的最高价值准则是公正或者正义。其实，法的最高价值准则应当是人的全面发展。其原因主要是：

人的全面发展是法的价值的本质的最高要求。法的价值是法对于人的意义。法的价值的这种质的规定性本身就表明，法的价值的有无与大小均是以它对于主体的意义状况来认识或判定的。如果法不具有应有的对于人的意义，这本身就是法的价值的欠缺。法的价值要得到极致的发展，将其价值发挥到最大的程度，也就必须以其是否有利于人的发展作为依归。在法的一切价值中，只有人的全面发展才是法的一切价值准则之中最能反映法的价值的归宿和终极意义的准则。它最难以企及而又引导着人去无限追求而获得发展。

人的全面发展是将每个人和一切人联系起来的最高价值准则。价值主体问题向来都是争议的焦点。或者是以个人或者是以群体（集体）为立足点，都引发了大量争议。唯有人的全面发展能将个体与群体最有机地结合起来。

人的全面发展是法的一切价值准则的统率。法的价值准则中的每一个准则都有自己的倾向，而且都有所分别。作为法的最高价值准则的必然是也只能是那种能够作为所有价值准则的终极价值的准则。通观所有价值准则，除了人的全面发展之外没有任何价值准则能具有这样的性质和功能。法的价值准则中的秩序、自由、平等、人权、公正等莫不是以人的发展作为目标的。它们都可以说是达成人的全面发展的子项，是其一个方面、一个系统，都是最终服务于人的全面发展的。

人的全面发展是人和社会发展的终极目标。法是人的社会产物，它必然和必须服务于人的全面发展。人类一直在为谋求其全面发展而不懈努力。有的思想家构想了乌托邦、太阳城，有的构想出天下大同的太平盛世、世界国家、极乐世界等。他们都是在探索人的全面发展的人类历程。马克思主义把人的全面发展作为了共产主义的理想，甚至认为共产主义社会就是那种每个人的自由发展是一切人的自由发展的条件的，是以每个人的全面自由的发展为基本原则的社会形式。人的全面发展是人包括其法律最高与最终的价值追求。

（三）法的价值准则之间的关系

法的价值准则相互之间的关系，是构成法的价值体系的重要的方面。法的价值准则之间基本上可以概括为一致、对立、主从和分立四种关系结构形式。

1. 一致关系

法的价值准则之间的一致关系是经常的。这种一致往往表现为不同价值准则之间相互依存、相互促进、同步发展等。如效益与平等之间的关系，在许多情况下都是一致关系，并不对立。发展生产力，鼓励先进，当然首先考虑的是效益。但是，只有效益的提高，才有可能为社会创造更多的物质财富，为社会的公共事业、福利保障提供坚实的物质基础。社会公共事业、福利保障显然首重的是平等。只有平等而没有效益就会阻碍社会发展；只有效益而没有平等就会影响社会公正。效益与平等在这里达成了高度的统一。自由与秩序都是法律所并重的。除了在特定的情况下二者也会产生矛盾之外，二者之间也还有一致的关系。因为任何自由的正当享有都需要一定的秩序条件。在混乱的社会状态之下，自由必然会被不应有地滥用或者受到不应有的制约，而且更没有保障。没有秩序的自由，既可能演变成恶行，也可能受到侵犯。秩序也需要自由作为其内在的活力。如果仅有秩序而无自由，秩序就会演变成专制、暴政，秩序也不是真正的秩序。所以自由与秩序之间也是一致的。在相互联系着的价值准则之间，人们都可以发现它们所存在的一致关系。

2. 对立关系

对立关系也是法的价值准则之间关系的一种经常状态。在一定期间或条件之下,价值准则之间的对立是很自然的事情。效率与平等并不都是一致的。让一部分人先富起来与共同富裕之间的关系,实质上也是效率与平等之间的关系。二者肯定会存在一定的矛盾。二者都是重要的,法律也应当为二者提供服务。但要在同一时间或场合兼得二者,实在是困难的。近期目标上的让一部分人先富起来,与终极目标上的共同富裕,本来就不是在同一时段或情况下能同步实现的。因此二者之间就会产生对立。法治与正义之间在很大程度上是一致的,但是也随时存在对立的可能性。一个案件的受害人在短期内无法收集足够的控诉证据,由于证据不全,法官当然无法彻底查明事实,无法对案件进行实质上的公正裁决,结果使实际上的受害人得不到法律的保护。这里法治与正义之间就存在对立。① 至于秩序与自由、自由与平等、效率与公正等相互之间会有某种对立,也是必然的价值现象。

3. 主从关系

法的价值准则之间的关系,并不仅限于以上两种关系。它们相互之间除了一致或对立之外,还可能是主从的关系。有时是以甲准则为主,有时则是以乙准则为主。谁主谁从,得根据具体的情况来确定。任何法律都要考虑效率和平等。但是,在经济建设方面的法规,其首重的很可能就是效率而不是平等。二者之间就是效率为主、平等为从。但是在社会救济方面的法规,其首重的价值准则就可能是平等,而不是效率。二者之间是平等为主、效率为从。在我国生产力水平还比较低下的情况下,在法律的总体上会以效率为主,而平等次之。在我们的生产力水平发展到一定程度之后,平等就可能上升到主要的位置,而受到特别的重视。这种主从关系,在法律的制度设计上随处可见。例如审判期限中的效率与公平。在审判期限尚未届满时,法官应当力求公平,尽可能地给当事人充分行使诉讼权利的机会。但是在审判期限即将届满时,法官就得把效

---

① 在法治与正义之间出现对立的时候,法律官员应当尽可能地既维护正义又遵从法治,在二者中间寻找一个最佳的结合点。当二者出现根本就无法协调的情形时,法律官员首先必须遵从法治。这种关于正义的损失,可以理解为是获得法治的代价。可以参见本书的法的价值冲突部分。

率放到重要的位置，否则，就可能导致违反程序法规定，在违反效率准则的同时也破坏了法治原则。再如诉讼时效期间的设定，在立法上就是立法者在秩序与正义之间进行权衡，而以价值准则的主从转变作为手段来对待相关法律事务的结果。

主从关系并不是二者只居其一的关系。它们不是非此即彼，而是为主为从。也就是说，为主的并不是唯一的。即使是为主的价值准则受到特别强调或重视，也不能完全忽视为从的价值准则的意义。协调价值准则之间的主从关系，是处理价值冲突的一个重要方面和重要路径。

4. 分立关系

分立关系是指不同的价值准则之间并行不悖的相互关系状态。有些价值准则，可能经常都是对立的，但并不是任何时候都是对立的。这里所说的是分立而不是分离。价值准则之间的分立状态，有时是对应的价值准则分别存在、各自发挥作用的，如市场经济法规与社会保障法规在效率与公平之间的关系。从总体上讲，市场经济法规强调的是效率，社会保障法规强调的是公平。它们各自在不同的领域和方面存在并发挥作用，二者之间是分立的。价值准则之间的分立状态，有时是对应的价值准则并不对应存在，而仅有某一个准则在某一方面发挥作用，这也同样是对应价值的分立状态，只是它们的关系是一种特殊的状态而已。

价值准则之间的上述关系，并不是绝对的，它们可能相互转化。在一定情况下是一致的，在另一种情况下则可能是对立的，在一定情况下是主从关系，在一定情况下则可能是分立关系。不仅一致与对立、主从与分立之间可以转化，一致与分立、主从与对立也是可以转化的。总之，一致、对立、主从、分立这四种关系之间都是可以相互转化的，关键在于必须有时间、状况的改变为这种转化提供条件。

三、法的价值体系的状态结构

法的价值体系的状态结构，意在从其表现形态的视角对法的价值进行总括和解析，以深化对于法的价值体系结构的认识。

(一)法的物质价值和精神价值

法的价值可以以物质价值的形式存在,也可以以精神价值的形式存在。法的物质价值主要体现为法对于人的物质生产、交换、分配、消费的意义,是法在物质生产、交换、分配和消费等方面对于人的意义,也包含人在物质活动方面的超越指向。法的物质价值有益于人类物质生产的发展、物质财富的积累和物质资料的丰富,使人的物质需要得以满足并获得新的起点。法的物质价值更可以使人类的物质生产等超越纯粹的物质范畴,使其不仅是一般动物性质的物质需求的满足,更具有一定的超物质的精神意义,即法的精神价值。法的精神价值,一是指法调节和发展人的精神生产和精神生活;二是指法作为人们心理上的依据、支柱和目标,使人们获得安全、自在、愉悦等心理感受,并作为永远的精神指引。

(二)法的规范价值和社会价值

法的规范价值是指法作为一种社会规范对于人所具有的意义。法具有特定权威的符号意义。法作为一种行为规则能够指引人们的行为,适应人们对于规则的内在和外在要求,并以社会规范的形式评价人们的行为。法,可以以规范的形式明示人们某种行为的法律正当性或法律不正当性、法律有效性或法律无效性、法律合理性或法律不合理性等。法作为一种规范一产生即具有了规范的价值。因其存在,人们获得了可以遵循的行为规则,获得了安全的心理满足。

法的社会价值是指法通过其社会作用,通过对人与人关系的作用,而产生的对于人的意义,是对于人的社会生产和社会生活需要的满足。从社会意义上讲,法的经济价值、政治价值、文化价值、科技价值等都属于法的社会价值的范畴。这种社会价值是从价值的载体及表现领域上认识法的价值而归结的价值单元,它与从主体角度所论及的社会价值有着视角与视点的差异。

当然,法的规范价值与社会价值并不是截然分离的。从最广泛的意义上讲,法的任何价值都是社会价值,包括法的规范价值在内。法的规范价值和社会价值的划分,也只是在相对意义上进行的。从相对意义上讲,法的规范价值与法的社会价值,前者只是手段性价值，后者才是目的性价值。

（三）法的表面价值和潜在价值

法的表面价值是法明确地表现出来的法对于人的意义。这种意义在制度或实践中具有已然性和现实性，较为直观地体现为制度现实和社会实在。

法的潜在价值，是法深层的价值，它实实在在地存在着，人的某种需要也离不开它。然而，它却深藏于法表面价值之下的底层，难以为人们发现和认识。法的价值是法的制度的精神和灵魂，它并不都表现于文字的表面，而且往往都存在于字里行间的意识深处，具有潜在性。

四、法的价值体系的其他结构

法的价值的体系结构还可以从其他很多视角进行考察。最初步的至少就包括它的系统结构、主体结构、作用结构、量度结构和时态结构等。

（一）法的价值体系的系统结构

有的学者认为，“从价值体系的结构上看，法的价值体系是由法的目的价值、评价标准和形式价值三种成分所组成的价值系统。由于法的价值这一概念具有三种基本的含义和使用方式，因此法的价值体系又包含目的价值系统、评价标准系统和形式价值系统三个子系统”。[①] 对于法的价值体系的这种认识，具有相当的合理性。但是其中关于形式价值的认识值得进一步研究。根据这一论述作者的解释，其形式价值中包括的是“法律应当具有公开性，而不应诡秘难知；应当具有稳定性，而不应朝令夕改；应当具有连续性，而不应陡然巨变；应当具有严谨性，而不应破绽百出；应当具有灵活性，而不应过于僵化；应当具有实用性，而不应华而不实；应当具有明确性，而不应含混不清；应当具有简练性，而不应冗长烦琐等”。[②] 这样的形式价值，实际上是实现价值的法律制度的技术要求，是法的

① 张文显主编：《法理学》，法律出版社1997年版，第285页。

② 张文显主编：《法理学》，法律出版社1997年版，第288页。

价值得以实现的途径、条件,它不属于价值本身。

法的价值体系结构,是多重的。从不同的角度去考察,就会有不同的概括。在总体上,法的价值体系中包括法律制度的价值系统、法律观念的价值系统和法律评价的价值系统。

法律制度的价值系统,是以法律制度作为基础而建立的,它立足于法律制度之上,蕴含在法律制度之中,既是法律制度的价值反映,也是法律制度的价值指导。在整个法的价值体系中,法律制度的价值系统是最为稳定、最具有客观性质、最便于把握的价值系统。法律观念的价值系统,存在于人们的法律观念之中,指导并反映着人们的法律观念。如果说法律制度的价值系统蕴含于法律制度之中,那么法律观念的价值系统则蕴含于人们的思想深处。法律观念的价值系统是整个价值体系中最活泼、最生动、最富于变化的部分。法律评价的价值系统,是依赖前两者而建立起来的。它存在于人们评价法律现象的各种情形中,是人们用以评价法律的准则体系或观念体系。其状况如同法律观念的价值系统一样难以把握,但也同样十分明显地存在着。人们虽然难以准确地概括法律观念和法律评价的价值系统,但是,它们都是人们可以客观地感觉到其存在的社会精神存在。在逻辑上,完全可以将法的价值体系分为以上三个子系统。但在实际上,前两个价值系统是相对独立的,法律评价的价值系统则与前两者具有某种重合关系,更难以完全独立于前两者。

(二)法的价值体系的主体结构

从价值主体的角度考察,法的价值体系由个人价值、群体价值、社会价值和人类价值四个层级构成。

法的个人价值是指法对于个体的自然人的意义,是指法在哪些方面、何种程度上对于个人的意义。法的群体价值则是法对于由个体自然人结合而成的群体(如企业单位、事业单位、社会团体等社会组织)以及阶层、阶级等的意义。法的社会价值是指法对于社会的意义,主要表现为保障社会存续、促进社会发展等。法的人类价值是就整个人类来看的,法是人类历史发展的产物,是人类历史前进的表现,也是人类发展的助动力之一。其中,个人价值是最基本的,群体价值、社会价值都是个人价值的集合和延伸。人类价值是以个人价值作为基础而形成的具有人的类的普遍性的价值。法的价值的这种类别划分及其建构是从法的价值主体的外延角度讲的。这些价值未必都存在于同一具体法之上,它们可能并存、残缺,也可能相互冲突。从整体的法上讲,以上几种价值都是客观存在的。其中以个人价值为整个价值体系的基础。

(三)法的价值体系的作用结构

从价值之间的作用关系来看,价值体系中有手段价值和目的价值之分。在具体的价值关系中,并非每一价值都是同等重要的。单独的每一个价值都是法的目的。而在众多的价值之中,就会出现这样的情形,有的价值只是另一些价值得以实现的手段,而有的价值则是其他价值的目的。前者可以被称为手段价值或过渡性价值、工具性价值,后者可以被称为目的价值或目标性价值。例如,法的秩序价值与法的自由价值之间的关系,二者间秩序价值在总体上只是自由价值的手段价值,自由价值才是秩序价值的目的价值。

区别了手段价值和目的价值,才能更好地把握法的价值的方向,避免在法的价值选择上的失误;才能正确处理法的价值间的某些冲突,以手段价值服从目的价值,以手段价值服务目的价值;同时,也才能更好地促使法的价值的全面实现,避免在法的价值追求上的随意偏颇。

法的手段价值和目的价值是相对的,并不是绝对的。这首先是由手段与目的的相对性决定的。一个手段价值相对于另一个价值或许再不是手段价值,而是目的价值;一个目的价值相对于另一个价值或许再不是目的价值,而是手段价值。一个价值是手段或是目的,是与对应的主体相对而言的。其次是由手段与目的的可互换性决定的。在某种情况下,一种法的价值是另一种法的价值的手段;在另外情况下,另一种法的价值也许是一种法的价值的目的。相对应的手段价值和目的价值,在特定的条件下也可能是互换的。

对法的手段价值与目的价值的划分对于价值判断、价值选择以及价值冲突的解决,都具有极为重要的实用意义。对其应当予以足够的重视,既不可教条化,也不可随意化。

(四)法的价值体系的量度结构

从价值量度上考察,法的价值体系由正价值、零价值和负价值构成。

法的价值上的正负之分,源于哲学上的价值的正负之分。杜威就主张价值有正负之别。他说,“至少从含义中要承认价值是漂泊的和动荡的,是负的和正的,而且是有无穷的不同的性质的”。[①]“关于正的或者负的价值,如果我们要对它有所指明,那迟早将不得不把一切的东西都包括在内。”[②]日本的牧口常三郎等则主张,价值可以分为正价值、负价值和无价值。他一方面说,“相对于主体一定的目的是有用的事物,在它逐渐变得为人所不需要时,我们就把它当作无价值的存在,不管是木炭还是衣服都一样。当然,这仅仅是相对于一个人的情况,对他人或社会并非都如此。这就是说,它只意味着对于个人的有用价值消失为零”。[③] 另一方面他又说,“我认为,明确地把正价值和负价值区别开来,把前者作为肯定价值,后者作为否定价值,是比较合适的”。[④]

在我国法学理论界,多数学者认为法的价值有正负之分。但也有学者认为,法的价值只是正价值,而无零价值、负价值。有无零价值、负价值的分歧是十分明显的,而且这一分歧还将在一定时期内持续下去。

法的正价值是法对人的有益的价值,是真正地对人的意义,是真正的价值。一般所讲的法的价值都是指法的正价值。例如民法,通过对于民事活动的调整,保障着民事活动的秩序,维护着民事活动中的公正;刑法通过制裁犯罪,保护合法权益,最终保障人们的安全、健康、生命和财产,维护社会公正。法律在总体和基本上都有一

① [美]杜威:《存在、价值和批评》,载王玉梁:《追寻价值——重读杜威》,四川人民出版社 1997 年版,第 240 页。

② [美]杜威:《存在、价值和批评》,载王玉梁:《追寻价值——重读杜威》,四川人民出版社 1997 年版,第 242 页。

③ [日]牧口常三郎:《价值哲学》,马俊峰等译,中国人民大学出版社 1989 年版,第 66 页。

④ [日]牧口常三郎:《价值哲学》,马俊峰等译,中国人民大学出版社 1989 年版,第 67 页。

个维护社会公正的意义。

零价值，也可称无价值，是指法对人的无意义。它往往出现在法律的某些规范与人没有什么关系的方面或环节。那些从立法学意义上讲依然有效——没有被废止——但现实中已经缺乏调整对象的法律规则，其价值就处于无价值状态，也可以称为零价值。我国那些在计划经济中禁止买卖计划供应票证行为的法律规定，在市场经济的背景下，就是无价值或零价值的。在有的国家的个别地区，法律规定人们乘坐公共汽车时，不准带金鱼；有的地区其法律规定，人们不得把浴盆放在屋子里，而应放在院子内。这些规定，在现代社会已经没有了意义，人们是否遵守没有人监督，违反了的人也不会受到任何处罚，但它们依然是生效的法律。其实，其价值状态也就是为零，为无价值。

法的负价值是指法不但不能满足人的需要，甚至还与人的需要背道而驰，违反人的需要。对于人来说，这样的价值不是有益的，而是有害的。法的负价值一旦出现，不但不能满足人的需要，而且离人的需要更加遥远，并走到了人的需要的反面。在法的发展史上最典型的例子就是法西斯的立法、在近现代社会中允许贩卖奴隶的法律。它们不但没有价值，甚至还毁坏着人类既有的价值观念，成为对于人类的反动。其价值状态显然是负价值。

法的价值中有无零价值、负价值不能简单地一概而论。因为，法的价值是在两个层面上存在的。一是在应然、目标层面上，法的价值不应当有零价值和负价值，只能是正的。二是在已然、评价层面上，法的价值的实际状况的确有零价值和负价值存在，它们未必都是正的。基于此，简单地肯定或否定零价值、负价值都是轻率的。忽视论证的视角差异而以一端之词相互攻击，从学术本身上讲，纯粹是浪费时间和笔墨。基于此，从已然和评价的意义上讲，应当承认零价值和负价值。因为在这一意义上法的正价值、零价值和负价值划分，并不意味着法的正价值、零价值和负价值都是法的希冀、法的追求。如前所述，法的价值理应是正的，为零、为负都是不应有的异常状况。然而社会历史实际中又实实在在地存在法的零价值和负价值。相对于故意掩饰法的零价值和负价值，倒不如明确承认法的零价值和负价值。因为只有客观地承认了它们,才可能努力地避免它们,克服它们,争取法的正价值。承认并不是追求。在应然和目标意义上,依然不能确立零价值和负价值,法只能也必须具有正价值。

对法的正价值、零价值、负价值的判断往往因评价主体不同而有一定差异,这是必须注意的。但就整个人类来看,就法发展的历史倾向来看,法的正价值毕竟是主流,人们应努力扩展和充分实现法的正价值,避免法的零价值,杜绝法的负价值。

(五)法的价值体系的时态结构

法的过去价值、现实价值、未来价值和预期价值构成了法的价值的时态结构体系。

法的过去价值,是法在历史上曾经出现过,而在现实中未必还继续拥有的价值。这种价值认识是对法的历史认识的构成部分。为了避免将其与法对于历史(或在历史方面)的价值相混淆,所以,最好不将其称为法的历史价值,而称为法的过去价值。法的现实价值是法已展现并存在的价值状态,是一种客观的社会存在或社会现实。法的未来价值则是法尚未展现而在将来才能拥有的价值,就目前来说,这种价值还只是一种现实的可能性而已。法的预期价值是人们在法尚未发生价值时就具有的对该法的价值期望,被期望的法的价值即法的预期价值。

严格地说,法的过去价值、现实价值、未来价值构成法的价值的时态结构,在时序上形成了法的价值整体。预期价值是一种有别于前三者的特殊时序价值状态,它与未来价值具有某种程度的一致性。预期价值应当是未来价值,而未来价值则不一定是预期价值,因为未来并非都是主体所能预期的。

第五章　法的价值观念

法的价值观念是法的价值研究中不可回避的重要而重大的问题。法的价值观念是法的价值在现实社会中的具体表现和存在状态。对法的价值观念进行研究,是法的价值研究的基本方面与主要内容。

一、法的价值观念的内涵与外延

对法的价值观的基本内涵与总体状况的认识,是对法的价值观进行学术研究的前提,也是对法的价值观进行研究的逻辑起点,以为进一步研究创造条件。

价值观是人们对价值的认识、看法、见解的总称。它包含感性的价值认识和理性的价值认识两个方面。所谓理性的价值认识即价值理论,是有一定系统性、整体性、独立性的价值理论,亦称为价值论。

法的价值观是人们对于法的价值的认识。它也如同其他价值观一样,包含人们对特定价值的感性认识和理性认识两大部分。人们对法的价值的理性认识,往往以学说、理论的形式出现,一般称为法的价值论。法的价值观在法律中的意义是相当重大的。有学者认为,“宪法之所以重要,是因为……宪法包括了一些全世界都信仰的价值观念和规范",[①]其他法律显然也包括自己的价值观念。

法的价值观的专门性研究,当然是很晚的事情。但人们关于法的价值观念却是很早就产生了的,甚至在法的起源或"法"的语词被设定为法的概念的表达时就已经产生。中国汉语中"法"所蕴含的正直、公平、惩恶、划一、平等的价值观是不言而喻的。在西方,法的语词的设定也同样是当时人们一定法律价值观的体现。英文中的 justice,就兼具公平、正义、公正、法律制裁、司法、审判、法官等含义,而且还有"承认某人(某事物)的价值"的含义。[②] 英美法系中的衡平法,"The concept of equity, a concern for fairness, can be found in the Bible: 'And thou shalt do that which is right and good in the sight of the lord.' Thus, it is not enough to 'do that which is right', to act in accord with the letter of the law. One most also act fairly—do that which is 'good in the sight of the Lord'."[③] "The term 'equity', from the Latin aequitas, meaning equality or justice, evolved from the Roman concept of nature law. It referred to fairness or equality of treatment between Roman citizens and foreigners in matters before the praetor, a magistrate in pre-Justinian Rome"。[④] 而大陆法系的法的概念中也无不包含公平、正义的价值蕴涵。在希腊语、拉丁语、法语、德语、意大利语、西班牙语中"法"的语词,都有权利、正义、衡平、道德的含义。[⑤]

从不同的角度来考察法的价值观,会对法的价值观作出不同的描述。这些不同的描述从不同的角度展示了法的价值观。如果人

---

① [荷]亨利·范·马尔赛文、格尔·范·德·唐:《成文宪法的比较研究》,陈云生译,华夏出版社 1987 年版,第 375 页。

② Oxford Advanced Learner's Dictionary of current English 对 justice 的解释中认为,其有含义为"recognize the true value of sb. (sth.)"。

③ Howard Abadinsky, *Law and Justice—An introduction to the American Legal system (Second Edition)*, Nelson—Hall Publishers, Reprinted 1993, p. 10.

④ Howard Abadinsky, *Law and Justice—An introduction to the American Legal system (Second Edition)*, Nelson—Hall Publishers, Reprinted 1993, p. 10.

⑤ 梁治平:《法辩——中国法的过去、现在与未来》,贵州人民出版社 1992 年版,第 60 页。

们能从多个视角来认识法的价值观,就必然会得到对法的价值观更真切的认识。

从法的价值观的主体状况角度考察,法的价值观包括个人法的价值观、群体法的价值观和社会法的价值观。个人法的价值观是社会成员个体对法的价值的认识、看法、见解、情绪等。它是社会成员在社会化过程中逐步产生形成并发展起来的法的价值意识,取决于个人生活的条件,首先是物质生活条件,其次是精神生活条件,并与个人的生活经历、社会地位具有密不可分的联系。社会成员的个人法的价值观千差万别。群体法的价值观是一定人的集合体对法的价值的认识。这些人的集合体包括阶级、民族、国家机关、企业、事业单位、政治党团、社会团体乃至其他社会组织。群体法的价值观是群体内个人法的价值观的综合反映。群体法的价值观制约和影响着群体内的个人法的价值观,但并不等于群体内个人法的价值观。群体中某一特定个人的法的价值观或许与群体的法的价值观相一致,或许相背离。个人法的价值观只是群体法的价值观的基础,而不是群体法的价值观的全部。社会法的价值观是一定时代社会对法的价值的普遍认识。社会法的价值观建立在个人法的价值观、群体法的价值观基础之上,又制约和影响个人法的价值观、群体法的价值观。它是整个社会法的价值认识的反映。个人法的价值观、群体法的价值观、社会法的价值观具有内在的联系,构成多层次的法的价值观体系。

从法的价值观的认识层次上分析,法的价值观内含法的价值心理和法的价值理论。法的价值心理是人们对法的价值的感性认识,是一种对法的价值的低层次、不系统、自发性的认识。它包括人们关于法的价值的感受、体验、情绪、态度等。法的价值理论是人们对法的价值的理性认识,是一种对法的价值的高层次、系统化、自觉性的认识,它包括人们关于法的价值的思想、观点、主张、学说等。从法的价值心理和法的价值理论二者间的关系来看,法的价值心理是法的价值理论的意识基础,法的价值理论是法的价值心理的理性升华。法的价值心理、法的价值理论二者具有内在的联系,它们都来源于现实的法及其价值,都是现实法及其价值在人们头脑中的反映,并反作用于现实的法的价值。二者对社会的法、法的价值、法制状况发挥着不同层面的影响。

从法的社会运行轨迹来看,法的价值观中有立法价值观、执法价值观和守法价值观。立法价值观,既包括人们对于立法意义的认识、人们对于立法能够满足人的需要的认识,也包括在法律规范和文本中体现的价值观。立法价值观对于立法工作具有极其重要的影响。立法的价值若在人们的观念中被忽视,立法工作就不可能取得应有的进步,社会不但不是有法可依,而且是无法可依;立法的价值若在人们的观念中被误解或歪曲,立法工作就必然会偏离正常的轨道,误入歧途。执法价值观,包括人们关于执法意义的认识和在执法中产生着影响的价值观。执法价值观对于执法状况具有直接的重大影响。国家机关及其公务人员若重视执法价值,他们就可能严格执法,依法办事;若轻视执法价值,他们就可能有法不依,执法不严;若否认执法价值,他们就可能无视法,执法犯法。一般的社会组织或个人如果注意执法价值,他们就可能积极配合、支持执法机关的工作,协助执法活动;如果轻视执法价值,他们就可能对执法工作态度冷漠,拒绝合作;如果否认执法价值,他们就可能破坏执法,阻挠执法工作,设置执法障碍。守法价值观,是人们对于守法的意义的认识和守法中发挥作用的价值观的总称。如果重视了守法价值,国家机关就可能积极地进行法制宣传教育,在自己模范守法的同时,带动社会自觉守法;其他社会组织或公民个人就可能自觉服从法律,依法办事,在法律规定的范围内活动。立法价值观、执法价值观、守法价值观都十分重要,且应各得其所。如果在其中出现偏颇,就可能导致法制发展的不协调、不平衡,法的价值观的整体性就会遭到破坏。

以法的价值观中法的价值的存在状况来认识法的价值观,它包括应然法的价值观和实然法的价值观。应然法的价值观,是人们从应然意义上对法的价值的认识,包括人们对应有的法的价值认识和从应然意义上对实有法的价值认识,也包括对一般法的应然价值认识和对特定法的应然价值认识。不管应然法的价值观内部结构多么复杂,它们都是应然意义上的价值观,而非实然意义上的价值观。

实然法的价值观是人们对已有法的实然价值的认识。它与应然的法的价值观的区别在于,它是人们对已有法的实有价值的认识。从应然法的价值观与实然法的价值观的关系来看,应当说二者的联系是十分紧密的。由于实然法的价值往往都未能达到应然法的价值的高度,所以,一般地说,应然法的价值观可以为实然法的价值观指明方向,并为实然法的价值追求确定奋斗目标,起到对实然法的价值激励、引导和评价作用。实然法的价值和实然法的价值观的发展,又会反过来促进应然法的价值和应然法的价值观的发展。应然法的价值观虽然在很大程度上难以被完全实现,但它并非没有意义。它是人们奋斗的方向、动力。它使人们孜孜不倦,追求不已,是实然法得以发展的精神支柱和希望所在。如果没有它,人们就可能因缺乏信心和信念,连已有的实然法的价值也维系不了。考察应然法的价值的实现程度,人们可以看到差距与不足,更清楚地把握实然法的价值方向,避免长期执迷不悟或停滞不前。可以说,应然法的价值观和实然法的价值观的存在,可以使法的价值追求,既不盲目乐观,又不妄自菲薄,既永不知足,又满怀信心,使社会在法的实然价值一次又一次地向应然价值的递进或渐进中向前发展。

二、法的价值观的形成与优化

法的价值观是如何形成和优化的,需要进行严肃的学术思考。对于价值观形成和优化的研究,是对法的价值观进行研究的重要环节。

(一)法的价值观的形成

法的价值观的形成,从社会的角度来看,在法最初的产生、萌动时即开始萌芽。具体地说,在初始阶段,社会法的价值观在不同层面的形成时间是有所不同的。在法的创制者方面,法的价值观形成于法产生之前,有的很模糊,很朦胧,甚至是不自觉的自发意识。在一般民众方面,法的价值观形成于法产生之后。民众的法的价值观是随着法的社会化——从“藏之于官府”到“布之于黎民”再到“一体遵行”——而逐步形成的。在法创制者与一般民众的法的价值观都出现以后,二者就开始了长时期的相互区别和相互影响。在二者的交融、碰撞的震荡中，社会逐步形成了整体性的社会法的价值观。从此，社会法的价值观便在社会历史上传经祖祖辈辈，生生不息。

法的价值观的形成，从个人的角度来看，与其社会化进程是同步的。人的社会化内容除了学习基本的生活技能或社会知识以外，还要接受社会化规范，确立价值观念等。这几个方面都无不与法的价值观具有或多或少的联系。接受社会规范无疑包含接受法律规范，确立价值观念也无疑包含确立法的价值观念。人的社会化过程包含人的法的价值观的形成过程。

人的社会化一般地说可以分为三个时期，即第一社会化时期（儿童期）、第二社会化时期（少年期）和第三社会化时期（青年期）。人在第一社会化时期，其法的价值观只能是对法的价值的最简单的认识。人在第二社会化时期，其法的价值观开始逐步形成，只是由于认识的肤浅和阅历的欠缺，其法的价值观往往只以法心理或法观念的形态存在。人在第三社会化时期，逐步以一个成年公民的身份享有应有的法的地位，享受法的权利、承担法的义务，经历法控制下的社会生活，法的价值观趋向稳定，逐步定型。

在人的社会化过程中，人的法的价值观的形成，往往要受多个方面因素的影响。一是家庭的因素。人的儿童期的社会化任务主要是由家庭，尤其是由父母来承担。就是人的少年期、青年期，其社会化过程也不能不受其家庭尤其是其父母的影响。因而，父母乃至整个家庭其他人的法的价值观对儿童、少年、青年的法的价值观的形成都具有较大的影响。二是老师的因素。老师在人的社会化过程中始终发挥着重大的作用。老师如同父母一样，通过对一定法现象的肯定或否定、赞赏或谴责等来影响和培养儿童、少年和青年的法的价值观。儿童、少年、青年法的价值观的形成必然会受到老师法的价值观的影响。三是其他社会因素。影响人的法的价值观形成的社会性因素很多。除了前面所述的家庭因素、老师因素以外，还有自身的法生活经验（包括所接触的法实际）、崇拜对象的法的价值观状况、社会传播媒介的法的价值观导向以及自身人际环境的法的价值观状态等。

人的法的价值观的形成有一个从灌输到自选的过程。人在儿童期,依赖性极强,其社会化包括对法的价值的最简单认识都是由成人,主要是由父母和老师直接控制、直接灌输的。人在少年期,依赖性有所下降,独立性逐步增强,其法的价值观开始了从接受灌输向自我选择的过渡,法的价值观的灌输与自选并存。人在青年期,独立性增强,其法的价值观的自选性增加,逐步确立自己基本稳定的法的价值观,法的价值观的形成过程基本完成。

人的法的价值观的形成有一个从外在到内在的过程。人在第一社会化时期即儿童期的法的价值观是被外在强化给予的;人在第二社会化时期即少年期的法的价值观则经历了外在向内在过渡,外在与内在的融合;人在第三社会化时期即青年期的法的价值观则在自身认同等内在评价的基础上逐步确立。至此,人的法的价值观才由单纯的外在灌输转变为内在的自我选择,并自我确信。法的价值观在人的社会化中经历了从外在到内在的过程。

人的法的价值观的形成有一个从简单到复杂的过程。人在第一社会化时期的法的价值观是极其简单的,在缺少法制的时代甚至没有,即使有,也是非常简单的。它也无非是什么"法要惩罚犯罪""违法犯罪者应当受到法律制裁"之类。人在第二社会化时期,由于智力的发展、学校教育的进行,法的价值观向复杂化迈进,但其复杂程度终归是很有限的。人在第三社会化时期,由于人接受了较高的教育,甚至是一定程度关于法的教育,加上一定的法经验,其法的价值观逐步复杂,有的甚至拥有高层次的法的价值观——法的价值理论。

(二)法的价值观的优化

人的法的价值观是可以优化的。人的法的价值观的可优化性是以人的社会化、继续社会化和可以再社会化作为社会学根据的。

在人的社会化过程中,人的各种观念都具有极大的可塑性。只要其社会化的执行者——家庭、学校、社会能优化自身的法的价值观,提供优化法的价值观的环境,人在社会化中的法的价值观优化就不难进行。

继续社会化是人成年后继续学习社会知识、社会规范与价值观念等的过程。在有法的社会里,人的继续社会化过程必然内含法律知识、法律规范和法律价值观念上的社会化。在继续社会化中,人们一是要继续接受包括法的价值观等在内的文化传统和社会经验;二是要在再生产社会经验的过程中接受包括新的法的价值观在内的新的文化特质与文化模式。

再社会化,是人的社会化失败后或者反社会中断后进行的社会化。在有法的社会里,人的社会化的失败或者产生反社会化倾向,往往都与一定的法的价值观的畸形、畸变、重铸有关。人的再社会化可以通过两种方式得以实现:一是外在强制再社会化;二是自我反省再社会化。人的社会化失败和产生反社会化倾向,都与法的价值观密切相关。基于此,人的再社会化也与法的价值观的更新与重塑紧密联系。因为外在强制的再社会化,往往都是通过法的教育、改造、监狱生活、监管过程等法手段来实现的;自我反省的再社会化也包含在法现象等外界作用下的自我认识,从而改变过去的价值观念。

由于法的价值观的纷繁复杂,由于人的社会化、继续社会化、再社会化的客观存在,人的法的价值观的优化就十分必要而且现实可行。具体来说,在优化社会法的价值观方面,可以采取如下主要措施:

第一,优化法的知悉。随着民主政治的发展,了解权越来越成为公民重要的政治权利、法律权利和社会生活权利。让公民更多地了解法,包括了解法的立法意图、立法动机、基本内容(包括法律权利、法律义务、违法后果)等,是国家政治权力的义务,是公民应有的权利。让公民更好地了解法,有利于培养公民与立法者基本一致的价值观,修正其原有的价值观。国家为了优化整个社会的法的价值观,就应当首先优化公民的法知悉,使公民全面了解法以及与法有关的事项,着力培养和校正公民关于法的价值意识。我国进行的普及法常识与知识的宣传教育,就是优化法知悉的重要措施。它在提高全社会的法的意识水平的同时,也包含优化全社会的法的价值观。尽管为之付出了艰苦的劳动,但是整个社会,就连法学理论界似乎都未充分注意到法制宣传对于优化社会法的价值观的意义。为了优化法的价值观,必须首先优化法知悉。在社会法的意识普遍薄弱的情况下,开展全民性的法制宣传教育工作对于优化法知悉,从而优化法的价值观具有不可忽视的重要意义。

第二,优化执法状况。良好的执法状况是良好的法的价值观的重要保证。在恶劣的执法状况下,良好的法的价值观对于社会来说,无疑是企之莫及的奢侈品。良好的执法状况,无非包括法的原意在执法中得以正确体现;法的目的通过执法过程转化为真实的社会现实;执法机关及其执法人员,以法为灵魂,以法为依归,实现了有法必依、执法必严、违法必究的景况;法的权利被切实保护,法的义务得以认真履行;等等。总之,法在社会生活中被实施和实现。实现绝对的执法最优状态,似乎不太可能,但追求执法的相对最优化状态却是完全可能的。要优化社会的法的价值观,必须优化社会的执法状况。如果说办好一个案件的影响将会十分广泛的话,那么,办坏一个案件的影响就将更加广泛。优化法的价值观,首先优化法知悉,当然是正确的。但公民对法的知悉越优化,他们对执法的要求就越高。在良好的法知悉下,恶劣的执法状况对公民法的价值观的影响更加恶劣。因为公民的法的价值企求与现实的法的价值现状反差就更大。因而,优化执法状况,对于优化法的价值观来说特别重要,必须引起足够的重视。

第三,优化法的理论。法的理论并不等于法的价值观,但法的任何理论都反映着一定的法的价值观,影响着一定的法的价值观。法的理论是高层次的法的意识,它包含法的价值理论。优化法的理论,对于从理论层面上优化法的价值观是非常重要的。法的理论本身是一个内涵丰富、外延博大的体系,其中有的方面已获得了很大发展,有的方面尚待完善,有的方面还远未开端。法的理论内部也有冲突、嬗变,整个法的理论的协调和发展都有很大很多困难。因而,优化法的理论是一个长期的历史任务。法的理论的优化必然触动和改变既有的法的价值观。在法的理论优化发展的脚步声中,法的价值理论也会赢得自身的发展,以法的价值理论为理论先导的整个法的价值观也必然会获得优化发展。当然,必须清楚地认识到,优化法的理论并非易事,优化法的价值理论是其中极其困难的问题,而以优化法的价值理论带动整个法的价值观的优化又有一个渐进的过程。通过优化法的理论来优化法的价值观,势在必行而任重道远。优化法的理论,必然要求法学理论家们具有良好的基本理论功底,这是首要的。此外,法学理论家还应当具有学术的道德良知和社会责任意识。对于自己所从事的理论创造、教授、宣传活动,除了知识的考虑以外必须有价值的考虑。正确的不一定都是有价值的。那些缺乏道德良知与社会责任的理论都是相应理论家缺乏良好价值观指引的结果。他们不仅不能很好地促进社会的发展,而且还可能对社会发展和人类进步起破坏作用。没有良好的法的价值观,也许就是一些法学家、理论家辜负于历史、时代、社会、人民的重要原因。

三、法的价值观对法制的影响

在比较法学研究中,一直十分注意对于不同国家、地区、法系法律制度的比较。许多教科书都这样定义比较法,“比较法是对不同国家(或特定地区)的法律制度的比较研究”。[①] 而且“这一解释是与多数国外比较法学家的理解基本上一致的”。[②] 法律制度固然是比较法研究基本而正确的着眼点,但是对于法的价值观的异同比较及其对于法律制度异同的影响,的确被有意无意地忽略了。对于这一问题的完全忽略是不应当的。即使比较法学不能完全承担这一研究的任务,其他的法学学科诸如法理学或法哲学也应该担负起相应的学术责任。因为“如果某一个法律领域,例如有关暴力犯罪的法律或有关因社会需要而对财产进行强制没收的法律,其整体建筑在仅仅是实用性而不是更高层次的价值观念上的话,那么,它就不可能充分发挥应有的作用”。[③] “价值观总是奠基于人的历史需要,体现了人的理想,蕴含着一般的评价标准,形成一定的价值取向,外化于具体的行为规范。”[④]法的价值观当然会引导人们的立法活动,

---

① 沈宗灵:《比较法总论》,北京大学出版社 1998 年版,第 3 页。

② 沈宗灵:《比较法总论》,北京大学出版社 1998 年版,第 3 页。

③ [英]彼得·斯坦、约翰·香德:《西方社会的法律价值》,王献平译,中国人民公安大学出版社 1989 年版,第 3 页。

④ 杨国荣:《理性与价值》,上海三联书店 1998 年版,第 195 页。

影响人类的法律制度。在全球化的历史进程中,法的价值观差异进一步凸显,成为不同民族、国家、地区或法系法律制度差异的引人注目的重要原因。与此同时,全球化也带来了人类在一定程度上的价值观趋同。价值观的趋同必然会在法律制度上有所反映,成为其内在的认识根据。在此提出这一问题,意在引起学术界对于法律制度在价值观上差异与趋同的关注,以便从法的价值观的角度对不同法律制度进行新的认知、解析和相互比较,也可以为不同民族、国家、地区和法系在法律制度上的相互沟通、协调、吸纳与融通提供更丰富的理论资源。

（一）法的价值观差异与法律制度

法律制度是多种多样的。不同的国家具有不完全相同的法律制度。导致不同法律制度的原因是很多的,有地理环境、生产方式和历史条件等。这些因素都是客观存在的。但是在许多场合,人们都忽视了一个重要的因素——价值观对于法律制度的影响。法的价值观作为特定社会或特定时代文化的构成部分而存在。不同的民族和国家因文化的不同而有着不同的价值观状态。“文化是一代一代持续地积累起来的,因此,不同国家和民族的文化世界大都有稳定统一的结构与秩序,同时也就形成供他们稳定的思想框架和价值参照系统。所谓文化模式,就是一种稳定的价值模式或思想模式。它表示着不同文化的历史个性,也表示着人们的思想、行为方式。”[①]文化的个性、价值观的个性也就为不同国家和民族法律制度的差异提供了前提。

不同的国家或民族对于法的价值认识除了有共同的理解之外,也有着不同的认识。这些不同的价值认识主导下的立法就会有不同的情形。不同的立法必定表现为不同的法律制度。“即使是最粗糙的、最草率的或最反复无常的关系调整或行为安排,在其背后总有对各种互相冲突和互相重叠的利益进行评价的某种准则,这种准则可能仅仅是保持和平。它可能是保持社会现状,它可能是促进最大限度的自由的个人自我肯定。它可能是一个占统治地位的社会

① 司马云杰:《价值实现论》,陕西人民出版社 2003 年版,第 85 页。

或经济阶级或是争取成为占统治地位的阶级的自我利益的实施。它可能是维护和加强一个已经确立的政治组织的权力。如果在有些时候和有些地方，这些价值准则是或多或少无意识地被树立起来的话，那么由于立法者和法律工作者们的出现，这些准则就日益获得了系统的发展和制定，并且日益与文明社会中的各种生活假说发生关系。”①

法的价值观何以会影响法律制度？这是研究法的价值观对于法律制度的影响所必须首先要回答的问题，也许可以从以下几个方面来考虑。

第一，法的价值观是人的世界观的构成部分，是人们特定的世界观，它以世界观的方式影响人们对于法的认识，并以此认识来主导人们的立法活动。价值观所涉及的是人对于外在客体与主体自身之间关系的认识，是对客体意义的判定。人类的立法活动当然会受到人类世界观的影响，也当然会受到作为世界观构成部分的法的价值观的影响。

第二，法的价值观是人的需要的反映，而人的需要一定也会反映到立法之中，最终影响法律制度。需要是价值的前提，没有需要就没有价值。作为法的价值前提的需要，不应当仅仅被看作物质的需要，其中还应当包括精神的需要；不仅仅包括人们立足于现实的需要，也包括人类着眼于未来的需要。需要是多样的、多层次的。现代世界为人类提出了许多共同的需要，并要求人类为这些共同需要去努力。这些共同的需要也就为共同的价值追求提供了前提。法律制度从制定到实施无不会受到自身需要的影响，也当然会受到法的价值观的制约。

第三，法的价值观会对人们的行为产生影响，并因此影响人们的法律制度。法的价值观，如同其他价值观一样，对于人们的行为具有统摄与驱动的双重作用。“统摄侧重于人们对价值规范的认同和遵从，即以一定的社会价值规范统一多数人的行为。而驱动，则

---

① ［美］庞德：《通过法律的社会控制·法律的任务》，沈宗灵、董世忠译，商务印书馆1984年版，第55页。

主要是指由规范的作用而激发社会个体内在的、潜在的各种能力，并将之调动集中到为社会价值目标实现的活动中去。相比较而言，统摄是一种控制和调节，驱动则是一种内在动力的触发和产生。前者有助于价值活动的必要的统一，后者则在于使社会个体产生和保持从事价值活动的志趣，也是价值活动连续与发展的动力源泉。”①立法活动也不过是在法的价值观统摄与驱动下的社会活动，法的价值观当然会以统摄与驱动的方式作用于立法者，最终体现在立法的结果——法律制度之中。

（二）法的价值观趋同与法律制度

在全球化的浪潮中，法律制度表现了异乎寻常的一致化趋向。这种一致化趋向主要表现为：不同法系的法律制度出现了一致化趋向。不同法系之间的趋同由来已久，但是从第二次世界大战以来，这种趋同表现得更为明显，发展得更为迅速。随着时代的发展，不同法系或国家（或地区）之间，法律制度都出现了一致化趋向。近一两个世纪以来，接连不断地重复发生着相关的历史事件，加快了全球法律一致化进程，导致了不同法系和不同国家法律制度之间的一致化。具体来说，至少有两个方面的重要史实是应当予以注意的。

一是国际法的国内化。国际法的主要渊源是国际公约和国际惯例。国际公约的发展，使不同法律制度出现了一致化的趋向。从第二次世界大战以来，国际组织获得了前所未有的发展。与国际组织相适应的国际公约也得到了空前的发展。随着国际组织的缔约国的不断增加，国际公约的成员国也就顺理成章地增加起来。按照目前各国通行的模式，有的国家直接将自己所加入的国际公约视同国内法，在本国与国内法同等同时适用，甚至国际公约往往还拥有适用上的优先性。这样，国际公约的国内化过程就被大大地简化了。有的国家则将国际公约转化为国内立法，再加以贯彻，这也是许多国家所采用的国际公约在国内产生效力的方式。这种方式似乎比前者复杂一些，但是它也同样为国际公约的国内化提供了现实

---

① 王维宏：《社会价值：统摄与驱动》，人民出版社 1995 年版，第 123 页。

的路径。在目前，国际惯例获得了空前的国际认可。尤其是民事、商事的国际惯例在国际贸易与服务的争议之中，获得了普遍的效力认同。许多国家都自觉地把国际惯例作为自己处理国际民事商事纠纷或涉外民事商事纠纷的准则。国际惯例无须经过缔约程序，自然地为许多国家所尊重、援引和适用，同样有力地推动着国际法的国内化进程。

为什么会有国际法的国内化？这首先要回答的是为什么不同的国家会加入同一个国际公约或者遵循相同的国际惯例？这里也会有很多不同的原因与诠解。但是价值观上的认同或类同总是不容回避的。如果没有对于市场经济中自由、平等的价值认同，世界贸易组织的规则——一系列国际公约就无法得到世界如此众多的国家和地区的认同。自由和平等，是世界贸易组织规则的价值目标。没有对于这些价值目标的认同，各国都无法加入相关的国际公约。即使加入了，如果对于这些价值准则没有深刻的理解和内在的尊崇愿望，也必然会置身于这些国际公约的要求之外，甚至会成为这些规则的破坏者，其也必然会招致其他缔约国的反对，甚至受到相应的国际经济制裁。“国际法的国内化，是一种较强意义上的法律全球化，即有关国家具有统一的规则，而这类规则实际上是一种‘超国家的法’‘世界法’，它凌驾于主权国家的法律之上，主权国家的法律必须根据它的标准加以调整。”①

二是国内法的国际化。国内法的国际化使世界的法律出现了趋同。在这个方面四个大的历史事件是不应当被忽略的。第一个历史事件发生于 19 世纪，在《法国民法典》和《德国民法典》的影响下，全世界出现的法典化运动。以法、德两国民法典为样本的法典化，必然会使相关国家的法的价值观都在某种程度上因为样本的相同而趋同。第二个历史事件发生于 20 世纪五六十年代，美、英、德、法等国发起了法律援助运动。它们派出法学家帮助非洲和拉丁美洲的一些国家制定法律，从而将它们自己国内的法律制度向这些被

---

① 朱景文：《比较法社会学的框架和方法》，中国人民大学出版社 2001 年版，第 570 页。

援助的国家移植。第三个历史事件发生于20世纪三四十年代，以法国、德国、美国为代表的宪法法院、宪法委员会制度，使违宪司法审查制度走向国际化。第四个历史事件发生于20世纪末期，资本主义国家参与推动的在非市场经济国家发动的以市场经济为导向的社会改革。在这场社会改革中，一些资本主义国家直接向非市场经济国家派出法学家和法律专家帮助它们制定市场经济所需要的法律。同时，一些资本主义国家也借助联合国、世界银行等国际组织向非市场经济国家派出法学和法律专家指导或参与市场经济立法，从而不可避免地将一些资本主义国家国内的法律制度向国外进行传播与移植，加速了全球法律一致化的进程。有学者评价认为，"国内法的国际化，则是一种较弱意义上的法律全球化，并不一定有统一的国际规则、全球性的法律或世界法的出现，只不过表现为一种世界性的潮流，而这种潮流的源泉则是某一国家或地区的法律制度"。①

为什么会有国内法的国际化？对这个问题可以做很多的分析。比如资本主义的文化侵略、发展中国家的发展需要等。但是不可否认的是，在近一两个世纪以来，人类的交流交往比历史上任何时期都更加频繁。频繁的交往必然会带来思想、理论以及超越思想与理论之上的价值观的交流与沟通，乃至在一定范围和程度上的认同。这就为国内法的国际化提供了价值观前提。将一些先发展国家的法律制度引入或者直接移植到后发展国家的法律体系之中，不仅是先发展国家的愿望也同样是后发展国家的愿望。这里一定有目的的差异，但是一定程度的共同需要与价值认同，是其必要的条件。

（三）法的价值观转换与法律制度

法制变革是当今世界许多国家都正在推动的事业。尽管法制变革的诱因很多，情况也很复杂，但是价值观的转换必然是法律制度变革的思想前提。

从伊斯兰法系的变革来看，目前伊斯兰法系已经发生了很大的

---

① 朱景文：《比较法社会学的框架和方法》，中国人民大学出版社2001年版，第570页。

变化，英美法系和大陆法系对它的影响是不言而喻的。“近代以来，特别是19世纪中叶以来，各伊斯兰国家对伊斯兰法进行了若干改革，宗教法逐步让位于世俗法律。改革的进行一方面是因为伊斯兰法自身已不能适应社会生活和时代发展的需要，另一方面是因为伊斯兰法受到了来自西方国家的法律和法律观念的冲击。”[①]达维在总结伊斯兰法系19世纪至20世纪的法律改革时就说，“第一个是许多事项上法律的西方化。第二个是在那些尚未西方化的事项上实行法典化。第三个和最新的特征是在有些国家中清除以前负责适用穆斯林法的特别法院”。[②] 到20世纪末，乃至现在看来，伊斯兰国家的法律改革“现在既有过去那种方向，但也有削弱西方化，强调伊斯兰教义和伊斯兰宗教法庭的方向”。[③] 伊斯兰法系的西方化改革和对于西方化改革的削弱，所表明的正是伊斯兰国家在法的价值观上与西方的趋同、离异以及对于自己传统价值观的固守，乃至对于西方价值观的抵抗等。这本身就反映了伊斯兰国家在法的价值观上的冲突、抉择。伊斯兰法律改革的过程首先便是其法律的价值观的嬗变过程，其中的曲折本身就是价值观发展的变奏。

从非洲撒哈拉沙漠以南的习惯法系的历史发展来看，也可以看到法的价值观在法律制度的发展中的重要作用。有学者通过对非洲习惯法的研究认为，非洲法“精神上反映了非洲人特殊的价值观，即尊奉神灵、崇拜祖先、注重集体本位、尊重传统、强调社会和谐”。这些学者甚至得出结论，“古代非洲的习惯法观念在概念内涵和表现形式上与西方思想观念完全不同，而与东方民族的法律观、价值观颇为相似”。[④] 非洲撒哈拉沙漠以南的地区在19世纪以前一直处于习惯法状态，19世纪逐步沦为西方列强的殖民地，受到了基督教文化与伊斯兰文化的影响，法律制度也开始具有了殖民地色彩的现代化。法律制度发生了殖民化的变革。20世纪非洲殖民地国家陆续独立，法律制度又在既有的基础上发生了新的变革并继续发

---

① 杨亚非：《比较法总论》，吉林大学出版社2001年版，第151页。

② 转引自沈宗灵：《比较法总论》，北京大学出版社1998年版，第563页。

③ 沈宗灵：《比较法总论》，北京大学出版社1998年版，第563页。

④ 洪永红、夏新华等：《非洲法导论》，长沙人民出版社2000年版。

展。“非洲各国的独立并没有打断法律现代化的进程，他们的确认可殖民地强国制定的欧洲式法律的效力，继而采取各种措施推进改革的发展。独立后各国的法律改革呈现出两种相反的趋势。一方面，在习惯法培养下成长起来的各国领导人珍惜传统价值，希望习惯法重获尊重，因此，很多国家将习惯法编纂成法典，并进行习惯法的研究、阐述工作，力图通过这些工作保持传统；另一方面，由于受西方文化的熏陶，出于国家统一、经济发展的需要，这些国家又对习惯法进行改革，比如，修改属于习惯法传统领域的属人法，在习惯法的基础上制定新法、改革司法组织、出版判例汇编等，希望通过这些工作实现国家和法律的现代化。”①

俄罗斯的法律改革也表明了法的价值观的转换对于法律制度改革的意义。苏联解体之后，人们都在猜测它将走向什么法系。“俄罗斯联邦在经济上实行私有化，政治上实行西方民主化，在法律上也就存在它将走向什么法系的问题。”②对于这个问题，不能凭感觉来回答，必须注意到俄罗斯法学界在理论上的变化。在这时，俄罗斯出现了三种法律思想：一是规范法学；二是社会法学；三是自然法学。“俄罗斯联邦法学界较全面地引入了现代西方法理学。”③俄罗斯对于西方法理学的引入必然包含西方法的价值观的引入。所引入的法律理论的多元性也就决定了它引入的法的价值观的多元性。正是多元的法律理论和多元的价值观，导致了俄罗斯法律制度朝着“混合法系”的多元化状态发展。

从中国正在发生的法制变革来看，西方的价值观对于中国的影响也是客观存在的。中国没有价值观的现代发展，也就不可能有中国法律制度的现代化。从近代以来，中国受到了西方价值观的影响，也进行着自身价值观的更新。从西方对于中国的影响来看，西方价值观在中国的传播影响着中国法律制度的发展。“法制是西方价值观念体系中最重要的制约机制。依法治国，用法律保护个体的

① 杨亚非：《比较法总论》，吉林大学出版社 2001 年版，第 158 页。
② 沈宗灵：《比较法总论》，北京大学出版社 1998 年版，第 365 页。
③ 沈宗灵：《比较法总论》，北京大学出版社 1998 年版，第 367 页。

权利,这是西方价值观念的突出特点之一。西方的这种价值观念对当代中国产生了重要影响。西方的法律观念和法制实践使中国人看到了法制建设对现代经济社会发展、社会生活稳定的极端重要性,并促使中国人努力从传统的'人治''德治'中走出来,致力于法制建设。"[①]有学者预计并提示我们,"作为西方价值观念对中国影响的经济成果,个体意识的觉醒、求利动机的诱发、法制观念的增强,将对中国社会的未来产生不可估量的影响,对此我们必须给予足够的估计和肯定"。[②] 中国法律制度的改革与中国法的价值观的转换是分不开的。如果我们还固守中国传统的反法治的人治价值观,中国的法律制度就不可能发生法治化的变革。法的价值观的转换同样是中国法律制度变革的先导。

法的价值转换在法律制度的转型与变革中具有重要的作用。它影响着法律制度变革的目标设定、发展速度与改革的结果状态。

四、中国法的价值观的未来

中国法的价值观如何走向未来,是学术界与社会都十分关注的问题。在这里,本书意在对中国法的价值观的未来发展做一个初步的展望。

(一)改革中的新的生机

中国社会改革是一场极其深刻的社会革命。它不仅是中国体制层面上的变革,而且也是社会观念、社会文化层面上的变革。法的观念与道德观念、政治观念、文学观念、艺术观念等一道构成社会观念,共容、共融、共振,引导社会改革,参与社会改革,在社会改革中改革自我。法的价值观念的变革蕴含在法的观念的变革之中,对整个法的观念、社会改革有着重大的影响。同时,社会改革必然会要求法的价值观念的更新。因为改革的社会,是离不开法的社会,而且社会改革本身就必须依赖法。具体地说,社会改革的方向需要

① 江畅、戴茂堂:《西方价值观念与当代中国》,湖北人民出版社 1997 年版,第 7 页。

② 江畅、戴茂堂:《西方价值观念与当代中国》,湖北人民出版社 1997 年版,第7～8 页。

法确定，措施需要法贯彻，发展需要法保护，成果需要法巩固。离开法的良好运作就没有良好的社会改革。法对社会改革的意义如何，取决于法对于社会改革的价值状况。人们的法的价值观念必然影响社会的法的价值情形和社会改革状况。反过来，社会改革必然要求相应的法的价值观念与之相适应，要求相应的法的价值观念的更新发展。社会改革很自然地成为了法的价值观念得以更新发展的契机。

中国社会改革是全方位的社会革命，法的改革是社会改革的题中之意和必要部分。社会改革的历史进程也是法的改革的历史进程。法的改革将与包括其在内的整个社会改革同步启动、同步发展，并在此过程中相互作用、相互促进。法的改革与其他方面的社会改革相比较，它更需要相应的法的价值观念做先导、基础，甚至灵魂。法的价值观念指引着法的改革的目标，制约着法的改革的进程。法的改革的萌动、发展都离不开法的价值观念的指导和支配。

社会改革，尤其是其中的法的改革，它们都需要相应的法的价值观念做先导。同时，它们也为法的价值观念的更新发展创造了条件，提供了空间。在社会改革及其法的改革中，法的价值观念也会随着改革的发展而发展，并为法的价值观念的进一步更新发展开辟道路。法的价值观念也由此而获得新的生机。

（二）价值观的更新与确立

中国几十年的法制建设和法学研究之所以未能取得应有的进展，一个极其重要的原因就是未能明确法的应有价值。纵观我国数十年的法制实践和法学研究，在实践上，我国已制定并实施了大量的法律法规，形成了较为完备的法律体系，建立起了必要的司法机构；在理论上，法学体系已基本形成，法的部门理论已取得了相当大的成绩，法的一般理论已在某种程度上摆脱了苏联的陈旧模式，步入了中国式的法学理论的发展道路。然而，不论是从微观还是从宏观来看，中国法制依然处在疲于“头痛医头、脚痛医脚”的应急状态，中国的法学依然处于最实在的需要——注释现行法的感性阶段，离注释法学亦有相当的距离。[①] 不论是中国的法还是中国的法学，都未能对全体人民的法需要或法对全体人民的有用性予以足够的重视和研究，更未能把这种需要摆到应有的位置，立足于社会的实际，把法的目的、使命与宏伟目标——人的全面自由发展内在地联系起来。使我国法和法学处于这种状况的原因固然很多，但其中一个极其重要的原因就是没能明确并肯定法的应有价值。

法的价值观的更新和确立，可以扩展法的研究方法。我国目前通行的法研究方法无非是辩证唯物主义和历史唯物主义做指导的经济方法、阶级方法、历史方法、调查方法、逻辑方法等以及随着现代科学的发展而产生的系统论方法、控制论方法和信息论方法等。但是这些方法似乎都忽略了研究人的行为规则所必不可少的立足点——人的需要—法对人的意义——的方法，也即价值论方法。法是人的创造物，它应当以人的需要为根据，为人的需要服务。我国法的价值在于满足全体人民的需要。从法对人的需要的满足角度即价值论的角度来研究法和法学，就必然会给法和法学增添生机和活力。

法的价值观的更新和确立可以充实和发展法的评价标准。在我国法学中所一贯坚持的都是社会形态的评价标准或阶级本质的评价标准（二者是根本一致的）。它的确是法学的核心评价方法和根本评价方法，但并不是唯一评价方法。从法的价值论角度来看，法的价值方法不仅是法和法学的研究方法，而且也是它们的重要评价标准。它对于根本的社会形态或阶级本质评价标准来说，无疑是重大的丰富和补充。因为，许许多多的法现象离开了法的价值准则，都难以用单纯的社会形态标准或阶级本质标准作出准确的评价。例如，西欧封建社会的加洛林纳法典，从社会形态和阶级本质上讲，肯定要比罗马奴隶制法先进。但事实上，它较之于罗马奴隶制法来说却是极大的倒退，它的残忍程度甚至连罗马法也要感到“羞愧”。再如希特勒的法西斯法，从社会形态和阶级本质角度上

① 中国目前的法学状况仅处于注释现行法律的阶段，并不能归入注释法学的范畴。因为注释法学应是具有系统理论和科学结构的法学学科或法学状态。

看，无疑也要比奴隶制法、封建制法先进，但其暴虐的程度绝非一般奴隶制法或封建制法所能企及。所以，必须从价值论的角度，对社会形态论或阶级本质论予以补充。用价值论的方法来评价法现象，必将使法学的法评价体系更加完备。

法的价值观的更新和确立是法和法学改革的先导，对整个法制和法治建设都具有极其重大的意义。要改革中国法和法学中与现实社会发展不相适应的部分，就必须要首先确定改革的目标、方向和内容。对哪些内容进行改革、为什么要改革、如何改革、改革的目的为何是此而不是彼等，这些问题离开了法的价值准则是无法回答的。任何改革的动机的产生，目标、方向的确定都必须以已有的价值选择作为依据，否则改革就根本不可能有目的地进行。法的价值观的改革理应是法和法学改革的先决条件。

法的价值观的更新和确立，也是法和法学改革的重要内容。法的价值论是法学理论的重要内容，它对立法、执法、守法以及法监督和法的意识等各个方面都有着极其重大的指导意义。在同一法的制定过程中，价值标准不同的人就会有不同的主张；不同的价值标准指导的立法，在同一问题上，也会大相径庭，甚至天壤之别。例如，制定游行示威法，有的立法者从争取社会绝对稳定，巩固专制统治的价值标准出发，使游行示威法成为了限制游行示威，甚至剥夺公民游行示威权利的专制工具；而有的立法者从确保广大公民权利实现的价值标准出发，游行示威法就理应是发扬人民民主，确保公民游行示威权利，确保游行示威顺利进行的法律武器。在法的执行的过程中，价值观也发挥着重大作用：一是法本身的价值倾向会直接影响执法者的价值观念和执法后果；二是执法者本身的价值观念会更直接地影响执法者的执法热情；三是社会民众的价值观念制约着执法的有效程度。在法的遵守上，法的价值观也发挥着奇妙的作用，凡是民众在价值观上认同的法，一般都能得到民众的自觉遵守，而凡是民众在价值观上与之相抵触的法，不仅难以得到自觉遵守，甚至会因民众的反对而减损其实际作用。由此可见，法的价值观的确对法、法学乃至整个法制和法治都有着重大作用，法的价值观建设是法制建设的重要内容。法和法学改革当然包括法的价值观的更新和确立在内。

（三）走向未来的历史趋向

随着中国市场经济和民主法治的发展，中国法的价值观走向未来的历史趋向必然是以市场经济价值观为主导的法的多元价值观。

第一个趋向是，法的价值观多元并存。法的价值观如同其他任何价值观一样，必然是多元的。首先，法的价值观会因主体的需要不同而多元并存。因为法的价值观是人们对法对于人的需要满足状况的认识。法的价值观在很大程度上都取决于法的价值观主体自身的需要。而法的价值观主体的需要无疑是多元的。其次，法的价值观会因主体的认识不同而多元并存。法的价值观是其主体对法的意义的认识，这种认识与价值观主体的认识能力、认识方法、认识过程是紧密联系的。不同的人其认识是不完全相同的。认识能力、方法、过程的差异必然导致认识结果的差异。再次，法的价值观会因价值本身的多元而多元并存。法的价值包含秩序、文明、发展、民主、法治、自由、平等、人权、正义等大量的内容。这些价值单元各自都有自己的独特意义。它们时而包容时而并立，时而相容时而对立。价值本身的多元性决定了价值观的多元性。最后，法的价值观会因法的价值目标而多元并存。法的价值目标不论怎么确定，最终只有归结到人的全面自由发展才是理想的最高阶段。而人的全面自由发展就不能强求千人一面、众口一词，就必须允许多元的价值观（包括法的价值观）并存。否则，就必然会压制人的自由发展，更不可能实现人的全面自由发展。随着我国市场经济的发展，社会生活资料的分配会以按劳分配为主体的多种分配形式进行。社会财富的分配方式、分配结果变化了，人们的社会地位也会发生相应的变化。人们的需要、人们对法的需求和对法的评价都会因这些变化而呈多元化发展趋向。这是由经济基础所决定的，是我国进一步走向自由和开放的表现，是社会文明和进步的结果，也是民主和法治的产物。

第二个趋向是，以市场经济的法的价值观为主导。价值观的多元状况是价值观的正常状态。价值观的多元并非价值观的混乱。我国法的价值观的未来必然是多元的，但绝不应是混乱的。因为它应当也必须有一定的主导者即市场经济的法的价值观。我国法的价值观之所以以市场经济的法的价值观为主导,是有其客观的科学根据的。首先,我国正在进行的市场经济建设已成为不可阻挡的历史潮流。在市场经济中形成新型的法的价值观是经济发展和社会发展的必然。这种新型的法的价值观也正在逐步形成之中。其次,我国市场经济中的法的实施必然会以法律制度所确立的价值观念做指导。市场经济的法的价值观经过法的实施必将更加深入人心,成为社会法的价值观的主导力量。最后,市场经济中的法治建设,必然会倡导、形成相应的法的价值观,并以此主导整个法的价值观的发展。

第六章　法的价值观变迁

法的价值观是人们社会观念的构成部分，是社会发展的产物，也是特定社会现实状况在法的价值观上的反映。人是社会的主体，也是社会发展的主体。在维持社会秩序、推进社会发展上，人是根本的因素，是最活跃、最积极的因素。离开了人，就不可能有社会，更不可能有社会的发展。法的价值观也是人的价值观，是人关于法的价值认识。人既是法的价值主体，也是法的价值观主体。没有人，价值观就失去了存在的前提。人对于社会发展和价值观的主体性以及社会发展与价值观对于人的依赖性，都决定了社会发展与人的价值观具有天然的、不可分割的、不可否认的必然联系。这种联系具体表现为，社会发展的情形决定着人们的价值观；人们的价值观将随着社会发展的进程而发生变化。社会发展既是一个现实的状况，也是一个动态的过程。社会发展的不同情形，都会对法的价值提出不同要求，也反映在法的价值观的演变与发展上。社会发展必然带来人们价值观的变迁，当然也会带来人们法的价值观的变迁。

一、中国传统的法的价值观

要了解中国法的价值观的历史状况，认识中国法的价值观的历史变迁，必须从中国传统的法的价值观起步。只有从中国传统的法的价值观起步，才可以厘清法的价值观变迁的历史脉络。中国传统的法的价值观是一个历史渊源十分深厚的整体，历经了数千年的发展，其内容之丰富蔚为壮观。要对中国传统法的价值观进行解析，必须从其建立和依赖的基础开始考察。

（一）传统法的价值观的基础

任何价值观都是特定社会的产物，都有其必要的基础。中国传统的法的价值观的基础是深厚而广泛的。在此，本书仅对客观的社会基础和主观的观念基础，做一个初步的论述。

1. 传统法的价值观的社会基础

传统法的价值观的社会基础是广泛的，至少包括自然经济、宗法制度、集权政治三个主要的方面。

第一，自然经济。中国传统的法的价值观是在自然经济的基础上建构起来的。传统社会的经济都是以种植农业为主的自然经济。社会的绝大多数成员都是以农耕为业的农民，整个汉族地区都是以农业为主的。边疆的少数民族大多数是以游牧业为主的农民。全社会都以宗法式的家庭为单位进行生产活动。分散的农业家庭，使用简单的劳动工具，按照家庭和每个成员的性别、年龄、体力的情况，进行劳动分工。自然经济对于中国传统价值观具有决定性的作用。自然经济的脆弱性质，使每个成员对于家庭和群体的依赖被强化。这种群体性是与工业经济群体性所不同的，是一种仅仅立足与局限于家庭内部的群体性。在这一基础上形成了与自然经济相适应的限于家庭内部的群体意识。这种群体意识是浓厚的家族观念、孝悌观念以及由此延伸形成的忠君观念的基础。自然经济是一种历史延续性被特别强调的经济。它要依赖经验进行周而复始的生产活动。农业经验的代代相传，是重要的知识传递方式，也是农业生产得以持续的智力保障。封闭的自然经济也强化了这种代际经验传递的重要意义。因此，在此基础上形成了特别的崇古敬祖的价值观。[1] 自然经济决定了个人对家、家族和国家的依赖。由对家、家族和扩大的国家的依赖而产生的一系列关于现实的观念，由对祖先的崇敬而形成的关于历史的观念，对我们民族的价值观包括我们民族关于法的价值观产生着深刻影响，成为传统法的价值观的基础。

第二，宗法制度。中国以血缘关系为基础的宗法制度，导源于原始氏族社会的后期，形成于西周。周代宗法制度的核心是确立按宗族血缘关系来"受民受疆土"的继统法。周天子既是全国的最高统治者，又是全族最大的宗族长。他利用宗族血缘纽带，按父权家长制的班辈来分田制禄，设官分职。天子、诸侯、卿大夫、士既是政治上的君臣隶属关系，又是血缘上的大宗和小宗的关系。以嫡长子继承建立周王世系，是为大宗，其余诸侯分封为诸侯，是为小宗。诸侯对周王来说是小宗，但在所封国内则是大宗，其叔伯诸弟是他的小宗，做他的卿大夫，这样又形成上下君臣关系。以此类推，卿大夫亦复如此，也建立自己的宗法等级关系。他们处在不同的阶梯上，享有不同的等级名分，取得不同的政治地位和经济特权。[2] 自周以降，中国的政治制度发生了很多变化，但是宗法制度的基本结构并没有被改变过。直至明清时代，家国同构的宗法制度并没有被改变。直到现在，家族势力在中国广大农村依然发挥着重要作用，对社会产生重要影响。宗法制度显然是社会组织方式和结构方式的依据，对于人们关于家族、社会的价值观无疑具有决定性意义。它构成了人们由宗法制度衍生的家长观念、忠君观念、集权观念、名分观念、特权观念、等级观念等。

第三，集权政治。集权政治是中国传统政治的基本特征之一。自然经济与宗法制度决定了中国政治的集权性质。天下的权力集中于君王。君王之下的各个组织体系又是一个又一个的集权体。在总的集权体系中又包含若干个集权细胞。集权成为整个权力体系的基本结构方式。集权的政治模式形成了全方位的大一统。集

---

① 李明华:《时代演进与价值选择——中国价值观探讨》，陕西人民出版社 1992 年版，第 69 ~ 70 页。

② 李明华:《时代演进与价值选择——中国价值观探讨》，陕西人民出版社 1992 年版，第 67 ~ 68 页。

权政治有利于形成合力,有利于居高临下者发布号令,但是集权也会阻碍民主的滋生与形成。与集权相对立的一是分权,二是民主。在空泛意义上的集权未必是绝对的坏事。权力的分和集,有时都是需要的。他们各有各的用处。但是作为严格意义的政治体制上的集权,就不是这样了。在集权的体制中,分权就会被视为对于集权的反动,就是对于集权者的威胁。在政治上,与集权相对立的还有民主。所有的集权者都是反对民主的,甚至是民主的破坏者。中国传统社会中的集权政治,不利于分权政治模式的建立,很容易走向专制与专横。事实上,集权政治只要不是开明的,就一定是专制和专横的。作为集权体制的政治本身是与民主政治相背离的。所以在集权政治中,可以生长出开明的政治价值观,但是无法生长出民主的政治价值观。在价值观上,集权与民主根本对立。中国传统社会的法的价值观正是以集权政治作为其政治基础的。集权政治体制是集权的法的价值观的基础。

2. 传统法的价值观的观念基础

传统的价值观是传统法的价值观的观念基础。中国传统法的价值观的观念基础主要由三个部分构成:一是修身入世的儒家价值观;二是无为出世的道家价值观;三是超凡脱俗的佛家价值观。[①] 其中儒家的价值观是整个价值观的主轴,成为贯穿中国价值观演变历史的主线。

首先,儒家修身入世的价值观。儒家思想,自汉武帝以后逐步被确立为中国的指导思想,儒家的价值观就成为中国主导的价值观。儒家价值观是注重道德修养的人生哲学,把内圣外王作为人生的价值理想。它把人生的修为之路概括为“格物、致知、诚意、正心、修身、齐家、治国、平天下”。“古之欲明明德于天下者,先治其国;欲治其国者,先齐其家;欲齐其家者,先修其身;欲修其身者,先正其心;欲正其心者,先诚其意;欲诚其意者,先致其知;致知在格物。”[②]

---

① 李明华:《时代演进与价值选择——中国价值观探讨》,陕西人民出版社 1992 年版,第 95 页。

② (宋)朱熹:《四书集注》,岳麓书社 1987 年版,第 6 页。

儒家所主张的是一种修养自身,胸怀天下的价值观。立足于修身,就要格物、致知、诚意、正心,达致修身。自身修养后,就要谋求齐家、治国、平天下。在这种基本价值观指导之下,儒家就必然张扬见利思义、舍生取义、杀身成仁,“穷则独善其身,达则兼济天下”,“天下兴亡,匹夫有责”,“人生自古谁无死,留取丹心照汗青”,等等。这些价值观构成了传统价值观的主流,也必然渗透和表现在传统的法律价值观之中。

其次,道家无为出世的价值观。把自然无为作为追求的目标,认为无为而无不为。力图超越善恶,忘却利益,希求在远离尘世的本能生活中去寻求生命的价值。如果说儒家的价值观是积极入世的价值观,那么道家的价值观则是消极出世的价值观。在道家看来,世俗道德、功名利禄都是人所应该远离的。人应该游心于物外。道家的思想理念和价值追求走向了儒家的反面。但是它的存在也与儒家相并立而互补。修身求仁的儒家价值观当然成为了积极向上的人生目标,无为出世的道家价值观则成为消极避世的心理反映。道家的价值观对于中国的价值观也有着重要的影响,有学者甚至认为它比儒家“更能契合中国人的深层心理”。[①]

最后,佛家超凡脱俗的价值观。佛教作为一种外来文化与外来宗教,在中国产生着重大的影响。它把世俗的现实人生都看作苦,而且认为执迷不悟就苦海无边。现实的人生就是“无常”“无我”和“苦”。只有超脱生死轮回报应,达到解脱或涅槃才是人的最高价值目标,也是人生的最高境界。其主张通过“无我无欲”与“自然清净”的“止观”“修行”,达到作为来世彼岸的西方极乐世界。所以有学者总结说:“佛家的价值观是取消主义的价值观,它以彻底的出世的态度,否定了现实世界的一切价值,当然也否定了人的自我价值。”[②]有趣的是这种价值观又恰恰是中国佛教信徒的价值理想。这种价值观在中国社会有广泛的基础,也对法的价值观有着重要的

① 李明华:《时代演进与价值选择——中国价值观探讨》,陕西人民出版社 1992 年版,第 97 页。

② 李明华:《时代演进与价值选择——中国价值观探讨》,陕西人民出版社 1992 年版,第 103 页。

影响。

儒道佛三家的价值观有着严重的分歧,各自成为了中国传统价值观的重要构成部分,统一于中国传统文化之中。它们相互区别、相互补充,又相得益彰,有机统一,浑然一体,共同组成了中国传统价值观的亮丽风景。它们深深地制约、影响了中国传统的法的价值观。在新的历史时代,它们应该怎样影响中国,影响中国的法的价值观,是我们面对和解答的、极为艰难的文化与法治难题。

(二)传统法的价值观的内容

法的价值观是整个价值观的构成部分,不同时代的法的价值观是不同时代价值观的构成部分。就现代社会以前的中国传统社会来说,中国的价值观包含着丰富的内容。尽管当代中国社会已经逐步地现代化起来,但是历史的影响远没有消除。有学者概括中国传统的价值观为崇古唯上、孝悌为本、内圣外王、修己爱人、群体本位、中庸之道、重农轻商、贵义贱利、尊道鄙器、存理去欲、反朴无谓、知足常乐。[①] 中国对法的价值的探索,可以追溯到中国"法律"二字的形成及其被赋予的最初含义上。随着社会的演进,思想家(含法学家)们又进一步发现和扩展了法的价值内容。历经沧桑,在我国历史上逐步积淀形成了以下主要的法的价值观。

1. 正直

正直一直是我国自法产生以来的重要价值观念之一。从法字的最初结构中就不难找到这一观念的原始依据。"法"字在中国古代写作"灋"。其中的"廌"是传说中远古时代的一种独角神兽。它生性正直,有着明辨是非、判断曲直的神性,在人们相互间发生纠纷时,就由其裁决。廌用其独角"触不直者",被触者即为"败诉"。古人把这种生性正直、专触不直者的神明裁判者——廌纳入法的范畴,显然赋予了法的正直而无偏颇的价值内含。"直"字的造字初义是举目正视。凡此直字古训有正、中等意思,乃皆由其举目正视

① 李明华:《时代演进与价值选择——中国价值观探讨》,陕西人民出版社 1992 年版,第 104 页。

之本义所引申。[1]《说文解字》解释说,“直,正见也”。

正直的价值观念在中国历史上是相当深厚的。从法的产生一直绵延发展到现代,正直始终是中国立法、执法、司法官员及其活动的价值指引,始终是中国民众用以判断法、法律官员、司法和执法状况的价值准则,也始终是社会对公共权力掌控者包括法律官员的内在品质的道德要求。

2. 公平

从“法”字的造型也可以看出,法是要追求“平之若水”的。正如《说文解字》在解释法字时所说,“平之若水,从水”,才有了法字。法字虽经千古演变,但其表明平之若水的水旁至今仍是法字不可或缺的重要组成部分。

公平一直是中国关于法律制度或规范的最经常的价值观念与价值评价标准,也同样是对公共权力掌控者尤其是纠纷裁判者的品质要求,还是权力拥有者及其行为的追求目标与评价标准。有的西方学者把“公平”这一概念当作构成中国传统法律制度基础和法律实践的正义原则来考察。[2] 在中国传统的价值观中,“公平”一词可以说是存在最广泛、使用最频繁的价值准则。

3. 惩恶

惩恶扬善是我国古代法的重要价值。从我国古人对法的解释中可以看到“法,刑也”。从法与刑的意义相通中也不难看出法所具有的刑罚价值。“法”中包含“去”。“去”字在古文中为“矢”和“弓”所构成。有学者根据矢、弓上的徽记被原始人用以判断猎物归属的习俗,认为“去”意即“出示证据”的意思。同时,去也即是“弃”“逐”。从“矢、弓”的意义和“弃、逐”的意义上讲,也许都可以看到其所包含的“处罚”“制裁”的意思。去,延伸为作为惩罚的——“弃”或“逐”。“弃”或“逐”,显然是对“不直者”采取的。这也就说明了法具有惩恶的价值。《尚书》的一段记述也充分地说明

---

① 刘翔:《中国传统价值观诠释学》,上海三联书店 1996 年版,第 94 ~ 95 页。

② [美]金勇义:《中国与西方的法律观念》,陈国平、韦向阳、李存捧译,辽宁人民出版社 1989 年版,第 79 页。

了这一点。它说:“蚩尤惟始作乱,延及平民。……苗民弗用灵,制以刑,惟作五虐之刑曰法。”法与刑相通的惩恶价值跃然纸上。从历代偏重刑罚的法内容上也不难看出这一点。我国最早的成文法典《法经》内含的盗、贼、囚、捕、杂、具六篇,都是关于刑事犯罪方面的规定。在传统社会的各个朝代,就是用以调整民事关系的法律手段,也都是刑罚而非民事制裁措施。对每一种违法行为,包括民事违法行为,都规定了国家的暴力和刑杀。违反户籍、财产、契约、婚姻法规的行为也被法规定了具体的刑罚处罚措施。有的学者断言:“翻开中国古代法典,从有史以来直到清末所有的成文法,几乎全部都是刑法。”①若以现代法学观点分类,在中国几千年之久的数百种古代成文法典中,相对独立的民商法典甚至没有一部。从一定意义上讲,在中国,法与刑法实际是一回事。这种观念对我国现代的重刑轻民倾向还深有影响。在中国社会的意识深处,将法律作为惩恶之具来认识的价值观还有十分普遍而深厚的社会基础。

4. 划一

这是中国传统法的价值观的又一重要内容。“划一”的观念在“法”的公平观念中本可得到合乎逻辑的自然演绎。改“法”为“律”以后,“划一”的观念更得到了空前的认可和强化。据《说文解字》及《说文解字注》的解释,“律,均布也”,“律者,所以范天下之不一而归于一,故曰均布也”。

划一,在中国传统社会中是普遍的法的价值之一,也是人们对于法的基本认识。这种划一的思想是与中国传统的政治观念与政治发展紧密联系的。据《孟子》载,梁惠王曾经问孟子:“天下恶乎定?”孟子回答:“定于一。”②划一的价值观念在中国政治、社会、国家中的影响是很难评价的。法的划一价值与之具有不可分离的联系。法在划一上的意义,一是维护政治、社会、国家等的“一”,二是它本身就要求并具有“一”的属性。中国法就是在这两方面发挥和实现自己划一的价值的。

---

① 林剑鸣:《法与中国社会》,吉林文史出版社 1988 年版,第 206 页。

② 《孟子·梁惠王章句上》。

5. 天

天，在中国传统社会中，并不仅仅是一个单纯的自然存在物，更是一个神圣的精神存在物。它甚至是天地万物等一切一切的主宰，它无所不知、无所不能。人只能顺天而行，绝不可逆天而动。天，是颇具中国特色的传统价值观之一，也体现在传统的法的价值观中。《庄子》曰："依乎天理，因其固然。"《韩非子》则说，"望天地，观江海，……守成理，因自然，……因道全法"。董仲舒则提出了"天人合一""人副天数"的学说。于是如何与天相吻合，如何服从于天，就成了法的价值目标之所在，也是法的或优或劣的评判标准。《汉书·刑法志》有一段十分明确的论述，它说，"圣人既躬明哲之性，必通天地之心，制礼作教，立法设刑，动缘民情，而则天象地。故曰先王立礼，'则天之明，因地之性'也。刑罚威狱，以类天之震曜杀戮也；温慈惠和，以效天之生殖长育也。书云'天秩有礼'，'天讨有罪'。故圣人因天秩而制王礼，因天讨而作五刑。"[①]法律如同一切政治主张一样，都不过是天意的表达。一旦有违天意，立法者就必然会受到上天的惩罚。制定和实施法律的目的都不过是执行和实现天意。

6. 仁、礼

仁是孔子思想的核心。礼是从仁引申出来的实现仁的手段。在春秋战国时代，礼的含义相当广泛，泛指各种制度、规则。礼的功能包括："经国家，定社稷，序民人，利后嗣者也。"孔子把"仁"解释为"爱人"，"克己复礼"，"己欲立而立人，己欲达而达人"，能行"恭、宽、信、敏、惠"于天下。落实到一点，还是"爱人"。如何才能"爱人"，那就只能是依"礼"而行了。它包括"父慈、子孝、兄友、弟恭"，"君使臣以礼，臣事君以忠"等。孔子认为，"礼乐不兴，则民无所措手足"。[②] 显然法低于礼，而且法还应为礼服务，他说："今听狱者，求所以杀之；古之听狱者，求所以生之。"[③]"听讼吾犹人也，必也使

① 《历代刑法志》，群众出版社 1988 年版，第 1 页。

② 《历代刑法志》，群众出版社 1988 年版，第 12 页。

③ 《历代刑法志》，群众出版社 1988 年版，第 24 页。

无讼乎！”[1]通过孔子对其当世的责备，不难看出他对古之以刑“爱人”之推崇和其“德主刑辅”“以刑去刑”的观念。他说：“道之以政，齐之以刑，民免而无耻。道之以德，齐之以礼，有耻且格。”[2]孔子的思想中并未完全否定的“法治”，就成了实现其仁、礼的手段和工具。《尚书》早就指出：“士制百姓于刑之中，以教祇德。”[3]“明五刑，以弼五教。”[4]《汉书·刑法志》也指出过：“鞭扑不可弛于家，刑罚不可废于国，惩罚不可偃于天下，用之有本末，行之有逆顺耳。”“文德者，帝王之利器；威武者，文德之辅助也。”[5]《清史稿·刑法》指出：“政也刑也，凡皆以维持礼教于勿替。”[6]礼制为体，法制为用，出礼入刑，礼刑结合，成为中华法系的特点。仁、礼也就成为了中国数千年的法的价值。

仁高于礼和法，是礼和法的归宿。礼介于仁与法之间，上介入仁，下连乎法，并与法相结合。在中国古代学者那里，礼与法的产生原因几乎是相同的。“礼起源于何曰：人生而有欲，欲而不得，则不能无求，求而无度量分界，则不能不争。争则乱，乱则穷。先王恶其乱也，故制礼义以分之，以养人之欲，给人之求。使欲必不穷乎物，物必不屈于欲，两者相持而长，是礼之所起也。”[7]据此说来，礼是为了解决争与乱，满足人们的欲望和要求，使欲望和外物得以平衡才出现的。而法与礼似乎有着同样的产生缘由。“今人之性，生而有好利焉，顺是，故争夺生而辞让亡焉；生而有疾恶焉，顺是，故残贼生而忠信亡焉；生而有耳目之欲，有好声色焉，顺是，故淫乱生而礼仪文理亡焉。然则从人之性，顺人之情，必出于争夺，合于犯分乱理而归于暴。故必将有师法之化，礼仪之道，然后出于辞让，合于文理，而归于治。”[8]“今人之性恶，必将待师法而后正，得礼义而后治。今

---

① 《历代刑法志》，群众出版社 1988 年版，第 40 页。
② (宋)朱熹：《四书集注》，岳麓书社 1987 年版，第 76 页。
③ 《历代刑法志》，群众出版社 1988 年版，第 331 页。
④ 《历代刑法志》，群众出版社 1988 年版，第 563 页。
⑤ 《历代刑法志》，群众出版社 1988 年版，第 10 页。
⑥ 《历代刑法志》，群众出版社 1988 年版，第 563 页。
⑦ 《荀子·礼论》。
⑧ 《荀子·性恶》。

人无师法，则偏险而不正；无礼义，则悖乱而不治。古者圣王以人之性恶，以为偏险而不正，悖乱而不治，是以为之起礼义、制法度，以矫饰人之性情而正之，以扰化人之情性而导之也。”[①]所不同的无非是“礼者，众人法而不知，圣人法而知之”。[②]

7. 治乱

治乱是中国传统法律的又一重要价值观。《左传》就说：“商有乱政，而作汤刑。”反对铸刑书的叔向将夏商周法的产生原因概括为：“夏有乱政而作禹刑，商有乱政而作汤刑，周有乱政而作九刑。三辟之兴，皆叔世也。”[③]管仲也认为，法是为定分止争而产生的。他说：“法者所以兴功惧暴，律者所以定分止争也。”[④]定分止争也就是治乱。法不仅是为治乱而产生，而且也还要根据是否存在乱而适当改变。《汉书 · 刑法志》说：“昔周之法，建三典以刑邦国，诘四方：一曰，刑新邦用轻典；二曰，刑平帮用中典；三曰，刑乱邦用重典。”[⑤]《晋书 · 刑法志》也说：“陈乎兵甲而肆诸市朝，具严天刑，以惩乱首，论其本意，盖有不得已而用之者焉。”[⑥]《宋史 · 刑法一》对宋初的以法治乱也有描述：“宋兴，承五季之乱，太祖、太宗颇用重典，以绳奸慝，岁时躬自折狱虑囚，务底明慎，而以忠厚为本。海内悉丰，文教寖盛。”[⑦]

法为治乱而产生，非为作乱而产生。中国历代王朝都以法作为其治乱的重要手段。在中国传统社会中，法律所追求的治乱价值，在现代社会，也就属于秩序的价值范畴。由此观之，在中国传统的价值认识之中，法也不是为生乱而产生，而是为治乱而产生的，即非为混乱而产生，实为秩序而产生也。混乱是法律产生的原因，秩序即治乱是法律产生的目的。

---

① 《荀子 · 性恶》。

② 《荀子 · 法行》。

③ 《历代刑法志》，群众出版社 1988 年版，第 12 页。

④ 《管子 · 七臣七主》。

⑤ 《历代刑法志》，群众出版社 1988 年版，第 10 页。

⑥ 《历代刑法志》，群众出版社 1988 年版，第 40 页。

⑦ 《历代刑法志》，群众出版社 1988 年版，第 331 页。

8. 等级

划分不同的等级，维护不同的等级差别，是中国传统的法的重大价值。中国传统法律的一个突出特点，就是确认等级差别，维护等级特权。在中国古代社会，就有“国人”“野人”，“君子”“小人”之分。《左传，昭公七年》称：“天有十日，人有十等。王臣公，公臣大夫，大夫臣士，士臣皂，皂臣舆，舆臣隶，隶臣僚，僚臣仆，仆臣台。”这里的王、公、大夫、士、皂、舆、隶、僚、仆、台，就是明确的等级划分。在中国整个传统社会中从来都未消除过“良”“贱”，“士”“庶”，“主”“奴”的划分，并都在立法上得到了认可。历代法律都确定了不同等级的法律地位。中国传统法律首先维护的是至高无上的王权，其次才是各贵族等级的特权。“八议”“官当”“赎”实际上都是法在社会等级上的价值追求的外在反映。

中国传统法律不仅确认和保护一般社会生活中的尊卑贵贱差别，而且也严格地确认和保护着家族和家庭内的等级差异。例证随处可见，其中以服制最为典型。服制是我国封建社会以丧服来规定亲属范围，确定亲属关系亲疏远近的制度。它渊源于《仪礼·丧服》章，被后世作为处理民事关系、判决刑事犯罪案件的重要依据之一。尤其是从晋代以来，一直到明清都从法上肯定了按丧服定罪的原则。《元典章》中有丧服图六，明清两代法典中有丧服图八，列于法典卷首，并设《服制》专卷。

对于法确认等级的意义，人们一般都认为，其目的在于为等级特权提供根据和准则，保证等级特权的实现，保护等级特权。其实，其意义远非仅限于此。它还有利于防止特权的膨胀与滥用，以便将各种特权规制在法的范围之内；它还有利于将社会成员予以等级定位，以等级的法定形式固化人际法律地位关系，形成和保持良好的社会秩序。总之，除了对特权的保护意义之外，它还有利于形成和保持法律化的社会秩序，创造安全稳定、井然有序的社会环境。但是它毕竟是专制社会用以建立秩序和维护秩序的手段，绝不可以在民主社会中加以滥用。

9. 宗法

宗法观念是中国人用以制定法律、执行法律和评价法律的重要价值准则,以致“宗法思想渗透一切,中国古代从奴隶社会到封建社会都是建立在自然经济基础之上的,以家族为本位的宗法思想始终是历代立法的根本原则,而且渗透到社会各个领域”。[①]《尚书》中就记有“天子作民父母而为天下主”。从家族来说,宗法自不待言。就是从社会来说,皇帝乃最大之“家长”,官吏乃庶民之“父母”。整个社会乃至每个角落的家长制统治,都是宗法思想的重要表现。于是,家族中的“孝”、国家中的“忠”就成了传统社会法制的信条。“孝”是缩小了的“忠”,“忠”是扩大了的“孝”。儒家的《孝经》就指出:“五刑之属三千,罪莫大于不孝。”其实,就是在许多问题上与儒家针锋相对的法家先哲们,他们在宗法问题上不但未否定相应的儒家观点,而且还提出了许多强化宗法制度的法律主张。作为先秦法家中集大成者的韩非就宣称:“臣顺君、子顺父、妻顺夫,三者顺则天下治,三者逆则天下乱。此天下之常道也。”[②]从法的制度上看,“十恶”大罪大多数都与宗法问题直接关联。

在中国,法一直有“王法”之称,甚至凡具有很强强制性的规则,都可以在民众的心目中成为或被称为“王法”。法被视为王的所有物。国君乃国之“家长”,家长乃家之“国君”。一个国就是一个家。中国传统的“国家”一词,在西方是很难找到等同的概念和语词的。国有国法,家还有家法。在现代,君臣对子民的宗法观念依然根深蒂固。许多官员仍以父母官自称、自慰、自得,而民众也以子民自居,亦将一定级别的官员称为父母官。官既为人父母,当然应当像疼爱自己的子女一样疼爱自己的子民;官既为人父母,当然也就可以像父母责罚自己的子女一样责罚自己的子民。君主是最大的家长,大臣们就是一个一个不同层次的小家长。不同的家,就构成不同的“宗”,各个“宗”有各个“宗”自己的利益,于是宗派主义会存在,正宗的或变种的家族主义以及最大家长的高度集权都会存在。地方保护、行业保护、地方割据、高度集权、家长体制等,都与宗法有着某种关系。这些观念与准则反映在法上,指导法的创制、实

---

① 张国华主编:《中国法律思想史》,法律出版社 1982 年版,第 9 页。

② 《韩非子·中孝》。

施，也就成为了那个时代的法应有或不应有的价值观念。

10. 无讼

无讼是中国传统社会中，关于法的重要价值追求。从一定的意义上讲可以说是终极的价值追求。自古以来，中国先民就把讼作为不祥之物。从《易经》的《讼卦》中就可以看到他们的一些相关的价值认识。将人们厌讼的思想概括升华为“无讼”追求的人中，最著名的当是孔子，他说：“听讼吾犹人也，必也使无讼乎！”[①]此后的主流思想均为无讼。法的价值追求也一直包括无讼在其中。其实，有讼就必须有法。法与讼之间的关系，是颇值得我们去探究的。可以说，法是讼的产物，是讼的准则，同时又是为消灭“讼”而产生的。“法”基于“讼”又追求“无讼”，这种矛盾及其统一，既解释了法的根源，也体现了法的价值。

无讼价值观念的产生，有其深刻的社会背景和思想根源。中国长期的宗法式的农耕生产方式和家国同构的社会意识对于无讼思想的形成有着极为重要的意义。“无讼，作为中国传统法律文化的价值取向，实现大同世界最基本的标志，不仅意味着它是中国传统法律文化的终极目标，也启发我们，要理解它的形成，应该从古代中国社会的结构和中国古代文明的特点入手。古代中国社会结构的一大特点是家与国同构或者说家国一体化。这种独特的社会结构起源于我国青铜时代的国家形成，后因宗法农业生产方式而得到加强。这种结构导致了国政的原型实际上乃是家务，国法是家规的放大，国际内乱或国民争讼是家内不睦的延伸。因此，一国犹如一家，以安定和睦为上；处理国民争讼一如排解家庭纠纷，调解为主，辅之以刑，以求得和谐。”[②]“形成无讼价值观的另一个重要原因是古代中国文明的法自然。”[③]而自然是和谐的极致，无讼是法自然观的法律运用。此外，中国长期的专制统治也是无讼价值观得以保持并延续的重要原因。在专制统治之下，当然是无讼最好。“无讼”是专

---

① 《论语·颜渊》。

② 张中秋：《中西法律文化比较研究》，南京大学出版社 1991 年版，第 323 页。

③ 张中秋：《中西法律文化比较研究》，南京大学出版社 1991 年版，第 324 页。

制统治的重要的社会条件和思想基础,也是专制统治关于法的价值追求。

对无讼价值观的弊害,中国近代以来的学者予以了严厉的批评。吴经熊先生认为“无讼”等具有“抹杀人格的趋势”。曹德成先生认为,无讼倡导的是有义务而无权利,有家而无个人,有干涉而无自由,有差别而无平等,重让而非争。① 当代具有现代法治观念的学者们,更是对无讼的传统价值观予以了更加严厉的批判。他们甚至认为,中国“无讼”的历史,“就是尊长、官僚、权贵任意欺凌卑贱者而后者又不敢抗争的历史”。② 无讼价值观的弊害是很显然的。但是,无讼价值观的和谐精神也并非一无是处。特别是就民事权利之争来说,当事人根据具体的情势作出息讼、止讼,乃至相对“无讼”的决定,并无什么不对,对社会并非都是弊害。尽管其可能是由于极其不可接受的原因而导致的。在客观上,无讼也还是有其益处的。尤其是作为一种终极的价值追求,更无可厚非。在终极的意义上,无讼本身就是人类良知、良能的表现,也是将置身法海的人们引导出“苦海”的精神昭示和价值指引之一。

11. 善

善是人们的道德追求,也是中国传统法律的目标所在。尤其是在社会民众意识上,更是普遍地将善作为法的崇高价值。荀子在《礼论》中说,“古之圣人以人之性恶,以为偏险而不正,悖乱而不治,故为之君上之势以临之,明礼义以化之,起法正以治之,重刑罚以禁之,使天下皆出于治,合于善也”。他主张对“暴恶”之人采取严刑重罚。荀子在《正论》篇中指出:“罪至重而刑至轻,庸人不知恶矣,乱莫大焉。”“凡刑人之本,禁暴恶恶,且征其未也。杀人者不死,伤人者不刑,是谓惠暴而宽贼也,非恶恶也。”③“彰善瘅恶”更是柳宗元的一贯主张。他认为“彰善瘅恶,王教之端,自周公以来,谥

① 范忠信、郑定、詹学农:《情理法与中国人》,中国人民大学出版社 1992 年版,第 161 页。

② 范忠信、郑定、詹学农:《情理法与中国人》,中国人民大学出版社 1992 年版,第 162 页。

③ 《荀子·礼论》《荀子·正论》。

法未改"。[①] 他认为"忠邪不可以并立,善恶不可以同道",[②]所以法必须赏善罚恶。

善,至今仍是我国法的一个重要价值,尤其是在社会心理上更可谓深入人心。但是,准确地说,中国历史上法所追求的善也并非十足的善,许多时候都是徒有"善"名的"无非"罢了。各统治者制定法、执行法的追求若说是为了善,还不如说是为了社会的"无非"。"无非"当然不完全是"善"的含义。对于中国传统社会法律所追求的善,也不能作西方式或现代式的理解。

二、中国法的价值观的现状

中国现有的法的价值观,是一个传统法的价值观仍作为历史底蕴,资本主义法的价值观在不断渗透,社会主义市场经济的法的价值观正在形成的整体。

(一)传统价值观仍然是历史底蕴

中国传统的法的价值观,是中国从古代社会法产生之时起,乃至更早一直一脉相承、代代相因,并不断发展完善,到现代社会仍作为历史文化基础的所有法的价值观念的总和。

我国传统的法的价值观并不等于封建的法的价值观。在此,笔者也不使用"封建法的价值观"来代指"传统法的价值观"。中国现有法的价值观的历史底蕴,实际上是中国从夏商周乃至更早以来的历史沉淀,远不是在一般所说的"两千多年的封建社会"中形成的。在人们的寻常观念中,凡是提及这是封建的什么什么,那是封建的什么什么的时候,无不带有贬义。而笔者在此所称的传统法的价值观并非都一无是处,其实,它的许多内容都是文化发展的结晶和历史进步的体现,都可供后世继承和发扬。因此,使用"中国传统法的价值观"一词似乎可以避免一提"封建"就带有贬义的先入之见。

中国的传统法的价值观也不是资本主义的法的价值观。从历

---

① (唐)柳宗元:《陈给事行状》,转引自张国华主编:《中国法律思想史》,法律出版社 1982 年版,第 273 页。

② (唐)柳宗元:《为裴令公举裴冕表》,转引自张国华主编:《中国法律思想史》,法律出版社 1982 年版,第 274 页。

史来看,中国从未出现过名副其实的资本主义社会。没有资本主义社会,资本主义法的价值观就没有生成的社会背景与客观基础,资本主义法的价值观作为一个整体根本就没有在中国产生过。从主体来看,中国从未出现过完整而独立的资产阶级。没有资产阶级的独立存在,资本主义法的价值观就失去了存在的主体依据,就没有人来创立,也没有人来坚持。从内容上看,中国传统的法的价值观中,也没有较完整的资本主义法的价值观内容,有的恰恰是非资本主义的法的价值观。

中国传统的法的价值观当然也不是社会主义法的价值观。它在主体、基本内容、指导思想、发展目标上都与社会主义法的价值观有着根本区别,在基本的方面还是根本对立的。

中国传统的法的价值观,内容博大精深。如前面所述,其主要内容至少有:正直、公平、惩恶、划一、天、仁、礼、治乱、等级、宗法、善等。中国社会在20世纪中叶发生了根本性的变革,然而社会旧有的法的价值观念却并未因此而退出历史舞台。它们中的许多方面,甚至包括腐朽部分仍然发挥着重大的作用。到了"文化大革命"时期,更是发展到了无以复加的地步。传统的"绝对平均主义"演化为了极左的"大锅饭";传统的"重义轻利"演化为了"宁要社会主义的草,不要资本主义的苗"等空头政治;传统的"金口玉言"和"金科玉律"转化为了"最高指示";传统的"九儒十丐"演变成为了贬低知识、迫害人才的批"臭老九";传统的重农抑商演变为"割资本主义尾巴"、反资产阶级法权。时至今日,传统的法的价值观又在社会转型的时代背景中以新的方式发挥着重要的影响力。在我国目前,从领导干部到一般民众,从知识分子甚至思想家、理论家到工人、农民、个体户,在法的潜在意识中仍保留着相当顽固的传统法的价值观。诸如清官崇拜、权大于法、等级特权的思想和事实,都充斥在我们的现实生活中。天理、国法、人情,在人们心目中首先考虑的还是人情、天理,而最后才是国法。在法律活动中,传统的"天理观""人情观"往往成为僭取法律原则、扭曲法律精神的魔鬼。传统的治民观、特权观、权力观、善恶观、义务观等法的价值观的腐朽部分在现实社会中还有曲折反映。

传统法的价值观之所以会成为我国现有法的价值观的历史底蕴,这主要是因为:

第一,传统法的价值观的历史延续是社会发展的必然现象。价值观是具有历史传承性的,法的价值也是如此。在历史的接续发展中,人们的价值观包括法的价值观也会代代相继。虽然新的时代会有所损益,但这种相继性终究是不可否认的事实。中国传统的法的价值观也同样必须遵循这一历史逻辑。中国传统的法的价值观在中国延续了好几千年,其基本内容早已像血液一样在中华民族祖祖辈辈、子子孙孙的身上流淌。它在民族心理上的深刻和稳定程度远远超出了人们的一般想象。它是渐渐地深化进民族心理并积淀于民族心理的。要将其消极部分从民族心理上消除,绝非易事,更须有一个相当漫长的历史过程。遗憾的是,由于不应有的过错,这一历史演进过程变得更加漫长了。

第二,传统的法的价值观中良莠并存,要正确对待传统法的价值观,就要坚持辩证的扬弃。辩证扬弃的首要问题就是该扬的是什么,该弃的又是什么,这种区分是相当困难的。即使能够准确地区分开,也往往难以避免时常可能出现的"爱屋及乌"或"投鼠忌器"。由于传统法的价值观的莨莠杂存以及"爱屋及乌"和"投鼠忌器"的顾虑,消除落后的传统法的价值观的任务就变得更加艰巨。

第三,我国对传统法的价值观从未进行过彻底清算。对中国传统文化的批判和清算,由于历史原因一直未能深入进行。孙中山领导的资产阶级革命犹如过眼烟云,稍纵即逝。"五四"时期的新文化运动本是对中国传统文化的大清算,但遗憾的是那时的许多领袖人物,还没有科学的批判精神,他们使用的方法,一般还是形式主义的方法。加之当时特定的历史背景——内忧外患,历史根本不允许中国思想文化界能对传统文化有一个充分和彻底的批判。再说,当时新文化运动的旗手和主将们,如陈独秀、李大钊、鲁迅等人的法学素养相对于他们的政治学素养、伦理学素养、哲学素养、文学素养来说,要低得多。在他们当时众多的著述中,在法的思想上有所建树的,也无非是陈独秀的《宪法与孔教》和李大钊的《孔子与宪法》等。他们对传统法文化的批判显得十分乏力和单薄。中国共产党领导的人民革命本应该也本能够完成这一重任,但事实却是,1949 年前忙于战争;1949 年后不久即发生了指导思想的错误,对传统法文化的科学扬弃又被表面上的全盘否定所取代;“文化大革命”中,包括我国传统的法的价值观在内的传统法文化不但未被正确扬弃,而且,要么就是正确的东西被错误地批判了,要么就是错误的东西借尸还魂;“文化大革命”后,广大人民又忙于思想文化本身的正本清源、拨乱反正以及抵制外来思想的侵蚀。所以,长期以来,包括在传统法文化中的传统法的价值观也还未受到系统批判和的科学继承。它在现实生活中就不能不产生重要的影响。

(二)资本主义价值观在不断渗透

资本主义法的价值观向中国的渗透,由来已久。早在鸦片战争时期,随着帝国主义对中国的侵略,资本主义法的价值观就开始了向中国的输入。在当今中国,财产犯罪逐年增多,贪污腐化、纵情淫乐、贩毒走私不断蔓延,为 300% 甚至 100% 的利润就敢冒杀头危险的法律心态,不能不认为资本主义法的价值观,甚至是其腐朽的部分正在向中国社会渗透。稍加思索,就不难发现,资本主义法的价值观对中国的渗透也有着内在的社会根据。

首先,资本主义法的价值观的渗透,是当代世界交流交往的必然产物,在我国改革开放和世界日益全球化的形势下更是难以避免。在现代世界上,任何国家要断绝与其他国家的交往而孤立地发展,只能是天方夜谭。通信手段的发展、信息交流的频繁、商品交易的快速,早已使世界成为了一个密不可分的整体。目前,资本主义势力还相当强大,任何一个社会主义国家都不可能不与资本主义国家交往。国际社会中,资本主义与社会主义的并存,必然要求世界各制度相同或不同的国家互相尊重主权和领土完整、互不侵犯、互不干涉内政、平等互利、和平共处。这也就决定了资本主义法的价值观必然对社会主义国家产生影响,发挥作用。再说,改革开放是我国的基本国策,而改革和开放都离不开向先进、发达的资本主义国家学习技术、学习管理,甚至与资本主义国家或资产者进行经济合作和交流。在这些活动中,作为社会意识形态的法的价值观也就不可避免地相互影响,资本主义法的价值观也就不可避免地会向中国的意识形态进行渗透。

其次，资本主义法的价值观的渗透，是发展我国市场经济难以完全杜绝的副产品。资本主义市场经济的发展已有数百年的历史，并达到了相当高的程度，而我国市场经济却刚刚起步。资本主义市场经济与我国市场经济虽然有所区别，但它们在形式上的共同点也十分广泛。作为市场经济，它们都必须强调商品、货币、流通、效率、效益、竞争、价值法则、利润等，我国市场经济建设必然要向资本主义市场经济借鉴和学习。资本主义市场经济是资本主义法的价值观的基础，二者之间联系异常密切。我国在发展市场经济、借鉴和学习资本主义市场经济的时候，资产阶级法的价值观就难免会随之向我国蔓延。

最后，资本主义法的价值观包含大量的人类进步的理性要求和思想成果，这些都为它对社会主义中国的渗透提供了方便。资本主义法的价值观是在反封建斗争中产生的，它较之封建法的价值观，是历史的进步。同时它也是资产阶级反封建斗争的武器。资本主义法的价值观作为人类法的价值观的较高阶段，也包含许多科学、民主、文明、进步的成分。资本主义法的价值观并非一无是处。用封建制的、奴隶制的法的价值观来抵制资本主义法的价值观，只能是历史的倒退，而绝不是历史的进步。社会主义法的价值观不是要走到资本主义法的价值观的反面，而是要比资本主义法的价值观更完美、更真实、更崇高，最终超越资本主义法的价值观实践。社会主义法的价值观不是要抵制资产阶级的全部法的价值观，而仅仅是要抵制其中的腐朽部分。相反，社会主义法的价值观只有继承了资产阶级法的价值观的优秀部分，才可能达到最高的理想境界。

（三）市场经济的价值观正在形成

随着我国市场经济的发展，与之相适应的法的价值观正在逐步形成。其主要表现在以下几个方面：

第一，市场经济的法的自由价值观正在逐步形成。市场经济是自由经济，没有自由就没有市场经济。市场经济要求主体的行动自由、要素的组合自由、商品的流通自由、供求的变化自由、价格的议定自由，自由是市场经济的灵魂。在市场经济中与之相适应的法的自由价值观逐步生成。原有经济主体的不平等地位导致的不自由状态日益遭到非议和否定。企业自由的所有制性质限制、个人自由的职业限制和户籍限制,正逐步被取消。市场活动中的自由,已经逐步为社会所要求、接受与尊重。市场经济初期出现的违背市场自由的地方封锁、行业封锁、国家垄断,也逐步为人们所认识、否定和反对。有的已经被反不正当竞争立法所否定,并规定了相应的法律制裁。为市场经济消除障碍,已经是未来立法的主要价值趋向。为市场经济提供自由的社会基础和运行规则,是法律的重要使命。

第二,市场经济的法的效益价值观正在逐步形成。法的效益价值观在市场经济的发展中,在两个层面上逐步增强。其一,法的效益价值观在法自身效益层面上的增强。人们在法的制定和实施中比以前更加重视社会效果,甚至把社会效果作为重要的目标和参数。法的效力、效用总体上得到了比以前更好的发挥。其二,法的效益价值观在保障和促进社会效益层面上的增强。在社会生产上,提高劳动者的劳动积极性和技术水平,鼓励科技发明创造,推广先进的科学技术,完善经济管理体制和企业经营管理制度,实行各种形式的责任制,改进劳动组织以不断提高劳动生产率和经济效益,发展社会生产力,已成为立法的目标之一,体现在各个法的部门之中;在社会管理上,改革社会组织结构体系,进行体制改革,提高社会运行的效益。总之,在经济、社会的各个层面以较小的投入获取较快、较好、较大的收益,已逐步成为法的理想,法更广泛、更切实地保障和促进效益的产生与增长。

第三,市场经济的法的平等价值观正在逐步形成。市场经济不仅是自由的经济,而且也是平等的经济。在市场经济中,各主体都必须处于平等地位,遵守价值规律,等价交换。传统的企业因所有制不同而地位不同,自然人因户籍不同而地位不等,都不能适应市场经济发展的需要,都正在变革之中。市场经济中,因主体不平等而导致的交换不平等、竞争不平等,也都在改革之列。社会民众普遍的平等意识和平等要求在不断增强。这种平等意识和平等要求逐步反映在立法、执法、守法、法的监督等各个环节之中,逐渐成为一种基本的价值观念,表现为一种新型的法律意识。

第四,市场经济的法的权利价值观正在逐步形成。市场经济从法的意义上讲,是一种以权利作为驱动力的经济形态。权利和义务是法的两大基本元素。在自然经济中,由于经济活动不需要也没有有效的法律调整,因而法在经济活动中的作用十分有限,经济权利、义务的法律规范就十分薄弱。在自然经济中起着重大调整作用的不是法而是道德。正是因此,道德偏重义务的属性就随着道德作用的发挥而浸润了整个自然经济。即使有少许调整自然经济的法,也由此而具有浓厚的道德色彩,倾向于侧重义务的价值取向。在产品经济中,由于经济具有高度严密的计划性,因而经济的决策权并不操之于普遍的产品生产者手中。对于产品生产者来说只有服从计划、遵守计划的义务,而无制订计划的权利。整个经济活动对于产品生产者来说接受得最多的是赋予其义务的行政命令,即使有少量法律规定也是为计划制订的,多义务要求而少权利赋予。因此,产品经济是一种以义务为动力的经济。实际上,义务主要是一种外在压力,很难成为内在的自觉动力。权利则与之相反。法不外乎包括权利和义务。而在权利和义务之间,权利无疑比义务具有吸引力。权利、义务是对等的,以权利作为动力和以义务作为动力,其效果迥然不同。以义务作为动力,义务实现了,权利当然就实现了。但是由于人们对义务的被动心态,因而以义务作为动力就会形成权利的困境。反之,以权利作为动力,权利实现了,义务当然就实现了。这是由于人们对权利的积极心态,因而以权利作为动力就会导致义务的履行,导致法的真正实现。所以市场经济作为法制经济和法治经济理应以法的权利作为动力,并以市场经济的法的权利价值观做指导。随着市场经济的发展和立法的完善,相应的法的权利价值观正在逐步形成。我国以“民告官”为表征的行政诉讼的崛起、社会民众诉讼法意识的普遍增强、民事诉讼的普遍化以及刑事控告与自诉的增多,都是其典型的例证,都表明了公民权利意识的觉醒,表明法的制度层面和观念层面上的权利价值观念都在增强。

第五,市场经济的法的秩序价值观正在逐步形成。市场经济是效益经济、自由经济、平等经济、权利经济,同时也是有序经济,而不是无序经济。市场经济本身的发展的确具有突破秩序——滥用自由和权利的倾向，法必须将市场经济及其发展变化规范在秩序的范围之内，既使各市场经济主体在法定的秩序范围内游刃有余、活动自如，又使整个经济有条不紊、井然有序。强调市场经济的有序性与强调市场经济的自由性并不矛盾。二者完全可以并行不悖，相互依赖，相互为用。自由是市场经济中法的灵魂和基调，秩序是实现并维护这一自由的条件和保障。因此，法律规范市场经济的目的在于保证市场经济在秩序的范围内自由发展，而不是妨碍或取消市场经济自由。市场经济中，法的秩序价值观念逐步更新，新型的法的秩序保证着市场经济在秩序的范围内充分自由地持续、稳定发展。

第六，市场经济的法的公正价值观正在逐步形成。市场经济的发展必然要求以社会公正的普遍存在作为条件和保障。因为，市场经济的主体需要平等的发展机会，为了机会的平等，就必须要有社会公正。没有公正作为基础的竞争必然是不合理的，不是真正严格意义的良好的市场竞争。市场经济的影响需要公正予以补救。市场经济的运行必然导致社会利益的重新分配、贫富分化的继续拉大。为了使市场经济主体能公平竞争、人尽其才，使社会贫富不至于非法地极度分化或过度悬殊，使社会弱者，如残疾人、老人、孤儿、失业者、贫困人口能获得必要的社会救济，必然要求建立起良好的社会公正机制。市场经济的发展和运行中也会产生各种矛盾纠纷。这些矛盾纠纷的解决必须公正。如果没有公正的社会纠纷的解决机制，社会纠纷就会阻碍社会发展，成为社会进步的障碍，也不利于市场经济本身的发展。社会公正的法的价值观念，在市场经济的发展中正势不可挡地渐露端倪，逐步成为维系社会安全、稳定、秩序的重要保证。

市场经济的法的价值观正在逐步形成，其形成过程是漫长而痛苦的。其中包含众多的失误和挫折，甚至在个别地方、个别环节还可能出现恶化、畸变。在封建意识的基础上建设市场经济，什么恶念和恶行都可能泛滥。在我们现有的文化和观念之中，封建的意识远没有彻底消除。对此，必须予以高度重视。培养良好的法的价值观，更是在市场经济不发达基础上进行法治建设的重要内容，甚至是思想前提。

三、社会发展与法的价值观转换

社会发展有时是急速的,有时则是缓慢的;有时在某些方面飞速发展,有时在某些方面相对滞后;有时表现为比较协调,更有时则表现为极不协调。当经历了一些方面的飞速发展之后,社会就会提出特别重视另一些方面的发展以达成协调发展的目标。社会发展总是经历着从不协调向协调转换的过程。社会总是在部分飞速发展与整体协调发展的互动交替中得到自己的中道,获得自己应有的路径。但是,力图摆脱历史偶然性而促进社会协调发展,逐步成为人类最明智的选择。协调发展被作为社会发展理想,社会要实现其协调发展的目标殊为不易。所以,社会协调发展就成为了面对局部发展不良后果的理性追求,就成为了推动发展的理想目标。社会局部发展和协调发展都会对法律法规提出相应的要求,并在相应的法律法规中有所反映。社会协调发展对法律法规的要求,与在法律法规中的反映,都会体现在法的价值观的转换之上。法的价值观的转换,是社会某些方面局部发展与各个方面的协调发展的综合反映与要求。对于社会协调发展与法的价值观转换之间的关系进行研究,将有助于更好地坚持社会协调发展,并与社会协调发展相适应地调整我们的法的价值观,进而实现法的价值观转换,推动社会协调发展。

(一)社会发展的静态状况决定着法的价值观的状态

相对静态的社会发展状况是人们法的价值观的社会基础。社会发展既是一个动态的过程,又是一个静态的状况。从社会发展的静态状况来看,社会发展的基本情形对于人们的价值观有着重要的影响。社会发展是社会物化的外在标志。社会发展表明了社会的进程状况与基本情形。一定社会的发展状况总是相对稳定的,相对稳定的社会发展状况就有利于人们形成相对确定并与之相匹配的思想观念,包括价值观念。社会发展的不同阶段,人们的价值观也会有所差异。每一个阶段的社会发展都会给这个时代造就必要的价值观念。“任何人都不能超脱于自己所生活的社会环境,他的价值观总是由这个社会环境的种种因素所决定的。”①

社会发展是一个渐变的历史过程。尽管社会发展永不停歇、无休无止，同时也相对缓慢，呈现出渐进的性质。相对静态的社会发展状况与渐进的社会发展过程为价值观念的渐进发展提供了平台。社会的物化表现——发展，必然会对人们的思想观念产生影响，发挥作用。法的价值观是人们在法的问题上的价值认识，属于意识形态的范畴。人们关于法的价值的认识无论如何也无法摆脱社会而独立存在。它始终不过是特定社会涉法现象的反映，甚至在一定程度上还是特定社会及其法律发展状况的标志。社会发展的静态状况决定和影响着法的价值观，使法的价值观具有相对的稳定性质。“因为在每一种场合，人们都使各种价值准则适应当时的法学任务，并使它们符合一定时间和地点的社会理想。”②

社会发展与法的价值观两者之间有一种相对适应的共存与互动的关系。它们之间具有必然的内在联系。相对静态的社会发展，是法的价值观处于相对稳定状态的客观基础。

（二）社会发展的动态状况主导着法的价值观变化

任何意义的社会稳定都是相对的。其实，社会发展更具有动态的意义。因为社会发展本身就是一个动态的过程。动态的社会发展对于人的法的价值观的变化起着决定与制约的作用。社会发展的不平衡的动态性质主导着人们法的价值观的变化性质和状况。

社会构成元素与组成方面的变化性决定了社会发展的动态性。从社会的构成元素来看，社会的构成元素总是富于变化的。个体、群体、阶层、阶级、政党、族群等都是变动着的。社会元素的变化必然会导致社会整体的变化。从社会的组成方面来看，社会也是发展变化的。经济、政治、文化等方面构成了社会的整体。这些方面并不是齐头并进的，它们有先有后，有疾有缓。社会的构成元素、组成方面与时间过程都是变化的。这些变化可能涉及非常多的因素，呈

---

① 李明华：《时代演进与价值选择——中国价值观探讨》，陕西人民出版社 1992 年版，第 62 页。

② ［美］庞德：《通过法律的社会控制·法律的任务》，沈宗灵等译，商务印书馆 1984 年版，第 55 页。

现出极为复杂的情形。这些元素、方面未必都是协调的，这种不平衡性会在社会发展中表现出来。在任何时候，社会的各个因素与方面都不会是绝对协调发展的，这就为社会协调发展的目标提供了根据。

社会发展总是处于各种不同阶段之中。社会发展的不同阶段的不同情况会导致人们的价值观包括法的价值观的变化。不同阶段的社会发展，构成了社会发展的时间过程。就时间过程来说，社会总是富于变化的。即使是比较封闭的社会，也会在历史的进程中悄然渐变，在不同的发展阶段出现不同的社会情形。不同阶段的社会发展状况，也同样会决定不同的价值观状态。法的价值观必然会关涉社会发展。法学也应当关注社会发展对法的价值观的影响。“我们必须注意对于把价值的尺度或准则的问题看作比法学问题更为广泛得多这一点的承认——认为价值尺度问题是各门社会科学共有的一个问题，既要在法学上这样看待，又要从其与法律科学一切有待解决的问题的特殊关系上去看待。不能用一种‘纯粹法律科学’来加以搪塞，‘纯粹法律科学’企图重复英国分析法学的方法而把这一问题转推给某门别的科学。”①

（三）社会发展的协调与否影响着法的价值观状况

社会发展的协调与不协调都制约着法的价值观状态。综观社会发展的情形，其实不外乎协调发展与不协调发展两种。从社会发展的历史来看，其协调发展是偶然的，而不协调发展是经常的。所以，不协调发展是社会发展的主流趋向，协调发展是社会发展的目标。这两者之间的情形似乎具有内在的联系。社会发展的自发性、多元性、多维性决定了其必然具有的不平衡性、不协调性。正是因此，协调发展才成为了社会发展的理想目标。但无论社会是协调发展的或是不协调发展的，法的价值观都在一定程度上受制于它。也就是说，法的价值观受制于社会发展的不协调与协调的变奏情况与过程。

---

① ［美］庞德：《通过法律的社会控制·法律的任务》，沈宗灵等译，商务印书馆1984年版，第66~67页。

法的价值观包含人的主观能动性因素，会对社会发展产生积极的反作用。社会是动态的，总具有不协调性。但是人们面对社会，也并不是消极的或无能为力的。人应该也可以发挥自己的主观能动性去改造社会，使不协调的社会归于协调。尽管人们的目标难以百分之百地得以实现，但社会也总是因此而不断地趋向于协调。也就是说，社会总因人的作用而具有协调的性质，而不断地从不协调走向协调。社会的这种"不协调到协调的过程"当然会影响到人们的法的价值观的变化。人们的价值观中当然包含如何引导社会良性发展的内涵在其中。人们的价值观对于社会的现实与未来发展都将产生积极的作用。

社会的协调发展和不协调发展都会对法的价值观产生影响。"生活关系的迅速变化使得延续了几百年的传统价值受到质疑，并被新的价值观所替代。"①法的价值观作为一种社会规则的价值观，与社会各个方面都息息相关。法的价值观既是社会协调或不协调发展的反映，也是社会协调或不协调发展的重要诱因。

（四）社会发展从不协调向协调的转变是法的价值观转换的重要基础

社会发展总是会影响价值观的状况，尤其是在改革开放的时代，更会如此。"我国正处在改革开放的社会大变革时期，从传统的计划经济体制向社会主义市场经济体制转变，必然要引起价值观的更新。在计划经济体制下形成的种种僵化的价值观念，将阻碍经济体制的改革，成为社会主义精神文明建设的思想障碍。而树立适应社会主义市场经济科学的价值观念，则将大大地推动改革开放和社会主义事业的发展。"②在社会发展中，社会的不协调发展是经常的，也是人类所无法避免的。同时，这种不协调甚至也是人类社会的发展过程所必需的。从不协调向协调转变的过程也是社会发展的过程。社会发展的这种性质转变就为建立在其上法的价值观的

---

① ［德］伯恩·魏德士：《法理学》，丁小春、吴越译，法律出版社 2003 年版，第 22～23页。

② 熊则坤、李林昆：《价值·价值观的冲突》，中国人民公安大学出版社 1994 年版，第 178 页。

不断发展变化——转换提供了客观基础。“价值观念作为一种观念性的存在,是随着社会情况和实际价值关系的运动而变动的,从来没有一成不变的道德律条,也没有永恒不变的正义原则。”[①]

人类总是要设法摆脱偶然性,并期待在必然中实现自己的理想。但是,社会并没有如此的差强人意,它们常常会背离人们的愿望,甚至走向人们期待的反面。社会的不平衡发展是主导性的因素,甚至可以被视为社会得以发展的重要原因。社会不会完全地听命于人类的期望。社会也总是因为这种任性而获得发展的动力。没有社会发展的不平衡性和不协调性,社会就会失去活力,就会停滞。社会的这种从不协调向协调的转化过程,为法的价值观转换提供了依据。人们面对社会发展的不协调的重要的努力就是要使其协调起来。这种协调的行动当然有自己的价值目标。其每一个具体的目标都包含人们的价值诉求与期待。

我国社会在20世纪六七十年代经历了长期的停滞之后,在20世纪末期,开始了改革开放。改革开放之中,社会的不同方面都以异乎寻常的方式和速度发展着,社会发展的不协调必然随之而引发并逐步表现出来。在这种社会状态之下,社会的协调发展就自然地成为我们为之努力的目标。

(五)法的价值观对社会发展具有先导、适应和阻碍的作用

社会发展,包括社会的变化,当然会对法的价值观产生影响。同时,法的价值观也会反作用于社会发展,并对社会发展产生重要而深远的影响。“价值观念的作用是巨大的,也是特殊的,特别是与科学知识的作用相比较。它有着自己的特点。”[②]“价值观念的作用范围是相当广泛的,具有普遍性。它渗透到人的活动的各个领域,贯穿于每一活动的始终。可以说是无孔不入、无所不至,其影响的范围远远大于理论形态的东西。”[③]对于法的价值观的作用,我们不仅不可忽视,而且还必须予以特别的重视。

---

① 李德顺、马俊峰:《价值论原理》,陕西人民出版社2002年版,第258页。
② 袁贵仁:《价值学引论》,北京师范大学出版社1991年版,第387页。
③ 袁贵仁:《价值学引论》,北京师范大学出版社1991年版,第388页。

在考察法的价值观对于社会发展的作用时，我们必须注意的是，法的价值观及其作用，对于社会发展来说并不是亦步亦趋。法的价值观作为一种独特的社会观念与社会发展有三种情形以及由此导致的三种作用状态：第一，它可能先于社会发展的步伐，成为社会发展的先导，促进社会发展；第二，它也可能紧随社会发展之后，在社会发生重大变化之后，就以最快的速度转换，以适应社会发展；第三，它也可能严重地滞后于社会发展，久久不能发生应有的转变，进而拖社会发展的后腿，成为社会发展的阻力。有学者在总结价值观的变化过程时说，"价值观念的变化是一种普遍现象，具有其内在必然性。但价值观念变化的过程和形式，又是曲折、复杂的。它同社会经济发展水平、人们的社会生活条件的变化和发展，往往不是直接对应或同步的"。[①] 相对于社会发展从不协调向协调的转换来说，法的价值观也会有类似的情形。这是我们必须清醒的认识，绝不可以简单地认为法的价值观会与社会协调或不协调状态如影随形。

法的价值观与社会发展，尤其是与社会从不协调向协调转换的过程，呈现出三种作用关系，是需要我们认真对待的。之所以出现这样的情形，有两个主要的原因是不容忽视的：一是由法的价值观的相对独立性决定的；二是由法的价值观本身的历史保守性决定的。法的价值观有着自身的演变规律，有着自身的发展逻辑。尽管这种规律或逻辑最终要依赖社会发展，但是它的相对独立性质还是客观存在的。法的价值观作为一种文化，也是具有保守性的。法的价值观如同其他价值观一样，都具有历史的沉淀性和延续性。它的形成是渐变的，它的转换也将是渐变的。它的传承与流变的过程甚至与人的代际变化相关。为此，就更需要我们适时地把握法的价值观与社会发展之间的关系，对法的价值观进行适度调整，使社会的法的价值观适应客观社会协调发展的需要，并为社会的协调发展开辟道路，提供观念的支持。

---

① 杜齐才：《价值与价值观念》，广西人民出版社1987年版，第116页。

四、我国法的价值观的现实转换

社会协调发展的要求是从社会不协调状态中产生的。社会的不协调状态，既是人们价值观包括法的价值观的决定因素，也是包括法的价值观在内的整个价值观的某种不协调性的产物。社会发展的不完善性也决定了法的价值观的不完善性，社会发展从不协调向协调的过渡，也会引起法的价值观的相应变化。“没有任何一种东西一旦出现就尽善尽美的，制度设施也罢，技术规程也好，都有一个逐步完善的过程，更何况价值观念作为观念性的东西，本来就不是自足的独立存在的，而是要随着实际社会生活的发展而变化。”[①]价值观的变化对于社会发展将产生深远的影响，“遵从什么样的价值观，会在客观世界中产生重要的后果。例如，强调传统价值观的社会在人口出生率方面就比强调理性——法制价值观的社会高得多”。[②] 立足我国目前的社会协调发展的要求，为了适应中国社会协调发展的需要，我们的法的价值观应该考虑推进如下的转变。

（一）从偏重秩序向秩序与自由相协调转换

重视秩序，在文化上是中国社会的传统，在政治上则是历代王朝谋求长治久安的需要。在儒家的学说中，作为人生理想的是“格物、致知、诚意、正心、修身、齐家、治国、平天下”；作为社会理想的则是“物格、知致、意诚、心正、身修、家齐、国治、天下平”。[③] 长治久安、国泰民安一直是中国的政治理想和社会期待。破坏秩序的犯上作乱始终为统治者及其法律所否定。法律所谋求的历来都是天下太平。自由，在中国的传统文化和政治理念中是缺乏地位的。可以肯定地说，我们的正统的传统文化是重视秩序而轻视自由的。在西方文化中，秩序也是非常重要的。西方有的法学家就是“根据两个基本概念来分析法律制度的，它们是理解法律制度的形式结构及其

① 李德顺、马俊峰：《价值论原理》，陕西人民出版社 2002 年版，第 259 页。

② [美]塞缪尔·亨廷顿等主编：《文化的重要作用——价值观如何影响人类进步》，程克雄译，新华出版社 2002 年版，第 130 页。

③ (宋)朱熹：《四书集注》中《大学》篇。

实质性目的所不可或缺的。这两个基本概念就是秩序与正义”。[①]所谓秩序,“意指在自然进程和社会进程中都存在某种程度的一致性、连续性和确定性”。[②]

历史发展到20世纪后半叶,出现了“天下大乱、形势大好”的政治口号。如果说这一口号的提出者要想天下大乱,那一定是对他的误解。“天下大乱”其实并不是口号提出者的初衷。他的主观愿望还是要谋求形势大好,而且还要使“敌人一天天烂下去,我们一天天好起来”。坚持无产阶级专政始终是没有放弃过的口号和行动,对于社会主义的秩序,从来都没有放弃过。对于破坏势力的打击,也就意在维护必要的社会秩序。在这样的历史时期,对于社会自由也同样较少地予以考虑,更不用说去张扬了。政治强制下的秩序固然是存在的,但是自由被抑制则使社会失去了应有的活力。由于种种原因,混乱一度成为了社会的普遍状态,自由受到更大的威胁,秩序也同样受到威胁。

经历了1967~1976年“十年动乱”之后,中国人民更进一步地认识到秩序的重要性。他们提出了维护安定团结,建造安全稳定的社会环境的口号,把破坏社会秩序的各种违法犯罪作为法律制裁的重要对象。当时通过了中华人民共和国第一部刑法典即1979年刑法。随后又根据客观形势的发展不断修订,我国的刑事法制日益完备。法律在维护秩序上发挥了重要作用。由于法律对于秩序的维护并不是对于自由的禁止,在依法维护秩序的背景之下,社会自由得到了更好的维护。尽管秩序是首要的,但是自由却在法律之下获得了必要的生存空间,并以法律保护的方式获得了社会公开的认可。

20世纪的最后20年,中国社会逐步从计划经济中走出来,开始了商品经济和市场经济建设。既有的平衡与稳定被陆续打破,社会进入了急剧分化的新的历史时期,各种社会矛盾大量涌现,社会冲

---

① [美]博登海默:《法理学:法律哲学与法律方法》,邓正来译,中国政法大学出版社1999年版,第199页。

② [美]博登海默:《法理学:法律哲学与法律方法》,邓正来译,中国政法大学出版社1999年版,第199页。

突以多元状态呈现出来。同时,政治民主的进程也进一步加快,思想更趋活跃。政治民主的要求远比历史上的任何时代都更加强烈。经济活动与政治民主的范围、方式也以前所未有的状态出现在世人面前。新生事物应接不暇。人们的思想观念也发生着深刻的、翻天覆地的巨大变化,秩序受到严重的威胁。为此,我们一直进行着不懈的努力。面对纷繁的各种复杂的社会矛盾,小心翼翼,如履薄冰,成为了行动写照。秩序也就当然地成为了最大追求,自由也就在有意与无意中被有所忽略。

然而现代社会必然是矛盾丛生的社会。我们不能寄希望于不发生矛盾,也不能寄希望于彻底地根除一切矛盾,我们的努力目标只能是也应该是尽量减少矛盾的发生;在矛盾一旦发生了的时候,我们能有最好的解决路径加以有效地及时解决。更为重要的是我们绝对不能因噎废食,为了秩序而以牺牲自由作为代价。对于自由的不适当抑制反过来又会影响秩序本身,适得其反地为秩序留下隐患。

市场经济是自由而有序的经济。没有自由,市场就缺乏活力,经济就会因自由的缺乏而无法获得前进动力和社会支撑。市场经济对于主体自由、劳动自由、交易自由、资金自由等的要求,成为社会自由的动力基础。自由是基本的,秩序是必要的。没有秩序,市场经济就会陷入混乱之中。秩序是自由的保障,也是市场经济得以顺利推行的前提。

民主政治是拥有秩序和自由的政治。现代政治,必然是民主政治,民主政治对于自由有着天然的依赖关系。没有自由的政治,绝对不是民主的政治;没有秩序的政治,也不可能是民主政治。因为,没有自由就没有主体的独立意志。主体的独立意志是民主的前提,也是民主的依据。如果主体没有意志自由,没有表达意志的自由,主体就不可能真正地当家作主。人民当家作主的前提就是人民具有独立的意志,并可以自由地拥有和表达这种意志。没有秩序,民主就会遭受意想不到的破坏,就没有被实现的社会条件。民主政治是将秩序与自由协调起来的政治。

法治发展也同样需要以自由作为社会的基本而普遍的基础。

市场经济是法治经济,民主政治是法治政治。市场经济和民主政治的发展都对自由提出了要求。没有自由的经济不是市场经济,没有自由的政治也不是民主政治。但是,市场经济和民主政治中的自由并不是要摆脱秩序的自由,它是法治之中的自由。因为没有法治,任何秩序都难以长久地维持,任何自由都会失去存在的空间。在推进市场经济和民主政治建设的过程中,我们需要把自由用法律来加以确认和实现。自由与秩序相协调的统一价值观,将会把单纯的秩序观或自由观否定。自由与秩序的协调将是新时期法的价值观的重要内容和基本方面,也是法治发展的基本要求。"尽管为了在社会中确保法治的实施,一个由概念和规则构成的制度是必要的,但是我们必须永远牢记,创制这些规则和概念的目的乃是应对和满足生活的需要,而且我们还必须谨慎行事。以免毫无必要地、毫无意义地强迫生活受一个过于刻板的法律制度的约束。"[①]在我们的现实生活中,我们所受到的刻板约束远非法律制度的,更多的还是畸形政治口号的,所以,我们必须循着法治化的路径处理好秩序与自由的协调关系。

当然我们也应该注意到自由并不是没有制约。"任何社会都不会允许其成员享有不受人类自制的完全自由。很明显,如果每一个人都可以不顾其他人的利益而自由地追求自身利益,那么一些人就会征服另一些人,并把自由作为一种压迫其他人的手段。进一步说,如果把自由看作一种价值观念的主要理由是出于对人的尊重的话——我们正是这样认为的——那么,自由也必须明确每个人尊重其他人的义务。"[②]自由与自由的协调,其实也就是一种秩序状态,而且是一种既有价值极高水准的秩序,我们要实现的就是有秩序的自由。

(二)从偏重稳定向稳定与发展相协调转换

稳定实质上是秩序,它是秩序的现实表现,或者说是秩序的一

---

① [美]博登海默:《法理学:法律哲学与法律方法》,邓正来译,中国政法大学出版社1999年版,第242页。

② [英]彼得·斯坦、约翰·香德:《西方社会的法律价值》,王献平译,中国人民公安大学出版社1990年版,第173~174页。

种外化。稳定与发展都是人类所需要的,但是人类并不总是都能得到稳定与发展。

稳定与发展在抽象的意义上并不矛盾。稳定是发展的基础,发展是稳定的保障。没有稳定,人类就无法从事正常的生产活动。历史早就说明,在社会动乱中必然有生产力的大破坏。一是动乱的社会无法提供安全的生产环境确保生产的顺利进行,相反生产还会受到阻碍。在人类的发展历史中,动乱总是社会生产的制约因素。为了适应动乱中的某种独特需要,人们甚至还要把本该用于物质财富生产的人力、物力耗费来生产支撑动乱的物品,包括生产用于破坏的武器和工具等。二是社会动乱还可能给既有的生产力造成破坏。回顾人类的动乱历史,可以说所有的动乱都包含对于既有劳动成果的极大损耗,甚至直接毁坏已经存在的经济、文化成果。人类的文明发展是在和平稳定的环境中实现的。稳定的社会状态为人们创造物质财富和精神财富的活动提供了最好的条件。在安居乐业与追求繁荣的历程中,文明才可能被建设起来。反对动乱既是人类正常生活与生产的需要,也是人类文明发展的需要。

怎么夸大稳定的作用都不过分,但是不能机械地认识稳定,尤其不能杞人忧天地对待稳定。稳定是我们的追求,但是我们的追求并不仅仅局限于稳定,尤其不能把稳定理解为僵化的状态。在僵化的稳定状态中,人们许多美好的东西都将受到威胁。人们也许会因对于保持稳定的过度紧张,而失去至为重要的自由、幸福等的价值追求。人类就会因所谓的稳定而受到奴役,使自己成为稳定目标的奴隶。社会也会因追求不切实际的稳定而失去生机。其弊害与过度地注重维持僵化的秩序,是同样深重的。

稳定与发展是我们的追求,应当把两者有机地协调起来。与稳定对应的至少有两个特殊的因素:一是自由;二是发展。在论述秩序与自由的协调发展时,实际上也论及了稳定与自由之间的关系。当然必须处理好稳定与自由之间的关系,同时,还必须认识到稳定是以发展作为保障的,我们还必须处理好稳定与发展之间的关系。没有发展的稳定必然是没有物质基础的稳定。这样的恶果,一是稳定会因发展的缺乏,导致本身就不稳固。因为稳定都是以一定的发展作为前提的。没有发展做基础,稳定就会成为泡影。二是稳定将因发展的缺乏而难以持久维系。稳定是一个持续的时间过程。这个过程的维系,或者说是稳定的延伸,必须要有发展为其提供客观的物质基础。三是缺乏发展,稳定无法实现其必要的动态平衡。稳定并不是固化的状态,而是一个动态平衡的过程。稳定也需要更新。每一个时期的稳定并不等同于前一个时期的稳定。稳定的向后延展,就是稳定本身的更新。稳定的更新当然要以发展作为条件。因为这种更新要求一定的能源供给,没有发展就没有新的能源供给。

稳定的社会生活是人类的企求,但是僵化的稳定企求与状况又可能成为社会发展的障碍,阻碍社会发展。稳定的目标如同秩序的目标一样,所反对的应该是无政府主义和专制主义。稳定受到这两个方面的威胁。一方面,无政府主义是对稳定的极大的破坏。只要有无政府主义存在,稳定就会受到威胁。无政府主义的无法律、无纪律、无约束的思想意识与社会行为都是对稳定的否定。因为无政府主义会藐视一切权力与权威,藐视法律与法治,甚至各个独立的主体之间还相互冲突而各行其是,最终破坏稳定。另一方面,专制主义会使少数人凌驾于多数人之上,会使少数人的意志强迫多数人的意志,它蕴藏着深刻的动乱危机和不稳定因素;专制本身也是一种任性,本身就可能对稳定形成挑战。人类要反对动乱,维护稳定,就必须既反对无政府主义,也反对专制主义。由于专制主义在社会中常常处于优势地位,所以反专制主义的任务就显得更为艰巨。在良好的法治状态之下,"法律在本质上是对专断权力之行使的一种限制,因此它同无政府状态和专制政治都是敌对的。为了防止一个为数众多的意志相互抵触的无政府状态,法律限制了私人的权力。为了防止一个专制政府的暴政,法律控制了统治当局的权力"。[①]由此看来,发展与稳定并不存在决然的内在矛盾,它只是一个社会管理者的精力分配与注意力投放的问题。

---

① [美]博登海默:《法理学:法律哲学与法律方法》,邓正来译,中国政法大学出版社 1999 年版,第 233 页。

（三）从偏重效率向效率与公正相协调转换

在长达数十年的“阶级斗争为纲”，阶级斗争“年年讲、月月讲、日日讲”的影响下，社会把发展生产力作为罪恶予以批判。空头政治严重地制约了生产力的发展，阻碍了社会进步。社会发展严重受阻，必然会提出如何得以发展的问题。历史给了中国人民以巨大的机遇。在20世纪末的最后20年，中国开启了改革开放的大门，中国把发展社会生产力作为了极为重要的社会目标。在这样的历史背景之下，追求生产力的提升无疑是重中之重。“发展才是硬道理”成为了口号。与此相适应，我们制定发布了大量的推动生产力向前发展的法律法规，运用和借助法律力量，大规模地发展国内生产，引进外资，融入国际经济大潮，参与世界经济的大合唱，有力地推动着中国生产力的发展、效率的提高。这是历经苦难的中国人民的理性选择，也是中国改革开放的必由之路。法律对于推动效率提高，发挥了至关重要的作用。

但是，当中国从极度贫困中走出来，而且开始了奔向小康社会时，我们就必须根据社会的发展变化，对既有的价值观进行检讨和修正。在我们大力发展生产力的同时，我们不可能充分注意到进行社会分配，解决社会冲突的公平性与正当性。社会的公正逐步成为了我们不能回避的重大问题。因为“平等和效率的关系是相互矛盾的。在市场体制中，若根据效率向社会个体提供报酬，那么效率越高的人得到的收入就会越多，效率低的人收入会越来越少，社会成员之间在收入上的差距就会越来越大。当这种差距拉大到一定程度时，低收入的社会个体连生存都难以维持，又何以谈得上通过发挥自己的才能去争取机会均等和远大前程呢”？① 回顾这二十多年的改革和发展，我们在注重效率的同时，对公正的确予以了不应有的忽略。

从社会分配的意义上讲，公正性受到了不应有的忽略。由于计划经济色彩淡化的过程性和改革开放的渐进性的影响，社会出现了在不同领域、不同行业、不同身份的主体之间的不均衡性分配。从

① 王宏维：《社会价值：统摄与驱动》，人民出版社1995年版，第188页。

总体来看，可以认为，城市人口收入偏高，农村人口收入偏低；商业部门收入偏高，工业部门收入偏低；在职职工收入偏高，退休、失业人员收入偏低。在农村和城市，贫困问题日益突出，甚至成为影响社会稳定和持续发展的重要原因。在强调社会协调发展的时候，必须重新审视收入分配政策，尤其是制造公平的竞争环境与强化税收征管，充分发挥税收法规在调节不同阶层收入分配上的作用，使社会的收入分配在更大程度上回归或获得公正。

着眼未来，我们需要在市场环境上进行法治化的努力。政府为市场提供的也就是一个开放的、自由的、公正的平台。具体来说，我们要营造公正的市场环境，改变市场的无序化状态，防止不正当竞争的蔓延和恶性发展。在市场经济的背景下，竞争是必不可少的，但是竞争必须有其规则，绝对不能允许非法地牟取暴利或靠牺牲社会利益来获取不正当的利益。无规则的市场经济，就没有公正可言。其实，没有公正的效率也是令人忧虑的。没有公正作为保障，效率再高也会坍塌下来。公正是高效率的支撑点和保障者。

要改革税收法制，确保税负公平，使税收的杠杆作用得以凸显。税收是一个社会分配公正的最重要的调节器。在开始市场经济建设之初，缺乏对于各个领域与行业收入的准确把握，在税收上有一些这样那样的失误都是难免的，也是可以理解的。但是，随着市场经济的逐步成熟，我们没有理由听任社会的不均衡分配过度拉大其差距。但市场经济毕竟是鼓励发展的经济、鼓励谋取效益最大化的经济，因此，我们必须对于社会过大的收入差距做适度的调节，又绝不能因此影响市场经济的活力，阻碍市场经济的发展。过去“一平二调”“一大二公”的平均主义思想和做法给中国社会造成的伤害至今也没有痊愈。我们没有理由在市场经济刚刚起步的时候，又人为地阻碍市场经济的发展，为市场经济设置障碍。要做到既有效地进行收入调节，推动分配的公正化，又要保持市场经济的发展势头，反对平均主义与“大锅饭”。我们必须寻找一个最适当的手段，既防止“过”又防止“不及”。在所有的调节手段中，唯有良好的税收法制具有这样的属性。因此，在社会公正与效率兼顾的指导思想指导之下加快税收法制建设，就成为了当务之急。

主张社会公正，还必须加强廉政建设，确保政治清廉，反对权力腐败。腐败也是破坏社会公正的重要因素。腐败的一个重要特征就是利用权力“寻租”，也就是利用公权以获取私利。腐败在两重意义上败坏着社会公正。首先，腐败使同类社会主体受到不同等的对待，直接导致社会的不公正；其次，滥用权力者通过权力获得的私利，必然是社会的不正常分配，危害公正。腐败对于社会相应主体是伤害，对于权力本身是伤害，对于社会分配也是伤害。防止腐败，除了保持社会政治清廉的意义之外，还有保障社会分配正义的意义。在主张社会公正的时候，必然会注意到社会一般分配的情形。不要忽略社会权力廉洁对于分配公正的效用。法律对于权力的控制和防止权力腐败，对于公正都具有重要的意义。不仅是从保障权力的正当性意义上应当制定反腐败法律，就是从确保分配的公正性的意义上，也应当制定反腐败的法律，保证权力的公正行使，将效率与公正很好地协调起来。

（四）从偏重义务向义务与权利相协调转换

权利与义务是相对应的范畴，是行为规则最基本的内容。尤其是在法律法规之中，权利和义务是构成法律规则的基本元素。权利与义务是相对应的，从一般的逻辑意义上讲，强调权利与强调义务一样，都能达成权利义务实现的目的。但实际的情形则完全不同。权利具有直接满足主体自身需要的性质，义务则具有直接满足对方主体需要的性质。权利对于特定主体来说，比义务具有更大的有用性。由于人的自利性的客观存在，①权利无疑对于人具有比义务更大的吸引力。倡导权利比强化义务对于社会具有更大的积极意义，更有利于调动社会民众参与社会实践的积极性，从而推动社会的进步与文明。

偏重义务是我们的文化传统。几千年以来，我们都注重对于义务的强调，同时也有意无意地忽视权利。中国传统中的义务中心观念是与中国传统社会的集权性质和伦理性质分不开的。政治上的

---

① 笔者认为，人在本质上未必是自私的，但是一定是自利的。人所具有自利之心似乎可以认为是由人的自然属性所决定的。

高度集中与集权必然会形成唯上是从的社会观念。在唯上是从的社会中,社会民众多有义务而少有权利。强调义务的必须履行,实际上是为了保障权利的充分享有。强调义务,是为了保障权利,为了保障在权利分配中的最大受益者。由于传统社会中的权利义务的分配具有不公正性,其中的权利人更具有强者的优势。强权者常常动用强制力量来保障义务的履行。一般大众的义务就被不适当地强调,社会整体的义务意识就被畸形化。畸形的义务意识或者表现为只知义务而不图权利,或者表现为只看重别人的义务而忽略别人的权利,或者表现为只享有自己的权利而拒绝自己的义务,这些都是不良的权利义务观念。从伦理观念出发的权利义务观与此具有天然的一致性。由于伦理特别注重义务而忽视权利,伦理性社会的必然状态也就是对于义务的不适当强调和对于权利的轻视。社会大众在伦理上的权利义务观念向法律等其他社会领域延伸,并很自然地使之与集权政治所要求的权利义务观相暗合,畸形的权利义务观就被强化和固化,成为包含伦理精神的社会文化。

传统社会中偏重义务的传统文化观念在近现代的历史发展并没有得到很好的转变。中国清末以来的社会基本都是集权的社会。政治发展并没有为权利的张扬提供足够的空间。强权政治所竭力宣扬的是义务,是社会对于强权的义务,是在强权之下的人对人的义务。从文化的意义上看,在近半个世纪以来,我们的集权文化并没有得到应有的民主洗礼。由于各种历史原因,义务本位的观念还在自觉不自觉中被强化了,成为固化了的社会意识。改革开放以来,人们的权利意识得到了增强,但是社会上主导的法律文化还是义务型的法律文化。道德继续着它对义务的强调,道德上的权利义务观念还继续渗透在社会生活的各个领域。法律观念自觉不自觉地为道德意识所影响。在传统社会中,法律文化的主导者并不是社会的民众,而是社会的权力主导者。权力主导者们拥有一般的社会民众所不具有的特殊权利,他们权利的实现是以一般民众的义务履行作为条件的。在当代中国,由于传统文化和现实政治等多方面的影响,人们普遍地一直认为有比个人更加神圣的组织存在。因此,以前个人对于家族和国家的义务就被转化为了个人对于组织和国家的义务。义务本位以一种新的形式存在并发挥作用。随着中国经济的市场化发展和政治的民主化发展，权利义务观念也必须经受现代法治的洗礼，理当将义务与权利有机地结合起来，建构起良性的社会价值观念。

（五）从偏重权力向权力与权利相协调转换

从人类进入社会状态以来，权力就产生了。权力所具有的支配性、命令性，以及公开、合理甚至合法的暴力性，使其具有了神圣性。一个社会不可能没有权力。没有权力，社会将没有秩序；没有权力，社会将没有自己的有组织性；没有权力，社会甚至无法持续群体化的生存方式。权力对于人类社会来说是不可缺少、不可忽视的。权力崇拜是人类自从进入社会状态以来就具有，而且至今远没有克服的顽疾和恶疾。权力的滥用更是恶行。权力崇拜尽管不讨人喜欢，但是权力总是为许多人所青睐，尤其是为历代统治者所看重。权力是统治者之所以是统治者的标志，是统治者维持其统治者地位的手段。在社会上占主导地位的统治者对于权力的牢牢掌握与社会大众对于权力的敬畏与崇拜，自然地使权力具有了高于其他相关事物的性质和特性。

权力具有强力的支配性质，具有令人不能不服从的力量。权力是社会的管理者所享有的，权利则是一般的社会民众所享有的。当权利与权力发生冲突的时候，权利常常就是面对权力的无可奈何的受害者。权力者常常会无视权利的存在而行使其权力，权利人面对权力的侵犯敢怒而不敢言。具体来说，权利一方面与义务相对应，另一方面也与权力相对应。就权利的危害因素来说，一个是义务的不履行，一个是权力的不当行使。相对于权力来说，义务不履行的危害远不及权力的滥用那么巨大。

不当的权力行使是权利的大敌，它将成为权利实现的最大的障碍。如果义务人不履行义务，也会使权利难以实现，但是只要权力还是正当的，正当的权力就可以依照法律的规定，迫使义务人履行义务。义务人对于义务的懈怠并不能使权利无法最终实现，它至多是使权利的实现受到阻滞。只要有正当的权力存在，它就可以消除这些障碍，使权利成为现实。但是，如果权力被不正当地行使，那么情形将更为复杂。一是不正当的权力根本就不可能确保权利的实现,因为它无法成为权利的后盾或保证。二是不正当的权力本身就是权利的危害者。它对于权利的危害将使权利人难以甚至无法获得救济。所以,我们应该认为权力的不当存在将是权利的大敌。

我们一向在权力与权利之间,更多地倾向于权力而忽略权利。权利常常成为权力的受害者,并且使这种受害难以获得救济。要推行法治,权力是必需的,尤其是在社会有组织化状态发展到今天这样的地步,权力更是不能被轻视。但是,必须注意到的是,权力必须尊重权利和保护权利,这是权力的使命和责任。

权利在政治上是属于人民的,在法律上则是属于公民的,权力则在政治上和法律上都是属于国家的。与人民或公民相对应,国家都应该是第二位的,人民或公民则应当是第一位的。从政治上讲,人民当家作主就要求人民始终是国家和社会的主人。在法律上讲,公民权利至上就是人民当家作主的表现。权利是人民或公民的,权力最终也是归属于人民或公民的。权利是权力的基础,权力则是权利的保障。所以,无论是从政治意义上或是法律意义上,都必须将权利与权力的关系很好地处置,既确保权力的行使,更保障权利的实现。

"权利的发展与社会的发展是互动的。尽管我们可以坚信每个人在作为人的意义上都享有或都应该享有一些不可剥夺的权利,但是,每个人对权利的感知、要求和获享,以及道德、法律和体制对这种感知、要求和获享的承认与支持,都取决于每个人所在的社会,并且唯有通过该社会的发展才能得以增进。"①我们应该在权利优先的现代法治观念之下,将权利和权力很好地结合起来,推动社会的协调发展。在社会协调发展的进程中,确立良好的权利与权力协调的观念,是新时代对法的价值观的要求。面对历史上对于权利观念的忽略,我们有必要特别强调权利观念的建立与对权利优先的认知。

法的价值观的转换是社会发展的结果。社会从不协调状态向

① 夏勇主编:《走向权利的时代》,中国政法大学出版社 1999 年版,第 30 页。

协调发展转换必然要求法的价值观的相应转变。西方的法学家认为,“如今,社会变革正在加速。负有制定法律和实施法律之重任的人们,在面临需要做出各种法律结论的新形势时,必须比他们的前辈具有更强的适应性。公众对法律之信任的保持,有赖于立法者与法官们在现代社会条件下适当地综合西方法律传统中各种价值的能力”。[1] 在中国又何尝不是如此呢?“在做关于某种法的规则的决定之时,做决定的人的价值观念具有重要的意义。”[2]立法者和执法者一直都是在作出关于某种法的规则的决定,立法者和法官们,乃至一切司法官员都必须担负起前辈未能担负起来的责任,与时俱进地适应社会协调发展中法的价值观的转换。[3]

---

① [英]彼得·斯坦、约翰·香德:《西方社会的法律价值》,王献平译,中国人民公安大学出版社1990年版,第315页。

② [德]H.科殷:《法哲学》,林荣远译,华夏出版社2003年版,第154页。

③ 本章的三、四两部分是以笔者与石泰峰教授共同完成的北京市法学项目“社会协调发展与法律价值观转换”的成果为基础写出的,顺致谢意。该部分文字曾以《社会协调发展与法的价值观转换》为题发表于《苏州大学学报》2005年第5期。

中篇:法的价值目标

第七章　法的生命价值

人是法的基本而又终极的主体。说到人，自然会想到人的生存、发展、权利、思想、文化等。其实对于人来说，最基本的是人的生命。说到人权，可以做出极为丰富的论述，但是往往忽略了作为全部人权之根本的生命权。即使有的著作谈到了人的生命权，也时常是一笔带过或者用生存权来代替生命权。在法律社会中，没有对于生命权的法律保障，一切人权的法律保障都将流于空谈或者化为乌有。生命是法律的第一价值。正如有的西方学者所说，"就法律本身而言，只要是世俗的法律，毫无疑问，它必然会用类似的用语将生命价值放在第一位"。①

一、生命神圣是生命权的认识基础

生命作为万物之最神圣的存在，本来就应该受到人类的珍视。但由于种种原因，在生命的认识上还存在种种偏差，导致了对于生命的误解。对于生命认识的错误曾经导致了极为严重的恶果。人类历史上的许多灾难也就是因对生命的误解和对生命权的漠视而产生的。历史的一个个惨痛教训都

---

① ［英］彼得·斯坦、约翰·香德：《西方社会的法律价值》，王献平译，中国人民公安大学出版社 1990 年版，第 199 页。

值得我们牢牢地记取。保障人权,必须首先保障人的生命权。

(一)生命是人的存在状态

人是以生命状态存在的。世间万物,都会有自己的存在方式。生命是生物存在的状态。人作为生物之一也是以生命的状态存在的。人的生命是每个个体的人存在的状态。没有生命便没有人。没有生命,人就失去了存在的根据。每一个人都是凭借生命才得以存在,都是借助生命的表现形式,才得以立身于世,才作为一种客观的存在被认可。人借助于生命的状态来到世界上,与世间万物相共存。我们无法知道其他生物或动物对于人的感受是什么样子,但是可以肯定地说,人都有着对于自己生命的感知。人的生命作为一种物质存在,不可否认,也是人之必需。生命的存在是人的存在根据,也是人确实存在的状态。

生命的延续是人存在的标志。人不可以失去生命,这不仅仅是人的感知,更是世界的真实。失去生命的人就不再是严格意义的人。生命是人的内在根据与外在状态。尊重人的生命也就是尊重人的存在。当人的生命一旦消失了,新陈代谢停止了,作为生物的人就不复存在了。没有生命,人的社会活动也就全面停止了,人就在社会中消失了,留下的也许只是他的姓名和人们对他的追忆。作为个体的人无法创造自己的生命,当然就不能随意放弃自己的生命。中国古代《孝经》一书记载,孔子说:“身体皮肤,受之父母,下敢毁伤,孝之始也。立身行道,扬名于后世,以显父母,教之终也。”①即有此意。由于生命对于人的如此意义,我们就不能轻视自己的生命。洛克曾经告诫我们,“一个人既然没有创造自己生命的能力,就不能以契约或通过同意,把自己交由任何人奴役,或置身于别人的绝对的、任意的权力之下,任其夺去生命。凡是不能剥夺自己生命的人,就不能把支配自己生命的权力交给别人”。②

(二)生命是珍贵的存在

生命具有唯一性。生命对于任何个体生物来说都是唯一的。

---

① 《孝经·开宗明义章第一》。

② [英]洛克:《政府论》,叶启芳等译,商务印书馆1964年版,第17页。

这是对生命的数量限制。康德认为“没有类似生命的东西,也不可能在生命之间进行比较”。[①] 人个体生命的珍贵性,决定于其生命的唯一性。任何人的生命都是唯一的。没有人拥有多个生命。生命的唯一性质使生命的珍贵性得到了凸显。每个人都只有一个生命,这就使生命成为了不可复制和不可再造的圣物。[②] 这种唯一性,也决定了生命的不可赠与、不可转让的性质。一旦某人的生命失去了,其主体性的载体就失去了。

生命具有有限性。生命是有限的。生命的珍贵性也来自生命的有限性,任何生命都是在有限的时间中存在的。长生不老只是人们的愿望,从来都没有成为事实。每个生命且莫说可能因为意外的原因而丧失,就是平平安安的人生,它也有衰老和枯竭。在时间的长度上,生命总是有限的、短暂的。生命在时间上的有限性使我们不能不对其倍加珍惜。时间的无限性与生命的有限性之间存在极大的反差。正是这种反差,使人类常常感叹人生苦短,岁月难留。

生命具有一次性。生命是不可重复的。生命的一次性或不可重复性是生命的基本性质,是生命具有个体性和个体独特性的必然结果。生命的珍贵性也决定于生命的不可重复性。生命都是特定时空中的存在,时间的不可重复的性质也同样决定了生命的不可重复。任何人都无法使生命重来。生命的不可重复性,也即生命的一次性使生命一去不复返,也同样使生命弥足珍贵。

生命具有情感性。生命是有情感的。有生命才会有情感,才会有感受。没有生命的物质是没有情感和感受的。即使存在某些情感的文学描述,也是人类拟人化思维的结果,并不是事物本身固有的属性。生命的情感性质,使生命能够产生出尊重、理解、同情、怜悯等至上的情怀和高尚的情操。生命是唯一具有情感的存在,也是一个神圣的存在,因此我们不能不珍爱生命。

---

① [德]康德:《法的形而上学——权利的科学》,沈叔平译,商务印书馆 1991 年版,第 166 页。

② 或许会有人的克隆,那也许本身就是对人的亵渎。克隆得来的新生命,如果没有意识和感知上的生命继续,即使将既有生命更新,也不会是严格意义上的既有生命的延续。

基于生命的唯一性、有限性、一次性和情感性,其他生命如此,人的生命也是如此。我们完全可以说,生命是天地间最珍贵的存在,应当受到人类的珍视。

(三)生命是脆弱的现象

人的生命是十分脆弱的。其脆弱的表现是,对于生命的危害因素很多,而每一个因素都会导致生命质量的下降,甚至使生命本身丧失。面对这些危害因素,人们常常会感到无能为力。

人类一直无法完全控制疾病。疾病可能使生命受到伤害,甚至使其最终消失。经过了不知道多少先贤和多少岁月的努力,人类至今还是没有能够做到包治百病。对许多疾病,人类都还束手无策。疾病不仅是现在,即使是再过若干年,都还将是影响人类生命的天敌。随着人类社会的发展,曾经的疾病也许将被人类找到根治的良方,但是新型的疾病还会产生,有时甚至会以异乎寻常的速度和范围爆发,成为危及众人的灾难。疾病的威胁,在总体上将是永远的、不断的。

人类一直无法完全避免灾害。自然并不以人的意志为转移,各种天然的灾害一直危害着人类的个体和群体。台风、地震、洪水都会对人的生命构成危险。人类到现在所能做的并不多,不过是两个方面而已。一是预报。通过预报,以便人们提前采取应对措施,减少和减轻其危害程度。二是减损,通过预报来减少损失,并在灾害出现后采取有效的措施加以控制,将损失降低到最小的程度。但是,至今还远没有能力彻底避免天灾的出现。有些灾害远远超出了人类的控制能力。人类对于自然的不尊重也难免会导致自然的强烈报复,而酿成灾害。

人类一直无法彻底禁绝人祸。人并非无限正确的存在物,人都会有错误。人的个体和群体都会有错误。这些错误发展到极为严重的程度,就会成为人类社会的灾难。人类自身个体或群体的错误一直制造着生命的危险、困境和灾难,这就是我们所称的人祸。人类历史上曾经出现了许多由人导致的灾难。这些灾难使人的个体与群体面临生命危机,遭受生命苦难。历史的教训可以说是不胜枚举,但是由人导致的灾难并没有因此而绝迹。人祸的悲剧一直在不断重演。

人类一直无法真正克服衰老。自从有人类以来,人类都在和衰老作斗争和抗争。面对衰老,人类始终也没有足够的应对措施以防止衰老事实的出现和发生。历史和现实都表明,衰老依然或者将永远是生命不可抗拒的事实。衰老的极致必然是使生命本身不再存在。个体生命因衰老而归于沉寂的事实,是人和人类都无可奈何的结局。

疾病、灾害、人祸和衰老都使人类个体的生命显得特别的脆弱,根本就无法永恒。脆弱的生命需要特别的呵护、关爱与尊重,人类需要赋予生命以不可侵犯的尊严。

(四)生命是社会发展的动力

就生命对于自身和社会的意义来说,生命是人的个体、群体乃至整个社会得以发展的动力。没有人的生命形式,当然谈不上人的发展和社会的发展。因为,没有生命,人和社会的发展都会失去动力。生命的维持与代谢是生命更新的表现,也是人要谋求发展的动因。人类社会中每个个体乃至整体的发展,都是以生命作为动力的。生命是人和人类社会每一个时代发展进步的主体基础。

从人的代际延续的角度来说,人的生命也同样是社会发展的动力。人类总是代代相承的。承前启后、代代相因的人类,其种族的延续是推动社会发展的内在力量。没有人的代际交替提供能量,人的生命就无法以代际的方式延续,社会的发展也就不可能得以持续进行。绵延不绝的社会发展,是以人的绵延不绝的代际更迭作为前提和动力的。我们在考察社会进步的足迹的时候不可忽略人的代际更替的推动作用与巨大影响。人的代际更替,实际上是人的生命的更新与延续。

社会发展是人的生命发展的赞歌,是人用生命的光焰编织而成的神圣光环。在人与社会之间,人始终是根本的基础。社会是人的结合,是生命能量的汇聚。社会发展是相关生命的共同事业和共同成就。生命在人类社会漫长的历史中放射着灿烂的光芒,像不断更新的太阳照耀着大地,照耀着人类前进的历程。生命光辉汇聚成强大的力量,创造出了人类社会不断更新的物质的、精神的灿烂文明。

这些文明的更迭与累加，构筑起人类进步的阶梯，使人类社会拥有不断增长的巨大成就，推动社会发展。

二、人的生命权的法律保障

对于生命的法律保障，首先当然是对人的生命权的法律保障。保障人的生命，是法律的使命，也是人的生命保存与延续的需要。法律通过对于生命权利的立法认可、具体保障等来实现其对于生命的意义。对于生命权予以足够的保障，我们还有大量的工作需要做。

（一）法律将生命权宣布为人权

生命是人的基本依据，生命作为一种权利是毋庸置疑的。但是，生命要成为一种普遍认可的权利，还必须获得法律的认可。在人类所有的行为规则中，道德、宗教规则、传统、习惯都是偏重于义务的规范，甚至没有明确的权利规定。虽然它们会把尊重别人的生命作为每一个人的义务，但是却难以明确地宣布生命权是每一个人的权利。唯有法律作为权利与义务的记载者，既有明确的义务规则，也有明确的权利规则。法律虽然不会产生生命的权利，但是它为生命权的确认提供了方式和手段，它可以确认人的生命权，使生命权成为一种法律权利。

法律将生命权宣布为明确的人的权利，经历了漫长的历史发展过程。在原始时代，人们对于生命的认识当然是存在的，但由于法律尚未产生或者未充分形成，生命权是难以得到法律的明确确认的。即使在法律产生形成之后，生命也没有作为一种权利被普遍承认。至少奴隶还不享有自己的生命权。奴隶还被作为奴隶主的工具和财物来看待，他们的生命没有受到应有的尊重和保护。在封建社会之中，生命权依然不能被普遍地认可和保护。农民或农奴的生命权依然被漠视和轻视。也只是在法律发展到了资本主义革命时期，在反对封建专制统治中，每个人的生命权才被纳入这时诞生的人权口号之中，被特别地加以强调。只有到了资本主义时代，胜利了的资产阶级才运用法律将人的生命权作为神圣的人权加以确认和保护。

1776年7月4日的美国《独立宣言》，是被称为“第一个人权宣言”的重要法律文件，它最早从法律文件的角度明确提出人的生命权。它宣布：“人人生而平等，他们都从他们的‘造物主’那里被赋予了某些不可转让的权利，其中包括生命权，自由和追求幸福的权利……”1948年联合国的《世界人权宣言》规定：“人人有权享有生命、自由与人身安全。”1966年由联合国通过的《公民权利与政治权利国际公约》明确规定：“人人有固有的生命权。这个权利应受法律保护。不得任意剥夺任何人的生命。”到现代，世界各国都在自己的法律中将生命宣布为一种神圣的权利，加以特别的法律保护。人权，在世界上才成为无可非议的明确的法律人权。

（二）法律是生命权的重要保障

保护生命是人类个体和整体的自然责任。何以保护生命，是人类长期不断思考的问题。基于这种自然责任，人类也曾采用多种手段来保护生命。这些手段中有习惯、宗教、政治、法律等，但最有外在强制力的手段还是法律。

习惯对于生命的保护。从原始习惯到现代习惯，维护生命的尊严始终是人类关注的焦点。在全世界各个民族的传统习惯中，生命都被视为极为重要的价值加以特别保护。他们都对危害生命和剥夺生命的行为予以最坚决的禁止，并予以最严厉的制裁。在世界各个民族之中，对于生命的保护，几乎是自发的共同行为。生活在不同地区的不同历史阶段的人们都有着对于生命的跨越时空的自然尊重和维护。

宗教对于生命的保护。人类在历史上创造了非常辉煌的宗教文化。综观世界各大宗教，它们无不把生命作为重要的价值予以珍视。生命是它们关注的对象，是它们全部理论的出发点与归宿。它们有着对于生命的不同阐释，但是它们对于生命都是同样地充满着热情。宗教思想在某种意义上就是对于生命思考的结论。宗教是对生命关注的思想产物。它本身就是为解析生命而产生的。对于生命的尊重和保护，是宗教的重要使命。

政治对于生命也同样是关注的。任何权力都是人创造的。权力的掌控与行使者都是人。权力拥有者与行使者所对应的主体也是人。生命对于人的价值,就必然为所有的人所关注。权力者为了自己的利益,为了赢得对应主体的认同,都必须将生命放到极其重要的位置加以特别的重视和强调。只有这样,权力拥有者才可能使自己的权力能够被长期维系并不断巩固。统治者对于生命的漠视态度和行为都会受到社会发展的否定,甚至为自己的政治统治埋下隐患,成为危及统治的潜在因素。生命是政治必须关注的对象。

习惯、宗教、政治对于生命的重视,对于保障生命具有重要的意义,但是它们保障生命的手段都极为有限。在所有社会规范以及整个社会现象中,唯有法律具有最大的外在权威性和强制力。人类在使习惯、宗教和政治等继续发挥作用的同时,对法律予以了特别的强调。法律在生命保障上发挥了独特的作用。西方的法学家认为,"如果有人问道,西方法律最为重视的个人权利是什么?大部分法学家都会回答:'生命'。确实,在最原始的法律制度中,人类的生命就得到了保护"。[①] 其实东方包括中国,法律也同样对生命予以了特别甚至首要的关注和保障。中国历来都认为,命案是最大的案件,而所谓的命案也就是涉及人的生命权利的案件。中国传统的认识里就有"人命关天"的理念,并浸润和体现在历朝历代的法律制度之中。

如前所述,当代世界一系列重要的国际公约都确认:"人人有固有的生命权。这个权利应受法律保护。不得任意剥夺任何人的生命。"[②]许多国内法更是明确规定"未经正当法律程序,不得被剥夺生命、自由或财产"。[③]

(三)法律对于生命权的保障方式

法律对于生命权的保护,需要具体的方式。对这些方式的理论概括与分析,对于明晰人类对生命权的法律保护,是十分有益的。具体来说,人类通过法律采取多种方式保护着人的生命权。

其一,法律赋予人的生命权以崇高的法律地位。在人所拥有的

---

① [英]彼得·斯坦、约翰·香德:《西方社会的法律价值》,王献平译,中国人民公安大学出版社1990年版,第199页。

② 《公民权利和政治权利国际公约》第6条第1项。

③ 美国宪法修正案第5条。

所有权利中,生命权应当被加以特别强调。法律将人的生命作为最宝贵的权利赋予了神圣的不可侵犯的性质。联合国《世界人权宣言》宣布“人人有权享有生命、自由与人身安全”。[①]《公民权利和政治权利国际公约》规定,“人人有固有的生命权。这个权利应受法律保护。不得任意剥夺任何人的生命。”[②]美国的《独立宣言》则宣布,“我们认为下面这些真理是不言而喻的:造物者创造了平等的个人,并赋予他们若干不可剥夺的权利,其中包括生命权、自由权和追求幸福的权利。为了保障这些权利,人们才在他们之间建立政府,而政府之正当权力,则来自被统治者的同意”。[③] 其将“生命权、自由权和追求幸福的权利”列为不可转让的权利。美国宪法则要求“未经正当法律程序,不得剥夺任何人的生命、自由和财产。”[④]世界上大多数国家的宪法都规定了生命权神圣的崇高地位。

其二,法律确认人的生命权的具体内容。生命的权利如果仅仅被作为一种神圣的抽象权利加以宣布,依然难以使生命被实实在在地维护,所以各个国家都进一步通过自己的民事法律规范来具体规定生命的内容,通过相关的劳动法、医疗法、社会保障法来具体化,并通过刑法来打击侵犯生命权的犯罪行为。保护生命权虽然首先出现在政治文件和宪法文本之中,但并不意味着生命权仅仅是政治意义上的权利或者宪法意义上的权利。生命权在行政法、刑法、民法、商法、劳动法、社会保障法以及诉讼法等各个法律部门中,都被加以特别的尊重和保护。通过法律体系的建构、发展与完善,生命权在各个部门法中得到了明确的确认和有效的保障。

其三,法律对伤害生命和剥夺生命的行为予以制裁。基于人的生命的脆弱性、易受伤害性,各国在刑事、民事法律等各个法律部门中都对生命权予以具体的规定,并采取具体的保护措施。或者是打击相关的违法犯罪,或者是给相应的受害者提供足够的法律保障,这些都是必要的。刑事法律对于影响人的生命的伤害犯罪、杀人犯

---

① 《世界人权宣言》第3条。

② 《公民权利和政治权利国际公约》第6条第1项。

③ 美国《独立宣言》第二段(可参见任东来先生译本)。

④ 美国宪法修正案第5条。

罪都规定了具体的制裁措施。它对伤害犯罪和杀人犯罪予以刑事制裁。其中,除了限制自由的管制、拘役、有期徒刑和无期徒刑之外,最严厉的还有剥夺犯罪者生命的死刑。用剥夺生命的方式来保护生命,人类已经采用了最为极端的刑罚方法。除此之外,在保护生命法律权利上,法律还采取了大量的民事措施,它包括侵权者对受害者的赔偿和补偿,在使违法者受到惩罚的同时,还力图使受害者在经济上得到某种救济。行政法和劳动法都对危害人生命的行为,规定了各种制裁与处罚的措施。

其四,法律防止危害生命的结果发生。危害生命的危险难免会发生,在这种情形之下,保障人的生命不受非法侵害,就是法律必须担负的责任。各国法律为此都作出了具体规定。一般来说,一国的刑事法律往往通过对人们进行正当防卫和紧急避险权利的确认,保障人们正当防卫与紧急避险行为的做出,以防止危害生命的结果发生。因为公共权力对于人的生命权的外在保障,固然是必要的,但是它往往是在伤害事件发生之后才被采取的。所以,必须确认公民对于自己生命进行保护的权利。但是,这种保护又不是侵权,并且不能造成不必要的伤害,所以正当防卫制度和紧急避险制度就被法律加以了特别的限定。各国也通过劳动保护方面的立法,来设定劳动保护的条件与措施,保护劳动者在劳动过程中的生命安全。各国还通过社会保障立法来实施社会救助与救济,保障贫困者不因为贫穷、饥饿而缺乏生命的保障。

其五,法律对不得不使用的死刑进行严格限制。死刑曾经是人类普遍适用的刑罚手段。人类对于死刑的滥用,表现了人类在生命认识上的偏差与失误。但是,随着人类对于生命认识的提升,一些国家仅仅是对那些剥夺他人生命的故意杀人行为等恶性犯罪才适用死刑;一些国家甚至对所有的犯罪都废除了死刑。人类对于死刑的废止或者对死刑的限制适用或者对一些剥夺他人生命的重罪而不得不适用死刑,都表现了人类在生命问题上的认识进步与思想彷徨。法律是保护生命的工具,但也在一些时候发挥着合法剥夺生命的作用。法律究竟在什么意义上是保护生命的工具,法律在什么意义上可以剥夺生命的问题,也就是何以用死刑来保障生命的问题。

人类曾经有几千年适用死刑的法律传统，但是近现代以来，人类开始了对死刑的反思，开始了对死刑的部分废止或全面废止。在世界死刑存废的论争中，中国法学界并没有沉默。对于死刑的存废也存在不同的见解。如果我们先不论这些学说的正确与错误，依然会欣喜地发现这些学说中的绝大多数观点都对生命的崇高意义予以了特别的注意，都包含着对于生命的尊重。即使是那些主张保留死刑的观点，其立足点也不是对于生命的不负责任的简单否定。仔细理解这些见解，都不难发现其中包含着的对于生命的尊重。就中国而言，这不能不说是改革开放以来在法律理性上的进步。深入这些不同的学术见解之中，一种极有意义的观点是：死刑最终应该废除，但在目前，还有保留极少量死刑适用的必要性。这是由我国目前的社会情势和法律文化（特别是其中的生命观念）所决定的。

其六，法律对其他生命的特别保护以彰显人生命的神圣性。法律还通过维护世界物种的多样性和保护其他生命的方式来维护着人类关于生命尊严的情感。人类并不是孤立的生命存在。其他物种的生命与人的生命相并存。人类认识的局限曾经使人类自以为自己是万物之主，狂妄地对待其他生命。很长的历史时期以来，人类都傲视万物，在漠视自己同类生命的同时，也当然地藐视着其他的生命。有的国家或有的人群，在把自己的生命看得特别重要的同时，仍然保持着对于其他生命的藐视。在人类藐视其他生命的时候，自己对于生命的认识也在贬值，自己正在毒害自己。人类残害其他生命的同时也败坏着自己的心灵和智慧。所幸的是，现在，越来越多的人认识到了物种多样性的意义，认识到了其他生命的意义、珍贵与尊严。法律对此也予以了极大关注。许多国家都制定了保护其他生命的规则，对残害其他物种生命的行为予以制裁。

基于以上的保障生命权的几个方面的认识，人类在依法保护生命权的问题上，还有大量工作需要做。

（四）生命权法律保障的紧迫任务

基于我国现实的法律制度与法治建设，在保护生命权这一重大的法律使命上，我国法律面临着一系列的紧迫任务。

第一，在宪法中增加对于生命权的法律规定。综观世界各国与国际社会的法律法规，不能不得出这样的结论，在法律上，生命是神圣的；生命权是神圣的，世界各国与国际社会都为此进行着不懈的努力。反观我国宪法，其中有对于公民人身自由权、人格尊严权及其保护的规定，但是没有对于生命权的确认。在未来的宪法修订中应当加以特别注意并予以明确规定。生命权只有得到宪法的确认才具有法律上最崇高的地位。

第二，在民法典中确立保护生命权的内容。未来的民事立法尤其是正在制定中的民法典，应当使生命权的具体内容得到充分认可，并应作出全面的法律规定。作为基本法律的民法典必须对生命权予以确认。只有这样，生命权在整个法律体系之中的地位才可能得到确立。

第三，从现行刑法典中大幅度削减死刑条款。我国的刑法典已经有了保障生命权的一系列规定。诸如对故意杀人、过失杀人以及故意伤害和过失重伤的刑罚处罚等，也都是为了保障生命权。为了保护生命，甚至用适用死刑的方式来保障生命。但是死刑确实是一把“双刃剑”，它在保护生命的同时又剥夺着生命。自改革开放以来，我国不断进行着削减死刑的努力。从我国刑法典的修改也可以看到这种努力。但是，从目前的实际情况来看，我们适用死刑的条款还是相对较多。其实，应该认识到，死刑只是针对最严重的犯罪和最无可奈何的结果，而绝对不是人类自主的愉快选择。无论从何种意义上讲，人为地剥夺生命都是一件令人不快的事情。即使是不得已而为之，也应尽可能降到最低限度为好。至少对于经济犯罪和职务犯罪，可以考虑在刑法制度上不再规定死刑；对于故意伤害致死，可以在实际量刑时尽量不再适用死刑。

第四，在全社会强化生命权的法律意识。对于生命的尊重还需要社会道德作为基础。如果全社会在道德上都是藐视生命的，甚至鄙视生命的，那么这个社会就不可能有正常的生命观，法律上的生命权也就不可能得到应有的尊重。在法治建设中，必须注意对于生命权法律意识的培养。要使全社会从法律心理与法律理性上都确信生命是最可贵的，需要尊重和维护。要全面树立生命权的法律意识，不能把眼光仅仅局限于对人的生命权的保障上。对于其他物种的生命，作为最有智慧的人类也承担着重要的保护责任。在我国的立法中，已经有了相当多对于野生动植物和珍稀物种的法律保护，[①]但是还需要做更多的努力。因为，这些保护野生动植物生命的法律的出发点和终极目标似乎都还没有被提升到对于生命认识和尊重的高度。我们往往看到的都只是这些动植物的珍稀性质。只有在对所有生命都予以力所能及的最大尊重时，才有可能对世间所有的生命尤其是对人的生命有出自内心的倍加珍爱。

三、人的生命权与生存权

生存是生命的表现状态与存在方式。生存权是法律对于生命保障的具体体现。法律对于生命的关爱，必然表现在对于生存及其权利的法律化关注上。

（一）生存是生命权的基础

生存是生命的表现，生存权是生命权的构成部分，也是生命权的必然要求。生存权对于生命权的意义是不言而喻的。因为生存是所有生命的存在状态。如果认为生命权是神圣的，构成生命权最基础部分的生存权也同样是神圣的。正是由于生存权的神圣性，世界上许多经典性的政治法律文件都将生存权加以特别的关注和保护。

生存权包括生命延续的权利和生命不被剥夺的权利。这些权利在总体上，是永远或永恒地存在的，但是其具体的内容则是不断变化、不断丰富的。

生命延续的权利首先是获得食物的权利，也可以称为获得温饱的权利。这是人的生命权得以实现的现实需要。其次也包括在现代社会中免于贫穷的权利，这是人的生命权的更高层次的需要。如果说获得温饱的权利是人的最基本权利的话，免于贫穷则应该是人的较高层次的权利。温饱是维持生命所需，是保障人正常的新陈代

---

① 《中华人民共和国野生动物保护法》（1988 年）以及《中华人民共和国陆生野生动物保护实施条例》（1992 年）和《中华人民共和国水生野生动物保护条例》（1993 年）等。

谢的必需,是生命延续的基本条件,因为温饱是保证人在物质上的需求,具体地说它满足的是人对食物——果腹与衣物——蔽体的需求。免于贫穷是在果腹与蔽体之上的进一步的权利要求。随着社会的发展,免于贫穷日益成为现代社会生命权的必要组成部分。

生命不被剥夺的权利原本就是人最基本的权利。但是,由于人的各种极为严重的罪行的客观存在,也就使人类不得不对原本神圣不可侵犯的生命权进行某种限制。人类的这种限制主要表现为对于严重的犯罪者可以剥夺其生命。由于受到法律的限制,生命不可剥夺的权利实际上就被降格成了不被非法剥夺的权利。不被非法剥夺,也就意味着可以被合法剥夺。为了防止人们对于生命权的肆意践踏,于是,对于生命权的合法剥夺,法律规定了极为严格的程序。即使面对的是罪大恶极者,也不能随意地剥夺其生命,而必须符合特别的条件,并经过特别严格的程序;否则,即是对相关主体生命权的剥夺,就是对于生命的犯罪。

(二)生存权是优先的权利

生存权的优先性体现在法律的优先保护上。法律对于生存权总是予以充分的尊重和保障。任何有碍人生存的行为都为法律所反对。在生命权内含的所有权利中,生存权应被法律作为第一位的权利加以特别保护。

生存权优先于人的其他一切权利。生存权是生命权的最基本部分,是一切权利的基础。没有生存权,任何人身权、人格权(包括名誉权、荣誉权等)、自由权、经济权、政治权、文化权都会变得没有意义。人的所有的权利都需要以人的生存权作为前提条件和客观基础。人总是在生存的前提下谋求发展的,所以发展权也必须以生存权为基础。

生存权的优先性体现在优先于国家的管理权力。国家总是与个人相对应的。在总体上个人优先于国家,但是在许多情形之下,个人也不得不对国家让步。个人权利会在相当大程度上受到国家权力的制约或者约束。但是,在人的生存权的意义上,应当让步的是国家。国家没有任何理由可以危及任何个人的生存。非但如此,所有的国家都有义务保障个人生存权的实现。

生存权的优先性体现在优先于一般的民事权利。生存权也可以说是一种民事的权利,但是在所有的民事权利之中,生存权具有最基本的性质。其他权利的享有在必要时必须让步于生存权。特别典型的是,在民事法律中,债权必须让位于生存权几乎是法律和法学界的共识。任何债的追偿都不得以剥夺生存权为代价。任何法院的裁判都不得使生存权因债权而被侵犯。任何裁判的执行,都不应当以牺牲生存权为条件。

四、保障安全是法律对于生命的价值

对于法律视野中的安全,有各种不同的定义,有的学者认为,"安全是主体对现有利益所存的能够持久、稳定、完整存在的心理企盼。法律具有满足人、社会或国家的这种心理企盼,所以,法律具有安全价值"。[①] 安全是主体自身利益具有保障的现实状况、心理感觉与心理预期。安全首先是一种现实状况,其次也是一种心理感觉和心理预期。

只要人有生命主体即物化生命和自我意识存在,人就有安全的考虑和隐忧。一旦有人侵犯别人的安全,安全的威胁就现实化。安全首先便是人们对生命关注和关爱的结果。安全是由生命延伸而得出的人的基本要求与权利,在广义上也可以归结为生命权的构成部分。只要论及人的生命就必然涉及人的安全。但是安全又不完全局限于生命的范畴,其在某些方面超越了生命的外延,与秩序、和平等价值紧密相关,密切联系。

安全的分类也是很多的,至少有个人安全、集体安全与社会安全之分。安全的范围非常广泛甚至包括国家安全在内。但就整个安全来说,个人安全是最基本的。没有个人安全,当然谈不上集体安全。集体安全不过是某种意义的个人安全的集合。无论是个人安全还是集体安全、社会安全,只要一旦被认可为权利就应当得到相应的保障。在安全的众多保障措施之中,法律的保障最为独特和有效。

---

① 杨震:《法价值哲学导论》,中国社会科学出版社 2004 年版,第 219 页。

安全问题,在有的法学家那里备受重视,在有的法学家那里则被作为正义价值等相关因素。其实,安全是非常重要的。它既是其他价值实现之所必需,其自身也是一个重要的法律价值。“安全有助于使人们享有诸如生命、财产、自由和平等等其他价值的状况稳定化并尽可能地维持下去。法律力图保护人的生命和肢体,预防家庭关系遭到来自外部的摧毁性破坏并对侵犯财产权规定了救济手段。再者法律在创立防止国内混乱的措施和(通过承认防御性自卫战争的合法性)预防外国入侵的措施方面也都发挥着重要的作用。”①

在总体上,法律本身就是安全的维护者,法律的出现和存在就意味着安全具有保障。由于法律是人们的行为规则,可以告诉人们权利和义务以及什么是合法、什么是非法、什么行为将受到法律的制裁、什么行为将不受法律的制裁。人们若能获得明确的法律规则,自觉调整自己的行为,就可以减少人们相互之间的安全侵害,人们也会因此而减少侵犯别人的安全,减少自己因侵犯别人的安全而受到法律制裁的危险,也就使人们从多重意义上获得安全的保障。

(一)安全与法律产生

法律产生的原因是很多的,但保障安全是法律得以产生的重要动因之一。法律是为公平正义而产生的,其实,法律也是为人们安全而产生的。前者是从人们纠纷解决的价值追求上讲,后者则是从人们自身保障的价值意义上讲的。安全虽然没有公正那么神圣,但是安全比公平正义更为基本。因为任何人都会对自己的安全关心,这种个体化的安全,我们可以称之为个人安全。个人安全是集体安全和社会安全的基础。② 个人安全的获得,对于任何个人来说都是最基本的社会诉求。对于个人安全构成威胁的无非是自然因素和社会因素两大类。

就自然因素来说,威胁人的安全的因素是很多的。地震、海啸、

① [美]博登海默:《法理学:法律哲学与法律方法》,邓正来译,中国政法大学出版社 1999 年版,第 293 页。

② 从严格的意义上来说,集体安全也是社会安全。这里的个人安全、集体安全、社会安全的含义都具有相对划分的性质,它们之间并不是绝对分立的。

冰雹、暴雨、洪水、干旱等，都可能形成人类安全的危险因素。对于这些强大的自然因素，尽管人类一直在不断努力地克服，但在总体上，人类总是难以完全克服的。人类只能运用法律等来对自己和同类的行为进行调整，以最大限度地减少对于自身的威胁和伤害。一旦发生危及安全的事件，人们只能协调行动，采取有效的措施，将威胁和伤害降到最低限度，从而使人们获得最大的安全保障。在这些方面，法律都发挥着一定的作用。诸如人类可以运用法律来规定建筑物的修建位置、坚固程度，从而提高抵御地震、海啸、冰雹、暴雨、洪水等的能力。人类可以制定法律来协调面对灾害的人际关系，将灾害预报工作和救灾工作法制化，依法救助灾民，协调赈灾行动，确保人们的安全得到最好的保障。

就人为因素来说，威胁人的安全的因素也是很多的，如杀人、伤害、抢劫、抢夺、盗窃、决水、爆炸、投毒等。人类将这些恶行宣布为违法犯罪，加以最严厉的法律制裁包括进行刑罚惩罚。这种惩罚对相应的违法犯罪行为有特殊预防和一般预防的双重作用。对于加害者的惩罚显然是特殊预防的表现，直接控制加害人的人身和自由，从而保障他人安全和社会安全；间接地也会给其他社会成员以警示，其他社会成员从中吸取教训，调整自己的行为，自觉尊重和维护他人和整个社会的安全。无论是特殊预防或是一般预防都可以给人们以某种意义的安全保障。

在法律之下，人们自身的安全都没有保障，法律本身就是不公正。人们一般都是在自身安全具有最基本保障的前提下，才去追求公正的。也许正是因此，那些不顾自身安危而追求公正的人才尤其为人们所敬佩，才更是社会的典范。

（二）安全与法律发展

法律的发展在很大程度上也是为安全而推进的。人们制定诸多法律，除了要解决现实的社会矛盾与问题之外，还有一个极为重要的意义，就是为满足人们关于安全的心理预期，为人们的各种安全提供现实的法律保障。

法律是人们的行为规则。社会具有了相应的行为规则，就可以更好地规范人们的行为，也就给社会成员普遍的安全增加了保障。

立法本身就是对安全实行法律保障的第一步。有了这一步,法律对安全的实际保障就有了前提。一般来说,只要法律是良好的,只要每个社会成员都严格依法办事,人们的安全就会有足够的保障。所以法律的制定本身就可以为人们提供确保安全的制度屏障。如果这些法律又能得到良好地施行,安全就更加有所保障而不会处在危险之中。

任何法律都具有强制性这一基本特征。这种强制性体现在对于相关违法犯罪的处罚上。法律上具有了打击故意剥夺他人生命的规定,人们就感觉到自己生命有了某种意义的保障。法律上有了制裁故意伤害的违法犯罪的规定,人们在身体安全方面——不受伤害而健康——就具有了一定的保障。法律上具有打击侵犯财产的违法犯罪的规定,人们的财产就具有了一定的安全保障。民法上合同法等市场交易法律法规的制定以及对诈骗、市场欺诈等刑事、民事违法行为的惩罚,就使交易安全具有了一定的法律保障。

既有的法律保障,也许会在社会发展中逐步地显得落后。新的违法犯罪完全可能使既有的法律规定形同虚设,失去效用,于是法律就必须针对客观形势的发展而发展,针对安全的新威胁,制定新的法律以更好地保障人和社会的安全。法律的修改、完善或者制定新的法律,都是保障新的安全需要的反映。从这个意义来讲,法律的不断更新也就意味着人们保障安全的手段或措施在不断更新。

(三)法律设定安全权利

所谓设定安全权利,就是指通过立法将特定主体所享有的安全权利规定在法律文件之中,成为法律特别保护的内容,使其得到更好的实现。也就是法律将人的安全设定为一种法律权利,宣布为法律保护的对象。人的权利也许是本来就应该具有的自然权利、习惯权利,但是如果在此基础上又获得了法律的认可,这些权利就不仅仅具有自然权利和习惯权利的性质,而且还具有了法律权利的性质。作为法律权利就会受到法律的特别保护,在社会上就倍加为人们所重视。因法律的确认,安全具有了更加神圣的性质,而为人们所必须维护和尊重。安全也因此获得了法定的强制保障,任何侵犯安全的行为都有可能受到应有的法律制裁。

有了法律的权利规定，相应地也就确定了特定主体关于安全的义务。违反有关义务的当事人就会受到法律的惩罚。有了法律上的安全权利的规定，对安全权利加以侵害的侵权者就更容易受到法律的制裁。法律制裁将使侵权行为受到抑制，与此同时，也将使安全权利获得更好的保护。只要有法定的安全权利规定和客观的侵犯安全权利的事实，制裁和保护就总是共生的。保护需要制裁，制裁是为了保护。

（四）法律明确安全权范围

主体不同，安全的范围和重点也是不一样的。个人主要具有人身安全、财产安全，集体主要具有生产安全、财产安全和秩序安全，社会则主要具有生活安全、生产安全、交易安全等。

就个体的安全来说，安全首先是人身的安全。人身安全表现为生命的安全和健康的安全。人身安全表现为对人的生存与健康的保护。现代各国法律都规定任何人不得非法剥夺他人的生命，因此，世界各国的刑法都禁止随意地剥夺他人生命的故意杀人、谋杀等犯罪。法律保障人们的身体健康，现代世界许多国家的法律都规定任何人都不得故意传染疾病，制造、销售劣质食品、药品或者做出危害人体健康的其他行为。“人们特别关注自身的人身安全，希望法律能够保护人类的生命安全，寻求安全是人与生俱有的本能和天性。安全是主体得以生存的必备条件，这些都是由人肉体器官的脆弱性、生命的短暂性及不可复生性决定的。”①个体的财产安全当然也是重要的。财产是个人生存与发展的基础和保障，财产的安全对于任何个人都是极为重要的。法律对于个人财产权的有力保护，是对个人安全的法律保障之一。

就集体来说，安全包括生产安全、财产安全和秩序安全。集体的生产、财产和秩序有保障，集体就处于安全的状态之中。人们免予危险，即是安全。集体分为许多种类，当然只有生产性的集体才有生产安全的问题。这对于生产性的集体来说是非常重要的。对于非生产性的集体，它也如同生产性的集体一样有财产安全和秩序

① 杨震：《法价值哲学导论》，中国社会科学出版社 2004 年版，第 220 页。

安全的问题。财产安全和秩序安全是任何以集体状态存在的社会组织都十分关心的。

就社会来说，安全包括各类社会成员个体及其整体的安全，也包括不同主体之间的社会关系的安全。法律通过其制度和规范，保障社会的安全。从社会的视角出发，可以发现法律保护婚姻家庭的安全、市场交易的安全等。现代法律对于婚姻家庭的安全，给予了极大的关注。对于重婚的处罚、对于家庭成员之间法律责任的规定以及对遗弃、虐待等违法犯罪的制裁，都意在保护婚姻家庭的安全，确保婚姻家庭关系的稳定。市场交易行为当然存在交易的风险，法律力图使交易的风险被规制在适度的范围之内。法律对于市场的欺诈行为、违约行为等都规定了相应的责任。这就为包括安全在内的市场秩序提供了强有力的维护手段。交易的安全就有了比道德、习惯更好的保障——法律的保障。

（五）法律制裁危害安全的违法犯罪

法律制裁危害安全方面的违法犯罪，以保护安全，实现安全权利。法律通过制裁侵权者和保护受害者，使安全成为社会的现实和特定主体实际享有的权利。由于个体利益、个体意志和个体行为的存在，侵犯别人安全权利的情形就难免会发生。一旦发生了安全权利受到侵害的情形，法律就必须使侵犯安全的违法犯罪者受到应有的制裁。

打击相应违法犯罪是抑制相应违法犯罪的最有效方式。从法律对于民事违法的制裁来看，民事法律所制裁的，也多是侵犯他人、集体、国家和社会财产安全、交易安全等方面的违法行为。通观现有的刑事法律，不难发现，整个刑事法律都是为了包括安全在内的一系列价值目标而设定的。其中，安全处于极为重要的位置。当代刑法其处罚的犯罪无非是这样的几个方面：危害国家安全的犯罪，危害公共安全的犯罪，破坏市场经济秩序的犯罪（生产、销售伪劣商品罪、走私罪、妨害对公司、企业的管理秩序罪、破坏金融管理秩序罪、金融诈骗罪、危害税收征管罪、侵犯知识产权罪、扰乱市场秩序罪），侵犯公民人身权利、民主权利的犯罪，侵犯财产的犯罪，妨害社会管理秩序的犯罪，危害国防利益的犯罪，贪污贿赂的犯罪，渎职的犯罪，军人违反职责的犯罪等。稍微加以分析，就会发现，这些犯罪所侵犯的无不是公民、法人（包括一定意义的集体）、社会的安全。法律对于这些犯罪的制裁也就是为了安全的需要。

（六）法律使被侵害的安全获得补救

法律处罚违法犯罪者固然可以使安全权利获得一定的保护，也能以儆效尤，但是这对于受害者和社会来说，还不是彻底的保护。法律使被侵害的安全获得补救是从两个方面予以体现的。其一，是使直接的受害者得到足够的补偿。只有使每个直接的受害者得到补偿，才能真正使安全权利得到切实的保障。为了使受害者获得足够的法律保障，就必须使侵权者承担起全部法律责任。在其全部的法律责任之中，除了要承担刑事的、行政的责任之外，还必须要对受害者蒙受的经济损失、精神损害予以补偿，这样才能使受害者得到应有的保护，使加害者受到应有的惩罚，使其他社会成员因此而受到警示，进而尊重和保障他人以及集体和社会的安全。法律使被侵害的安全获得补救并不仅仅局限于对直接受害者的补偿，它还要有对全社会相关安全有效保护的恢复。比如，一个道路上的涵洞的垮塌，可以使某个行人或车辆的安全受到损害。其二，法律在强制责任人对行人或车辆内受伤人员进行补偿以外，还要求责任人对涵洞加强管理和检查，进行修缮与维护，以防止类似事故的发生。这后者就不属于对于受害者的补偿，但是它对于恢复整个社会的交通安全、道路安全来说，是非常必要的。法律对安全权利的补救，是法律保障安全权利的具体体现，它能达到惩罚所不能达到的目的，能使安全权利获得更好的保障。

第八章　法的自由价值

无论人类怎么认识法的价值或者如何确定自己关于法的价值目标,都必须肯定自由是法的重要价值之一。人类为自己的自由做出了不懈的努力。法甚至就是人类为了自由而设定的行为准则。

一、自由及其对人的意义

自由对于人来说,是须臾不可缺少的东西。一旦缺少了它,人类的个体或者群体就会被不自由所困扰或者折磨。自由是人生存的应然状态和永远追求。

(一)自由思想的历史发展

“自由”一词,在东西方都可以说是古已有之。在西方,英语中的Freedom和Liberty,包含不受任何羁束地自然生活和获得解放等含义。在东方,汉语中的“自由”意即不受拘束地如意行动。“自由”一词不论是在西方还是东方都是那么令人憧憬和神往。千百年来,它一直为历朝历代的思想家、哲学家、法学家们苦苦思索。他们留下了大量宝贵的关于自由的精辟论述。

在西方,自由思想的发展贯穿西方思想的发展史。

早在古希腊、古罗马时代,自由的思想就已产生和发展。在社会实践上,奴隶对不自由的反抗,毫无疑义地表明了他们对自由的向往。“作为奴隶，当你从未体验过自由的时候，你是不知其甘味的。如果你尝试过自由的话，你就会劝我们不仅仅是用投枪，而且要用斧头为自由而战。”①在哲学理论上，思想家、哲学家们对自由与必然的探讨，也紧紧抓住了自由面纱的一角。他们提出了人们在必然性或“逻各斯”（规律）之下可以获得自由的观念，并进一步发展，形成了具有一定理论形态的自由学说。其中，亚里士多德、伊壁鸠鲁和斯多葛学派的学者们为此做出了较大的贡献。

在封建社会的欧洲，以著名神学家、神学法学家阿奎那为代表的经院哲学家们认为，自由来自承认和服从上帝，并认为人的精神始终是自由的，只有肉体才可能处于奴隶状态，其将人的肉体自由和人的精神自由相分割。到了欧洲封建社会后期，随着文艺复兴的发展，逐步开启了一个人类向自由迈进的新时代。但丁的《神曲》《君道论》以不同的笔法歌颂了自由的理性。薄伽丘的《十日谈》、拉伯雷的《巨人传》都猛烈地批判了神权政权与教会至上，肯定了人的自由。空想社会主义者莫尔的《乌托邦》、康帕内拉的《太阳城》等提出了自己的自由理论。自由理论的发展为资产阶级革命及其政权的建立奠定了思想基础。

资产阶级的著名思想家霍布斯、洛克、卢梭、黑格尔等人更是极大地推进了自由理论。霍布斯认为，人生来就是自由平等的，人的自由就是指在其力量和智慧所允许的范围内，人们可以不受阻碍地做自己愿意做的事。洛克深入地探讨了自由问题，认为自由是人的天赋权利，是自然法为人类规定的基本权利，是不可剥夺和转让的自然权利。卢梭的自由思想十分激进，在自由理论发展史上也占有重要的一席之地。他揭露了现实不自由与天赋自由间的激烈冲突。他说：“人是生而自由的，但却无往不在枷锁之中。”②他向往“自由地支配我自己，做自己的主人”。黑格尔的辩证自由论，可谓集自由

---

① ［古希腊］希罗多德：《历史》（第 5 卷），第 135 页。转引自刘吉等：《自由：追求与迷误》，上海社会科学院出版社 1990 年版，第 6 页。

② ［法］卢梭：《社会契约论》，何兆武译，商务印书馆 1980 年版，第 8 页。

之大成，他全面而系统地论述了自由，认为自由是人的本质，说“禽兽没有思想，只有人类才有思想，所以只有人类——而且就因它是一个有思想的动物——才有自由”。[①] 勒鲁认为，“一个表达行动权利的词并不直接包含其他什么意义。这个抽象的词，就是自由。自由就是有权行动。所以政治的目的首先就是在人类中实现自己。使人自由，就是使人生存，换言之，就是使人能表现自己。缺乏自由，那只能是虚无和死亡；不自由则是不准生存”。[②]

在中国，自由的思想也可以说是自古就有，而且绵延不绝。在先秦的诸子百家中，自由的理论已有了相当大的发展。儒家创始人孔子提出了自己的人生自由观。其关于人生历程的描述即表明了这一观念，他说：“吾十有五而志于学，三十而立，四十而不惑，五十而知天命，六十而耳顺，七十而从心所欲，不逾矩。”[③]儒家的孟子发展了孔子的自由思想，提出了“天人合一”的自由理论，设计了“上下与天地同流”“万物皆备于我”的自由境界。道家创始人老子把自由归结为“无为”状态。他说：“为学日益，为道日损。损之又损，以至于无为，无为而无不为矣！”[④]庄子将道家自由观的“无为”学说推向极端，提出了“无己”的自由观。“庄周梦蝶”“庖丁解牛”就是其无己自由观的明证。荀子又在批判儒家和道家自由观的基础上提出了“制天命而用之”的自由观。

在中国后来的思想家中，特别突出的是董仲舒提出了“纲常自由观”。这种自由观实际上是对自由的压抑和束缚。后来的王夫之对中国的各种自由思想进行了总结和批判，提出了自己新的“发展自由观”，他认为“昔之为天之天者，今之为人之天也。他日之为人之天者，今尚为天之天也”。[⑤] 与其同时代的黄宗羲则提出了“政治自由”观。

在近代中国，龚自珍、魏源、严复、梁启超等思想家在批判传统

---

① ［德］黑格尔：《历史哲学》，王造时译，三联书店 1956 年版，第 111 页。

② ［法］勒鲁：《论平等》，王允道译，商务印书馆 1988 年版，第 12 页。

③ （宋）朱熹：《四书集注》，岳麓书社 1987 年版，第 76 页。

④ 《老子·第四十八章》。

⑤ （清）王夫之：《诗广传·大雅》。

自由思想、介绍西方自由观念的基础上，根据中国的情况建立了中国资产阶级的自由理论。此后的资产阶级革命党人接受了西方自由思想，高举自由的旗帜，进行民族独立斗争和民族民主革命。孙中山先生提出了“三民主义”的自由观。

尽管中国近代以来的自由观颇受西方影响，但这并不能说中国在此之前就没有自由观。实际上，中国与西方在自由思想上走的是两条不同的道路。“西方比较注重自愿原则，因此自由思想的发展比较有典型意义。在中国则轻自愿重自觉，就造成中国古代始终没能把‘自由’这个词作为哲学范畴加以认真讨论，而是代之以天人之辩、名实之辩、知行之辩等贯穿于中国哲学史的大争论。这些争论考察的是人与天道的关系，研究的是人能否和如何把握道，如何培养理想人格，实际上就是探索取得自由的途径问题。”①

（二）自由对于人的价值意义

自由是人生而具有的属性，自由是人们生存和发展的渴望。自由对于人的价值意义是不言而喻的。任何人都离不开自由，自由对任何人都是一种必不可少的生命要求与生命体现。

自由是自由主体相对于环境而言的一种特殊状态。但是，人们一出生，环境就不是由人出生之前自由决定的。任何人都无法自主地决定自己出生的历史时期、民族归属、种族类别、特定身份、家庭情形、父母状况等。这些因素将在一个人出生之时以至成长、发展之中在很大程度上左右着他的命运。不管是谁，都从一出生开始就被包围在陈陈相因的不自由之中，因而自由就成了每个人的向往。得到自由是人天生的渴望。

智者阿基马丹曾说：“神让一切人自由，自然并没有使任何人成为奴隶。”②斯宾诺莎则认为“自由比任何事物都为珍贵。我有鉴于此，欲证明容纳自由，不但于社会的治安没有妨害，而且，若无此自由，则敬神之心无由而兴，社会治安也不巩固。我相信我做此举，也

---

① 张华金主编：《自由论》，上海人民出版社1990年版，第35～36页。

② 张宏生主编：《西方法律思想史》，北京大学出版社1983年版，第24页。

非无益之举”。[①] 卢梭认为自由不仅是人的天赋权利,而且是人的本质,他说,“在一切动物之中,区别人的主要特点的,与其说是人的特性,不如说是人的自由主动者的资格。自然支配着一切动物,禽兽总是服从;人虽然也受到同样的支配,却认为自己有服从或反抗的自由。而人特别是因为他能意识到这种自由,因而才显示出他的精神的灵性”。[②] 黑格尔宣称“理性和自由永远是我们的口号!”[③]此后的后继者更是喊出了“不自由毋宁死”的口号,表示了“生命诚可贵,爱情价更高,若为自由故,二者皆可抛”的决心。

自由是人天生就渴望的。没有人真正地不希望自由,那些反对自由的人最多也只是反对别人的自由。而自由的反对者本身,在反对实现自由的同时也实现着自己的自由。自由对于人的价值,主要在于:

首先,自由是人的潜在能力的外在化。人一旦存在,就拥有发展的潜在能力。人的潜在能力能否发挥,其影响和制约是多方面的。一切不利的影响和制约都是人发挥其潜能的客观局限。人如果能享有自由,排除影响和制约潜能发挥的否定因素,人的潜能就可以得到发挥,就能够外在化,就可以说,人在自由的环境中获得了自由。人有了自由,在主观上,就会精神振奋,激发智慧,努力使自己的智力和体力得到全面而充分的发挥;在客观上,影响和制约其能力发挥的否定性因素就会大大减少甚至消失,人就能自由地行动。在实现人的潜在能力外在化的同时也实现了人的自由。人的潜能的发挥程度标志着人的自由的享有状况。

其次,自由是人的自我意识的现实化。人都要谋求自我生存和发展,拥有生存和发展的自我意识。人在生存和发展中离不开人自我的主观能动性的存在和发挥。人的自由从一定意义上讲正是人的自我意识的现实化,是人发挥主观能动性的表现。人的自由在于满足人的自身需要,自由是人的自我意识的现实化。

---

① 《中外法学原著选读》,群众出版社 1986 年版,第 419 页。

② 柳文超、李培湘主编:《西方自由民主研究》,重庆出版社 1990 年版,第 66 页。

③ 柳文超、李培湘主编:《西方自由民主研究》,重庆出版社 1990 年版,第 30 页。

最后,自由是人类发展的助动力。人类对自由的追求以及社会自由程度的提高既是人类发展的表征,也是人类向新的自由度迈进、获得新的发展的基础和保证。人类社会的层层递进,也是人类自由的渐进发展。自由是人们奋进的动力和目标,人类沿着奔向更高自由的自由之路不断否定过去开创未来。自由是一种强大的力量推动着人类自身的进步和人类社会的发展。实现自由的过程是人的创造力得到实现的过程,是个人和群体乃至整个社会进步的过程。

二、作为法的价值的自由

自由是法对于人的价值之一,也是人关于法的重要理想。人类的法律理想内涵是非常丰富的,其中必然包括人类关于自由的规则设计、制度性构想与生命追求。

(一)自由概念的法学界说

自由与法的联系十分紧密,自由是法的重大价值。在法或法学上应当如何界定自由,是法学研究中的一个重要的课题。许多法学家都希望能给自由做出一个基本的界定。

在古希腊和古罗马时代,许多学者都提出了自己关于法的自由的见解。亚里士多德曾说:"公民们都应遵守一邦所定的生活规则,让各人的行为有所约束,法律不应被当作(和自由相对的)奴役,法律毋宁是拯救。"①西塞罗更进一步提出了"为了得到自由,我们才是法律的臣仆"的名言,对法和自由做出了辩证的论述。在中世纪,以阿奎那为代表的神学法学家从神学的角度论证了他的"精神自由"观。他说:"如果认为可以奴役整个的人,那是错误的;因为人的最好部分能够不受奴役。肉体是一个奴隶,并且受一个主人的支配,但精神却是自由的。"②"一个人为此而受制于另一个人的奴隶状态,只存在于肉体方面,而不存在于精神方面,因为精神始终是自

---

① [古希腊]亚里士多德:《政治学》,吴寿彭译,商务印书馆1997年版,第276页。

② [意]阿奎那:《阿奎那政治著作选》,马清槐译,商务印书馆1997年版,第147页。

由的。”[①]阿奎那的这一理论为封建专制统治提供了一定的理论根据,将自由局限于精神领域予以了虚化。

近现代资产阶级学者对法的自由做了空前广泛而详尽的论述。霍布斯认为,“自由者,无阻碍之谓也”。[②]“‘自由人’者,乃一个于其智力所及而愿做之事,能做之而无阻之谓也。”[③]霍布斯又说:“人类天然之自由,必由国法为之节制,盖国法之存在,此实为其目的。”[④]洛克对法与自由关系的论述,在近现代资产阶级学者中占有独特的显著地位。他说:“法律按其真正的含义而言与其说是限制还不如说是指导一个自由而有智慧的人去追求他的正当利益……法律的目的不是废除或限制自由,而是保护和扩大自由。”[⑤]洛克还说,处在社会的人的自由,就是除了经过人们同意在国家内所建立的立法权以外,不受任何法权的支配;除了立法机关根据对它的委托所制定的法律以外,不受任何意志的统辖或任何法律的约束。所以,自由并非是各人乐意怎样做就怎样做,高兴怎样生活就怎样生活,而不受任何法律束缚的那种自由。处在政府之下的人们的自由,应有长期有效的规则作为生活的准绳,这种规则为社会一切成员所共同遵守,并为社会所建立的立法机关所制定。[⑥]孟德斯鸠的法的自由观对资产阶级革命和法制都产生过重大的影响。他认为,自由的主要意义就是,一个人不被强迫做法律所没有规定要做的事情。[⑦]“在一个国家里,也就是法,在一个有法律的社会里,自由仅仅是:一个人能够做他应该做的事情,而不被强迫去做他不应该做的事情。我们应该记住什么是‘独立’,什么是‘自由’。自由是做法律所许可的一切事情的权利;如果一个公民能够做法律所禁止的

---

① [意]阿奎那:《阿奎那政治著作选》,马清槐译,商务印书馆1997年版,第148页。

② [英]霍布斯:《利维坦》,黎思复等译,商务印书馆1934年版,第139页。

③ [英]霍布斯:《利维坦》,黎思复等译,商务印书馆1934年版,第139~140页。

④ [英]霍布斯:《利维坦》,黎思复等译,商务印书馆1934年版,第174页。

⑤ [英]洛克:《政府论》(下),叶启芳等译,商务印书馆1983年版,第35~36页。

⑥ [英]洛克:《政府论》(下),叶启芳等译,商务印书馆1983年版,第16页。

⑦ [法]孟德斯鸠:《论法的精神》(下),张雁深译,商务印书馆1982年版,第194页。

事情，他就不再有自由了，因为其他的人也同样会有这个权利。”[①]卢梭的法的自由观在世界法学思想史上也颇有影响。他认为“唯有服从人们自己为自己所规定的法律，才是自由”。[②]康德给法律所下的定义表明了他对法的自由的认识。他说：“法律就是那些使任何人的有意识的行为按照普遍的自由法则确实能与别人的有意识的行为相协调的全部条件的综合。”[③]他认为，法律的概念表示了人们的自由行为与别人的行为自由的关系。[④]黑格尔的法的自由观主张，法就是作为理念的自由。一般来说，法的基底是精神的东西，它的确定地位和出发点是意志。意志是自由的，所以自由就构成法的实体和规定性。[⑤]自由的理念的每个发展阶段都有其独特的法，因为每个阶段都有其特有各规定中之一的那自由的定在。[⑥]

纵观人类法和自由的历史发展，我们可试给法的自由做如下定义：法的自由是指一定社会中人们受到法保障或得到法认可的按照自己的意志进行活动的人的权利。这一定义至少包含以下几个方面的内容。

其一，法的自由是人的权利，属于人权的范畴。法的自由是法定人权的基本内容和重要方面。法所确认的自由，应当是人在其所处的时代就应当具有的。同一时代的人都应当享有平等的自由权利。法不过是对人所应当享有的自由的认可而已，并不是它创造了自由或者赋予了人的自由。自由是人所固有的权利。法律中的自由规定，只是人的自由在法律上的反映。法律将各种自由确认为权利，并加以宣布和保护。

其二，法的自由受到法的认可或得到法的保障。法的自由都是由法所记录的，并由法予以保障。这是法的自由的外部特征，是法的自由与其他自由的重要区别。因为，自由是一个相当广泛的概

---

① ［法］孟德斯鸠：《论法的精神》（上），张雁深译，商务印书馆 1982 年版，第 154 页。

② ［法］卢梭：《社会契约论》，何兆武译，商务印书馆 1980 年版，第 30 页。

③ 《西方法律思想史资料选编》，北京大学出版社 1983 年版，第 399 页。

④ 《西方法律思想史资料选编》，北京大学出版社 1983 年版，第 399 页。

⑤ ［德］黑格尔：《法哲学原理》，范扬、张企泰译，商务印书馆 1979 年版，第 10 页。

⑥ ［德］黑格尔：《法哲学原理》，范扬、张企泰译，商务印书馆 1979 年版，第 37 页。

念，它至少包括道德自由、习惯自由、哲学自由、法的自由、思想自由、行为自由等或并列或交叉的范畴。法的自由仅是这众多自由之一种，是被法保障或认可即法律化了的自由。这种被法律化了的自由必然具有既不可随意扩大，更不可随意侵犯的性质。它获得了国家意志的形式，得到了国家强制力的保障。

其三，法的自由是人按照自己的意志进行活动的权利。法的自由属于行为自由的范畴，并不是指思想自由或意志自由。思想和意志本身就应当是自由的。法是行为的规则而不是思想或意志的准则。思想或意志无须法来调整，法也无法调整思想或意志。这并不是说法、法的自由对思想自由或意志自由毫无用处。法、法的自由都对思想自由或意志自由具有或多或少、或大或小的影响。但这并未否认法的自由是行为自由。恰恰必须肯定的正是，法的自由是人的行为自由。只有将法的自由归结为行为的自由，这种自由才具有了现实的意义与外在的保障。

其四，法的自由是一定社会中的法的自由，具有特定的时代性。不同的社会，由于社会的发展程度和阶级性质的不同，法的自由就有不同的状况。不同的社会，法的自由的经济基础不同、阶级属性不同、主体构成不同、内容范围不同、文明程度不同等。在法律社会中，一定历史时代就有一定的法的自由。这个法的自由是为该社会的经济发展、社会状况、阶级本质、历史条件等多方面因素决定和制约的。任何法的自由都不可能超过社会生活条件所提供的可能而独自发展。

（二）自由需要法的保障

自由，是人们都向往的。但是人们是否能够在谋求自己自由的时候，也会尊重别人的自由，那就要看相应自由主体的思想境界和社会行为了。由于人类并非都具有完全相同、完全一致的思想情感和社会行为，因此，无视他人自由或者为了自己的自由而不惜牺牲他人自由的情况，就难免会发生。因此，对于自由的保障，就成为了人类作为类的存在物的使命和责任。用最具有外在强制性的法律来保障自由，就成为人类极为重要的选项。用法保障自由，主要包括以下几个方面的含义：

首先,用法保障自由是保证自由免受侵犯的需要。在社会中,人是以个体以及由个体集合而成的群体存在的。个体与个体之间、群体与群体之间、个体与群体之间,各有独立的利益和独立的意志,他们各自谋求自己的需要或利益,各自谋求自身的自由,各主体的需要、利益、自由之间就难免会发生冲突,乃至相互侵犯。要保证自由不被侵犯,就必须对自由的侵犯者及其侵犯自由的行为予以严厉的惩罚。人类惩罚罪恶的最严厉的手段莫过于法,法是对侵犯自由者予以惩办的有力措施。法通过制裁侵犯自由的违法犯罪,保障自由免受侵犯。

其次,用法保障自由是保证自由不被滥用的需要。自由存在被侵犯的可能性,也存在被滥用的可能性。自由的滥用是由自由享有者任意扩展其自由的范围和内容所致,它同样会导致其他个体或群体的自由的受损害或被剥夺。前面所讲的对自由的侵犯,是从自由主体的外力作用看的,这里所讲的对自由的滥用,是从自由主体的内在能动看的。两者实质上是一个问题的两个方面。对自由的侵犯可能是由对自由的滥用形成,而自由的滥用必然导致对自由的侵犯。法必须在防止自由被侵犯的同时,防止自由被滥用,全面保障自由的存在、实现以及向更高的自由发展。

最后,用法保障自由是对自由予以同等认可、同等保护和对侵犯自由者予以同等制裁的需要。人人都向往自由,人与人之间的自由也应当是平等的。但这种平等只是在应然意义上的。现实中,人们的自由并非都是同等的。法律对自由的同等确认,对于人们在社会生活中实际享有的同等自由具有目标的意义。在保护上,也不是每一个人的自由都能获得同等的保护,但作为理想,总是期望能够使每一个人的自由都获得同等的保护。法律也就是达成这一目标的最佳手段。对于自由的侵犯,在法的社会中并不是偶然的社会现象。每一个侵犯自由的行为,都有一定的差异。这种差异或者表现为主体的不同,或者表现为环境、条件的差异,或者是情节、手段的不一样,但是,何以保证各种侵犯自由的行为能受到应有的处罚,的确是一个十分困难的问题。法为解决这一问题提供了统一的规则,使对于侵犯自由的行为的处罚能有一个平等的基准。

法保障自由,首先,是宪法的使命。宪法作为国家的根本大法,必须肩负起确认自由并保障自由的重任。其次,其他法律、法规也应当为保障自由做出努力。自由仅有宪法的原则规定,很难转化为社会的客观现实,它还需要社会整个法律体系予以足够的保障。保障自由,并不仅是刑法的任务,行政法、民法、婚姻法、诉讼法、劳动法等,都应从自身特定的方面为自由提供保证,使自由在法的保障下得到应有的实现。

(三)自由是现代法的时代精神

什么是法的时代精神,学者们对此有不完全相同的见解。有教授认为,法的精神与法的形式、法的内容共同构成法,是法的三个基本要素。他说:“如果说,法的内容是法的骨骼和血肉,法的形式是法的结构和外表,那么,法的精神就是法的神经中枢和灵魂。”①“法的精神这一概念的内涵与外延,是十分丰富和宽泛的。人们可以从不同层面和不同角度运用它。但是,它的中心思想或主要内容涉及五个方面的问题,并须正确处理这五个方面的关系:(1)法律与人类的关系;(2)个人与社会的关系;(3)利益与正义的关系;(4)效率与公平的关系;(5)权利与义务的关系。所谓法的精神,就是法律应当在处理上述五个基本的关系上,做出既符合事物的本性和规律又体现人类一定历史发展阶段的时代精神的正确选择。”②也有教授认为,法的精神“是指由一定历史时代社会物质生活条件所决定的客观法权关系所体现的社会共同意志关系的本质的概括”。③“法的精神主要是指法的时代精神(由一定历史时代社会物质生产方式所决定的法的本质、法的理念),而不是指法律的阶级精神(当然,顺应社会发展的进步的阶级精神能与时代精神相一致)。”④还有教授认为,“所谓法的时代精神,就是一定的法符合一定时空范围内社会基本矛盾运动方向和要求一种社会精神和价值取向,说到底就是法不同程度地协调和缓和了社会生产关系和生产力的矛盾,促

---

① 李步云:《走向法治》,湖南人民出版社 1998 年版,第 183 页。
② 李步云:《走向法治》,湖南人民出版社 1998 年版,第 183 页。
③ 郭道晖:《法的时代精神》,湖南人民出版社 1997 年版,第 131 页。
④ 郭道晖:《法的时代精神》,湖南人民出版社 1997 年版,第 131 页。

进了社会经济和文化的发展,给社会广大成员带来了符合那个时代公平、正义愿望的满足的一种社会精神和价值取向”。[①] 他们的见解虽然各异,但对于引导我们去寻找和把握法的时代精神却是十分有益的。其实,自由就是现代法的时代精神。

所谓法的时代精神,就是法所应当体现的作为特定时代所必须具有的价值取向。在现时代,法的价值取向是多元的,但最根本最主要的应当是自由。自由,不仅在现代,而且永远是现代及其以后法的发展的精神内核。法的最高价值是人的彻底解放,是人的全面发展,自由则是人类走向彻底解放与全面发展的动力、途径和始终相随的法律精神。

在现代,强调自由作为中国法的精神具有特别重要的时代意义。因为,中国是一个在法律制度上缺乏自由传统的国家,自由应当是法律制度建设的重要价值追求。历史上长期的专制统治严重压抑了人的自由。在社会法律制度层面上,不尊重人的自由、漠视人的自由早已成为了历史积弊。社会主义建立后,在法律制度上,人民的自由得到了法律的确认,但是,由于历史的原因,这种局面的根本改变还需要长时间的努力和法律制度的不断建设和发展。虽然已经走过了半个世纪,相对于数千年的法律制度传统要寄希望于50年就能彻底解决这种局面显然是不现实的,它还需要我们持之以恒地进行关于自由的法律制度建设。

中国是一个在社会生活上缺乏自由传统的国家,自由应当成为社会生活的主旋律。自己自由,也尊重别人的自由,这是自由的两个重要的方面。而在中国社会中,自己不自由,也不期望别人自由的情形屡见不鲜、层出不穷。在社会生活中倡导自由是十分艰难而又特别重要的。作为社会生活调整工具和行为准则的法律,它对于自由的态度就会成为整个社会对待自由的态度的基本坐标。法律应当以自己正常的自由精神引导社会生活中自由的状况与发展。

中国正在进行市场经济建设,而市场经济无疑是自由经济和法治经济。没有自由和法治便无市场经济可言。市场主体的精神需

---

① 卢云:《论法的时代精神》,载卢云:《卢云法学文论》,法律出版社 1999 年版。

要自由,市场主体的行为更需要自由,这些自由都需要法治予以保障。市场经济中的立法,必须体现自由的精神要求,必须切实地保护市场主体的自由得以真正地实现。市场经济中的执法、司法一定要以实现自由为己任。凡是对于法律所保护的自由的任何侵犯,都应当受到法律的制裁。凡是法律所不禁止的,都是人们不受法律制裁而可以自由行为的。只有这样,市场经济才可能成为现实。

中国正在进行的改革,其中一个重要的目标也就是给每个个体和群体以最大限度的自由,从而达成解放生产力、发展生产力的目的。中国的改革是全方位的,包括政治、经济、文化、教育,乃至社会生活的各个方面。这些改革不是对于自由的压制,而是对于自由的张扬与扩展。一个充满自由的社会才是一个具有活力的社会,才是一个有前途的社会、发展的社会。法律在中国改革中的作用已经为历史发展所证明。法的精神必须能够与时代发展的脉搏共振。改革的自由旋律要求法的自由精神相呼应。只有法具有了自由的精神,改革的自由目的才可能在法律的保障下成为现实。为了改革的成功和改革成就成为我们发展的新的基础,自由应是改革中和改革后法律始终不变的追求。

自由不仅是中国法的时代精神,而且也应当是当今世界一切法律的精神内核和价值追求。体现自由、保障自由、发展自由,应当是所有法律的精髓。任何扼杀自由或对自由的不当限制的法律都是对于自由的反动,都应当反对、修正,而使自由成为法的精神。

三、法对于自由的价值意义

法对于自由的价值意义,实际上是法对于人的自由的价值意义。法通过保障人的自由和扩展人的自由,来保障人的生存,并追求更加美好的人类生活。法应以自由为目的,确定自由的范围,对自由进行调控,并以自由为目标来对自由加以限制。人类应当理性地认识自己来限制自由的行为与规则,避免对于法律的滥用。

(一)法应以自由为目的

自由是法律的目的之一,早已为法学家们所认同。古罗马的西塞罗就有一句名言:为了得到自由,我们才是法律的臣仆。洛克明确指出:“不管会引起人们怎样的误解,法律的目的不是废除或限制自由,而是保护和扩大自由。这是因为在一切能够接受法律支配的人类的状态中,哪里没有法律,哪里就没有自由。这是因为自由意味着不受他人的束缚和强暴,而哪里没有法律,哪里就不能有这种自由。”[①]洛克指出了法律以自由为目的旨在保护和扩大自由。罗伯斯庇尔做出了与洛克一致的论述,较全面地揭示了法律对自由的意义。在法的制定上,他说,法的制定是为了保证每一个人自由发挥自己的才能,而不是为了束缚他的才能。法的力量仅限于禁止每一个人损害别人的权利,而不禁止他行使自己的权利。在一切自由的国家里,法应当特别保护社会自由和个人自由,使之不受当权者滥用权力的侵犯。在法的内容上,他说,任何宪法的第一项任务应该是保护社会和个人的自由,使其不受政府本身的侵害。司法权划分的规则是为了自由而规定的,它要服从于保证维护自由的手段的必要性。而军事法的目的也在于更可靠地战胜外部敌人和保护本国的自由免受内部敌人的蹂躏。他总结性地指出,总而言之,我们制定法,不是为了一时之需,而是为了百年大计;不是为了我们,而是为了世界;我们要表现出不愧为奠定自由基础的人,我们要始终不渝地遵循这个伟大的原则,即如果自由在那些被人民赋予权力的人们的行为中受到限制,它就不能存在。

法以自由为目的,具体地说,第一,从法的权利和法的义务来看,它们都是为自由而设定的。法的权利是为自由而设定的,甚至自由本身就是法定的权利。法的义务也是为自由而设定的,许多义务就是以自由为目的的行为要求。法的权利的设定与自由相抵触就必然会违反立法的初衷,使法律成为自由的障碍。法的义务的设定与自由相抵触,法的权利就成为乌有,自由也就没有法的根据和保障。第二,从法的授权、禁止和义务规定来看,法上的授权固然是对自由的确认,法上的禁止和义务也应是为确保自由而设立。离开了自由的法的授权、法的禁止和法的义务,其本身就失去了灵魂。第三,从法的制定和法的实施来看,法的制定要以自由为出发点和

① 《中外法学原著选读》,群众出版社 1986 年版,第 462 页。

归宿,以自由为核心;法的实施必须以自由为宗旨,法的保护或打击、奖励或制裁都应以自由为依归。

关于法的自由目的的以上论述,只是从应然的意义上讲的。能真正以自由为目的的法并不普遍。许多法似乎也是以自由为目的的,但其自由不过是少数人的自由,对大多数人来说只能是不自由,更不是所有人的自由。

(二)法确定自由的范围

法的自由的范围必须由法来确定。如果说自由可以被划分为法的自由和法之外的自由的话,那么,法对自由范围的确定,也就是对整个自由范围的法律确定。

洛克认为,自由正如人们告诉我们的,并非人人爱怎样就可怎样的那种自由(当其他任何人的一时高兴可以支配一个人的时候,谁能自由呢?),而是在他所受约束的法律许可范围内,随其所欲地处置或安排他的人身、行动、财富和他的全部的财产的那种自由。在这个范围内他不受另一个人的任意意志的支配,而是可以自由地遵循他自己的意志。[①] 自由,是法许可的范围内的自由,并不是任何人的任性。自由的范围以法律准则作为准绳。他说,人的自然自由,不受人间任何上级权力的约束,不处在人们的意志或立法权之下,只以自然法为准绳。处在社会中的人的自由,只受人们同意在国家内所建立的立法权的支配。除了立法机关根据对它的委托所制定的法以外,不受任何意志的统辖或任何法的约束。自由不是各人乐意怎样做就怎样做,高兴怎样生活就怎样生活,而不受法束缚。处在政府之下的人们的自由,应有长期有效的规则作为生活的准绳;这种规则为社会一切成员所共同遵守,并为社会所建立的立法机关所制定。[②]

孟德斯鸠关于法确定自由范围的论述,在众多的学术论断中显得十分突出。他认为,在一个国家里,也就是说,在一个有法的社会里,自由仅仅是:一个人能够做他应该做的事情,而不被强迫去做他

① 《中外法学原著选读》,群众出版社1986年版,第462页。

② 《中外法学原著选读》,群众出版社1986年版,第463页。

不应该做的事情。哪些是能够做和应该做的事情呢？他紧接着说，自由是做法律所许可的一切事情的权利；如果一个公民能够做法律所禁止的事情，他就不再有自由了，因为其他的人同样会有这个权利。[①] 显然，孟德斯鸠进一步论证了自由的范围为何要由法律来确定。

在有法的社会中，自由的范围是法所确定的，这是从相对意义上来讲的。从根本上说，法和自由都由社会物质生活条件所决定，都由社会经济基础所决定。在上层建筑中，自由在很大程度上借助法得以存在和表现，由法确定其范围。

（三）法对自由的调控

自由是法的追求，法是自由的确认者、保障者、促进者，法应服务于自由。这些都是正确无误的命题。然而它们都仅是理性、应然和一般意义上的判断。历史和现实都表明：自由并非都能被法所调控；法对自由的调控有其独特的原则；法对自由的调控有其必要的手段。

1. 法调控自由的范围

自由并非都能为法所调控。自由可以被分为政治自由、法律自由、道德自由、习惯自由等。这些自由中法律自由当然为法所调控，而政治自由、道德自由、习惯自由等就未必如此。自由可以被分为人身自由、经济自由、政治自由、文化自由、信仰自由、言论自由等。其中只有主要的、需要国家强制力予以保障的自由才需要法的调控。自由可以被分为思想自由和行为自由，法只可能对行为自由予以调控。对于思想自由来说，法是无可奈何的、无能为力的，并且是不应当调控的。

自由的法的调控范围应以适度为宜。它包含两个方面的含义：一是应当由法调控的自由，必须由法调控；二是不能由法所调控的自由，就绝不能用法调控。本应由法调控的自由，如果不能运用法进行调控，自由就不可能获得充分的法律保障。未被调控的自由，要么就会被剥夺，要么就会被滥用。不论是被剥夺还是被滥用，都

---

① 《中外法学原著选读》，群众出版社1986年版，第472～473页。

是自由的悲剧。对于人的发展,对于社会的进步都是一种严重的破坏。社会动乱中法对自由的失控状况就是其最佳的现实注脚。中国的“文化大革命”为我们提供了血的教训,不仅值得我们而且值得以后若干代人吸取。法调控了本不应调控的自由,自由就可能因法的“多余”调控而变得僵化,变得失去活力,以致演变为不自由,法对于自由的现实作用就会走到其应有作用的反面,从保障自由的目的出发,以失去自由的结果告终,发生本不应发生的悲剧。在专制的立法下,社会的自由无限制地为法所调控,人们和整个社会都会因此而失去活力。人们的积极性与创造力就会受到极大的抑制,社会就会因此而缺乏生机。

正确确定自由的法的调控范围是十分困难的。它必须考虑这样几个因素:一是社会物质生活条件;二是社会文化生活条件;三是自由本身的性质和特点;四是相关的政治自由、道德自由、习惯自由等的存在状况及其调控机制;五是法的现实调控能力。

自由的法的调控范围是发展变化的。在不同的社会物质生活条件、文化生活条件之下,由于政治自由、道德自由、习惯自由等的存在状况及其调控机制的变化以及法的现实调控能力的变化,法所调控的自由范围必然是不完全相同而有所变化的。在各种制约因素相对稳定的情况下,自由的法的调控范围应是相对确定、相对稳定的。自由的法的调控范围并非瞬息万变,而是变与不变的有机统一。

2. 法调控自由的原则

法调控自由的原则是指导人们对自由实行法律调控的基本精神。拟定并坚持一定的调控原则,对于尽可能准确地把握自由的法的调控范围,对自由实行恰当的法律调控,使法真正保障和实现自由都具有极其重大的意义。这些原则主要应是目的原则、适当原则、利害原则。

目的原则。法对自由的调控不论是确认、保障,还是促进、发展,不论是促进、发展,还是限制、制约,其宗旨必然是为了自由,必须以自由为目的。自由只有对自由才能退让,而且这种退让必须以自由为依归。否则,任何不以自由为目的的对自由的法的调控,都是对自由的专横、对自由的反动，都必然为人类的进步和文明所反对。

适当原则。法对自由的调控必须坚持适当原则。所谓适当，一是指法的调控的范围适当。法对自由的调控范围既不可过宽，也不可过窄，以适当为宜。二是指法的调控的手段适当。法对自由的调控手段是多种多样的，从法律部门看，有宪法手段、行政法手段、刑法手段、民法手段、诉讼法手段等；从调控方式看，有确认手段、保护手段、制裁手段等。对于需要法的调控的各类具体自由，只能采取适当的法律手段进行调控，否则就可能事与愿违，达不到法的调控的目的。

利害原则。在对自由实行法的调控的过程中，必须坚持利害原则。利害原则的核心内容即趋利避害。在自由的法的调控范围和手段等的确定或选择上，利害原则是一个极其重要的原则。具体说来，即是两利相较取其大，两害相较取其轻，利害相较取其利。而利害的判别则应以目的原则为指导，以对自由的利害为依据。仅就自由问题来说，凡是有益于自由的即为利，凡有害于自由的即为害。利害原则是对自由实行法的调控的功利准绳。

3. 法调控自由的手段

法调控自由的手段，从不同的角度考察可以做出不同的总结概括。从法的部门来看，它包括宪法手段、行政法手段、刑法手段、民法手段、诉讼法手段等；从法的形式来看，它包括宪法手段、法律手段、行政法规手段、地方法规手段和国际法律手段等；从法的调控方式来看，它包括确认手段、保护手段和制裁手段等。下面仅从法的调控方式来分析自由的法的调控手段。

确认手段，是法对自由实行调控的首要手段。它的具体表现是将自由法律化，把自由上升为法的自由，使某种自由的有关内容和要求，以法的方式表现出来，获得国家意志的形式。确认手段为法对自由的进一步调控创造了条件，提供了前提。对于确认自由的法律，人们往往存有某些误解，以为只有法律确认的自由，才是人们所应当、所能够享有的自由。这实际上是法对自由的确认手段的误解。确认在形式上具有一定的限制的意味，但在根本上不是限制。

法律没有确认的自由,依然是人们应当享有的自由,只是由于这种自由不能由法律调控,或者没有必要由法律调控,或者法律未来得及调控,甚至由法律调控还不利于自由本身。法律对于自由的确认在本质上既不是对于自由的赋予,也不是对于自由的限制,而是对于自由的法的强制保护范围的确定。即使法律不得不在一定程度上限制自由,那也是以确保自由为目的的。

保护手段,是法的自由主体充分享有法的自由的渠道,表现为法的自由的享有者有权享有法的自由,有权要求他人不妨碍其法的自由,有权在其法的自由受到妨碍、损害、剥夺时请求国家予以法律保护,以保障其法的自由的充分享有和完全实现。对于自由的法律保护,是以自由的法的确认作为前提的。法律对于自由的调控重点是在自由的法律保护上。即使是后面我们要论及的法律制裁,它也是以自由的法律保护作为目的的。对于自由的法的保护手段的高低及其行使状况,反映着一个国家民主与法治发展的程度,也标志着一个国家和社会文明进步的水平。

制裁手段,是法的自由主体充分享有法的自由的重要保证。它表现为法对妨碍和破坏法的自由的违法犯罪者的惩罚。它是对法的自由的有力保障,是保证法的自由的国家强制措施。自由得以实现无非是三条途径:一是自由的享有者自主地实现自由;二是其他的社会成员充分尊重他人的自由,而使他人的自由得以顺利的实现;三是在自由受到妨碍或者侵犯的时候,能有一种有效的强制手段,排除妨碍或者制止侵犯,以保证自由得以实现。前两种情形的自由实现,是主要的。但是,自由受到妨碍、侵犯的情形也时有发生。一旦出现这种情况,自由就无法实现,对于制裁手段的依赖就成了必需。法的制裁手段对于自由的调控表现为两种情形:一种是它直接地为自由排除妨碍和侵犯,使自由实现;另一种是它通过对于某种妨碍、侵犯的制裁规定或实际制裁警示社会成员,使社会成员尊重与保护他人的自由。

四、法对自由的限制

自由需要必要的限制,是许许多多法学家都肯定了的基本原理。但是对这种限制并不是立法者或主权者的任性，它必须遵循必要的准则。

（一）思想家们的相关论述

在亚里士多德看来，法是对人们行为自由的约束，但这种约束不是对自由或人的奴役，而是对自由或人的拯救。他说："公民们都应遵守一邦所定的生活规则，让各人的行为有所约束，法律不应被看作（和自由相对的）奴役，法律毋宁是拯救。"①霍布斯的法对自由的限制理论认为，国家的法律是对人民自由的限制，如果说全国人民有某种自由，它的意思只是，对于此，法律没有限制，或者有限制而已经被取消。"臣民的自由只有在主权者未对其行为加以规定的事物中才存在，如买卖或其他契约行为的自由，选择自己的住所、饮食、生业，以及按自己认为适宜的方式教育子女的自由等都是。"②

洛克的法的自由理论中自由的限制学说较之以前的学说，可以说是独辟蹊径，别开生面，法根本不是对自由的限制，而是通过它的限制使人获得自由。他说，人在儿童时期由于其悟性还不适合于驾驭他的意志，不能独立生活，因而需要父母的管教，需要父母替他运用智力，替他拿主张、规定他的意志并调节他的行动。人在成熟以后，智力达到了成人的水平，具有了理性，他才能脱离父母而独立生活，才能理解法，成为一个自由人。那时，"他可以把他的行为限制在那个法律的范围之内。当他达到这一境界时，他可以被认为知道遵循法律的程度和应用自由的程度，从而获得自由"。③ 洛克根据其自然法理论进而把自由分为自然自由和社会自由两类，论证了所谓自然自由和社会自由的限制问题。他认为自然自由是人类处于自然状态下的自由。这种自由不受人间任何上级权力的约束，不处在人们的意志或立法权之下，只以自然法作为准绳。自然法是对自然自由的限制，自然自由在自然法——理性的限制下并不是放任。社会自由是人类处于社会状态下的自由。这种自由要经过人们同

---

① ［古希腊］亚里士多德：《政治学》，吴寿彭译，商务印书馆1965年版，第276页。

② ［英］霍布斯：《利维坦》，黎思复等译，商务印书馆1985年版，第165页。

③ ［英］洛克：《政府论》（下篇），叶启芳等译，商务印书馆1983年版，第36～37页。

意在国家内所建立的立法权的支配,要受立法机关根据对它的委托所制定的法的约束。制定法是对人们社会自由的限制。但是不论是自然法对自然自由的限制,还是制定法对社会自由的限制,目的都不在限制自由或废除自由,而在指导一个自由而有智慧的人去追求他的正当利益,在于保护和扩大自由。

罗伯斯庇尔认为法的自由应受多重限制:一是正义的限制;二是他人的权利的限制;三是自然的限制。他对自由的定义即充分表明了他的这一思想。他说:"自由是人所固有的随意表现自己一切能力的权力,它以正义为准则,以他人的权利为限制,以自然为原则,以法律为保障。"①

康德认为,人有理性和感性两重性。一个人和别人相处时,他必然会受到感性的影响而滥用自己的自由。法正是防止滥用自由的手段。他认为,法的概念只表示他们的自由行为与他人行为自由的关系。法通过对任何个人自由的限制,使其在一种普遍的法之下,与所有人的自由相协调。简言之,在康德看来,法对自由的限制是为了防止自由的滥用以及使个人自由与其他所有人的自由相协调。

黑格尔批评了把自由当作任性的看法。他说,把自由看作任性的普遍看法,认为自由就是指为所欲为。我们只能把这种看法认为完全缺乏思想教养,它对于什么是绝对自由的意志、法、伦理等,毫无所知。他认为,任性作为决定这样或那样的能力而言,是自由意志的一个重要环节,但任性却不是自由本身,它首先只是一种形式的自由,他关于社会和国家对自由的限制的论述也从一定意义上反映了他的自由的法律限制观。他说,社会和国家当然产生了限制,但是这种限制只是限制了纯兽性的情感和原始的本能,犹如在一种更进步的阶段,便是限制了放纵和热情考虑的意图。这一种限制,乃是真正的——合理的和依照概念的自由的意识和意志所有实现的手段。那种永久发生的对于自由的误解,不外乎是仅仅从该名词

---

① [法]罗伯斯庇尔:《革命法制和审判》,赵函舆译,商务印书馆1979年版,第137页。

的形式的、主观的意义上来看它,而脱离了它的主要对象和目的;因为这个缘故,对于那附属于特殊的个人的冲动、欲望、热情,就加上了一种约束——对于放纵和任意所加上的一种限制,便看作加于“自由”的一种桎梏。相反地,我们应当把这样的限制看作解放的必要条件。社会和国家正是“自由”所实现的情况。有限的限度、比例、尺度,是内在的自由的规定,有了限度并在限度之中也就有了自由,同时自由也就得到了存在。

约翰·密尔所论述的自由的限制又是另一种意义上的。一是他认为自由就是对统治者暴虐的防御,对自由的限制即是对统治者权力的限制。他说,爱国者的目标就在于,对于统治者所施用于群体的权力要划定他所应当受到的限制,而这个限制就是他们所谓的自由。二是他认为自由是公民个人划定的界限,公民的自由应受他人自由的限制。他给自由的定义是:唯一实称其名的自由,乃是按照我们自己的道路去追求我们自己好处的自由,只要我们不试图剥夺他人的这种自由,不试图阻碍他们取得这种自由的努力。

(二)法律限制自由的理性考量

自由必须受到法的限制,法限制自由的目的并不在于限制自由本身,而在于实现自由和保障自由,在于扩大自由并为自由的享有提供条件和手段。这些都是从应然意义上对自由的法律限制问题的探讨。然而在历史上,在不同的制度、不同的法之下,限制自由的目的并不完全相同。在民主、法治之下,法对于自由的限制实际上是对于自由的保障。在专制、独裁之下,法对自由的限制,就是为了限制自由。在应然意义上,法只能为自由而限制自由。但即使是为了自由而限制自由,也不能随便地加以限制,必须考虑以下几个方面:

法对自由的限制应以必要为原则。这一原则意味着:其一,法对自由的各种限制,相对于作为目的的自由来说应当是必要的。如果法对自由的某种限制是可有可无的,就没有必要去限制自由。在这种不必要情况下对自由的任何限制都只能是对自由的轻视和否定,是对自由的专制和专横。其二,法对自由的限制程度相对于作为目的的自由来说,应当是必要的。如果法对自由的限制程度超出了必要的程度,也必然是对自由的禁锢,本意是为着更好地实现自由的限制就会畸变为对自由的扼杀和背叛。其三,法对自由的限制后果相对于不限制来说应是更有效益而必要的。也就是说,对自由的限制也有个效益问题,应以最小的自由限制(或牺牲)获取最大的自由效益。这是自由限制的重要考虑因素,否则就可能因小失大。法律限制自由的效益考虑要求人们,必须注意作为目的的自由应比被限制的自由更有价值;获得的自由应比被限制的自由更有效益;被限制的自由只应受到目的所要求的必要限度的限制。

法对自由的限制,要以法为准绳。自由的法律限制必须以法律规定作为表现形式,而不能以非法律的政策规定、道德规定、纪律规定等作为表现形式。自由的法律限制必须有法的明确规定,法在限制自由上不应是含糊的、模棱两可的,而应是清楚的、具体的,具有执行上的可操作性。自由的法律限制必须具有法的稳定性。这种限制不能频繁地变化而不可捉摸,否则自由就会受害于轻浮和任性,自由就没有保障。人们有自由权利也不敢或不能行使,依然是不自由。自由的法律限制应当具有法的公开性。法对自由的限制应当是公开的,是人们可知的、易知的。法对自由的秘密限制既违反法的本意也违反自由的本意。法对自由的限制如同法对自由的保护一样都必须是布之于民众,使民众尽知的。只有这样才能达到为了自由而限制自由的正确目的。

法对自由的限制只是自由所受限制的一个方面。其外,自由不能不受社会物质生活条件,具体地说不能不受社会生产方式——生产力和生产关系、地理环境和人口状况等的限制,也不能不受社会精神生活条件,如文化发展、思想觉悟、道德意识、风俗习惯、组织纪律等的限制,当然也包括法律制度的限制在内。自由所受的物质生活条件的限制,只有通过物质生活条件的改善才可能得以改变,客观性较大;自由所受的精神生活条件的限制,既受物质生活条件的影响,也受人们主观状态的制约,具有较大的主观性。对人的自由的不当限制主要存在于人们的精神生活条件之中。对自由的限制是一个重要的法律问题,但并不是一个仅限于法的问题。事实上,自由的限制还可能来自自由本身。一种自由可能正是另一种自由的限制。自由之间存在矛盾。但人们又不能决然地抛弃某种自由。因而自由之间就必须有协调与退让，一种自由应因另一种相对应或对立的自由而受到限制。自由所受的社会物质生活条件、精神生活条件以及其他自由的限制，可能表现为法律的限制，也可能表现为非法的限制。一般来说，除社会物质生活条件以外的限制都应予以法律化。就是某些物质生活条件的限制也应当法律化，使其表现为法的限制。一切法的限制都应当遵循法的限制所必须遵循的原则，达到法的限制所应当达到的目的。

自由对自由的限制是自由间的相互协调。为了甲自由必须限制乙自由的限制，只应是一种协调，而不是一种机械、简单的“为甲舍乙”。因为限制并不等于取消或舍弃。为甲自由而限制乙自由，绝不是为甲自由而取消或舍弃乙自由，仅仅是为了甲自由，乙自由必须予以退让而已。更何况有时为了乙自由还必须限制甲自由呢？自由的不同形式就同身体的不同部分一样，是相互制约的。为了一部分必须制约另一部分，而谁又能只要“一部分”而不要“另一部分”呢？更何况有时“另一部分”还制约着“一部分”呢？谁要不协调“一部分”与“另一部分”的关系而采取“为甲舍乙”或“为乙舍甲”的武断措施，谁就可能导致身体的“解体”。自由若类于此，整个自由就不复存在。所以，自由对自由的限制只是一种协调而不是取消或舍弃。这样，自由对自由的限制就有一个必要的量度问题。凡是与法相关的自由间的限制问题，法就具有不可旁贷的规制责任。法也应是法所涉及的自由间相互限制的尺度和准则。

第九章　法的平等价值

平等是人类有了人我分别,有了多元主体意识后即具有的观念。它是人类理性发展的产物与追求。如果说人类在本能上就有追求自由的天性,那么也可以说人类在理性上就有实现平等的要求。当然,关于平等,不同社会地位的人,其愿望与内容都会有所差异。人类运用各种方式来保障或实现平等,法律便是最基本的途径和手段之一。法律作为一种公共行为准则,必然包含对于平等的追求。平等一直都是法的价值理想。

一、法与平等的历史考辨

法与平等总是紧密联系在一起的。从法产生开始,法就与平等结下了不解之缘。平等经历了怎样的发展,人类曾经对其进行了怎样的思考,需要我们不断地总结并进一步推进。

当代美国著名学者艾德勒则通俗地解释道,“当一事物在某一认同的方面不比另一事物多,也不比另一事物少时,我们说这两个事物是平等的”。[①] 作为现代法学家的博登海默也说:“平等乃是一个具有多种不同含义的多形概念。它所指的

---

① ［美］艾德勒:《六大观念》,郗庆华译,三联书店1991年版,第161页。

对象可以是政治参与权利、收入分配制度，也可以是不得势的群体的社会地位与法律地位。它的范围涉及法律待遇的平等、机会的平等和人类基本需要的平等。它也可能关注诺成合同的义务与对应义务间的平等的保护问题、关注因损害行为进行赔偿时做出恰当补偿或恢复原状的问题、并关注在适用刑法时维持罪行与刑罚间的某种程度的均衡问题。”①

（一）法的平等的历史发展

平等是社会的历史现象。平等有其发展历程。

在原始氏族时代，人们具有的是原始的平等。在那里，没有军队、宪兵和警察，没有贵族、国王、总督、地方官和法官，没有监狱，没有诉讼，而一切都是有条有理的。家庭经济都是由若干个家庭按照共产制共同经营的，土地是全部落的财产，仅有小小的园圃归家庭经济暂时使用。一切问题都由当事人自己解决。不会有贫穷困苦的人，大家都是平等的，包括妇女在内，他们还不曾有奴隶；奴役异族部落的事情，照例也是没有的。

然后要从这种相对平等的原始观念中得出国家和社会中的平等权利的结论，要使这个结论甚至能够成为某种自然而然的、不言而喻的东西，那必然要经过而且确实已经经过了几千年。在最古老的自发的公社中，最多只谈得上公社成员之间的平等权利，而妇女、奴隶和外地人自然不在此列。在古希腊人和古罗马人那里，人们的不平等比任何平等受重视得多。如果认为希腊人和野蛮人、自由民和奴隶、公民和被保护民、罗马的公民和罗马的臣民都可以要求平等的政治地位，那么这在古代人看来必定是发了疯。在罗马帝国时期，所有这些区别，除自由民和奴隶的区别外，都逐渐消失了；这样，至少对自由民来说产生了私人的平等，在这种平等的基础上罗马法发展起来了，它是我们所知道的以私有制为基础的法律的最完备形式。法的平等在奴隶制社会诞生时产生了。

在西欧的封建社会里，基督教只承认一切人的一种平等，即原

---

① ［美］博登海默：《法理学：法律哲学与法律方法》，邓正来译，中国政法大学出版社1999年版，第285页。

罪的平等，这同它曾经作为奴隶和被压迫者的宗教的性质是完全吻合的。此外，基督教至多还承认上帝的选民的平等，但是这种平等只是在开始时才被强调过。在新宗教的最初阶段同样可以发现的财产共有的痕迹，与其说是来源于真正的平等观念，不如说是来源于被迫害者的团结。僧侣和俗人的对立的确立，很快就使这种基督教平等的萌芽也归于消失。日耳曼人在西欧的横行，逐渐建立了空前复杂的社会和政治的等级制度，从而在几个世纪内消除了一切平等观念。西欧封建社会的发展中孕育了一个新的社会力量，它就是作为资产阶级前身的市民等级。最初的市民等级本身是一个封建等级。当15世纪末，海上航路的伟大发现为它开辟了一个新的更加广大的活动场所时，封建社会内部的主要靠手工进行的工业和产品交换发展到了一个比较高的水平。可是社会的政治结构绝不是紧跟着社会的经济生活条件的这种剧烈的变革发生相应的改变。当社会日益成为资产阶级社会的时候，国家制度仍然是封建的。大规模的贸易，特别是国际贸易，尤其是世界贸易，要求有自由的、在行动上不受限制的商品所有者，他们作为商品所有者来说是有平等权利的，他们根据对他们来说全都平等的权利进行交换。从手工业到工场手工业的转变 要有一定数量的自由工人——所谓自由，一方面是他们解脱了行会的束缚，另一方面是他们失去了独立使用自己的劳动力所必需的资料——为前提，他们可以和厂主订立契约出租他们的劳动力，因而作为缔约的一方是和厂主权利平等的。最后，所有的人的劳动——因为他们都是人的劳动并且只就这一点而言——的平等和同等效用，不自觉地但最强烈地表现在现代资产阶级经济学的价值规律中。根据这一规律，商品的价值是由其中所包含的社会必要劳动来计量的。但是，当经济关系要求自由和平等权利时，政治制度却每一步都以行会的束缚和特殊的特权同它相对立。地方特权、级差关税以及各种各样的特别法令，不仅在贸易方面打击外国人和殖民地居民，而且还时常打击本国的各类国民；行会特权在任何地方和任何时候都阻挡着工场手工业的发展道路。无论在哪里，道路都不是自由通行的，对资产阶级竞争者来说都不是平等的——而自由通行和机会平等是首要的和日益迫切的要求。

一旦社会的经济进步把摆脱封建桎梏和通过消除封建不平等来确立权利平等的要求提到日程上来，这种要求就必定迅速地获得更大的规模。虽然这一要求是为了工业和商业的利益提出的，可是也必须为广大农民要求同样的平等权利。农民受着各种程度的奴役，直到完全成为奴隶，他们必须把自己极大部分的劳动时间无偿地献给封建领主，此外，还得向领主和国家缴付无数的代役租。另外，也不能不要求废除封建特惠、贵族免税权以及个别等级的政治特权。由于人们不再生活在像罗马帝国那样的世界帝国中，而是生活在那些相互平等地交往并且处在差不多相同的资产阶级发展阶段的独立国家所组成的体系中，所以这种要求就很自然地获得了普遍的、超出个别国家范围的性质，而自由和平等也很自然地被宣布为人权。平等被作为人权的主要内容，成为了资产阶级的政治和法律口号。

随着资本主义经济的发展，资产阶级在革命中提出了新的平等观念。资产阶级的思想家们为此做出了重要的贡献。随着资本主义政权的确立，平等被法律所认可，并获得了新的含义。他们将自由和平等很自然地被宣布为人权。

在资产阶级革命提出了资产阶级的平等观念与理论的时候，无产阶级也提出了自己的平等要求。因为工人阶级的解放斗争不是要争取阶级特权和垄断权，而是要争取平等的权利和义务，并消灭任何阶级统治。在资产阶级从市民等级脱胎而来的时候，资产阶级就由它的影子——无产阶级，经常地和不可避免地伴随着。资产阶级的平等要求也有无产阶级的平等要求伴随着。从消灭阶级特权的资产阶级要求提出时起，同时就出现了消灭阶级本身的无产阶级要求。无产阶级消灭阶级本身的平等要求起初采取宗教的形式，以早期基督教为凭据，以后就以资产阶级的平等论本身为依据了。无产阶级抓住了资产阶级的话柄：平等应当不仅是表面的，不仅在国家的领域中实行，它还应当是实际的，还应当在社会的、经济的领域中实行。尤其是从法国资产阶级自大革命开始把公民的平等提到首位以来，法国无产阶级就针锋相对地提出社会的、经济的平等的要求，这种平等成了法国无产阶级所特有的战斗口号。

平等的要求在无产阶级口号中有双重的意义。或者它是对极端的社会不平等,对富人和穷人之间、主人和奴隶之间、骄奢淫逸者和饥饿者之间的对立的自发的反应;或者它是从对资产阶级平等要求的反应中产生的,它从这种平等要求中吸取了或多或少正确的、可以进一步发展的要求,成了用资本家本身的主张发动工人起来反对资本家的鼓动手段;在这种情况下,它是和资产阶级平等本身共存亡的。在上述两种情况下,无产阶级平等要求的实际内容都是消灭阶级的要求。社会主义在资本主义的基础上提出并开始了新的平等追求,将其体现在相应的法律制度之中。

平等作为一种社会和法律的理想,存在了数千年,到现在,人们的平等权已经得到了各国国内立法和相关国际法律的普遍认可。近200年来的世界成文宪法,普遍确认了法律的平等基本原则和人们的平等权利。从1788年到1975年,人类社会共有248部宪法,分为五个阶段进行统计,人的平等权利作为一种价值和作为一种权利在各个时间段的宪法中出现的最低比率是78.6%,最高比率为90%。[①] 在人权呼声日益高涨的21世纪初,平等权更受到各国的重视,国内法与国际法对于平等权都予以了前所未有的关注。

(二)法的平等的思想源流

中国古代的众多学派,儒家、法家、道家、墨家都在一定程度上肯定了法的平等。

法家对法进行了许多解释,但都不外乎两类。一是把法解释为公平、正直,喻之为尺寸、绳墨、衡石等。例如"尺寸也、绳墨也、规矩也、衡石也、斗斛也、角量也,谓之法","法者,国之权衡也"。他们之所以用度量衡来比拟"法",也就在于强调"法"的客观性和平等性。二是把"法"和"刑"结合起来,把"刑"和"赏"作为"法的手段"。"法者,宪令著于官府,赏刑必于民心。赏存乎慎法,而罚加乎奸令者也。"这种法、刑结合有别于维护贵族特权的"礼"。自西周以来,奴隶主贵族实行"礼不下庶人,刑不上大夫"的"礼治",

① [荷]亨利·范·马尔赛文、格尔·范·德·唐:《成文宪法的比较研究》,陈云生译,华夏出版社1987年版,第251页、第255页。

“礼”和“刑”相对来说是分立的。礼用来调整贵族内部关系,刑则主要用来镇压奴隶和平民,即所谓“折民惟刑”。“法”与“刑”的结合,就意味着刑应上大夫,法的平等性便存乎其中了。法家的这种观点并非仅限于此。韩非说:“明主之国,令者言最贵者也;法者事最适者也。言不二贵,法不两适。故言行不轨于法令者必禁。”法家要求“言不中法者,不听也;行不中法者,不高也;事不中法者,不为也”。商鞅提出:“壹刑者,刑无等级,自卿相将军以至大夫庶人,有不从王令、犯国禁、乱上制者,罪死不赦。”“有功于前,有败于后,不为损刑;有善于前,有过于后,不为亏法。”他们还说,“法不阿贵,绳不挠曲”,“刑过不避大臣、赏善不遗匹夫”,“君臣上下贵贱皆从法,此之谓大治”。其平等观念十分明确。但要注意的是,这种平等观念虽然是以普遍的形式即作为社会全体成员代表的身份提出的,但实质上也只代表当时的新兴地主阶级的意志。它反映的是新兴地主阶级要求在法上与奴隶主贵族平等的思想。

其实,提出平等要求的远非法家。就是特别强调“君君、臣臣、父父、子子”等宗法等级名分的儒家,在“正名”的旗帜下也主张平等。至于墨家,主张“赏当贤罚当暴”,而且“不党父兄、不偏富贵”。墨家巨子平等执法的史实至今还史出有据。《吕氏春秋 · 去私》载:腹黄享为墨者巨子,居秦,其子杀人。秦惠王曰:“先生之年长矣! 非有他子,寡人已令吏勿诛矣! 先生以此听寡人也。”腹黄享对曰:“墨者之法,杀人者法,伤人者刑。此所以禁杀伤也。王虽为之赐而令吏弗诛,腹黄享不可不行墨者之法。”不许惠王而遂杀之。在中国古代的司法实践中,包拯、海瑞、况钟等历代清官都有一个共同的法律品格,即坚持法的执行上的平等性,不畏权贵、刚直不阿、秉公执法、一断于律。许许多多的中外法学家们都注意到了这一点。中国当代学者瞿同祖在《中国法律与中国社会》中,美国当代学者金勇义在《中国与西方的法律观念》中都肯定了这一内容。金勇义引证《老子》《商君书》《韩非子》《中国法律与中国社会》等书后论述道:道家学说中上天对待事物的执中原则由法家演化成法上的均等原则。与老子同时代的邓析说,天于人无厚也,君于民无厚也。法家既不否认也不反对贵与贱、高与低、老与少之间的差别。但是所有的人包括国君、卿相、将军以至大夫、庶人都应当受到法的公允对待，所有的人都应当遵从一种法。公允意味着正当程序，而非同等的惩罚。明君绝不因为亲戚关系或个人的利益而改变法，国王应视法比亲戚更为重要。[①]

西方法学家们的法律思想中也包含大量的法的平等思想。古罗马的西塞罗以永恒的、普遍的自然法则为前提推导出人类自然平等的法律观。他认为，应把共享自然法的人们看作同一国家的成员。在“世界国家”的大家庭中，共同服从“自然法”的人，不论其原来的国别、种族、社会地位如何不同，即便是奴隶，也都是“与上帝共同享有理性”的公民。这种理性使人们心理状态相同，使人们判断荣辱善恶的标准相同。他说，我们给人下的定义，唯一的定义，它应当是适合一切人的；因此，在人与人之间、在种族上是没有差别的；否则，人的定义就不会适合于一切人了。西塞罗强调每一个人都具有成为人类一分子的尊严，人都应当享有平等的法的权利。西塞罗的自然平等的法律观在西方法的平等思想的发展史上具有划时代的历史意义。[②] 在近代资产阶级学者中，对法的平等进行探索的比比皆是。斯宾诺莎主张，“执行法律的人必须不顾到一些个人，而是把所有的人都看作平等。对每个人的权利都一样地加以保卫，不嫉羡富者，也不蔑视穷者”。[③] 孟德斯鸠论述了“平等的真精神”的含义并指出了法律对于平等的意义——恢复平等。他说，“平等的真精神的含义并不是每个人都当指挥或是都不受指挥；而是我们服从或指挥同我们平等的人们。这种精神并不是打算不要主人，而是仅仅要和我们平等的人去当主人”。[④] “在原始时代，人一生出来就都是真正平等的，但是这种平等是不能继续下去的；社会让人们失掉了平等，只有通过法律才能恢复平等。”[⑤]卢梭的法的平等思想是久

---

① ［美］金勇义：《中国与西方的法律观念》，陈国平、韦向阳、李存捧译，辽宁出版社 1989 年版，第 13 页。

② 张宏生主编：《西方法律思想史》，北京大学出版社 1983 年版，第 61 ~ 62 页。

③ 《中外法学原著选读》，群众出版社 1986 年版，第 420 页。

④ 《中外法学原著选读》，群众出版社 1986 年版，第 473 页。

⑤ 《中外法学原著选读》，群众出版社 1986 年版，第 473 页。

负盛名的。他认为,人们缔结的社会契约并没有摧毁自然的平等,而是以道德的与法律的平等代替了自然所造成的人与人之间的身体上的不平等。尽管人们在力量上和才智上不平等,但由于约定并且根据权利,他们却是人人平等的。他分析了人类不平等发展的三个阶段。他说,如果我们从这些各种不同的变革中观察不平等的进展,我们便会发现法律和私有财产权的设定是不平等的第一阶段,官职的设置是第二阶段,而第三阶段,也就是最末一个阶段是合法的权力变成专制的权力。因此,富人和穷人的状态是为第一个时期所认可的;强者和弱者的状态是为第二个时期所认可的;主人和奴隶的状态是为第三个时期所认可的。这后一状态乃是不平等的顶点,也是其他各个阶段所终于要达到的阶段,直到新的变革使政府完全瓦解或者使它再接近于合法的制度为止。在卢梭看来,合法的制度是不平等的克星。卢梭详细探究了平等的含义。在他看来,平等这个名词绝不是指权力与财富的程度应当绝对相等,而是说,就权力而言,它应该不能为任何暴力并且只有凭职位与法律才能加以行使;就财富而言,没有一个公民可以富得足以购买另一人,也没有一个公民穷得不得不出卖自身。这就要求大人物这一方必须节制财富与权势,而小人物这一方必须节制贪得与婪求。他认为,立法的力量应该总是倾向于维持平等。平等与自由一样,与自由一道应构成一切立法体系最终目的的全体最大的幸福,是两个主要的目标。自由,是因为一切个人的依附都要削弱国家共同体中同样大的一部分力量;平等,是因为没有它,自由便不能存在。西方对于法的平等的论述从古至今都从未中断过。霍布斯、洛克、黑格尔、边沁、杰弗逊、潘恩都有自己的学说。就是今天的西方法学家们也同样没有忽略平等这一悠久绵长的历史课题。罗尔斯、德沃金都有自己的关于法律的平等理论。综观资产阶级的法的平等思想,其最具权威性的表述当推法国的《人权和公民权利宣言》(1789 年 8 月 27 日法国国民议会颁布)。其第 1 条至第 3 条就规定,在权利方面,人生来是而且始终是自由平等的。因此,公民的荣誉只能建立在公共事业的基础上。一切政治结合的目的都在于保护人的天赋的和不可侵犯的权利;这些权利是自由、财产、安全以及反抗压迫。国民是一切主权之源，任何个人或任何集团都不具有任何不是明确地从国民方面取得的权力。

二、法所追求的平等

（一）平等是对等对待的社会关系

平等即是人与人的对等对待的社会关系。在社会中，主要表现为政治地位和社会地位上的人与人的对等状态。这种对等对待包括两方面的含义，一是两个主体之间的对等对待，不自恃特权、不对人歧视，反之，既不畏惧特权，也不自贱自卑。二是其他主体对于其他两个以上的主体以同等的对待。对于平等的后一种理解，古往今来，都一直存在。例如，《折狱龟鉴》所载的戴胄执法的一个案例就是在这种平等观念的基础上做出的。戴胄是唐太宗时代的大理寺少卿。一天，长孙无忌被唐太宗召见。随身佩带的刀没有解下就进入了不许带刀入内的东上阁。尚书右仆射封德彝提出，监门校尉没有发觉，应当判处死罪。而长孙无忌应当判刑，但可以用金钱赎罪。戴胄说，“校尉与长孙无忌的罪行相等。现在皇上考虑到长孙无忌的功劳，要原谅他是可以的。但如果对于长孙无忌只是轻轻处罚一下，而对于校尉则要处死，这是不是法的准则与要求？”唐太宗说，“法对于天下都是公平的，我哪里能够包庇长孙无忌呢？”唐太宗下令再讨论，封德彝坚持原来的看法，唐太宗也打算同意封德彝的主张。戴胄反驳说，“校尉因为长孙无忌才犯了罪，按照法律，其罪要轻一些，如果他们二人都是过失犯罪，就不能独独对他判处死刑。”因此长孙无忌与校尉都免予一死。①

（二）平等不是平均

平均主义思想，在中国历史上源远流长。儒家先哲孔夫子就说过，“不患寡而患不均”。中国历次农民起义都喊出了“均贫富、等贵贱”等类似口号。就是中国的民族资产阶级革命也不会忘记“平均地权”。在历史上，面对极度的贫富不均、人剥削人，平均主义思想自然有其存在的依据和进步的意义。然而，在现代中国，平均主

---

① （南宋）郑克：《折狱龟鉴·卷三》。

义思想的普遍存在就极不正常了。因为，平均主义毕竟是剥削制度下自然经济的产物。如果说它在历史上还有一定的进步意义，那么，在现实中就只能是历史的倒退。

平均意味着没有差别。在我国过去高度公有的几十年中，平均往往表现为“干好干坏一个样，干多干少一个样，干与不干一个样”，结果破坏了按劳分配原则。平均在表面上反对剥削的同时又确立并维护着新的剥削，而且使这种新的剥削被合理化、普遍化。这是因为，在平均主义的分配方式中，少干者与多干者、干好者与干坏者、干者与不干者他们付出了不同的劳动却得到了同样的报偿。从表面上当然是没有剥削了，但实际上却是少干者剥削了多干者，干坏者剥削了干好者，不干者剥削了干者。一部分人因“不劳而获”“少劳多获”，滋长了懒惰、贪婪的剥削思想；另一部分人则因“劳而少获”“劳而无获”，压抑了努力、奉献的积极精神。前者躺在平均主义上坐享其成，后者压在平均主义下失其应得。在平均主义的环境中，任何人都不可能通过诚实劳动与合法经营先富起来，结果是所有的人都共同分享贫穷。平均不仅在伦理上走到了平等的反面，而且在经济上也走到了平等的反面，由经济发展的基础和保障异化为经济发展的障碍和局限。

（三）平等反对特权

平等与特权是矛盾的、对立的。只要有特权存在，就不可能有平等建立。特权是平等的大敌。

古今中外，特权从来都是对平等的否定，平等始终都是对特权的批判。在奴隶制社会中，自由民内部是极不平等的。奴隶制国家的君主是最大的奴隶主，当然享有至高无上的特权，奴隶主阶级的贵族、官僚们也享有各种特权，奴隶主相对于平民来说也享有不同的特权。因而那样一个社会绝不可能是平等的社会。在封建制国家中，封建国君或皇帝集立法、司法、行政大权于一身，拥有全方位的特殊的权力和权利。封建的贵族、官僚们也纷纷享有日常政治、文化、社会生活的各种特权，在司法上尤其享有“议”“请”“减”“免”“赎”“当”等种种特权，几乎全世界的封建制法都是特权法。在特权之下，平等根本没有立足之地。在资产阶级革命中，资产阶级针对封建特权,喊出了“法律面前人人平等”的平等口号。但由于它是以“资本”为核心和基础的,因而在摧毁了封建土地特权的同时,又创造了另一个特权——资本的金钱特权。平等在资产阶级法中不过是一个逼真的画饼。

平等只有在否定特权的前提下才可能得以建立。我国法确认了平等原则,宣布“公民在法律面前一律平等”,宣布一切政党、团体、社会组织、国家机关、武装力量乃至全体公民都必须维护宪法和法律的权威,在宪法和法律的范围内活动。任何人都不能享有法律之外的特权,都不能享有违法不受追究的特权。平等是我国社会和我国法的重大价值之一。

由于历史、思想、文化、传统等方面的原因,尤其是我国现存的经济体制和政治体制,在克服特权的同时又维持和滋生着特权,因而短时期内,特权还不可能在中国大地上彻底绝迹。特权在中国社会中依然存在有着一定的历史和现实必然性。认识到这种必然性,就能更好地认识到消除特权的艰巨性,就不会因平等的偶然受挫而灰心丧气,就可以更好地确立实现平等的信心和决心。说在现实社会中必然存在特权,这只是对现实存在的认识,并非对特权无能为力的哀怨,更非对特权的赞同或肯定。否则就失去了这一认识的应有意义。认识到这种必然性,并不意味着特权在我国社会根本就不可能克服。因为这种必然性是以偶然性为其内核的必然性。就其整体讲,或许在某个时期难以克服,但并不是根本不能克服;或许在某些方面难以克服,但并不是所有方面都不能克服;或许在某种情况下难以克服,但并不是任何情况下都不能克服。认识到这种必然性,并不意味着特权的存在就是彻底合理的。如果说特权的存在具有一定的合理性,这只是从客观条件决定的前提下来说的,是从事物内因是事物存在的根据意义上讲的,是从事物存在论的哲学意义上讲的,并不是说特权符合我国社会的本质,是我国社会及其法的要求、追求或目标。特权与我国社会和法的要求、追求和目标背道而驰。平等是我国法的主流和方向。为平等而克服特权是我国社会及其法发展的必然要求。

（四）平等反对歧视

如果说平等与特权的对立早已为专家、学者以及社会一般民众所重视，那么平等与歧视的对立却往往为他们所忽略。平等的对立面有两个，即特权、歧视，而并非仅限于特权。在特权的前提下没有平等，在歧视的前提下也没有平等。

歧视作为一种社会人际关系的产物和状态，是指人对人的一种不应有的不平等的低下看待。特权的享有者往往是对他人的“掠夺”和“欺侮”，而歧视的承受者则往往是被他人所“掠夺”和“欺侮”。特权拥有者的权利在扩张，歧视承受者的权利被侵害。特权者的权利超出了一般人的限度，歧视承受者的权利低于一般人的水平。

歧视如同特权一样都是对平等的否定。从社会伦理意义上考虑，歧视比特权更不人道，更不合理。它公开地把人不当作人，或不把别人当作与自己同等的人来认识、对待和尊重，把人人为地划分出弱肉强食的等级。歧视是对人权的粗暴否定，是对人生而平等的粗暴践踏。歧视使有的人高居于天堂，使有的人被羁绊于地狱；使有的人失去了善良、公正与文明，而沉醉于邪恶、偏私与野蛮；使有的人被欺侮、虐待、奴役。从法律意义上考察，歧视往往表现为：作为特权的另一个极端，人不被当作与他人同等的人；受歧视者的应有权利得不到法的应有确认，即使确认了也得不到与他人同等法的权利的同等法律保护；法的义务比其他人格外沉重，被不恰当地过多要求。

歧视与特权具有内在的密切联系。一方面存在特权，另一方面就必然存在歧视。一方面存在歧视，另一方面就必然存在特权。只不过特权侧重于权利的不当膨胀，歧视侧重于权利的不当剥夺。特权与歧视同样有害于平等，有害于人权，有害于人类的进步与文明，所以既要反对特权又要反对歧视。

（五）法的平等的理想与现实

法的平等具有多重意义。19 世纪法国的著名哲学家勒鲁在其《论平等》中就肯定了法国宪法中平等的多重含义。他说：“庸俗的解释则认为我们的法律和宪法的起草人对于平等一词，除了今天已经付诸实现的东西即公民平等、法律面前平等以外,就简直一无所知……在作为事实的平等和作为原则的平等之间,存在如同孟德斯鸠所说的'天壤之别'。"[①]金勇义先生在其著作中明确地概括道:平等的观念可以从两重意义上进行理解。法律实证意义上的平等指适用法典和规定以获得法律之下的正义,这一意义的原则是"在法律面前同类案件同等对待和罚当于罪。"广义的平等,正如儒家思想中所表现的,它指法律之上的正义,即指基于人类情感和理性的思想道德原则。这些原则必定高于普通的人定法律规则。前一种意义上的平等观念防止法官因情绪摇摆不定而做出专断的裁决,后一种意义上的平等观念则对复杂多变的人类环境中因呆板地适用法律导致不当的情形提供救济方法。[②] 法的平等不外乎理想中的法的平等和现实中的法的平等。

1. 理想中的法的平等

理想中的法的平等具有全面性、指导性、应然性。理想中的法的平等的全面性,表现在它不仅是执法、守法上的平等,而且包括立法内的全面平等。理想中的法的平等的指导性,表现在它是现实中的法的平等的指导者,可以引导、修正、补救现实中的法的平等。理想中的法的平等的应然性,表现在它是法的平等的理想境界或应有境界,高于现实中的法的平等状况。

勒鲁对平等的长篇论述中尤其强调理想中的法的平等。他说,我要再一次强调平等一词不是说我们试图创立一个全体公民人人平等的共和国,而是说平等是一种神圣的法律,一种先于所有法律的法律,一种派生出各种法律的法律。那些要使法律面前人人平等的人们又在考虑些什么呢?毫无疑问他们是根据一种原则进行调节的,他们当然不会像失去理智的人那样胡作非为;他们根据某个普遍的、神圣的、铭刻在他们心中的概念去立法。然而这个概念、这种原则、这种规则、这种准则究竟是什么呢?根据这个准则,过去法

---

① [法]勒鲁:《论平等》,王允道译,商务印书馆1988年版,第19~20页。

② [美]金勇义:《中国与西方的法律观念》,陈国平、韦向阳、李存捧译,辽宁人民出版社1989年版,"前言"。

律所许可的许多行为今天被看作罪孽,并为人们所憎恶或受到惩罚。这个原则,就是人类的平等。①

美国当代著名的法律哲学家博登海默也论及了理想中的法的平等的意义。他举例说,如果一个立法机关通过了一项规定左撇子不具有资格担任公职的法律,现实中的法的平等(他称为形式上的平等)就表现为"使所有具有该类特征的人都不享有担任公职的资格"。② 而理想中的法的平等则表现为"使有关拒绝给予左撇子以担任公职的权利的法规不能生效,除非该社会确信左撇子与职业上的无能之间存在着一种因果联系"。③

理想中的法的平等,在我国一直处于被冷落的地位。因为它似乎有"抽象"平等论或"一般"平等论的嫌疑。抽象平等论或一般平等论长期为中国学界所忌讳。其实,承认法的平等有理想的和现实的两个方面、两个层次并不可怕,它既合乎客观实际,又对人们有益无害。理想中的法的平等尽管无法全面实现,但是它对于引导、救济、检验现实中的法的平等都具有十分重要的意义。我们没有必要只讲现实中的法的平等而否认理想中的法的平等。理想中的法的平等具有现实中的法的平等所无法取代的价值,理应予以应有的重视,以逐步完善法的平等理论。

2. 现实中的法的平等

现实中的法的平等历来都比理想中的法的平等更受重视。中国古代"法不阿贵,绳不挠曲""刑过不避大臣,赏善不遗匹夫"乃至"王子犯法与庶民同罪"的观念都是现实中法的平等的要求和反映。现实中的法的平等是相对意义上的平等、主要是立法之外的平等,法律面前的平等。纵观历史,法学家们似乎更重视现实中的法的平等。与金勇义的双重含义的论述相映成趣的是我国法制史学家张晋藩教授为金勇义的《中国与西方的法律观念》一书的中译本

---

① [法]勒鲁:《论平等》,王允道译,商务印书馆 1988 年版,第 20 页、第 22 页。

② [美]博登海默:《法理学:法律哲学与法律方法》,邓正来译,中国政法大学出版社 1999 年版,第 286 页。

③ [美]博登海默:《法理学:法律哲学与法律方法》,邓正来译,中国政法大学出版社 1999 年版,第 286 页。

所写的序。他在该序中说，“中国古代的法律无论是奴隶制的，还是封建制的都表现为严格的等级特权性。因此所谓公平观念不是指社会各成员在法律上的平等，虽然这是最根本的权利平等。而主要的一是以公平概括法的本质，所谓‘法平如水’，并常以度量衡来比喻法律的衡平作用，所谓‘有权衡则不可以欺轻重，有尺寸则不可以欺长短，有法律则不可以欺诈伪’；二是在司法上力求罚当于罪。秦时法律中的‘不直’‘失刑’‘纵囚’等罪名，便是针对司法官处刑不当、破坏了罚当于罪的公平观念而设立的”。[①] 张教授的上述两点都是从现实中的法的平等上讲的。我国的众多法理学著作几乎都是从现实层面上论述法的平等的，有的甚至把法的平等仅仅局限于“法律面前人人平等”的范围，这些都不尽全面。

首先，现实中的法的平等是相对意义的平等。现实中的法的平等不可能是绝对意义上的平等。这是因为，对于每一个特定的主体来说，平等都只能是相对的。这是由事物的特殊性、相对性、个别性所决定的。社会成员不可能拥有绝对相同的自身状况和内在特质，要实现人与人之间的绝对平等就成为了永远的不可能。现实的法的平等，也是人与人之间的平等。由于人的个体差异、个别区别，绝对的法的平等当然不可能存在。就法律本身来说，它以人类生产力发展、私有制出现，阶级形成等不平等因素作为其经济基础和政治基础。从这个意义上说，法的产生是人类不平等的结果。法的存在也是人类不平等的标志。从法的功能和价值来看，法都有解决社会矛盾和社会冲突的意义。解决社会矛盾和社会冲突的法必然有其固有的或规定的准则。这些准则本身的不平等内容客观地先决存在了，适用这些准则就会出现新的不平等。在各种变量交叉作用的社会矛盾和社会冲突中要保证法本身及其运转都是绝对平等的，就只能是美妙的想当然。从社会成员和法存在的社会物质生活条件、精神生活条件来看，也没有绝对的平等。由于人们不可能在完全相同的社会物质生活条件和精神生活条件中生活，法也不可能在完全

---

① ［美］金勇义：《中国与西方的法律观念》，陈国平、韦向阳、李存捧译，辽宁人民出版社 1989 年版，“中译本序”。

相同的社会物质生活条件和精神生活条件中存在和运行，因而法上的平等就不可能具有绝对的性质。

其次，现实中的法的平等主要是立法之外的平等，而不是立法意义上的平等。现实中的法的平等主要是在不平等的法已经存在的基础上的法实现上的平等。在斯宾诺莎那里，平等是“执行法律的人必须不顾到一些个人，而是把所有的人都看作平等。对每个人的权利都一样地加以护卫，不嫉羡富者，也不蔑视穷者”。[①] 博登海默也论述到，法的平等所意指的不外是凡为法律视为相同的人，都应当以法所确定的方式来对待。恰如人们能很容易发现的，法律规则的这一方面，本身并未包含防止人们采用专断的或不合理的类分标准的措施。如果一个立法机关通过了一项规定左撇子不具有资格担任公职的法律，那么只要根据公正的客观性来实施该项法律，并使所有具有该类特征的人都不享有担任公职的资格，形式上的平等便会得到维护。[②]

中国古代就有“言无二贵，法不两适，故言行而不轨于法令者必禁”[③]的执法平等观。“刑过不避大臣，赏善不遗匹夫”“王子犯法与庶民同罪”等强调的也不过是立法之外的平等而已。就是现代中国的法学著作也如是认为，人类平等的理想在法律中，径直转化为“法律面前人人平等”的原则，从而获得了规范化和现实化的表现。根据这一法律原则，所有的人，除有法定的理由外，必须视为拥有平等的获取和享有权利的资格，被作为有平等的法的义务和责任的主体来对待。法律所固有的规范性、概括性意味着把人们平等对待，并根据某种共同的标准一视同仁地将法律规则适用于所有属于其效力范围之内的情形。同时，法律以其确定的方式承认和保护所有人的权利，并强制其履行义务，不允许任何人逃避法律责任，有超越法律之上的特权。这样，如果所有社会成员都遵守法律，则通过实施

① 《中外法学原著选读》，群众出版社1986年版，第420页。

② ［美］博登海默：《法理学：法律哲学与法律方法》，邓正来译，中国政法大学出版社1999年版，第286页。

③ 《中外法学原著选读》，群众出版社1986年版，第195页。

法律,法律上的平等就可得到实现。[1] 法的平等是否包括立法的平等,是学术界分歧颇大的问题。在我国学术界长期占主流的思想都是认为,法的平等至多只是法的适用或者执法、司法的平等,不包括立法平等,而且立法上是绝无平等可言的。其最根本的原因就在于,法是统治阶级意志的体现,是阶级统治的工具。如果承认法的平等包括立法平等,似乎就有否定法的阶级性的嫌疑。这是对法的平等与法的阶级性之间关系的误解所致。法的平等与法的阶级性是有一定的矛盾,但并不决然对立。一是任何法的适用或执法、司法上的平等,都必须是以一定立法上的平等规定作为根据的。二是只有法的适用或者执法、司法上的平等,而无立法上的平等,也是不完整的法的平等。三是法的发展历史表明,立法上的绝对平等尚未出现,甚至永远无法实现,但在相对意义上的立法平等却是普遍存在,并逐步扩展的。如果说因为立法上没有绝对平等,就要否定立法平等,那么,法的适用上也没有绝对平等,为什么我们又不否认法的适用上的平等呢?说到底,还是一个固有的认识问题,是一个害怕因此否定法的阶级性的问题。这种担心是多余的。法是具有一定阶级性的,但法作为一种普遍的社会规范,也必然具有一定的平等性,包括立法的平等。其实,导致立法不平等的原因也并非仅是阶级的原因。传统、习惯、人类认识水平都可能在一定阶段上成为立法平等的障碍因素。再说,当代中国社会也不能再将之归结为阶级对立的社会。对阶级斗争学说下的法律平等观必须予以校正。

最后,现实中的法的平等主要为法律面前人人平等。把法的平等,甚至平等仅仅理解为法律面前人人平等的观点,在我国法学著作中可以说是屡见不鲜的。这种观点显然有失偏颇。但是不可否认,法律面前人人平等无疑是法的平等,尤其是现实中的法的平等的主要内容。法律面前人人平等,作为一个政治法律口号,产生于资产阶级革命时期;作为正式的法律规定,产生于1789年的法国《人权宣言》以及包含《人权宣言》的法国宪法。据其规定,法律面

① 乔克裕、黎晓平:《法的价值论》,中国政法大学出版社1991年版,第171页。

前人人平等具体表现为：一是全体公民都有权亲身或经由其代表去参与法的制定；二是法对于所有的人，无论是施行保护或处罚都是一样的；三是全体公民可以按其能力担任一切官职、公共职位和职务，除德行和才能上的差别导致的差别外不得有其他差别。法律面前人人平等的原则至少应包含以下四层含义：平等保护，任何社会成员的合法权益，法都予以同等保护；平等遵守，任何社会成员都平等地享有法的权利，履行法的义务；平等适用，法对于任何公民都一律平等地适用而无因人而异的区别对待；平等制裁，对于任何公民的违法犯罪行为都平等地予以追究或处罚，任何人都不得享有违法犯罪而不受应有制裁的特权。以上所称的社会成员，他们在法律面前均不因民族、种族、性别、职业、社会出身、宗教信仰、教育程度、居住期限、财产状况、政治态度和政治面貌的不同有所差别。法律面前人人平等属于现实的法的平等的范畴，受到了人们的普遍重视。我国许多法律法规和法学著作干脆把这一原则称为公民在适用法律上一律平等。意即它本身并不包含立法上的平等。我国的著名学者在其著作中也一再声明“需要说明一点，我们讲的‘公民在法律面前一律平等’，是指实施法律、执行法律或适用法律上的平等，而不是指立法上的平等”。[①]“适用法律的平等原则，是为了有效地实施法律所采取的原则和制度。”[②]“严格贯彻公民在适用法律上一律平等的原则，一定要做到：凡属我国公民，无论其民族、种族、性别、职业、宗教信仰、教育程度、财产状况、居住期限有何差别，无论其家庭出身、本人成分、社会地位和政治历史有何不同，司法机关在适用法律时，都必须依法平等对待；该保护的要依法保护，该制裁的要依法制裁。不容许任何人有超于法外的特权。”[③]法律面前人人平等是法的平等，尤其是现实中法的平等的重要内容。然而它并不

---

① 沈宗灵主编：《法学基础理论》（高等学校文科教材），北京大学出版社 1988 年版，第 369 页。

② 沈宗灵主编：《法学基础理论》（高等学校文科教材），北京大学出版社 1988 年版，第 370 页。

③ 孙国华主编：《法学基础理论》（高等学校法学教材），法律出版社 1982 年版，第 281 页。

等同于现实中的法的平等,更不等同于法的平等。它比现实中的法的平等高,比理想中的法的平等低,仅是法的平等的组成部分。将法律面前人人平等与现实中的法的平等、理想中的法的平等、法的平等相混同的观点和学说都是有失偏颇的。

(六)平等和法的价值关系

平等和法之间的价值关系,是由平等对于法的意义和法对于平等的意义两个方面构成的,我们也可以从这两个方面对其加以解析。

1. 平等对法的价值意义

平等作为价值目标,与自由、人权、正义、理性等价值准则一样是法必不可少的价值追求。平等在法的价值体系中具有必不可少的意义。它对自由、人权、正义、理性等各个价值目标都有着某种独特的意义。

平等是自由的前提条件。自由是法的重要价值,但是如果没有平等做保证,自由就会为不自由所取代。平等实际上是自由得以正常发展的保障,是防止自由被异化的防线,是自由被正确分配的形式。自由要求以平等为条件,自由理应是平等的自由。在不平等的条件下,自由会受到异化,一部分人"自由"了,另一部分人却"不自由"了。如果一部分人的"自由"以另一部分人的"不自由"为前提,那么自由就会因失去平等而被它的反面——不自由所取代。要实现真正的自由必须要有真正的平等。

平等是人权的重要部分。人权是法律的价值。如果没有平等,人权就会失去它最基本的含义。因为,人权最基本的就是人的平等权利,是人被当作人来对待的、相互平等的权利。人权没有平等作为内容,就只能是特权。自由和平等是人权的两大主要构件。人只有在平等的观念下才可能尊重他人的人权,人也只有在平等的观念下才可能争取自身的人权。没有平等,就没有人权;法以人权为价值目标,也必须以平等为价值企求。

平等是正义的基本内涵。正义是法的价值。没有平等,正义就没有存在的依据。正义是法的追求、准则、目标,正义是以平等为基础的。任何法都只有以必要的平等为条件才能够主持正义、维护正义,成为正义的法。正义的法或法的正义都离不开平等。背离平等的法和背离平等的事实都没有正义可言。尽管平等的并非都正义,但正义的必须都平等。法离不开正义价值,也离不开平等价值。

平等是理性的产物与要求。理性是法的价值。平等正是人类理性发展的产物。离开理性的平等是荒唐的平等,离开平等的理性是错误的理性。平等是人类理性发展到知己知人阶段的思想成果和社会现象。没有人的理性发展,人就永远不可能达到知己知人的阶段。知己知人本身就是理性的结果。人的理性要求人己间的平等。"爱己及人""己所不欲勿施于人"就是人的平等要求的理性表现。

毋庸赘述,平等是与法的其他价值交织在一起并具有相对独立性的重要价值。平等的价值意义不能为其他任何价值准则所取代。平等指导着法对权利、义务的公正分配。法沿着人类平等观念的正常发展所昭示的历史轨迹把平等推进到一个新的高度。法把对平等的确认、维护、实现作为自己的重要任务。凡是破坏平等的违法行为,法都应予以应有的制裁,以保证平等的存在和实现。平等是法确定保护对象、惩办对象的重要参数,是法正确地发挥作用的重要指针。平等引导着法的进步。法沿着不平等到平等、初级平等到高级平等的历史进程向前推进。

2. 法对平等的价值意义

法是平等的重要依据。平等,从一定意义上说,是社会权利、义务的一种特定分配形式。平等具有不同层次的意义。有理想中的平等和现实中的平等,有根本的平等和非根本的平等,有直接平等和间接平等,有起点平等、过程平等、终点平等,有绝对平等和相对平等。平等中有不平等,不平等中有平等,平等中有平等,不平等中有不平等,平等的内涵和外延的复杂、丰富使平等扑朔迷离。同一事项,在有的人看来是平等的,在有的人看来却是不平等的;在有的人看来是不平等的,在有的人看来却是平等的。在这个意义上是平等的,在另一个意义上却是不平等的。平等的可塑性不可能大到没有一个准则。平等有平等的准则。法就是平等的若干准则之一。它是法被制定以后在法范围内的平等与否的根本依据。法之所以能起到一定意义上平等依据的作用，是由法本身的性质和特征所决定的。因为法明确、具体而肯定，是由国家制定或认可并以国家名义公开颁行的行为规则，它具有其他社会意识形态所不可比拟的规范性、明确性、肯定性、权利义务性和普遍有效性。由于法的客观存在，不管人们主观上的平等观念多么分歧，但统一在既定的法律规定上来，平等与否都可能获得较为一致的结论。这是因为，有既定的法律规定作为衡量平等与否的客观依据，人们不仅可以通过法的已有规定获得大体一致的平等与否的结论，而且还可以依据法的规定平等地分配权利、义务，实行和实现平等，至少是实行和实现法的适用上的平等。

法是平等的重要保障。平等是人的重要价值标准之一。从抽象的一般意义上讲，人都是向往和热爱平等的。但是从具体的特定意义上讲，就显得特别复杂了。由于每个人的自身状况、生活环境、社会联系、物质条件、精神条件、自我意识等的不同，其需要、利益就不同，对平等的具体看法就可能相互冲突、矛盾和对立，真实的法上的平等就可能遭到破坏。有的人会无视法定的规则去谋求法外的特权，会无视法定的规则去侵犯他人的利益，平等就会受到威胁和损害。这时，法就应自觉地成为平等的维护者、恢复者、补救者，保障平等的存在。法之所以能保障平等，是因为法具有国家强制性，它以警察、监狱、法庭为后盾。说到底，保障平等的并不是法而是法所依赖的国家强制力。但如果没有法，国家强制力又依据什么去保障平等呢？看来国家强制力的作用也不能否认法对平等的保障意义。首先，法为平等设定了标准，法为平等提供了重要依据；其次，法为平等设定了措施，以保证平等得以顺利实现；最后，法为平等设置了保障，凡是破坏平等的法律行为都可能受到或宪法、或刑事、或民事、或行政的法律制裁。法对破坏、侵犯平等行为的制裁，可以起到保护不平等的受害者，惩罚不平等的违法者，补救平等、恢复平等、重建平等的重要作用，为平等提供切实有效的法律保证。

三、平等权是平等的法律化

平等权是人权的基本内容，是以人的人身、人格权利为基础的，与人的自由权相并列的基本人权。平等权是以权利主体的多元性和权利内容的多样性作为基础的。多元的权利主体和多样的权利内容,使平等权成为必要和可能。平等权既包括不同权利主体之间的平等,也包括不同权利主体在不同权利领域或方面的平等。从权利的主体来看,平等权有种族平等权、民族平等权、男女平等权等;从内容来看,平等权有经济平等权、政治平等权、文化平等权和教育平等权等。在这里,我们将以平等权基本原理作为论述的基点,进而对民族平等权、男女平等权、经济平等权、政治平等权进行分别的论述。

（一）平等权的含义

平等权的含义是以平等的含义作为基础的。对于平等,思想家们有不同的定义。综观各种定义,我们试将平等定义如下:平等是一定主体之间,类似情形类似对待,不同情形不同对待的,既反对特权也反对歧视的对等对待原则与状态。由于特权和歧视都是对平等的反动,所以,平等必然反对特权和歧视。

平等权是指社会成员在社会生活中所享有的同等或类似情形被对等对待的权利。其中当然包含不能享受特权也不遭受歧视的基本要求。平等作为一种权利,是普遍的。作为人,都应当拥有平等的权利,这是平等主体意义上的普遍性。不仅如此,平等在时间和空间上也应当具有普遍的性质。平等权不是孤立存在的,它必须以其他主体的同等或类似情形所得到的待遇作为参照。如果一定主体所得到的待遇与同等情形的其他主体所得到的待遇不相当,就有可能是享受了特权或者遭受了歧视。这都是对于特定主体平等权的侵犯。所谓同等或类似情形,是指主体的状态或主体所具有的属性。同等的情形当然应当被同等对待,问题在于不同主体之间并不是时常都有同等的情形。由于事物本身的复杂性质,加之时空的变化,要情形完全等同,常常是不可能的,因此类似情形被同等对待也就成为了平等的要求。法律对于平等的保护也是普遍的。首先是法律将平等宣布为一种权利。其次是将许多重要的政治、经济、文化方面的社会生活权利设定为平等权利。最后是将破坏平等的行为宣布为违法甚至犯罪,加以法律的禁止和法律的处罚。

平等权包括针对不同情形的区别对待。这是平等的一种经常而又特别的保障方式。由于不同平等主体的实际情形的差异，如果我们不区别情况地对所有的主体都同等对待，一旦不同主体的自身情况出现差异，平等对待的结果就会使原本的不平等不但得不到消除，甚至还会被加剧。例如男女之间在体力上是不同等的，如果我们在工作分配上一律不区别男女地同等对待，那就会使本身具有生理不平等的女性，在同等对待下受到虐待。再如对待少数民族的生育政策上，如果要求少数民族也如同人数较多的民族一样都实行同等的计划生育措施，那么结果对于少数民族来说也许是灾难性的，他们能否作为一个民族得以延续都将成为问题。所以在这种情形之下，区别对待就显得特别重要。

平等反对特权。特权本身就是对于平等的毁坏。凡是有特权存在的地域、领域，就不会有真正全面的平等存在。从表面上来看，特权对于一般的非特权享有者没有影响，实际上特权对于平等的破坏是极为严重的。他们不仅使特权者藐视平等，也会使非特权者对平等失去信心。在一方面有主体享有特权的同时，另一方面就有相应的主体承受着歧视。

歧视是对不同主体的不平等的区别对待，具体地说，是对特定主体的低等对待。歧视是对平等的侵犯，绝对不是平等。《世界人权宣言》规定，平等是要求人人有资格享受本宣言所载的一切权利和自由。不分种族、肤色、性别、语言、家教、政治或其他见解、国籍或社会出身、财产、出生或其他身份的任何区别。法律面前人人平等，并有权享受法律的平等保护，不受任何歧视。人人有权享受平等保护，以免受违反本宣言的任何歧视行为以及煽动这种歧视的任何行为之害。① 然而，歧视始终是在平等问题上一个挥之不去的阴影。比如有的国家规定，残疾人不得上大学学习。这虽然是针对残疾人的特殊生理条件作出的特殊规定，但是它是歧视性质的。这种规定理当受到批评和谴责。有的国家以学习某些专业必须要有什么样的身体条件作为录取的标准，也同样是不符合平等原则的。因

① 参见《世界人权宣言》第 2 条和第 7 条。

为一般高校的录取并不等于就业中的招聘与录用。在就业招聘中，招聘者当然可以根据工作的性质对应聘者的条件做出特殊要求（其中同样不应该有超出工作性质要求的歧视）。但是招生不同，它录取的是学习者。学习并不仅仅是为了就业，因为学习本身也可以是目的。更何况，就一般的高校来说，进入其中学习并不意味着就分配给了什么工作或职业。因此，也就更没有理由对于报考的学生做出特别的生理要求，以至于剥夺了一些残疾人或有特殊身体状况的人从事某种专业学习的权利，导致了差别对待的不平等。

（二）平等权的主要内容

平等权的内容非常广泛。从平等权存在的社会方面来讲，平等权有政治平等权、经济平等权和文化平等权等；从平等权的享有主体来看，平等权有男女平等权、民族平等权、种族平等权和国家平等权等。从不同主体在政治、经济、文化等不同社会方面的权利状态来看，平等分别表现为政治平等、经济平等和文化平等的状态。各个主体在这些方面所享有的被同等对待的权利，也就是相应主体的平等权。

政治平等，是政治社会中社会成员极为重要的平等内容。一个社会成员他可以不实际地行使每一种政治权利，但是他一定需要有权行使他所具有的政治权利。因为是否实在地具体享有某种权利与是否具有某种权利，是完全不同的状态。一个人具有某种政治权利，但他完全可以放弃行使，而不能不具有本应享有的权利。权利的放弃与权利的不具有是两个完全不同的概念。政治平等往往表现为参与政治的平等、评价政治的平等与监督政治的平等几个主要的方面。

经济平等，是指社会成员在社会经济生活中所享有的与他人同等的对待状态。每一个社会成员都应当享有对于自己财物的所有权、在经济上的发展权和对于合法收入的取得权。所有人对于自己的财产的所有权，在法律上是等值的，受到的法律保护也是等量的。不能因为主体的差异或者不同，其财产的所有权状态就有所差异，或者其财产受到侵害时，获得的保护就有所差异。经济发展上的平等权是重要的经济权利。从事某种职业或获得某一就业的机会，不能因性别、种族、民族而有所差异。对于自己的合法收入，任何人都应当也都可以获得法律的保护，而不遭受侵犯。值得注意的是，经济平等权是指起点平等，并不是指结果平等，尤其不包括财产数额的相等。

文化平等，是指在社会生活中的社会成员，都能具有保留文化传统，享受文化生活，开展文化活动，进行文化创造的对等对待状态。保留文化传统中包括语言的平等使用、风俗习惯的平等保留等。随着时代的进步，法律对于文化上权利的平等性给予了越来越多的关注和保护。文化平等成为现代平等的重要内容和基本方面。

（三）平等权的实现方式

平等权如何实施是平等权何以现实化的重要问题，它是将平等权利转化为平等现实的具体过程与路径。平等权的实施方式有以下三种基本的方式：权利人的自主实现、相对主体的社会尊重、法律的强制保障。

权利人对于平等权的自主实现。平等的权利人自主地享有或行使平等权利，是平等权实施的主要形式和途径。因为平等权利是极为广泛的权利，其主体范围和社会领域都是极为广泛的。广泛的平等权利只有主要依靠各个平等权利主体发挥主观的能动性和积极性，才可能使平等成为现实。

相对主体对于平等权的尊重。平等权实施的一个重要的形式，即表现为社会成员或社会组织对于他人平等权的尊重，使之得以实现。这是平等权得以实施的基本而主要的方式。任何社会中的平等都离不开这种被尊重的实现方式。这一实现方式是社会进步与文明的表现，也是最经济、最良好的平等权的实现方式之一。

法律的强制保障。平等权的实施仅仅有其自主的实现以及其他主体的尊重还远远不够。因为平等权一旦遭到侵害，平等就无法成为现实。对于平等权的极为轻微的侵害，道德对侵害者的批判力量即足以防止或处罚。但对于平等权的严重侵害，道德无能为力了，法律就应当发挥重要的作用。它需要法律对侵害者加以相应的处罚来保障平等权利的切实实施，包括最终实现。

四、法律平等例说

法律平等作为一种权利，有很多方面的表现。对于这些表现，我们无法逐一地进行论述。在此，我们仅选取最为基本的性别平等、经济平等和政治平等作为例证来加以具体考察。

（一）性别平等权

性别平等，这被通俗而习惯地称之为男女平等。男女平等是相对于男女不平等而提出的。它的男女不平等的状况作为存在的根据。

男女不平等是在社会的渐变发展中逐步形成的。相应地，男女平等也是在社会的发展中逐步引起人们的重视而被特别强调的。男女的不平等，实际上主要表现为在社会文化和生活中的自觉或不自觉地对于女性的性别歧视。倡导男女平等，就是要给妇女以特别的保护，对歧视妇女的行为加以彻底否定。

1. 男女平等权的历史发展

男女平等权是以男女不平等作为历史前提和现实状况而提出的。男女平等问题经过了曲折的历史发展过程。在母系氏族时代，女子占有绝对的主导地位。在原始平等的观念中，也许就存在男女不平等的问题。随着母系氏族向父系氏族的转变，男子的地位不断提升，以至于发展到由男子占据绝对主导地位的局面。从此，女性的地位问题就成为了一个长期的历史性问题，存在于人类社会的发展进程之中。

在人类进入法律社会之后，历经奴隶社会、封建社会，男女之间在父系氏族时代就形成的男女不平等地位发展而来的男女不平等就在法律上获得了固化。法律成为了男女不平等的确认手段和客观记载。男子不仅仅依靠传统的力量，而且具有女性所不具有的社会地位，而且还得到了法律的畸形保护。男女不平等的事实被法律确认着、维护着。法律在一定意义上也成了男性统治女性的工具。

在西方，奴隶制社会和封建制社会中，当然没有男女平等。就是资产阶级革命中和革命后的法律也同样没有对于男女平等的确认和保护。1804 年的《法国民法典》确立了天赋人权的原则,提出了保护私有财产、保障信仰自由、在法律上人人平等等。这里的法律上人人平等很难理解为包括妇女在内。因为也就是这一法典明确规定“夫应保护妻,妻应顺从夫”,“居住地点由丈夫选择,妻子有义务相随丈夫,与丈夫住在一起”。[①] 甚至还规定有妇女不能签订重要的契约、无权为遗嘱作证等。妇女与男子之间没有平等的法律地位。早在《法国民法典》作出歧视女性的规定之前,许多思想家就已经论及了男女平等的问题。1673 年,法国学者浦兰·德·拉巴尔就出版了《论两性平等》的著作,提出了男女平等的主张。启蒙思想家孟德斯鸠、狄德罗都注意到了男女平等的问题,尤其是狄德罗还从男性的角度提出了给予妇女一定权利的思想。1791 年法国女革命家阿伦普·德·古杰发表了人类历史上第一个妇女权利宣言——《妇女和女公民权利宣言》。“在法律面前所有男女公民一律平等。她们能平等地按其能力担任公共职位和各项工作”,从而明确提出了妇女相对于男子的平等权利要求。与此同时,古杰和罗兰夫人发起了争取妇女权利的女权主义运动。法国的女权主义运动迅速影响到了英国等其他国家。到了 19 世纪中叶,英国出现了女权主义运动的高潮,斗争的目标在于争取妇女的政治参与权。英国一些男性思想家如泰勒和穆勒积极支持妇女争取政治参与权的要求。经过斗争,妇女的政治参与权逐步得到了社会和法律的承认。1776 年美国独立,发表了《独立宣言》,宣布了人人生而平等,但是这里的人人并不包括妇女和黑人奴隶在内。美国妇女于 1848 年召开了“社会、公民、宗教状况和妇女的权利问题”的会议,发表了《情感和权利宣言》,要求与男性享有平等的权利。“我们认为下面这些真理是不言而喻的:男人与女人生而平等。”从 1890 年开始,美国女权主义运动全力组织妇女参加争取政治参与权的运动。1919 年,美国国会通过了宪法第 19 号修正案,明确规定妇女有选举权和被选举权。随后美国妇女又开始了争取平等教育权的斗争,并

① 《法国民法典》(1804)第 213 条、第 214 条。

取得了胜利。①

在中国明清以前,妇女权利问题一直没有被作为社会问题被正式提出。明末清初李贽等思想家提出了妇女权利的问题,但远没有上升到男女平等的高度。1851 年爆发的太平天国农民运动第一次明确提出了男女平等的问题,并主张和实行男女平等。随后的康有为、谭嗣同等思想家从理论上论证了男女平等的思想。辛亥革命时出现了妇女运动,也取得了一些成就,但是并未能改变中国妇女在政治上的无权状况。“五四”时期,妇女运动再次高涨,在争取政治参与权利、教育权利和婚姻家庭权利方面展开了斗争,取得了一些胜利,但是妇女的地位依然没有彻底改变。此后,随着共产主义在中国的传播和发展,马克思主义的妇女运动将妇女争取男女平等权利的斗争推到了一个新的历史时期。在社会主义社会中,男女平等得到了法律和社会的普遍的认可。男女平等的女权事业不断推进,取得了前所未有的重大成就。当代中国,男女平等已经成为了社会和家庭中处理男女关系的最重要的法律原则。

2. 对妇女特殊保护的内容

如果不考虑男女之间的诸多差异,在男女平等中,当然不存在特别保护女性的问题。但是男女之间因性别而导致的差异是明显的:首先,男女之间生理状况的不同,使女性成为了相对于男性来说的弱者,其平等无法得到有效的保障。在生理上,男性比女性更有力量,也就决定了男性比女性具有更强的生存能力。其次,男女之间历史地位的不同,使女性成为了相对于男性来说的弱者,其平等权难以切实享有。虽然女性曾经在母系氏族时代成为过社会的主导力量,但是当人类进入父权制以后,女性的地位就一落千丈。她们不但得不到平等的对待,而且还遭受着社会的歧视。女性地位的低下成为了父权制社会的基本特征。人类数千年的男女不平等史,成为妇女难以获得平等权利的历史桎梏。由于种种原因,使对于妇女给予特殊保护成为了必要。对于妇女的特殊保护,主要有以下几

---

① 张晓玲:《妇女与人权》,新华出版社 1998 年版,第二章“妇女人权产生的历史考察”。

个方面:

第一,政治权利方面。政治在历史上几乎被误解为男性的舞台。这是对于历史的误解,也是妇女平等的政治权利未能得到切实保障的表现。政治权利的内容十分广泛,特别集中体现在政治参与、政治评议和管理国家和社会事务上,集中体现在选举权和被选举权两个方面。世界上的大多数国家都确认了妇女的政治权利,确认了妇女的选举权和被选举权。英国还制定了《国民(男女选举)平等法》。中国在《中华人民共和国妇女权益保障法》(以下简称《妇女权益保障法》)中明确规定,“妇女享有与男子平等的选举权和被选举权”。“各级国家机关按选举程序产生的按任免程序产生的干部中,妇女应占一定的比例,国家机关、社会团体和企业、事业单位在任用干部时,不得歧视妇女。”

第二,经济权利方面。妇女在社会生活中所享有的经济权利,包括财产所有权利、继承权利、劳动权利、休息权利和获得物质帮助权利等。世界各国都有保护妇女经济权利的规定。日本宪法明确要求,关于财产权、继承权等必须以尊重个人尊严与两性实质平等为基础规定之。《妇女权益保障法》规定,“国家保障妇女有与男子平等的经济权利。即包括平等的劳动权利和财产权利”。特别强调,国家要为妇女劳动就业创造条件。各个部门、单位在招收、录用职工时,不得因性别原因拒绝录用妇女和对妇女提高录用标准。男女同工同酬。在农村划分宅基地和责任田时,不得歧视妇女。在晋职、晋级、评定职称等方面男女平等,任何单位不得歧视妇女等。

第三,文化教育权利方面。文化教育权利是公民的基本权利。女性公民也同样应当享有这样的基本权利。各国的立法都对于文化教育权利作出了规定,并特别强调男女在这一方面的平等权利。在这一问题上的男女平等,其突出的问题是对妇女的特殊保护问题。由于历史和现实的原因,妇女受教育的机会明显在总体上低于男性。一些学校在招生等方面还存在对女性的不适当限制,其实也就是歧视。这都是需要在实际工作中加以解决的重要问题。如果女性在受教育上无法与男性平等,就难以保证她们在社会生活的其他方面能够与男性平等。保护妇女,尤其是女童的文化教育权利,对于整个社会的男女平等都有深远的影响和意义。

第四,人身权利方面。人身权利,是人的生命权、健康权、人身自由权、姓名权、名誉权、荣誉权、肖像权、住宅不受侵犯权、通信自由与秘密受法律保护权等的总称。妇女同样享有这些权利。由于妇女在社会实际生活中的地位等原因的影响,妇女的人身权利难免会因性别而受到侵害。尤其是在家庭暴力之中,女性往往是家庭暴力的严重受害者。世界各国的法律至少在形式上都平等地保护着男女的人身权利。基于我国国情和体现对于妇女人身权利的特别关注,我国妇女权益保障法特别规定,“妇女的生命健康权受法律保护。侵犯妇女人身造成伤害或死亡的,应分别情况依法追究行政责任、民事责任、刑事责任。已婚妇女受到配偶伤害的,其配偶承担赔偿损失的民事责任时,有个人财产的,应以个人财产支付”。

第五,婚姻家庭权利方面。婚姻家庭权利为世界各国所重视。为了保护妇女权益,许多国家制定了专门的《家庭法》对妇女权益予以特别保护。综观各国立法,一般都侧重保护妇女的婚姻自主,倡导建立团结、幸福、稳定的婚姻家庭,主张家庭成员之间的和谐、平等、互敬互爱、防止家庭破裂等。在家庭立法中,保护妇女权益的问题表现得特别突出,成为有关立法的关键部分与重要内容。我国的妇女权益保障法中有着具有代表性的规定:国家保障妇女在婚姻家庭方面享有与男子平等的权利。妇女有婚姻自主权,禁止任何人以任何方式限制或干涉妇女的结婚自由和离婚自由。

3. 男女平等的实践

历史上,妇女曾经经受了长期的历史性歧视,正当的权益一直遭受着严重的侵犯。在近代以前,全世界的女性,在总体上都不可能与男子享有同等的权利,更不可能因其特殊的生理原因而受到特别的照顾,以达到实质上的男女平等。在长期歧视妇女的中国传统社会中,男女平等被湮没在三从四德的封建礼教之中,妇女地位低下。女性不仅在家庭中没有地位,在社会生活中也同样受到社会的制度性虐待与迫害,成为群体性的社会受害者。

在现实中,男女平等作为一种社会的平等理想,已经在许多领域转化成为了社会实际,至少在制度层面上基本没有歧视女性的法律规定,甚至世界上的绝大多数国家都有保护妇女的特别规定。社会也在相当大的程度上实现着法律的规定。

在男女平等问题上,现在主要的任务已经不是在制度上对女性平等地位的确认与合法权益的规定了,而是如何把制度的规定转化为社会实践和社会现实。如何彻底实现关于男女平等的立法,是男女平等问题上的关键与难点之所在。

(二)经济平等权

经济平等权在整个平等权中具有基础性的意义。它是不同主体平等权的基础和保障。共同富裕、机会平等与分配平等、同工同酬以及市场交易平等等,都是经济平等权的重要内容。

1. 共同富裕

共同富裕是经济平等得以最终实现的根本保证,同时也是社会发展的理想目标。在长期的社会实践中,我们发现了贫穷不是社会主义,只有少数人富裕起来也不是社会主义,社会主义的本质特征就是要实现全社会的共同富裕。共同富裕是经济平等的结果,也是经济平等的基础。

要实现共同富裕,必须大力发展生产力。通过发展生产力,允许一部分人先富起来,这是实现共同富裕的必要过程。只有有了这一过程才能有共同富裕结果状态的出现。在大力发展生产力,一部分人先富起来的过程中,主体之间也应当是平等的。社会成员之间应该有平等竞争的行为和平等竞争的环境。任何人在先富起来的道路上都不能损人利己,都要人我兼顾。法律和社会制度首先就要防止恶性竞争的出现,一旦出现恶性竞争的情形,法律也要能够提供有效的措施加以制止,使社会回归到平等的秩序状态之中。

为了共同富裕,国家往往运用法律规定的税收制度来调节高收入者的收入,使其对社会做出应有的贡献,同时也使社会低收入者的社会保障具有物质基础。对于不同收入状况进行税收调节,是一个良性发展的社会必要的机制和正常的机能,也是税收经济法制所必须担负的责任。通过税收,社会可以实现不同收入和财产状况的社会成员在财富上的适度调节,为共同富裕提供最基本的社会制度和现实基础。

为了共同富裕,我们必须保障低收入者的利益,使低收入者具有走向富裕的基本条件和现实可能。国家可以运用税收和社会保障等机制,使社会的低收入者的基本生活得到保障,并使其具有就业的最大可能,能以自己的劳动获得较好的生活来源。保证低收入者的生活状况,是一个人权状况良好的社会所必需的,是人们社会生活平等权利的重要的基础性的保证。

2. 机会平等与分配平等

机会平等是相对于结果平等而言的。结果平等在一定意义上也是平等的表现形式,但由于结果平等往往忽略了不同主体的差异性,结果往往都以牺牲个体的创造力和领先性作为代价。因此机会平等比结果平等更能调动主体的创造热情,更能发挥主体的进取精神。之所以要倡导机会平等,是因为:第一,机会平等对于强势者是鼓励。强势者通过自己的努力能使自己处于更好的状态,当然是强势者所高兴看到的结果。追求更好,永远是人类的追求,所以机会平等可以给强势者无限的希望。如果是结果平等,任何强势者都未必有再努力的积极性。因为他或她再努力,其结果都与弱势者一样。这对于强势者无疑是压抑。第二,机会平等可以给弱势者摆脱弱势地位提供可能。弱势者的地位当然不是弱势者所希望和安于保持的。他们总是力图改变现实状况。如果始终处于结果平等之中,他们就没有突变的可能。他们再努力也只是在某个层面上与强势者一致。社会生活的广延性决定了全面的彻底平等至少在目前是不可能的,所以在有限的方面,弱势者还与强势者保持平等,而其他方面始终不如强势者,这样他们就难以尽快改变自己的状态,甚至无法从弱势者转化为强势者。机会平等就不同,它可以使在其他方面处于弱势的人,在另外一些方面形成强势,从而改变自己的状态。既然机会平等能使强势者更强,使弱势者变强,因此它就具有最大的激励效能。

分配平等是社会平等的重要体现。分配平等至少有两个方面:一是财富分配的平等;二是资源分配的平等。财富分配的平等,具有典型的物化特征。可量度性是财富分配的基本特性。人类在历史上发现或发明了许多对财富进行分配的平等方案。如按劳分配、按资分配、按能分配、按需分配等，都是平等的分配形式。这些分配形式是非常重要的，是一个社会得以正常运行的基本原则与理念。资源分配则是比财富更重要的、直接影响财富分配的分配方面。资源分配的平等与否，直接决定着财富分配的平等状态。只是由于二者之间需要一些中介因素相连接，于是就被淡化了，甚至被忽略了。例如，教育机会的分配，就是资源的分配。拥有更多受教育机会的人，肯定在以后的财富分配中居于优势的地位，甚至就能获得更多的财富。某种身份或职位的分配，也同样具有资源分配的性质。其中的许多因素都会直接或间接地影响相关主体在财富分配上的情形。分配平等对于社会阶级与阶层的划分，对于人们生活的质量与水准都有重大的决定性作用。

3. 同工同酬

同工同酬是按劳分配的具体方式。它是指不同主体付出同样的劳动就应当获得同样的报酬。它所要求的是，对于每个人按照其贡献的大小来获得个人劳动收入。劳动者获得报酬的依据是劳动，而不是单纯的性别或身份。

同工同酬排除了根据性别来取酬的不公正的分配制度。在历史和现实中都存在因性别而区分报酬的现象。同样的工作，花费同样的劳动，仅仅是因为劳动主体的性别不同，待遇便不同。这是对平等的否定。因此，在许多国际公约和国内立法中，都反对依据性别来确定报酬。在保护妇女合法权益的努力中，如何保证妇女与男子的同工同酬始终是一个重大的问题。现实社会中分配上的性别歧视，仍然是妨碍社会平等的重要因素。

同工同酬也排除了身份或地位对于报酬的影响。不同身份或地位包含不同劳动质量内涵的工作，其报酬的确定不能不受身份或地位的影响。但是，在与身份或地位不相干的工作上，同工同酬就显得特别重要了。同样是清洁工，仅仅是因为一个是正式员工，一个是临时员工就给予不同的酬金，显然是不公平的。在临时员工与正式员工之间的分配也是不平等的。

同工同酬反对按照性别或地位、身份来确定报酬的数额。它是社会基本的分配方式，也是体现社会平等的重要分配方式。但是它并不是唯一的分配原则与方式,在整个分配体系中它与其他分配方式相并存。

4. 市场交易平等

市场交易是市场经济的基本活动和主要活动。市场交易平等,是市场经济的本质要求,是市场交易的正常状态和理想模式,也是市场经济中交易能够反复、长期持续进行的根本保证,同时还是维护市场交易秩序的基本要求。市场交易平等,必须反对非正常的、非市场因素的介入。在不成熟的市场中,在市场主体的身份或者特权仍然存在的情况下,交易的平等是很难建立和维护的。反对非市场因素在交易中的畸形作用,是维护市场交易平等性质的必需。

市场交易平等需要平等交易的法律规则和与之相适应的法律秩序。这首先是对立法的要求。我们的市场立法的一个重要的方面就是要制定出能够达成平等交易的规则体系,进而营造出现实的交易平等的秩序状态。在维护交易平等方面,合同法律制度是其中具有至为重要意义的制度。完善的合同立法既有利于引导社会交易的良性发展,也有利于在交易纠纷发生后公平裁决,以维护市场的正常交易秩序。

市场交易平等需要法律予以强制性保护。市场经济的运行中,难免会有异常情况发生。破坏市场平等的行为也会时有发生。商业欺诈、强买强卖、欺行霸市,都是对于市场平等的破坏。对于不平等的商业欺诈、强买强卖、欺行霸市的违法犯罪行为,法律必须予以有效的制裁。凡是构成犯罪的,必须追究其应当承担的法律责任;凡是不构成犯罪但已经构成民事违法的行为,必须依法承担相应的民事、经济责任。

(三)政治平等权

政治平等权,在政治社会中,其地位和作用是不言而喻的。政治平等权包含政治了解、政治参与、政治评议以及政治监督上的平等,这些都是政治平等权的具体体现与基本方面。在现代社会中,政治平等权已经是普遍化的大众权利。它往往是由宪法确认,并由各个相关部门法予以具体保障、实现的。公民被作为公民来对待,最根本的权利也就是他们政治参与、政治评议和政治监督的权利。

这些权利是否能够享有，是否受到不应有的限制，都是特定社会中公民权利的外在标志。作为公民不仅享有这些权利，而且在这些权利上，与其他的公民都是平等的。除非经过法律程序被剥夺，否则都应当认为当然地具有这些权利。

1. 政治了解的平等

了解政治是现代社会公民应该普遍享有的基本权利。对于政治发展的了解是政治参与的前提条件。政治了解权利的平等享有是平等参与政治、评议政治和监督政治的基础。公民既然有了解政治的平等权利，国家就有将政治予以公开的义务。对于国家来说，只有那些依法不确定为机密或秘密的问题不必对全社会公开之外，其他的一切政治信息都应该是可以公开的。国家和政府有责任为公民平等地享有政治了解权提供方便。随着现代社会的发展，公民了解政治的途径越来越多元和广泛。即使是那些所谓的国家的机密与秘密，也是相对的。经过一定时间，原本机密或秘密的政治信息也应该解密，使社会成员可以依法获取。公民平等的政治了解权的实现状况是社会民主的表现和标志。公民对它的行使和享有越充分，社会的民主就越会得到更好的发扬和坚持。

2. 政治参与的平等

在政治社会中，每一个公民都应当享有政治参与的权利。政治参与上的平等是指人们在政治参与权利上的平等。在人民当家作主的意义上，每一个社会成员都具有参与政治生活的权利。

政治参与的平等权利，首先是指公民平等拥有选举和被选举的权利。选举权是每个公民参与政治的最起码的权利。这一权利使人们有可能选择自己信赖的公民代表自己具体地参与国家和社会的管理工作，使自己的民主权利得以实现。被选举权使一个公民具有了掌握公共权力，并受托从事国家和社会管理的可能性。每一个公民在选举权和被选举权上是平等的。

政治参与的平等权利，其次是指公民经过法定程序，掌握公共权力，从事国家和社会管理，担任公职的权利。一定公民的政治参与，是社会得以维持和发展的要求，是国家和社会得以持续的基本保障。每一个公民的政治参与能力是不同的，这在生理或心理上具有不平等的性质，但是每一个人都有权参与政治，在这个意义上每个人都是平等的。尽管能力不平等，权利的实现程度也会有一定的差异，但是这并不妨碍他们拥有平等的权利。

3. 政治评议的平等

政治评议的平等，是政治平等的重要组成部分。政治评议权利的内容非常广泛，首先表现为政治评价的权利，其中当然包括批评政治、发表政治见解的权利。这种权利应当为每一个公民所拥有。在这一权利上，人都应当是平等的。政治评议的平等，还包括在反映政治意见、提出政治建议上的平等。任何公民都有权向国家机关提出主张、意见和建议。这些主张、意见和建议的被允许、被接纳，既是社会民主的表现，也是社会政治始终良好的重要保证。从权利的意义上讲不论公民的主张、意见和建议是否正确，是否被采纳，他们都有权提出，而且绝对不能因此而受到追究。

政治评议权利，可以由社会成员自主行使，也可以由社会成员委托代表代为行使。公民可以自己径直地发表自己的政治主张、意见和建议，也可以通过他们的代表发表政治主张、意见和建议。政治评议权利的自己行使或者委托行使，是由相应主体自主决定的，无须强迫、不被干涉。自主性是公民政治评议权利的本质性要求。不屈从于外来意志，不为外来意志所扭曲，都是政治评议权利本身的要求。

4. 政治监督的平等

政治需要监督。无论一个政治是多么的正确，都离不开必要的监督。监督是政治正确、政治高效、政治廉洁的有力保障。每一个公民都享有监督政治的权利，而且这种政治监督权利对于每一个公民来说，都是一种平等的权利。政治监督权的行使是保证政治有效运行和良好运行的重要手段。表现为每一个公民对于国家机关及其公职、公务人员的违法犯罪行为，乃至一般的违规违纪行为，都具有申诉、控告、检举等权利。只要这种申诉、控告和检举不是恶意的诬告陷害，都不应当受到法律的制裁。

政治监督的平等，至少要求国家和社会的公共权力的掌握者对于不同公民的申诉、控告、检举都平等对待，不能因为政治监督主体的身份、地位的差异而使政治监督者的政治监督行为受到不同等的对待。国家对于接受政治监督的制度设计,应当具有社会成员普遍参与的性质和可能,确保全社会的政治监督权利被平等地分配和享有。在接受政治监督的实际操作中,应当充分考虑政治监督权利的平等性,给每一个政治监督者以公正、公平的态度并予以认真对待。

第十章　法的人权价值

人权是人被作为人来对待的权利。法是人的制造物,从其一产生开始就被赋予了维护和实现人权的使命。法与人权之间的价值关系,是法的价值研究中的重大课题。

一、人权及其法律化

人权原本是人们期待中的权利,只有经过法律化才可能获得更加有效的保障,才能更好地转化成为现实的权利。人权及其法律化的思考,就是要对人权进行法学意义的界定,并力图明晰其在社会生活中得以法律化的路径。

(一)人权的定义与属性

人权应该如何定义,人权具有哪些属性,看似两个极为简单的问题,实际上是特别复杂的问题。人类的思想家们为此进行了不断的探索,我们可以在前人认知的基础上做进一步的思考。

1. 人权的定义

如何定义人权,是一个长期争论不休的难题。对人权概念理解的差异,不仅存在于不同时代、不同状况、不同条件的学者之间,而且存在于相同时代、相同状况、相同条件的学者之中。在人权概念上,我国学术界的观点主要分为四种:一是人性固有权利说,认为人权是泛指人性中固有的那些权利。如果没有这些权利,人就不能生活得像个人。它是使人能够充分发展和利用其作为人的品质、智力、才能、良知及满足精神需要等的基础。二是权利的最一般形式说,认为人权是人的社会权利和私人权利的抽象和概括,主要表现为人民在政治上的民主、自由权和经济、文化以及人身自由等方面的正当权利,它是权利的最一般形式,排除了民族、宗教、国家、性别等差别,特别是阶级差别。它包括了一切人的、具有普遍性的人的权利。三是需求权和自由权统一说,认为人权是指一切人满足自身需求、享有人身自由、并对自身以外的任何事务发生不同的联系的资格和能力的总和,是社会的人的权利与人的社会权力相互关系不断发展的统一体。它是由人类生产劳动以满足物质需求所决定的,具有客观性,是历史地产生的社会的人类的人权,是全人类都可享受的权利。四是资产阶级特权说,认为人权是资产阶级提出来的,是资本主义生产关系的产物,是为资本主义私有制服务的,是资产阶级的特权。[①]

对人权的理解分歧,有它的合理性,因为人权的确是一个复杂的理论和实践问题。对人权的理解差异必将阻碍人权研究的深入和人权实践的发展。人们,尤其是同一时代、同一阶级、同一条件下的人们,能否有绝对同一的人权定义呢?当然不能。但就社会普遍而言,基本相同的人权定义是应该形成并能够形成的。我国目前不论是理论上还是实践上都迫切需要对人权概念有一个基本一致或大体接近的共识。要实现人权定义趋同化,必须遵循两大原则:一是人权定义的科学性原则;二是人权定义的价值性原则。

人权定义的科学性原则,是对人权定义的首要要求。从这一原则看,第一,人权定义应揭示人权的内涵或本质。由于人权含义广泛,内容复杂,内涵或本质具有多方面、多层次性,因而可以从不同角度对其作出不同的理解。但是逻辑学要求,定义应是对概念内涵的揭示,是对概念所反映的事物的本质的揭示,它必须尊重概念的内涵和事物固有的本质。定义人权时必须注意逻辑学对人权定义的这一起码的科学要求。第二,人权定义应遵循科学的定义规则。

---

① 饶方:《人权与法制理论研究综述》,载《中国法学》1991 年第 4 期。

不管是对人权的真实定义或是语词定义,定义项与被定义项必须相应相称,定义项不能直接或间接地包含被定义项,定义项是肯定、清楚、确切而简明的。以上两个规则是对人权定义的客观性技术要求。不遵守这些规则,人权就会被误解,人权定义就会因此而丧失科学性。

人权定义的价值性原则,是对人权定义的另一重要要求。人权是人们社会活动的重要价值准则,对人权的定义必须从人权对人的意义的价值角度考虑,人权的定义必须适合于它对人的尊重、保护、解放等理想追求和奋斗目标。如果人权的定义不符合人权的价值意义,那么就可能适得其反,导致对人权的理解背离人权甚至否定人权。人们对人权的定义当然要受人们价值观念、价值取向的影响。不同价值观指导下的人权定义会不尽相同。强调人权定义的价值性原则,就要求人们确立正确的价值观念,对人权做出与其价值追求一致的定义,使在该定义基础上进行的理论研究和社会实践都有其应有的价值。

根据以上的两大定义原则,似可以将人权做如下定义:人权是一定时代作为人所应当具有的,以人的自然属性为基础、社会属性为本质的人的权利。

2. 人权的属性

人权的定义也喻示了人权的基本属性。当然最重要的还不是从人权的定义来考察,更重要的是,必须在人权本身上寻找和发现人权的基本属性。应该认为,人权具有时代性、应然性、自然性、社会性、平等性、属人性、阶级性、共同性、国内性和国际性。

人权具有时代性。在不同的历史时代,人们具有不同的社会生活条件,因而不同历史时代的人们就具有不同的人权条件、人权标准和人权状况。不同的历史时代不可能存在绝对同一的人权。人权是由一定时代的社会经济结构及其制约的社会文化发展所决定的。

人权具有应然性。人权不仅是实际意义上的权利,而且更是应然意义上的权利。它是现实社会生活条件包括物质生活条件和精神生活条件基础上的应然权利。应然的依据并不是人们的异想天开或随意假设,而是人的社会生活条件。特定的社会生活条件为人权的存在状况提供了基本的质、量限额,即一定的度。这个度就是应然人权的准线,它往往成为一定社会人们用以衡量当时人权状况是否良好的标准。由于人权具有应然性,因而人权必须以现实的社会生活条件为基础,并不因现实中人权的实际状况的落后而降低水准。正因为人权具有应然性,人们才利用人权来批判否认人权、歪曲人权的罪恶行径。

人权具有自然性。人权是以人的自然属性为基础的权利。人的存在必须以拥有自然生命作为前提。人权首先是为满足人作为自然生命的需要而成立的。人的生存权、健康权、安全权等最基本的权利,是人权的首要内容。没有这些最基本的权利,一切人权均无从谈起。而这些最基本的人权,无不是基于人是拥有自然生命的存在而产生的。人权的全部内容都以人作为自然生命的存在和发展为根据。

人权具有社会性。若人权缺乏社会性,人权的存在就毫无意义。人权是在人与人的相对状态中存在的。孤立的个人根本就不存在人权问题。人权是在人们处理相互关系时,为了防止人与人之间不以对人的态度对待他人而产生的。人权是社会发展到一定文明程度的产物,并且随着社会的文明发展而不断丰富发展。人权是社会的产物,随着社会的发展而发展。离开了社会谈人权,人权就成了无本之木、无源之水,就没有人权可言。

人权具有平等性。人权是一定时代的人都应当具有的作为人的权利。既然人权是人都应具有的权利,那么人权就必然是一种普遍的平等权。普遍到人人都应有的程度,是人权的一般要求。人权不是特权。平等是人权的根本内容,特权是对平等的反动。如果一部分人享有特权,另一部分人就会被剥夺部分或全部人权。特权与人权根本对立。同时人权作为平等的权利也反对歧视。歧视是否定人权的、与特权相呼应的另一极端。歧视同样是对人权的践踏和否定。存在歧视,与存在特权一样,人权都必然受到侵犯。既反对特权又反对歧视是人权平等性的基本要求。

人权具有属人性。人权是人所应具有而且仅归属人的权利。

它与神权、动物权等相区别。在历史上神权对人权的压抑、歪曲、否定都曾经有过。西欧封建社会的历史为此作出了极有力的说明。在神权之下，人只是神的奴仆、附庸。社会的主体似乎是神而不是人。神的权利高于人的权利、神的尊严高于人的尊严。在现代西方，动物权又喧嚣一时。对动物的保护是必要的，但它只是人权的延伸，是为人权服务的，是人类理性进步的结果。任何将动物权与人权相提并论，或将人权直接赋予动物，甚至视动物权高于人权的法都是错误的。这样的法实际上是对人权的亵渎，也是法的悲哀。

人权具有阶级性。人权是人的权利。由于人具有阶级的划分，因而人权也就不可避免地具有阶级属性的差别。不同阶级的人，拥有不完全相同的人权概念、人权追求和人权标准。他们有各不相同的人权企求、人权目标，而且对同一人权状况也有不同的衡量标准和评价标准。在同一社会中，一个阶级认为某个事项或行为符合人权，另一个阶级完全可能得出不同甚至相反的结论。在历史和现实中，不同阶级的人权之争已反复说明了人权的阶级差异。

人权具有共同性。否认人权阶级性的观点显然是错误的，而否认人权共同性的观点也未必正确。人权是人的权利，除了人的阶级性对其具有影响以外，人的其他属性也对人权具有影响。阶级性是人权的重要属性，甚至本质属性之一，但并不是唯一属性。因为不管人的阶级划分如何，人总是人。人都有人的需要、人的利益、人的思想。人都需要生存、安全、健康、平等、自由。人权虽然阶级属性不同、在不同主体上实现的程度不同，但不可否认的是它们都是人人向往的权利。人权的共同性与人权的阶级性并不是根本对立的，它们完全可以同时并存，并行不悖。人权具有阶级性的同时也具有共同性。

人权具有国内性。尽管人权问题越来越具有国际性，但可以肯定，人权问题首先还是一个国内问题。在国际社会中，各个主权国家都通过自己的宪法和其他法律，规定了本国的法律人权的地位、范围和基本内容。每个国家的人权状况也首要地取决于本国的经济文化的发展，取决于本国居民的物质和精神生活条件，当然也取决于本国的国家性质。一定阶级占据着一国的统治地位，其统治阶级的阶级性也就决定着一国人权的性质、状况和发展。各国国内法律、道德、习惯、风俗等对人权的制约作用均不容低估。而保障人权的实现，基本上也是由各国独立地进行的。人权的国内性应予充分肯定。

人权具有国际性。人权在具有国内性的同时也具有一定的国际性。在现代国际社会，许多国际公约都有关于人权的规定，也客观地存在关于人权问题的国际惯例。对此是不应否定也无法否定的。在国际法律实践中，民族、种族、妇女、儿童、难民、战争受难者已在很大程度上成为国际人权的主体。自决权、生存权、发展权已成为了国际人权的重要内容。人权的国际性与人权的国内性并不根本对立。在承认人权国际性的同时，一方面要反对以人权国内性为借口而抵制或对抗国际人权；另一方面，也要反对将人权问题的肆意国际化，以人权为借口干涉别国内政，侵犯别国主权。如何使人权国内性与国际性得以协调统一，将是一个十分重大的人权课题。

（二）人权的法律化问题

有人认为人权是一个政治概念，有人认为人权是一个道德概念，也有人认为人权是一个法律概念，等等。实际上人权既是政治概念，也是道德概念，还是法律概念……人权的内涵丰富、外延广博。法律人权不过是人权之一部分，不过是法律化了的人权而已。

人权的许多内容之所以需要法律化，是由法律人权与道德人权、习惯人权等相比较具有独特的优点所决定的。首先，法律人权具有明确肯定性。凡是法律化了的人权都比一般的道德人权、习惯人权等更为明确、肯定，更易于为权利主体所主动行使和享有，为义务主体所自觉尊重和保障。其次，法律人权具有国家强制性。人权如果没有法律化，就不可能获得法律的国家强制力保证，人权就难以有效地切实实现。对于有些人权来说，是否有国家强制力做保障并不重要，但有些人权，没有国家强制力做保障就无法实现，就可能遭到侵犯和干扰。

并不是所有的人权都需要和能够法律化，人权的法律化不宜过宽。人权包含法律人权、道德人权、习惯人权等，对于那些无须法律化的人权,如果勉强法律化就必然会出现这样的情况:一是由于人权内容、范围过于广泛,无法实现对人权的全面法律化,良好的愿望成为泡影;二是有的人权,法律化与不法律化并无任何实际意义,人权法律化的努力成为多余和徒劳;三是有的人权法律化后反而不如不法律化的好,它不仅无益于人权,而且还会有害于人权。

人权的法律化范围也不是越小越好,人权的法律化也不宜过窄。应当法律化的人权如果不法律化也不行。它可能使人权的权利主体忽视甚至不知道自己的人权,当然也就不可能主动地行使和享有人权;它可能使人权的义务主体不履行人权义务,不尊重、不保障他人的人权,推卸应有的人权义务,侵犯他人人权;它可能使有的人权因缺乏国家强制力保障而无法实现或遭到损害。

要使人权法律化的范围适中,既不过宽也不过窄,就必须确立人权法律化的基本条件。只有具有这些条件的人权才可以、也必须予以法律化。然而要确立这样的基本条件是十分艰难的。不论是在理论上还是在实践上都会遇到很大很多的难题。在此,笔者仅从普遍意义上探寻一下人权法律化的基本条件。

其一,法律化的人权应为社会物质生活条件所允许,具有法律化的社会物质可能性;

其二,法律化的人权应为社会精神生活条件,尤其是思想文化的发展所允许,具有法律化的社会文化可能性;

其三,法律化的人权应为人们普遍具有,是一般主体的权利而非个别主体的权利,具有法律化的主体普遍性;

其四,法律化的人权应需要法律保障,没有法律保障就难以成立,具有法律化的现实必要性;

其五,法律化的人权应在立法上可以表现为法的权利,在实施上可以依法实现,具有法律化的可操作性。

同时具备以上五个条件的人权即可法律化,转化为法律人权。

从上面的基本条件中也可以看到,人权的法律化并不仅是指将人权纳入法律规范的具体规定中。这固然很重要,但它还只是人权法律化的第一步。人权的法律化既包括立法上的法律化,也包括实施上的法律化。如果说人权在立法上的法律化是指将人权表现为法的权利,那么人权在实施上的法律化就是将人权作为法的权利予以实现。

二、法律人权的源流

法律人权从何而来,经历了怎样的发展,这是法律人权研究中,必须回答的基本问题。

(一)法律人权的深层依据

对于法律人权来源于何处这一问题,思想家们有着不同的认识,也留下了丰富的论著。在相关的学术研究中,有必要对其做一些简要的盘点与更多的探索。

1. 法律人权来源的主要学说

法律人权究竟来自何处?从表面上讲,当然是来自法律的具体规定。其实,法律根本就不是人权的来源。人权来源于何处,有人说是“自然”,有人说是“商”,有人说是“人”,即人们所称的“天赋人权说”“商赋人权说”和“人赋人权说”。这三种学说,都是对人权深层依据的探讨,然而它们都有失偏颇。

天赋人权说也称为“自然权利说”,它认为人生而具有生存、自由、平等、追求幸福和财产等权利。它由资产阶级古典自然法学派的格劳秀斯、洛克和卢梭等人所创立。格劳秀斯认为自然法与自然权利是上帝创立的,但是归根结底直接生于人类理智,而无意志的成分。[①] 洛克认为,人们都有保护自己的生命、健康、自由和财产不受侵犯的权利。如果谁的权利受到了侵犯,他就有报复、惩罚和反抗他人的权利。自然法所规定的这些权利,就是所谓的自然权利。[②] 卢梭则认为,人们都有与生俱来的自然权利,这种天赋权利不可让与,人们为了维护自然权利才缔结契约。[③] 我国的法理学家沈宗灵教授认为,“从 17 ~ 18 世纪西方一些权威文献、著作来看,被译为‘天赋人权’的这一词组可包含以下几种意义,例如:(1)被译为‘造

---

① 张宏生主编:《西方法律思想史》,北京大学出版社 1983 年版,第 144 页。

② 张宏生主编:《西方法律思想史》,北京大学出版社 1983 年版,第 103 页。

③ 《法学词典》(增订版),上海辞书出版社 1984 年版,第 346 ~ 347 页。

物主赋予的权利'(但这是在泛神论意义上使用的,而不是指中世纪的神权政治论);(2)自然状态中的权利;(3)自然法的权利;(4)自然权利;(5)人的固有的、生而俱有的、不可剥夺的或不可让与的权利,等等"。[①] 天赋人权这一学说,是最早的系统化的人权理论。它对于资产阶级革命,对于反对封建专制和特权都有过积极的意义,但它毕竟是不尽科学的。它看到了人权的自然属性,但是忽略了人权的社会属性。它把人权当作人生而有之的权利,实际上是对人权来源的误解。随着时代的发展,这一理论也就日益显示出它的不合理性、不科学性。

商赋人权说是针对天赋人权说而提出的新型人权理论。这种理论认为,人权思想是与商品经济相伴而生的历史现象,是商品经济产生了人权。这一学说又有两种主张,一种主张认为,人权是原始社会共同体解体以后,商品经济出现并发展的产物。古代人们的人权理论尽管粗陋、欠缺和幼稚,甚至未能提出明确的人权概念,但是不能否认他们属于人权探索的范畴。另一种主张认为,人权思想的产生首先是基于经济原因,基于商品经济。但是人权不是由古代的简单商品经济带来的,而是资本主义商品经济的产物。它首先产生于近代欧洲。这些人权依据商品经济的理论,也同样是值得商榷的。因为人权的依据并不仅是商品经济。经济的确是人权的依据之一,但是并不是唯一的依据。商品经济只是经济的一种形式,它不可能代替经济的全部内容,更不可能成为人权来源的根本。运用商赋人权理论无法解释非商品经济基础上的人权实际。

人赋人权说是针对天赋人权说和商赋人权说提出的又一种人权理论。它否认人权是天赋的,也否认人权是商赋的,认为人权是人与人交往、人与人之间关系的产物。这种学说有它合理的成分,它看到了人对于人权产生的意义,然而它也有将人权简单化的嫌疑。

其实,法律人权不是天赋、商赋、人赋,而是无数相互交错的力量交互作用而形成的一个总的结果。具体来说,法律人权依据于人

---

① 沈宗灵等:《人权与法制面面观》,载《中外法学》1991 年第 4 期。

的基本属性和社会历史发展这两个最主要的因素或力量。

2. 法律人权来源于人的属性

人的基本属性包括人的自然属性、社会属性和精神属性三个方面。这三个属性是法律人权的主体依据与重要来源。

第一，人的自然属性。自然属性是人的共同属性。人与人在自然属性上的差别较之动物间的差别是最小的。人无论如何发展进步，都不可能完全摆脱自己的全部自然属性。那么人有哪些自然属性呢？人学研究早就告诉了人们，最基本的是三种：食欲、性欲和自我保存。食欲、性欲和自我保存三者可以说是有生命的个人的存在的依据和保证。联系以生存权、安全权、健康权为首要权利的法律人权，不难发现法律人权在人的自然属性上的依据，发现人的自然属性对于法律人权的意义。所有法律人权都是人的自然属性的直接或间接的要求，是人的自然属性在一定条件下的反映或延伸。"普遍人权的思想并不普遍，它主要是近代欧美文明的产物。我认为，我们强调这一思想的重要性并非因为它是神圣意志（国王们经常依靠神圣权利进行统治），并非因为循着这一思想就能从未知的意外源泉中找到某种抽象原则，而只是因为我们是哺乳动物。"①但人毕竟不同于动物，人并不仅限于自己的自然属性。仅有自然属性，没有社会属性因素的作用，法律人权也不可能产生。因为动物也有食欲、性欲和自我保存的自然属性，但它们永远都不可能具有法律人权。法律人权既以人的自然属性为依据，又不仅限于以人的自然属性为依据。那种否认自然属性或将自然属性绝对化的法律人权依据观都是错误的。

第二，人的社会属性。人具有自然属性，也具有社会属性。人的社会属性，首要的便是人的相互依存性。任何自然人的出生都是以其父母的存在为前提的。人一出生就处在特定的人群、团体之中，即社会之中，存在多种多样的社会联系。人是在社会的依存关系中出生的，人的成长也离不开人的依存关系。人的整个社会化、

---

① ［美］E. O. 威尔逊：《论人的天性》，林和生、谢显宁、王作虹译，贵州人民出版社1987年版，第184页。

继续社会化和再社会化都必须在人的共存互赖的关系中进行。没有人的相互依存,人就不可能存在。人除了具有相互依存性之外,还具有相互交往性。人如果缺乏交往,人的相互依存就不可能。人是在人的相互依存和相互交往中存在并认识自身的。交往是人的基本社会属性。人在相互依存和交往中逐步形成并持续下来的道德性,是人的又一社会属性。人的道德性使人具有了善恶、美丑、好坏的区分与选择。人的依存性、交往性、道德性等社会属性,为立足于人的自然属性的法律人权提供了必要性和可能性。人既需要尊重他人作为人的法的权利,也需要他人尊重自己作为人的法的权利。在人类精神属性的作用下,法律人权就产生了。

第三,人的精神属性。从精神属性来看,人是理性的存在物,人具有自觉的意识。正是人的有意识、有理性的精神属性,才使基于人的自然属性和社会属性的法律人权得以产生。人学研究告诉人们,人的精神属性使人能够能动地、创造性地对待外部世界,能够进行自我意识,能够进行价值定向。人的精神属性以人的自然属性和社会属性为基础。人通过自己的能动活动、自我意识、价值定向,也就可以认识人自身的需要,并将这些需要固定化。这些需要当然包括确认、尊重和维护人的自然属性和社会属性所要求的法律人权在内。

3. 法律人权来源于社会发展

法律人权是以人的自然属性、社会属性、精神属性为依据的,但是法律人权的产生还必须以社会的历史发展为依据。没有社会的历史发展,就没有人的基本属性的形成和发展,就没有法律人权产生的经济基础和文化条件,就没有法律人权。

首先,社会历史发展为法律人权提供了产生、存在和发展的社会条件。人在动物学上被分属哺乳纲、灵长目。人来源于动物界,人的基本属性并不都是人类从来就有的。从总体上讲,它是在人类创造社会、改造自然的历史发展中由人创造的。人的基本属性是人类在社会活动及其历史发展中的产物。人的基本属性是一个流动的过程,有一个形成的历史。人的基本属性并非一开始就达到了要求人权并能产生人权的高度。具体地说,人的自然属性是在社会历史发展中渐渐远离动物性的。它从动物性中的升华过程离不开社会的历史发展。人的社会属性在社会历史发展中萌生、发展、形成、完善，只有当人的社会属性在社会历史中发展到一定阶段，人们才可能产生出相互依存和交往的人权要求，才可能有人的关于人权的道德选择和道德评价。人的精神属性是在社会发展中丰富发展的。没有人类改造主观世界和客观世界的社会历史发展，就没有人的精神属性的确立、发展。社会历史发展为人的基本属性的产生、形成创造了条件，也为人权的产生提供了时代前提。人权是人的基本属性发展到一定程度的产物，是社会历史发展到一定阶段的结果。没有社会的发展当然就没有法律的产生，而法律人权是法律对人权的确认和保障。人权、法律都是社会发展到一定阶段的结果，法律人权当然是社会历史发展的产物。

其次，社会历史发展为法律人权提供了产生、存在和发展的经济基础。任何权利都是以经济发展为基础的，人权当然也离不开经济作为基础。没有经济发展作为前提，人权就没有依据和保障。然而，任何经济都是在一定社会历史发展中产生、形成的。人们的生存离不开必要的物质资料。人权是在人们物质资料的生产、分配、交换、消费等活动中产生和发展的。没有人的经济活动，人的生命就无法维持，人的基本属性也就无法形成及发展，人就缺乏认识自我的基本条件。社会历史发展，从根本意义上说也是人类经济的历史发展。社会历史发展中的经济进步为人权的产生、存在和发展提供了基本的物质前提。人权要依赖社会的历史发展提供产生和存在的经济基础，法律也同样如此。如果没有社会发展中的经济发展，法律也同样无法产生。尤其是法律的初创更是经济发展的直接反映，只是到了后来才成为了经济发展的复杂反映。人权和法都必须依赖、服从社会历史发展所提供的经济条件，法律人权当然必须以社会的历史发展作为内在根据。

最后，社会历史发展为法律人权提供了产生、存在和发展的文化条件。人权的产生和存在必须以一定的文化状况作为前提条件。即使人类具有作为人的自然属性、社会属性和精神属性，并有一定经济发展作为基础，如果没有必要的文化准备，人权也根本不可能产生、存在和发展。因为没有文化的演进,哪怕是极原始的文化演进,都不会有文明产生。人类认识世界、改造世界,包括认识自我和改造自我在内,都是人类文化发展的结果。人之所以是人,人的劳动之所以区别于动物的“劳动”,其中一个极其重要的原因就是人拥有文化。人权的产生和存在都离不开必要的文化条件,人权的发展和实现更是人类文化进步的重要表征。然而人类的文化并不是一朝一夕产生的。文化是从木棍、旧石器、新石器到青铜器走过来的,是从结绳记事、文字初创到形成文字走过来的,而且又从纺车到织布机,从木牛流马、蒸汽机向电动机车,从算盘、计算器向计算机走了过来,还将继续走下去。人类文化的发展是人类社会发展的重要组成部分,人类社会的历史发展当然包含文化的历史演进。社会的历史发展为人权的产生、存在和发展做出了文化准备。至于法更必须以一定的文化作为基础。没有文化,人类既无法意识到要制定某种规则来保障人权,也无法用某种形式来保存或记载这些规则。因为哪怕是习惯法也需要必要的文化作为载体,更不用说成文法的发展了。从法的历史发展来看,法离不开文化的基本内容:语言、文字和思想。人权、法都以文化的发展作为基础,而文化的发展又是社会发展的组成部分,是在社会发展中发展的。所以,可以肯定,社会的历史发展包括社会文化的发展,同样是法律人权的产生、存在和发展的必要条件。

(二)法律人权的历史发展

关于人的权利的思想,早在古希腊就产生了。苏格拉底、柏拉图、亚里士多德都有关于人的权利的论述。但是它们并不系统,其内容与现代人权理论也相去甚远。而真正第一次提出了可以称为人权理论的,还是斯多葛学派的学者们。但也不过是人权理论的初创,后经罗马法学家才得以进一步发展。西塞罗以永恒、普遍的自然法则为前提推导出了人类自然平等的法律人权观。他在《法律篇》中提出,应把共享法律的人们看作同一国家的成员,主张奴隶也能成为国家的一分子,在罗马征服地区的各族人民都应享有平等的公民权。他说,我们给人所下的定义,唯一的定义,它应当是适合于一切人的;因此,人与人之间在种类上是没有差别的;否则,人的定义就不会适合于一切人了。西塞罗不愧是天赋人权的先声。他的自然平等的法律人权观为后来的启蒙学者所特别珍视。①

中世纪,阿奎那等人又根据基督教学说提出了自己的神学法律人权观。然而,在神权之下,人权根本就没有立足之地。人权受到了神权的否定。尽管如此,类似人权的权利还是第一次较明显地出现在了法律制度之中。1188 年,利昂议会从国王阿方索九世处获得了一系列权利的法律确认。这些权利主要是生存权、名誉权、住宅权、财产权以及被告定期受审权等。1222 年,匈牙利国王安德烈二世作出所谓“金色训令”规定,在没有按照司法程序宣判有罪的情况下,不能逮捕任何贵族或者使他们失去贵族的称号。1215 年,英国国王约翰同意了贵族们在大宪章中提出的要求,民非依其所属贵族或该地的法律的合法判决,任何自由民不得被逮捕、监禁或放逐出境或者受任何损害。古希腊、古罗马以及中世纪的法律人权思想都不过是人权理论的萌芽和初步发展。法律人权的实践在整个奴隶制社会的法律中基本没有。在封建法律中的确出现过一些类似人权的权利规定,但它不过是封建贵族向国王争取特权的“人权”实践,其“权利”的性质与近现代“权利”相比较,与人权的应有含义相比较均有相当大的差距。封建法律对“法律人权”的规定至多只能认为是类法律人权的实践活动,并不是严格意义上的法律人权实践。

17 至 18 世纪,西方近代法律人权学说逐步创立。近代意义的法律人权理论是资产阶级在反封建斗争中提出的。其创始人当首推资产阶级自然法学派的奠基人格劳秀斯。资产阶级法律人权理论从格劳秀斯经洛克等,到卢梭臻于完善。格劳秀斯认为自然法的内容是人的理性,初步提出了自然权利概念,把人的生命、躯体、自由、财产看成是人的不可侵犯的天生自然权利。洛克认为在自然状态中的人们,“他们在自然法的范围内,按照他们认为合适的办法,决定他们的行动和处理他们的财产和人身,而无须得到任何人的许

① 张宏生主编:《西方法律思想史》,北京大学出版社 1983 年版,第 57 ~ 58 页。

可或听命于任何人的意志”。[①] 他从理论上论证了“天赋人权”的基本原则，论证了生命、自由、财产是人人享有的不可剥夺、不可转让的自然权利；人们是平等的、独立的，任何人都不得侵害他人的生命、健康、自由和财产。洛克提出了人们享有对政府的认可权以及对政府违反人民委托时的起义权等基本人权和由其派生而来的其他权利。卢梭特别强调人人自由和平等的天赋人权。他认为，为了保障人的天赋权利，就“要寻找出一种结合的形式，使它能以全部共同的力量来卫护和保障每个结合者的人身和财富，并且由于这一结合而使每一个与全体相联合的个人又只不过是服从自己本人，并且仍然像以往一样的自由”。[②]

近代人权的较早法律实践应是英国1628年的《权利请愿书》和1689年的《权利法案》等。较为全面地从法律上肯定人权的资产阶级法律，应首推美国1776年的《弗吉尼亚权利宣言》和《独立宣言》。美国《弗吉尼亚权利宣言》宣称：“一切人生而平等、自由、独立，并享有某些天赋的权利，这些权利在他们进入社会状态时，是不能用任何契约对他们的后代加以褫夺或剥夺的；这些权利就是享有生命和自由，取得财产和占有财产的手段，以及对幸福和安全的追求和获得。”美国《独立宣言》宣布：“不言而喻的，所有人生而平等，他们都从他们的造物主那里被赋予了不可让渡的权利，其中包括生命权、自由权和追求幸福的权利。”后来，1791年美国的《人权法案》作为宪法修正案对人权问题又作了更进一步的规定。1789年的法国《人与公民的权利宣言》即《人权宣言》，继美国《独立宣言》之后进一步规定：人生而平等，享有自由、财产、安全和反抗压迫的权利。其自由又包括言论、著述和出版自由。其宣布了主权在民、法律面前人人平等、无罪推定等体现和保护资产阶级人权的法治原则。随后，瑞典、西班牙、挪威、丹麦、普鲁士、瑞士等资本主义国家宪法也以启蒙思想家的人权理论为指导普遍地确认了资产阶级人权，并开展了资产阶级的人权法律实践。

---

① ［英］洛克：《政府论》（下篇），叶启芳等译，商务印书馆1964年版，第5页。

② ［法］卢梭：《社会契约论》，何兆武译，商务印书馆1980年版，第23页。

19 世纪,西方正处于资本主义的自由发展时期。功利法学和分析法学都否认人权的先验来源,认为自然权利是不存在的,人权只存在于制定法中。功利法学的代表人边沁说:"权利是法律的孩子,从真实的法律中产生真实的权利,从想象的法律或'自然法'中产生想象的权利……自然权利只不过是一句蠢话,自然和绝对的权利乃是修辞上的胡闹。"①分析法学的创始人奥斯丁认为,人权只能从带有制裁特征的制定法中去寻找。如果要从制定法之外去寻找人权的话,那么这种工作不由法理学家去完成,而只有让伦理学家去承担。

20 世纪早期,社会法学强调人权与社会的联系,有的法学家注重人权的制度发展,有的法学家注重人权的公共政策等。庞德认为,19 世纪法律的历史基本上是对个人权利不断确认的记载,而 20 世纪法律的历史应该是对人类需要和社会利益更广泛确认的记载。20 世纪后期,第二次世界大战结束以后,新自然法学兴起,他们主张尊重人的权利,力求寻找一种永恒不变的人权保护原则。其中罗尔斯提出了基于"正义"的人权理论,麦克杜格尔、拉斯威尔和陈恩提出了一种基于"尊严"的人权理论,德沃金提出了一种基于"尊重与关心平等"的人权理论。

在资产阶级法律思想产生、发展的同时,无产阶级也开始了自己的人权追求,并且不断地运用法律人权的武器,同封建主、同资产阶级展开了激烈的斗争。无产阶级同资产阶级的人权斗争直至现在也并未结束,而且还将继续下去。无产阶级也十分重视人权,而且比资产阶级更注重人权。人权,在无产阶级革命斗争中是战斗的行动口号,在社会主义社会中也应是法的重大价值。社会主义法在人权问题上应做出空前的历史建树。

1918 年 1 月 25 日,第三次全俄苏维埃代表大会通过了列宁起草的《被剥削劳动人民权利宣言》,这是无产阶级社会主义社会的第一部真正的劳动人民的人权宣言。1923 年,中国共产党领导的中国劳动组合书记部在组织"二七"大罢工中明确提出了"争人权"

---

① 转引自《西方人权理论发展之历程》,载《中外法学》1991 年第 4 期。

的口号。1934 年《中华苏维埃共和国宪法大纲》对无产阶级人权作了初步规定。1935 年 8 月 1 日，中共中央和中华苏维埃中央政府的《为抗日救国告全体同胞书》明确提出了“为人权自由而战”。1939 年的《陕甘宁边区抗战时期施政纲领》、1943 年的《陕甘宁边区施政纲领》和《晋察冀边区目前施政纲领》、1946 年的《和平建国纲领草案》和《陕甘宁边区宪法原则》、1948 年《华北人民政府施政方针》等大量的革命根据地立法，无不把人权作为重要内容列入其中，并且多次发布专门性的人权保障法规，如 1941 年的《鲁豫冀边区保障人民权利暂行条例》、1942 年的《陕甘宁边区保障人权财权条例》和《晋西北保障人权条例》等。由于处于战争环境中，这些人权立法既不完备也未能很好实施。中华人民共和国成立以后，由于种种原因，人民共和国的宪法和其他法律法规对人权的保护未必尽如人意，甚至还有重大缺失。但仍然可以说，这些宪法、法律、法规为人权的保护做出了努力，并已取得了很大成绩。

三、法律人权的内容

法律人权的基本内容在不同的时代和在同一时代的不同法学家那里都会有不同的概括。有的学者认为，法律人权的基本内容有一个历史的发展过程，在 18 世纪和 19 世纪前期，法律人权的基本内容主要是财产权、信仰权、迁徙权、通信权、出版权以及不受任意逮捕权等。在 19 世纪后期和 20 世纪前期，法律人权被扩展至人身健康权、社会安全权、文化教育权、良好工作条件权和福利权等。从 20 世纪中后期至今，法律人权的内容再扩展至和平权、民族自决权、交往权、人道主义援助权、环境权和发展权等。有的学者认为，法律人权的基本内容应包括生存权、学习权、经济权、政治权、技能权、自我权等。这些权利相互作用。生存权是其他人权的前提条件，学习权是其他人权的坚固阶梯，经济权是其他人权的护栏保障，技能权是其他人权的促进剂，自我权是其他人权的动因和归宿。也有许多学者根据联合国《世界人权宣言》《经济、社会、文化权利国际公约》《公民权利和政治权利国际公约》等的规定，认为法律人权的基本内容包括：生命、自由和人身安全的权利；免予沦为奴隶和不受奴役;不得加以酷刑或施以残忍的、不人道的或侮辱性的待遇或刑罚;在法律面前人格受到承认的权利;享受法律的平等保护;享有有效的司法补救方法的权利;不得任意逮捕、拘禁或放逐;有独立而无偏倚的法庭进行公正和公开审判的权利;在未经证实有罪以前应被推定为无罪;不得任意干涉私生活、家庭、住宅和通信;迁徙的自由;寻求庇护的权利;享有国籍的权利;婚姻和成立家庭的权利;拥有财产的权利;思想、良心和宗教的自由;意见和表达意见的自由;集会结社的自由;参与治理国家的权利和平等机会担任公职的权利;享受社会保障的权利;工作、休息和闲暇的权利;受教育的权利;参加社会文化生活的权利等。① 还有学者分别认为,法律人权主要是指公民权;法律人权包括生存权、自由权、财产权、自卫权等;法律人权以生存权、发展权和自由权、平等权为基本人权。② 对法律人权基本内容的以上概括都有其一定的理论和事实根据,但也许将法律人权的基本内容概括为人身权、政治权、经济权、文化权等几大类,相对更为妥当。

(一)人身权

人身权是人权的首要内容。没有人身的存在,任何权利都没有意义。因为任何人权都是人的权利,没有人身也就没有人,当然也就无所谓人权。人身权的内容十分广泛,它至少包含人的人格权和身份权。其中人格权包括生存权、健康权、安全权、行动权、名誉权、荣誉权、肖像权等,身份权包括亲权、监护权、继承权等。下面仅就几个特别重要的权利分述于后。

其一,生存权。如果说人身权是人权的首要权利,那么生存权就是人权首要权利之中的首要权利。生存权是人维持或保存自身生命的权利,包括获得温饱权和生命不被非法剥夺权两个主要内容。获得温饱权是维持生命的第一需要,是生存权的首要内容。没有必要的食物摄入和衣物蔽体,人的新陈代谢就会停止,人的生命就会完结。有史以来,饥饿和寒冷不知夺走了多少人的生命。解决

---

① 饶方:《人权与法制理论研究综述》,载《中国法学》1991 年第 4 期。

② 饶方:《人权理论研究座谈会综述》,载《中国法学》1991 年第 4 期。

温饱问题是人的最基本的要求,也是最低限度的要求。尽管人类已有数千年历史,但似乎历史的车轮并未驶出莽莽荒原,人类仍未能摆脱饥寒的摧残。或许是由于残酷的剥削,或许是由于不可抗拒的劫难,人的生命总难跳出饥寒的泥潭。在昔日的中国,历代政府都未能解决这一问题,专制统治更加重了人民的灾难。现在,人民的温饱问题已基本解决,这是中国人民和中国政府在争取维护人权方面取得的历史性成就。然而,也必须注意到,中国还有一定面积的农村特别是一些老、少、边、穷地区,尚未保证温饱,就是在城市,由于贫富的分化,社会保障机制尚未全面确立,一些市民依然为温饱而苦恼。生命不被非法剥夺权是生存权的重要内容。人的生命被剥夺的原因可能是自然的,也可能是人为的。由自然原因导致的人的生命丧失,一般不存在侵犯人权的问题。而由人为原因导致的人的生命丧失就可能是对人权的侵犯。人为剥夺生命权的形式,一是非法剥夺,二是合法剥夺。对生命的合法剥夺也有一个是否侵犯人的生存权的问题。有的学者以为然,有的学者以为否。关于死刑存废的争论就是这一分歧的典型反映。对生命的非法剥夺显然是对人权的侵犯。各国法律对非法杀人的禁止即是对人的生存权利的保护。从严格的逻辑意义上讲,生存权不仅包括人维持生存——维持生命的权利,也包括人放弃生存——放弃生命的权利。对于放弃生命的权利,有的学者持肯定的态度,有的学者则持否定的态度。其实,对其应实事求是地具体分析。放弃生命的方式主要是自杀。对一般意义的自杀,法律理应持否定的态度。尽管自杀在一定意义上标志着自杀者对自己命运的决断,不失为一种"勇敢"的行为,然而它毕竟是对生命的轻视、对生命的否定、对他人和对社会的不负责任。在"勇敢"的表面下掩饰着的是人生的空虚,是真正的怯弱,是实实在在的自私。从根本上说,自杀不利于人类的健康、发展、完善。基于此,法不应当赋予人死亡的权利。在过去,法也一直未赋予任何人这一特权。然而当历史发展到 20 世纪,一种特殊的"自杀"方式——行为人自身要求的"安乐死"产生了。社会学界、伦理学界、医学界、法学界纷纷为此震惊。人在身患绝症而临终之时,他有没有权利选择一种安乐的死亡方式？法应否赋予人安乐死亡的权利？世界各国的法对此态度各异。早在1936年，英国伦敦议会就开始了有关安乐死法规的旷日持久的辩论。1976年，美国加利福尼亚州首先通过了《自然死法》。发展到1984年，美国就有15个州和哥伦比亚特区通过了类似法案，其他28个州也正在制定类似的法案。日本则通过法院对刑法中有关"正当行为"和"紧急避难"的解释，给安乐死以有条件的认可。[①] 自身要求的安乐死，类似于自杀，但与一般的自杀并不相同，它具有一定的存在价值。因为它对于绝症患者来说，不能不说是摆脱痛苦获得解脱的重要途径。能使绝症患者在安乐中离去，这也不能不说是社会进步和文明的表现。但是，如果放任这种安乐死，其后果也会不堪设想，甚至违反安乐死法的立法初衷；如果放任安乐死，以安乐死为由的逃避责任、亵渎生命的现象就可能不断发生。因而，对于自身要求的安乐死，既要予以必要的法律认可，也要予以必要的法律限制，使自身要求的安乐死不至于演化为非安乐死意义上的自杀。至于非自身要求的安乐死，当然远离"自杀"，对其应更加慎重。因为，非自身要求的安乐死在施行中稍有不慎，就可能被人利用，成为谋财害命等的违法犯罪手段，因此必须予以严格的法律规制。对于那些假安乐死之名行杀人之实的违法犯罪者必须予以严厉的制裁。对于安乐死的严格的法律规制，是法律对于人的生命权的重要保障。法应使安乐死始终具有正义的性质，让安乐死给人类带来的是真正的安适和欢乐而不是痛苦和邪恶。

其二，健康权。健康权是人在保存生命前提下的重要权利。人的健康权能否得到保障，直接关系着人的生存权能否切实享有。健康权在整个人权中有着基本而重要的意义。人的健康权的威胁主要来自于两个方面：一是疾病；二是伤害。法在这两个方面都具有不可低估的作用。从疾病方面讲，保证健康权的法律措施包括一般的健康保护、特殊的健康保护和专门的健康补救。一般的健康保护主要是指普遍的对社会成员的健康保障，具体体现在社会卫生事业的发展上。其主要的衡量指数应包括卫生机构和卫生技术人员的

① 楚东平：《安乐死》，上海文化出版社1988年版，第78～79页。

数量、水平、能力、分布，共有病床数量，烈性传染疾病的防治情况，地方流行病的现有状况等。特殊的健康保护主要表现为对儿童的健康保护和对罪犯的健康保护两个方面。保障儿童健康在提高人类素质中拥有特殊的地位。由于他们年龄幼小，不论是从自然还是从社会的角度讲，他们都需要包括健康保护在内的一系列特殊保障。在法律上，往往表现为法律禁止虐待儿童，禁止使用童工，并将儿童保育保证法律化。至于罪犯的健康权之所以需要特殊保障，是由罪犯在押这一特点所决定的。被关押的罪犯根本不可能被允许像一般社会民众那样享有自己的健康权利，因而就需要予以特殊的保护。专门的健康补救主要是指法律对残疾人的健康保护。残疾人由于某种原因其健康已经受到了严重损害，因而对残疾人的健康保障不仅具有一般保护的性质，而且具有健康补救的性质，努力使残疾人受到损害的健康得到尽可能好的恢复。各国《残疾人保障法》中都有大量关于保障残疾人健康权利的法律规定。从伤害方面讲，保证健康的法律措施主要表现为将健康权规定为人的重要权利予以法律保护，对于侵犯健康权、导致他人人身损害的违法犯罪行为予以法律制裁。其保护措施遍及行政、民事、刑事诉讼等法律部门。首先，健康权的行政法律保护。它主要是从国家行政管理角度制定法律并依法保护社会成员的健康权利。它应对侵犯公民人身、威胁公民健康的行政违法行为规定具体的惩罚措施并切实实行。其次，健康权的民事法律保护。它主要是从民法的角度给社会成员以健康保证。在民法上应确认公民享有生命健康权；公民、法人由于过错侵害他人人身的，应当承担民事责任；侵害公民身体造成伤害的，应当赔偿医疗费、因误工减少的收入、残废者生活补助费等。再次，健康权的刑事法律保护。刑事法律规范运用刑罚手段制裁侵犯公民健康权的犯罪行为，以保护社会成员的健康权利。刑法应规定故意伤害罪、过失致人重伤罪、刑讯逼供罪等的犯罪构成要件及刑罚处罚方法。最后，健康权的诉讼法律保护。各诉讼法规应为社会成员保护自己的健康权利提供法律途径，使社会成员的健康权利可以通过法定的诉讼程序切实地获得实体的法律保护。此外，为了保障社会成员的健康权利，国家还应特别颁布环境保护法、污染防治法、医疗医药法(含药品管理法)和食品保护法等。这些法律的宗旨都把保证社会成员的健康权利列在极其重要的位置,予以特别的法律保护。

其三,行动权。行动权是人的自由权利的核心内容。人的行动权,在法律上表现为人所拥有的,可以做出除法律所禁止以外的一切行为的权利。行动权是人都应当拥有的权利,只是由于生产方式、社会制度等的不同,人们的行动权利才在范围和程度上有所差别。影响人的行动权的因素首要的便是生产力和生产关系。在原始时代,由于生产力极其落后,生产关系极其简单,人们的行动权是十分有限的。在社会的历史发展中,生产方式作为社会的根本决定力量在不断发展,人们的行动的范围、数量和质量也都在不断发展。一般来说,人在新的时代的行动权总比在旧的时代多。由于社会制度等原因,在同一时代,人们的行动权并不都是一致或相同的。人的行动权的范围、数量、质量标志着社会文明发展的程度,并受社会生产方式、社会制度的制约。在一定生产方式、社会制度之下,人们行动权的范围、数量、质量反映着该社会的民主与法治状况。在民主和法治的国家里,人们行动权的范围相对较广、数量相对较大、质量相对较高,而专制或集权国家,人们行动权的范围相对较小、数量相对较少、质量相对较低。在这两类国家里,他们对行动权的规制形式也是不同的。一般来说,民主和法治国家都主张,对民众来说,凡是不违法的即是合法,凡是不违法的就不受法律制裁,凡是法律不禁止的就是可以作为的,凡是法律所不禁止的行为法律都予以保护。对社会管理者的管理行为来说,却只有法有授权才为合法。在专制和集权的国家里则不然,对民众来说,只有法律许可的行为才是法律所应保护的行为,凡是法律没有认可的行为都是违法行为,都应受到惩罚;对社会专制者或集权者来说,他们却可以无视法律而恣意妄为。这二者从表面上看只是思维方式的不同,实际上却有着质的差别。在民主和法治的国家里,社会民众的行动权是相对较广、较大、较高的,而在专制和集权的国家里,社会民众的行动权则是相对较小、较少、较低的。在前者之下,民众往往行动自如、井然有序,社会因此而充满活力;在后者之下,民众往往战战兢兢、畏畏缩缩,社会因此而缺乏生机。从前面给行动权所下的定义就可以知道,行动权并不包括违法行动的权利。然而哪些行动是法所不允许或法所要禁止的呢？法对行动的禁止范围、数量和程度直接关系着人的行动权的范围、数量和程度。在法律史上,法的发展总是倾向于禁止的行为越来越少。当然,这种越来越少不一定是量的绝对减少,而是相对于整个行动范围的相对减少。换句话说,人的可行动的量随着历史发展应比禁止行动量的比重越来越大,可行动的绝对量也会越来越多。这是历史时代前进的必然和必需。法律史表明,在民主和法治的国家,对民众,法所禁止的行动是尽可能少的,法所允许的行动是尽可能多的;在专制和集权的国家,对民众,法所禁止的行动是尽可能多的,法所允许的行动是尽可能少的。在前者中,社会有着广泛的法的自由;在后者中,社会有着广泛的法律不自由。禁止行为规定的量度是衡量一个国家法律人权的尺度。考察一国法律人权中的行动权时,必须注意其法律的历史环境(如生产方式、社会制度、国家制度等)、法对行动权的思维取向以及法对行动权的禁止状况。注意了它们,未必能全面认识某一法律的行动权,但未注意到它们,就一定不能全面认识法中的行动权。抽象地讲的行动权,并不是行动权的全部内容。因为,人的行动权必须通过人的政治、经济、文化、社会生活才能得以表现,必须表现为人在政治、经济、文化、社会生活中的各种具体权利的实际行使。对此,我将在后面对政治权利、经济权利、文化权利、社会权利等的论述中继续论及。

其四,亲权。亲权,按照传统的解释,即是父母基于其身份对未成年子女所特有的权利,即父权和母权。但作为人权的亲权并不仅限于此。它是指人基于血亲关系或拟制血亲关系而产生的特定身份权利,不仅包括父权、母权,而且包括子女权以及由此延伸的祖父母权(含外祖父母权)和孙子女权(含外孙子女权)等。其中,父权、母权也不仅限于未成年子女,而且也包括父母对成年子女的权利等。亲权是人的基本权利之一,是人的身份权的重要部分。亲权从法上讲可以由两种事实形成:一是血缘;二是收养。因血缘而成立的亲权以子女的出生为根据,因收养而成立的亲权以收养关系的建立为根据。前一亲权是自然亲权,后一亲权是拟制亲权。前者不可改变,后者可因收养关系的撤销和解除而终止。中国自古就有关于亲权的法律规定。在中国长期的宗法家族制度下,法特别强调亲权,把孝作为一种法的价值加以贯彻和追求。“不孝”被列入“十恶不赦”之重罪加以惩罚。祖父母、父母在而子孙别籍异财、供养有阙者,均须予以处刑。父母对子女拥有主婚权、教令权、惩戒权等。这种亲权中,又“父”“母”有别,“男”“女”有别,“嫡”“庶”有别。“亲权”的核心乃是“父权”。在古罗马法中有着家父权的法律规定,欧洲中世纪的法在亲权中也以维护“父权”为宗旨。当代各国都有关于亲权的法律规定。概括起来,亲权包括两类。一是人身方面的亲权,如监护权、教养权、住所决定权、惩戒权、身份行为代理权、同意权等。二是财产方面的亲权,如财产上的法定代理权和法定同意权、子女特有财产管理权、遗产继承权等。亲权是人的极其重要的权利。人一出生就降临在一定的亲权关系之中,并依赖一定的亲权得以成长。强调亲权首先是人类延续的需要。没有亲权做保障,人的生存都成问题。强调亲权也是人伦的需要,亲权关系是人的最基本的伦理关系。具有法律意义的亲权应是权利与义务的统一、父权与母权的统一、父母权与子女权的统一、伦理权与法律权的统一。亲权不仅包括权利而且也应包括义务。称之为亲权只是从权利的角度的称谓而已,并非排斥义务。认为亲权只是权利而无义务的观点是有失偏颇的。亲权的内容除了前述权利以外,还包含父母对子女的抚养教育义务、监护义务、代理义务等,也包含子女对父母的接受教管义务、赡养义务等。亲权不仅包括父权,而且也应包括母权,是父权和母权的统一。父权和母权应是一致的。在西方,在中国,历史上都长期只把父权作为亲权的内容,母权被排斥甚至舍弃。这是在亲权问题上男女不平等的表现,也与亲权的人权性质根本对立。亲权不仅是父母对子女的权利,而且也应包括子女对父母的权利。亲权是基于人类亲情关系而产生的权利,局限于父母权利的亲权是不完整的亲权。亲权是以人伦关系为道德基础的道德权利,也是以人伦关系为基础的法的权利。亲权的双重性质相互为用、互相裨益。亲权的道德性为亲权的实现奠定了伦理基础,亲权的法律性为亲权的实现提供了强制保障。

（二）政治权

人的政治权是人在政治社会中所应享有的关于参与国家和社会管理的基本权利。人的政治权利并不均等。尤其是实际上的政治权利，几乎从未真正均等过。作为人权重要内容的政治权，主要包括政治了解权、政治参与权、政治评议权和政治监督权四大权利。

政治了解权。政治了解权在人的政治权利中占有重要地位。首先，政治了解权的存在和实现是满足人们了解政治的愿望的需要。在长期的阶级社会里，政治遍及社会的每一个方面，成为人外在的生活环境并深入人的内心世界。人对政治的关心，无疑是对自己生存条件及其命运发展的重视。了解政治状况与调整自己行为、关心自己利益具有紧密的联系。人们对政治的了解，也是对自身利益的关心。其次，政治了解权的存在和实现是政治权力赢得民众支持的重要途径。任何政治权力如果得不到民众的支持都很难长期维持，而民众拥政的前提必须是了解政治。人们连政治状况都不了解，拥政就只能成为空谈，执政者也就无法获得民众的支持。最后，政治了解权的存在和实现是其他政治权利得以实现的前提和基础。政治了解权是首要的政治权利。没有政治了解权，什么政治参与、政治评议、政治监督的权利都无从谈起。所以政治了解权应受到应有的重视。就政治了解权的内容来讲，首先是民众具有了解政治的权利。这一权利，非依法定条件和程序不得剥夺。其次是政治权力具有告知政治的义务。政治权力应通过法定的形式、途径向民众公布政治状况、政治事件和政治行为，使民众有获得政治知悉的条件，具有知悉政治的可能。政治权力应努力保证自己的这一义务的履行，努力保证民众政治了解权的实现。在现代社会，现代传播媒介为政治了解权利、义务的现实化提供了良好的、越来越好的大众传播工具，如广播、电视、报纸、杂志等。政治权力应努力发挥这些传播工具传播政治信息的功能。在政治了解权中棘手的问题是，“政”有没有“政”的机密？是否所有的“政”都要公开，都宜公开，都需要公众知悉？回答是，不一定。那么哪些“政治”必须公开，哪些“政治”不必公开，哪些“政治”不能公开？这些都需要法做出力所能及的努力。

政治参与权。政治参与权在政治权利中的地位至关重要。首先,政治参与权是民众政治权利的直接行使,是民众政治权利的直接体现。其次,政治参与权是政治民主的重要标志。民众政治参与权的多少和大小,往往标明了一个国家政治昌明的程度。政治参与权的法定范围和实现程度对于整个政治权利的法定范围和实现程度都具有根本性的核心意义。政治参与权的形式是多样的,它至少包含表决权、选举权、被选举权和建议权。表决权是民众对重大政治事项甚至宪法,予以表决的权利。表决权在民众手中具有参与政治决策或政治决定的意义。行使表决权是最直接的民主方式。表决者有权根据自己的意志表明自己的态度,从而影响政治。政治权力应努力为民众的表决权提供表达真实意愿的条件和保障。选举权是民众享有的、选举国家代表机关代表或某些国家机关领导人的权利。选举权是一切民主国家必不可少的人权。这一人权除了因特定的年龄幼小、智力缺失或被依法剥夺者外,其余所有的人都应不分民族、种族、性别、职业、家庭出身、宗教信仰、教育程度、财产状况、居住期限而一律平等地享有。被选举权是指民众所享有的被选举为国家代表机关代表或某些国家机关领导人的权利。它是民众政治权利中与选举权并列,甚至比选举权更为重要的权利。从应然意义上讲,被选举权与选举权应是一致的,凡拥有选举权的社会成员都拥有被选举权。然而实际的法的权利上,统治阶级法为了把被选举权集中在本阶级手中,往往对被选举权加以特别限制,使本来应为普遍人权的被选举权成为现实的阶级特权。建议权是民众政治参与权的又一重要形式。所谓建议权,即是民众对国家机关及其工作人员的工作提出建设性意见的权利。如果说,在非法制社会中,建议权的法律规定要依赖统治者的性质及其开明,那么建议权的行使在任何社会都必须依赖民众的政治参与意识和政治参与积极性。

政治评议权。政治评议权具有十分重要的政治和法律意义。首先,政治评议权是国家政治民主化的表征。在任何专制的国家里,“休谈国事”或“莫谈国事”都是人们的政治信条和社会口号。

人们能否议论政治、能在多大程度上议论政治以及是否具有议论政治的热情，都是一个国家民主发展程度的标尺之一。其次，政治评议权是国家政治民主化的保障。人们如果没有政治评议的权利或根本不行使政治评议的权利，一个国家的政治民主就难免会衰落、倒退，政治的民主化就没有保障。最后，政治评议权是政治行动得以校正的契机。政治不可能没有失误，如果社会的政治评议权能得到很好行使，人们可以自由地评议政治，那么政治权力就可以从人们的政治评议中获得自己政治行为的信息反馈，把人们的政治议论作为校正政治行为的参照系，随时校正政治行为，避免犯长时期或较严重的政治错误。政治评议权的实现方式有两种：一是一般政治评议；二是特殊政治评议。一般政治评议主要是通过舆论的方式实现的，存在于舆论之中，它不引起特定的法律后果，也不产生特定的法律效力；特殊政治评议可以通过对话、座谈、反映意见、群众来信等方式得以实现，具有一定的形式性和严肃性。

政治监督权。政治监督权是政治参与权、政治评议权、政治了解权的必然要求。人们政治参与的范围总是有限的。大量的政权运作都是由政治权力来实施的。民众对政治的监督非常必要。如要人民没有政治监督权，就很难说有真正的民主，有真正的政治参与。在严格意义上，政治监督也是政治参与的内容。只是由于政治监督较之其他政治参与方式具有特别重要和独有的意义，这里才将其与政治参与权并列，作为政治参与权之补充与保证。政治评议是重要的，但只局限于“议”是不够的。政治评议只有通过政治监督等方式才能达到应有的目的，发挥应有的作用。没有政治监督，政治评议在很大程度上都只能是空谈。同理，如果没有政治监督权等的存在，政治了解权也只能是“知”之而已。对于民众来说，缺乏政治监督权的政治了解权和政治评议权，实际上是痛苦的政治了解权和政治评议权、无可奈何的政治了解权和政治评议权。人们政治监督权的行使，在专制国家是不可能的，在民主国家往往通过两种途径得以实现：一是诉讼方式。民众通过对政治权力的诉讼监督（含起诉、控告等）来实现。二是非诉讼方式。民众通过对政治权力的非诉讼监督如新闻、舆论、信访等来实现。政治监督权的行使一要依靠民众的民主积极性，二要依靠国家的民主保障性。二者缺一不可。否则政治监督权就会名存而实亡。历史证明，只有在人民真正当家作主的国家里，二者才能获得高度的统一。

（三）经济权

作为人权的经济权，是人权实际享受的重要基础和客观保障，对于经济权的忽略，必将严重阻碍整个人权的实现。经济权主要包括平等发展权、劳动权和财产权等。

平等发展权。平等发展权是人在经济上的重要权利。人的平等发展权首先所指的并不是作为结果的经济平等权利而是指社会成员在社会生活尤其是社会经济生活中拥有平等发展的权能和利益。其主要表现为，社会成员发展的起点应是平等的。社会不能因人的出身、父母地位的不同而使人的发展具有不平等的权能或前景，形成发展起点上的特权或歧视。发展起点的平等是公平竞争的前提性要求。社会成员发展的过程应是平等的。社会不能因能力、机遇之外的其他非常因素而使人的发展享有不平等的机会。有的人只能依法发展，有的人却能违法发展，都与其根本对立。违法发展者不受制约、制裁，发展的过程就不会平等。平等发展权并不要求结果的平等。但既有的结果被作为新的发展基础时，也有一个保证平等发展的问题。为此，社会及其法应为发展中的极度弱者提供必要帮助，使其具有重整旗鼓并与社会强者再度平等发展的可能，使社会有一个平等的发展环境。

劳动权。劳动权是人的基本权利之一。具有劳动能力的社会成员有权要求国家为其提供参加社会劳动的机会，并切实保证劳动报酬的取得。劳动权是民主自由权利的基础，是生存权利的前提和保障。劳动权没有保障，劳动者的生活就会受到威胁，其他权利也就难以实现。劳动权作为人权之一被提出，始于 19 世纪初。当时，资本主义制度导致的严重失业使广大工人的生活没有保障，于是法国工人就提出了争取劳动权的口号。1848 年法国二月革命中，就曾以劳动权作为斗争的纲领。法国临时政府在同年 2 月 26 日发布的法令中被迫承认了劳动权。此后一百多年的时间里，劳动权并未得到普遍的承认，即使是承认了劳动权的个别国家也没有对劳动权的实现予以足够的保证。到了第二次世界大战以后,劳动权才逐步地获得了广泛的法律承认。然而资本主义世界未能实现人们普遍的劳动权利。大量的失业使劳动权成为乌有。保证社会成员的劳动权利,是中国政府现在乃至今后长时期的重大任务。过多的人口总量和过快的人口增长,都成为了劳动权实现上的障碍。生产工具的改进和劳动效率的提高又为劳动权的普遍实现增加了困难。

财产权。财产权是人所享有的具有一定物质内容,直接体现为经济利益的权利,是一定社会的物质资料占有、支配、流通和分配关系的法律表现。财产权包括以所有权为主的物权、准物权、债权、继承权以及知识产权等。财产权作为人权之一,备受资产阶级启蒙学者和资产阶级自然法学派的重视。他们异口同声地强调财产权,并把财产权作为第一重要的人权。彼得·斯坦和约翰·香德在《西方社会的法的价值》中说:"事实上,18 世纪的思想家们,例如大卫·休谟和亚当·斯密,都认为对财产权的保护是法律存在的主要理由。"①"必须承认,历史上法庭调节财产权利的能力一直是司法成功的关键所在。不论财产权是作为维持社会秩序的制度,还是作为保障公民之间某种程度上的公平关系的有力手段,都是如此。"②确实,西方法律理论对财产的重要性给予了很高的评价,财产往往被视为具有重大作用的价值。因为,财产得到了保证,自由、社会秩序以及其他一些基本价值的存在及其连续性也就有了保障。然而,时常也有人用另外的一些解释和证明方法,把财产抬到具有固有价值的高度。其中最主要的代表是布莱克斯通。他曾写道:"最最重要的是,法律不允许对私有财产进行哪怕是最微不足道的侵犯,即使是为了整个社会的普遍利益,也绝不允许。"③财产权在资产阶级法中也被作为最重要的权利加以确认。法国《人权宣言》宣布,"财产

---

① [英]彼得·斯坦、约翰·香德:《西方社会的法的价值》,王献平译,中国人民公安大学出版社 1989 年版,第 251 页。

② [英]彼得·斯坦、约翰·香德:《西方社会的法的价值》,王献平译,中国人民公安大学出版社 1989 年版,第 251 页。

③ [英]彼得·斯坦、约翰·香德:《西方社会的法的价值》,王献平译,中国人民公安大学出版社 1989 年版,第 252 页。

是神圣不可侵犯的权利”。美国宪法规定，“凡私有财产，非有适当赔偿，不得收为公用”。日本宪法则宣布，“财产权不得侵犯”。资产阶级法之所以对财产权予以特别的重视，其主要的原因在于，财产是资产阶级、资本主义存在和发展的根据，没有以“资本”为核心的财产，就没有资产阶级和资本主义。所以资产阶级、资本主义的法也就很自然地将财产权推演为所谓的普遍人权，加以保护。实际上，保护的仅仅是资产阶级特权。

（四）文化权

文化权随着历史的发展早已成为了人权的基本内容之一。文化权主要包括受教育权、文化生活权、科学研究权和文艺创作权等。

受教育权是人全面自由发展的重要前提，是人适应群体生活的需要。教育包括学校教育、社会教育、家庭教育三个方面。受教育权主要是指人依照一定要求，有目的、有计划、有组织地接受知识和技能、培养思想品德、发展智力和体力的权利。通过受教育权的享有，国家和社会将长期积累的生产劳动经验和社会生活经验传授给社会成员，使其适应社会劳动要求和社会生活需要。受教育权的享有状况是一个国家或一个时代文明发展的记录和反映。体现受教育权状况的指数，至少包括文盲率、学龄儿童入学率、各级各类学校学生数等。

文化生活权，在社会发展到今天已成为一种普遍的权利。它包括人们从事文化生活、享受文化生活、参与文化生活的权利。电影、电视、广播、戏剧、博物馆、展览馆、图书馆等的发展，为人的文化生活提供了广泛的领域和丰富的内容。人们应当在社会能够普遍提供的文化空间、文化氛围中自由呼吸、自由行动。法对正常的文化生活予以足够的法律保护。

科学研究权是人探索自然、社会和思维的未知领域的权利。科学研究是人类延伸的触觉，是人类走向未来的先导，是人类改变现状、寻求发展的途径，也是人类生存和发展中深化了的本能。尽管并非每个人都具有从事科学研究的能力，但保证每个人都有权从事科学研究则是法的人权责任。

文艺创作权是人为了丰富精神生活而进行艺术性创造并获得

文化艺术成果的权利。文艺创作权在人的文化权中具有重要的意义。不能因为文艺创作权在实际上因人的天赋、智能、意趣等差异而非人人所能享有就否定其人权价值。文艺创作权应为人人都能享有,但实际上每个人能否享有,往往取决于每个人自身的素质、能力、爱好等,而不是社会外在的强制。因为权利是可以放弃的,可以不行使的。不能因为有的人因天赋、智能、意趣等不行使文艺创作权就否定文艺创作权的普遍意义。

四、作为特殊人权的人道权

人道权是人的应然权利与自觉认识得到社会普遍认可的产物。这种自觉包含人作为个体存在,对于其自我的一种自觉认识,也包含人作为一种群体存在物对于他人与整个群体存在的自觉认识。这种自觉认识,来自对于人与人的尊严的两个方面的认识。基于人是类的存在物,有着类的尊严;出自对于自己同类的尊重,人就要对同类中的弱者予以特别的关注和保护,使作为自己同类的每一分子都具有与自己共同的尊严。为了使弱者获得必要的尊重和保护,人道权就应运而生,它是人类共同体保护弱者、防止弱者受到侵犯的屏障。在自然与社会的双重背景下,人类中的个体也许会因疾病、战争、天灾、政治等原因或者某种处罚而处于弱者地位。他们也许是残疾人、战俘、灾民、难民、罪犯等。如果对他们不加以特别的保护,就可能使之受到歧视,甚至使他们失去或不具有作为人的尊严。人类在共同的生活之中,逐步认识到对于这些弱者给予特别的人道保护的重要性和必要性,于是就创设了人道权。人道权的目的也在于使弱者享有作为人而应当受到的尊重,拥有作为人都应拥有的尊严。人类的弱者是多种的,人道权的内容也是多个方面的,本章将侧重于对人道权的基本原理和残疾人、灾民、罪犯的权利展开论述。

(一)人道权原理

人道权是以人道主义作为思想基础而被人们所认可的作为人所享有的基本权利。对人道主义思想的产生、发展的认识,对人道主义待遇权的性质和特点把握以及对人道主义待遇保障方式的了解,都是认识人道权利的知识基础。

1. 人道主义的产生与发展

人道主义意识在人类很早的时候就产生了。尤其是在人的自我意识得到理性认知的时候,可以认为人道主义思想就开始了萌生。但是,人道主义(humanism),作为一个明确的概念、意识形态与社会思潮,是由拉丁文 humanistas(人道精神)引申而来的,它出现于 14 至 16 世纪的文艺复兴时期。[①] 新兴的资产阶级思想家们,针对中世纪神学中以神为中心、贬低人的地位、蔑视世俗生活、提倡禁欲主义等观点,提出了以人文主义作为表现形式的人道主义观点。他们颂扬人的价值、尊严和力量,强调人应当享受现实生活的乐趣。用人道反对神道,用人权反对神权,着重强调人与人之间的自由、平等和博爱。17 至 18 世纪的启蒙运动是人道主义的进一步发展。资产阶级的思想家们创设了人道主义的理论,然而资本主义的发展并没有把他们的思想家所期望的人道主义蓝图完全转化为现实。

尽管如此,资产阶级关于人道主义的思想学说与社会实践依然成为了人类宝贵的精神财富。马克思主义虽然不属于人道主义的范畴,但是它对人道主义予以了充分的肯定。在社会主义的社会实践中,社会主义不仅没有抛弃人道主义,而且对人道主义进行了更大程度的推进,对资本主义的人道主义进行了革命性超越。社会主义将人道主义中以人为本、尊重人的价值、维护人的尊严和权利的思想发扬光大了。以人为本、尊重人的价值、维护人的尊严和权利,对于每一个人都是十分有意义的。但是由于每一个个体情况的差异,它对于弱者就更具有意义。所以,尤其是在对于弱者的保护上,人道主义得到了更大程度的重视。残疾人、贫困者、灾民,甚至罪犯的生存权利和尊严都受到了前所未有的重视。

中国传统文化中并无人道主义的传统,所存在的与此相近的不过是民本主义思想。但是民本主义并不等同于人道主义。近代以来,人道主义随着资本主义的思潮进入中国,在中国经历了极为复

---

① 14 世纪至 16 世纪欧洲的主要文化思潮,以复兴希腊、罗马的古典文化为号召,实际上宣扬的是人文主义,是资本主义文化思想的萌芽。

杂的历史过程。尤其是近半个世纪以来,中国人道主义思潮的发展更是曲曲折折、时是时非。在革命的战争年代,我们的领袖曾经要求我们实行革命的人道主义,对战俘和"阶级敌人"实行人道主义的待遇。在社会主义政权建立之后,我们一直坚持革命的人道主义传统。但是随着对于资产阶级思想批判的加剧,人道主义的思想都被贴上资产阶级的标签,而受到严厉的批判。人道主义被作为资产阶级或资本主义的反动的东西受到了不公正的待遇。

在改革开放以来,人道主义重新受到了人们的重视。人们也重新思考人道主义的意义,并加速了社会主义人道主义的建设。对于残疾人、贫困者、灾民,乃至对于罪犯的权利予以了前所未有的关注。依法保护社会弱者的人权,逐步成为整个社会的共识。人道主义在中国重新受到了人们普遍的关注,并且是史无前例的关注。历史发展到现在,在中国社会中已经没有人公开怀疑人道主义的政治本质与阶级立场了。对于残疾人、贫困者、灾民和罪犯的人权保护逐步获得了社会政治、意识与大众的认可。我们所要做的不再是如何让人们接受人道主义的理念,而是要如何更好地将人道主义加以实现,进而推进整个人权事业的发展。

2. 人道主义待遇权的性质、特点与保障方式

人道主义的具体化即是对于特定主体实行人道主义待遇。凡是适合特定条件的主体都有获得人道主义待遇的权利。

(1)人道主义待遇权的性质

人道主义待遇权的性质,也许有各种不同的表述,但是最基本的认识应当包括,人道主义的待遇权属于人权的范畴,具有人权的保护性质。

其一,人道主义的待遇权属于人权的范畴。人道主义待遇权都是对于人的权利的保护。只是这些享有人道主义待遇权的人都是社会的弱者。具体来看,对于残疾人的待遇,意在保障残疾人在人格上不受歧视,具有与健全身体的人同等的人格尊严和社会生活权利。这些权利包含不被侮辱、接受教育、工作就业、同工同酬等。其主要解决的是人权中的平等权问题。对于贫困者和灾民的待遇主要是保护其生存权的问题。因为贫困者和灾民所面临的最首要的

实际问题就是何以生存下去，何以保障生命的存在，并进而获得发展的基础。对于罪犯，其待遇也在于保护其人格尊严以及民事经济权利。人道主义的待遇权所保障的都属于人的权利的范畴，都是人权。

其二，人道主义待遇权具有人权保护的性质。因为获得人道主义待遇的主体，都因某种特别原因而使其权利或权利的行使受到了某种严重的局限。具体来说，残疾人是因身体的缺陷或伤残而难以获得一般人所能获得的人权条件与人权保护，所以要予以特别的关注和关爱。贫困者和灾民都是因经济的原因而导致其物质生活的困难，对于他们来说，人权当然因受到了经济条件的局限而难以完全实现。罪犯也因其社会活动空间等的限制而难以全面实现自己的人权。社会为了保证罪犯作为人而受到必要的尊重，才提出要保护罪犯的人权的问题。人道主义待遇权具有保护弱者人权得以实现的保护性质。

（2）人道主义待遇权的特点

人道主义待遇权与其他社会待遇权相比较，有它的特点。这些特点包括：

人道主义待遇权的享有者是社会的弱者。就普遍的人权来说，人权都是作为人所应当享有的权利，其主体具有普遍的性质。但是人道主义待遇权的享有者都是社会的弱者，他们都属于社会的弱势群体范畴。就人道主义待遇权的权利主体来说，不论是残疾人、灾民，还是罪犯，他们都是因客观限制而受到制约的群体与个体。他们都无法像一般人那样正常行使自己作为人的权利。

人道主义待遇权的义务人是国家、社会和社会的强者。谁有义务对人道主义待遇权承担起责任，保障那些特定群体与个体的人权？我们可以肯定地说，是国家、社会和社会强者。首先，国家是由人民组织而成，它有义务对人民中的弱势者予以特别关注。国家拥有最大力量和最高权威来保护社会弱者的人权，使社会弱势者免受人权的剥夺或丧失。国家也最有可能侵害个人的人权，尤其是最有可能忽略弱势者个人的权利。其次，除了国家要承担起弱者人权的人道主义待遇权的责任之外，社会也有不可推卸的责任。社会是一个整体。残疾人、灾民，他们之所以在人权上没有保障或难以充分实现，根本的原因就在于他们遭受了不幸。他们的这种不幸应当得到他们所处的社会的同情，社会需要对其人道主义待遇权给予尊重和保障。至于罪犯，他们当然应当受到刑罚的处罚，被限制自由，被羁押，但是他们毕竟还是人，还属于人的范畴。他们仍然是人类的一部分。作为人的权利并没有被剥夺，而他们所处的环境又使他们作为人的权利缺乏充分保障，因而需要予以特别的保护。最后，社会强者也有尊重弱者人道主义待遇权的责任。相对于弱者来说，作为强者的社会成员理当对作为同类的弱者给予人道主义保护，而且更不能侵害弱者的人权。

人道主义待遇权的实现状况是一个社会文明与人权保障程度的重要标志。在野蛮的不文明的社会中，人权是没有保障的。正常的人权都没有保障，更何况弱者的人权。在那里，人是不被当作人来尊重和保护的。在一个文明的社会中，理当把人作为人来尊重；理当给予每一个社会成员，尤其是社会的弱者以人权保障。给予社会弱者以保障，这是比给予正常人的人权保障更难做到的，因而它的保障状况在一定程度上就成为一个社会的文明进步与人权保障程度的外在标志。

3. 人道主义待遇的保障方式

对于人道主义待遇，必须予以有效的保障。要有效保障人道主义待遇实现，我们必须加强相应的立法工作，并努力将已经制定的法律切实加以贯彻实施。

(1)将人道主义待遇法律化

人道主义的待遇往往是针对弱者的。对于他们权利的保护，只有法律化了，他们才可能切实享有这些权利。如果没有将其待遇法律化，他们要维护自己的合法权益，将无以凭据。如果说法律是人民权利的记录，那么保护弱者的法律也同样是弱者权利的记录。加强人道主义待遇方面的立法，就显得特别重要。没有相应的法律，政府就不明晰自己的责任；没有相应的法律，社会也难以尊重弱者的人道主义权利；没有相应的法律，社会强者将没有制约自己强势行为的准则。

从国际国内的立法情形来看,人道主义待遇的立法还有待进一步完善。

(2)全面实现体现人道主义精神的各项立法

人道主义待遇的法律法规被制定出来了,也还只是纸上的规定,何以使其成为社会现实的权利,还有一个法律实施的过程。实施本身包含适用与遵守的两个方面。但是,与守法相比较,适用问题还是立法之后最重要的问题。没有很好的法律适用,法律的遵守就会出现问题,人道主义就会仅仅停留在字面上、形式上,就会以一种虚假的状态存在。

人道主义待遇立法被很好适用,是对司法机构和其他有关国家机关的要求。在处理与残疾人、灾民、罪犯相关的问题时,他们必须自觉坚持法治原则,自觉地服从法律。法律适用的情形决定于司法的状态。执法和司法不良,法律就难以被很好实现,甚至无法实现。对于人道主义的立法的适用更是如此。它对于司法机关和司法人员不仅有对于法律认识上的要求,还要求他们具有人道主义的内在意识。

人道主义待遇立法被很好地遵守,也同样是实现人道主义待遇立法的要求。人道主义待遇涉及社会的方方面面。社会各个方面都必须自觉遵守相关的立法,人道主义的待遇才可能成为社会实在的权利。如同整个中国法制一样,就人道主义的立法来说,我们既存在立法上的艰巨任务,更面临如何将其有效实施的问题。法律一旦制定出来,包括执法和守法在内的整个法律实施就成为了关键。

(二)残疾人权利

“残疾人”一词是指任何由于先天性或非先天性的身心缺陷而不能保证自己可以取得正常的个人生活和社会生活上一切或部分必需品的人。[①] 残疾人作为社会的弱势群体和个体,其权利已经得到了人类的普遍认可。对于残疾人权利历史的了解和对于残疾人权利内容的把握,都是认识残疾人权利的基本方面。尤其是对于残疾人权利保障机制的认识,更是确保残疾人权利得以实现的思想

① 引自联合国《残疾人权利宣言》(1975 年 12 月 9 日联合国大会通过)。

前提。

1. 残疾人权利的历史

在第二次世界大战以前,残疾人的权利保障问题,一直没有引起人类的足够重视。在第二次世界大战以后,各国开始了对于残疾人人权的关注。国际社会也对残疾人权利予以了重视。1975 年 12 月,联合国通过了《残疾者权利宣言》。这一宣言宣布:"残疾者享有他们的人格尊严受到尊重的权利。残疾者,不论其缺陷或残疾的起因、性质和严重性,应与其他同龄公民享有同样的基本权利,其中最主要的是享受适当的、尽可能正常而充实的生活。""残疾人应受保护,以免受到任何剥削、任何管制或任何歧视性、虐待性或侮辱性的待遇。""残疾者如确需合格的法律援助以保护人身与财产时,应能获得这种援助;残疾者如被起诉,所采用的法律程序应充分考虑他们身心方面的状况。"[①]目前联合国正在草拟国际《残疾人权利公约》。相信这一公约的问世必将进一步推进国际残疾人权利保障和整个残疾人事业的发展。中国政府一直对联合国《残疾人权利公约》的拟制持热情支持与积极推进的态度。[②]

我国在 20 世纪中叶以前,残疾人保障基本上是由家庭来承担的,在社会上,残疾人没有多少权利可言。在 20 世纪的后半期中,残疾人的权利也是逐步受到全社会关注的。在我国,残疾人权利保障问题得到重视的重要标志是 1988 年中国残疾人联合会的成立,随即全国各地的残疾人联合会相继成立。残疾人联合会代表各类残疾人的共同利益,保障残疾人的人权和合法权益,广泛动员社会力量为残疾人服务,在维护残疾人权益等方面发挥了重要的作用。各级人民政府也对残疾人权利予以了前所未有的重视。就中央政府的有关部门来说,先后发布了《中国残疾人事业五年发展纲要》《关于发展残疾人教育的若干意见》《全国残疾人三项康复工作实施方案》《关于残疾人个体开业给予免征税照顾》和《关于对社会福

---

① 这三段引言均引自联合国《残疾人权利宣言》(1975 年 12 月 9 日联合国大会通过)。

② 这是在撰稿时的 2003 年 11 月的情况。

利生产单位免征税问题的通知》等重要的法律和准法律文件。各地率先制定了保护残疾人合法权益的地方性法规和地方行政规章。我国的刑事诉讼法、民事诉讼法、行政诉讼法等都作出了有利于残疾人行使诉讼权利的规定。1990 年 12 月全国人民代表大会常务委员会通过了《中华人民共和国残疾人保障法》(以下简称《残疾人保障法》),把残疾人权利保护全面纳入了法制化的轨道。这是我国保护残疾人权利的最为重要的法典。它规定,残疾人人格尊重受法律保护,禁止歧视、侮辱、残害残疾人。对于利用残疾人的残疾侵犯其人身权利或其他合法权益,构成犯罪的,要依法追究刑事责任。1994 年 9 月国务院通过并发布了行政法规《残疾人教育条例》,更为全面地保护残疾人受教育权利的实现。

我国残疾人的权利已经在很大程度上得到了法律的确认,残疾人事业也得到了极大发展。我国残疾人的就业率位居世界前列,这不仅尊重了残疾人的劳动权利,而且为残疾人其他权利的实现提供了经济条件。

2. 残疾人权利的内容

残疾人应享有一般正常人在法律上所享有的一切权利。只是由于他们在身体和生理上存在某种缺陷,因而其权利的行使会比常人有着更大的困难或更大的障碍,因此我们才需要对残疾人的权利予以特别的保护。由于残疾人的政治权利等与一般正常人并无多大差异,所以不再一一论述。在这里,我们要特别讲述的是,对于残疾人具有特殊意义的以下几种主要的权利。

(1)残疾人的人身权利

残疾人的人身权利首先表现为生命权和健康权需要特别保护。残疾人的人身权利与其他人的人身权利并无区别。关键的问题在于,残疾人往往在身体上存在某种缺陷,因此他们的生命权和健康权更容易受到侵害。由于残疾人劳动能力缺乏或弱小,在家庭中往往成为家庭成员虐待的对象,生命权、健康权在家庭中都缺乏足够的保证。在社会中,残疾人的生命权和健康权更是由于种种原因而难以得到健康者那样的保护。

残疾人人身权利的特殊性还表现在其人格权利很容易受到侵

犯的问题上。我们的社会并没有营造出尊重残疾人、帮助残疾人的环境。旧时代遗留的不尊重残疾人甚至侮辱残疾人的称谓、习惯还没有彻底消除。一些道德低下的人还会以捉弄残疾人、侮辱残疾人、损害残疾人为乐事,侵犯残疾人的人格尊严。面对社会的愚昧,我们法律的效用也难以得到充分发挥。因此,保护残疾人的人格尊严,使其人格权利不被社会公众所侵犯,是政府和社会、法律和道德的共同责任。

(2)残疾人的劳动权利

残疾人的劳动权是残疾人十分重要的权利。就残疾人来说,他们并不是没有劳动能力。在某些方面,残疾人也许更有从事一些特定职业的优势。残疾人如果能用其所长工作,也并不会成为工作单位的负担。社会应当多渠道、多层次、多形式地帮助残疾人就业,使他们的劳动权利得到更好的实现。获得工作机会和实现劳动权利对于残疾人的意义,甚至远远超过正常人。这首先是因为,劳动权利的实现可以有效地解决残疾人的自立问题,尤其是基本生活保障问题。残疾人的生活能力普遍不如一般公民,他们长期依赖家庭、亲友和政府,也会在心里产生不自立的感觉。如果他们有稳定的工作和稳定的收入,也就会使他们的生活有了基本的物质保障。其次是因为,劳动权的实现,可以帮助残疾人树立自信心,使其更好地生活。这也是使残疾人保持心理健康的重要因素。

(3)残疾人的教育权利

残疾人经受着身体残缺的痛苦,如果没有一定的文化知识,未来的人生道路会更加艰难。社会没有任何理由让已经承受了本不应承担而又不能不承担身体或生理苦难的人,再遭受人为的苦难。对于残疾人接受教育权利的任何意义的剥夺都是残忍的、不人道的。

我国《残疾人教育条例》以行政法规的立法形式宣布,为了保障残疾人受教育的权利,政府发展残疾人教育事业。实施残疾人教育,应当贯彻国家的教育方针,并根据残疾人的身心特性和需要,全面提高其素质,为残疾人平等地参与社会主义生活创造条件。残疾人教育被视为国家教育事业的组成部分。这一法规强调,发展残疾人教育事业,实行普及与提高相结合、以普及为重点的方针,着重发展义务教育和职业教育,积极开展学前教育,逐步发展高级中等以上教育。残疾人教育应当根据残疾人的残疾类别和接受能力,采取普通教育方式或者特殊教育方式,充分发挥普通教育机构在实施残疾人教育中的作用。这要求各级人民政府加强对残疾人教育事业的领导,统筹规划和发展残疾人教育事业,逐步增加残疾人教育经费,改善办学条件。

社会必须从有意无意地歧视残疾人的阴影中走出来。所幸的是我们社会在总体上已经逐步觉醒。盲童、聋哑儿童、弱智儿童的入学率得到了很大提升。在残疾人教育上,国家、集体、个人多渠道办学,逐步形成了以大量的特教班和随班就读为主体的新格局。高等院校的新生录取中对于残疾人入学的种种限制也在逐步被取消。

(4)残疾人的康复权利

残疾人的残疾本身就是残疾人的不幸。面对苦难的任何残疾人都有获得康复的权利。康复,对于他们来说,简直是梦寐以求的理想。社会和国家都要尽最大努力地帮助残疾人实现康复的愿望。目前我国的白内障复明、小儿麻痹症矫治、聋儿听力语言训练亟待加强。为了有效地帮助残疾人康复,我们应开展社区康复工作,逐步形成以康复机构为骨干、以社区为基础的符合中国国情的康复体系,使残疾人的康复权利在更大范围上、更有效地得以实现。

应当把康复权作为残疾人最为重要的权利和社会对残疾人最大的关爱加以特别的重视和强调。使残疾人康复,是从根本上解除残疾人痛苦的最彻底的解决办法。只要社会的医药条件允许,就应该在这一方面为残疾人做更多的工作。

(5)残疾人参加残疾人联合会等专门社团的权利

依照宪法和法律的规定,任何公民都享有结社的权利,残疾人也不例外。对于残疾人来说,结社的权利同样是必不可少的,而且显得更为重要。因为残疾人的结社权利可以使他们通过一定的组织系统来表达自己的意见,保护自己的权利。我国的残疾人联合会是一个半官方半民间的事业团体,协助政府管理残疾人事业,为残疾人服务。它协调各方,动员社会,在政府、社会和残疾人之间起着纽带与桥梁的作用。这一组织在全国发挥保护残疾人的合法权益的活动中发挥了重要的作用。任何残疾人都有权加入残疾人联合会,参与活动。

3. 残疾人权利保障机制

(1)营造尊重残疾人和帮助残疾人的社会环境

残疾人理当得到社会的尊重和帮助。因为他们是人生的不幸者,是社会生活的弱者,是最应当获得社会同情、最应当得到社会帮助的人群。他们的苦难应当被理解为我们共同的苦难来加以共同克服。帮助他们是我们与他们共同的责任。尊重是应有之意,帮助是义不容辞。然而中国毕竟是一个有着深厚封建传统的国家,旧时代歧视残疾人甚至虐待残疾人的恶习,还在一定程度上影响着现代社会,阻碍人们思想观念的更新。有的还自觉不自觉地将残疾人视为家庭和社会的负担,对他们采取极不人道的态度。这些都有害于残疾人的身心健康,对于残疾人无疑是伤害。在家庭中,虐待残疾人的案件时有发生。在社会上,捉弄残疾人、欺辱残疾人的事例也时有耳闻。国家和社会对于残疾人的救助无法到位,也是客观的事实。在这种情况下,呼吁全社会营造一个尊重和帮助残疾人的社会环境具有特别重要的意义。尊重残疾人和帮助残疾人,也是一个社会进步文明的表现。

(2)完善残疾人事业方面的立法

残疾人的权利只有法律化后才可能得到有效的保护。我国已经有了大量的关于残疾人事业的立法。其中最具有代表性的是我国现行《宪法》第 45 条的规定,“中华人民共和国公民在年老、疾病或者丧失劳动能力的情况下,有从国家和社会获得物质帮助的权利。国家发展为公民享受这些权利所需要的社会保险、社会救济和医疗卫生事业。国家和社会保障残废军人的生活,抚恤烈士家属,优待军人家属。国家和社会帮助安排盲、聋、哑和其他有残疾的公民的劳动、生活和教育”。为了保护残疾人的合法权益,我国专门制定了《残疾人保障法》。另外,我国国务院在关于残疾人的福利生产、税收、信贷、福利保险、就业安置、教育培训方面还有数十项规定。中国各地也有相当数量的关于残疾人事业的地方立法和地方规章制度。但是，我们在残疾人事业的立法方面还有很多工作需要做。

在残疾人事业的立法上，其一，我们关于残疾人事业的立法还比较粗略。许多方面都只有原则性的规定，缺乏可操作性，难以实施。其二，许多立法明显滞后，早该修订的立法还没有来得及修订，无法适应保护残疾人合法权益和发展残疾人事业的需要。其三，我们现实中一些歧视残疾人的习惯做法，并没有为法律所禁止。一些高等院校依然保留着对于残疾人入学的不当限制。一些本该修建残疾人特殊通道与设施的地方，依然没有法律上的强制性要求。更有一些单位在残疾人事业上有令不行，有禁不止。

(3) 发挥政府在残疾人事业上的主导作用

残疾人毕竟是社会的弱势群体和个体，他们急需政府保障和社会帮助。其中政府的保障是最必要的，政府应当在残疾人事业中发挥出积极的主导作用。

我们应当将社会对于残疾人事业的捐助法制化。那种由残疾人乞讨来保障其基本生活的方式绝对不能继续发展下去了。社会对于残疾人事业的捐助，应当有专门的政府机构依法进行管理，并依法地有效使用。但是，政府绝对不能因为有社会的捐助就免除自己对于残疾人的责任。因为，社会捐助的数额总是有限的，毕竟个人相对于国家，还是财力不足，更何况个人捐助也只是小额的；社会捐助的收入是不稳定的，有时捐助的人多，有时则无人捐助，无法给残疾人提供确实的生活保障。

政府已经有专门负责残疾人事业的民政部门负责相关工作。但是，这方面的工作还需要特别加强，应作为政府工作的重要方面得到特别重视。在残疾人事业上，要使残疾人事业稳步发展，不断推进，必须要有政府的介入，并由政府发挥主导作用。

（三）灾民的权利

灾民是指在自然灾害和社会灾害中，受到伤害而处于困难之中的社会成员。灾害主要有两种：一是自然灾害；二是社会灾害。前者包括风灾、水灾、震灾等。后者包括化学危险品爆炸、毒气泄漏、战争等。在这两种灾害中受到伤害并处于苦难之中的人都是灾民。[①] 他们由于特殊的状况都具有特别的法律权利。这些法律权利是特定状态之下人权的特殊表现。它们也同样是人权的构成部分。由于其情况特殊,在整个人权的体系中也具有特别的意义。有关统计资料表明,中国是世界上自然灾害最为频繁的国家之一。强调灾民权利的保护,在中国具有更为重要的意义。

1. 灾民权利的法律依据

灾民也是人,灾民权利是人权的特殊表现。综观国际社会有关灾民权利的公约,它们主要是《世界人权宣言》(1948 年)、《公民权利与政治权利国际公约》(1966 年)、《经济、社会和文化权利公约》(1966 年)、四个《日内瓦公约》及其两个《附加议定书》(1977 年)、《关于难民地位的公约》(1951 年)及《关于难民地位的议定书》(1967 年)、《禁止酷刑和其他残酷、不人道或有辱人格待遇或惩处公约》(1984 年)、《防止及惩治灭绝种族罪公约》(1948 年)、《儿童权利公约》(1989 年)、《消除对妇女一切形式歧视公约》(1979 年)等。国际人道主义组织根据这些文件,拟制了《人道主义宪章与赈灾救助标准》。这些重要的国际法律或非法律的文件,成为世界救灾和灾民权利保护的重要根据。

就中国来说,我国古代就有了救灾制度。这些制度中,就包含救济灾民的制度。救济灾民,当然包含对灾民法律权利的保护在其中。只是由于当时的法律并不完备,加之人权意识的缺乏,其对灾民权利的保护也就难免粗疏。清朝嘉庆年间的《大清会典》就规定了救灾的蠲免、赈济、调粟、借贷、除害、安辑、抚恤等方面较为全面的内容。新中国成立后,我国在 20 世纪 50 年代建立起了新的灾害救济制度,其中也包含确保灾民权利的制度,实行灾后紧急救济、灾民安置、灾民转移、建房、医疗等救济事项,由政府提供救济口粮、衣被、医药,解决灾民的吃、穿、住、医等方面的困难,维持灾民的基本

---

① 对灾民的范围的界定,学术界并无统一的标准。特别是社会灾害中的灾民是否属于灾民,从不同著作的论述来看,是有差别的。本书所持的观点是以《人道主义宪章与赈灾救助标准》作为根据的。它只是其中之一种见解。

生活。该制度采取了保障灾民基本生活和扶持灾民生产自救相结合、无偿救济和有偿扶持相结合的做法，收到了良好的效果。为了保证救灾款的良好管理和有效使用，1987 年民政部发布了行政文件《关于切实加强救灾款管理使用工作的通知》，特别强调了无偿救济。2000 年 5 月民政部又发布了《救灾捐赠管理暂行办法》的行政规章。我国减灾规划、防洪法、防震减灾法、消防法和安全生产法等一系列政策、法律、法规，明确了减灾工作的指导方针、目标任务和政策措施，救灾、减灾工作逐步进入法制化轨道。

2. 灾民权利的保障方式

如何保障灾民的权利，当然是救灾重中之重的工作。国际人道主义组织的《人道主义宪章与赈灾救助标准》为保障灾民权利提供了详尽的参照范本。在此我们可以循着这一文件的思路发现，要保障灾民的权利，必须从以下的五个方面入手。

(1) 卫生及供水救助

人道主义组织在《人道主义宪章与赈灾救助标准》中阐述道，水是饮用、烹调以及个人和家庭卫生必不可少的。在极端恶劣的条件下，可能没有足够的水满足生理需要，此时，维持生存的饮用水供应就显得极其重要。然而，在大多数情况下，常常因缺水造成卫生状况恶化以及因饮用了某些环节被污染了的水，导致与不适当的供水有关的健康问题。所有灾民都应能安全取到足够的水，以满足饮用、烹调及个人和家庭卫生需要。

(2) 营养救助

人道主义组织在《人道主义宪章与赈灾救助标准》中要求，确保满足一般灾民对营养及其救助服务的需要。除非并直到满足了这些需要，否则其他任何目的的营养救助计划的效果都会十分有限，因为即使部分人解决了营养不良问题，但他们仍会回到营养不足的现实生活中去，他们的营养状况会因此再度恶化。满足灾民的营养需求，应使中度营养不良者可以稳定在或降低到可以接受的水平。

(3) 食品救助

在对灾情进行初始评估和分析时，应该确定灾民的食品和收入来源,明确那些用来维持绝大多数灾民足够的营养需求的援助食品的数量和种类。食品救助的标准来自世界卫生组织规划对典型人群的评价。其具体内容包括:提供足量的食品救助来满足需求;提供一种或者两种食品来补充灾民现有食品的不足(如当地若有谷物资源可补充提供豆制品和油脂);提供特殊食品作为一般食品的补充,从而满足特定灾民的需求,这些特定灾民包括营养不良者、儿童、孕妇或哺乳的母亲。

(4)居所救助

居所救助的目的在于视具体情况帮助灾民修复房屋、建造临时居所或帮助迁移灾民安置临时居住地。灾民应当具有足够的居住空间以防止不良气候的侵袭,确保灾民生活条件温暖、清新和安全,以确保其尊严、健康、安乐。

(5)医疗救助

《人道主义宪章与赈灾救助标准》认为,分析灾害的影响和欲采取的医疗救助措施的效果十分关键。如果不能准确发现和认识问题所在,那么就难以甚至是不可能开展适当的救助工作。以对灾情的初始评估和灾期医疗卫生信息系统为基础,通过合理的医疗救护,可以降低灾民的超常发病率和超常死亡率。当地卫生部门工作人员包括社区卫生工作人员和家访人员,应当到传染病控制的第一线,发放物资,同医疗救助人员在一起参与救助组织工作。灾民通过充分利用并坚持公共卫生防疫实践,在疾病预防和控制中发挥重要作用。

(四)罪犯的权利

罪犯是人类社会中独特的社会群体。他们本来就是人类社会中某种权利的破坏者。由于人类法律的存在和作用的发挥,罪犯必须受到应有的法律制裁。被制裁的罪犯,他们曾经侵犯了别人的权利。但是基于人类的理性和良知,人类惩罚罪犯也只是手段。恢复被罪犯毁坏的正义,改造罪犯,才是人类运用法律惩罚罪犯的目的。在惩罚罪犯的同时,我们还必须对罪犯作为人的权利予以必要而足够的尊重,以此来维护人类的尊严,用理性的行动来恢复正义和改造罪犯。

1. 罪犯权利保障的历史

在人类法律产生的同时,也就产生了以法律作为评价准则而认定的“犯罪”。犯罪的人就被称为了罪犯。在奴隶社会和封建社会早中期,全世界的罪犯都没有什么权利可言。他们从被司法机构认定为罪犯之日起,就要承受来自整个社会的,主要由国家机关代为做出的惩罚。罪犯实际承受的惩罚中,有为法律确认的部分,也有为法律所没有要求的部分。罪犯只是被惩罚的对象,而很难有什么权利之说。似乎罪犯就是理所当然的各种惩罚的承受者。在整个社会都不承认人权的情况下,要保护罪犯的人权无异于天方夜谭。

到了资产阶级革命和资本主义社会的初期,近代人权被提出来了,罪犯的人权问题也随之被提出。最早将罪犯与人权联系起来的是贝卡利亚(1738—1794)和约翰·霍华德(1726—1790)两位。尽管资产阶级的法学家注意到了罪犯的人权问题,但是罪犯的人权并没有获得制度化的保障。1955 年,联合国在第一届预防犯罪和罪犯待遇大会上通过了《囚犯待遇最低限度标准规则》。这一规则成为有关罪犯与人权问题方面最重要的指导性文献。其对罪犯在住宿、饮食、医疗、卫生、通讯、宗教和诉讼方面的权利作出了详细的规定。1975 年联合国第五届预防犯罪和罪犯待遇大会又通过了《保护人人不受酷刑和其他残忍、不人道、有辱人格的待遇或处罚的宣言》,于 1985 年向各国开放签字。我国于 1986 年签字加入该国际条约。

1994 年 12 月 29 日,我国全国人大常委通过了《中华人民共和国监狱法》(以下简称《监狱法》)。该法律第 7 条第 1 款明确规定:“罪犯的人格不受侮辱,其人身安全、合法财产和辩护、申诉、控告、检举以及其他未被依法剥夺或者限制的权利不受侵犯。”对于侵犯罪犯人权的主要违法犯罪行为作出了命令禁止。随着我国法制的完备和法治的发展,对罪犯人权的保护必将更加完善。

2. 罪犯权利的内容

罪犯,由于法律身份的特殊,其权利当然不会等同于一般社会成员,至少他们无法拥有一般社会成员那种人身自由和政治权利。但是他们作为人也依然享有一般的人权;作为公民也还享有法律没有剥夺的公民权利。为了对罪犯权利有一个概括的了解，我们仅就罪犯与一般公民或一般社会成员相比较所具有的较为特殊的权利，做一个简要的论述。

（1）罪犯的人身权利

人身权利是任何人都需要的最基本的权利，对于罪犯来说也概莫能外。罪犯的人身自由虽然依法受到了限制或者被依法剥夺，但并不意味着其所有的人身权利都不存在了。"人身权利也是罪犯的一项重要权利。判处徒刑的罪犯被剥夺了人身自由权；判处拘役和管制的罪犯，被剥夺了部分人身自由权。但是人身自由权只是人身权利的一部分。除人身自由权，其他人身权利，所有罪犯都没有被剥夺，都应受到保护。"[①]除了被依法立即执行死刑者外，一切罪犯都具有生命权和健康权。即使是被判处死刑立即执行的罪犯，在被执行死刑前，也都享有健康的权利。任何罪犯的人格、名誉权利都应当受到法律的保护。

（2）罪犯的政治权利

罪犯，除了依照人民法院的判决被剥夺政治权利者以外，都享有参加选举的权利。此外，罪犯还享有申诉权、控告权、检举权以及其他没有为法律所禁止的政治权利。我国最高人民检察院在执行《监狱法》的通知中明确指出，申诉、控告、检举都是罪犯的权利。罪犯不服生效的刑事判决向人民检察院提出的申诉以及监狱在执行刑罚过程中，根据罪犯的申诉，认为判决可能有错误而提请处理的申诉案件，人民检察院均应依照《人民检察院复查刑事申诉案件规定》处理；对监狱提请处理的申诉案件，应在收到监狱提请处理意见书起六个月内将结果通知监狱。罪犯向人民检察院提出或由监狱转送的罪犯控告、检举材料，应按案件管辖分工，自行查处或请有管辖权的机关处理。

（3）罪犯的经济权利

罪犯依然有着法定的经济权利。首先，他们的合法财产权同样受法律保护。只要不是赃款赃物，包括其正常的劳动收入，任何人

---

① 李步云：《走向法治》，湖南人民出版社 1998 年版，第 491 页。

都不能侵犯。其次，罪犯也享有合法的继承权。继承获得的财产，是罪犯在继承法律关系中依据法律所获得的合法收入，法律也同样予以保护。最后，罪犯还有一定的取得劳动报酬权利。根据我国法律的规定，被判处徒刑以上的罪犯，其只能获得基本的生活费。但是，被判处拘役的罪犯则可以获得一定的劳动报酬；被判处管制的罪犯，其劳动则与其他人同工同酬。

（4）罪犯的婚姻家庭权利

被判处徒刑以上的罪犯，由于其被关押，所以在恋爱与结婚上的权利会受到一定限制，家属的探望次数也会有一定制约。但是，其他的婚姻家庭权利与其他未犯罪的公民相比较，并无根本的区别。即使是被判处了徒刑的罪犯，在缓刑或假释期间，也同样是可以恋爱、结婚的。至于被判处管制的罪犯，更是可以如同其他公民一样的恋爱、结婚。就离婚来说，罪犯或罪犯的配偶提出离婚的请求都是被允许的，而且也应按照一般的法律程序进行。罪犯对人民法院的判决不服时，同样享有上诉或申诉的权利。在离婚诉讼中，对于下落不明的罪犯，人民法院不能随意进行缺席判决。

（5）罪犯的文化权利

罪犯在服刑期间，有权阅读报刊书籍，可以看电视、听广播，参加有益于身心健康的文化、体育、娱乐活动。监狱和劳改场所都要为罪犯提供可阅读图书的图书馆。服刑中的罪犯与普通公民一样享有宗教信仰自由，允许信教的罪犯保持原有的宗教信仰，并在生活上照顾少数民族罪犯的生活习惯。

（6）罪犯的生活保障权利

罪犯在监狱中的物质生活应当是有保障的。对于罪犯的改造主要是思想改造，使他们在监狱中接受惩罚的同时更自觉地完成思想改造和行为改造，弃旧图新、重新做人。肉体的摧残或人格的侮辱都无法达成真正改造罪犯的目的。在我国，罪犯的生活费、医疗费由国家供给。每个监狱、劳改场所都配备相应数量的专职医生；在专门的医疗机构内，配备专门为罪犯服务的医疗设备和病床。

3. 罪犯权利的保障途径

罪犯权利的保障状况标志着一国人权保护的水平。保护罪犯的权利,是一国特别的人权任务。何以保障罪犯的权利,则是一个重要而又难以很好解决的问题。从总体来看,保障罪犯权利主要有以下途径:

第一,提高监狱及其监管人员的法律意识和人权意识水平。

监狱是执法机构,监狱监管人员当然是执法人员。他们有无法律意识和有无正常的法律意识,对于监狱所监管的罪犯的人权保护具有重大影响,甚至起着决定性作用。提高他们严格依法办事的水平和能力,对于保护罪犯的权利是极为重要的。

提高监狱和监狱管教人员的人权意识,对于保护罪犯的权利具有决定性的影响。在他们与罪犯之间的监管法律关系之中,他们居于主导和支配的地位。相对地说,罪犯是被主导和被支配者。如果我们的监狱和监管人员能够具有良好的人权意识,就可以依法尊重、保障和保护被监管者——罪犯的合法权利。在监管人员中要树立罪犯也是人,罪犯也是公民的观念。既然罪犯被当作人,他们就应当受到作为人所应当受到的尊重。他们也有人格、名誉、自尊。作为监管人员就没有任何理由对罪犯予以歧视、虐待。既然罪犯是公民,那么他们的权利只要不为法律所特别禁止,就应当享有一般公民所具有的权利。他们作为公民的权利也同样具有法律的根据,受到法律的保护。

第二,强化监狱的依法管理。

监狱是执法的重要机构。依法进行监狱管理是推行法治的基本要求。强化监狱的依法管理,首先要求严格执行监狱法律法规的规定,杜绝监管过程中监管人员的违法犯罪。

监狱立法是监狱管理的基本规则,罪犯的权利也同样为监狱法律法规所保护。按照监狱法,监狱监管人员的行为具有了法律的根据,严格按照监狱法律法规办事,罪犯的合法权益就能够获得有效的保障。按照监狱法,监狱的罪犯权利也就获得了法律的确认和保护,罪犯也有权用法律手段维护自己的合法权利。

第三,保证罪犯有畅通的反映意见的路径,能够进行申诉、控告。

监狱对于罪犯的申诉、控告、检举材料,应及时传递,而不得扣押。对罪犯提出的控告、检举材料,监狱应当及时处理或者转送公安机关或者人民检察院处理,公安机关或者人民检察院应当将处理结果通知监狱。监狱在执行刑罚过程中,根据罪犯的申诉,认为判决可能有错误的,应当提请人民检察院或者人民法院处理,人民检察院或者人民法院应当自收到监狱提请处理意见书之日起六个月内将处理结果通知监狱。由监狱通知罪犯。

更为重要的是罪犯在被监管中,法律也赋予了他们对监狱和监管人员侵害罪犯权利的行为予以申诉、控告的权利。只要罪犯反映意见的路径是畅通的,就可以对监狱和监管人员形成一定的制约。在侵害罪犯权利的事实发生之后,也可以得到及时纠正,防止类似事件再次发生。这样,罪犯的合法权利就可以得到更好的保护。

第四,完善监狱检察监督制度和强化检察监督效能。

依照我们的检察立法、诉讼立法和监狱立法,我国人民检察机关对监狱负有法律监督的重要职责。监所检察是人民检察院的日常工作。各级人民检察院在各个监狱设立有专门的监督机构对监狱的日常活动进行法律监督,同时也对各个监狱的罪犯的权利保障问题进行监督。人民检察机关对监狱执行刑罚的活动是否合法,依照法律实行监督。它包括对监狱执行刑事案件判决、裁定以及狱政管理、教育改造和生活卫生等活动是否合法实行监督。对于监狱及其监管人员的一般违法行为,人民检察院可以口头提出纠正;对于严重违法行为,人民检察院应当发出纠正违法通知书,并要求告知纠正结果;对于构成犯罪的,人民检察院将依法追究刑事责任。

第十一章　法的秩序价值

秩序是作为群体的人类所必需的。没有秩序就没有共同生活。人是类的动物，从一定的意义上说，法就是为了维护人类的公共秩序状态而产生的。法与秩序有着天然的联系，并把秩序作为社会意义上的、最基本的价值追求。

一、秩序对人类的价值意义

秩序对于人类来说，就是维系自身作为类的存在物的需要，是人的社会性的表现与需要。人类离开了秩序就没有安全，就没有良好的发展，就没有真正的幸福。

（一）秩序概念的基本含义

按中国的传统解释，秩，常也；秩序，常度也。秩序也作秩叙，犹言次序，指人或事物所在的位置，含有整齐守规则之意。按现代解释，秩序，乃人和事物存在和运转中具有一定一致性、连续性和确定性的结构、过程和模式等。

秩序包含社会秩序和非社会秩序两类。社会秩序是指人们交互作用的正常结构、过程或变化模式，是人们互动的状态和结果。非社会秩序则是指事物的位置所在、结构状态或变化模式。法所追求的价值意义上的秩序显然不是一般的秩序，更不是非社会秩序，而是有益于人类的社会秩序。本书所用的“秩序”若无特殊说明,均指社会秩序。

在秩序概念上,要避免只把秩序做静态考察的片面理解。秩序不仅包括静态秩序而且还包括动态秩序。人的社会秩序实际上是人与人关系的常态。这种常态可能是相对静止的,也可能是正在变化的。即使正在变化的秩序也是一种有规则的秩序,而不是毫无规则的紊乱。人是运动着的生命,人的秩序都是人们交互作用的结果,是人们互动的过程和产物。因此,秩序的静态意义在很大程度上都只能是相对的,而动态意义却是绝对的。那种把秩序只做静态理解的观念是错误的。没有对秩序动态意义的清楚认识,就不可能有对法的秩序价值的真切理解。

秩序是与无序相对应的。秩序是一种具有一致性、连续性和确定性的现象。无序就是一种不具有一致性、连续性和确定性的现象。博登海默对秩序和无序的论述似可借鉴。他说:“秩序的概念,意指在自然进程与社会进程中都存在着某种程度的一致性、连续性和确定性。另外,无序(disorder)概念则表明存在着断裂(或非连续性)和无规则性的现象,亦即缺乏智识所及的模式——这表现为从一个事态到另一个事态的不可预测的突变情形。”①在自然界,在人类社会,秩序总是普遍的,而无序总是偶然的。日、月、星、辰,分子、原子、中子、质子等自然现象和物质结构的秩序性,在此不拟论述。这里要考察的是人类社会人际的有序状态。人类的有序状态是十分普遍的。人们在社会组织、阶级、阶层等高级社会群体中是有秩序的,人们在家庭、邻里等初级社会群体中也是有秩序的。人们不仅在社会生活的具体单位,如家庭、邻里、社会组织、阶层、阶级中是有秩序的,而且在非组织化的人的结合点上也是有秩序的,比如同时到一个电影院看电影的观众,同在一条公路上行驶的汽车,同上飞机的乘客,他们也有秩序,甚至是较严格的秩序。秩序对于人们的社会生活来说具有极其普遍的意义。强调秩序对于人的普遍意义,并不意味着人们都一定能服从秩序、维护秩序,或者说秩序就能

---

① [美]博登海默:《法理学:法律哲学与法律方法》,邓正来译,中国政法大学出版社1999年版,第219~220页。

自动地无处不在、无时不有。事实上，尽管人类到处都存在秩序，都需要秩序，但是人类却随时会遇到无序的和秩序的破坏。法学家们也不能不感叹："人类对秩序的追求，时常会为偶然情形所阻碍，有时还被普遍的混乱状况所挫败。这种规律上的混乱与失调的情形似乎在人类生活中要比在非有机的自然界中发生得更为频繁。"①正是由于人类需要秩序，人类的秩序又时常遭到破坏，所以人类才对秩序倍加珍视。

（二）秩序是人类生存的必需

人类得以生存的先决条件是人类一定物质生活资料的客观存在。人的物质生活资料是靠人的劳动获得的。在原始时代，人类获得物质生活资料的劳动，一是在自然界中寻找，通过采摘、渔猎等劳动获得现存的野果、野兽；二是在自然界中创造，如通过种植粮食、饲养家禽等劳动获得食物。在强大的自然力量面前，不论是在自然界中寻找，还是在自然界中创造，原始人类的个体是无法持续进行的。多个人的共同劳动，就必然存在人与人之间的关系和秩序问题。没有秩序的劳动，必然是效率低下的劳动，甚至是没有效益的劳动。在劳动的过程中人与人的协作、配合都需要秩序，也都是秩序的表现。

人是人与人结合的产物，没有人类的存在，孤立的个人是不可能存在的；即使存在了，也无法长期生存下去。因为没有同类的存在，人的繁衍无法进行，人类的延续就成为空话，就无从谈及人类的生存。人要传承，要繁衍，就必须要有"他人"的存在，有类的存在。两性的结合需要秩序，两性结合的产物——后代也需要秩序。后代与后代（包括兄弟姐妹等）之间有秩序的问题，父母与子女之间也有秩序的问题，由此而延伸的祖父母、外祖父母等血缘亲属关系中也有秩序的问题。这些都可以称之为包括姻亲、血缘在内的人伦秩序。这种人伦秩序也决定了人是类的存在物。人有类的存在，就需要有秩序。人类的秩序是人类的必需。

---

① ［美］博登海默：《法理学：法律哲学与法律方法》，邓正来译，中国政法大学出版社 1999 年版，第 224 页。

在原始时代,由于人类征服自然、改造自然的能力低下,人类的生存环境十分险恶。面对自然和猛兽的威胁,任何孤立的个人要离群索居,逃避群体生活都只能是自绝于人类,自取灭亡。人们必须过群体生活。由于群体内存在利益的差异、重叠和冲突,所以必须要有秩序。没有秩序就不可能使群体得以稳定、巩固和发展;没有秩序也不可能有每一个人的安全,弱肉强食、人人自危就不可避免。为了每个人乃至整个民族的生存,秩序也就必不可少。

"历史表明,凡是在人类建立了政治或社会组织单位的地方,他们都曾力图防止出现不可控制的混乱现象,也曾试图确立某种适于生存的秩序形式。这种要求确立社会生活有序模式的倾向,绝不是人类所做的一种任意专断或'违背自然'的努力。"①

(三)秩序是人类发展的要求

秩序不仅是人类生存的必需,也是人类发展的要求。人类的任何发展都离不开人类社会生活的稳定与正常。人类的发展需要一定的社会条件。这些社会条件中,就包含着对于秩序的要求。在混乱状态之下,人的生存都成为困难的时候,人是无法顾及发展的。每一个人和所有人的发展,都会对于秩序提出一定的要求。相对的稳定、和平、安宁是发展的客观前提。发展是一种在生存基础上的进步,如果说生存是非常需要秩序的,发展更离不开秩序。

古今中外,任何比较繁荣发达的社会,其社会环境都是稳定而有秩序的。汉朝的"文景之治"、唐代的"贞观之治",无不是在良好的秩序下出现,并以良好的秩序作为标志的。很难想象在战火纷飞、兵荒马乱、民不聊生、人心浮动的状况下,社会的经济、文化能够得到较大的发展,人类能够获得较大的进步。混战和内乱给人民和社会所带来的灾难就是明证。在和平、安定、有序状态中,中国和世界所取得的成就和发展又为此提供了新的论据。历史千百次地证明了一个真理:秩序保证着生存,秩序也保证着发展。一旦社会陷入混乱之中,人们的正常生产劳动就会受到干扰或者被迫停止,社

① [美]博登海默:《法理学:法律哲学与法律方法》,邓正来译,中国政法大学出版社 1999 年版,第 220 页。

会的发展马上就会减缓、停滞,甚而倒退。战争、动荡给社会发展带来的一次次破坏都从反面证明了这一点。因为,战争、动荡不仅使发展减缓、停滞,而且还会造成社会既有物质财富的巨大损耗,有时甚至是巨大的浪费。秩序与无序从不同的方面影响人类的发展。对此问题最有说服力的例证之一,是中国大规模动荡、内乱的"文化大革命"期间的1967年和1968年。1966年发动的"文化大革命",到1967年和1968年,发展到高潮,出现了空前的全国大动乱,社会陷入了严重的无序状态之中。中国社会总产值在1966年为3062亿元,1967年为2774亿元,1968年为2648亿元;国民收入总额在1966年为1586亿元,1967年为1487亿元,1968年为1415亿元;国家财政总收入在1966年为558.7亿元,1967年为419.4亿元,1968年为361.3亿元。[①] 大动乱中社会生产力的大倒退已经充分说明了没有秩序就没有发展的真理。

二、秩序是法的基本价值

在社会的意义上,秩序是法的最基本的价值。人作为社会的主体,人与人的不可分离的群体属性,就决定了秩序对于人类的意义。法作为一种具有外在强制性的行为规则,对于秩序必然具有重要的意义。维护秩序是法的最基本的价值诉求。

(一)法对秩序的重要意义

秩序总是依赖规则而得以建立,并依赖规则而得以维系。规则不仅与秩序一样为要摆脱单纯偶然性或任意性而取得社会的固定性和独立性的生产方式必不可少,而且还是秩序必不可少的依据。规则对于秩序具有必不可少的重要意义。

在原始社会里,看起来,一切都是那么简单,但又有条不紊,秩序井然。因为那时有与之相适应的习俗。它几乎是与人类相伴随行的。这些历来的习俗就是规则,是这些习俗带来了原始社会有条有理的秩序。实际上,规则的内容远非仅限于习俗。宗教规则、道

---

① 马宇平、黄裕冲编:《中国昨天与今天・1840—1987年国情手册》,解放军出版社1989年版。

德规则、法的规则等都属于规则的范畴。它们对于建立秩序和维护秩序都具有自己独特的意义。

法在一定意义上说，本身就是为建立和维护某种秩序才建立起来的。在原始社会末期，社会生产力的发展导致了私有制的产生、阶级的出现，剥削阶级与被剥削阶级的矛盾发展到势不两立的程度，社会自身已无力解决这种冲突。为了使社会和相互冲突的阶级不至于在无谓的斗争中同归于尽，就需要一个表面上凌驾于社会之上的力量制定出法，并依据法把这些冲突控制在秩序范围之内。

为进一步维护秩序而产生的法，实际上是原始习俗的演变、延伸和发展。法是在原始习俗中孕育、成长起来的。在原始社会和奴隶制社会的交替中，首先是部分原始习俗规则逐步形成最初的法律规则；其次是部分原始习俗被新的法律法规所取代，产生新的规则——法律规则；最后是将那些已无存在价值的原始习俗予以剔除。延续至今的有关生产、分配、交换的法规则的某些内容，就不能不作为原始习俗的更新和发展而保留着原始习俗的痕迹。至于族诛、连坐与血亲复仇、血族复仇，罪刑相当、等量赔偿与同态复仇的历史沿革，在法律发展中尤具典型的意义。

法对秩序的意义主要表现在，法为秩序提供预想模式、调节机制和强制保证。

法包含统治者对秩序的希望，统治者总是把自己对秩序的希望注入法之中，在法的典章条款及其字里行间形成一个社会秩序的预想模式，并以此模式作为现实中法的秩序追求的目标。法是社会关系的调整器，调整着形形色色的社会关系。社会秩序正是建立在各种社会关系相对稳定或有规律的运行之中的。法律规则在调整社会关系的同时也调整着社会秩序。法对社会关系的调节机制，实际上是法对社会秩序的调节机制。法具有国家强制性，法的国家强制性使法在调节秩序的众多规则（包括宗教规则、道德规则等）中独树一帜，成为社会秩序的有力保证，确保社会秩序免遭任何非法的破坏和干扰。

也许正是由于法对秩序的特殊意义，以至于许多学者认为法本身就是秩序。

在阶级对抗的社会中，由于阶级对立的存在，被统治者固然会反对和破坏统治者所力图维护的秩序。但由于利益的差异，就是中间阶级或者阶层也不会对统治者的社会秩序绝对服从。统治者内部也还有对秩序的不满情绪和破坏行为。因而运用法来创设并维护某种秩序历来就为统治者所特别看重。法不仅是秩序的保证，而且是秩序的化身。

法甚至就是秩序本身。亚里士多德就说过，“今夫法者，秩序之谓也；良好法，即良好之秩序也”。[①] 近现代以来，有的法学家“认为法是一种行使国家强制力的威胁，从而设想法是一种强力的秩序”，[②]有的法学家“根据个人心理来解释司法和行政活动，从而设想法是一种心理冲动的秩序”。[③] 而博登海默在论述秩序的需要时首先就说，“秩序这一术语将被用来描述法律制度的形式结构，特别是在履行其调整人类事务的任务时运用一般规则、标准和原则的法律倾向”。[④]

当然，秩序、法毕竟是不同的概念，它们在内涵和外延上都有差异，上述将秩序与法相等同的说法，不过是为了强调法对秩序的意义而已。尽管将二者混同的论述未必科学，但法的秩序价值的确不容忽视。

（二）秩序是法的基础价值

秩序是法的价值。任何法，从秩序意义上讲，都要追求并保持一定的社会有序状态。“所有秩序，无论是我们在生命伊始的混沌状态中所发现的，或是我们所要致力于促成的，都可从法律引申出它们的名称。”[⑤]

---

① ［古希腊］亚里士多德：《政治论》，商务印书馆1935年版，第328页。

② ［美］庞德：《通过法律的社会控制·法律的任务》，沈宗灵、董世忠译，商务印书馆1984年版，第57页。

③ ［美］庞德：《通过法律的社会控制·法律的任务》，沈宗灵、董世忠译，商务印书馆1984年版，第57页。

④ ［美］博登海默：《法理学：法律哲学与法律方法》，邓正来译，中国政法大学出版社1999年版，第219页。

⑤ ［德］拉德布鲁赫：《法学导论》，米健、朱林译，中国大百科全书出版社1997年版，第1页。

法没有不为一定秩序服务的。在秩序问题上,不存在法是否服务于秩序的问题,所存在的问题仅在于法服务于谁的秩序、怎样的秩序。难怪西方法学家普遍认为"与法永相伴随的基本价值,便是社会秩序"。[①] 秩序是法的价值,但并不是法的终极价值。除了秩序以外,法追求的还有生存、安全、健康、公平、正义、自由、平等、人权、民主、法治、文明、发展等。在法的秩序价值与法的其他价值之间,前者是后者的前提和基础,后者是前者的目的和发展。法的秩序价值是连接法与法其他价值的中介,法的秩序价值是法的基础价值。

秩序对于法的基础价值是在这样的意义上成立的,即秩序是法的直接追求,从社会的视角来看,其他所有的价值都是以秩序价值为基础的法的期望;没有秩序价值的存在,就没有法的其他价值。

秩序之所以是法的价值基础,首先是由法对于社会的意义所决定的。社会是人与人结合并相互作用而形成的统一整体。法具有组织社会、调节社会的意义。有了社会,才有了包括法在内的社会规范。随着社会的发展,也只有在法等社会规范的作用之下,才可能使一个社会得以维系和演进。法对于社会的意义,首要的也就是建立起最必要的人际秩序,使人与人能够共存。维护人际秩序的规范并不仅止于法。但在众多的规范中无疑只有法才是人们因受外在强制或受外在强制的压力而不得不遵行的准则。法对于社会的这一意义其实也就是法的秩序价值的体现。

秩序之所以是法的基础价值,其次是由秩序本身的性质所决定的。秩序是人们社会生活中相互作用的正常结构、过程或变化模式。它是作为主体的人互动的状态和结果。而人的互动状态和结果,在社会中既是法存在的依据,又是法调整的结果。没有秩序就只有混乱,就只有混战和弱肉强食的虐杀,法就根本不能存在。法一旦创立,首要追求的就是秩序,并在一定的秩序中发挥自己的作用,追求自己的其他价值。

---

① [英]彼得·斯坦、约翰·香德:《西方社会的法的价值》,王献平译,中国人民公安大学出版社1989年版,第38页。

秩序之所以是法的基础价值，最后也是由法的其他价值所要求的。如前所述，法的价值中除了秩序价值以外，还有生存价值、安全价值、效益价值、公平价值、正义价值以及自由价值、平等价值、人权价值、民主价值、法治价值、文明价值、人的全面发展价值等。这所有的其他价值无不以秩序价值为基础。因为，没有秩序，生存、安全、效益都会受到威胁并缺乏保障，公平、正义、自由、平等、人权、民主、法治、文明等就只能是奢望和梦想。庞德在《法的任务》中也说，"当法律秩序已经认定和规定了它自己要设法加以保障的某些利益，并授予或承认了某些权利、权力、自由和特权作为保障这些利益的手段以后，现在它就必须为使那些权利、权力、自由和特权得以生效而提供手段"。[①] 法的其他所有的价值都需要以秩序价值作为基础，并建立在法的秩序价值的一定实现上。以秩序价值为基础，是法的其他所有价值的要求。

秩序是法的基础价值，不等于秩序是法的唯一价值。仅以秩序价值的实现为目标的法是目光短浅的法，是没有前途的法，也是不可能创设良好秩序的法。法追求秩序又不满足于秩序，才能获得真正的秩序并有可能实现法的所有价值。

三、法的秩序价值的实现

秩序对于社会，对于具有社会属性的人来说，都是必要而基本的。法律对于秩序具有独特的意义。这种意义如果仅仅停留在认识的层面，显然是不够的。如何实现法对秩序的意义，如何实现法的秩序价值，那是法追求秩序的最具有决定性质的环节与方面。

（一）法的秩序价值实现的含义

法的秩序价值的实现，是指法有效地调整社会秩序，实现了法所预定的秩序目标，并使依法建立的秩序得以维持、巩固和发展。法的秩序价值的实现，在社会中表现为法的秩序的建立、维持、巩固和发展。

---

① ［美］庞德：《通过法律的社会控制·法律的任务》，沈宗灵、董世忠译，商务印书馆1984年版，第114页。

法的秩序是社会秩序的一部分,有的学者也称之为法律秩序。在实际使用中,二者并未被区别。社会秩序不仅包括法的秩序,而且还包括道德秩序、宗教秩序等。法的秩序是被特定化了的社会秩序,是由法确认和保护的人们之间互动的有条不紊的状态和结果。它包括法所确认和保护的经济秩序、政治秩序、文化秩序以及社会公共秩序等,也包括法所确认和保护的生产秩序、工作秩序、教学秩序、科研秩序、生活秩序以及其他秩序。

西方学者对法的秩序的定义十分纷繁。庞德在《通过法律的社会控制》中概括过历史上法学家们对法的秩序含义的考虑。他说,他们曾经考虑使法的秩序符合于一种道德秩序,这种道德秩序或者是从物质自然界秩序的类似情况中被启示出来,或者是部分地从启示中得到证明和部分地通过理性而被发现;他们曾经设想法的秩序是一种理性的秩序,因而设想一种来自纯粹理性的价值准则;他们曾经设想法的秩序是一种历史秩序,法的秩序以经验为依据,是一种代表文明社会生活经验的价值准则;他们曾经认为法的秩序是一种自由的秩序,是一种保障每个人(所有其他人也都一样)在最大限度上自由地运用其意志的制度。

此外,庞德还论及了“认为法律是一种行使国家强制力的威胁,从而设想法是一种强力的秩序”和“根据个人心理来解释司法和行政活动,从而设想法是一种心理冲动的秩序”等。[①] 庞德对历史上法学家们对法的秩序的考虑的描述并不全面,但它完全可以表明,秩序一直被法学家们当作重要的法的价值问题予以研究和重视。

综观古今中外关于法的秩序的定义,不外乎在以下三种意义上理解。

一是把法的秩序等同于法或法律制度。庞德就把法的秩序看作一种制度。他说,法的秩序“是法学家意义上的法的一种含义,也是通过系统有秩序地使用政治上有组织社会的强力来调整人与人

---

① [美]庞德:《通过法律的社会控制·法律的任务》,沈宗灵、董世忠译,商务印书馆1984年版,第55~57页。

之间关系和安排他们行为的一种制度”。[①] 凯尔逊把法的秩序看作法律规范的等级体系或法律规范的总和。他说:“一个不能从更高规范中得来其效力的规范,我们称之为‘基本’规范。可以从同一个基本规范中追溯效力的所有规范,组成一个规范体系,或一个秩序。”[②]《牛津法律大辞典》(The Oxford Companion to Law,或译为牛津法律指南)中表述得特别清楚,它写道:“法律秩序是从法的立场进行观察,从其组成部分的法律职能进行考虑的,存在于特殊社会中的人、机构、关系、原则和规则的总体。……法律秩序也包括某种原则与规则,如行为的准则等,法律秩序这个术语被一些法学家在不同意义上用作制度或法律体系,甚至是法律的同义词。”[③]

二是把法的秩序定义为法实现的结果。美国法学家安·塞德曼与罗伯特·B. 塞德曼认为,“按照我们的定义,法律秩序是一套依据国家所制定的规则进行管理的社会秩序”。[④] 苏联法学家雅维茨就认为,“法律秩序是社会关系的这样一种状态,它是法律规范和法制实际实现的结果,保证社会所有成员无阻碍地享受赋予他们的权利,并且也履行他们的法律义务”。“法律秩序能够被看作是法律的实现的终点。”[⑤]卡列娃等在论述社会主义法秩序中也具有与雅维茨类似的主张,即“社会主义法律秩序就是社会主义社会在该发展阶段所固有的、归根结底由社会基础所决定的,由于实现社会主义法制原则而形成的社会关系的体系”。[⑥]

三是把法律秩序定义为法的相对稳定协调的过程。庞德也说

---

① ［美］庞德:《通过法律的社会控制·法律的任务》,沈宗灵、董世忠译,商务印书馆 1984 年版,第 97 页。

② 《中外法学原著选读》,群众出版社 1986 年版,第 616 页。

③ ［英］沃克:《牛津法律大辞典》,邓正来等译,光明日报出版社 1989 年版,第 539 页。

④ ［美］安·塞德曼、罗伯特·B. 塞德曼等:《法律秩序与社会改革》,时宜人译,中国政法大学出版社 1992 年版,第 1 页。

⑤ ［苏］雅维茨:《法的一般理论——哲学和社会问题》,朱景文译,辽宁人民出版社 1986 年版,第 203 ~ 204 页。

⑥ ［苏］卡列娃等:《国家和法的理论》(下册),李嘉恩等译,中国人民大学出版社 1956 年版,第 326 ~ 331 页。转引自王勇飞编:《法学基础理论参考资料》,北京大学出版社 1985 年版,第 1047 页。

过，“我们正在开始越来越多地根据法律秩序——根据过程——来进行考虑，而不是根据法律——根据一套被陈述的经验或安排的制度——来进行考虑”。[①] “法律秩序同样也是一个过程。它是一个部分地经由司法、部分经由行政机关、部分地经由赋予某些人以法律箴规形式的指示进行调排的过程。”[②]

长期以来，我国法学界基本采用了苏联法学家的主张。我国高等学校法学试用教材《法学基础理论》认为，“在社会关系中依法建立的秩序就叫作法律秩序。或者说法所确认和保护的社会秩序、生产秩序、工作秩序、教学科研秩序和生活秩序就叫作法律秩序。法律秩序是按照体现在法律规范中的统治阶级的意志在实际生活中建立的秩序。所以没有真正的法制、没有真正的依法办事的制度就不可能有真正的法律秩序”。[③] 我国《法学辞典》和《中国大百科全书·法学》等都大体相近地认为，“法律秩序是由法确立和保护的人与人相互之间有条不紊的状态”。[④] “法律秩序是在严格遵守法的基础上形成的一种社会秩序，它必须以实行法制为前提，而法律秩序的建立则是实行法制的重要体现。”[⑤]法的秩序在法律社会中是一种普遍存在的历史和现实现象。“当政治上有组织的社会不断成长壮大，取代了氏族社会组织以及宗教社会组织而成为社会控制的最高机构的时候，我们就有了法律秩序。”[⑥]甚至“在每一个政治上有组织的社会里面，都存在着我们称之为法律秩序的东西”。[⑦] 法的秩序价值的实现是法的价值实现的构成部分，都首先依赖法在社会中的贯彻实现。然而由于秩序价值在法的价值中的独立意义，

---

① 《中外法学原著选读》，群众出版社 1986 年版，第 608 页。

② 《中外法学原著选读》，群众出版社 1986 年版，第 609 页。

③ 孙国华主编、沈宗灵副主编：《法学基础理论》，法律出版社 1982 年版，第 197 页。

④ 《法学词典》（增订版），上海辞书出版社 1984 年版，第 621 页。

⑤ 《中国大百科全书·法学》，中国大百科全书出版社 1984 年版，第 115 页。

⑥ ［美］庞德：《通过法律的社会控制·法律的任务》，沈宗灵、董世忠译，商务印书馆 1984 年版，第 96～97 页。

⑦ ［美］庞德：《通过法律的社会控制·法律的任务》，沈宗灵、董世忠译，商务印书馆 1984 年版，第 75 页。

因而它又有自己独特的实现方式、实现途径和实现标准。

（二）法的秩序价值的实现方式

法的秩序价值从总体上说，都是通过法的社会控制得以实现的。法的社会控制是人们通过社会（含国家、社会群体）的力量，迫使社会成员遵从法律规范，维持社会秩序的过程。它既包括社会（含国家、社会群体）对社会成员行为的法指导、法约束和法制裁，也包括社会成员相互间的法影响、法监督和法批评。广义上的法的社会控制，是指社会、国家、社会群体等为了达到维持社会秩序的目的采取的法的控制手段及其具体控制过程。狭义上的法的社会控制，则是指社会、国家、社会群体等对偏离法律规范的越轨行为所采取的法的限制措施及其限制过程。不论是广义上的法还是狭义上的法的社会控制，法都是其必要的工具。法是社会控制的根本手段，在整个社会控制中的意义不容低估。法学家认为，“在近代世界，法律成了社会控制的主要手段”。[①] 社会学家认为，“社会控制的手段种类繁多，但最为具体与明确的应推法律”。[②] 通过法的社会控制是创立和保障社会秩序的重要途径。法的秩序价值，具体来说，是通过以下方式得以实现的。

1. 划定、分配和调整利益

从法为实现秩序而调整利益的方式来看，法实现秩序价值的方式主要为划定利益、分配利益和调整利益。

划定利益，是法为实现秩序价值而对利益采取的首要措施。秩序与无序是对立的。无序状况的出现往往导源于或表现为利益的归属不清。在社会中，许多法的冲突都是以利益的归属混乱作为起因的。在民事经济的法律规范和法律实践上，利益的归属问题往往是所有权纠纷、债权纠纷、继承权纠纷、亲权纠纷、知识产权纠纷等的核心和关键。就是在刑事法律规范和法律实践上，许多刑事犯罪都是由于利益归属不清所引发的，而且需要以清楚的利益划分作为

---

① ［美］庞德：《通过法律的社会控制·法律的任务》，沈宗灵、董世忠译，商务印书馆1984年版，第10页。

② 王云五主编：《云五社会科学大辞典·社会学》（第一册），台湾商务印书馆股份有限公司1971年版，第98页。

裁决的依据。利益归属是法律纠纷的重大焦点,划定利益是法的作用的重要体现。法通过对社会利益的划定,确定各种利益的范围、内容,划清各种利益间的界限。法对利益的划定有利于社会主体正确享有自己的合法利益,有利于社会主体正确地对待他人的合法利益,也有利于司法机关保护社会主体的合法利益,解决社会主体间的利益纠纷,实现司法机关的司法职能。法通过划定利益来确保社会的稳定,确保社会秩序的形成、维持和巩固。

分配利益,是法实现秩序价值的又一重要方式。社会利益并不是固定的,而是变化的、流动的。社会利益在变化或流动中必然有利益的分配和重新分配。利益的分配方式是否为社会成员所认同,往往是社会秩序良好与否的先决条件之一。一般地说,处于不同利益地位的人对利益的同一分配方式必然抱有不同的心理态度。利益分配的严重畸形,其分配方式必然遭到利益受害者的坚决反对。现代社会为了减少或避免因利益分配而引起的无序状态,往往利用以国家强制力为后盾的法这一国家意志的形式将利益分配方式法律化。法通过对利益分配方式等的有关规定,为社会确立利益分配标准,使社会的利益分配有法可依,以减少利益分配上的冲突,使利益分配有序化。法对利益分配方式等的规定,也为司法机关对利益分配冲突的解决提供了依据。法通过对利益分配纠纷案件的处理,修复社会秩序,使被破坏了的秩序得以恢复,使社会始终处于有序状态。总之,法通过分配利益来创设或维持社会秩序,不论是按能分配、按资分配,还是按劳分配,都通过法对社会利益分配的调整实现自己对理想秩序的追求。

协调利益,是法实现秩序价值的另一重要方式。利益和利益之间难免会有各种各样的矛盾。法要机械地保护每一种利益,是根本不可能的。比如,公民的言论自由是一大利益,而公民的人格尊严也是一大利益。如果听任公民的言论自由随意享有,那么公民的人格尊严就不可能有保障。如果机械地保护公民的人格尊严,那么在很多时候言论就不会是自由的。鉴于此,法就必须协调这两个利益,使其得以协调地共存。再如,个人利益、集体利益、国家利益、社会利益,其间的矛盾也是时常可见的。如果允许某一个利益绝对化，那么其他利益就没有保障。因此，法必须协调它们相互间的关系，使其减少冲撞，减少损耗，并在一定时期内共存互补。如果法不协调利益间的关系，那么，社会就会因利益的冲突而陷入混乱，秩序就会为无序所取代。法的规范和法的实践都反复表明，利益需要法的协调。法协调利益也如同法划定利益和分配利益一样，可以通过诉讼和非诉讼两种形式实现。法协调利益既为社会诉讼的利益协调提供了司法依据，也为社会非诉讼的利益协调提供了行为准则。法通过协调利益来保障秩序。

2. 暴力方式和规范方式

从法为实现秩序而作用于主体的方式来看，法实现秩序价值的主要方式有两种，即暴力方式和规范方式。

暴力方式。在维护秩序的方式上，提及暴力方式，其实也有两种。第一种暴力方式是根本无须法律的暴力方式。在统治者看来，他或他们根本就不需要尊重和服从法律。这种暴力是赤裸裸的暴力，它不需要规则，它不尊重任何规则，当然也不需要法律和尊重法律。这种统治就是暴君统治。这种暴力方式在历史上也是客观存在的，但由于其与法律无关，因此，本书不将其纳入考察的范围。第二种暴力方式，是需要运用法律的暴力方式。这是一种粗暴地运用法的国家强制力，主要以暴力强制的手段迫使社会成员服从于法定行为模式，使社会有序化的秩序实现方式。法的这种秩序实现方式，充满着残暴和血腥的色彩，与专制相结合，与民主相背离。警察、监狱、军队成为纯粹的镇压工具。在奴隶制专制社会中，奴隶主阶级运用奴隶制法强迫奴隶所形成的社会秩序就是十分典型的暴力类型。奴隶制法的残暴性是毋庸置疑的。然而同样不可否认的是在残酷的奴隶制法下的确存在某种十分严格的秩序。在残酷的封建制法下，秩序也依然存在，它也同样是封建主阶级特别运用法的国家暴力来创设并维持的。在法西斯统治之下也如此。当法西斯在德国甚嚣尘上的时候，德国为了迫使各矿山、工厂给战争提供大量的物资和军火，也制定了极其卑劣残暴的法。在血腥的依法统治下，德国各生产部门确实出现了非常“良好”的秩序状况。这种实现秩序的方式本身就是对法和秩序的主体——人的否定。其秩序是恐怖的秩序,是践踏人性、扼杀人权的秩序,是僵化的、没有活力的秩序,也是要被人类砸碎、唾弃的秩序。这种秩序最终将被无序和新的秩序所取代。奴隶制法、封建制法、法西斯法实现秩序的暴力方式,给人类留下了极其惨痛的记忆,历史、现实乃至未来都不会忘记,都不应忘记。

规范方式。它是指充分运用法的规范功能,以引导和强制等适当的手段,使社会成员的行为符合法定行为模式,使社会有序化的秩序实现方式。法具有规范性,具有规范功能。它可以指引人们的行为,告诉人们可以做什么、必须做什么以及不得做什么。法的规范功能中包含指引功能、教育功能、预测功能、评价功能和必要的制裁功能。规范方式的秩序化方式,主要运用法的指引、教育、预测、评价功能,而不炫耀暴力。必要的制裁功能固然存在,但它是规范功能的补充和保障。规范方式的秩序化方式,是社会进步的结果,是人类文明的象征,通过它建立起来的秩序是善良的秩序,是符合人性、尊重人权的秩序,是自由的、充满生机的秩序。这种秩序化方式只有在民主基础上的法治状态之中才可能存在。

暴力方式和规范方式的区别在于侧重不同,并不在于是否拥有暴力或是否依赖规范。暴力方式的有序化方式,不是指完全不要法的规范属性、规范功能等,而是指它特别注重法的制裁功能,把暴力视为法实现秩序的最首要、最重要、最主要的手段,甚至不惜以此牺牲人性、人权。这种有法可依的暴力,很容易畸变为无法无天的暴力。这种畸变一旦发生,法这层面纱就会被抛弃,法在实际上荡然无存。规范方式的有序化方式,也不是指完全不要法的制裁属性、制裁功能等,而是指它特别注重法的规范功能,把规范视为以法来实现秩序的最首要、最重要、最主要的途径。至于根本不要法、不要规范的、纯粹依赖暴力的秩序,显然是极其反动的。由于它根本无视法,所以在法的价值的研究中难以讨论。对它,任何法学家都必须予以坚决的批判;任何崇尚民主与法治的统治者都必须予以坚决的摒弃。法应为人类从纯粹暴力、偏重暴力的阴影下走出来做出贡献,为人类彻底清除血腥统治提供制度根据。

法的秩序价值的实现方式是受制于历史时代的。随着人类社会物质生活条件、精神生活条件的提升和发展,现代社会的法就必然和必须采取规范方式的秩序化方式,否则就是对现代法和法治的反动。

(三)法的秩序价值的实现标准

法的秩序价值是否实现了,实现的程度如何,都应当有一些基本的衡量标准。这些标准包括:

1. 法的规范功能的发挥程度

法一旦产生,具体的法一旦制定或认可,它们的规范功能就已被它们的具体规定所预构或预设。法所预设的规范功能能否得到发挥,发挥的程度如何,是衡量一定法的秩序价值实现程度高低的重要依据。要较为具体地把握特定法的秩序价值的实现状况,可以从以下几个方面的检测入手,即法是否成了人们行为的模式,在多大程度上成为了人们行为的模式;人们是否自觉服从法、依法办事,有多少人自觉服从法、依法办事;有多少人违法,在多大程度上违法;当人们发生冲突时,有多少人愿意将自己所涉及的纠纷通过法的途径获得解决;人们对法的裁判的信赖程度如何,执行状况如何;有多少人知道并要求实现自己的法定权利;有多少人能依法主动行使权利,有多少人能依法自觉履行义务等。

2. 法对社会矛盾的解决状况

社会矛盾是对社会秩序的否定。社会秩序越好,社会矛盾就越少;社会矛盾越多,社会秩序就越坏。社会矛盾的多少,社会矛盾的解决状况,就成了衡量一个社会的秩序状况的重要根据。法对秩序的追求,在很大程度上都是通过减少社会矛盾和消除社会矛盾来实现的。社会矛盾的出现意味着社会秩序的紊乱或可能紊乱;社会矛盾的解决意味着社会秩序的恢复或隐患的消除。法对社会矛盾的解决状况,包括减少社会矛盾和消除社会矛盾的状况,是检测法的秩序价值实现程度的重要标准。在法有效地减少或消除了社会矛盾的任何社会里,都不可否认它的确存在良好的秩序。在漫长的历史发展中,人类都有着关于社会和谐的美好愿望,甚至还提出了要构建和谐社会的目标。其实,和谐社会就是矛盾很少发生或者难免地发生了也能及时获得很好解决的社会。

3. 法对违法行为的控制效果

任何社会，只要有一定社会规范存在，就必然存在相对于社会规范的越轨行为。越轨行为都会在一定程度上造成社会秩序的紊乱。在法律社会里，越轨行为往往都以非法的方式即违法的方式存在。任何法对违法行为都有自己的预防、惩治措施，然而这些措施的效果如何，未必尽如人意。法对违法行为控制的效果就成为法的秩序价值实现程度的外在表征。人们可以根据法对违法行为的控制效果，评估法的秩序价值的实现程度。在违法行为不断发生、大量发生、法对其又无能为力的社会里，秩序必然会受到威胁、遭到破坏。违法是对社会秩序的重大破坏。违法数量的增加无疑是社会动荡的表现，必然导致社会的无序，也是社会缺乏安全感和秩序感的原因。惩治违法，防止违法，最终减少违法，是法追求秩序的必需。否则，社会就无法获得秩序。

4. 法对权力滥用的制约机制

法离开了权力就成了一纸空文，法必须以权力为后盾。但是为了民主和法治，社会必须对权力予以必要的限制，而法正是防止权力滥用的最有力的措施。国家的每一种权力都有其固有的含义，都有其固有的位置、内容和范围。社会正是在各种法定权力各得其所的格局下才显得有条不紊、井然有序的。在一个有秩序的社会里，权力的配置是平衡的，是法定的。任何权力的行使超出了法定的范围和限度，都是权力的滥用，一是会导致权力结构的无序化，二是会导致权力机制下的社会无序化。这两种无序化都是对社会秩序的干扰、破坏。法要追求秩序就必须制约权力的滥用。法对权力的制约状况，包括一般的制约状况和特殊的制约状况。一般制约状况是法对权力滥用的普遍防止情形，特殊的制约状况是法对权力滥用的纠正，即迫使被滥用的权力回归应然状态的情形。法对权力滥用的制约机制也是法对秩序的保障机制之一。法透过对权力滥用的制约实现自己的秩序价值。

法的秩序价值的实现标准的确定，是非常困难的。这里所提出的以上四个标准，也只是一个基本的设想而已。因为，法对秩序应有何等贡献，要确定一个具体的量度是困难的；一个具体法律的既有规定早已预设了其追求的最大秩序度,而这个最大的秩序度是什么,难以准确知晓;在一定法控制之下的社会秩序,如何测定其秩序量、无序量,并作出综合的精确估计,也是问题;衡量已有秩序状况与既定法的秩序要求的差距亦非易事。然而这并不是说,法的秩序价值的实现程度无法测定,而只是说它难以测定。法的秩序价值的实现程度虽难以把握,但毕竟是客观存在的。

四、社会改革中的法的秩序

社会改革是社会变迁的重要内容和方式。社会改革在广义上可以指一种社会形态取代另一种社会形态的变化,在狭义上可以指某种社会形态内较大范围和较大幅度的整体性变革。一般所说的社会改革都是在狭义上使用的。社会改革与法的秩序的关系十分密切。如何在法的秩序下实现社会改革,如何在社会改革中建立法的秩序、维持法的秩序,是摆在社会学家和法学家面前的难题,也是社会改革家和法律实践家的责任。

(一)社会改革需要法的秩序

法的秩序也即法律化的秩序状态,它对于社会改革来说,具有前提与基础的双重意义。不仅如此,法的秩序还将更有力地促进社会改革的发展,有效地克制社会改革的震荡。

1. 法律改革是促进社会改革的工具

首先,法律改革是启动社会改革的先导。社会改革往往都是由统治者及其国家运用法的秩序作为重要工具来启动的。国家把法律改革作为社会改革的首要举措,在社会改革之初就首先创设新的法律制度,然后运用新的法律来促进整个社会的改革。这是法治社会中社会正常改革的必由之路。因为,任何社会改革如果没有法的许可就是非法的。所有社会改革若不在法的范围内进行,就会因违法而被制止。在社会改革之初,率先变革法律,并用新法来启动社会改革,就可以使社会改革依法进行,也可以避免“先改革后立法”的弊端。更重要的是,可以避免违宪改革或违法改革。再说,社会改革一旦开始就必须获得法律的认可,使改革的措施、改革获取的新成果获得合法性质。只有这样,社会改革才能向前推进,否则社会改革就可能启而不动。正如有的法学家所说:“法律以两种方式进入社会发展的进程。首先,今天国家常常有步骤有目的地促进社会变革。一般只有国家才会有足够的能力、资源和合法性去完成这一令人生畏的任务。国家通常是通过改变规定重复性行为方式的规则,让官员以新方式从事——改变法的秩序,来促进社会发展的。发展的需要因此就变成了对法律的需求:土地使用权、市场委员会、计划机器、选举政治、教育制度、货币体制、税制等新规则。”[①]社会改革也可能是由民众推动的,但是由民众推动的改革如果没有法律上的根据,社会改革的推进及其在法律上的性质都是很成问题的,很容易导致违法改革。如果一个社会放任违法改革存在,就必然在或多或少的程度上破坏法治。

其次,法的秩序是推进社会改革的基础。社会改革是由权力层启动的,那么权力层就应当首先运用立法手段将自己的改革意图法律化,以建构新的法律秩序。如果改革是由社会民众发动的,发动改革的行为也应当有一定的法律根据。即使是一种迫不得已的改革,一旦为国家所认可,也应当立即予以法的确认,建立新的法的秩序。社会改革的发展成果会逐步展现,并为人们所获取。人们获取的改革成果如果不能被转化为法的秩序,不能被纳入法的秩序的范畴受到保护,那么社会改革就可能受阻,社会改革的成果也可能得而复失。法的秩序确认了社会改革的成果,不仅是对改革成果的肯定,而且也为社会改革新的发展提供了新的立足点、新的基础。这是社会改革逐步推进的前提和不断发展的保证。同时,法的秩序对社会改革的确认还有利于保证社会改革的方向,使社会改革不至于在改革的道路上失落自我或无所依归。这是由法的秩序本身所具有的国家强制性和相对稳定性所决定的。只要能运用法的秩序不断地确认社会改革的成果、巩固社会改革的成果,就能使社会改革始终不渝地坚持既定的方向,沿着正确的道路发展,使社会改革不断地在新的基础上向新的目标迈进,法的秩序就能在社会改革的过

① [美]塞得曼等:《法律秩序与社会改革》,时宜人译,中国政法大学出版社 1992 年版,第 21 页。

程中更新,社会改革就能在法的秩序的基础上发展。

2. 法的秩序克服社会改革的震荡

社会改革当然不会是一帆风顺的,也会有阻力、障碍、振动、震荡。西方有学者说,“国家有时也可以剧烈动荡的形式促进社会变迁。在这种情况下,可能会伴随着革命、战争、饥荒、通货膨胀等”。[①] 社会改革的震荡难免,但是如果震荡过大,就可能引发社会动乱。任何社会动乱,不论如何辩证地看待其相对性,就其本身来说都是社会的疾患。它可能使社会的发展出现梗阻,使社会的脚步被迫倒退,使社会物质文明和精神文明遭到程度不同的损害,走向社会改革目标的反面,这是其一。其二,如果社会改革的震荡过大,就可能葬送社会改革本身。社会改革应尽力避免不必要的震荡。因为社会改革只有在良好的社会环境中才可能顺利进行。社会改革本身的震荡就已经使改革步履维艰,而社会改革中不应有的过大震荡引发的过大共振就可能使社会改革难以适应,而使社会难以适应,社会改革本身也就可能在过大的震荡中不了了之,以失败告终。社会改革的失败当然不是社会改革者所追求的。要避免社会改革的失败,必须首先防止社会改革的过大震荡,并有效克服严重的社会震荡。任何畸形的社会震荡都是对法的秩序的挑衅。如果建立并保持了良好的法的秩序,使社会改革在法的秩序中进行,那么就不可能引发过大的社会震荡。即使引发了社会震荡,也能依法采取有效的法律措施予以控制。法的秩序克服社会震荡的意义,社会改革者必须予以重视。

正如有的学者所说,我们还把法律秩序用作一种社会变迁的工具。如果打算改善经济条件,它就必须要通过税法、工资与价格控制法、计划法或者货币供给法;如果政府力图解决国际纠纷,它就得通过诸如联合国之类的国际法组织来实施;如果政府试图削弱官僚权力,它就必须要通过新法律或厉行那些有关行政责任及决策权力的旧法律;如果政府想要改善政治生活的质量,它就要通过一些有

---

① ［美］塞得曼等:《法律秩序与社会改革》,时宜人译,中国政法大学出版社 1992 年版,第 21 页。

关选举经费、基层选举等的法律。法律秩序是政府对总体政治进行手术的手术刀。[①] 为了发展，对社会控制所提出的问题不仅要保证不脱离社会秩序，而且还要促进变迁。法对社会发展具有重大意义并不是因为法对行为的影响显著——或许是在大部分情况下，法的实际影响只不过是边缘性的——而是因为它是政府完成设想中的变迁的主要工具。[②]

（二）社会改革促进法的秩序

法的秩序不仅不是一个静态的模式，而且更是一个动态的过程。法的秩序要在社会中发展更新，仅靠法的秩序自身是难以实现的。它需要一定的社会动力。在若干的社会动力之中，社会改革无疑是最积极的力量。

1. 社会改革对法的秩序的新要求

社会改革的不断发展会对法的秩序提出不断更新的要求。法的秩序的发展不仅是其自身发展的要求，也是社会改革发展的要求。社会改革的过程中一定会出现新的社会现象，产生新的社会关系。新的社会现象和新的社会关系都可能对法的秩序变革提出要求。

就新的社会现象来说，它也许是新的社会问题所引发的，它本身又可能引发新的社会问题。新的社会问题如果是文化问题、道德问题等也许并不需要法律的调整，但是一旦这些新的问题事关重大或者导致法律上的权利义务的争端，就必然要求新的法律对其予以调整。这时，建构新的法律制度或设定新的法律规范就变得非常重要。随着新的制度和规范的建立，法的秩序也就发生了变化。法的秩序的这种变化显然是适应社会改革的需要而做出或发生的。

社会始终是发展的，发展着的社会必然会产生新的社会关系。社会改革当然是社会快速发展的阶段。在社会改革中，改革必然会引起旧的社会关系的消亡或者新的社会关系的产生。法律本身就

① ［美］塞得曼等：《法律秩序与社会改革》，时宜人译，中国政法大学出版社 1992 年版，第 10 页。

② ［美］塞得曼等：《法律秩序与社会改革》，时宜人译，中国政法大学出版社 1992 年版，第 22 页。

是重大社会关系的调整者。旧的社会关系不存在了，如果原本是由法律所调整的，那么这时的法律就必须做出新的变化，或者被修改或者被废止。在新的社会关系产生之后，新的社会关系也许也需要法律调整。调整新的社会关系的法律一旦产生，就会将新的社会关系上升为法律关系，将其固定化或确定化。适应新的社会关系需要或者调整新的社会关系的法律制度或规范一旦形成，法的秩序就在满足社会改革需要的过程中也完成了自身的革命性变革。社会改革对法的秩序的新要求，就得到了满足。法律也正是在适应社会关系的发展要求中得到更新和进步的。

2. 法的秩序因社会改革而更新

从法的秩序本身来看，法的秩序比社会发展具有更大的稳定性，而社会改革又是社会发展的活跃因素，因此，相对于社会改革，法的秩序具有更大的稳定性。稳定的法的秩序只有在社会改革中才能获得更大的发展可能。社会改革与法的秩序是紧密联系，息息相关的。从法的秩序通过社会改革而得以进步的意义上讲，社会改革也是法的秩序发展的动力来源。

如果法的秩序不能及时更新，不仅法的秩序无法发展，社会改革也会因此而受到阻碍。改革不仅得不到法律的辅助、推动、促进，而且可能甚至必然会受到法律的抵制或者处罚。社会改革是多方面的，有经济改革、政治改革、文化改革等。社会的不同方面的改革，会引发法在不同方面的发展。因为不同的社会方面原本就有不同的法在调整，一旦改革进行了，原有的法就存在一个过时、需要革新的问题。法所做出的与社会改革相适应的变革，也就会引起相应法的秩序的变革。在社会改革—法的变革—法的秩序变革的过程中，法的秩序发展了、更新了，新的法的秩序体系就会建立并走向新的完善。法的秩序的改革是由社会改革所牵动和推动的。

在社会改革中，法的秩序确认、维护、推进着社会改革，在促进、认可和保障社会改革的同时，社会改革的发展又将法的秩序的发展带入一片新天地。社会改革可以使法的秩序获得新的形式和新的内容。

第十二章　法的公正价值

公正是人类共同关注的重要价值准则与价值目标,但是却难以见到关于“公正”的十分公允的定义。公正可能被理解为公平的同义语,也可能被理解为正义的同义语或者被理解为公平正义的统称。在汉语中,公平与正义或许有较大的差别。公平似乎更侧重于居于相对关系人之外的裁判主体或裁判规则的合理性与公允性。正义似乎更侧重于终极的合理性与合道义性。在从外文翻译到中文的文本中,Justice 有翻译为公平的,也有翻译为正义的;而 Fair 有翻译为公正的,也有翻译为公平的。在有关辞书中常常可以见到的是,将公平、正义,或者公正、公平并列。本书所采用的公正,是指公平和正义的统称的含义。

一、法与公平阐释

公平在法律上从来都具有重要的意义。公平常常被人们视为法律的基本精神,不论这个法律是实在法还是超实在法的理性法或自然法。法律范畴内的任何规则、准法律规则或者法律之外的行为规范和裁判准则都应当以公平作为基本的价值依据和价值目标。“真正的和真实的意义上的‘公平’乃是所有法律的精神和灵魂。实在法由它解释,理性法由它产生。……制定法之下的公平原则就是同等地对待同类案件，制定法之上的公平原则就是根据人的理性和情感而作出的公平的判决。”①

公平，简单地说，就是对于同类主体或事项的同等对待。公平是在多个主体或者多个主体的多个事项的比较中得出的结论。从法律的角度看，公平可能是体现在制度的设定上，也可能表现在司法的实际中。从对待对象的角度来看，公平主要表现为对于同类主体的相同对待，对于同类事项的相同处置。从时间的角度来看，公平表现为对于同时存在的同类主体或事项，采取相同的对待。

公平与平等是有联系的，在许多场合，平等就是公平。但公平与平等也是有差异的。一般说来，平等特别注重的是特定当事人之间的利益关系，而公平更注重的是不特定当事人的共同评价。“公平”中的“公”也就突出了评价主体的不特定性和更大的广泛性。

（一）公平对法的意义

社会是人与人的结合，社会离不开公平。人与人结合的社会必须要有公平，因为公平是社会处理人与人关系的重要法则。公平语义本身就表明了它的社会属性。

1. 公平是法律的指导

公平是人类在自己社会活动中产生的一种理想目标。它指导着人们处理相互之间的关系，指导着公共权力的运用及其作用的发挥。

公平的产生依赖于这样几个基本条件：一是多元主体客观存在；二是多元主体存在不同的利益；三是人们需要处理不同乃至多元主体之间的关系；四是人们对平衡协调各方关系具有相应的理性认识。前三个条件是社会生活的要求。只要有社会生活存在，就会存在多元的主体、多元的利益，在不同主体和利益之间的关系就需要调整。第四个条件是人们的主观认知发展的结果。公平不是个别人的认识，而是普遍认识一致性的表达。尽管对于何谓公平，人们的看法不尽统一，但是能够获得普遍的认同又是公平的内在的要

---

① ［美］金勇义：《中国与西方的法律观念》，陈国平、韦向阳、李存捧译，辽宁人民出版社1989年版，第79页。

求及其反映。人类只要有了前三个条件,其实基于人类自身的认识能力及其发展,自然就会产生何谓公平的认识和标准,并用以指导自己的社会实践。

人类在自己的社会实践中,寻找和采取了大量的手段来调整社会关系。法律正是在人类的社会实践之中,为了调整人与人之间的社会关系而产生的。法律对于人与人利益关系的调整,目的是要化解纠纷,消除矛盾,达致公平。相对于解决纠纷与消除矛盾来说,公平既是目标也是路径。没有公平,要使纠纷或矛盾得到彻底的解决,是不可能的。

法律就是在公平理念的指导下产生的。其实,法律也是在公平的指导下发挥作用的。没有公平作为指引,任何法官都无法理解法律的真谛;没有公平作为指引,对待当事人诉讼权利的态度就会发生畸形的变化;没有公平作为指引,法官调查中的质证、法庭辩论、主持调解、合议庭评议、裁判文书的制作、宣判、执行等都可能出现偏颇,导致不公平的现象出现。

2. 保障公平是法律的重要目标

法律在一定意义上就是为保障公平而存在的。虽然公平不是法律的唯一目标,但公平一定是法律的重要目标。如何保障公平、实现公平是法律的重要任务和理想。

从宪法来看,其内容非常丰富。但就公平来看,宪法注重的是公民与国家关系上的公平以及在公民权利义务分配中的公平。公民和国家之间,在政治上是具有主从关系的。是公民组成了国家,组建了国家。从人民的视角,从公民总体的视角,国家都是第二位的,必须对人民、对公民持有政治和法律的双重敬意,具有尊重、服从、服务的多种品性和德行,否则就是对人民、公民乃至对自身本质的背叛。一方面,公民是国家的基础,国家必须服务于公民;另一方面,国家是公民共同的组织,公民也有维护国家的义务。在具体的宪法制度上,公民与国家之间则有一个关系处理的问题。公民与对国家的权力或权利,与国家对公民的权力应当是一个公平的关系;公民对国家的义务和国家对公民的责任也应当有一个公平的关系。就公民之间的关系来说,任何公民都不能享有特权,都具有平等的权利和义务，这就是在公民之间实现了公平。

从民法来看，民法确保的是主体地位上的公平、财产保护上的公平、市场交易上的公平、责任分担上的公平。公平始终是民事交往至高无上的道德精神与法定原则，也是裁决民事争议的根本准绳。在民事立法活动之中，所要解决的问题是，应当制定怎样的法律才是公平的，应该怎样在当事人之间分配权利义务才是公平的。在民事司法上，涉及更多的是何以具体确定各方的权利义务，何以确定并分配具体的法律责任才是公平的。

刑事法律也把实现公平作为目标。也许犯罪本身是由不公平所导致的，但是仅就犯罪自身来看，可以说，任何犯罪都是对公平的破坏，就是新的不公平。法律对犯罪的惩罚就是对公平的维护或者恢复。在一种犯罪发生之后，社会的公平状况就会发生改变和被损害。这时，国家以公权力拥有者的身份对犯罪者加以制裁，就可以使被改变或者被损害的公平得到修复，使社会能够保持在一个基本公平的状态中运行。当然，刑法所维护的公平更多的是法律意义上的公平。比如针对不正义者的犯罪，就存在这样的问题。对于不正义的惩罚只能依法进行，如果有人通过犯罪的方式来惩办邪恶，它本身在法律上就是犯罪。这种特定的犯罪在表面上维护的是公平，实际上本身也是对公平的损害。如果社会听任私力的惩罚，就必然会破坏社会的秩序，最终损害社会的公正。由于私力的大小和范围是不同的，听任私力滥用就必然会导致更大更多的不公平，因此为了维护社会的公平秩序，并不至于混乱，于是也要对惩办邪恶的犯罪进行惩罚。任何犯罪都只能由国家的法律机构通过法定程序进行惩罚，不允许任何人用私力进行报复，这本身也就是社会的公平。谁违反了这一准则，谁就是对公平的破坏。

从诉讼法的角度来看，何以裁决纠纷才是公平的，何以确定被告的法律责任才是公平的，这是诉讼当事人关注的，是诉讼法律所关注的，当然也是法官和法院所关注的。所有的诉讼都不能摆脱公平而存在；所有的诉讼都必须以公平为目标；所有的诉讼也只有在公平之下，才能真正地消除。只有公平才能最终消灭诉讼、化解矛盾、解决纠纷，社会才会有真正的和谐安宁。

(二)法律自身的公平

法律是维护社会公平的工具,当然有如何实现社会公平的问题。但是,法律首先具有的还是如何实现自身公平的问题。综观法律自身的公平问题,主要的不过是表现在立法和司法两个方面。对这两个方面的探讨一直是法学家的主要课题。

1. 立法上的公平

立法上有无公平正如立法上有无平等一样,一直是法学界争议的焦点。一些学者认为,法律是统治阶级意志的体现,因此就没有公平可言。一些学者认为,法律平等首先就是立法上的公平。如果没有立法公平,法律平等就是一句空话。其实,从理性上考虑,应当认为立法公平是应当存在的,只是在历史的进程中由于狭隘的阶级偏见使立法公平成为了幻影。在奴隶社会、封建社会中,立法公平都是不可能的。在资本主义社会中,资产阶级一直主张立法公平而且以立法公平相标榜。其实,由于资本主义没有能够为社会提供公平的经济条件与物质基础,所以其立法公平也只是建立在资本的基础之上,表面的立法公平掩饰着实质的不公平。

社会主义社会应当说为立法公平提供了最好的历史空间。在这个社会中,法律是人民意志的体现,它既能够真正体现最大多数人的意志,同时又能有效保护少数人的利益。这就为立法的公平性提供了最好的主体条件和社会基础。

立法公平有一个发展的过程。立法公平不是一蹴而就的,它需要社会为其提供必要的条件,也需要法律作为其发展的前提。经济的发展、文化的进步、政治的文明,都是立法公平所必须依赖的客观条件。

立法上的公平是整个法律公平中至关重要的,它是一个社会司法公平的先导,主导着一个社会公平的基本状况。在不公平的立法下,人们难以获得公平的司法,更无法获得真正的公平。

立法公平是指同类主体同类事项的同等对待。立法在这一方面的公平,在整个法律公平中显得特别重要,具有重要的意义。只要一个社会不是畸形到立法只是一张废纸,它在立法上的公平情形,就既是那个社会公平状况的表现,也是那个社会的主导者对于社会公平的基本设计。社会主体的多元状态和社会生活的多样状态,都决定了公平必须是同类主体和同类事项,必须在立法上同等对待。这种同等对待就意味着同类主体在同类事项上享有同等的法律权利,具有同等的法律义务,一旦违法还应当承担同等的法律责任。

公平是通过权利、义务和责任的规定体现出来的。在立法上,全体公民都应该具有同等的法律权利。在现代社会中,每个国家的公民都有着宪法所确定的基本权利和义务。公民基本权利与义务确定的前提之一就是一个人是否拥有一个国家的国籍。同是一个国家的公民,就应当在其本国内享有同等的公民权利,承担同等的公民义务。若能如此,即是在公民基本权利义务的分配上实现了公平;若不能如此,公民的基本权利和义务就可能因政治身份、财产状况、家庭出身、文化程度、性别、职业而有所差异,就失去了公平。从权利角度讲,不能将公民的人身权利、政治权利、经济权利、文化权利等,人为地在法律上划分为三六九等。所有的公民都应该具有遵守法律、不得分裂国家等方面的同等义务。一旦有人违反法律就应该承担违法的责任。法律责任的承担,在立法上不能因人而异。

立法公平也是指不同的主体或者相同主体在不同的事项上区别对等。没有差别的简单等同并不是公平。收入所得税法律,针对不同收入状况的主体规定了不同的税率,这种差别也就体现着公平。这是因为不同收入的人,在获得收入的过程中,使用的社会资源是不一样的。收入越高的人,占用社会资源的数量或者范围就会越大或者越多。高收入者承担较高的税收义务是公平的。这里所存在的问题,不是高收入者应否多承担义务,而是要多承担多少义务才是公平的。同时,对于高收入者来说,对其适当增加税收义务,也不会导致其生活的困窘,而对低收入者来说就不一样了,他们有限的收入甚至就仅仅是其生活费用。因此,对于一定数量以下的收入,国家将不予征税;对不同数量区间的收入,国家将征收不同比例的税额。对于那些没有收入或者收入极低者,国家甚至采取用征税所得予以补助的政策——国家支付其最低生活保障费。这里的区别对待,就是公平。

2. 司法上的公平

立法上的公平与否制约着整个法律的公平状况,但是并非具有了立法上的公平,就一定具有司法上的公平。公平的立法只有通过公平的司法才可能转化为社会的实际。司法活动是以公平作为标准的。公平是司法的本质要求,当然是司法的题中之意。公平是公正的评价指标与子系统。没有公平,便没有公正。司法上的公平,应当包括司法权利的公平和司法裁决的公平两个方面。

司法权利的公平是任何社会成员都具有获得司法保护的权利,都享有将有关纠纷交付司法裁决的权利。司法权利的公平首先表现为当事人平等地享有向司法机关起诉或应诉的权利。起诉上的权利公平,表现为任何公民都享有向司法机关起诉的权利,起诉的权利不能被剥夺;表现为争议的各方当事人都有权向司法机关起诉,要求司法裁决;也表现为起诉者的诉讼权利都是平等的,而不会因人而异。应诉上的权利公平是指任何人一旦被控告即享有参与诉讼活动、申请司法机关或其司法人员的回避、进行答辩、反驳、反诉等,以使其纠纷被司法机关公正审判的权利。为此,就要反对未审先判、不审而判的错误司法方式。为了保证司法权利的公平,首先要在立法上和在设定司法权利时,就制定出公平的诉讼法律制度,然后再确保公平的司法权利能够被充分实现。

司法裁决决定和记载着司法的结果,司法裁决具有决定性的意义。在民事、行政司法上,司法裁决是对相关争议的最权威的终局结论。当事人起诉和应诉后的胜败都最终决定于司法裁决。在刑事司法上,刑事被告人是否构成犯罪,构成何种犯罪,应受到何种和怎样的刑罚处罚,乃至不受刑罚处罚,都由司法裁决决定。司法裁决的意义是显而易见的,司法裁决的公平与否也就特别引人注目,必然成为当事人、司法机关甚至社会有关方面关注的焦点。

进入司法活动的案件如何裁决,总是与各方当事人利害相关的。法官、法院就只能依照事实和法律公平地裁判。除非当事人自动和解或者在调解中让步,否则,任何法官和法院都没有权力作出偏颇的裁判。不同的法官或者法院对同一案件的裁判,结果也许会不同,但是其公平的准则应该是一致的。同一案件在不同法院或法官那里,裁判的结果也应该是大体接近的。至少在应然意义上,不同的法院或法官不应该有根本不同的、是非颠倒的裁判。所以,也可以说,公平的裁判总是相近的,而不公平的裁判才是千差万别的。

首先,司法活动中的公平表现为同类主体的同类对待。在诉讼过程中,诉讼法也存在对于诉讼权利和义务的分配问题。

诉讼参与人只要符合诉讼参与人的法定条件、具备诉讼参与人的身份,就应当享有诉讼权利。这种权利的多少并不受任何不当因素的影响。即使是某些权利由于诉讼参与人的某种客观条件限制或由于生理或心理障碍而不能实现,法律还要规定特别的措施来保障这种公平的现实化。随便可以见到的至少有这样三个例证:一是关于诉讼中语言使用上的公平。我国宪法规定,各民族公民都有使用本民族语言文字进行诉讼的权利。人民法院和人民检察院对于不通晓当地通用的语言文字的诉讼参与人,应当为他们翻译或者提供翻译。[①] 我国民事诉讼法和刑事诉讼法都有类似的规定。[②] 不通晓当地民族通用语言的当事人,要在当地人民法院和人民检察院进行诉讼活动,这时人民法院和人民检察院应当为诉讼参与人提供翻译。如果人民法院和检察院不能提供翻译,应当认为在语言上就失去了对诉讼参与人对待上的公平。因为诉讼是要依赖语言来进行的,没有语言使用的公平,当然就难以保证案件的公平处理。即使案件的处理结果是公平的,但在诉讼过程中就已经有了诉讼参与人语言使用的不公平。二是对经济原因导致的不公平的补救。在刑事公诉案件的诉讼过程中,由于提起公诉的一方在我国是人民检察院,面对因经济有困难而无法委托辩护人的刑事被告人,人民检察院显然是强势一方,为了保证诉讼活动是在公平的条件下进行的,我国刑事诉讼法还专门规定,公诉人出庭公诉的案件,被告人因经济困难或者其他原因没有委托辩护人的,人民法院可以指定承担法律援助义务的律师为其提供辩护。[③] 三是对生理、心理缺陷者的特

---

① 参见《宪法》(1982 年)第 134 条。

② 参见《民事诉讼法》(1991 年)第 11 条;《刑事诉讼法》(1996 年)第 9 条。

③ 参见《刑事诉讼法》(1996 年)第 34 条。

别对待。对于由于生理或心理障碍而难以进行民事诉讼的无行为能力人，民事诉讼法一般都会规定，由他们的监护人作为法定代理人代为诉讼。法定代理人之间互相推诿的，由法院指定其中一人代为诉讼。[①] 刑事诉讼法则规定，被告人是盲、聋、哑或者未成年人而没有委托辩护人的，法院应当指定承担法律援助义务的律师为其提供辩护。[②]

其次，司法活动中公平也表现为同类事项的同类对待。同类事项的同类对待，在大陆法系国家，表现为同类的案件都适用相同的法律规范来加以处理；在英美法系国家，表现为遵从前例原则的贯彻。

大陆法系国家中法律的统一性总是受到异乎寻常的重视。它的这种统一性下的公平，是通过四个途径来实现的。一是通过法律规范的统一性来实现公平。一个地区的法律规范是统一的，一个法域的法律规范是统一的，甚至一个国家的法律规范也是统一的。统一的法律规范就为同类事项同类对待的公平创造了条件。在我国，除依照宪法规定实行特别行政区法律的特别行政区之外，其他的省、自治区、直辖市都适用统一的法典。其中包括最基本的刑事法典、民事法典、行政法典和诉讼法典。法典化的规则可以被司法机构反复适用、长期适用，在空间上和时间上都便于同类事项被同等对待。二是通过诉讼审级来实现公平。在大陆法系国家，有的实行两审终审制，有的实行三审终审制，无论实行怎样的审级制度，审级都起着维护法律统一性的作用。各个法院在裁决同类案件时可能有不同的处理结果，但是由于它们有共同的上级法院——进行二审或者三审，通过对于上诉案件的审理以及由此形成的判例，不断地促使同级或上二级法院在审判上的一致性。这也就促使了二审、三审法院所辖地区司法的统一，使其所辖区域中同类案件被同类处理。三是司法解释。司法解释是司法机关在审理案件过程中就如何具体理解和适用法律而作出的关于法律规范的阐释。各个下级

① 参见《民事诉讼法》（1991 年）第 57 条。

② 参见《刑事诉讼法》（1996 年）第 34 条。

法院客观上都会尊重上级法院的司法解释。在我国，最高人民法院的司法解释在实际上具有一定的法律效力。通过司法解释确保司法机关适用法律上的一致性和统一性，从而达成司法上的公平。四是案例的编纂与参考。大陆法系国家普遍不认可判例的法律效力，但并不意味着判例就毫无意义或者就被法官们置之不理或置若罔闻。在大陆法系的许多国家和地区，其最高司法机关都会编纂案例，发布给下属各级法院作为判案的参考。各级法院也会尊重上级法院的相关判例，因为这直接关系到它们所裁判的案件是否会被上级法院改判。如果被改判而认定为错案，在有的国家甚至还会使原审法院或法官受到某种责罚或承受一定的不利后果。所以下级法院对于上级法院的判例不是不关心的。上级法院都会有意无意地通过判例的影响来发挥自己对下级法院的指导作用，并维系司法的统一性，保证在其管辖领域内的司法公平。

英美法系国家的法律体系以判例法为主。其法律的公平主要是通过以下的途径得以实现的。一是通过判例的适用来获得司法的公平。判例就是同类的案件及其先前的裁判情形。以先例作为现有案件的裁判依据，首先是使现实案件的裁判保持了与以前判例的某种一致性；其次是使现在裁判的案件能保持与后来案件的处理相一致。判例，从一定意义上讲它在同类案件同等对待上并不比成文法差。二是通过衡平法的作用，实现公平。衡平法是为了弥补判例法之不足而产生和存在的。衡平法本身就以公平作为自己的价值目标。一切无前例可循的案件，都可以依据衡平法获得处理。衡平法的基本精神内核就是公平。没有公平的原则就没有衡平法的存在。三是通过审级来发挥司法的公平作用。英美法系同样具有不同的审级，不同审级之间的工作关系一直发挥着使辖区内的司法具有统一性和一致性的作用。司法的统一性和一致性也就是公平的形式化要求和表现。四是通过一定的成文法及其适用来实现公平。英美法系国家虽然没有大陆法系国家那么重视成文法，但是成文法依然是其重要的法律渊源。尤其是在近现代以来的英美法系国家法律体系的发展，成文法越来越具有重要的作用。

不论是在大陆法系还是在英美法系，无论其法律渊源有怎样的不同，公平始终是两大法系法律及其司法所共同追求的目标。

最后，司法活动中的公平还表现为不同情形的不同对待。司法是将法律现实化的过程，是适用法律的过程。其最基本的使命就是依照法律的规定来裁判案件。在司法的过程中要确保公平，必须注意：针对不同的案情，作出不同的裁判。在相关的法律规范之中，选用哪一个法律规范来处理案件，更能满足公平的期待，需要以公平原则作为指导。即使法律上有唯一确定的规则，但也许会存在对不同情况的不同规定。在司法过程中，司法官员应当恰当地选用适当的法律规定来处理不同的案件。对法律规范的准确选用就是公平。如果法律上没有不同的情况规定而是规定了一定的范围，司法官员就应当根据具体的案情，酌情裁判。法官“酌情”的价值指导就是公平。只有根据公平原则进行的酌情裁判，才可能得到当事人和社会的认同，才能实现真正的公平。在法律上没有规定，司法官员根据法律原则和法学、法律原理来进行裁判的时候，公平具有更重要的意义，这时，公平更是司法官员作出裁判的最直接的价值依据。

二、法与正义探索

法与正义是不可分离的。法从产生以来就被赋予了正义的含义。正义是法的精神内核。有学者甚至认为，“正义是社会制度的首要价值，正像真理是思想体系的首要价值一样……作为人类活动的首要价值，真理和正义是绝不妥协的”。①

（一）西方法的正义价值理论

法的正义理论，一直是西方思想家、法学家热切关注的焦点。从古希腊、古罗马时代，到当代资本主义社会，法的正义价值探讨始终是其中心的论题。对它们进行总结和梳理，是非常重要的基础性学术工作。

1. 西方法的正义论传统

纵观西方传统的法的正义学说，主要的不外乎客观正义论、主

① ［美］罗尔斯：《正义论》，何怀宏等译，中国社会科学出版社 1988 年版，第 1～2 页。

观正义论、理性正义论、神学正义论和法规正义论五大类别。

客观正义论。客观正义论认为世界上本身就存在某种客观的正义价值标准,凡符合这些标准的就是正义,凡违反这些标准的就是非正义。而这个衡量正义与否的标准,不是由哪一个人所创造的,而是由人类共同生活、相互影响产生的。在现实社会生活中,家庭、家族、部落、国家,都有一定的共同需要。这些共同需要既包含物质生活的要求,也包含精神生活的要求。这些共同需要就导致了共同的正义评价标准。把这个客观标准称之为"数"的毕达哥拉斯就是秉持客观正义论的典型代表。毕达哥拉斯在哲学上认为,"数"是万事万物的本源,世界上万事万物都由"数"构成,"全宇宙就是和谐与数"。他认为,任何个人都必须处于一定的社会联系之中,社会法律的正义评价标准当然就不能取决于个人的欲望与好恶,因此,衡量正义的标准必须是客观的、为人类共同需要的标准。在毕达哥拉斯看来,它只能是"数的关系""数的原理",也即数的"定分"与"均等"。

主观正义论。主观正义论与客观正义论的观点正好相反。它认为,正义要由主观价值观来判断,而主观的价值则纯粹由个人自己来评定。因为现实社会生活中,每个人在物质和精神上都有各不相同的欲望和需求,其他任何个人和团体都不得干涉。一个人对一定事物的正义评价,都只能由个人凭着自己的感情主观认定。一定团体也许有他们共同的正义标准,然而谁也不能肯定地说某个团体的正义标准就是正确的。因为作为多个人构成的团体,还有可能出现多数人的错觉。基于此,主观正义论者就得出结论说,正义的标准完全产生于人们各自的生活欲望和生活要求。法的主观正义论者以古希腊的赫拉克利特和普罗塔哥拉等人为代表。赫拉克利特认为,世间万物都在随时变化,而非永久存在。人的正当行为是由人们自己确定的,并无什么客观标准。法也不过是变动的意见,是权力的象征而已,其正义与否,也只能根据人们个人的愿望。普罗塔哥拉作为诡辩学派的学者之一,积极倡导个人主义,也认为法可以由国家意志随时变更,然而国家的行为无论如何都是正义的,所以,法也就无论如何也是正义的,只是这个正义的基础是国家自己的主观性而已。

理性正义论。理性正义论最早由斯多葛学派创始人芝诺提出。他认为人类所制定的法应符合当时代表理性、统治世界的永恒不变的自然法。由于这种法统治万物,代表理性,因而是制定正义的标准之所在,人类可以在社会中寻求到理性的正义。苏格拉底认为,理性与人的感觉不同,感觉可以随人的不同而发生变化,而理性则是永恒的东西。对法的正义评价以及从法的角度进行的正义评价,都不是由人的感觉决定的。法之好坏、行为之善恶,总之,正义与非正义,都由一个不变的理性来判别。苏格拉底还说,对于正义,法有规定的,人们应当遵守,而没有规定的,人们也应依据理性来遵守。柏拉图在其《正义论》中集中研究了法的正义问题,他同样把理性作为正义的最高准则。在他看来,人都具有理性、志气和欲望三种品性。理性有获得知识的能力,表现为知识和智慧;志气有发怒的能力,如果接受理性的支配,便表现为勇敢;欲望接受理性的支配,则表现为节制。当理性支配志气和欲望时,人们便获得了正义的德性。从这里不难看出,法仅仅是维护正义的手段和工具。他认为,如果人们的理性,即较善的部分占优势,完全处于支配地位,那么就有了正义,用不着法。但人都有兽性一样的恶性,当他对自己的兽性放松控制时,兽性便活跃起来,即使是好人也难免如此。人们如果不能约束自己,就只好服从外在的权威,这样所有的人尽可能地在同一政府管理下友好而平等地生活。这个外在权威就是法。它的作用就是禁止人们放纵欲望,并依照聪明的统治者所制定的行为规范去做,让那些不能按照理性行动的人能够约束自己,最终目的在于维护个人正义的品德。这种外在的权威正是国家权力之所在,也是国家能够维持所谓正义秩序的手段。法惩罚那些有不公正行为的人,恶行就被抑制,正义和节制的美德便得到伸张,法甚至可以促进这些人约束自己成为一个有道德的人。[①] 亚里士多德继承发展了柏拉图法的正义观。在亚里士多德看来,法离不开正义、美德的要求。法的制定和实施、法的作用的大小、法律变革与否都不能过

---

① 张宏生主编:《西方法律思想史》,北京大学出版社 1983 年版,第 30～31 页。

度或不足，都要适度，都要以是否符合正义为标准。服从法就是服从正义。他说："要使事物符合正义（公平），须有毫无偏私的权衡；法律恰恰正是这样一个中道的权衡。"①他认为，"人类由于志趋善良而有所成就，成为最优良的动物，如果不讲礼法、违背正义，他就堕落为最恶劣的动物。悖德（不义）而又武装起来，势必引致世间莫大的祸害；人类恰正生而具备（他所特有的）武装（例如言语机能），这些装备本来应由人类的智虑和善德加以运用，可是，这也未尝不可被运用来逞其狂妄或济其罪恶。于是失德的人就会淫凶纵肆，贪婪无度，下流而为最肮脏最残暴的野兽。城邦以正义为原则。由于正义衍生的礼法，可凭以判断（人间的）是非曲直，正义恰正是树立社会秩序的基础"。② 西塞罗也是一个理性正义的主张者，他认为法是最高的理性，从自然法中产生出来，指导应做的事，禁止不应做的事。法是理性在人类理智中稳定或充分地发展的结果。理性是人和上帝两者共有的第一份财富。法则是最高的理性，是人和上帝共有的。"真正的法律"和"正义"是同义语。在西塞罗看来，正义只有一个，它约束整个人类社会，并且是建立在一个应用于支配和禁止的正当的理性的法的基础之上的。无论人们是否了解那个法，无论曾用书面形式记载与否，它都是正义的。正义的起源可以在法中找到，因为法是一种自然的权力，是理智的人的精神和理性，是衡量正义与非正义的标准。西方 17 至 18 世纪近代自然法学派的许多学者都是理性正义论的鼓吹者。该学派奠基人格劳秀斯就认为，一切正义的准则都是人类社会理性的体现。人类的最高准则也就是基于普遍理性的产物——自然法，以至于许多著述和学者都称他们的自然法学说为正义论学说。

神学正义论。神学正义论出现于法产生之初，隆盛于中世纪。在中世纪，以奥古斯丁为代表的神国正义论认为，人的国家之上有神的国家存在，并且统治着人的国家。人国的法就是来自神国的指示。神国的指示又由其代表教会来传达，来自神国的指示就是人们

---

① 《西方法律思想史资料选编》，北京大学出版社 1983 年版，第 53 页。

② 《西方法律思想史资料选编》，北京大学出版社 1983 年版，第 42 页。

的正义标准。阿奎那认为人国乃神国在人间的再造。虽然能独立存在，但却不能违反神的意志。他把法分为永恒法、自然法、人法和神法四类。尽管永恒法最高，但人类不能直接得到它，只能通过自然法参与，而人法又不可能没有错误，因此，只有神法才完美无缺，它能使人法得到补充，使人的动机与行动都合于道德的要求。因此神法就是人类正义与否的标准。

法规正义论。法规正义论主张法律规范是正义的体现，法律规范就是正义，服从法律也就是服从正义。分析法学派的代表人奥斯丁的法规正义论学说尤具典型意义。他认为，宇宙中有两种法则：一是自然界的自然规律，诸如季节变化、植物生长、地心引力、动物生死等；二是人为的法则，即规则。而法一词或所谓严格意义上的法，应当是统治者之命令。法如果不是命令，那就不成其为法或不能算作严格意义上的法。由此观之，与人们意志无关，没有命令含义的自然规律，当然不能作为法，至少不能算作严格意义上的法。奥斯丁基于对自然法学说的极力反对，也同样否定自然法学说者们主张的理性正义论。他认为，严格意义上的法只能是实在法。尽管他主张“恶法亦法”，但同时也明确肯定，法的正义就存在于统治者的命令之中，也即就存在于实在法之中。

2. 西方现代法的正义论

现代西方法的正义仍然是法学家们孜孜以求的热点。凯尔森、罗尔斯、佩雷尔曼、戈尔丁等人都认真研究过法的正义问题，提出了自己的法的正义主张。当代西方较为著名的法的正义学说主要有：相对正义论、社会正义论、形式正义论和程序正义论等。

相对正义论。相对正义论的代表人首推凯尔森。他在代表作《法律与国家》中说：本书所使用的法律概念，即无任何道德的含义。它指明一种社会组织的特定技术。法律的问题，作为一个科学的问题来看，是社会技术的问题，而不是一个道德的问题。当我们说某个社会秩序具有法律的性质而是一个法律秩序，我们并无意于做任何道德上的判断，暗示该秩序是善良的或公正的。从某些观点说来，有些法律秩序，实是不公正的。但是，法律与正义是两个截然不同的概念。有别于正义的法律是实在法。我们在这里所讨论的，是实在法的概念。实在法学与正义的哲学,必须予以明晰的分辨。他进一步解释道,纯粹法学尽管宣称它不能确定某种法律是否公正或是正义包含何种要素,但它并不反对"实在法应当公正"的要求。纯粹法学之所以不能够答复这些问题,实因为它本身是一种科学,而这些问题不能够予以科学的答复。他说,他所主张的纯粹法学陈述着现存状态里的法,既不称许法的公正而予以辩护,亦不指责法的不公正而予以谴责。它追求着真实的可能的法而不是正确的法。在这个意义上,它是一个极端现实的实验的学说。它拒绝对实在法做任何评价。就拿合乎正义的社会秩序来说,凯尔森认为,根本就不存在能为人人提供幸福的、合乎正义的秩序。就是能为最大多数人谋取最大幸福的秩序也是不存在的。因为社会秩序所保证的幸福是集体意义上的幸福,即立法者认为值得满足的某些人类需要,如吃、穿、住的需要。但是人类的哪些需要是值得满足的呢?特别是它们的先后次序又是怎样排列的呢?这些问题都不能用理性的方法来回答。它们只能取决于作出决定的人的价值判断。这种决定是相对的,随着决定者的不同而有所差异。如果他是一个基督教徒,就会相信死后灵魂幸福比尘世财富更重要;如果他是一个唯物论者,他就根本不相信来世之说;如果他是一个自由主义者,他就相信个人自由是最大的幸福;如果他是一个社会主义者,他就会相信社会安全和人人平等比自由更为重要。正义观念是与人们的宗教的、哲学的或政治的观点相连的。不同的集团有不同的宗教、哲学或政治观点,因而产生不同的甚至矛盾的正义原则要求。根据这种正义观,法的正义也是无法确定的。立法机关没有科学的办法确定社会的正义原则,它所选择并转化为法定权利、义务的原则,也不过是立法者的偏见而已。但凯尔森并非否认法的正义的存在,只是认为立法的正义无法确定,而适用法中的正义,相对地讲还是客观存在的。他说,我们无法断定某一法是否正义,但如果将正义理解为"合法性",那么法律科学中就包括正义的概念了。这也就是说,如果某个一般规则,实际上适用于根据内容应该适用的一切场合,它就是"正义"的。反之,如果它适用于这一场合而不适用于另一类似的场合,它就是不正义的。这种"合法性"意义上的正义,同实在法的内容无关,它是有关实在法适用的一个特征。并且凯尔森认为,这种意义上的正义和任何实在法律程序都是一致的,不管是和资本主义的或是共产主义的,民主的或专制的。在这里,“正义”的意义就是忠实地适用实在程序以保持其存在。它是在法律下的正义。凯尔森的正义学说,有的人将其归入主观正义论。这也没有什么不可以,因为相对正义的相对的基础,就是人们对事物正义评价的主观性。但是最好还是称之为相对正义论。因为较之正义的主观性,凯尔森似乎更强调正义的相对性。这在上面已可以看出一些端倪。其实凯尔森本人也这样肯定过:“我的确不知道,也不能说,什么是正义,人类渴望的正义是什么。我必须老老实实地接受一种相对的正义,因而我也只能说对我来说的正义。”

社会正义论。现代西方法的社会正义论的代表无疑应是罗尔斯。他的社会正义论被一些学者推崇为20世纪法哲学、政治哲学、道德哲学和社会哲学的最伟大的成就。其名作《正义论》一书,对正义进行了深入的研究。他认为,正义是至高无上的。任何理论、法律、制度,不管如何有用和巧妙,只要是不正义的,就一定要被抛弃和消灭。每个人都具有基于正义的不可侵犯性,即使为了全社会的利益也不能加以侵犯。在一个正义的社会中,正义所保障的各种权利,都不受任何政治交易或社会利益所左右。正义的社会作用,就是规定社会利益及负担等的适当分配。他说,社会是人们或多或少自给自足的一个联合体。他们承认某些行为规则具有约束力,并根据这些规则来行为。这些规则详细规定了一种合作体系,目的在于促进参加这一体系的人的利益。社会虽然是一个为了实现相互利益而合作的事业,存在利益的一致方面,但是由于人们都希望自己能多分得一些通过合作而产生的利益,所以也存在利益的冲突方面。这就必须要有确定利益分配的原则。这些原则就是正义的原则。它们一方面规定了在社会基本制度中划分权利和义务的方式,另一方面又规定了社会合作的利益和负担的适当分配。他还认为,正义原则是构成良好社会的主要因素。一个良好的社会的条件有二:一是在这个社会中,每个人都接受同样的正义原则,并且知道他人也接受同样的正义原则;二是各种基本的社会制度普遍地符合这些原则。罗尔斯强调,社会正义是首要的正义,社会正义的对象首先就是社会基本结构,即各种主要的社会制度、政治制度、法律制度、经济制度。这些社会基本结构对个人的生活前途有着最密切、最持久和自始至终的影响,是个人和团体行为的环境条件。如果忽视了社会基本结构,正义就会成为当事人之间的协议,然而评价协议公平与否,必须依赖当事人的社会地位和经济地位,并最终取决于社会的基本结构。所以,正义虽然可以形容不同的对象,有多种含义,但是社会基本结构的正义可能是最基本的。例如对法官判决的正义评价,标准通常都是现行法律制度的规定。罗尔斯还提出了社会正义原则的具体内容:一个是"最大的均等自由原则",每个人都享有这样的权利,即和其他人同样自由相并存的最广泛的基本自由;另一个是"差异原则",社会和经济的不平等将安排得使它们对每个人都有利,使它们与职位相连,而职位对任何人都开放。

形式正义论。在现代西方法哲学家中,刻意追求形式正义论的当是佩雷尔曼了。佩雷尔曼著有《正义观念和辩论问题》《正义》《正义、法律和辩论》等正义论名作。他认为,最流行的正义概念有六种:(1)对每个人同样对待;(2)对每个人根据优点对待;(3)对每个人根据工作对待;(4)对每个人根据需要对待;(5)对每个人根据身份对待;(6)对每个人根据法的权利对待。通过对这六种概念的分析,佩雷尔曼得出结论,正义的概念是多样而复杂的,我们应从中抽象出它们的共同思想,设定一个能适用于不同正义概念的共同公式。这个共同思想和共同公式就构成形式正义的定义。因此,他所谓的形式正义就是要求以同一方式对待人,就是同一基本范畴的人都应受到同等待遇的活动原则。形式正义是与具体正义相对应的抽象正义,也能被人们普遍接受。佩雷尔曼认为,正义的概念之所以非常混乱,原因在于人们在谈论正义时被迫去为具体的正义下定义,并要去确定基本范畴。可是在讨论不同正义概念时,我们又犯了一个错误——往往纠缠于各种正义概念间的差异因素,而忽视了它们的共同因素——同一的形式正义。如果把正义分为形式正义和具体正义,就有利于弄清争论的性质,分辨哪些争论是必然的、哪些争论是不必然的。虽然这种划分和分析不能终止争论,但可以大大缩小争论的范围。佩雷尔曼的正义论一产生，即获得了较为广泛的赞许。英国哲学家拉斐尔等人在批评这一形式正义论学说的不足的同时，也肯定地认为，佩雷尔曼的正义论是一个有趣而有说服力的命题，他对形式正义和具体正义作出的主要区别十分有价值。形式正义原则有着不可争议的合理性和受特殊条件下形成的特殊感情支配的普遍性。罗尔斯也对形式正义有许多精辟的论述，但他的形式正义是与法治密切相连，甚至相互等同的。他说，形式正义的概念，也即公共规则的正规的和公正的执行，在适用于法律制度时就成为法治。他甚至说，形式正义又可称为“作为规则性的正义”，也就是法治。形式正义要求执行法律和制度时应当平等适用于属于它们所规定的各种各样的人。根据他的形式正义学说，他又提出了作为法治基本原则的正义准则：第一，法律规定或法治要求的应当的行为是能够的行为的准则。第二，类似情况类似处理的准则。类似情况类似处理，也被译为“类似案件类似处理”。他认为，如果这个准则不被遵循，人们就不能通过规范的手段来调节他们的行为。类似情况类似处理的原则可以有效地限制法官及其他当权者的权限。这个准则迫使他们对他们参照有关的法律规则和原则在人与人之间所作出的区分给出证明。第三，法无明文规定不为罪的准则。这个准则要求法律为人所知并被公开地宣传，而且它们的含义得到清楚的规定；法令在陈述和意向两个方面都是普遍的，不能被当成损害某些可能被明确点名的个人的一般手段；至少对较严重的犯罪行为应有严格的解释；在量刑时不追溯被治罪者的既往过错。而且，尽管存在剥夺公民权利的临时法案和追溯法规，但这些东西不能太普遍，换言之，不能成为法律体系的特征，否则它就必须具有另外的目的。只有暴君才可能不预先通告就改变法律，并相应地惩罚他的臣民。第四，规定自然正义观的准则。规定自然正义观的准则是用来保护司法诉讼正直性的指针。如果法律是向理性人提出的指令的话，法庭就必须考虑以某种适当的方法来运用和贯彻这些规范，就必须做出有意识的努力来确定一个违法行为是否已经发生，是否要对它处以正确的惩罚。法治要求某种形式的恰当程序，即一种合理的设计，以便用与法律体系的其他目的相容的方式来弄清一个违法行为是否发生，并在什么环境下发生的真相的程序。例如，法官必须是独立的、公正的，而且不能判决他自己的案子。各种审判必须是公平的、公开的，不能因公众的吵闹而带有偏见。自然正义的准则要保障法律秩序被公正地、有规则地维持。[①] 由此可见，佩雷尔曼的形式正义是与具体正义相对应的，而罗尔斯的形式正义则是与实质正义相对应的；佩雷尔曼的形式正义是一种抽象的正义公式，罗尔斯的形式正义则与法治密不可分，几乎是法治的同义语。法的形式正义论，在当今世界上非常有影响。1987年8月在日本神户举行的国际法律哲学会第三次世界大会上，澳大利亚学者卡门卡和A.郑用它来研究社会主义法制。他们说，基于近代法治主义的理念，他们怀疑如果缺乏真正的社会民主、私法体制和形式正义，社会主义国家加强法制的努力究竟能在多大程度上成功。他们的看法的确值得认真思考。

程序正义论。程序正义论认为，程序正义是法所固有的检验司法活动公正与否的标准。它支配着审判的全过程。严格说来，这种学说可以归之于形式正义论的范畴。但是较之形式正义论它又更强调司法过程的正义问题，并且它基本上是与实体正义论相对应的，而不是与具体正义论相对应。因此，程序正义论也还有一定的独立地位。美国法学家戈尔丁在《法律哲学》一书中论述了他的程序正义论观点。他认为，程序正义有重大的法律意义。“关于程序正义我将试图表明……坚持公正标准能促进纠纷的解决，而不仅仅是把它们了结。”程序正义可以使争端无须适用任何实体法，而用既非违反某一法律的也非符合某一法律的方式得到解决。他说程序公正尤其对纠纷的审理和解决的实现方式有决定性影响，也对第三者接受和使用劝导性纠纷的材料有决定性影响，并且他反复强调“对程序公正的需要来自类法律式解决纠纷的本质本身”。并且戈尔丁对程序正义与“类法律式解决纠纷”的各种解决办法（仲裁、调解、治疗性整合）的联系进行了论述。戈尔丁提出了程序正义的要

---

① ［美］罗尔斯：《正义论》，何怀宏等译，中国社会科学出版社1988年版，第225～229页。

求和标准:一是中立性,其包括:(1)“与自身有关的人不应该是法官”;(2)结果中不应含纠纷解决者个人的利益;(3)纠纷解决者不应有支持或反对其一方的偏见。二是劝导性争端,其包括:(1)对各方当事人的诉讼都应给予公平的注意;(2)纠纷解决者应听取双方的论据和证据;(3)纠纷解决者应只在另一方在场的情况下听取一方意见;(4)各方当事人都应得到公平机会来对另一方提出的结论和证据做出反响。三是解决,其包括:(1)解决的诸项条件应以理性推演为依据;(2)推理应论及所提出的论据和证据。①

以上论述的相对正义论、社会正义论、形式正义论和程序正义论,只是当今西方世界法哲学界对法的正义问题具有一定代表性和影响力的主张。实际上,现代西方的法的正义论学说是异常纷繁的,既有旧理论的复兴,也有新观点的涌现。它们之间的接续、碰撞、融合,构成了西方法的正义理论的整体。

(二)法与正义的价值思考

从价值角度对法与正义之间的关系进行思考,是法的价值理论的重要论题和核心论题。在对法与正义进行思考的时候,我们也许应当特别强调正义是法的先导,清晰认识法的正义的意义、基础、内容、标准,进而更清醒地认识法的正义的滥用,最终防止法的正义被滥用,使法的正义成为社会的正义。

1. 正义是法的先导

正义,作为一种社会观念和社会准则,在社会意识中十分广泛而深刻地存在,一直引导着法的发展。在历史长河中,从人类有道德上的是非观念以来,社会就产生了正义观念。正义观念从人类蒙智初开时就萌芽生成,逐步发展,不断丰富,随着社会的更替而不断演进。虽然每朝每代,每个人的正义观念并非完全一致,而且可能有很大的差异,甚至根本对立,但是,每一时代的正义观念都从社会观念的角度引导着法的发展,制约着法的发展,体现在法的制度之中,成为法的发展变化的灵魂和精神。在社会层面上,正义的观念遍及社会的各个领域、各个角落。它不仅存在于人们的头脑中、舆

① [美]戈尔丁:《法律哲学》,齐海滨译,三联书店1987年版,第240~241页。

论里，而且直接作用于人们的行为，成为人们做出行为和评价行为的道德依据。在法调整人们行为的过程中，人们对各种特定行为的调整方式都必然受制于正义观念。人们对调整行为的正义评价，直接影响着法对它的肯定或否定、保护或制裁。一定正义观念是一定时代法的基本的思想基础和精神内核，在一定程度上决定并主导着法的状况。罗尔斯认为，"正义是社会制度的首要价值，正像真理是思想体系的首要价值一样。一种理论，无论多么精致和简洁，只要它不真实，就必须加以拒绝或修正；同样，法律和制度，不管它们如何有效率和有条理，只要它们不正义，就必须加以改造或废除……作为人类活动的首要价值，真理和正义是绝不妥协的"。①

以上论述，主要是从历史和社会的宏观上来考察的。若从更具体的正义与法的制定、执行、遵守诸环节的关系来看，正义是法的先导这一命题，至少是在这样的三层意义上成立的。其一，法是指导人们行为的准则，是国家和社会民众用以评价社会行为的标准，也是国家"惩恶扬善"的根据和武器。这样，法在制定时，立法者就不可能不以一定的正义观念作指导并将这些正义观念体现在具体的规定之中。这是从立法上讲的。其二，从执法上讲，执法者的执法活动在正义观念方面，首先要以社会主导者（特别是其中的立法者）熔铸于法律规范中的正义观念为指导，其次也要受执法者本人正义观念的左右。不管一定的正义观念是不是真正的正义，但可以肯定，任何执法活动都摆脱不了正义观念的影响。其三，从守法上讲，法能否被良好遵守的制约因素是多重的，其中极其重要的因素就是法本身是否具有正义性、具有多大程度的正义性以及社会民众的正义观念怎样、法所包含的正义观念与社会民众的正义观念是否吻合。如果法本身较为正义或正义，社会民众的正义观念基本正常且与之基本吻合或吻合，那么，这样的法就可能被行之有效地遵守执行，反之，该法就可能不被社会接受，甚至遭到社会民众的反对和破坏。法的遵守也如同立法、执法一样必须以正义观念作为思想

① ［美］罗尔斯：《正义论》，何怀宏等译，中国社会科学出版社1988年版，第1～2页。

依据。

2. 法的正义的基础

法的正义的经济基础。法的正义作为上层建筑的意识形态,与法一样是由一定的经济基础决定的。有什么样的经济基础,就有什么样的法的正义观念、正义规则和正义现实。从所有制来看,私有制基础上的正义与公有制基础上的正义不尽相同。在私有制下的正义,在公有制下也许就是不正义,反之亦然。从经济体制来看,计划经济体制中的正义与市场经济体制中的正义也有着重大分歧,二者甚至会根本对立。要评价某一事项是否正义,不能不考察其经济基础的状况。不了解经济基础的状况及其要求,有时就难以对某一事项作出正义或不正义的认定。法律是否正义,根本要看法律是否适应其生产关系的要求、是否促进生产力的发展,这是从法的正义的经济基础意义上所作出的判断。是否有利于经济发展是判别法的正义与否的根本依据,但经济也不是法的正义的唯一依据,绝不能采取经济唯一决定论或机械决定论。把经济视为法的正义与否的绝对标准、唯一基础,否认正义的道德依据、文化依据,显然是极其错误的。

法的正义的道德基础。正义,具有伦理的属性,具有必要的道德基础。法的正义也是如此。法的正义观念和体现法的正义的法律规范,都是以其相应的道德观念为基础的。很难想象,立法者能够对他在道德上所认为的“不正义”予以法律确认和保护。社会民众也不可能对其自己道德上所认定的“不正义”而予以法的观念上的认同。法的正义是以道德正义作为基础的,拥有不尽相同的道德正义观念的社会成员,也就拥有不尽相同的法的正义要求。一定的法的正义以一定道德正义为基础。法的正义之所以在社会历史中能够长久存在,并具有历史的继承性、共同性,这除了它具有经济基础等外,必然有这样一个原因:它拥有得以存在的道德基础。对于非政治性的杀人越货,不管是什么法都不会予以正义的评价,甚至会当作极不正义予以制裁。这就是因为,非政治性杀人越货,在道德上,人们都会予以否定的正义评价。对于虐待父母的行为,世界上各国各时期的法都一致地予以否定,视之为“不正义”而制裁之。

这都充分说明,人类在道德上的共识成为了人类法上的正义共识。离开了道德基础,关于正义的法律观念、规范与现实都无法获得令人信服的解释。

法的正义的文化基础。法的正义的状况受社会文化状况的制约。人类文化的状况主导着法的正义的状况。社会的法律规范是以必要的文化发展为前提的。法的任何存在都离不开文化的存在。而由于文化的因素,有的在以前被认为不正义的,在以后也许会被视为正义;在以前被认为正义的,在以后也许会被视为不正义;在一国被认为正义的,在另一国则可能被认为不正义。例如堕胎,在以前曾被许多国家的法律认为不正义,列为违法,在现在许多国家都不再将其视为违法;男尊女卑在以前被认为是正义的,在今天就遭到了否定;死刑在某些国家被视为正义的并被使用,在另一些国家却被视为不正义而予以摒弃;等等。人们的法行为是在一定文化环境中做出的。任何人,哪怕是文盲都是在一定文化环境中生活的。他在法上的行为举止都是由他的思想支配的。他的文化程度决定着他对自己行为的认识或理解。一个文化高深,尤其是法律知识高深的人较之一个文化浅薄的人,对法的正义的判断无疑要准确得多,其因认识上的不当而导致法上的不正义的行为会相对较少。反之则不然,许多法盲违法的悲剧正在于其文化上的粗陋。法盲们往往文化不高,其法上的不正义之举与其文化的欠缺以及由此导致的正义上的判别失误是紧密相关的。无论是从社会的法律发展看,还是从人们的法律行为看,文化都制约着社会和人们的法的正义状况。文化是制约、影响、决定法的正义的重要因素。

3. 法的正义的内容

法的正义,可以从不同的角度来描述其内容,也许可以从这样两个方面来考察:实体正义和程序正义;授权正义、义务正义和禁止正义。

实体正义和程序正义。实体正义是法律实体权利、义务分配上的正义,包含法对社会生活权益与责任的分享和分担的制度设计。法上的实体正义属于法的正义的基本范畴,在整个法的正义中居于重要地位。程序正义是指社会冲突解决上的正义。程序正义是对实体正义的保障和补充。人们的利益和需要的差别必然导致各种冲突的产生。这些冲突中有一个何为正义、何以实现正义的问题。正义的程序是实现正义的保证,正义的结果必须靠正义的程序作为过程。没有程序的正义就没有实体的正义。法的正义包含实体正义和程序正义两个方面。实体正义是基本的正义,程序正义是必要的正义。实体正义是起点也是归宿,程序正义是过程也是保证。尽管有时实体权利、义务并不需要实际的程序正义,但它们无不以程序正义的现实可用作为条件,否则实体正义就没有保障。

授权正义、义务正义和禁止正义。法的直接目的无非就是授予某种权利、赋予某种义务和禁止某种行为。法只要能实现授权正义、禁止正义和义务正义,也就实现了法的正义。法律授权的正义意味着,其一,法授予的权利一般必须是普遍的社会成员都能享有的,而不是特权。因为特权是不正义的产物和表现。其二,法授予的权利应具有相对的极大性。法应当赋予最多的社会成员最广泛的权利,确保最多的社会成员能够最普遍地过最自由、平等的生活。其三,法授予社会成员的权利既包括社会成员的实体权利也包括社会成员用以保障实体权利的程序权利。法的义务正义意味着,其一,法的义务是为保障法的权利而设定的,不能片面强调义务而忽视权利。不以法的权利为目的地片面强调法的义务,往往会导致意想不到的不正义,导致某些人的法的权利被法的义务所湮没,以及某些人的法的权利摆脱了法的义务的制约。其二,法的义务与法的权利是相应的。没有无权利的义务,也没有无义务的权利。社会权利、义务在总量上是相等的。其三,法的义务对其承担者来说,应是能够履行的。把法的义务交给根本无法承担的人,这只是法的自我嘲弄。这样,法的义务不但无法实现,而且也极不人道,因而也就极不正义。法的禁止正义意味着,其一,法所做出的禁止是必要的,而不是可有可无的。如果没有必要必须禁止,法就不应作出禁止的规定,否则就可能损害社会成员的应有权益。其二,法所作出的禁止是适当的,而不能任意扩大禁止的范围和条件。法禁止了不应禁止的行为,不但保障不了正义,连法本身也会陷入不正义之中。其三,法所作出的禁止是一般的,而不是针对个别人或某些人的。这并不否认对违法犯罪者的特别禁止，但绝不能因民族、种族、财产、宗教、信仰、性别等原因而对个别人或某些人予以特别的禁止。这些都是法的禁止正义所要求的。

4.法的正义的意义

第一，分配权利义务以确立正义。

法分配权利义务以确立正义准则。人们是在社会群体中生活的，人在没有人我分别、经济差异、阶级划分的原始时代，当然是无所谓权利或义务的。随着人类私有观念乃至私有制度的形成，人们之间的权利、义务日益明确，许多权利、义务逐步被法律化。法分配权利义务的原则体现着法的正义状况，引导着社会正义的方向，成为法上的正义原则。法对权利义务的分配原则体现着一个国家或社会的正义观念和正义准则，为法的正义确立起具体而基本的正义准则。

法分配权利义务以确立正义模式。法是规定人们权利、义务的规范。人们是否依法享有权利而不滥用权利，是否依法履行义务而不侵犯他人的权利，其衡量的标准就是法对权利、义务的规定。法对权利的规定不仅包括对权利内容的规定，而且包括对权利性质、范围、享有条件和实现方式等的规定。如果权利人违背了权利的性质、超出了权利的范围、不具备权利的享有条件而享有了权利或不采取适当的实现方式行使权利，权利就会被滥用，就会在权利的行使上出现不正义。法对权利的规定还包括对权利的保障规定。因为权利无法实现，同样会导致不正义。保证权利得以实现，就可以使妨碍权利或侵犯权利的不正义得以克服，而使正义得以修复或保存。法对义务的规定也如同对权利的规定一样，它不仅规定了义务的内容，而且也规定了义务的性质、范围以及实现的方式等。义务如果没有实际地全面履行，权利也就不可能实现，权利也就会受到侵犯或破坏。这也同样会导致不正义的出现。法对义务的规定也包括对义务的保障规定，即法要强制不自觉履行义务的人履行义务，阻止逃避义务和不正当履行义务的不正义发生，使义务负载的正义得以实现。正义与否在法上是以法对权利、义务的规定为基准的，法通过对权利、义务的分配来确立法上的正义模式。

法分配权利义务以确立正义秩序。社会的权利、义务在总量上应当是相等的。因为既没有无权利的义务,也没有无义务的权利。由于人们的经济状况、社会地位、个人习性、智力才能的差异,法的权利、义务不可能绝对均等地分配。如果没有权利、义务的法律分配,社会就会陷入混乱之中,人们就可能因权利、义务的不明确而发生纠纷,而且由于缺乏法定的正义标准又使纷争无法得以解决。社会就会从混乱之境坠入混乱之渊。所以,法对权利、义务的确立可以使一般的权利、义务具体化、特定化,更可以使社会避免混乱而有条不紊。值得特别指出的是,通过权利、义务的分配确立的正义,只是法律规范意义上的法的正义,而不是社会实在意义上的法的正义,也不是一般意义上的正义,更不是全部所有的正义。法的正义是否能转化为社会现实,既要取决于法所确认的正义本身的性质(阶级性、适应性、可行性等)、内容,也要取决于法的正义得以实现的条件、手段、方式、途径等。规范上的法的正义与社会现实中的法的正义往往有着相当大的差距,它不是社会现实意义上的法的正义,也不是一般意义上的正义。法律规范意义上的正义是一定正义观念的法律化。它不是一般的正义、普遍的正义、抽象的正义,而是通过规范得以具体化的正义。正义的内涵和外延都十分复杂,法的正义也只是正义之一部分。通过权利、义务分配来确立的正义并不是正义的全部内容。道德正义、风俗正义、习惯正义的许多内容都不需要,甚至也不可能法律化,它们都在法的正义之外。

第二,惩罚违法犯罪以保障正义。

法的正义的标准,通过法对权利、义务的分配得以确立,而要保障法的正义的存在或实现,还必须依靠国家强制力。法凭借国家强制力使法的权利、义务分配实在化、现实化。

在现实社会生活中只要有法的存在,就必然有违法犯罪的产生。在一定意义上说,或者是"违法犯罪"需要法,或者说是法"导致"了违法犯罪。违法犯罪在本质上就是违反法的行为。在法的权利、义务上,或者体现为法的权利的滥用,或者体现为法的义务的不履行。法的权利的滥用必然导致对他人权利的侵犯,导致不正义的产生;法的义务的不履行,也必然导致他人权利的无法实现,也同样会导致不正义的产生。

任何违法犯罪行为都是对法的权利、义务的既有分配方案的破坏,都是对法的正义的背离和损害。违法犯罪行为背离了法的正义,社会必须使法的正义得以回归。其回归法的正义的方法包括惩罚违法犯罪在内。违法犯罪行为损害了法的正义,社会必须使法的正义得以修复。修复法的正义的方法也包括惩罚违法犯罪行为在内。惩罚违法犯罪是保障法的正义的有效方式。

惩罚违法犯罪以保障法的正义,具体表现在法通过惩罚违法犯罪,使违法犯罪者的恶行得以抑制,终止违法犯罪行为对正义的继续损害;使被违法犯罪行为扭曲了的正义标准得以校正,恢复社会正常的正义准则;使违法犯罪者的不正义得到抵消与中和,正义在违法犯罪者受惩罚的过程中得以体现;使倾向恶行的不正义者中止恶行、远离恶行,弃恶从善,确保正义免受侵犯。

第三,补偿受害损失以恢复正义。

法的正义被损害了,法就有责任制裁不正义。然而仅限于此是远远不够的。因为人们的正义心态并不因为不正义受到惩罚就得以完全的平复。法要真正切实地保障正义,还必须在惩罚违法犯罪的同时,补偿正义因违法犯罪而蒙受的损失。只有在正义的损失也得到了补偿的情况下,才可以肯定地说,正义得到了修复。

法补偿受害损失的具体方式是多样的。一是法通过对违法犯罪的惩罚以及违法犯罪者的悔过自新来补偿已损失的道义上的正义。二是法通过强迫违法犯罪者用实际行动弥补自己的过失,用自己的行动来抚平社会正义的创伤,使社会的正义得到恢复。三是法通过迫使违法犯罪者赔偿受害者的物质损失和精神损害,从经济赔偿的角度修复被损害了的正义。

法惩罚违法犯罪者以恢复正义,只是法恢复正义的一个方面。因为正义的损害者并不仅是违法犯罪。风暴雨雪、生老病死等也可能使人处于极不平等的位置,导致不正义的产生。对这种不正义,不能采取惩罚违法犯罪或迫使违法犯罪者赔偿损失的方式来纠正。在这种情况下,惩罚也恢复不了正义。那么法就应当通过社会保障、社会救济的方式使正义得以恢复。社会对受害者的保障或救济,就可以使失去平衡的正义天平重新平衡,从而恢复正义。

5. 法的正义的滥用

并不是任何人在任何时候都能坚持正义,正义被滥用不仅是一种可能,而且是社会历史与现实的事实。有的人故意滥用正义,有的人因过失滥用正义。这两种情形都可能使正义成为不正义。

法的正义被故意滥用。故意滥用正义的情形,在历史和现实中并不鲜见。法国拿破仑的军队席卷欧洲大陆的时候,“拿破仑的军队转眼之间,席卷欧洲大陆。战争接连取胜。其取胜的原因何在呢?这当然与强大的军事力量和拿破仑的天才指挥有关系。同时据说作为支持它的基础是法国军队,具有要把进步的革命理想播种到欧洲各角落这种伟大的‘使命感’。就是说,这理想就是正义,打着正义这一旗帜,这正是拿破仑获胜的原因”。[①]“拿破仑是以法国革命的原理为正义的旗帜,向各处进军的。”[②]拿破仑在法国合理分配土地,制定《拿破仑法典》。但是,由于拿破仑只是把自由教给人们,却没有给人们以自由;其军队在被占领地上就地解决粮食;拿破仑将自己的亲眷任命为各被占领国的国王,自己又君临各国;[③]所以,拿破仑的正义就必然深受怀疑。其行为的正义性质也因此而大打折扣,甚至走向正义的反面,成为不正义。在这里,正义实际上是被拿破仑滥用了。法的正义同样有被滥用的时候,尤其是在黑暗的时代,法的正义更是常常被滥用。不正义常常都以正义的形式出现在世人的面前。法的正义被滥用,有时是由滥用者故意造成的。大凡反动的统治,其法必然具有很大的虚伪性。虚伪的一个重要方面就是“正义”的虚伪,即以不正义代替正义,将不正义装扮成正义。法的正义被滥用首先就是表现在立法上的。立法的不正义是第一位的法不正义。不正义的立法从来都不会承认自己的不正义,相反的是,它们还往往会百般地以伪善的面目出现,以欺骗社会和民众。但是不正义的法永远也欺骗不了历史,历史的发展早晚会揭穿反动

---

① [日]池田大作:《我的人学》,铭九等译,北京大学出版社1992年版,第432页。

② [日]池田大作:《我的人学》,铭九等译,北京大学出版社1992年版,第433页。

③ [日]池田大作:《我的人学》,铭九等译,北京大学出版社1992年版,第433~434页。

立法者的谎言。其滥用的正义也会为历史发展所正本清源、拨乱反正。在执法上,将不正义称为正义的情形在历朝历代都寻常可见,只是或许多些或许少些、或许能被纠正或许不被纠正而已。在立法黑暗的社会中,执法再正义也必然是成问题的。即使是在正义的立法下的执法,也还有正义与否和以不正义代替正义的问题。因为法官等执法官员还可能亵渎法律、徇私枉法、渎职枉法。许多冤假错案都是由执法官员枉法执法、执法不正义所导致的。在这种情形之下,执法官员更是会以正义来装扮自己,俨然自己是正义的化身。正义被不正义的执法官员践踏了,更被不正义的执法官员滥用了。

法的正义被过失滥用。正义也可能由于立法官员或执法官员的过失而被滥用。原因正是他们的道德意识、法律观念、法律知识、立法技术、科学文化的畸形或者低下,错误地将不正义作为了正义或者将正义视为了不正义,在他们的心目中是正义的,但实际上却是不正义的。法的正义在这种情况下,会被他们滥用。出现这种错误的原因可能是出自他们的道德意识问题,或者是他们的法律观念问题,或者是他们法律知识的不足问题,或者是立法技术的欠缺问题,或者是他们缺乏必要的科学文化知识问题。他们出现这种错误不是故意的,但并不因为他们不是故意的,滥用就不是滥用的。因此,为了法的正义不被滥用,国家和社会都一定要选择社会的优秀分子出任立法者和执法官员,减少因其素质和水平不高而导致恶法和冤假错案的可能性,减少因其素质和水平不高而导致不正义的可能性。对于素质低下、水平达不到应有程度的立法官员和执法官员,必须予以清除。社会与法的正义不允许被个别官员或某些官员作为学费而牺牲。社会也承担不起以正义作为学费的对官员的培养与提高。没有足够的素质和能力本身就不能出任立法官员或者执法官员,因此,国家不应将不合格的法律官员录用后再加以补课式的培训。这种状况如果在特定的历史阶段有其无可奈何的合理性的话,那么随着时代的发展,越来越不应该出现类似的情形。人民有权选择和选拔自己的官员,而绝不是官员都已经在任上了,再来强迫人民培训或付学费。任何时候都没有理由故意地以人民的牺牲、正义的损失作为赢得更多正义的代价。国家和社会必须保证国家和社会本身责任范围内的正义。

三、立法公正探究

立法公正是政治公正的法律表现,也是司法公正的前提条件。立法公正是整个法律公正的基础。法律的公正必先体现为立法的公正。可以说,立法公正是法律公正的开始。没有立法公正,便无法律的公正。立法公正依赖政治的公正。立法公正要求:立法原意必须是公正的,立法原意的表述必须是准确的,相关法律的协调必须是良好的。

(一)立法公正与政治公正

政治制约法律,法律受制于政治,这是研究政治与法律相互关系的最基本结论。如果说法律是政治某种意义的表现,政治就是法律必要的社会基础。政治与法律从产生以来都有公正与否的问题,法律与公正更是形影不离。政治、法律都与公正具有重要联系。

公正的政治将会要求公正的法律,也有助于法律公正的确立与实现。政治不是孤立的存在物,它既需要得到体现和贯彻,也需要得到支持与响应。首先,政治需要在经济、文化、宗教、法律以及社会的各个方面得到体现和贯彻。法律本身对于政治的体现需要政治,是自不待言的。就是经济、文化、宗教和社会其他的各个方面对于政治的依赖,有时也需要法律作为中介来加以实现。这是因为,法律是一种社会行为规则,这种行为规则本身就与经济、文化、宗教等社会生活的各个方面相联系。其次,政治需要得到许多方面的支持、响应,才能得以贯彻。一定的政治倾向或政治路线要被维持,就必须借助若干途径和方式。对于社会具有重大影响的法律,当然是政治必然会关注和寻求的对象。政治也会因相应的法律的支持而得到强化和巩固。政治对于法律公正性的要求,首先就体现在立法上。立法是法律适应政治需要的第一个环节,政治的公正必然首先要求和表现为立法的公正。

不公正的政治必然需要不公正的法律来维持、维护,因此,不公正的政治之下的法律就难以公正。政治的不公正将是法律不公正的先导。人类历史上出现了许多不公正的政治,其中至少有专制政治、集权政治、特权政治等，都是不公正的政治。这些不公正的政治有的是在对待人民的关系上的不公正，有的是在权力分配与设置上的不公正，有的则是在不同主体的社会地位上制造着不公正。政治直接制约的是立法，因此不公正的政治之下，首先就会导致立法的不公正。当然，立法的公正与不公正也是政治公正状态的反映，也会反作用于政治的公正状态。立法的公正与否体现和影响着政治的公正情形。

（二）立法原意的公正

立法原意的公正是立法公正最基本的前提。如果立法原意都是邪恶的，就绝不可能制定出公正的法律条文、法典和法律体系，当然也没有公正的司法。邪恶的立法原意是邪恶政治的表现，也是立法者低下道德状况的反映。要保证立法的公正，必须首先寻求立法原意的公正。在设定立法目标、设计立法条款时，立法者的出发点和归宿都应当是公正的。不能以不公正的立法目标与期求来拟制法律文本或通过法律文件，那样，立法就不可能是公正的。偏私的立法原意不会产生公正的立法结果，偏私的立法永远不可能结出公正的法律果实。

立法原意之所以如此重要，其原因在于，它除了对整个立法具有先决性的制约作用之外，还因为其后对于法律的理解和执行，都会去追索立法的原意，并遵循立法原意。在对法律进行解读的时候，洞悉立法原意，是十分重要的。在对法律进行适用和遵守时，认识立法原意，坚守并符合立法原意，也同样是十分重要的。立法原意对法律制度的实施具有根本的影响和制约，同时也对法律的公正性有重要影响。

（三）立法原意的准确表述

对立法的公正原意进行准确的表述，是对立法者的技术要求。由立法者素质和立法本身的复杂性所决定，立法中的表述问题始终是立法中的重大问题。许多原意公正的立法，由于表述不当，结果适得其反，这无异于是立法的失败。但是，这种失败例证不是在这里发生，就是在那里发生。比如一房地产管理法对于房屋预售登记义务的规定，就出现了这样的情形。立法者的原意应当是公正的。

因为被预售的房屋是由预售人持有的，而且预售人手中才有商品房建设的各种法律文件，作出这样的规定显然是公正的："商品房预售人应当按照国家有关规定将预售合同报县级以上人民政府房产管理部门和土地管理部门登记备案。"从表面上看完全公正的立法，在实际生活中却演变成为了严重的不公正。正是由于登记的义务人是预售人，所以即使预售的房屋有法律上的问题，只要预售人自己不去登记就不会暴露。于是有问题的预售人总是利用自己的登记义务来逃避主管部门的监督，迟迟不办理预售合同登记，在掩盖违法的同时，还严重侵犯了购买人的合法权益。更有恶劣的预售人，利用法律的这一义务性规定，一再拖延登记，预购人拿他没有办法——因为法律规定的登记义务人是预售人。在预售人迟迟不予登记的同时，甚至将已经预售转让了的房屋"一房二卖三卖"，形成欺诈，甚至构成刑法上的诈骗。但是一旦发生诉讼，往往受害的人还是预购人。预售人将售房款已经收取并无力返还，预购人要钱没有——已经花光或者转移，要房也没有——另外卖给了其他人。最终人民法院还以该预售合同未经登记为由不予保护（这固然有司法不公正的问题）。立法的公正原意没有得到很好的表述，与司法的不公正一交织，法律上极不公正的结果就必然发生。

（四）立法中的协调

任何立法活动都是整个立法中的一部分、一个环节而已。在立法中，一个条款同另外的条款之间，一个条款同整个法典之间，一部法典与其他法典之间，乃至与整个法律体系之间，都可能存在何以协调的问题。如何使整个法律体系的内部各个部分与整体之间协调统一，是一个极为重要的问题。例如，物权法的制定，就是一个涉及面非常广、需要进行广泛协调的立法问题。物权法作为民法典的一部分，当然要与民法典的其他部分相协调，但是仅限于此还是远远不够的。它还必须与宪法规定的基本经济制度相协调，必须与保护各种财产所有权的行政法、刑法相协调，还必须与婚姻法、继承法的相关规定相协调。

四、司法公正思考

公正的立法若想转化为社会的现实,需要司法公正作为桥梁。具体说来,司法公正一是需要良好的司法官员,他们是适用法律最基本的力量。二是需要良好的司法组织,它们是确保法律上的公正被良好实现的组织保证。三是需要良好的司法环境,它们是法律公正演化为社会现实公正的制约因素。没有这些方面的保证,再好的法律也没有实际的公正意义。司法公正作为一个整体,既是司法机关包括司法官员的自我要求,也是社会的外在期望。就司法公正来说,在强调司法机关和司法官员的自我要求时,应倾向理解为公平正直;在强调社会对于司法的要求与评价时,则应更倾向理解为公平正义。司法公正具体到司法活动之中,其基本的内容包括:司法的实体符合法律规定;司法的程序符合法律规定;司法的实体和程序都符合社会主流的道德准则。

司法公正的评价具有主观性和多元性等基本属性。从评价的主观性角度来讲,公正与否的评价毕竟是有关主体的思想结果,它与评价者的素质、评价者的认识、评价者的利益都具有重要而密切的关系。从评价的多元性角度来看,司法机关与当事人、当事人与当事人、司法机关与司法机关等不同的评价主体,对于同一司法现象都可能会有不同的评价结论。司法公正在评价上的这两大属性,决定了司法公正得到普遍认同的艰巨性,也对司法机关和司法官员提出了特别的公正要求。

(一)司法公正的评价主体

司法公正的评价主体主要有司法官员、诉讼当事人和社会大众。

任何司法官员对于自己承办案件的处理方式和结果,都应当自认为是公正的,是在自认为公正的基础上作出的。也就是说,法官对于自己所下的裁定或判决,必须具有自我的公正确信。如果司法官员自己都不能确信自己的裁判是公正的,那么这一裁判结果必然是值得怀疑的,甚至可以说根本就不可能公正。首先,法官对于案件有着其他任何人都不具有的对于案情的认识。在民事诉讼中,对于案情的了解，就当事人、律师（包括代理人）和法官三者来说，当事人和律师对于案情的了解都具有片面性，意见也都难免具有倾向性。法官却可以听取各方当事人的意见，克服各方当事人的片面性。法官是中立的裁判者，案件本身及其裁决结果对于法官没有像当事人或律师那样的利害关系。在刑事诉讼中，控辩双方都各执一词，唯有法官的意见具有中立性的特点，法官的中立性是司法公正的保障，法官具有不同于控辩双方的中立特性。其次，法官是社会的精英，他们具有或应当具有裁判是非的最高智慧。法官应当是由社会的优秀分子来充任的。所以全世界都对法官有特别严格的选任要求。法官独特的智慧和对于人生与社会的深刻把握将是他们公正裁判案件的素质基础。

诉讼当事人。案件当事人对于案件的处理结果至为关心。一个刑事案件的判决能得到被告人的公正评价是不容易的。一个民事案件要能得到双方当事人的公正评价将更难，因为原被告之间的冲突客观存在，而且会影响他们对于法官的客观评价。案件的裁决对于当事人来说，是很难进行客观评价的，因为他们置身事中。诉讼当事人最关心案件的审理过程与裁判结果，他们将是率先对司法的公正性质进行评价的人。其评价必然会对社会产生影响，并最终影响社会对于司法公正性的评价。

社会大众。社会大众是对司法进行评价的最广泛主体。社会大众通过舆论、新闻等渠道了解司法进而评价司法，这种评价具有一定的随意性。因为社会大众的评价可能会受到传媒的误导，这是客观的事实。但是最根本的还是司法机关究竟把案件办得怎么样。司法工作，对于司法机关和司法官员来说，是日常事务，没有什么大不了的。对于当事人和社会大众来说，诉讼则是不得了的大事。司法机关和司法官员对于案件的处理必须慎之又慎，不可失去公正。社会大众也往往是根据一个个案件是否被公正裁判的印象得出司法是否公正的结论的。

（二）司法公正的评价客体

司法公正的评价客体主要有司法结果、司法过程和司法行为三个方面。

司法结果,是对司法进行公正性评价最为首要的客体。一个案件处理得是否正确,过程固然重要,但结果尤其重要。如果处理程序上有些问题,只要结果是公正的,当事人也都还能谅解,但如果处理结果不公正,当事人和社会大众都会不满意,就是司法官员自己也会为失之偏颇而愧疚。绝大部分上诉、申诉所针对的都是司法结果而非司法过程。司法结果主要是指司法裁判的结果。这个结果首先表现为,社会道德和法律都否定的行为是否受到了司法裁判的制裁;社会道德和法律都肯定的行为是否受到了司法裁判的保护。如果该制裁的都制裁了,该保护的都保护了,就可以说司法裁判的结果是公正的。其次表现为制裁与保护的程度是否适当。如果对于应受制裁者的制裁手段和程度是适当的,就可以说这个司法结果是公正的;如果对于应受保护者的保护措施和程度是适当的,也同样可以认为这个司法结果是公正的。

司法过程。司法过程是司法公正与否的第二个重要的评价客体。没有过程的公正必然没有结果的公正。然而由于传统的原因,我们一向不太重视过程,常常以为程序是次要的,只要有结果的公正就行了,殊不知没有过程或者程序的公正,就不可能有结果的公正。在司法活动中,处处涉及过程及相应的程序问题。在法庭调查中,法官是否允许各方同等地发表对于证据的意见;在法庭辩论中,法官是否实际赋予了双方同等的辩论权等都可能影响公正。

司法行为。司法行为同样也是司法公正与否的评价客体,而且是评价的重要客体。司法官员在审理案件中的每一个决定都会对当事人产生影响。司法官员在司法过程中,如何向双方交代诉讼权利,如何征求双方的意见,如何对每一个证据进行质证,如何作出司法裁决,都是公正与否的评价客体。这些方面也都体现和包含法官对待双方当事人的态度与对于事实的认识。法官有意识或无意识的行为,都可能引起当事人和其他诉讼参与人的反应,从而影响对于其公正与否的评价。

(三)司法公正的评价标准

法律标准与道德标准。对于司法的公正性质进行评价,法律标准是第一位的。作为法律标准,就是看其在实体和程序两个方面是否符合法律的规定。作为道德标准则往往是看相关法律行为在法律上的被肯定或被否定以及肯定与否定的程度，并以此作为道德评价的依据。法律评价标准具有较大的确定性和一致性；道德评价标准具有很大的模糊性和多样性。

职业标准与社会标准。职业评价标准是专业人士具有的评价标准，他们使用的是专业的眼光。这种评价又包括职业的有效评价与职业的任意评价。职业的有效评价往往是以裁定或判决的方式来表现的。例如二审裁定或判决对于一审裁判的评价。职业的任意评价是由专业人士所作出的，不具有法律效力。社会评价则是由公众作出的，具有极大的不确定性与多样性，其载体往往根据社会的发展变化而变化。在传统社会中，对司法公正的评价往往是通过大众舆论等方式予以表达。在现代社会，对司法公正的评价除了传统的大众舆论方式之外，还可能有新型的互联网舆论等方式。所以评价标准更具有多元性。

（四）司法公正的制约因素

司法公正是受多种因素制约的，其中主要有法律制度、司法官员、司法机制、客观限制和社会意识等方面的因素。

第一，法律制度。法律制度是否健全直接制约和影响着司法的公正。尤其是在中国这样一个具有成文法传统的国家，法律法规的意义更是不容低估的。在许多时候，只要制度上有的，人们就无话可说。如果制度上没有的，人们就会怀疑其公正性。在法律文件上找不到根据的，法院和法官们也常常不敢依照法律的原理和自己的认识来判决。这也就是为什么人民法院拒绝受理那么多民事、经济案件的原因。其实拒绝受理是最大的不公正，因为来起诉的人都是觉得自己权益受到侵犯的人。他们来到法院起诉，目的就是要寻求公正。结果他们一到法院，还没有进门，法院就在接待室把他们拒之门外了。这样，公正显然得不到维护。对于人民法院的立案范围限制的许多规定，都是值得反思的。

第二，司法官员。司法公正要得以实现，首先依赖的是司法官员，必须依赖司法官员的道德修养。司法官员面对各种诱惑和影响，要做到风雨不动安如山，必须依赖其定力。这种定力来自司法官员自身良好的道德修养。司法官员的品德修养对于司法公正与否是决定性的。没有良好德行的人,一定成不了好法官。人们常常讨论“好人”与“好官”的关系,用于讨论“好人”与“好法官”的关系。笔者认为,可以肯定的是,是好人的,不一定是好法官;不是好人的,一定不是好法官;而好法官必定是好人。这里的“好”首先便是道德意义上的好。没有为人之德的人,必然没有为官之德。司法官员对于法律的忠诚是首先取决于其道德水平的。越是缺乏道德修养的人就越是胆大妄为、肆无忌惮,没有什么法律是他可以因道德的约束而不违反的。司法官员的业务素质对于司法公正与否具有决定性的影响。即使再好的法律制度,如果没有良好的司法作为保障,也就没有应有的意义。我国法官的知识水平呈现出参差不齐的状态,有的水平高,有的水平低。就低素质者来说,首先是一般知识的缺乏,其次是专业知识的欠缺。有的裁决文书不堪卒读,连事实和理由都说不清楚,文字粗疏,病句连篇,语义含混。这首先不是一个专业素质的问题,而是一个知识水平、文字功夫的问题。专业知识是需要通过专业教育的训练才能获得的。有的法官本身就没有相关的专业知识;有的法官还是大学读书时的专业水平,十数年乃至数十年从未更新。由于知识的欠缺,公正就更难以得到了。

第三,司法机制。司法机制对于司法公正的影响是至关重要的。司法机制包括司法机构的设置、司法制度的状况和司法程序的设计等。司法机构的设置既包括在宏观上的司法机关与其他机构之间形成的政治构架,也包括司法机构内部的组织元素和组织形式。如果司法机构受到的外在约束过多,它就不可能具有独立的品格和独立的人格。在司法机构不自主的情况下,要公正司法就只能是美好的愿望而不是现实。司法制度的设计要具有合理性与科学性。如果制度设计本身不合理,就难以产生公正的司法。

第四,客观限制。因为司法机关所要证明的事实实际上是永远无法完全证明的,所获得的不过是依赖证据证明的“法律事实”而已,有些真相永远无法知道,因此也会出现失误,使绝对的司法公正不能实现。人类认识的无限性,是从总体上讲的。就每一个案件来说,则未必能完全查明其客观的实际情况。在民事案件中,当事人的举证也无法完全举出所有的证据，有时甚至无法举证。如果因此出现错案，责任当然不在法官，但是就案件本身来说，是没有查明事实的。在刑事案件的处理上，法律对于各个机关的办理案件的时间都有严格的时间期限的规定，司法机关所承担的工作任务也不允许无限地进行审判工作，在有限的时空中要完全了解案件，是不可能的。由于案件本身的复杂和司法机关的时间限制而不能完全查明案情，显然都会导致司法的失误。

第五，社会意识。社会的公正意识是很重要的，它是司法的外在环境。如果社会的意识是畸形的，即使是公正的司法也会受到不应有的责难。病态的社会意识必将妨碍司法公正。畸形的社会意识是从多个方面影响司法公正的。首先影响的是法官对于案件的认识与评判，这必然会影响法官的裁决；其次是形成不当的社会舆论，造成不良的社会舆论环境，使即使是公正的司法也被曲解或误解。社会有良好的公正意识就能够在一定程度上促进司法公正。

社会仅有公正意识还不够，还应当有追求司法公正的社会良知与能力。对于不公正的司法，社会应当有足够的舆论监督。社会公众也应当具有为社会公正而奉献自我的精神，至少应当有嫉恶如仇的美德和支持弱者的善行，体现在司法上就是要帮助司法机关或司法官员，将维护公正的法律付诸实施，使公正不仅是理想而且也是现实。

（五）司法公正的促进措施

公正是司法的现实目标和终极目标。要确保每一个司法案件都体现出公正，必须从以下几个方面入手。

首先，力行司法改革。我国既有的司法体制早已不能适应改革开放的需要，从改革开放以来逐步启动的司法体制改革正在进行之中。审判活动的行政化、司法权力的地方化和法官职业的大众化成为司法公正的障碍，甚至已经到了非改革无以维持的程度。司法体制改革是确保司法公正得到实现的途径。既有司法体制是在计划经济和高度集权背景下建立的。在设立的基本理念上都存在误区。现实中一些畸形的司法机制严重地阻碍着司法公正的实现。许多司法不公正都可以说是制度性的原因所导致的，对此必须有清醒的认识,从制度改革抓起,从机制改革入手,从司法官员着眼。由于种种原因,我国司法改革总是推进甚慢,远远不能适应市场经济、民主政治和法治发展的需要,更不能满足新形势下的社会公正要求。公正是中国司法改革的目标。建立起科学的司法体制也就是要建立起能够实现司法公正的司法体制。

其次,确保司法独立。司法独立是法治的基本原则。司法独立的思想渊源,最早可以追溯到1608年英国普通法院首席大法官爱德华·柯克与英王詹姆士一世的冲突。到十七八世纪,资产阶级启蒙思想家针对封建专制制度和等级制度,提出了三权分立的主张,其中著名的代表人物之一是法国的孟德斯鸠。孟德斯鸠认为,国家权力应分为立法权、行政权、司法权,三种权力分属三个不同的国家机关。“如果司法权不同立法权和行政机关分立,自由也就不存在了。如果司法权同立法权合二为一,则将对公民的生命和自由施行专断的权力,因为法官就是立法者。如果司法权同行政权合二为一,法官便握有压迫者的力量。”德国学者将司法独立而不受干涉分为八个方面:独立于国家和社会间的各种势力;独立于上级官署;独立于政府;独立于议会;独立于政党;独立于新闻舆论;独立于国民时尚与时好;独立于自我偏好、偏见与激情。美国法学家亨廷顿认为,司法机关的独立表现在它只遵循自己特有的司法原则,表现在观念和行为不被其他政治机构和社会团体的观念和行为所左右。1985年联合国大会发表的《关于司法机关独立的基本原则》宣布:“各国应保证司法机关的独立,并将此项原则正式载入其本国的宪法或法律之中。尊重并遵守司法机关的独立,是各国政府机构及其他机构的职责。”我国现行《宪法》第126条规定:“人民法院依照法律规定独立行使审判权,不受行政机关、社会团体和个人的干涉。”这是指司法机关或司法官员依法独立行使职权,不受非法干涉。这种独立是依法独立,而不是非法独立。它是在法律至上这一原则之下的独立,并不是法官或法院的擅断与随心所欲。它对于保障法律的切实施行具有必需的意义。只有依法独立行使审判权,我们才有可能实现司法的公正。

再次,实行司法公开。司法不公开在现实社会中表现得十分突出。在刑事诉讼中，案件何以从公安机关移送检察机关，又何以从检察机关移送到人民法院，其过程当事人不知道，其亲属更不知道。开庭时，明为公开审理，实际上法院常常以各种理由拒绝或限制公民旁听，而且假借各种理由阻止或逃避新闻机构的舆论监督。至于从开庭到判决书下达之间的过程，更是无人知晓。在民事诉讼中，何时开庭、何时作出裁决、庭审到判决的过程如何、其间是否经过审判委员会等，当事人很难知晓。司法官员自己也没有一个定准。直到现在，人民法院还把公开审理作为司法改革的重要内容，实在说明了中国司法神秘主义影响之深远。司法不公开是源于传统的司法神秘主义。司法如果是神判当然具有不可知性。例如传统的"油判""火判""水判"就不可知其何以裁决。那是传说的神在起作用。在今天神早已不存在了，但神判的神秘之风却保留了下来，实在是时代的悲剧。我们的司法再也不是神判，而是一套科学的裁判是非曲直的机制。中国传统文化中就有临事制刑、威不可测的司法传统，其中包含司法神秘主义的意味。这正是中国社会司法专制与司法专横的表现。作为现代司法，公开性已经成为其公正性的客观保障。我们有充分的理由要求司法是公开的。有许多人还认为公开审判等是什么重大的改革措施，还要慢慢来。其实它是早在新中国成立初期的《共同纲领》和第一部《宪法》就对人民作出的承诺。在法治建设中，我们必须对人民兑现承诺。本身就已经迟延的兑付，不能再被迟延了。司法公开的推行，必将有助于司法改革的进行，并切实推进司法改革，最终促进司法公正。

最后，改善司法环境。司法之外的相关因素就构成了司法的环境。司法改革当然要与其外在环境的改革相协调。具体地说，司法是在一定经济、政治、文化、道德、意识背景下存在的，它们构成司法的第一层次的外在环境。司法是与立法、守法、法律监督紧密联系的，它们构成司法的第二层次的外在环境。司法改革是与法制改革，乃至整体的社会改革并存的，司法的外在环境当然包括外在的社会改革环境在内，司法改革应当与法制系统改革和社会整体改革相协调。司法改革仅仅是社会整体改革的构成部分，仅仅是社会整体改革中法制改革的构成部分。为了使司法改革得以推进，为了使司法改革不因环境而夭折或得而复失，必须将司法改革中的内在状况改革与外在环境改革并重推进。如果说司法的内在状况是司法作用得以发挥的内因，那么司法的外在环境就是司法作用得以发挥的外因了。我们常说，内因是变化的根据，外因是变化的条件，这并没有什么错误。但是，它往往被人们误解为，内因才是重要的，而外因是次要的甚至是无足轻重的。这种认识显然是错误的，会在实践中导致极为严重的后果。因为，内因或外因，根据或条件中，都是相对于全体而言的，在内因与外因之间并没有决定关系。内因并不能决定外因，也正如外因不能决定内因一样。如果说内因和外因对于特定事物有无决定作用，那么则可以说，一般的是内因起决定作用。但在内因处于既定的情况下，则是外因起决定作用。没有必要的外因条件，再好的内因也产生不了应有的意义。考察我国现有的司法状况，不能不认为，其在内因上存在问题，在外因上也存在问题，甚至外因在某种情况下还起着决定性的作用，对司法具有根本的影响。因此，我们推进司法体制改革，必须着眼于司法体制自身的改革，同时必须注意对司法体制相关的环境改革。必须改革与司法体制相关的政党与司法、立法与司法、行政与司法的结构关系。以此确保司法体制改革的顺利成功，并使新的司法体制不断完善直至科学而公正。

第十三章　法的人的全面发展价值

法的最终价值是什么，是法的价值研究必须回答的问题。从不同角度来认识，对法的最终价值会有不同的结论。但是从同一视角来看，人们还是可以获得大体一致的认识的。如果我们能将人的个体与整体结合起来考察，法的最终价值也许就应当是人的全面发展。这里的人，是人的个体，也是群体，还是人的类，它包括每个人乃至一切人。

一、人—价值尺度—全面发展

人与法的价值尺度，人、法与人的全面发展之间是什么关系，需要进行理性的思考。对三者关系的认识，是对法的最终价值——人的全面发展深入把握的基础。

（一）人是法的价值尺度

任何价值都离不开人，人是一切事物的价值主体，也是一切价值的归属。这是由价值的质的规定性所决定的。价值是事物对于人的意义，人是价值存在的前提。如果没有了人这个价值主体作为前提，就不会有价值产生。"'价值'的基础和本质，就在于表明人的主体地位：价值就是以人的主体尺度为尺度的现象，在价值领域中'人'普遍居于最高的、主导的地位，是‘普照的光’，在任何时候说价值都意味着这一点，是在这个前提下来展开价值包括人的价值的各种形态。”①

对于法的价值的认识也应该是同样的，绝不可以脱离人来谈论法的价值。离开了人谈法的价值，就没有意义。正如亚里士多德所指出的，“法律的实际意义却应该是促成全邦人民都能进于正义和善德的（永久）制度”。② 法的一切价值都是以人作为主体尺度所得出的结论和构想的目标。

首先是因为，法是人的产物。任何法律都是人制定的。假如说其他动物也有规则，那些规则也不是人的规则。动物的规则是动物特定世界的存在物，人可能会受其影响，但是人不会将其他动物的规则作为自己的规则。人的规则可能受制于自然规律，但是自然规律也不是法律。即使是自然规律，要成为法律也需要人发挥主观能动性将其确立为法律。只要没有人的作用，任何规则或者规律都不会成为法律。法律是由人制定的，如果没有人的存在，法必然无法产生。法若不存在，法的价值即成为无本之木，就会缺乏客体根据。人是法得以产生的前提也是法的价值得以产生的前提。

其次是因为，法是人的意志的产物。法是由人制定的，但是法律并不是人盲动的结果，并不是人类个体或群体无意识的产物。它是人类有意识活动的理性产物。即使是那些很坏的法律，它也是通过人的理性活动而产生的，是人或者特定人意志的体现。如果没有意志，法律的内容就无法解释，法律就不可理喻。法是人的意志的外化。作为意志主体的人也许是人民，也许是专制者，也许是暴君；意志的内容也许是科学的也许是不科学的，也许是民主的也许是专制的，也许是善良的也许是邪恶的，也许是好的也许是坏的。意志主体和意志内容都可能有差异，但都是一定意志的表现却是没有差异的。尽管法律所体现的意志及其在价值评价结论上是不同的，但是不可否认的是，任何法都有自己的意志主体、意志内容及其价值

---

① 李德顺：《以实践的思维方式研究》，载王玉梁、［日］岩崎允胤主编：《价值与发展》，陕西人民教育出版社1999年版，第26页。

② ［古希腊］亚里士多德：《政治学》，吴寿彭译，商务印书馆1997年版，第138页。

目标。

人类或者人类的某一部分（群体或个人）总是在特定时代根据人的需要，根据自身对于法律的认识来确定法律的价值目标的。特定法律所包含的价值内涵也是由那个时代的人们尤其是立法者的认识所制约的。人们同时也将用自身的价值标准来衡量和评价现实的法律现象。

（二）人的全面发展

人的全面发展是指每个人和一切人都在客观和主观的各个方面得到最大限度自由发展的状态。

人的全面发展的主体既是个人也是一切人。人的全面发展首先是每个人的全面发展。因为每个人的全面发展是一切人全面发展的条件。每个人的全面发展是一切人全面发展的构成部分。一切人总是由每个人所构成的，一切人的全面发展也是由每个人的全面发展构成的。如果没有每一个人的全面发展，就不可能有一切人的全面发展。同时，一切人的全面发展也是个人全面发展的结果和条件。在人类社会的最高阶段，个人和一切人的利益是一致的，二者实现了空前的完美统一，其全面发展必然是互为条件的。

人的全面发展的主体既是具体的人也是抽象的人。人首先是具体的，其次才是抽象的。人的全面发展的主体首先是具体的人。只有具体的每一个人都获得了全面发展，一般的、普遍的人才可能得到全面发展。可以说，具体的人的全面发展是抽象的人的全面发展的基础。

人的全面发展是人的自由发展。人的全面发展是人的自由发展的结果。人天生就需要自由，自由的主体永远是人。人按照自己的需要和尺度成功地改造世界，是人的自由的基本内容。没有人对于世界的改造和在世界中的自主自为，进而获得自由，就没有人的全面发展。人的全面发展必须以自由发展为内核。如果没有自由，人的全面发展就必然是虚假的、不现实的。

人的全面发展是在各个方面的发展。人的发展应当是全面的。人的全面发展体现在人的现实关系和观念关系两个方面，包括人的潜能的充分发挥、人与外部世界的协调统一、人对主观世界的全面改造、人自身需要的全面满足并达到高度自由的最高境界等。其中最主要的有人的个性的发展、人的能力的发展、人的社会关系的发展。

人的全面发展包括人的个性发展。人的个性发展表现为人的独特性发展、人的自主性发展和人对自己活动调控力的增强。由于种种原因,人的个性一直受到不应有的压抑。人的发展必然要求人的个性发展。人的个性发展程度是人的发展程度的重要标志。人的自主性,是人的自由的前提和保障。只要没有自主性,人就无法摆脱被奴役的地位。人对自己活动的调控能力总是随着人的发展而逐步增强。人在自己发展的不同阶段,对自己的活动能否调控以及调控的程度都会有所差异。只有当人获得了全面发展的时候,他才能赢得完美的个性发展。

人的全面发展包括人的能力的发展。人的能力是多方面的,有自然能力和社会能力。自然能力是人在自然机体中作为天资而存在的那种能力。这种能力是人的一切能力的生理基础。在其基础上,人还有社会能力,包括生产能力、政治能力、思维能力、知识能力、理想能力、信念能力等。人的自然能力有发展,社会能力也有发展。自然能力是社会能力发展的基础,社会能力在本身发展的同时,又延展和强化人的自然能力。人有现实能力和潜在能力。现实能力的充分发挥,是人的全面发展的首要内容,潜在能力的发挥也是人的全面发展的重要方面,甚至具有更重要的意义。人有体力能力和智力能力。人的全面发展中包括人的体力发展、智力发展,也包括人的体力和智力的协调发展,使体力和智力达到高度的统一。

人的全面发展包括人的社会关系的发展。人的社会关系是由片面向全面发展的。社会关系一是循着经济的发展而更加全面,即在自然经济条件下,人与人之间的社会关系,在总体上总是非常单调、简单的。人与人的社会关系,在商品经济条件下,虽然比自然经济中的社会关系复杂和丰富得多,但由于它主要是基于“物”而建立起来的,因而它也依然是片面的。只有在商品经济高度发达的基础上建立起来的产品经济条件下,人与人之间的社会关系才可能得到最为广泛的发展。这里需要特别指出的是,产品经济是以高度发达的商品经济为历史基础的。社会关系循着社会交往的丰富而更加全面。人的社会交往,当初只是以血缘为基础的,而且主要局限于血缘的范围之内。随着社会的发展,社会关系逐步复杂化。人们正在逐步摆脱个体的、氏族的、部落的、社区的、民族的、种族的,乃至国家的局限,在越来越广阔的空间实现自我、发展自我。人的社会关系不仅越来越丰富,而且人们越来越在社会关系面前表现得自如、自主,成为社会关系的主人。

全面发展的人是一种全新的人,是不同于历史上任何时代的人。

二、法的发展是人的发展的表现

对法的发展与人的发展之间关系的认识,是对相关问题做深入了解的前提。在相关问题上,必须清楚地认识到法的发展是人的发展的表现。具体说来,应当认识到,法的产生是人的发展的历史现象,法的演进是人的发展的重要方面,法的消亡是人的发展的重大成果。

(一)法的产生是人的发展的历史现象

法的产生究竟是人的发展还是倒退的结果,似乎存在不争之争。之所以说是不争之争是因为,在历史和现实中,人们似乎并未就此发生过多少争议,但是不同的见解却是客观存在的。有的人认为法的产生是人进步发展的产物。有的人认为法的产生简直是人类的堕落。在这二者之间,应该认为前者更具有合理性。法的产生之所以是人的发展的产物,至少可以从这样几个方面得到说明。

首先,法的产生表明了人类社会的新发展。在原始社会,人们之间很少发生纷争。即使偶有利益上的矛盾,也可以通过相应的民族或部落组织加以解决。其解决方式或许未必都为今人所理解或者认同,但是它的确可以适用既有的习惯规则将矛盾化解,而使社会秩序得以恢复和维持。这样的社会,必然是社会关系极其简单的社会。简单的社会关系也即简单的人与人关系。无须法律,一切争端和纠纷,或者一切问题,都由当事人自己解决。在大多数情况下,历来的习俗就把一切调整好了。这正是社会落后、不发达的结果。

法的产生正是社会发展的必然要求。随着生产力发展,分配问题会成为经常的问题。有了剩余产品的出现,交换逐步发展起来。日益复杂的交换关系逐步发展成为商品交易。原有的习惯规则逐渐不敷使用,亟须新的规则来适应经济发展的要求。这些新的规则逐步发展为法律。所以说,法是社会生产、分配、交换关系等社会发展的结果。

其次,法的产生表明了人类社会行为规则和社会调控手段的丰富性。人类的社会行为规则和社会调控手段是多样的。多样的社会行为规则和社会调控手段是在社会发展,也即人的发展中逐步产生形成起来的。在人类进入文明社会之初,人类所拥有的只是原始习俗规则、原始礼仪规则、原始宗教规则和原始道德规则混合在一起的原始社会规则。这些规则在人的文明进步和社会发展中逐步分立发展,才各自形成自己相对独立的规范体系,成为自成体系的社会调控手段和人的行为准则。在人类进入法律社会之前,社会是无须将法律作为人们的行为规则和调控手段的。随着人的发展和社会的发展,人类既有的社会行为规则和调控手段显得日益局限,难以适应人际关系发展的需要。社会迫切需要新的行为规则和调控手段来充实社会行为规则体系和调控手段系统。

再次,法的产生表明了人对社会认识的深化。人对社会的认识有一个逐步深化的过程。这个过程并不是短暂的,它需要人的漫长的社会实践。在人类对社会认识缺乏的时候,人类是不可能创造出法这一特殊的社会规范的。人类从没有法到创制出法,经历了很长的历史时期。在这个历史时期,人类对法的把握,经历了法从自发形成到自觉制定认可的过程,从人的感性认识到人的理性认识的过程,从对社会现象的个别调整到规范性调整的过程。法的形成过程就是人对社会认识的深化过程。当人对社会的认识达到了一定高度的时候,法也就全面形成了,真正产生了。

最后,法的产生是人对自身认识深化的结果。人类对社会的认识也是对自身的认识,对社会发展的认识也是对人的发展的认识。法的产生,并非人无意识的产物。它是人类认识发展进步的结果。有的人认为,法是社会发展的结果。但法的产生绝不仅是社会发展的结果,它还包括人的主观认识的成果在内,包含人类理性进步的成分。也就是说,引致法产生的因素有两个:一是社会发展;二是人的理性进步。社会发展中本身就包含人的认识发展的因素。人的理性发展中包含人的自身认识的发展。人的理性发展中包括人对于社会和自身认识的进步,法的产生既是人对社会认识深化的结果,也是人对自身认识深化的产物。

(二)法的演进是人的发展的重要方面

法的演进是对法的历史发展的总体概括。尽管法也有停滞和倒退,但就整个历史发展来看,法是在发展的,是在演进的。法的演进与社会的演进相联系,是人的发展的重要方面与重要表现。法的演进形式是多样的。从质变与量变的角度看,法的演进有质变的演进,也有量变的演进。质变式的演进是巨大的,量变式的演进是经常的。从方式与途径的角度看,法的演进有继承方式的演进、改革方式的演进、移植方式的演进。从演进的规律看,都遵循着发展的内在逻辑。不论是从什么角度来考察法的演进,法的演进都是人的发展的表现。

法的演进的质变,主要是法的历史类型的更替。法的历史类型的更替是指不同质的法之间的新旧转换。这种转换是经过历史长期发展的结果,是社会发展的产物,是社会进步的反映,也是人的发展的重要方面。封建制法代替奴隶制法,资本主义法代替封建制法,社会主义法代替资本主义法,都是法的发展中的质变。法的每一次质变都是法的一次飞跃,也标志着人的发展到达了一个新的境界。法的质变是人的发展的结果,同时又为人的发展提供了新的社会条件与历史背景,人又在新的基础上向前发展。法的量变是法最经常的变化。它同样是法的进步的表现,也标志着人在一定程度上的发展,并在一定程度上促进人的发展。法的改良,也就是法的量变。新法的制定、现行法的修改和废止,也是法的量变。经过法的一次又一次的量变,作为人的意志的体现者——法,必然会以更好的状态促进人的发展。

法的继承是指新法对旧法的继受,包括借鉴与吸收。其中,新法与旧法可能是本质不同的法,也可能是本质相同的法。但不论新法与旧法的本质是否相同，新法对旧法的继受都是以新的时代背景为前提的一种延续。除了新法是倒退者之外，一般地说，新法对旧法都是一种超越和发展，法的继承在多数情况下都是法进步的记录。法的改革是法进步的重要方式。每当社会处于重大的变革时期，法就会进行与社会变革相应的重大变革，即法的改革。法的改革使法与社会发展不相适应的方面得以变更，并与社会变革的发展相适应，甚至成为社会改革的指导者、推行者和保障者。有时法的改革还可以成为社会改革的启动者，成为整个社会改革的先导。法的移植是后发达国家法的改革的一种特殊形式。由于人类对法具有一定的共同需求，法对于人类也具有共同的社会功能和价值意义，加上不同国家法发展的程度不同、状况各异，因此，法的移植就成为必要与可能。法的移植往往是后发达国家向先发达国家学习的重要方面与方式。法的移植可以减少法的发展成本，加速法的发展进程，节省法的发展时间，可以使法更好地促进社会进步，促进人的发展。

从法的发展规律来看，法的发展也有利于人的发展。综观人类法的发展历史，都有一个由野蛮的法走向文明的法，由身份的法走向契约的法，由义务本位的法走向权利本位的法，由人治的法走向法治的法的过程。法的发展的这些规律，表明了法的发展的历史逻辑，也表明了人的发展的历史轨迹。法的“野蛮”也是人的“野蛮”，法的“文明”也是人的“文明”。法中的“身份”只能是人的“身份”，法中的“契约”也是人所缔结的“契约”。“义务本位”“权利本位”是人关于法的价值取向，“人治”“法治”都是人的发展中的社会管理方式和社会管理手段。法的发展无不与人的发展息息相关。

（三）法的消亡是人的发展的重大成果

法的消亡与不消亡是法学界争论已久的问题。有的学者认为法是要消亡的，有的认为法是不会消亡的。表面上看二者冲突颇大，实际上，二者并无多大的冲突。因为“消亡论”者认为，原有的法在共产主义社会演变成了公共的社会规则，再也不是法。“不消亡论”者认为，原有的法到了共产主义社会依然存在，但也承认那时的“法”已经不再是原来意义上的法了，而成为新的不同于历史上的法的“法”。其实,到了共产主义社会,不论以前的法在那时仍称为“法”或者不称为“法”,都只是一个称谓问题。只要都认识到它已经不同于以前的“法”就行了。所以,二者之间并不矛盾。从一定意义上讲不管是否承认法的消亡,其实,人们都已经共同认为,那时的“法”即使存在,也不是以前意义的“法”了。作为以前意义的法,无疑已经消亡了。因此在这个意义上是应该赞成“消亡论”的。

尽管在学理上应该赞成法的“消亡论”,但是,有必要说明的是:一是无论马克思还是恩格斯,都从来没有直接论述过法的消亡本身,不可随便将自己的推导硬加在马克思和恩格斯的头上。二是那种认为马克思主义主张法的“消亡论”的学说,仅是从马克思和恩格斯国家学说等推导出来的。即使这种观点是合乎马克思和恩格斯的思维逻辑的,也并不等于每一个论证法的“消亡论”的学者或者著作都是合乎逻辑的。三是马克思和恩格斯是否论述法的消亡并不是最重要的,最重要的是法的“消亡论”本身是否科学。用马克思、恩格斯语录代替严肃的学术研究的学风,早应变革。

从法的消亡的条件来看,法的消亡是人的全面发展的结果。不论是哪一种法的“消亡论”主张者,都会肯定,法的消亡的前提是:经济上实行了高度的公有,人们没有了私有财产,更没有了私有制;政治上阶级和阶级斗争已经消失,国家已经不复存在;思想文化上,人们都达到了相当高的程度,没有了愚昧和野蛮。其实,具备了如此条件的那个时代也就是人获得了并可以继续获得全面发展的时代。法的消亡本身就是人的全面发展的结果。

从法的体系来看,法的消亡也是人的全面发展的结果。法是宪法和各个部门法所构成的统一整体,也即由各个法的部门所构成的有机联系的统一整体。在人的全面发展的情况下,人与人之间的关系得到了空前的改善,不可能再有以前那种经济关系和人身关系的冲突,即使产生了这种冲突,也能得到很好的协调和解决,因此以前的民商法部门必然是多余的。至于刑事的违法犯罪,由于人们思想觉悟的提高而不可能再度发生,刑法部门也只能归于消亡。国家没有了,政府也就没有了,即使有新的社会组织,但也绝对不是原来意义的政府,因此,行政法部门是断然没有必要的。因为国家的存在或国家与公民的对立才产生的宪法部门,也没有存在的价值。实体法部门尚且如此,各个程序法部门也与此相适应,更没有存在的社会依据,因此法必然要消亡。法的消亡是人的发展的结果,而且是人全面发展的结果。只要人的发展还没有达到理想的高度,法就不可能彻底丧失自己存在的可能性。

三、法的发展服务于人的全面发展

在法的视域之内,法的发展是目标,但是一旦超越这个视域,法的发展就等而次之了。法的发展必须服务于人的全面发展,使法的发展成为人的全面发展的构成部分和重要体现。

(一)法是人的手段而不是人的目的

法是手段还是目的的问题一直充满着歧见。这一分歧也严重地影响着人们对于法的正确认识。

有的人认为,法是手段。对这种观点,有的学者直接称之为“手段论”或“工具论”。作为手段或工具,有用时,则用之;无用时,则弃之。对法采取完全的实用主义态度。这种观点在我国历史深厚,而且在现实社会中非常有市场。在中国古代,法历来都是君王们维护其统治的工具。在一定意义上,最圣明的君主也不过是可以运用法来治理国家的君主而已。中国南宋孝宗时代,曾有学者编辑了一本被后世称为“治国方略”的《八面锋》著作,它很热情地把法比作“兵”,它说:“呜呼！国之有法,犹古人之谈兵也。吏之用法,犹今人之用兵也。”[①]法的手段或工具意义跃然纸上。在中国当代,法的“手段论”和“工具论”并未消除,历史上曾被发展到了无以复加的程度。法被绝对地作为手段或工具对待。把法仅仅作为手段或工具的观点是错误的。在手段论或工具论存在的情况下,法就不可能树立起应有的权威,法更容易遭到权力的践踏和否定。

有的学者认为,法是目的。我们可以称之为“目的论”。作为“目的论”,一般地说,它并无错误。但应当注意的是,不可将法的

---

① (南宋)永嘉先生:《八面锋》,吉林人民出版社1997年版,第116页。

目的意义绝对化。法的目的意义是相对存在的。法相对于权力,它是目的。任何权力都不能超越法,并且都应当为法的实现服务。相对于司法机构、执法组织、司法和执法程序等来说,法都只能是目的而不是手段。强调法的目的意义是特别重要的,尤其是对于一个一贯将法作为手段和工具的国家,更需要做“目的论”的启蒙。只有对于法的目的意义有了正确认识才可能坚持法律至上,才可能有效地确保法的至高无上的神圣权威,也才可能有真正的法制和法治。但是,法的目的意义并不是无限的。法相对于人,相对于人的全面发展来说,法只是手段或者工具。法是人的创造物,它要凌驾于任何具体的个人之上,而不能凌驾在作为整体的人之上,也不能凌驾于抽象的人之上。否则,就是法的异化,就是对其主体——人自己的反动。

法既是手段(工具)也是目的。关键在于它是相对于谁而言的手段或者目的。在这一点上如果发生错误,就是根本的错误,就会使法误入歧途,其危害也就不会仅限于法本身,而会危害人自己。法是人为人自身制定的行为规则。在根本意义上人才是法的目的,法必须为人服务。法的产生、发展和消亡都是以人的需要为基础和目的的。

法的产生是人发展到一定阶段的产物,是人基于人类社会生活的需要而产生的。随着人的发展,经济关系逐步复杂,面对日益纷繁的经济关系,仅靠过去简单的原始习惯已无法调整,人类必须创设新的社会规范。法是适应人类社会经济关系发展的需要而产生的。人类最初的原始时代原本没有故意伤害、掠夺、偷盗、抢劫等情形发生,在后来偶有发生,但也还能依靠原始的习惯和解决方法而得以解决。再后来,故意伤害、抢劫、偷盗的事例不断发生,而且仅靠原始习惯越来越难以遏制,因此人类就必须创制与原始习惯不同的社会规范。随着人类社会的发展,人类的政治权力机构逐步产生。以前用于调整氏族组织机构的规范已经无法调整完全不同的政治权力机构。新的规则也必须应运而生。如果没有新的社会规则,社会就会停滞不前,人的发展也会因此而受到影响,或放慢步伐,或停止、倒退。法正是在这样的社会条件和背景下,为促进人的进一步发展而产生的。从社会进步的意义上讲,法总是人类发展进步的产物,并是为人的进一步发展服务的。

法的发展也是以人的发展为目的的。人并不是静止的,不断发展是人的永恒命题,也是人无限的过程。人的发展本身具有过程性、阶段性。没有人的一定程度的发展,也就没有与之相应的法的发展。法的阶段性发展以人的阶段性发展作为前提,并以人的再发展作为目标。它推动人类经济发展、政治进步、文化发达、道德升华,总之,促进在各个阶段和层面上的人的发展。

法的消亡并不是法的消灭。法的消亡是一种发展到极致,而失去存在必要的状态,是一种辉煌而终的状态。法的消亡的目的仍然是人的发展。法作为人的创造物,人在创造时就赋予了它多重的使命,一旦人赋予它的使命完成了,它也就应当消亡了,否则就会从人的发展的促进器异化为人的发展的障碍。法的消亡是人的发展的要求,它为人在更高层次的发展和再发展创造条件。它最终仍然是为人的发展而消亡的。

确立人的发展的是法的目的的地位,就是确定人作为法的目的的地位,也就是确立人作为法的价值主体的地位。

(二)法服务于人的全面发展

从人的全面发展是法的目的的视角出发,法必然也当然会服务于人的全面发展。但实际的问题是,并非任何时候的法都服务于人的全面发展,它有时甚至会阻碍人的全面发展。

具体的法是否服务于人的全面发展,应当进行具体的分析。有的法服务于人的某些发展,但不是全面发展;有的法根本就是阻碍人的发展,更不可能服务于人的全面发展。在社会正常发展阶段的正常的法都能在一定程度上或多或少地服务于人的发展。能全面服务于人的全面发展的法必然是最优秀的法、最完备的法。这在历史上是极少的,是否已经真正出现过尚可疑义。那种阻碍人的发展的法,在历史上尽管不是指所有的法,却并不鲜见。在暴君专制、非法专横的时代,法或许根本就没有对于人的积极意义,或许根本就是助纣为虐。它对于人的发展不是服务而是阻碍或者破坏。这种法理应当受到人类的批判并永远抛弃,人类应时时警惕其卷土重来。

对于各个时期法与人的发展之间的关系的评价,应当用历史的眼光来看待。这里所谓的历史眼光至少包含:一要从当时的社会条件、时代背景出发来考察历史现象和历史事件。只有这样才符合历史的实际,才能得出科学的结论。二要站在现代的高度来审视,不能绝对局限于简单的过去之中。只有这样,我们的考察才具有现实的意义,才体现出历史应有的价值。有的法运用于现代,可能是阻碍人的发展的,但在历史上它可能还是促进人的发展的。那么,我们也应当客观地肯定它的历史功绩。在承认其历史功绩的同时,又不能因这种功绩而在现代予以效仿。因为它在现代已经不再具有促进人的发展的意义了。对于那些在历史上有利于人的发展的法,在现代仍有借鉴价值的,就应当勇敢地借鉴,使历史财富成为现实的法宝,继续促进人的发展。

在总体上,法是服务于人的发展的。最理想的法应当是服务于人的全面发展的。这种最理想的法是极为难得的,常法居多,而对人的发展反动的法,尽管在历史的长河中时有所见,但也还是极少的。历史中偶尔出现的那种阻碍甚至破坏人的发展的法只是少数,是法的偶然。否则,就不是客观地对待历史,就无法解释法给人类所带来的一切便利和福祉,包括安全、自由、平等、人权、正义,乃至人的发展。如果没有法,人类就不可能拥有秩序,制裁邪恶,扶持正义,发展经济,繁荣文化……总之,没有法,人类就不可能发展到今天。我们现在所面临的重要问题和重要任务都包含如何运用现代的法促进人的发展乃至促进人的全面发展。

四、人的全面发展是法的最高价值目标

法的最高目标在于促进和实现人的全面发展,用人的全面发展来统率整个法的价值。在人的全面发展之下,法的价值目标成为一个有机联系的整体。通过人的全面发展来整合法的各个价值准则与目标,以确保法的价值的全面实现。

(一)法的最高价值目标是人的全面发展

不能期待在法上建立起严格的法的价值的等级体系,也不认为

法的价值之间有绝对抽象的价值等级关系。但是这并不排除法的价值中有层次的差异。在若干法的价值之中,是有层次差异的。其中处于最高层次的法的价值是什么?历史上,学者们对法的最高价值做过大量的探讨。有的学者认为是自由,有的学者认为是正义,笔者认为,是人的全面发展。在法的价值研究中一般学者都仅限于对秩序、自由、平等、人权、效益、正义等各个价值进行探讨,都没有对法的价值中的最高价值进行研究,更未把人的全面发展作为法的最高价值。人的全面发展能否成为法的最高价值,关键在于成为法的最高价值有何独特的要求,人的全面发展能否满足这些要求而成为法的最高价值。

法的最高价值应当具有终极的价值意义。所谓终极的价值意义,应当包括这样两个方面的含义:一是作为终极意义的价值对于其他一切价值都具有绝对超越的性质,其他的一切价值在价值层次上都低于它;二是从某种意义上说,一切价值目标都应当而且都可以归之于最高价值的某一方面或者某一部分,它是一切价值的价值。人的全面发展正是这样的价值。它对于所有法的价值都具有终极的意义,具有超越于一切价值的价值地位,是最高层次的价值。人的全面发展内含着法的价值的全部追求。不管法的价值有多么巨大的差异,它们都是为人而存在的,都必须为人的发展而存在。人的生存是人的发展的基础与内容,人的理想是人的发展的希望与梦想。

当然,法的最高价值并不等于法的全部价值,因此,最高价值并不将其他所有的价值取而代之。它们各自具有不同的价值地位,也担负着不同的价值使命,切不可认为法的最高价值就是法的全部价值。

(二)人的全面发展统率法的其他价值

法的价值是很多的,众多的价值目标之中,唯有人的全面发展才是最高的价值。人的全面发展高于法的其他一切价值。由于无法尽列所有的价值准则,所以,在此仅就人们普遍公认的一些基本的价值准则与人的全面发展之间的关系做一个简要的概述。

秩序是法的重要价值、基础价值。没有秩序,人类就无法以人的生存方式生存,人就会陷入无限的纷争、战争、危机、危险之中,弱肉强食将成为普遍的社会现象。如果是这样，人的发展就只能是人的奢望，它将因没有必要的社会环境而归于梦想，更不用说人的全面发展了。因此，秩序是人的全面发展的基础，人的全面发展价值也是以法的秩序价值作为客观基础的。

自由是法的重要价值，是人的全面发展的前提。人如果没有自由，其生存都是困难和痛苦的，发展必然会受到影响，甚至没有发展可言。自由是发展的动力之源，是发展的动力本身。法保障自由，也就是保障人们自由发展的前提条件和客观基础。相对于人的全面发展，人的自由不过是其必要条件和构成部分而已，因此自由只有归结于人的全面发展才具有更为丰富的意义，才能超越自由本身，而将法的价值归之于它的主体——人，而且是大写的人。

平等是法的重要价值追求之一，它既是人的全面发展的重要基础之一，也是人的全面发展的重要表现之一。没有平等的发展，就只能是少数强者的发展，而不是多数人的发展，更不是所有人的发展。平等为每一个人提供了发展的同等基点、同等机会，为每一个人的发展创造了同等的社会条件。此外，能够实现人与人之间的平等本身就是人的发展的结果。法保障平等，就为人的全面发展提供了最有力的保障。

人权是法的价值，也是人的全面发展的必要内容。人权的设置本身就是以人的发展为目的的。人的全面发展是法的人权价值的目标。人权之所以是一种“权利”，其中的许多内容甚至是法律权利，一个非常重要的原因就是人权对于人具有特别重要的意义。它是人的全面发展的基础，更是人全面发展的内容。无法想象，人的全面发展中没有人权的发展。人权内容的丰富，也是人的发展不断进步的体现。人权的发展总是为人的全面发展这个总目标服务的。

公正价值包括其中的正义价值①是法的理想，而且是多少年来，

① 根据本书所使用的公正为公平正义的含义，则正义只是公正的内容之一。尽管如此，但是正义的确是一个可以独立存在和被独立描述的价值准则与价值目标。在公平与正义之间，似乎公平更物化具体一些，正义更抽象概括一些。从抽象的意义上讲，正义似乎是比公平更高层次的价值。在此，作为社会意义上的法的最高理想，归结为公正或其中的正义，应当是比较有道理的，而作为主体意义上的法的最高理想，似乎归结为人的全面发展，更符合价值关系与价值体系的内在逻辑。

人们公认的最高价值企求。如果没有人的全面发展这一目标,那么公正无疑是最高的价值准则。在人们认识到人的全面发展的价值意义之后,公正相对于人的全面发展的价值地位也就等而次之了。任何公正都必须归于人的发展,都是为人的全面发展服务的。判断公正与否的一个重要标准,就是它是否有利于人的全面发展。有利于的即公正(或正义)的,反之则是不公正(或不正义)的。在公正(或正义)的目的和标准的意义上,人的全面发展是公正(或正义)价值的价值。

下篇:法的价值实现

第十四章　法的价值实现的概念

对于法的价值实现这个概念的理解和把握，是对法的价值实现进行理性认识的基础和前提。由于价值研究本身的艰巨性与复杂性，由于价值实现在整个价值研究中具有的重大意义，对于法的价值实现概念的研究显得特别必要。

一、基本定义及研究意义

法的价值实现的定义如何，直接关乎整个价值实现理论的建构。对法的价值实现的意义的思考，则是深化相关认知的必需。

（一）法的价值实现的定义

法的价值实现是法的价值目标的现实化，是确定价值目标、推进价值实践、作出价值选择、进行价值评价等的过程与结果的总称，是法的价值目标得以现实化的过程与结果。法的价值实现也是法的价值主体使作为客体的法的潜在价值、内在价值转化为现实价值、外在价值，对主体——人产生应有或期望意义的过程。它是法的价值客体的主体化的过程，是法在价值方面产生实际影响、效果、效益的过程。法的价值实现是一种复杂的社会实践、一项复杂的社会工程。

法的价值实现首先是指法的价值目标的现实化。法的价值目标是非常丰富的,它包括生命、自由、平等、人权、秩序、公正、人的全面发展等,它们都是法的价值的方向、终点与归宿。法的价值目标标志着人们对于法的期望和理想。法的价值目标是人类理想的结晶,是人类在自己的法律实践中概括总结出来,并经过一代又一代人,不断精练、不断追求而固化的。法的价值目标具有人类法信仰的意义。许多人为了自己关于法的价值追求,奉献出自己的辛劳乃至生命也在所不惜。法的价值目标的现实化,也就是人类期望和理想的现实化。法的价值目标具有指引人们关于法的行为方向的意义。人们的法行为,包括立法行为、执法行为、司法行为、守法行为、法律监督行为等,并不是简单的社会活动。这些行为如果没有正确的方向,就达不到人类的目的,甚至会走向人类期望的反面。法的价值目标可以指引人们,使人们的法行为少犯错误或者不犯错误。法的价值目标还具有终极追求、归宿的意味。它具有绝对超越的性质,这也正是它的无穷魅力之所在。在无法最终企及的无限追求之中,法进步了,人也进步了。法的价值目标的现实化永远只是阶段性的。一个一个的阶段性的法的价值目标的现实化,也就构成了法的价值实现的历史链条。

法的价值选择、评价等,既是法的价值实现过程中的构成单元,又具有相对的独立性质。选择与评价的过程也是法的价值的实现过程。价值选择、价值评价的过程是复杂的。它们的进行,无须具有良好的主体条件。但是,要使二者得以很好进行,就对价值主体有一定的要求,甚至有很高的要求。如果主体素质低下,他就不可能作出较好的价值选择和价值评价,并且会作出错误的价值选择与价值评价。法的价值选择与法的价值评价需要一定的客体。具体地说,法的价值选择要求有可供选择的多种可能性或不同的价值目标。法的价值评价需要一定的法律现象(包括法律制度、法律规范、法律行为与法律事件等)。选择的过程和评价的过程都有许多制约因素。法的价值选择、价值评价的过程与结果,构成法的价值实现的重要内容。法的价值实现在很大程度上都是通过法的价值选择和法的价值评价得以进行的。

法的价值实现离不开法的社会实践。法的价值实现都是在社会实践中进行和完成的。之所以说法的价值实现离不开法的社会实践,其原因在于,法的价值实现离不开法的社会实践的三大载体:一是法的价值实现需要国家的立法、执法、司法以及国家、社会、公民的守法和法律监督等法律活动。没有法律活动,法的价值很难得到应有的实现。法的价值的全面实现必须以法律活动作为载体。二是法的价值实现需要法律制度、法律规范、法律组织、法律事件、法律行为等法律现象。一定的法律现象是法的价值实现的载体。法的价值由其负载、体现、追求,没有它们,法的价值实现依然会十分困难。三是法的价值实现还需要一定具体的法律关系。法律关系是社会关系的法律化,也即法律上的权利义务关系。法律关系的产生、变更和消灭都是人有意无意的、客观的社会活动的结果,是最基本的社会法律实践。法律关系及其发展变化体现着法的价值。

法的价值实现既包括结果,也包括过程。有的学者认为实现只是对结果的概括。其实,这只是最狭义的实现。在一般意义上,实现应当是过程与结果的统一或者是过程与结果的复合体。法的价值实现既包括法的价值实现的过程,也包括法的价值实现的结果,是过程与结果的结合。本书尽可能既研究其过程,也研究其结果,力求将二者统一起来。

(二)研究法的价值实现的意义

关于法的价值论的学术论著,几乎都以研究少量的价值原理和一定的价值目标或者价值准则作为研究中心,对于法的价值实现未予涉足。法的价值研究,其基础在于一般理论的探讨。没有这种探讨,法的价值研究的深入就十分困难或者就不可能继续进行。法的价值研究的重点是价值目标或者价值准则,它们历来都是法的价值研究的中心,在法的价值研究中占据极其重要的位置。但是对它们的研究,都还不是法的价值研究的终极目的。因为人类的学术研究,并不仅是为了认识世界——这固然很重要,而且是不可或缺的,但更重要的是,还要根据我们对世界的认识,来适应世界或者改造世界。对于法的价值研究的目的,也不应仅限于对于价值理论的探讨或者价值目标的认识,而是要在它们的基础上,使人们对法的价值的实现有更多的了解,进而谋求法的价值得到更好的实现。我们应当使法的价值理想成为社会的现实,使人类在法的价值不断实现的过程中向前发展、完善,达成主观与客观、理想与现实的高度统一。

研究法的价值实现具有非常重要的意义。

首先,进行法的价值实现的研究,有利于升华人们的法律实践。人类创制法律的目的,并不仅是为了最实在的效用。它除了惩罚犯罪,保护善良之外,还有一系列的价值追求。较低层次而又最为基本者如生命、秩序等,其上如自由、平等、人权,乃至公正、人的全面发展等。如果忽视了法的价值研究,人们就难以认识法深层的价值追求,就无法使人的法文化达到理想的境界。如果忽视了法的价值实现的研究,法的价值的研究就不彻底,也不完善。即使人们认识了深层次的法的价值,也难以影响人类的法律实践,从而推进人类的法律实践。人们关于法的认识仅局限于对于法的价值的认识,也就难以超越现实的法律实践而升华。就法律实践本身来说,其表象往往是一个一个案件、一个一个司法过程和一个一个裁决。人们包括法官、当事人、代理人或者辩护人以及其他的社会民众关于法的精神活动与理性思考都被掩藏在了法的表象的背后。法的价值是否实现了,就没有一个相对清晰的认识。如果进行了相关的法的价值实现的研究,就可以在一定程度上提升人们对于法律实践的理性认识,有助于升华人们的法律实践。

其次,进行法的价值实现的研究,有利于提高法和法学的理性水平。法是人类理性发展的结果,法学是人类理性发展的结晶,是人类重要的精神成就。法的制定者是否对于自己制定的法具有足够的价值认识,是值得怀疑的。一个法律应当以及如何蕴含哪一些基本的价值追求,未必都能为立法者们所体悟。在法律实践中,法律所蕴含的价值能否被贯彻或者是否已经被贯彻,也很成问题。进行法的价值实现的研究,就有助于人们在制定法律和理解法律时准确把握法的价值,使法在制定和理解上都更具有理性,而少一些直觉或感觉。对于法学学科的认识,在许多时候都没有被提升到真正理性的高度。在很多场合,法学似乎只是被作为一门技术(的确包含技术，但不应仅限于技术），甚至连技术的地位都没有。法学教科书往往被降格为本身就极不完备的法典的注释。司法官员几乎可以随意充任。全面的实用主义倾向和学风，严重地败坏了法的理性声誉和法学作为一门科学的理论形象。加强具有极高理论水平、理性层次的法的价值及其实现的研究，有利于修正全社会对于法和法学的误解，使法在人们的心目中回归其人类精神产品的理性境界，使法学在人们的心目中不再是没有学问的学问。

最后，进行法的价值实现的研究，有利于提升法的价值研究的现实意义。法的价值实现是法的价值见诸社会现实的过程和结果。没有对于法的价值实现的研究，法的价值研究实际上就是不彻底的研究、不完善的研究。法的价值原理、准则的研究意义也会因此而被大打折扣。也就是说，如果仅仅认识一些法的价值原理和价值准则，法的价值研究就不能达到应有的高度。将法的价值实现作为法的价值理论中相对独立的一个理论方面进行专门研究，就能够在一定程度上将人类既有的法的价值原理研究、价值准则研究向前推进；使高深、玄奥的法的价值理论更加完善，更充满活力，更好地为社会所接受；使法的价值准则更好地得以贯彻、实现；使已有的法的价值研究的理论成果，能较充分地体现出应有的社会意义，转化为促进法和法学发展的现实力量。法的价值实现研究有助于使既有的法的价值理论不再是理论家在书房里的文字游戏或者讲坛上的高谈阔论，而是可以在法律实践中运用的理论真谛。

二、法的价值实现的动力

法的价值实现必须有一定的动力。如果没有动力来源，法的价值实现将是不可能的。法的价值实现的动力来自两个方面：一是主体的动力。人对邪恶的仇视、对美好的向往以及对于邪恶与美好的理性选择；人们关于法的理想，法对于人们具有的感召和鼓动的力量。二是客体的动力。法本身蕴含的价值设定或者价值期望，能激发价值主体的热情与激情，是来自法自身的动力根据。

（一）法的价值实现的主体动力

法的价值实现必须依赖一定主体的思想自觉与行为自觉。主体的道德期求和法律理性，都是推动法的价值实现的、来自主体内在的动力。

1. 去恶扬善的道德期求

人类有邪恶，人类仇视邪恶，法正是人类摒弃邪恶、战胜邪恶的锐利武器。人的邪恶只是人畸形发展的结果。但是人的畸形发展却是难以完全避免与杜绝的。人类的恶，从出现以来就从未绝迹。损人利己、巧取豪夺、恃强凌弱、杀人越货等，虽然一直为人们所不齿，但是人类自从有了自私的观念之后，就从未彻底消除过。灭绝人性的人可能为祸百端，善良之辈也可能有一时之恶行。恶行一产生，人类就谋求将其予以消灭，但是历经千百年的努力，人类不仅未能将其消灭，而且在特定的时空甚至还会发展到了无以复加的地步。人类在社会发展中终于发现，制止罪恶发展的一个极为有效的武器是法。法远比其他任何控制手段都具有更强的外在约束力。[①]邪恶的存在，是法存在的前提条件之一；对于邪恶的仇视，是人类运用法的重要动因。法能够战胜邪恶，实现安全、秩序、公正的价值，正好能满足人类的相关需要。人类也就为了否定邪恶而期盼并追求法的价值实现。

在恶行不断的人世，如果人类没有美好的追求与恶行相对抗，罪恶不知要发展到何种严重的程度。人类美好的向往是每一个人内在的抗拒罪恶的武器，是人的整体要制裁个别罪恶之徒的心理依据，也是人们在制裁邪恶上能形成共识的认识基础。在本原和总体的意义上，人都是向往美好的，法正是达成美好向往的途径。法的价值中就包含人类对自由、平等、正义、全面发展等的向往。面对邪恶，人类总是想方设法将其制止。自从邪恶一产生，人类的理性就指引和昭示人们，努力地谋求驱逐邪恶的手段。人们找到了道德，使用道德的荣辱、善恶等调整人们的内心，使人们去恶扬善。人们找到了宗教，发挥宗教对于人心的控制作用，抑制人性的丑恶，张扬人类的善性与善行。但是道德和宗教都更多地需要依靠自律来发

---

① 这里没有否认道德之外的其他因素对于去恶扬善的作用的意思，仅仅是认为法是其中极为有效，甚至是在一定历史条件下不可缺少的因素。

挥作用。它们都缺乏外在的强制力量。面对缺乏道德观念与宗教信仰的违法者,道德和宗教常常表现出无可奈何。听任罪恶无异于放纵恶行,无异于伤害公平正义,最终也危害人的全面发展。为了人类自身的美好、善良、完善、幸福与发展,人类又找到了法,法被赋予了自由、平等、正义等人类的美好期望的价值寓意,对于恶行采取有力的外在强制措施予以禁止。对于美好的追求,是人类谋求法的价值实现的重要动力。

人都是有理性的,理性使人能够判断善恶,弃恶从善。人类的理性是人类在自身发展和社会进步中,经过思维的作用而发展形成的圣物与能力。它是人类所独有的,是人类比其他任何动物更高级的重要方面。人类是有理性的动物,他过的应当是一种理性的生活。理性是人们判断善恶的试金石,它能给人们提供用以判断是非的标准。尽管人类的发展充满着理性,但是,人类总是在理性与非理性的综合作用下生存和发展的。就人的整体来说,应当总是有理性的,但就人的个体来说,是否具有理性就未必了。有的人甚至是远离理性而一直或主要受非理性的控制。个人的理性程度的高低,与人类的发展阶段联系在一起,与每个个体的状况尤其是所接受的教育有着密切联系。理性告诉人类,应当过一种安全、秩序、富有、自由、平等、幸福、正义的生活,但是人类的邪恶就可能使人类无法过上这种生活,因此寻找或创造某种措施,对人类的邪恶予以制约就成为人类理性的要求。法正是在这样的情况下产生的。法一产生,人就赋予了它追求正当生活的使命。

人类在理性的指导下对邪恶的仇视和对美好的向往,就是人类追求法的价值实现的主体动力。

2. 实现价值的法律理想

人类有着自己关于法的理想,人类关于法的理想的奋斗过程包含众多法的价值实现的过程。或者可以说,人类法的理想的实现过程是由无数个法的价值的实现过程构成的。

人类关于法的价值理想的内容十分丰富。秩序、自由、平等、人权、公平、正义、人的全面自由发展等,都是其构成部分。为了这些理想的实现,人类将永无止境地追求。就特定的个人来说,则可能耗尽其整个人生和生命。

用人生和生命去实现法的价值追求,应当是法律官员、法学专家们的理想。在公元前399年,70岁的苏格拉底被墨勒图斯等人控告犯有信奉异端邪说、腐蚀青年人的心灵等罪行时,他完全可以离开雅典而保全自己。因为当时雅典的法律规定,“对一切不相信现存宗教者、和神事不同见解者治罪惩罚”。但他没有离开,而是勇敢地在法庭上为自己辩护。他的辩护从立论到技巧上都是极为成功的,被其后的人们视为辩护的典范。但是他还是被判处了死刑。临刑前,克力同借探望之机告诉他,朋友们决定帮助他越狱,而且一切已经安排妥当(也有著作说,有朋友要为他乞求赦免或帮助逃亡,可苏格拉底都不同意)。克力同用各种理由来说服他,认为雅典的法律不公正,遵守这样的法律简直就是愚蠢,但仍然无效。苏格拉底反问,越狱就正当吗?对一个被判有罪的人来说,即使他确信对他的指控是不公正的,逃避法律制裁难道就是正当的吗?有没有服从任何法律的义务?苏格拉底提出了两个理由说明不应越狱:如果人人都以法律判决不公正为理由,那么社会、国家岂能有个规矩方圆?法律判决的公正固然重要,但秩序同样重要。在苏格拉底的内心深处有着这样的思考:人人都可以用自己的是非判断来为自己的行为做辩解,但是这些判断不一定就是正确的,因而,法律应当是首要的选择。如果一个人志愿生活在一个国家,并且享受这个国家给予的权利,这就是和国家之间有了一个契约。国家制定法律,向你发出了一个权利享受的意思表示,而你享受了这项权利便等于是接受了国家的意思表示,即接受了它的义务规定,双方由此建立了契约关系。不服从义务就是毁约,就十分不道德。苏格拉底基于自己对于法的价值认识,勇敢地选择了服从法律的死亡。在14年以后,苏格拉底被平反,诬告者也被判处了死刑。[①]

对于苏格拉底案件中的价值状态,有学者进行过分析并认为,

---

① 刘星:《西方法学初步》,广东人民出版社1998年版,第5页。《中国大百科全书·哲学》,中国大百科全书出版社1987年版,第846~848页。王政庭:《中外法庭论辩选萃》,东方出版社1990年版,第3~8页。有的著作将指控苏格拉底犯罪的墨勒图斯翻译为迈雷托士。

墨勒图斯、克力同、苏格拉底都有自己的价值状态。他们对雅典法律以及法律判决的视角的不同,归根结底在于价值姿态的不同。[①]

在苏格拉底案件中,可以看到,案件中不同主体都有自己的价值认识,都在谋求自己认定的法的价值实现。其中至为伟大的,当然是苏格拉底。他用自己的勇敢,甚至生命实践了自己的价值认识,而且是在可以权变的情况下,他毅然决然地坚守自己的准则。他应当而且也确实"被看作是为追求真理而死的圣人"。[②] 非但如此,他也是实现自己法律理想的圣人。是他的法律理想使他具有了面对死亡而无所畏惧的勇气和行动。[③]

(二)法的价值实现的客体动力

为了实现法所体现的国家意志,作为国家意志的法律蕴含着人的价值追求,国家为谋求自己意志的实现,就必然会谋求法的价值实现。法的规定中包含了立法者的价值企求。没有价值诉求的立法是不存在的。实现法的规定,也就是实现立法所设定的价值目标。否则,法就不可能实现,或者虽然被实施了,也不可能达到立法者所设定和期待的立法目的。一般地说,立法并不是某个人的行为,它是一种国家活动,体现的是国家意志。如果法的价值不能实现,那么相关的国家意志也不可能被切实贯彻,甚至会被误解、曲解,而走向法的价值的反面,因此国家总是要努力实现法,实现法的价值。立法中的价值追求,是法的价值实现的客体动力之一。

法的动力机制所产生的动力,也是法的价值实现的动力。法的实现除了依赖国家对于法的价值期望之外,还要依赖法自身的动力机制。法设定了自己的立法机关、执法机关、司法机关、法律监督机关。各个机关分别具有法所赋予的不同职权。不同机关之间的权力是相互制约与制衡的。各个权力共同形成一个充满活力、协调统

---

① 刘星:《西方法学初步》,广东人民出版社 1998 年版,第 16 页。

② 《中国大百科全书·哲学》,中国大百科全书出版社 1987 年版,第 846 ~ 848 页。

③ 关于克力同营救苏格拉底的情形,不同的著作有不完全相同的记述。情节虽然有所差异,但是有几点却是共同的:一是苏格拉底的被陷害;二是克力同营救过苏格拉底;三是苏格拉底拒绝逃避审判或者服刑;四是苏格拉底为自己的法律信念付出了生命的代价。

一的运行体系。机构与机构之间，就会有一个动态的、具有内在联系的互动机制。只要其中一个机构失职，有关机构的职能的实现就会受到一定程度的影响或者难以实现，就会使法的价值无法实现。有关机构也依法享有对失职机构进行监督的权力，使法的实施的失误得以补救。这种监督的目的、作用都是多样、多层次、多侧面的，但其中一定包含使法的价值实现的内容与要求。法的执行包括适用上的动力机制是法的实现的动力机制的组成部分，这种动力机制也是法的价值实现的动力机制。

法的价值实现是实现法的目的的需要。任何法都有自己的目的。实现法的目的，是执法与司法的天然使命。法的目的正是根据法的价值，并在一定的法的价值指引下确定的。如果法较好地确定了价值目标、立法目的，并较好地制定了法律规范，实现法的目的与实现法的价值总是一致的。尽管人们对于法的价值的认识并未穷尽，因为对于法的价值的认识是一个无限的过程，但是，在这个过程中，人类从未停止过对于法的价值实现的努力。正如庞德所说，“被近代各种法律体系所假设或接受的价值尺度，也是这样。即使我们不能证明它们，我们却可以利用它们，把它们看作为我们的实际目的已经足够的接近于真实”。[①] 法的价值，在实现法的目的的努力下，获得了得以实现的社会力量。

三、法的价值实现的方式

对实现方式的探索，是研究法的价值的必然要求。法的价值实现的方式是多元多样的，在此，本书仅就其最基本而最普遍的实现方式加以考察和解析。

（一）法的价值的一般实现方式

法的价值实现的一般方式，是指无须特别程序，而得以进行的法的价值实现。法的价值实现的一般方式包括价值指引、价值服从。

---

① ［美］庞德：《通过法律的社会控制·法律的任务》，沈宗灵、董世忠译，商务印书馆1984年版，第58页。

价值指引是在人们理解了法的价值要求后，自觉地按照法所表明的价值目标，确定自己的行为内容、行为方式，使自己的行为符合法的价值准则，使法的价值得以实现。在这种情形下的法的价值实现，是经常而普遍的。在人类历史上，除了极少数法的价值全面依靠暴力以求实现之外，绝大多数法的价值都是通过人们依法从事社会生活而得以实现的。价值指引是法的价值的最佳实现方式之一，它是在人们自觉遵从的情形下的法的价值实现，除必要的立法成本之外，其他成本相对最低。所有明智的社会管理者都会谋求法的价值的指引实现，而不是强制实现。通过价值指引的法的价值实现，不仅成本低，而且效果远比其他实现方式更好。通过指引方式的法的价值实现，可以强化人们的法信仰、树立法权威，从而在法的价值实现上，形成良性互动和良性循环的马太效应。

价值服从是在人们作出某种行为或者遇到某种法律问题的时候，自觉根据法的价值要求来修正自己的行为或者不通过法律机构的法的适用活动而自觉地解决法律问题。价值服从也是法的价值实现的重要方式。它对于法的价值实现，也是极少成本负担的价值实现方式之一。其所需要的成本支出，无非是立法的成本和既有行为的成本。立法成本是必不可少的。既有行为的成本是否必要，则要视具体情况而论。有的成本支出是必要的，有的也可能是不必要的。价值服从能在相当大程度上减少社会的法律成本支出，以尽可能少的成本获得尽可能大的效益。价值服从在法的适用中是经常出现的。例如通过对法的了解或在律师、对方或第三者的帮助下，认识到法对自己行为的价值要求，知道何为合法、何为公平后，自觉承担应有的法律责任。当事人和解的事例，除非常情况之外，一般都是在各方当事人对于法的价值认识达到一定程度共识后的结果。当然，当事人在法的价值上产生了与法、与对方当事人的认同后，既可能与对方达成和解，也可能自动撤诉、息诉。否则，没有价值认同，没有价值服从，当事人如果不对自己的成本做考虑或做了错误的考虑、对自己既有的价值认识坚定不移而不服裁判，就可能起诉、上诉、申诉，反复申诉，无休无止。这样，法的价值实现的过程就会被人为延长，社会成本必然加大、效益必然减低。

价值指引和价值服从，作为法的价值实现的两种最佳方式，其特点就在于：一是无须经过国家的执法机关、司法机关或者准司法机关的更多作为，而能得以进行；二是它具有最少的成本耗费，是最为经济的价值实现方式。

（二）法的价值的专门实现方式

法的价值的专门实现方式，是指通过特定法律机构才能得以实现的法的价值实现。法律机构的外延很广泛，其中包括立法机关、行政执法机关、司法机关和准司法机关。所谓准司法机关，主要是指仲裁等民间的法律组织。通过这些机构的特别程序而得以实现的价值实现方式，我们可以称之为法的价值的专门实现方式。

立法机关在法的价值实现中的作用经常被人们忽略。其实，它在法的价值实现中意义是不容低估的。因为社会所确认的法的价值（非制度意义的法的价值），首先就要依靠立法者运用法律语言在法律制度或者法典中予以表述。在法律制度中，法律所确定的各项价值目标，都需要立法者在具体的立法过程中，包括提出法律议案、起草法律文本、审议法律草案、表决通过法律等各个环节予以体现。立法程序的每一个阶段都直接影响着法的价值在立法中的实现程度或者状况。立法者关于法的价值实现的外在成果形式，就是他们的立法结果和对法律的立法解释。他们的立法文件和立法解释文件都是他们实现法的价值的记录和表现。他们在立法与立法解释中的种种选择、争议，实际上是对种种价值实现状况的选择、争议。需要特别指出的是，立法机关的法的价值实现过程与立法中的价值选择、设定是同一过程。他们在实现法的价值的同时，又为社会，为执法、司法机关以及其他一切法律机构与全体社会成员设立了新的价值目标。

执法机关和司法机关都通过自己对相应案件的处理，做出相应的法律文书来实现法的价值。它们对于案件的处理和裁决，往往是多种价值交互作用的结果。例如，震惊世界、号称 20 世纪的世纪审判的辛普森杀妻案，[①]其审判过程中，包含了许许多多的价值实现问题。权利、平等（种族差别）、公平、正义、法治原则，法与它们之间的关系都得到了较为充分的展示。检察官、律师、法官为此展开了殊死的搏杀。结果以宣告辛普森无罪而告终。预审中，控辩双方围绕警察在辛普森家发现证据的合法性展开了较量。控方当然认为，警察在辛普森家获取的证据是合法有效的，而辩方则认为，它因警察违法（无搜查证进行搜查）而无效。争论的焦点在于如何认识美国宪法所确认的公民的人身权利。美国宪法修正案第 4 条规定，人民的人身、住宅、文件和财产不受无理搜查和扣押的权利，不得侵犯。此外，当然涉及法律程序的正义问题。进而进行的是针对警察是否是种族主义者以及种族的有关问题的辩论。裁决宣布前，控辩双方对公正认识的迥然有别自不待言，在裁决宣布以后，"绝大多数白人都认为裁决不公，谴责陪审员们公然放走了一个凶暴的杀人犯；而几乎所有黑人，都在为辛普森的重获自由而欢欣鼓舞"。[②]许多人对裁决的公正提出了疑问。中国作家也在自己的有关著作中，针对美国人对待陪审员们的态度写道，"人们固执地相信，在人性的底里，潜藏着那么点叫作'公正'的东西；因此，他们可以不懂得法

---

① 1994 年 6 月 12 日夜，尼科尔·布朗·辛普森被杀害。凌晨，警察到死者前夫，著名黑人橄榄球明星、演员和广播公司体育评论员辛普森家，在门外发现了他的白色不朗哥汽车染有血迹，车道上也发现血迹。在按门铃无人回应的情况下，警察翻墙入院，找到一只染有血迹的手套等。清早，辛普森在芝加哥酒店接到警方通知的前妻死讯后，赶回加州。警察发现辛普森受伤，他解释说系因得知前妻死讯，过于激动而用手打破镜子所致。辛普森被警察局列为犯罪嫌疑人。6 月 17 日，辛普森的律师准备陪同辛普森到警察局时，发现其逃亡。警察追捕到辛普森。1995 年 1 月，案件由日裔法官依藤主审。负责办案和入屋搜查证据的主要警察证人侦探福尔曼，被辩方律师指控为种族歧视者。辩方律师用一盒录像带，证明他在短时期内用过数十次歧视黑人的称谓。辩方律师进一步指控另外的警察也有人有种族偏见，欲陷害辛普森。在审理中，主控官突然要求辛普森戴上带有血迹的手套。结果因手套太小，辛普森无法戴上。控方律师找到辛普森穿戴类似同一手套的照片，请专家作证说手套溅染血液后会收缩；辩方律师则请专家作证说不会如此收缩。控方律师指出以辛普森多年暴力虐妻报警记录，加上血迹和染血手套，极力主张陪审团判决辛普森有罪。辩方律师则强调被告戴不进血手套，攻击证人是种族歧视者，强调控方证据不合法和没有足够证据，要求陪审团判决无罪。最后陪审团在经过近 4 小时的讨论后，裁决辛普森不构成杀人罪，辛普森被无罪释放。

② 林顿：《世纪审判》，吉林人民出版社 1996 年版，第 360 页。

律,可以不明白控方和辩方无休止地灌进他们耳朵里的一切,然而只要那种公正的意识得以唤醒,他们就足以对任何复杂得令人瞠目结舌的案件作出正义的判决”。结论是,“真够荒唐,不是吗?”①

准司法机关,如仲裁机构,它们对于案件的裁决的过程与结论,同样有若干价值的作用于其中。甚至,仲裁员的价值认识、价值判断,对于案件裁决的影响,远比司法机关法官的价值认识、价值判断对案件的影响还要大。因为,法官必须严格以事实为根据、以法律为准绳,其公正是透过法律的执行而得以实现的。而仲裁员完全可以依照仲裁法的授权,在没有法律规定的情况下,直接根据公正的原则进行裁决。因为《中华人民共和国仲裁法》(以下简称《仲裁法》)第1条就明确规定了《仲裁法》的立法目的为“公正、及时地仲裁经济纠纷”,而第7条规定了仲裁的重要原则为,“根据事实,符合法律规定,公平合理地解决纠纷”。这样,作为准司法的仲裁,就具有比司法更直接与公正、公平合理价值准则相联系的可能性。② 在仲裁员们的裁决过程中,法的价值甚至发挥着比在执法、司法过程中更大的作用。

四、法的价值实现的尺度

法的价值实现只能是相对的。这种相对性,首先是由事物,尤其是社会现象本身的相对性所决定的。其次是由法的价值自身的性质——绝对超越的指向所决定的。从总体上说,法的价值实现是无限的过程。每一个法的价值实现,相对于其理想,总是阶段性的、个别性的,而不具有终结、完全的意义。但是,对何谓法的价值实现,也还得有一个基本的尺度。尽管这个尺度不如数学上的数量那么准确,也无法机械地数量化,但也总还得有一些衡量与评价的标准或尺度。③

---

① 林顿:《世纪审判》,吉林人民出版社1996年版,第1页。

② 这种可能性能否最终使仲裁比审判更公正,还得看仲裁员的法律理论水平、法律适用技术与价值认识状况。否则,甚至更可能导致不公正。

③ 这里所论及的价值实现尺度,只是若干尺度之一部分,从不同的角度还可以拟制其他尺度。

（一）法的价值的主体化

法的价值是来自主体又独立于主体的精神存在。法的价值的实现体现为法的价值的主体化。这种主体化包括四个方面的含义：一是法的价值实现是主体的社会实践。法的价值产生后，如果没有主体的介入或者没有主体的很好介入，也即在法的价值上没有主体的社会实践或者没有主体很好的社会实践，法的价值就无法实现。没有法的价值实现，人关于法的价值的社会实践就没有达到自己的目的。人们将法的价值付诸社会，也就是人参与法的价值的社会实践，所以说法的价值实现是法的价值的主体化。二是法的价值实现需要由主体体验、感知、认识。法的价值实现是法包括法律现象对于人的需要的满足，这种满足只有作为主体的人才可能作出最后的结论。这种结论是通过人对法的价值实现过程与结果的体验、感知、认识而得出的。没有主体对于法的价值实现的介入，法的价值的意义就不完整，法的价值实现就没有完成。三是对于法的价值实现的评价，是法的价值主体化的结果。法的价值主体总是随时关注法的价值实现，一旦出现偏差，它就会根据自身的价值认识对法律实践予以校正。一旦结果产生，它会将自己的主观需要、价值期望与客观的价值实现状况进行对比，把价值实现的结果看作自身社会活动的价值与意义的一部分，作出相应的评价结论。四是法的价值终归要归结于它对于人的状况，即它对于人的意义。法的价值实现正是以人为最终归宿的，只有在法的价值转化为了主体的现实、满足，甚至属性（如自由、平等、人的全面发展）之后，法的价值才能说真正实现了。基于此，可以认为，法的价值实现也就是法的价值的主体化。

（二）法的价值目标的现实化

法的价值目标存在于三个层面：观念层面、制度层面和社会层面。法的价值实现，也至少包括三个层面的含义：一是观念中的价值实现；二是制度中的价值实现；三是社会中的价值实现。三个层面的价值实现都是法的价值实现。在这三个层面中，法的价值实现中最核心的就是法的价值目标的实现，表现为法的价值目标的现实化。

法的价值目标不论是在什么层面上存在的,它都仅是希望的、应然的,而不是现实的、实然的。只有通过主体的社会活动,人们观念中、制度上、社会里的法的价值目标才会成为现实。只有在法的价值目标成为现实的时候,我们才能说,法的价值在一定程度上被实现了。法的价值实现是作为主体的人将法的价值转化为社会实际的结果。法的价值实现的主体、法的价值目标、客观的社会法律状况与法律现象、法的价值实现主体运用法的价值目标的实践活动,都是法的价值实现的要素。它们每一个要素的运作都是围绕法的价值目标的实现进行的。

法的价值的内容并不仅限于法的价值目标,但法的价值目标是法的价值的浓缩与精练化的结果,是法的价值的核心。法的价值实现主要的是指法的价值目标的实现。尽管法的价值的每一个元素都难以被准确地数量化,但法的价值目标的确是法的价值中相对最容易把握与量度的要素。人们考察法的价值的实现状况也首先是考察法的价值目标的实现状况。法的价值实现不仅指法的价值目标的实现,但其中一定而且必须包括法的价值目标的实现。

(三)法的价值主体需要的满足

法的价值实现的最终结果必须是对于主体需要的满足。需要是人类设定法的价值目标的主体依据、主观愿望与立法动因。满足主体需要是法的价值实现的目的。对于法的价值实现的状况,人们可以寻找出许多评价标准和测定指标,但是关于法的价值实现的一切,都只有归结到主体人的时候,才是真正地实现,人们为法的价值实现所做的一切努力,才变得具有了实在的意义,人们才可以说,法的价值实现了。

法的价值实现以满足主体需要为终极目标,但是由于主体认识的差异,对于同一价值实现状况,会有不同的满足感。因而对同一价值实践状况,会有人认为,法的价值已经得以实现,也会有人认为,法的价值尚未实现;有人会认为,实现的状况很好,也有的人会认为,实现的状况无法使其满意或者根本就不满意。不同价值主体对于法的价值实现会有不同的认识,但不论他们的结论有多么大的差异与分歧,可以肯定的是,他们都是以有关主体的需要是否得到满足、得到了何种程度的满足作为标准和尺度的。无论如何,都只有在其满足了人的需要的时候,人们才会认可其所产生的社会效果——法的价值也就得以实现了。法的价值实现,总是以满足人的需要作为实现的标志和理想的。

第十五章 法的价值实现的条件

法的价值实现是法的实现的构成部分。法的实现是指法的制度或规范经过法的实施被转化为社会现实的过程与结果。法的实现包括法的实现过程——法的实施，也包括法的实现结果——法的实施的社会效果。过程是结果得以实现的条件和路径，结果是过程的结局或终了状况。法的实现对于法具有无可比拟的重要意义。任何法，制定得再好，如果不能被良好地执行和遵守，其社会意义也会极其有限。法的价值实现在法的实现中具有极其重要的意义，甚至是法的实现的精神所在，是法的实现的最高境界。法律制度一旦确立，相应的价值追求也就由立法者所赋予并蕴含在法的规范之中。法的实现中也就包含法的价值的实现。在法的实现的若干方面中，法的价值的实现具有至关重要的意义。因为，法的价值是法的精神内核所系。没有实现法的价值的法的实践，难免会走向法的期望的反面。只有实现了相应的法的价值，才能说有真正的法的实现存在。

一、法的价值理性

人是具有理性的，是理性的存在物，具有高贵的价值理性。所谓价值理性,是人对价值的认识能力和良好价值认识的总称。价值理性是人独有的精神属性,是人作为高级动物的标志。正是这样的精神属性使人超越了自然界的其他动物,成为在精神上可以自我超越的生命。人关于法的价值理性是人的价值理性和人的理性的体现。人关于法的价值理性,是人的理性在法的价值上的反映。

人类的认识能力和认识状况,即人们的价值理性的状态并不是始终如一的。由于人与人的差异,在有的人那里,理性程度高一些;在有的人那里,理性的程度则低一些。人与人的价值理性也不是完全相同的。它受制于个人状况及其文化与道德水平等。人的价值理性与人的个体状况也是密切相关的。一般来说,对于未能完全社会化的儿童与青少年来说,价值理性的程度会低一些,成年人的价值理性程度会高一些。人的社会化状况也与人的价值理性程度相关。凡是社会化没有完成的人,其价值理性往往较低;凡是社会化程度较高、实现了良好的社会化的社会成员,其价值理性的程度必然会高一些,甚至具有良好的价值理性。就文化来说,文化程度较高的,也许价值观念的理性程度更高一些。反之,文化程度较低的,也许价值观念的理性程度就低一些。这是一般的结论。当然,价值理性也并不绝对与知识状态成正比。价值理性还与相应主体的道德修养有关。凡是道德高尚的主体,价值理性的程度也许就会高些;相应地,在道德素质较差的主体那里,价值的理性层次也许就要低些。在每一个个体身上,文化与道德还是相互影响的,也会在价值理性上有所反映。

人是个体的,也是群体的,这就决定了人的价值理性的个体性与群体性,使价值理性以个体与群体的方式表达出来,并分别存在。作为群体的人也有集体理性或共同理性的存在。个体的价值理性制约着集体或共同的价值理性,反之,集体或共同的价值理性也制约着个体的价值理性。个体的价值理性、群体的价值理性和共同的价值理性,共同构成了社会的价值理性。社会的价值理性是一个复杂的整体。

价值理性有别于价值直觉。它要求人们对于价值的认识符合人类发展的良性趋向，符合人类特定人群的道德观念，是人类思想的精神成果。价值理性不是人类无意识的结果，而是人类自觉的产物，是人类精神活动的产物。价值理性中包含人发展的目标与追求，应当是有利于人的进步与文明的。价值理性也与特定主体的道德观念相关，一般来讲，只有符合于相应道德的价值观念才被社会所认同，才被认为是理性的。背离道德的价值观念，就不能被认为是理性的。

个体和群体的价值理性存在于多个方面。法的价值理性是其中一个重要的方面。人们对于法的价值的理性认识即人们关于法的价值理性。社会是否具有正常的价值理性对法律和法治的影响是巨大的，它是特定社会的意识基础。它对于制度和社会都具有重要作用。从一定意义上说，制度和社会状态都是一定价值观念或好或坏、或多或少外化的结果。

法是一定社会价值理性的集中体现的焦点，反映着特定时代社会的价值理性状态。立法是法的价值理性的集中展示、概括和表达。立法中的价值理性引导和制约着法的执行和遵守的价值状态。每一部法典、每一个具有规范意义的条文或者规则，都体现着一定的价值，也体现着立法者乃至整个社会的价值理性。在法的适用中，所有的法律适用观念都具有一定的价值理性。没有必要的价值理性，最严重的问题就是：对法律的理解都会成为问题。对于法律的错误理解必然会导致对于法律的错误适用。法律被错误适用，法律蕴含的价值精神就得不到实现，法律便无法得到真正的实现。从法的遵守来看，也需要守法者对法律文本中的价值观念具有认同。这种认同是守法的认识前提。守法者对于法律文本中固有的价值观念缺乏认识，必然会影响其守法，甚至会出乎意料地导致违法犯罪。守法者的价值认识与立法所蕴含的价值之间的偏差，易使守法的自愿者成为实际的违法者，这是守法的悲剧。在使法律遭受破坏的同时，也会使社会民众遭受到本不期待的法律制裁。

社会正常而良好的法的价值理性，是法的价值得以体现和实现的社会认识环境、意识条件和观念基础。它决定和影响着整个社会的立法、执法、司法和守法的状况，也决定和影响着整个社会的法的价值实现的情形。

二、法律制度的价值设定

司法、执法、守法或者法律监督，都必须以相关法律制度的制定作为前提和基础。法律行为的目的虽然未必都是为了实现法律，但都一定不能违反法律。所有的法的价值都是通过一定的法律行为来实现的。所有的法律行为对于法律制度都有着必然的依赖关系。法律制度良好的价值设定，是为法律行为提供良好规则的前提，可以为法的价值实现提供更好的条件，使之更加顺利和富有成效。

（一）法的价值在制度上的正确确定

法的价值的确定对于法律制度的建立具有首要的意义。拟制什么样的法律制度、什么样的法律规范，都是在法的价值指导下进行的。在良好的法的价值指导下的立法中，很难有恶法，在不良乃至邪恶的法的价值指导下的立法中，不可能有良法。

人类的法制史为此提供了充分的说明。在第二次世界大战中，德国法西斯的许多立法，其价值首先就定位在实现对其他国家和民族进行侵略和奴役，因而其法律就充满着侵略、奴役、残暴和血腥。再如日本在亚洲的侵略战争，它也有其国内的法律根据。由于其立法的价值定位就是侵略，所以其法必然是发动侵略战争的恶法。在法西斯德国和日本，侵略立法下的恶行给全世界带来了灾难性的后果。当然，不能说德日两国的侵略行径都归因于其国内立法的价值目标错误，但只要反观一下德日两国在第二次世界大战之前和之中的立法，就不难得出结论，它们之间的确不无关系。

法的价值在法律制度上的正确确定首先取决于统治者的立法意图。虽然理想的法律制度应当是民意的体现。但在社会生活中，立法的情形却恰恰与此相反。掌握着权力的统治者如果不是受到民主的制约，就总是想方设法地将自己的意志装扮成民众的意志和国家的意志，使之成为法律，并借此来达到自己的目的。立法的价值定位是统治者对于即将制定的法律制度的期望的直接表现。

法的价值在法律制度上的确定也受制于立法者们的法的价值认识和价值选择。把秩序作为首选价值的立法者，不可能把对于公民自由、民主的保障放到特别重要的位置。在自由、民主与秩序相冲突时,受到抑制的只能是自由、民主,而不是秩序。在公平与效益相冲突的时候,有的立法者会特别重视公平,有的立法者会特别重视效益。不同的价值定位也同样会导致不同的立法结果。

法的价值在法律制度上的正确确定,要求立法者具有良好的价值观念而不受自己职业、个人偏好的影响。因为法的价值在法律制度上的确定,与立法者的身份也有着不容忽视的关系。在我国的立法活动中,许多立法官员都不是专职的,他们一般都有自己的行业或部门归属,这必然使部门立法的现象十分突出。但是立法要完全不考虑相关部门,不邀请相关部门参与,在制定和执行上都会遇到一些难以解决的问题。然而部门的介入又会使立法受到部门的影响,出现部门立法的弊端。这就要求立法者尽力摆脱自己职业、个人偏好的影响,使法的价值确定是人民意志的反映,而不是某个部门或者某个人意志的反映。

(二)法的价值在制度上的明确设定

法的价值是由法律制度具体体现的。在法律制度的设置中,法的价值设定特别重要。它是立法意图得以贯彻的重要环节。法律制度上价值设定的偏差,必然会导致执法、司法官员对于立法原意的误解,使执法、司法偏离立法所设定的轨道,达不到立法的目的。将法的价值明确地体现在法律制度之中,是一件极其艰难的工作。高明的立法者总是为法的价值如何在法律制度中被准确体现而绞尽脑汁。

立法者总是期望自己的立法意图能在法律制度中得到最好的体现与贯彻。然而,立法中的价值设定未必都能尽如人意,甚至免不了事与愿违、适得其反。法的价值在法律制度上未能得以明确设定的原因是多方面的,结果都不利于法的价值实现。

立法者的法律意识水平太低,是法的价值难以得到明确设定的主观原因。任何一个立法者在制定法律的时候,都有一定的价值追求。这种价值追求不是都能用文字直接展现的,即使有直接体现法的价值追求的表述,至多也只能是一些原则性的法律规定。法的价值更主要的还是通过法的具体规定来体现的。立法者的法律意识水平太低，就无法把握立法的价值定位，更难以运用具体的法律规定来实现立法上的价值目标。法在价值设定上的许多问题，往往都是由立法者对于法的无知或者少知造成的。

法的价值制度表现的困难性，是法的价值难以得到明确设定的客观原因。立法中的法的价值设定不是一个简单地将法的价值写入法律条文之中的小事。它需要立法者具有良好的法律意识状况、高超的文字表达技巧。它是一个专门化的技术性工作。它需要将法的价值精神恰当、自如地熔铸于每一个原则、规范、程序之中。任何高明的立法者都有可能在法的制定过程中词不达意或出现立法上的其他技术疏漏。技术高超的立法者会少犯一些错误，使法的价值在法律制度上得以最好的体现。

法律制度上价值设定的主观和客观的困难，使立法工作在很大的程度上不得不依靠立法专家来完成。就是立法专家们也不可能完全避免犯这样那样的错误。因为他们也同样会面对立法中关于法的价值的各种困难。只是说，他们与其他人士相比较能够更好地认识法的价值、表述法的价值，并为法的价值实现设置相对良好的制度而已。由于认识层次、法律知识、道德观念等各个方面的影响，立法专家们对于法的价值也会有不同的甚至相反的见解。不同立法专家起草的法律可能在价值上相互矛盾。由不同立法者分别起草不同部分的同一法典，也可能在同一价值的认识与运用上存在某种差异，在法律实践中导致矛盾和问题。法律制度的价值设置是必需而又困难的。

（三）法的价值在制度上的始终贯彻

法的价值的设定是一个极其艰苦的工作。在立法上，既定的法的价值追求不仅在基本原则的设定时要予以体现，在非原则的具体规范的拟制中，也应当予以始终如一的坚持与贯彻，努力避免在口头上肯定、实际上否定，原则上肯定、细节上否定的畸形状况。这种情况有可能是立法者故意的产物，也可能是立法者的过失所致。

有些时候，立法者可能基于某种特别的原因，对有些立法内容，在原则中不能不规定，但规定了又难以付诸实施，于是就采用口头上肯定、实际上否定，原则上肯定、细节上否定的办法，以解燃眉之急。这种方式的采用，实为立法者不得已而为之。一旦情况有所改观，就应当改变这种状况，修改细节以适合原则、保留细则。究竟如何对待，则应根据自由、平等、人权、正义，乃至人的全面发展等相关的价值准则来决定。

口头上肯定、实际上否定，原则上肯定、细节上否定的冲突，不仅可能出现在故意的场合，而且也可能因为立法技术的欠缺或者疏漏而出现在立法之中。我国的仲裁立法就是一个典型的例证。仲裁是与审判不同的裁决制度。仲裁的直接根据为当事人的共同认可，国家的法律规定至多只是间接的根据而已。审判的根据是国家的法律规定，有时甚至无须当事人的共同意志。所以二者就具有极大的差异。各国的仲裁立法都充分考虑了二者之间的差异，予以不同的规定。仲裁似乎应当比审判更为及时。各国的仲裁立法也都注意到了仲裁的这一特点。我国在未制定《仲裁法》之前曾有许多关于仲裁的法律规定，都设置了凌驾于仲裁之上的审判程序，使仲裁制度远离国际仲裁惯例，而且在否定仲裁意义、实行国家迷信的同时，过分耗费时日，使一个纠纷往往在经历了仲裁的“一审”之后，还得经历诉讼的“两审终审”。为了改变原有仲裁既不尊重当事人意志自由、契约自由，又忽视效率和效益的非常状况，使仲裁切实有效，具有应有的权威，与国际仲裁制度接轨，体现出仲裁的价值，我国在制定 1994 年《仲裁法》时，特别注意到了这一点。在其第 1 条中就规定了“及时”的仲裁原则。为此第 9 条还规定了，“仲裁实行一裁终局的制度。裁决作出后，当事人就同一纠纷再申请仲裁或者向人民法院起诉的，仲裁委员会或者人民法院不予受理”。从这一规定来看，及时原则应当是仲裁法所确定的原则，其价值定位显然在于自由（包括当事人意志自由、契约自由）和效率。但是该法又规定了“人民法院撤销仲裁裁决的申请程序”和“人民法院审查核实，裁定不予执行的程序”。这两个“程序”（“撤销仲裁裁决的申请程序”和“裁定不予执行的程序”）规定都可能导致新的“审判程序”。这样一来，仲裁不仅没有以前“及时”，而且比以前更加繁复，使仲裁失去了原则中所设定的“及时”，而且变得比单独的审判或者仲裁更不经济，甚至比被视为极不经济而将其改革的“以前的仲裁制度”更不经济。仲裁都是以当事人的意志自由、契约自由——仲裁协议作为根据的。它应当比审判具有更多的当事人意志依据。但是有了“撤销”和“不予执行”的制度之后，这些统统都被破坏了、否定了，为拒不履行法定义务者提供了利用“缠讼”来拖延履行时间的合法机会。这些规定已经在社会中产生了极其严重的后果。自由、效率、效益，甚至公正都受到了危害。这恐怕是大出立法者意料的。究其原因，或许是因为立法者的疏漏，或许是因为立法者以司法诉讼的眼光来对待仲裁，或许是因为立法者对仲裁制度尚缺乏更深入地了解并缺乏对自己所立法律的仔细研究。立法者骨子里也许有着对于所谓民间仲裁的不信任情绪，有着对于国家职权主义的迷恋和对于国家审判的历史性迷信，有着对于当事人意志和契约自由的不认可。无论如何，制度设置中的价值矛盾是客观的和显而易见的。改变这一状况的唯一办法只能是修改立法，使立法原则中既定的自由与效率的价值目标能被始终和全面地贯彻。

（四）法律解释受到良好的价值指导

法律解释是法的实施的前提和条件之一。法律解释是否受到良好的价值指导直接关系着法的价值和法律制度能否实现。法律解释是法律适用的条件，如果对于法律的解释出现偏差，就必然会导致对于法律的错误适用。在司法实践中经常可以遇到因法律解释的价值错误而出现错案的事例。法律解释也是具体的、理性的守法行为的前提条件。如果社会民众在理解法律上出现价值错误，也同样会导致不法的产生。实际社会生活中，有一些违法犯罪就是由行为主体对于法律的错误解释或者在法律解释上的价值偏差所引发的。再说，许多法律解释本身就是从价值角度出发对既有规则如何才能准确和正确适用与遵守的说明。

在远东国际军事法庭审判日本战犯时，辩护方提出“侵略战争并不是非法的，废弃以战争为国家政策工具的 1928 年的非战公约，并没有扩大到战争犯罪的意义，也没有把战争当作犯罪”。“战争是国家的行为，因此，在国际法上个人并无责任。”这直接涉及对于“非战公约”“国际法上的个人责任”和“法律无规定者无罪”的理解。远东国际军事法庭的法官们在解释这一问题时，援引纽伦堡法庭的判决书说：

“问题在于这个条约（1928 年 8 月 27 日在巴黎缔结的非战公约）具有什么样的法律效力。这个条约的签字国或参加国，无条件地斥责将来以战争作为政策的工具，并明白地废弃了战争。在这个条约签字以后，任何国家凭借战争作为国家政策的工具，就是违反这个条约。依据本法庭的见解，庄严地废弃以战争作为国家政策的工具，其中必然包括承认战争在国际法上是非法的原则；凡是从事计划和实行这类产生不可避免的可怕结果的战争者，都应该被视为从事于犯罪行为。”

“在某种情形之下，保护国家代表者的国际法原则，是不能适用于那些在国际法上被视为非法行为的犯罪者的。有这些行为的人，不能以他们的公职为庇护，企图避免在适当审判下的惩处。”

“‘法律无规定者无罪’的原则，并不是对主权加以限制，而是一般的正义原则。主张对于藐视条约和保证不经警告就进攻邻国者的惩罚为有失公道，那显然是错误的。因为在这种情况下，进攻者必然知道他的行为是非法的，那么对他加以惩罚并没有什么不公道，如果对他的非法行为容许放任、不加惩罚，那才真正是不公道。”①

从这里可以看到，军事法庭法官们的智慧，更可以看到法官们运用法的价值的天才能力。没有他们对于法的价值——公道（正义）地准确把握，没有他们将法的价值准确地运用于相关法律的解释，对战犯的审判是很难顺利进行的。

对于法律的解释，法的价值具有极为重要的影响。法治发展到现在，人们对于剥夺谋杀被继承人的继承人的继承权的法律，已经没有任何疑问。然而，人类各国在无有关法律规定的情形下第一次出现类似情况时，法律解释就发挥着不可替代的作用。美国里格斯诉帕尔玛继承权案件的审判就非常有说服力。

在 19 世纪的美国纽约州，帕尔玛的鳏居祖父以为自己将不久于人世，遂留下遗嘱：在其死亡后，其财产全部由帕尔玛继承。数年

① 《远东国际军事法庭判决书》，张效林译，群众出版社 1986 年版，第 12 ~ 13 页。

后，其祖父身体还颇为健壮，并拟再婚。帕尔玛害怕其祖父再婚后修改遗嘱，就将其祖父毒死。帕尔玛被告上刑事法庭，他对于自己的罪行供认不讳。与此同时，老人的两个女儿又将帕尔玛告上民事法庭，要求法院撤销帕尔玛的继承权。①

这个民事案件拿到现在来处理当然并非难事。在当时，法律上没有谋杀被继承人者应被剥夺继承权的法律规定。这时，法官就十分为难了。因为帕尔玛对于其祖父遗产的继承，符合当时的法律规定。但是，如果判决帕尔玛没有继承权，显然没有明确的法律根据，而且还有不依法办事的嫌疑；如果判决帕尔玛有继承权，显然极不公正与善良。如何理解当时的法律规定就成了非常重要的问题。当时法官也承认依照表面的法律规定，帕尔玛应当享有继承权。然而他们认为，在“必须遵守合同约定”的条文背后有着“诚实信用”原则，在“不得伤害他人”的条文背后有着“保护个人权利”的原则，同理，继承遗产的条文的背后也有“不得有过错”的原则。《遗嘱法》是不容许继承人谋杀被继承人的。法律是包括法律原则的，帕尔玛违反了法律原则，当然违反了法律，因此，帕尔玛不应享有继承权。②

在现在，也许人们对于该案的判决还会进行争论，但是，相信绝大多数人都会认为，法官的判决是公正的。法官对于法律条文与法律原则之间关系的解释，也就是他们对于法律的解释，在案件的判决中发挥了决定性的作用。

其实，对于法律解释是否必须考虑法的价值问题，学者们的认识也并不统一。有的学者认为，法官对于法律的“文法解释即按成文法条文的字面意义解释，即取其最自然、明显、正常和常用的意义，而无须顾及应用这个意义所产生的结果是否公平或合理”。③也有学者认为，“法规无法自己解释自己，它的含义是由法院来宣布的，而且正是基于法院宣告的含义而非其他含义，法规才作为法律

---

①　刘星：《西方法学初步》，广东人民出版社 1998 年版，第 73 ~ 74 页。

②　刘星：《西方法学初步》，广东人民出版社 1998 年版，第 77 页。

③　陈弘毅：《当代西方法律解释学初探》，载梁治平编：《法律解释问题》，法律出版社 1998 年版，第 5 页。

强加给社会……”法律解释不可能不考虑法的价值问题。

法律解释不可能脱离法的价值而超然独立。法律解释应当不受解释主体自身价值认识的影响。法律解释主体也应当努力忠于法律本身的价值设定,消除自己主观价值认识对于法律解释的影响。然而任何法律解释主体都无法完全不受自己价值认识的影响。一个优秀的法官或者其他执法者,应当能够准确地把握法定的价值追求,并能将自己良好的价值认识熔铸于法律解释之中,而并不违反法律之本意。古希腊的亚里士多德已经注意到了需要法律解释、需要公正地解释并适用法律的情形,“对于若干事例,法律可能规定得并不周详,无法作断,但遇到这些事例,个人的智慧是否一定能够做出判断,也是未能肯定的。法律训练(教导)执法者根据法意解释并应用一切条例,对于法律所没有周详的地方,让他们遵从法律的原来精神,公正地加以处理和裁决”。[①]

三、执法官员的价值修养

执法官员对法的效果的影响是至关重大的。中国古人认为,“小大唯其所用也。法之在天下亦然。常平之法,古人用之便民,后世则以是而取利。荐举之法,古人以是而进善,后世则以是而招权。岂惟二者而已哉?凡今之法亦莫不然。……是数者法之孰为美,孰为恶;孰为小,孰为大:此惟人所用尔。用之美则美,用之恶则恶。小用之则小,大用之则大”。[②]“木之(朽),虫实蠹之;水之浊,土实浑之;法之弊,人实坏之。……信乎法之在天下,得其人,则法以人良;不得其人,法以人而弊也。”[③]其中难免有夸大执法官员作用的地方,但是它对执法官员对于法的实际效果的影响的论述应当被认为是很有见地的,非常值得记取。

法的价值的实现,必须依赖真正法律家的产生。柏拉图就指

---

① [古希腊]亚里士多德:《政治学》,吴寿彭译,商务印书馆 1997 年版,第 168 页。

② (南宋)永嘉先生:《治国方略》(《八面锋》),吉林人民出版社 1997 年版,第 294~295 页。

③ (南宋)永嘉先生:《治国方略》(《八面锋》),吉林人民出版社 1997 年版,第 363~366 页。

出:“每个人都清楚,立法工作是很重要的事情,可是,如果在一个秩序良好的国家安置一个不称职的官吏去执行那些制定得很好的法律,那么这些法律的价值便被掠夺了,并使荒谬的事情大大增多,而且最严重的政治破坏和恶行也会从中滋长。”①

执法官员是否具有一定的法的价值修养与是否具有法的价值修养的状况,直接关系着法的价值的实现状况。执法官员应当具有良好的法的价值修养。

(一)执法官员应有良好的法的价值修养

执法官员的法的价值观念及其修养对于法的价值实现,实际上也是法的实现,具有特别重要的意义。执法官员没有法律价值修养,就像音乐欣赏家没有耳朵或不懂乐理之灵魂,美术鉴赏家没有眼睛或不懂美术之精神。执法官员没有良好的法的价值修养,就如音乐欣赏家没有较好的音乐修养,美术鉴赏家没有较好的美术修养一样。为什么法的价值实现需要执法官员具有良好的法的价值修养呢? 原因主要在于以下几点。

第一,法的价值深藏于法律制度及其规范之中,没有足够的法的价值修养就无法认清法律制度及其规范的价值追求。除特别的法之外,在总体上法都包含正义的价值追求。但并不是任何法都总是把正义随时写在纸面上的。它往往都是通过法的具体的制度乃至规定设定来体现的。要能透过法的制度及其规范而紧紧抓住制度及其规范背后的价值,必须要有足够的法的价值修养。

第二,法的价值准则本身是难以准确把握的,没有一定价值修养就无法准确认识社会与法律制度所认同的价值准则。法的价值是一个深奥的问题。什么是自由、平等、人权、正义、人的全面自由发展等,法律制度可以予以体现与追求,但是要将其做一个普遍适用的表述而放之四海皆准,就十分不易,甚至根本就不可能。社会中现存的法的价值观念与法律制度所内含的法的价值精神,都令人难以理解。没有足够的法的价值修养,便无法把握其精髓。

第三,法的价值之间还可能有错综复杂的冲突,没有足够的法

① 《西方法律思想史资料选编》,北京大学出版社1983年版,第26页。

的价值修养，要正确认识这些冲突并解决这些冲突，是不可能的。法的价值中包含人类关于法的理想与希望。由于法的价值自身以及人类、法的调整对象、社会的种种原因，法的价值之间的冲突在所难免。执法官员往往会面对“熊掌”与“鱼”的选择。在自由与平等相冲突、效益与权利相冲突、秩序与公正相冲突……的时候，应当做何种选择而难以决断，甚至束手无策。如果没有一定的法的价值修养，更难想象。

第四，执法官员所要处理的社会问题是复杂的。法及其价值都是在解决社会纠纷的过程得以实现的。社会纠纷本身的复杂性，使法的价值的实现变得更加艰难。一个社会纠纷的形成原因和过程也许是极为复杂的。如何运用法来认识社会纠纷，其中就有法的价值的运用问题。如何运用法来解决社会纠纷，也有法的价值的运用问题。执法官员在法的价值认识上的任何偏差都会影响法的适用的结果，都可能实现或者背离法的价值。

第五，执法官员在实现法的价值的时候，还需要克服自身在法的价值认识上的歧见。法的价值认识是多元的。在社会层面上讲是正常的，也是可以理解的，但对于执法官员来说则是不完全应该的。因为不管执法官员对法的价值的认识有多么不同，一旦面对法的适用，就应当自觉放弃自己个人的法的价值观念，而努力实现符合法律制度所设定的法的价值。没有足够法的价值修养的执法官员，要做到这一点是十分困难的，甚至是不可能的。在没有足够法的价值修养的执法官员那里，他们往往都难以避免地会以自己的法的价值认识代替法所设定的价值追求。有的用消极抵制的办法对付法的实施，有的公开用自己的价值判断代替法的价值评价，枉法裁判。有一些冤假错案，并非由执法官员收受贿赂、贪赃枉法所造成，而就是由执法官员的法的价值错误所导致。没有足够法的价值修养的执法官员要克服自己的价值歧见而自觉服从法的价值指引，显然是不可能的事情。在司法实践中，常常可以见到一些司法官员，对于法律制度设定的价值目标表示不可理解。他们在司法的活动中，总是尽可能地委屈法律制度的价值追求，迁就自己的价值任性。法律观念强的司法官员，会尽量在法律制度的价值追求与自己的价值目标中寻求平衡,而达成妥协的解决方案。法律观念不强的司法官员,则会想方设法地或者久拖不决,或者规避理当适用的法律,甚至公然无视法律的规定而随意司法。他们有时甚至会使用自己都不明白的理由来解释自己不依法办事的行为。

执法官员的法的价值修养所要达到的目标是准确地理解法的价值、努力实现法的价值,而不是自作主张地变更法的价值,更不能以自己的法的价值观念代替应有的法的价值准则。法官或者准法官们的责任是准确地将法律予以最好的适用。若能如此,他们也就坚持了法的价值。否则,如果要到法律之外去寻找法的价值,不仅法得不到很好的实施,而且还会对法的实施和法的价值形成破坏。执法官员忠实地执行了法,也就能够实现法的价值,而无须执法官员不执行法去谋求法的价值实现。对此,必须有非常清楚的认识。这里,不妨借鉴一下凯尔森的学说。凯尔森认为,在纯粹法学在意义上,也包括我现在所说的执法官员执法的意义上,"'正义'就是指合法性;将一个一般规则实际适用按其内容应该适用的一切场合,那便是'正义的'。把它适用于这一场合而不适用于另一类似场合,那便是'非正义的'"。[①] "'正义'的意思是指认真地适用以维护实在法律秩序。它是'在法律下'的正义。一个人的行为是'正义'或'非正义'这样的陈述,就'合法'或'非法'的意义上来说,意思是这种行为符合或不符合某个法律规范,而这个规范由于是属于一个实在法律秩序的,所以是判断人所预定为有效的。"[②]香港大学教授陈弘毅对于法律解释的价值问题的论述对理解和认识执法官员实现法的价值的作用,是很有帮助的。他说法官对于法律的"文法解释即按成文法条文的字面意义解释,即取其最自然、明显、正常和常用的意义,而无须顾及应用这个意义所产生的结果是

---

① ［奥］凯尔森:《国家与法的一般理论》,沈宗灵译,中国大百科全书出版社 1996 年版,第 14 页。

② ［奥］凯尔森:《国家与法的一般理论》,沈宗灵译,中国大百科全书出版社 1996 年版,第 14 页。

否公平或合理”。[①] 他并不像凯尔森那样“排斥”法的价值,而是进一步指出其中的价值蕴含,“这种解释方法的背后的理论依据是三权分立理论,即法律是至上的,由立法机关制定,司法机关(法院)的职责是忠实地执行立法机关所订立的法律,在具体案件中实现立法机关的意愿;而去明白什么是立法机关的意愿,没有其他方法,唯一的方法便是拿着立法机关所通过的条文本身,作为立法机关意愿的唯一证据,看看立法机关透过条文表示了什么意思”。[②] 执法官员只能努力实现法的价值。要实现法的价值,就必须严格遵守法的规定。只有这样,执法官员才能体悟立法意图,实现法的价值。

在法律的价值定位出现问题时,执法官员有无不依法办事的权力。回答是肯定的,没有,而且,绝不允许以此为由拒不执行法律。确定法的价值是立法者的事,执法官员的使命仅仅是严格执行法律。如果允许执法官员到法外去寻求法的价值,必然是对法的既有规定的违反。首先,法的价值设定是否有问题,严格地说,并不是执法官员所应考虑的问题,他们无权在职权意义上对法律的价值设定说三道四,他们的职责就是实现法律,实现在立法上已经确立的法的价值。即使是错误的,在法律未修改之前也不能做任何变动,而必须严格执行。其次,法的价值设定是立法者的事,只有他们才有权通过法定程序,校正法的价值设定。否则,其他任何机关对于既有法的价值的改变,都是对于立法权的僭越,而使其根本地代行了立法机关的职权,是对宪法原则的破坏。也就是说,在立法真有问题的情况下,法也必须和只能由立法机关修改,其他任何机构无权直接或间接、公开或隐蔽、谨慎或随意地代行立法权力。否则,法治将因此而遭到损害。最后,执法官员离开法所设定的价值目标,其行为或裁判的正确与否,将无法判定。允许执法官员偏离立法的价值观念的介入,执法官员不同就会情形各异,就必然会破坏执法的统一性,而使法律在社会上和整体上失去公平。

---

① 陈弘毅:《当代西方法律解释学初探》,载梁治平编:《法律解释问题》,法律出版社1998年版,第5页。

② 陈弘毅:《当代西方法律解释学初探》,载梁治平编:《法律解释问题》,法律出版社1998年版,第5页。

执法官员执行了价值目标设定错误的法律，只要是严格执法的，将不承担任何责任，否则，将导致破坏宪法架构的严重后果。早有学者表述过类似的主张，并说明在某些国家已有推行，“如果法律条文字面意义的应用在个别案件中导致不合理的结果，法院无须承担其责任，这是立法机关的责任，解决方法是由立法机关修改法律，避免以后出现同样问题。但在法律修改之前，法院仍有义务予以贯彻执行，即使它已被发现是有漏洞的、在某些情况下导致不正义的。法院没有义务、也没有权力去填补法律中的漏洞，法院不能越俎代庖，把自己放在立法机关的位置，推想‘如果立法机关面对现在这个案件的情况，它会愿意有何种结果出现’，这样做便等于是法院篡夺了立法机关在宪法架构中的职能”。[①]

执法官员的价值观念绝对不能取代法律制度或规范所设定的价值目标，更不能随意创造，只能在法律未涉及的细枝末节，对法律的规定和法的价值起到拾遗补阙的作用。这种拾遗补阙适用的条件必须满足：(1)有关问题需要运用法律解决；(2)法律对于有关问题只有原则规定。即使在这种情况下，执法官员也应当审慎地处理案件，考虑：(1)面对的问题是否是法律问题，即是否需要依法解决，其中有无对于问题本身性质的误解；(2)自己对既有的法律是否缺乏了解，有无错误地认为没有具体的法律规定，而其实有具体规定，只是未被执法官员自己所掌握的情形；(3)自己用以指导执法的价值观念有无问题，处理的方式方法是否适当。

(二)执法官员应能体悟立法的价值设定

执法官员的法的价值认识状况，对于法的价值的实现具有特别重要的影响。执法官员对于法的价值的体悟，必须依赖执法官员对法的认识和对法的价值的把握两个方面。诚如，音乐欣赏家必须能体悟音乐作品的音律、美术评论家必须能体悟美术作品的美感一样，执法官员必须能体悟立法的价值设定，否则，他们就会违反自己的质的规定性，而失去自我，不配称为音乐欣赏家、美术评论家、执

① 陈弘毅：《当代西方法律解释学初探》，载梁治平编：《法律解释问题》，法律出版社1998年版，第5~6页。

法官员。

法的价值深藏于法律规范之中，能够体悟立法的价值设定的执法官员应当是法律专家。对于法的相当认识是其作为执法官员的前提条件，也是其能否把握立法价值设定的关键所在。具有一定法律知识并不等于就能体悟立法的价值设定，但要体悟立法的价值设定就必须具有一定的法律知识。在我国执法官员多为非法律专家的情况下，强调执法官员的法律知识水平是非常重要的。我们不能相信或者期待法盲或者半法盲能够具有良好的法的价值意识，能够正确适用法律处理案件。对于法的真切而诚挚的理解永远是执法官员执法的第一步。这不是靠政治觉悟、思想品德就能解决的。那种认为执法官员纯粹是政治官员，只要立场坚定、纪律性强就可以的认识，不管是有意还是无意，都是对法律的无知。其相应的社会行为，必然是对法治的反动。错误认识者权力越大，对法治的破坏力就越大。在历史与现实中，我国为此所付出的代价极其沉重。因此造成的现实问题，几乎无法解决。一些领导干部造成的历史性灾难无法弥补，甚为可悲；一些“法学家”或“法律专家”在此问题上的执迷不悟，不能不使人觉得更加可叹。

在具有了一定法律知识的基础上，还应当要求执法官员具有良好的法的价值意识。法的价值意识是以法律知识为基础又不同于法律知识的观念单元。既要改变那种认为没有法律知识就会有良好的法的价值意识的错误认识，也要改变那种认为有了法律知识就有良好的法的价值意识的错误认识。尤其在我国法学教育尚不发达，法的价值教育缺乏科学性和完整性，甚至有些畸形的情况下培养出的法学人才，其法的价值意识在总体上是难以令人满意的。许多执法官员甚至根本就未接受过严格而科学的法的价值意识培养。现代法学教育中，一般的毕业生能成为一个较好的法律工匠也就不错了。然而高度法治状态下的执法官员，却应当具有良好的法的价值意识，他们应当是真正的法律家或法律工程师。

执法官员还应当具备足够的其他知识和必要的相关阅历。执法官员所涉及的社会生活领域是相当广泛的。他们不必成为无事不晓、无所不通、无所不精、无所不能的全才，但是他们应当拥有一定的知识广度,否则,他们在查明案情上会遇到困难,在理解法律上也会遇到困难,立法的价值设定就无法为其所把握,法的价值实现就不可能。执法官员的相关阅历一直没有受到足够的重视。其实,要能准确地理解法律和适用法律,执法官员的人生经验等都是十分重要的。一些严重缺乏社会经验的执法官员,要准确理解法律和良好适用法律,都是十分困难的。这一点,并没有引起现实社会的足够重视。上级司法机关的官员与下级司法官员在法律的阅历上没有差别,甚至上级司法官员的司法阅历还不如下级司法官员,后果必然是极为严重的。

执法官员应有足够的道德修养。法与道德在总体上是不矛盾的。一般地说,法律的授权、禁止与义务的规定,都有其道德基础。法的价值本身也具有极其深刻的道德内涵。法和法的价值的道德属性,道德在社会生活中的普遍性质,都要求执法官员必须具有一定的道德修养,才能正确理解法律、准确适用法律,实现法的价值。足够的道德修养至少包括:执法官员自身的道德观念是正常的;执法官员对于社会现实的道德意识和道德状况是了解的;执法官员能够较为准确地对特定行为进行道德评价;执法官员具有不放纵自己道德意识而严格依法办事的道德自制能力。

(三)执法官员应能作出正确的价值选择

执法官员可能经常面对多个可以选择的价值目标。不同的选择会有不同甚至根本相反的结果。执法官员所做的是在若干个价值准则中寻找出可供自己作为办案指导的价值目标。执法官员法的价值选择能力在其中具有特别重要的意义。

法的价值选择的过程是十分复杂的。执法官员的素质并不整齐划一,思想观念也会参差不齐。如果由素质或思想意识较差的执法官员作出价值选择,就难免会面对各种需要回答的问题,或敷衍塞责,或不知所措。法的价值选择本身也的确是一件困难的事情。有些价值选择甚至是非常困难的。加拿大发生的一个案例,就颇具典型意义。加拿大如同世界上许多国家一样,法都规定,其国籍的确定采用出生地主义,即以自然人的出生地来确定自然人的国籍归属。

1998 年加拿大发生的弗朗西斯女儿国籍案是这样的:弗朗西斯原籍格林纳达,非法偷渡来到加拿大,在加拿大的安大略省生下两个女儿。依照加拿大的现行移民法,任何在加拿大境内出生的自然人都自动具有加拿大国籍,享有加拿大公民权,为加拿大公民。在移民局发现弗朗西斯为非法移民时,即希望将其递解出境。弗朗西斯的律师便以弗朗西斯的两个女儿将因此而受到伤害为由起诉,安大略省的法官判决弗朗西斯胜诉。

判决作出后,加拿大移民与就业部部长罗比娅在接受记者采访时表示:如果非法移民能够依靠在加拿大生孩子而留居加拿大,那么移民法中的款项就有修改的必要了。在议会的听证会上,该部长又表示:移民部最终会作出什么决定,会对移民法的款项作哪些修改还不知道,但是弗朗西斯案引发的一个需要解决的根本性的问题则是,在加拿大出生的但父母都不是合法进入加拿大的人是否也应该自动享有公民权。加拿大难民权力委员会的发言人认为,这次安大略省法官的判决是正义的,他对罗比娅部长有关希望修改移民法条款的说法表示震惊,因为加拿大的国会早在 1994 年就曾经讨论过是否应该规定在加拿大出生的孩子至少其父母有一方为合法居民时才可以成为加拿大公民,但这一议案被否决了。[①]

如何对弗朗西斯案件进行判决?是在法的范围内寻找合理的判决,还是在法之外寻找合理的判决?依照现行法律判决,合乎了法治要求,但的确又具有罗比娅所说的"不合理性"——非法移民的父母可以因其儿女的出生而使其移民合法化。不依照现行法律判决,虽然具有了超越法律的合理性,但法治原则就必然会受到某种程度的损害。

对于弗朗西斯案件的判决,法官似乎没有那么多的疑虑,而是严格按照加拿大现行法作出了判决。现行法的科学性问题,加拿大移民法以后是否修改、能否修改的问题,法官一概未予理睬。加拿大法官很明白地作出了合乎法治的价值选择。因为法官面对的毕

---

① 《加拿大一案例引发争议以出生地定国籍是否合理》,载《检察日报》1998 年 6 月 10 日第 4 版。

竟是现实法而不是未来的被修改的法，法官坚决而且无疑问地依法判决了弗朗西斯的胜诉，实际上是法官明确而坚定地作出了相应价值选择的结果。

价值选择的困难也常常导致法官举棋不定。法律实践中，摆在执法官员面前的往往并不是单一的价值目标。多个价值目标，就其本身的意义来说，是无须论证的。要在它们之中作出哪一个优先、哪一个应被尊重、哪一个得被迫放弃的决断，是很令执法官员们头疼的。执法官员在价值选择上的痛苦，是他们最正常、最经常的痛苦。

执法官员的价值选择，并不是由执法官员随意进行的。执法官员的价值选择应服从法的价值明示或价值指引，不得在法的规定明确的情况下，进行所谓的价值选择。那时没有价值选择的问题，有的仅是如何实现既定的法的价值的问题。

执法官员的价值选择仅在于，法律有多个并行的规定，其中没有等级层次的差异，运用何种规范都是合法的，而运用不同的规范又有不完全相同的情形。这时，有解释权的执法官员就有必须作出相应价值选择的问题。

执法官员的价值选择是以法律或法律规范以及对相关案件解决方案的选择作为手段或途径的。执法官员通过对不同法律或法律规范的选择或者对不同解决方案的选择，达成其价值选择的目的。执法官员不能在法外寻求自己选择的价值。也就是说，执法官员的价值选择也是在法律范围内的选择，而不能超越，更不能违反法律。例如，在某个案件中，一进城打工的农民，应一个私营商店主的约请，为其搬卸玻璃，并谈定了酬金。在搬卸的过程中，农民被玻璃砸伤，成为终身残疾，丧失劳动能力。农民对店主提起赔偿诉讼。这时，法官对于原告的生活费请求，可以作出要求被告一次性支付的判决，也可以作出要求被告按月分期支付的判决。法官的这一选择，表面上似乎没有多大的差别，但实际上却有很大的差异。因为一次性支付在数额上，可能会比分期支付要少一些，但原告的利益能够得到较好的保障，没有被告以后可能丧失支付能力的顾虑和风险。分期支付在结果上，可能会使原告得到更多的数额，但一旦被告丧失支付能力或者拒不执行判决,原告的利益实际上就无法得到保障。后来,法官从保护受害者的角度出发,判决了一次性支付。法官所作出的判决方案的选择,也是法官的价值选择。

四、社会民众的价值认同

法的价值认同是人们对于法的价值准则、价值目标或者价值观念的自觉或者不自觉的一种赞同、遵从、认可等。法的价值认同与一般的价值认同一样,有一个潜移默化的过程。有了法的价值认同,才会有共同的对于法的价值的信守,才会转化为人们对法的共同信守。在法的价值认同的前提下,法才能得到人们的心理支持。在法的观念上,人们才可以形成与法的价值取向一致的价值认识,自觉接受法的规定和法的要求,而不至于反对法、抵触法;在人们的法行为上,才会更自觉地接受法的指引,严格依法办事,使法的遵守不再是人们的被迫行动,而成为社会成员的自觉行为;在法的适用上对于司法机关的法的适用,人们才会予以接受或者支持。法的价值认同有利于法的价值实现。

影响人们对于法的价值认同的因素是很多的。首先是人们生存的法文化环境。某种特定的法文化环境是任何人一出生就必须接受的制约因素。它们对任何一个人都具有天然的影响。任何一个人都无法摆脱它们的影响而超然其外。人们对于法的价值认同也是在这样的环境中进行的。正如文化环境对人的影响一样,"一个降生于存在巫术的社会文化系统内的个人,将按照特定的方式去行为;在他的文化引导和规定下思考、感觉和行为。他怀疑某些人搞妖术而心怀恐惧,他谨慎提防他们的侵害,他满脑子充塞着刺探、惩罚、消灭巫婆的方法,而所有这些方法全是他的文化所规定的"。[①] 法的文化环境作为文化环境的构成部分,对于人的法的价值认同也有重要影响。其次是教育的作用。人一出生就接受着多种教育,有家庭教育、社会教育、学校教育等。这些教育中所灌输的

---

① [美]怀特:《文化科学》,浙江人民出版社 1998 年版,第 174 页。转引自王维宏:《社会价值:统摄与驱动》,人民出版社 1995 年版,第 94~95 页。

法的价值观念，对人的法的价值认同也具有重要影响。凡是接受正常法制教育而成长起来的社会成员，就会相对地具有较好的法的价值认识，也能与一般社会成员形成法的价值认同，否则就可能出现与社会一般价值认识相反的情形。再次是个人的人生经历与人生体验。每个人的人生轨迹并不相同，甚至有很大的差异。人生的不同际遇对于每一个人都会产生不同的人生体验。由于法律无处不在，人生中关于法律的经历和体验是必然会有的，不同经历和不同的体验都会影响人们关于法的价值认同。最后是国家权力的态度。法的价值认同不同于道德的价值认同和习惯的价值认同。如果说国家很难顾及道德、习惯的价值认同，那么，国家对于法的价值认同并不是熟视无睹的。它往往通过自己对一些行为的制裁和对一些行为的奖励，对社会行为所表现的价值取向予以权威性否定和肯定，从而引导全社会确立它所认可的价值准则，最大限度地促使和形成全社会法的价值认同。

法的价值认同有情感认同、认知认同和信仰认同三种形式。法的价值的情感认同，是人们在社会生活中对于法的价值自然产生的，出自感情而非理性的认同。这种认同不具有理性的基础，但它对于人的行为的影响是最直接、最自觉与不自觉的。它具有原始与自发的性质，在人们的思想深处根深蒂固。法的价值的认知认同，是从观念、理性层面对法的价值的认同。它往往具有充分的理由和根据，并以经验事实和逻辑分析为前提。这种认同有可能与其情感是矛盾的，但基于理性的考虑，人们会依据这种认同作出自己的判断，决定自己的态度与行为。法的价值的信仰认同，是人们基于自己某种极度确信并执着追求的信念，而在法的价值上产生的认同。它与情感认同一样具有非理性的成分，但是它一旦确定就比任何认同都更为坚决而不可动摇。这三种认同形式，或许是相对独立的，或许是交融混合的，但并不是截然不同的。在这里之所以分别论述，只是为更好地认识法的价值认同而已。

法的价值认同有自然认同和教育认同两种过程和两种状况。法的价值的自然认同，与人生存的物质环境、文化环境、地缘因素、血缘因素、家族因素、民族因素、种族因素密切相关，具有较大的情感成分。因这些天然因素而联系在一起的人们具有无可比拟的天然亲和力和凝聚力,其彼此之间的法的价值认同是非常容易达成而且不易改变的。任何试图改变者都有可能被同类或者自己视为叛逆。自然认同的法的价值,深入人心,存乎人心,在运用时,也发自内心。法的价值也可以通过教育而认同。法的价值的教育认同也可以称为理性认同。它是在人们的理性认识的基础上产生的,并以理性、科学、正确等为根据。教育认同具有比自然认同更多的人为色彩。离不开传授、学习、宣传等社会活动。法的价值的自然认同与教育认同,可能是一致的,更可能是不一致的。在一致时,法的价值就可以发挥重大的作用;在不一致时,往往是自然认同的法的价值认识将教育认同的法的价值认识取而代之。只有那些理性程度甚高、自制能力甚强的人,才可能遵从教育所获得的法的价值认识,而不是凭自发情感而依从自然认同。社会关于法的价值认同的努力目标,应是使社会的自然认同与教育认同同一。只有使法的价值的自然认同与教育认同同一,正常的法的价值观念才可能深入人心,在人们内心深处被坚信无疑,也才能使法的价值的作用得以充分发挥。

法的价值认同有一个从部分到整体,从表象到实质的过程。一个社会的认同如此,一个群体、一个人的认同也是如此。无论是个人,还是群体或者社会,法的价值认同都是一个过程。因此,培养全社会的法律意识,其中也就包含促进全社会的法的价值认同,使服从法律的外在要求,转化成为人们的内在愿望,使人们在不假思索的情况下就能服从法律,遵守法律,维护法律的权威。

第十六章　法的价值实现的障碍

法的价值实现，是法的价值社会意义的现实化，是法的价值的归宿，它会受到来自多个方面的影响和制约。对法的价值实现的障碍的研究，是法的价值实现的另一个视角的思考。这种思考可以进一步深化对于法的价值实现的认识，努力推进法的价值实现。

一、法的价值实现的障碍及其克服

法的价值实现的障碍研究是法的价值研究中的一个独特视角与课题。它从反面探讨法的价值实现，与法的价值实现的条件研究相互补充，相映成趣。对于它的研究，必将有助于法的价值研究的深化，提高法的价值研究的理论水平。法的价值实现障碍的研究，是法的价值研究的一个独特的视角。它可以使我们从另一个侧面探索法的价值实现的途径与方式，促进法的价值在社会生活中的真正实现，推动法的价值的现实化。

法之所以需要强制实施，就是因为有阻碍法的实现的因素存在；法之所以需要强制实施，也是因为法的价值难以实现。法总是与不法并存的。是法导致了不法或是不法导致了法，似乎都有道理，关键在于从什么角度来考察法与不法。实现法的价值之所以会成为一个艰巨的任务,也可以说是因为有阻碍法的价值实现的因素存在,或者可以说其根本的原因就在于法的价值难以实现。法之所以追求秩序,是因为人类常常没有秩序;法之所以追求自由,是因为人们还没有完全自由;法之所以追求平等,是因为人类尚没有完全平等;法之所以追求公正,是因为人类还缺乏公正……之所以人类未能得到令人梦寐以求的价值,也就是因为有阻碍这些价值得以实现的因素客观存在,这些价值还不可得。梁漱溟先生在分析西洋政治自由主义、经济自由主义产生的根源时,即如此说,“少压迫则少反应,无压迫则无反应之理”。① “西洋人因为不堪政治上的压迫,而有政治上的自由主义;同时亦为不堪经济上的干涉,而有经济上的自由主义。”②

实现法的价值的努力与相关障碍因素是紧密联系的。法的价值从其一产生就与阻碍其实现的因素同在,而且始终将这些因素作为要努力克服、必须战胜的对象。但是法的价值并不能轻易地战胜其障碍因素,法的价值越能战胜其障碍因素,其实现的程度就越高。若能实现对法的价值障碍因素的彻底否定,法的价值也就很容易地得以全面实现。应当说,在当代社会这也只是人类的理想。因为在人类彻底消除了法的价值的障碍因素的同时,其实法也失去了自己得以存在的根据。人类的努力目标并不应该是使法律永存。其实,恰恰相反,所追求的正是要彻底消除阻碍法的价值实现的因素,实现法的价值,最终使法本身包括法的价值因彻底实现而归于消亡。所以,从这个意义上,可以说法的价值是与其障碍因素并存的。只有在彻底消除法的价值障碍因素的前提下,才能实现法及其价值所追求的最高理想。

二、法的价值实现的客观障碍

法的价值实现的客观障碍是客观存在的,是影响和制约法的价

① 梁漱溟:《中国社会与人生》,中国文联出版社 1996 年版,第 306 页。
② 梁漱溟:《中国社会与人生》,中国文联出版社 1996 年版,第 306 页。

值实现的重要因素。对这些障碍的了解将会使我们的相关认识更加理性和冷静。

（一）法律制度上的价值实现障碍

法律制度有助于法的价值实现，也可能阻碍法的价值实现。法律制度本身的缺陷、矛盾、疏漏都是妨碍价值实现的因素。法律制度上的价值实现障碍集中体现在制度设置和制度转换的两个方面。

1. 法律制度设置上的障碍

在法律制度的设置上，法的价值是非常难以协调和体现的。在立法过程中，立法专家们的许多争议，其实都是价值争议。立法过程，从积极的意义上讲，是各方利益最大化的过程；从消极的意义上讲，则是各方利益相互妥协的过程。这个过程也是各种价值观念冲突协调的过程。这个过程进行得特别成功，并达到了最高境界，法的价值就会表现得协调统一。否则，不同的法的价值就可能彼此对立地存在于同一法律体系，甚至同一法律制度之中。内在的法的价值的矛盾，就会外化为法律制度、法律规范之间的冲突。在法律制度设置上，除了矛盾冲突的障碍之外，还有法的价值是否被准确表述的问题。

其一，制度内容上的矛盾。在法律制度设置上，首先是不同法典之间，可能会产生价值设置的障碍，影响价值实现。不同的法典可能是由不同的起草者起草的。[①] 由于立法者价值认识的差异，可能在法典的胚胎上就注入了不同法典相互矛盾的基因。尤其是在部门立法较为普遍的立法体制之下，更容易出现不同等级的不同法典或同一等级的不同法典之间的价值冲突。矛盾的价值设置，相对于所要实现的立法价值来说，就是一种障碍。因为部门立法就难免有部门利益牵涉其中，部门利益实际上是一种扩大化了的“私”，相对于人民利益、社会利益、国家利益来说，无疑是一种“私”。有了“私”的介入，法的公平、正义都将受到严重的挑战。我国中央一级

① 不同的法典，除了起草者可能不同之外，立法机关也可能有所差异，有的是中央立法机关制定的，有的则是地方立法机关制定的；有的是由专门立法机关制定的，有的则是由国家最高行政机关制定的。

的立法中，部门立法现象，在专门法规和行政法规方面都是十分突出的。在我国地方立法中，部门立法的情况更比比皆是。中央、地方的一些机关、官员也并不一定都认为部门立法是不正常的现象。有的人甚至将其作为经验来加以总结。由于部门利益的影响，部门立法的价值设定就必然会与有关立法的价值追求相背离。许多年前，笔者曾经参加了某地地方立法的清理工作。一个原本享有“半立法权”的地方立法机关，在其所制定的56个地方法规中，竟然有多达49个是设置了罚款规定的。每一个罚款项目都有一个罚款主管机关。其实，这些罚款的规定大多数都是部门立法的产物，罚款主管机关就是相应法规的起草机关。笔者曾经还参加了一个由禁毒主管机关起草的禁毒地方立法草案的讨论。依照《全国人民代表大会常务委员会关于禁毒的决定》①第3条和第8条的规定，非法持有鸦片不满200克、海洛因不满10克或者其他少量毒品的，由公安机关处15日以下拘留，可以单处或并处2000元以下罚款，并没收毒品。然而在该地方立法草案中，它可以将全国人民代表大会常务委员会有关规定修改为，“非法持有鸦片不满100克，海洛因不满5克或者其他毒品原植物数量较少的，由公安机关处15日以下拘留，可并处10000元以下罚款”。两相比较，它比全国人民代表大会常务委员会立法针对的违法情节在数量上整整少了一半，但罚款额却增加了5倍。笔者发表了自己不同的意见，但得到的解释却是非法持有毒品者有钱，不怕罚款。所幸的是这一规定后来被立法机关修改了。但它反映出来的问题却是应当引起深思的。如果这个地方立法这一点未修改就被通过，它将会对全国人民代表大会常务委员会的立法产生什么影响？它对于有关违法人员又是否正义、公平、合理？地方执法机关、司法机关应当以什么作为处理案件的依据，会以什么作为根据？它对于法治、权利、公平、正义、廉洁等价值追求有何影响？在法律制度设置上，也可能因同一法典不同部分或不同条款之间的价值设置障碍，影响法的价值实现。法的原则规定与法的具体规定，法的总则与法的分则，法的一些条款与法的另一些

① 1990年12月28日全国人大常务委员会通过。

条款之间,由于立法者的疏漏或者立法技术的欠缺而使法典的内部出现价值冲突。在特殊的情况下,也可能是出自立法者的某种恶意,而导致了这种价值障碍的产生。如受到一定社会进步压力的专制立法者,一方面当然要固守其专制的立场,另一方面为了适应民主、自由的呼声与潮流,立法者又不得不作出一些民主、自由的立法。其立法的原则规定和某些条款中必然会有确认相应民主、自由的内容。但是民主、自由并不是其出自内心的愿望,对于不得不作出的原则规定和某些条款,必然会用具体的规定或另外的条款将之抵消或否定。这样一来,法典内部的矛盾就成为必然的结果。为敷衍而制定的民主、自由的法律,其原则规定和某些规定中关于民主、自由的价值追求,就会被其后的具体规定与其他规定所否定,使应有的价值无法实现。

其二,制度表述上的失误。法律制度都有一个表述的问题。表述的问题也是设置的问题。不成文法有其表述的问题,它的表述比成文法具有更大的不确定性,在实施上比成文法更多地取决于执法者的认识。不成文法的表述问题常常是以较为零散的个案形式表现出来的,这是由习惯法尤其是判例法的特性决定的。成文法的表述一旦出现问题,其影响常常不是个案,而会导致对于一类案件处理的失误。制度表述上的问题,在法制不发达的国家是经常存在的,即使是在法制发达的国家也无法完全避免。制度表述的问题对于法律的实施包括法的价值的实现有着多方面的影响。有学者说,“就立法的表述技术而言,法律及规范性文件名称的多样化、法律及规范性文本结构的非程式化,以及法律用语的随意性,及其修辞和口语的存在也是当前制约立法质量的突出问题。法律载体、法律文本、法律用语的随意性,从认识论角度而言,将无法引导人们形成统一的无歧义的对法的认识”。① 法律制度的表述问题并不限于以上内容,其危害和影响也非仅止于此。在这里主要要考察的是制度表述的失误,给法的价值实现所形成的障碍。比如关于房屋出租登记备案的制度表述。我国一些法律法规要求对房屋出租进行登记备

① 李步云主编:《立法法研究》,湖南人民出版社 1998 年版,第 187 页。

案。其要求登记备案的目的不仅是在于维护房屋管理秩序，更主要的还是在于征收房屋出租的有关税费，而并不在于要限制所有权人关于所有权的行使和房屋出租上的意思自治与契约自由。但在具体的制度表述上，许多法律法规都规定，凡房屋出租必须登记备案。有的为了防止税费遗漏，甚至规定，凡未登记备案的房屋出租合同为无效合同。在社会法律实践中许许多多的人都以为，凡是未经登记备案的房屋出租合同都是无效合同。司法机关也以这种理解来裁决案件。这样一来，关于房屋出租登记备案的法律调整就完全背离、超出了立法意图——房屋租赁管理、征收税费，而是把房屋租赁的一般民事行为，提升为非经行政主管机关“批准”不可的特殊民事行为，所有人和承租人的财产权利与租赁自由都被限制，甚至被剥夺了。其根本就在于立法表述上的失误。因为，维护房屋租赁秩序、征收税费，完全可以通过其他方式得以实现，而无须使租赁合同无效。在一些立法上又将房屋出租的许可登记与房屋出租合同的登记备案，或作双重要求，使当事人不胜其烦；或混为一谈，既加重了当事人的法律负担，又使当事人莫衷一是。司法官员的裁决更是参差不齐。其中涉及的问题很多，根本的还在于立法的制度表述准确与否，其所追求的价值目标是否得到了科学表达。

2. 法律制度转换上的障碍

一是在法律制度转换中，法的价值的“是非差异”的障碍因素。在社会变革中，法律制度是经常变化的，这种是与非的价值障碍因素是经常出现的，尤其是在社会转型期更是如此。在我国，很典型的就是在由计划经济向有计划商品经济，再向市场经济转化的过程中有关法律制度转换的价值障碍问题。在 1978 年以前，中国坚持的是计划经济体制。1982 年以后，中国实行“计划经济为主、市场经济为辅”的经济体制。1987 年，中国政府又确立了有计划的商品经济的经济体制目标。1993 年，中国正式确立了市场经济体制的目标。在计划经济之下，中国法律将商品的长途贩运一律视为投机倒把的违法犯罪。法律打击投机倒把犯罪的价值追求在于，保障计划经济的经济秩序。在计划经济为主、市场经济为辅的经济体制下，长途贩运不仅不再是犯罪而且是在一定程度上有益于经济发展的经济活动，因此，法律不再打击长途贩运的投机倒把行为，而以打击非法从事工商业活动、扰乱经济秩序的行为为其目标。在对计划经济仍然予以严格法律保护的同时，给市场经济的发展留下了一定的空间。其目的在于保护计划经济为主、市场经济为辅的经济秩序。在有计划的商品经济的体制下，法律对于投机倒把的法律规定又予以了新的调整。随着市场经济体制的确立，有关的法律又为保障市场经济秩序而作出新的调整与变化。长途贩运不仅不是投机倒把的违法犯罪行为，而且成为活跃市场、发展经济的重要经济活动形式，法律还予以应有的保护。① 法律制度的每一次转换，都会引起其所追求的价值的相应变化。在这种变化中，每当制度一转换，原有的价值目标就会因这种变化而变化，不可能再被坚持或者贯彻；新设的价值目标不仅要将原有的目标取代，而且还要被有效地贯彻。在法律实践中就会产生这样的问题：第一，原有的价值目标不能很快被停止或者修正；第二，新的价值目标难以被正确理解与遵行；第三，在原有法律制度下处理的案件是否应当被纠正。在第三个问题中，又有如果要纠正，从何时开始纠正，如何纠正的问题；如果不纠正，在变化前后的同样行为，有的曾经被作为违法犯罪追究了，有的却因制度的转换而不被追究，这又有是否公平的问题。也许，做出同样行为的公民正被作为法律保护对象的时候，原有因做出同样行为、已经被确定为违法犯罪的公民还正在接受尚未接受完的法律制裁。这是一个相当严重的价值问题，更是一个相当严重的法律实施与司法公正问题。

二是在制度转换中，法的价值的“轻重差异”的障碍因素。这有两种情形：(1)在制度转换前作为重罪处罚的，在制度转换后，被作为轻罪处罚。例如依照中华人民共和国1979年刑法典的规定，盗窃公私财物数额较大的，处5年以下有期徒刑、拘役或者管制。惯窃或者盗窃数额巨大的，处5年以上10年以下有期徒刑；情节特别严重的，处10年以上有期徒刑或者无期徒刑，可以并处没收财

---

① 我国的经济体制经历了从计划经济到“计划经济为主、市场经济为辅”“有计划的商品经济”，再到现在的市场经济的发展过程。

产。1982 年全国人大通过的《关于严惩严重破坏经济的罪犯的决定》将其补充修改为：情节特别严重的，处 10 年以上有期徒刑、无期徒刑或者死刑，可以并处没收财产。1997 年刑法典又对盗窃罪的量刑予以了修改，规定只有盗窃金融机构数额特别巨大的和盗窃珍贵文物情节严重的，才可以处死刑，否则，最高刑仅为无期徒刑。这些不同的法律规定，均表现了立法者的不同价值期求，体现了他们对于自由、生命与财产之间关系的价值评价。在这数次变化之中，同样性质、情节的盗窃犯罪却可能在不同的法律之下，被判处不同的刑罚，而且是悬殊极大的刑罚，甚至是生与死的差异。在某案中，以张某为首，伙同李某、王某，在 1996 年盗窃了某公司价值 30 万元的财产。案发后，李某即被抓获，交付审判，依法被判处了死刑，并被依法执行。在 1997 年刑法典生效前，孙某亦被抓获一审法官依照当时的法律规定，判处了其死刑。二审法官尽管已经知道了新刑法典的规定，但鉴于新的刑法典尚未生效，加之对此前的同案犯都是作的死刑判决，于是维持了一审判决，高级人民法院进行了死刑复核。执行死刑的时候，1997 年刑法生效了。人民检察院在执行死刑时，提出应当依照该刑法典，停止执行死刑，改判其他刑罚。有关人民法院不同意人民检察院的这一主张，要求继续执行。后经过法定程序，张某被免除了死刑。对张某的刑罚处罚，体现了新刑法典的价值精神。但是，如果将张某的境遇与同其具有同样犯罪情形，甚至较轻情节的已决犯比较，就可能有新的感慨。法对于他们都平等吗？为什么依照新刑法典免除张某死刑会有很大的阻力，这种阻力不仅是法官们对于法律的缺乏了解（不排除这种可能性），更主要的应当是法官们的价值观念没有能够适应法律制度的价值观念的转变，还固守着原有的价值认识，因此，在新刑法典公布后甚至生效后，还会维持或者继续依照原有法律执行（包括二审和复核）。将同案的李某与张某各自最终所受到的刑罚处罚相比较，作为抽象的平等，是否也有一些无法克服的障碍呢？（2）在制度转换前作轻罪处罚的，在制度转换后，被作为重罪处罚。这种情形在法律上并不少见。例如我国 1991 年 9 月 4 日全国人民代表大会常务委员会《关于严惩拐卖、绑架妇女、儿童的犯罪分子的决定》公布生效之日前,我国1979年刑法典一直把拐卖妇女的犯罪作为轻罪,最高刑罚为有期徒刑7年。但从该决定公布以后,拐卖妇女犯罪的最高刑罚就被修改为死刑。制度转换中的轻罪与重罪的变化,对于法的价值的实现也有一定的影响,法的公平、法的权威等都会受到一些伤害。

三是在制度转换中,法的价值所遇到的新旧法不同价值标准相互影响的障碍因素。在中国战国时期,韩国是从晋国分离出来的。韩国建立了,原有晋国的法并未废止,仍然有效,而韩国的新法又产生了。先王的法令还未收回,后王的法令又颁布了。韩国君主及其辅臣申不害也没有设法统一法令,于是,"韩国的那些奸臣看到旧法对他们有利就利用旧法,见到新法对他们有利就执行新法。他们总是利用新法和旧法,前令和后令之间互相矛盾的地方来徇私舞弊,以谋取私利。……旧法与新法,先王之法与后王之法,混杂一团,叫人如何去遵守?奸佞之徒利用各种法令之间的冲突和矛盾,从中谋取私利就不足为奇了。用今天的话说,这些人是钻了法律的空子。钻法律的空子,无论谋取私利还是祸国殃民,都会轻而易举地逃脱法律的制裁。这些投机取巧者固然应遭谴责,但关键还在于法律本身的疏漏使其有机可乘,有空可钻"。① 其实,奸佞们利用的也是新法与旧法的价值差异,以自己的利益为中心,利用新旧法不同的价值期求,满足自己的价值需求。这种状况在制度转换中是经常发生的。在中国改革的历史时期,几乎都无可避免地会出现同样的历史现象。

(二)社会现实中的价值实现障碍

法的价值实现既会遇到法律制度的障碍,也会遇到社会现实中的障碍。这种障碍对于法的价值实现的影响是极为重大的,它集中体现在社会客观条件缺乏、道德价值观念影响、宗教价值观念制约三个方面。

1. 法的价值实现的客观条件的缺乏

法的价值实现需要一定的物质条件。人的生命的维持和生命

---

① 陈海龙:《法家智谋》,武汉测绘科技大学出版社1998年版,第28~29页。

权的保障，没有一定的物质条件作为基础，是不可能实现的。再如法的自由价值，如果社会成员没有一定的生活保障，自由总是很有限的，即使法规定了丰富的自由也终究只是纸上的自由而已。至于法的价值中人的全面发展价值，更需要必要的社会物质条件，没有相应的物质条件，人的全面发展的价值就无法实现。在许多人都没有解决温饱的情况下，期望法能保证人的全面发展的价值实现，就是一句空话。

法的价值实现需要一定的文化条件。必要的文化基础和条件，是法的价值得以实现的前提。如法的自由价值的实现需要一定的物质条件，也需要一定的文化条件。在一个对于自由没有理性认识，既不知道自己的自由，也不尊重他人的自由，以弱肉强食为特征的社会中，自由是没有保障和可能的，法的自由价值就无法实现。人的全面发展价值，对于客观的文化条件具有更高的要求。一定的文化条件既是人的全面发展的内容，也是其重要的条件。

但是，社会在未发展到其最高境界的时候，总是无法为法的价值的全面实现提供充分的物质条件和文化条件。欠缺的客观物质条件和文化条件是法的价值实现的障碍。谋求法的价值实现，必须谋求其实现的客观条件的不断完善，使法的价值具有深刻而坚实的基础。

2. 道德价值观念影响法的价值实现

道德是社会重要的价值规范，道德也具有自己的价值追求。中国在处理相关问题上曾经积累了丰富的历史经验。其中最典型者乃是作为道德准则的“孝”对“法”的价值实现的阻碍。东汉灵帝光和年间，有一女子赵娥，其父被人杀害，其有三个兄弟曾立志要为其父亲报仇，但因瘟疫而同时亡故。复仇的道德责任只能由赵娥承担。一日，她路遇仇人，先刀砍仇人之马，再用刀砍仇人。刀砍到路旁一棵树上，折为两段。她弃刀而骑于仇人的身上，将仇人卡死，然后割下仇人头颅，投案自首。面对如此孝行，法官深为感动。在法庭上示意赵娥逃跑，而自己也深知法所难容，决计弃官而逃。赵娥对法官的好意并不领情，她深知，法不能容。她说：“匹妇虽微，犹知宪制，杀人之罪，法所不纵；今既犯之，义无可逃；乞就刑戮，殒身朝市,肃明王法。”赵娥要求法官依法处置。法官无可奈何,命人将赵娥车载回家。[①] 赵娥、法官均由此而被社会普遍称赞。法在本案中的作用,是无法发挥了,法的价值让位于道德的价值。

不仅为父兄报仇是一种背法行孝的道德价值体现,父子相隐也同样是一种背法行孝的道德价值体现。父子相隐的背法行孝,于法应当是否定的,在道德上却一直是被称道的。据《论语·子路》记载:“叶公语孔子曰:‘吾党有直躬者,其父攘羊,而子证之。’孔子曰:‘吾党之直者异于是。父为子隐,子为父隐,直在其中矣。’”[②]父亲盗窃了他人的羊,儿子应当为其父亲隐瞒,包庇其父亲。这就是中国的传统伦理中的孝的要求。孔子如是认为,据说,比孔子早若干年的舜也如此认为,并身体力行。[③]

基于中国社会对于孝的过分崇尚,长期以来背法行孝的事例层出不穷。法律不能不作出让步,规定“子为父隐、父为子隐”等。“相隐”制度又确立了它的法的价值与道德价值。如果听任随意复仇和任何情况下都父子相隐,必然会严重地阻碍法的价值实现。为了使法的价值不会因此而受到更为严重的影响。思想家们注意到了这一点。孔子也不是无原则地主张亲亲相隐的。叔向是叔鱼的兄长,对于叔鱼徇私枉法,叔向主张戮其尸,孔子即赞扬叔向“不隐于亲”“杀亲益荣”。于是孔子思想中“父子相隐”与“不隐于亲”就构成了完整的内容。在小义上应当相隐,在大义上应当灭亲。事关一般法律问题,相隐;事关国法、国家等重大法律问题则不可隐。对于相隐的法律化,法律上又规定了若干限制。如子弟为父兄复仇,应以父兄无罪而被虐杀为前提;复仇者应先到司法官员那里登记;乃至规定复仇者也应当承担一定的法律责任。[④] 相隐,也是有限制的,凡是有关侵犯在统治者看来属于更高价值准则的犯罪,相隐的

---

① 范忠信、郑定、詹学农:《情理法与中国人》,中国人民大学出版社 1992 年版,第 67~68 页。

② 《论语·子路》。

③ (宋)朱熹:《四书集注》,岳麓书社 1988 年版,第 212 页。

④ 范忠信、郑定、詹学农:《情理法与中国人》,中国人民大学出版社 1992 年版,第 104 页。

原则就必须作出让步。但背法行孝对于法的价值实现的影响依然是不言而喻的。

在现实社会生活中,道德等规范的价值诉求对法的价值实现的阻碍也还是客观存在的。例如报载,一警察局长在当地无恶不作,并强占人妻,后被一公民杀死,许多公民拍手称快。法院公开审判该公民杀人行为时,旁听区内座无虚席,群情激愤,纷纷要求从轻甚至免除对于该公民的刑罚。但是法官却不可能完全满足旁听者的要求,对于杀人者必须予以依法制裁。这个案件,不论法官如何裁判,其在法的价值实现上都将遇到困难。如果不考虑道德因素,依法判处应有刑罚,人们就会根据自己的理解,而怀疑法的价值。如果考虑了人们道德的认识,那么法的执行就会受到影响,这样,根本就不符合法治原则,法的价值实现也会受到影响。其实,不论法官如何裁判,法的价值实现都将受到一定的影响。这时,公民的道德价值观念就成为法的价值实现的障碍。

3. 宗教价值观念制约法的价值实现

宗教是一种文化现象,由于它在人们信仰中的地位,其价值观念对于法的价值实现的制约更是不可低估。以伊斯兰教与伊斯兰法的关系为例,就可以得到一个梗概的了解。伊斯兰法中的许多内容都具有宗教教规的含义。法律之所以禁止偶像崇拜,是因为偶像崇拜为伊斯兰教所坚决反对;法律之所以禁止饮酒,是因为醉酒会使人不知所云,妨碍正常履行礼拜的义务;法律之所以禁止利息和买卖不确定物品,是因为伊斯兰教反对剥削、提倡均贫富的宗教理想;法律之所以允许人们通过补赎、济贫和释放奴隶来代替刑罚,是因为真主是“至宥”“至赦”和“至慈”的;法律之所以禁止吃猪肉、血液、自死物、野兽吃剩下的动物以及非诵安拉之名而宰杀的动物,是因为真主是这样命令的……可以说,在伊斯兰法中,几乎所有内容都显示着或潜含着宗教的价值准则。[①] 但即使是伊斯兰法,与伊斯兰教也是有区别的。当伊斯兰法的价值观念宗教化或者伊斯兰教

---

① 高鸿均:《伊斯兰法:传统与现代化》,中国社会科学出版社 1996 年版,第 100 页。

价值观念法律化的时候,法与宗教之间的价值冲突并不严重。而在伊斯兰法与伊斯兰教有所分别的方面,伊斯兰教价值观念与法的价值设定的差异,也就不言而喻。宗教价值观念就会在一定程度上形成法的价值实现的障碍。

如果说道德价值观念中还有很大的理性成分的话,宗教价值观念中的理性成分则相对较少。也正由于它的理性成分较少,因而人们笃信不疑的可能性就特别大。宗教价值观念与法的价值观念之间常常具有很大的差异,有时甚至根本对立。宗教价值观念对于法的价值实现并不仅是障碍,也还有助益的一方面。只是在这里,我们侧重于分析的是它对于法的价值实现的障碍方面。

宗教价值观念对于法的价值实现所形成的障碍情形,首先会因相关宗教价值观念的差异而有别。有的宗教与法的价值冲突相对较少,有的则相对较多。其次,与公民的宗教价值观念深入的程度有关。在政教合一的国家,由于宗教深入人心,宗教教规与法律规范的交叉重叠,宗教价值观念就可能在人们的自觉与不自觉之间构成对法的价值实现的障碍。在政教分离的国家,宗教教规与法律规范同时作为社会规范而存在,并同时发挥作用,宗教价值观念对于法的价值实现的影响就难以彻底克服。在不主张(提倡)信仰宗教的国家,公民的宗教价值观念相对较少,它们对于法的价值实现的制约也相对较低。

在宗教价值观念与法的价值实现产生冲突的时候,有可能是以一个服从于另一个,更多的是将二者予以协调,既适当修正法律的价值设定,又适当修正宗教价值观念,使宗教教规与法律规范、宗教价值观念与法的价值观念彼此协调,并行不悖。

三、法的价值实现的主观障碍

在法的价值实现过程中,既有客观障碍,也还存在主观的障碍。对于这些主观障碍的分析,对于价值实现的研究,同样是非常必要的。

(一)法的价值实现的主观障碍的情形

法的价值实现的主观障碍具体有怎样的情形,需要进行具体分析。其中主要存在对于法的价值的误解和对于法的价值的偏见两种情形。

1. 对于法的价值的误解

对于法的价值的误解,是多种多样的,可以从主体的角度进行以下的分析。

社会民众对于法的价值的误解。社会民众对于法的价值的误解是相对较为普遍的,而且是从古至今都存在的社会法律现象。历史和现实中的许多集体抗法事件或者以不法对待不法的事件都是由于社会民众对于法的价值的误解所导致的。例如,某地农村,冬天,一夜,一妇女携孩子与其夫同睡一床。由于室内放有一烧煤的烤火炉,夜半,室内煤气过重,其夫挣扎倒地。清晨被发现,经抢救,男子幸免于死,该妇女与孩子却同时遇难。女方父母兄弟得知此事,以为系夫家谋害所致。于是率女方家族中数百人前往夫家讨公道,与夫家发生争执,烧毁夫家粮食、推翻夫家阳台、砸坏夫家家具、打伤夫家家人与族人。其后,公安机关以女方族人违法犯罪为由强制追究法律责任。于是女方族人又与公安机关产生冲突,并认为公安机关是在包庇犯罪、保护邪恶,再次出现集体抗法事件。综观此案,首先是因为女方族人对于法律的无知以及对于法的价值的缺乏了解。他们如果怀疑该妇女系被谋害,理当向司法机关举报、申诉、控告。是否是意外事件、男方是否是凶犯以及如何对凶犯进行惩罚,都应当由司法机关来决定。但是他们没有想到法能给其以公道,或者想到了法,但并不寄希望于依靠法来获得公道。他们不是运用法去讨回"公道",而是以非法的手段去寻求公道,最后,使自己陷入了不不法。社会民众对于法的价值的误解,首要原因是民众对于法律的无知。知悉法律是了解法的价值的前提。历史上,古罗马为了使人们熟知法律,干脆将法律刻在铜牌上,悬挂于公共场所。这种法律宣传方式,即使到了今天,也不能不说是相当高明和成功的。一些地方的民众法律意识相对薄弱,他们对于法律的了解不多,法盲犯法的情形时有发生。社会民众对于法的价值的误解,可能是他们用政治观念、道德观念、习惯观念代替法律观念的结果。与法并存的社会规范与社会观念都是多重的。用其他的观念代替法律观念,用其他准则代替法律准则,必然导致对于法的价值认识的错误。

执法官员对于法的价值的误解。这里所说的执法官员是广义上的,包括权力机关、行政机关、检察机关和审判机关中有法律适用职权并进行法律适用活动的所有官员在内。执法官员对于法的价值的误解是难免的,尤其是在执法官员素质低下的情况下,误解更会经常发生。社会上长期有一种对于法的误解,即以为法不是科学,而是政治,只要思想觉悟高或者认识汉字就可以胜任执法工作。这是对执法工作的极大误解。在执法实践中,执法官员曲解法律的事时有发生。有时是对法律的文字理解的问题,有时则是对法律设定的价值认识的错误。在二者之间有可能存在因果的关系。[①] 执法官员对法的价值的误解,有的是由于法律知识的无知或者少知,有的则是由于执法官员的极不负责任。有的执法官员因为某种不可告人的原因甚至就不对法的适用做价值思考。如果非要去寻找原因,那只能是不负责任和缺乏良知。

2. 对于法的价值的偏执

社会民众对于法的价值的偏执认识。对于法的价值的误解,并不是由于相应主体的故意,而是由于其无知。但是对于法的价值认识的偏执,却是相应主体故意坚持错误认识的结果。偏执的价值认识者是知道自己的错误所在的,但是基于某种原因,而又故意坚持错误,并将错误的价值认识用于指导自己的实践活动。社会民众对于法的价值的偏执认识,往往都会导致他们知法犯法。远古的舜,是中国的大圣人之一。据说,他的父亲、继母、同父异母的弟弟,都曾想谋害他。或是谋其财产,或是嫉妒其才能等。他们让舜修谷仓,待舜到仓顶后,他们抽掉梯子,放火烧仓,意在烧死舜;他们让舜去掏井,当舜下到井底,即砍断井绳,往井里填土石,想将其活埋;他们请舜喝毒酒,并打算不能毒死他时,即用斧头砍死他,甚至谋夺舜所珍爱的妻子。在神的帮助下,舜一次次化险为夷。但舜对他们依

---

① 对法的文字认识错误,可能是价值认识错误的原因,价值认识错误则可能是文字认识错误的结果。

然孝敬、友爱如初,并未对其父母与弟弟进行控告,以追究其法律责任。[①] 这些故事难免有后世的穿凿附会。孟子曾演绎了舜的父亲犯杀人大罪,舜从天子的监狱窃负而逃的故事。[②] 朱熹在写作《四书集注》时两次援引了这一故事。[③] 尽管这些故事的真实性大可怀疑,但是,它能千百年地流传,就已经表明了我们这个民族的传统价值观念。明知侵害自己者非法,而不控告,不求助法律以自保;明知违法,却听任和遵从自己之错误的价值认识而违法。这些都是行为人价值认识偏执的结果,而非对于法律或法的价值准则不知。唐朝时期的徐元庆复仇案也同样具有典型意义。徐元庆的父亲徐爽犯法,被县尉赵师韫依法执行了死刑。徐元庆决心要谋杀赵以报父仇,于是隐姓埋名到官吏经常出入的驿站做差役。许多年以后,赵师韫已升任御史,下榻该驿站。徐元庆杀死赵师韫,投案自首。既然知道投案自首,当然知道其违法之性质。明知自己的行为违法而为之,非偏执而无可解释。1935 年的中国,仍有类似案件发生。1935 年,施剑翘枪杀中国大军阀孙传芳即是一个典型案例。1925 年,施父施从滨任山东省军务帮办、直鲁混成旅旅长,在直奉大战中为孙传芳俘虏,惨遭慢刀割头之刑,并被曝尸数日。施剑翘立志为父报仇。经过 10 年刻苦磨炼,施剑翘筹划周全,在天津一个寺庙中,将孙传芳枪杀。然后,从容自首。依照法律,理应判处 10 年以上有期徒刑或者无期徒刑、死刑。一时间,舆论普遍推崇施剑翘的违法行为。冯玉祥、于右任、李烈均等二十余位党政要人以及成千上万的民众,纷纷上书,要求对施剑翘予以特赦。时任国民政府主席的林森于 1936 年 10 月 14 日发布特赦令称:施剑翘“痛切父仇,乘机行刺,并即时坦然自首听候惩处。论其杀人行为,固属触犯刑法。而以一女子发于孝思,奋力不顾,其志可哀,其情尤可原。现据

---

① 范忠信、郑定、詹学农:《情理法与中国人》,中国人民大学出版社 1992 年版,第 91 ~92 页。

② 《孟子·尽心》。

③ 一是在《论语·子路》的注释中引用“谢氏曰”论述了这一故事,二是在《孟子·尽心》的注释中对孟子所言进行了注解。参见(宋)朱熹:《四书集注》,岳麓书社 1988 年版。

各学校各民众团体纷请特赦，所有施剑翘原判徒刑，拟请依法免其执行等语，兹依中华民国训政时期约法第68条之规定，宣告将原判处有期徒刑7年之施剑翘特予赦免，以示衿恤”。[①] 施剑翘经过10年准备，而一旦报得父仇，立即自首，其对法律禁止的了解是必然的、清楚的。其之所以要违法复仇，实因其对法的价值的偏执认识。中华民国政府的特赦，亦为面对社会偏执的价值认识不得已而为之。如果撇开道德的价值，法的价值的贯彻所受到的阻碍是清楚明白的。对于法的价值认识的偏执情形是多样的。战国时期，晋国邢侯和雍子为争执田产而诉讼，很久都得不到判决。司法官景伯到楚国去了，叔鱼代理司法官职务，执政官韩宣子命令其判决旧案。他一审该案即发现，罪在雍子。雍子就将自己的一个女儿送给叔鱼，叔鱼受贿后，反将邢侯判为有罪。邢侯非常愤怒，将叔鱼和雍子都杀死在朝堂之上。[②] 景伯为何将案件久拖不决，是否有今日司法官员“以拖代决”的恶习尚不可知，在此也姑且不论。对于邢侯来说，他也应当知道事情的原委与法律的是非，但他并不通过正常的途径寻求法的公正，而是采取了非法的行为来发泄自己的愤怒，以致酿成了自己的犯罪。其对于法的价值的认识也是偏执的。社会民众对于法的价值的偏执认识，在今天依然存在，而且还十分普遍。尤其那些法律意识很少，又固守一己之歧见者，更容易对法的价值采取偏执的心态。

执法官员对于法的价值的偏执认识。执法官员对于法的价值的偏执认识，必然会导致冤假错案与违法失职的发生。上述叔鱼一案中，叔鱼作为代理司法官对于法律是了解的。他也知道罪在雍子，而且是在收受贿赂后，才将邢侯判为犯罪。叔鱼对于自己所作出的判决，实际上是明知违背法的价值而故意违背的。叔鱼对于法的价值的故意违背，是导致事态恶化的主要原因。邢侯对于叔鱼违法裁判所采取的过激行动，显然也是在知道其行为法律意义的情况

---

① 范忠信、郑定、詹学农：《情理法与中国人》，中国人民大学出版社1992年版，第95页。

② 《左传·昭公十四年》。

下作出的。他对于法的价值的认识也是偏执的。

(二)法的价值实现的主观障碍的克服

认识法的价值实现的主观障碍,是克服相关障碍的前提。在认识了障碍所在之后,克服这些障碍,就是实现相应价值的关键,并成为了相关工作的中心和重点。

1. 理解与把握法律真谛

其一,要理解与把握立法目的。理解立法目的是正确实施法律、实现法的价值的前提条件。立法目的是立法的出发点与归宿。它是立法活动的指导,是检验立法质量的标准,也是解读法律的指南。要实现法的价值必须首先理解立法目的。因为"立法目的是我们解读法律文字的钥匙。无目的的立法是不可解读的立法,对目的的误解也必然孕育着误解具体法律文字含义的危险"。[①] "对立法目的的把握也使我们有可能对立法文件作出理性的价值判断。"[②] 没有对于立法目的的把握,在执行法律的过程中,就难以避免会更多地产生对于法律规定的误解。立法目的如果在法律文字中有所体现的话,往往是较为明确地规定在法律文件最前面,较为具体地体现在各个规范中。而对于执法官员来说,大多是不会顾及这些在表面上与其执行法律"无关"的文字的。这是对立法目的不应有的忽视。它既是执法官员水平低下的表现,也是法的实施水平难以提高的重要原因。立法目的有的明确地记载于相关法律的文字之中,有的则没有被明文记载。立法目的,有时为立法者所自觉认识,有时连立法者自己也不得而知或莫名其妙(这显然是由立法者素质太低所致)。有的立法目的不是由法律文字明确规定,而是由立法机关的代表做立法说明来揭示。要使非立法者把握立法目的就更难了。因此,培养执法官员的良好法律意识,使其能理解用文字表明的立法目的,使其能把握法律文件未标明的立法目的,就特别重要。

其二,理解与把握法律规定。法律是由若干文字来表现的。法律的文字组合有特定的技术规则。要理解和把握法律规定,至少必

---

① 黎建飞:《立法学》,重庆出版社1992年版,第7页。

② 黎建飞:《立法学》,重庆出版社1992年版,第7页。

须在以下五个方面具有一定的知识。第一，认识法律规范特定的内在结构。从逻辑结构上看，任何法律规范都有假定、处理、后果三个部分（三要素说），或者将假定和处理合称为行为模式，于是法律规范的结构又有两要素说，即行为模式与法律后果。理解法律规范的内在结构是正确把握法律规定的起码要求。第二，把握法律规范的不同种类划分。法律规范可以被划分为：授权性规范、禁止性规范和义务性规范；强制性规范、任意性规范；确定性规范、非确定性规范；等等。不同的法律规范具有不同的法律意义，对人们也会有不同的要求，甚至它本身也具有不同的法律效力。第三，掌握法律的复杂格式。法律格式中包括标题、一般性规定与特别规定、主题事项规定（主旨、宗旨或目的条款）、保留条款或除外规定、制裁规定或处分规定、委任规定、附属规定、关于法律本身事项的规定（包括实施日期、废止日期、过渡条款等）。[①] 对于法律格式的认识是理解法律的知识基础。对其的把握，具有不可替代的重大作用。其中的某一个疏忽，甚至会使案件出现正确与错误的天壤之别。第四，了解法律的严格体例。法律体例是法律的外部结构形式。它关乎总则、编、章、节、条、款、项的设置，各自的含义，相互的关系等。对于法律体例的认识，是对法律进行认识的基础之一，是全面把握法律制度的必备知识。第五，熟悉法律的文本。其中包括法律的用语规则、法律的术语使用、法律的遣词造句、法律的标点符号等。对于这些没有一定的掌握，要准确地掌握法律也是不可能的。要具有以上五个方面的知识，非经过专业的学习不可。我国目前能接受或者已经接受这种良好的专业教育的人实在太少，因此对于法的误解也就不足为奇。至于对于法的价值的把握与理解也就更不可能。要消除法的价值认识上的失误，正确掌握和运用法的价值，必须从法律教育着手，从对法律规定的正确理解着手。

2. 提高和矫正法律意识

在法的价值上的许多误解，除了系由道德因素的影响所致之外，往往都与相应主体的法律意识水平相关，许多误解都是由认识

---

① 吴大英、任允正、李林：《比较立法制度》，群众出版社 1992 年版，第 656 页。

主体的法律意识的畸形或者太低所导致。

法律意识太低必然会影响其对于法的价值的认识。法的价值深藏于法律规范的字里行间,并不如法律规范的文字规定那么清楚明了。在我国历史上缺乏法治传统,现实中法治一直未能达到应有的程度。人们的法律意识比较薄弱。文化知识的欠缺,也是我国公民法律意识水平不高的重要原因。对于法律的一般了解需要相当的文化知识为基础,法的价值更需要认识主体具有一定的法律认识能力和认识水平,对其文化素质就会有更高的要求。要实现法的价值,就需要提高社会成员的法律意识。

法律意识的畸形也同样会导致对于法的价值的误解。在现实社会中,没有接受法律教育的公民对于法的理解,多出自自己的感性认识,多属于直觉的范围,并受道德、传统、习惯、风俗、教规以及个人体验等方面的影响。如果说我国历史留给我们极其宝贵的财富,那么它并不主要是指法律方面的有关内容。我国历史遗留的关于法的传统,许多都是教训,而不是经验。许多畸形的法律观念对于我们今天的法律理解,具有相当大的误导作用。如果以法治的眼光来审视,在古代,法律意识是不正常的;在近代乃至在当代,许多遗留的法律意识也是不正常的。现实是历史发展的延续,历史与现实之间并没有截然的分野,甚至还有内在的联系。为此,要实现法的价值,就必须矫正社会成员的法律意识。

法律意识未能随着法律制度的进步而进步。法律是不断发展的规则,法学是不断发展的科学。法学应指导法律的发展。在法律发展的情况下,法学也应当有与法律一致的进步,人们的法律意识也应当随着法律、法学的发展而发展。我国现有的执法官员还有许多都没有接受过正规的法学教育,即使接受了正规法学教育的执法官员,他们依然有一个再学习的问题。尤其是在我国正处于改革的历史时期,法律制度、法学理论都在不断调整、改革、进步,执法官员绝不能依靠一劳永逸的法学教育而度过终生。终生教育的观念尤其应当在执法官员中确立。因为法律制度在变化、发展,法学理论也在变化、发展。例如,中国以前的经济合同立法(1981 年的《经济合同法》),一直把违反政策、计划的合同列为与违反法律的合同一样的无效经济合同。在中国法治发展、市场经济发展的社会背景下，这一规定在 1993 年被修改了。新的经济合同法不再将违反政策、计划的合同列为无效合同。因此，执法官员的相应法律意识就必须转变，否则就可能导致对于法律的误解，使在侧重保障经济自由的新经济合同法下，产生出依照原有经济合同法和原有经济合同理论的、侧重于保障计划经济的恶果。随着形势的发展以及法制和法治的进步，新的统一合同法又制定了。统一合同法是在市场经济进一步发展的背景下制定的，如果继续以旧的合同法观念来解读统一合同法，又必然导致新的误解。再如，法学理论中关于“合同”的解释。在中国改革开放之前乃至之初的法学著作，甚至权威性的辞书中对“合同”的解释，与市场经济条件下，变化、发展的法学著作中的相关解释就有相当大的差异。以前法学著作将我国的合同解释为，“社会主义组织间、社会主义组织与公民间以及公民彼此之间，为完成国民经济发展计划，为满足人民生活需要而共同协作、相互支援的法律形式”。① “建立在生产资料公有制基础之上的社会主义社会，根据社会主义商品交换的需要，利用合同制为落实计划，发展经济，提高人民物质文化水平，加强国际经济协作服务。”②其对合同的定位，均在于“完成计划”或“落实计划”，其价值必然与经济自由、市场经济相对立。经过数年发展，中国法学界已经抛弃了既有的理论，普遍接受了“合同是当事人之间设立、变更、终止民事关系的协议”的认识。如果接受法学教育是在计划经济时代完成的，那么在市场经济的条件下，就有对有关法学理论进行重新学习的必要，否则，就难以理解市场经济条件下法律制度和法学理论的变化与发展。如果还以过去的合同法律观念来处理现在的法律事务，必然是失之千里。

3. 珍视并实践法的价值

执法官员是否珍视法的价值，对于克服价值实现的障碍具有重大的意义。任何时候，执法都应当使法的价值得以实现，否则，法的

---

① 《中国大百科全书 · 法学》，中国大百科全书出版社 1984 年版，第 276 页。

② 《法学词典》（第 2 版），上海辞书出版社 1984 年版，第 329 页。

价值永远只能是梦想，而绝不可能成为社会的现实。任何时候，执法都会使有的人得到法的保护，使有的人受到法的制裁。惩罚永远是法的重要手段。从一定意义上讲，没有保护就没有法，没有惩罚也没有法。然而任何人都知道趋利避害，都希望获得法的保护，而不期望受到法的制裁。有的人即使明知自己违反了法律，也要绞尽脑汁、挖空心思地逃避法律的制裁，甚至不惜买通执法官员以减轻或免除应当承受的惩罚。当事人干扰执法的手段是多样的。执法官员只有不受利诱，不畏权贵，不避生死，才可能将法切实贯彻执行。执法官员应当视法和法的价值的实现为自己的人生理想，视法和法的价值为自己的生命。如果执法官员都能把法和法的价值融入自己的生命之中，如对生命一样珍爱，法和法的价值就不难实现。许多执法官员所缺乏的正是这种以法和法的价值为生命的精神。

视法和法的价值为生命，有两种情形：一是以生命来捍卫法，实现法的价值；二是以生命来实践法和法的价值，实现法的价值。前者如隋朝的赵绰、唐朝的戴胄，后者如战国时期的李离。

隋文帝时代，刑部侍郎穿了一条大红色的裤子上朝。根据当时的习俗，他认为这样有利于自己官运亨通，而隋文帝认为这无异于巫术。于是命令作为尚书都官侍郎的赵绰将其杀掉。赵绰对隋文帝说，“依照法律，不应当判处他死刑，我不能执行你的诏令”。隋文帝很气愤，对赵绰说，“你舍不得他去死，舍得你自己去死”。隋文帝又命令左仆射将赵绰杀掉。赵绰说，“我宁可让皇上你杀了我，我也不愿杀他”。赵绰被押到朝堂，剥去衣服准备执行斩刑，隋文帝又叫人问赵绰，“对于这件事，你究竟是怎么看的？”赵绰的回答是，“一心执法，不敢惜死”。[①] 唐朝兵部郎中戴胄，被提升为大理寺少卿。唐太宗选拔后备官员，很多人伪造资历，冒充名门。唐太宗非常生气，敕令作伪者自首，不自首者处死。不久，就有诈冒者被发现，唐太宗想把他杀掉。戴胄启奏说，“依照法律应当流放”，唐太宗大怒：“你打算执行法律而使朕失信吗？”戴胄的回答是，“皇帝的

---

① 《隋书·赵绰传》。据史书记载：隋文帝听了赵绰的回答后，拂袖而去，过了很久，才叫人将赵绰放了。第二天，隋文帝向赵绰道歉，并慰劳勉励他，赏绢三百段。

命令出于一时的喜怒,而法律则是国家颁布用以取大信于天下的。陛下出于痛恨那些后备官员伪造资历,所以想把他们处死,现在既然知道这样做不合适,还是应该依法处理为好,这就是抛弃小忿,保存大信的做法”。唐太宗说,“你能这样执法,我还有什么忧虑的呢?”[①]赵绰、戴胄对于法的认识,对于法的信仰,是坚定不移的。对于可以而且就要剥夺自己性命的皇帝,居然敢于坚持依法办事而犯上,没有以生命捍卫法律的精神是断然不可能的。

战国时期,晋文公时代的审判官(法官)李离,发现自己负责的审判工作错判案件,误杀好人,就将自己拘禁起来处以死刑。晋文公知道了就劝他道:“官有贵贱之分,罚有轻重之别。这次出现错案,是下级的原因,也不是你的过错。”李离说:“我是最高的审判官,并没有把这个职位让给下面的官吏;享受的俸禄不少,也没有分一点给下属。现在出现了错案,杀错了人,把责任推给下属,这种事没有听说过。”李离拒不接受晋文公的意见。晋文公又说:“如果你一定认为你有罪,是不是我也同样有罪呢?”李离说:“当审判官的,有法规定,错判了刑事责任,就应当负刑事责任;错杀了人,就应当抵命。你认为我能够审理疑难复杂的案件,才任命我为审判官。现在,我已经判错了案件,错杀了人,犯了死罪。”李离于是拒不接受晋文公的命令,用剑自杀。在今人看来,李离多少有些迂腐,甚至过于迂腐。实事求是地与下属分担责任,就已经不简单了,何苦要代下属承担责任而自杀呢?上级,而且是最高的上级,主动要求免其一死,其又何苦要执意将自己处死呢?李离的心态是任何不把法和法的价值视为生命的人所难以理解的。

历史上,视法和法的价值如生命的法官尽管不是所有,但也可谓多矣。他们在历史上的光辉是历史的帷幕无法遮挡的,一直放射着耀眼的光芒。现在,由于民主与法治的发展,法治环境显然比历史上的任何时候,都更加优越。坚持依法办事而冒杀头之风险的时候,并不常见。绝大多数执法官员要依法办事,并无太大的障碍,而

---

① 《资治通鉴·唐纪八》。该书还说,“胄前后犯颜执法,言如涌泉,上皆从之,天下无冤狱”。

许多时候,竟是只要没有一己之私或不贪一己之私就足也。然终为难得,岂不悲乎?

为了塑造一种以法和法的价值为生命的精神,执法官员的宣誓制度是必要的。法官、检察官都必须宣誓就职,甚至当庭宣誓,使其誓词永远激励他们以法律为人生的依归。执法官员若能以执行法律为生命的职业本质,以效忠法律为人生的最高境界,以献身法律为践诺的光荣义举,法的价值就会在执法官员的热血激荡中,放射出照耀人世的光辉。

4. 建立民主基础与增强价值信心

法的价值实现必须要有深刻的社会基础。法的价值障碍的克服也同样需要一定的社会基础。这种社会基础,一是社会民主,二是社会对于法的价值的信心以及在此基础上的对于法的价值的热爱与追求。

没有民主,就不可能有良法。任何良法,一定首先是价值目标确定得很好的法。社会民主是法的良好价值目标得以确定的社会背景。并非每一个法都能很好地确定自己的价值目标。法的价值定位是否准确与良好,影响的因素有很多。关键的因素在于立法的过程、结果是否民主。只有民主的立法才能集中民众的智慧,把法制定成所在时代最好的法。即使是民主的立法也未必是尽善尽美的,但是不民主的立法必定会有相对更多的价值失误,民主的立法远比不民主的立法更能作出良好的价值设定,体现良好的价值追求。

没有民主,良好的法的价值也不可能实现。法的价值中包含时代发展的成就。民主的抉择需要民主来贯彻。价值确定良好的法一定是符合公众利益的,因此,只有在公众的关注和支持下,法的价值才可能得到很好的实现,成为社会的现实。在法的价值的实现过程中,难免会有疏漏与偏差,在个人或者少数人的控制之下,它们就无法弥补和矫正。在民主之下,法的价值实现中的疏漏和偏差都可以得到相对更及时、更良好的补救和纠正。

实现法的价值,必须有民主作为社会基础,必须有全体人民对于法的价值的信心。法的价值非不可得也,实难得而已。正因为法的价值实现具有种种困难,所以其实现的过程中就难免会遇到这样或者那样的障碍。要克服这些障碍也非易事,它需要人们不懈的努力。在主观上就要依赖人们对于法的价值的坚定不移的信心。这种信心是人们面对各种挫折而百折不挠的力量源泉。

对于法的价值的信心是重要而基本的。对于法的价值的热爱与追求更是进一步的要求。法的价值中包含一系列人类美好的理想。它们是生命、自由、平等、人权、公正、人的全面发展。尽管这些美好的理想应当为人类所热爱与追求,但是由于种种原因,人们的这些美好信念有可能被动摇,被践踏。特别是在一个刚刚经历了或者正在经历沉重苦难的国度,对于这些美好理想与理念的热爱与追求,往往并不是完全自发的,它甚至需要社会的集体启蒙。这个启蒙的过程需要时间。人们观念的改变与良化,是一个漫长的过程。人们曾经被摧毁的对于美好事物的信心,绝非在一日之内就可以重新确立。"哀莫大于心死"同样适用于人们对于法的价值的心态。法的价值的实现,在人们的心理上首先有赖于对于法的价值的信心、信念的确立,有赖于人们对法的价值的热爱与追求。

四、价值多元影响法的价值实现

价值多元的问题,是一个极为复杂的问题。价值多元严重地影响和制约着法的价值实现。对法的价值多元进行专门研究,是法的价值实现所必需的。

(一)法的价值多元的概述

价值多元在法上的表现是十分明显的。其至少表现在这样几个层面上:第一,法本身具有不同的价值单元,如秩序、自由、平等等。第二,法的价值主体的价值观念也是以多元状态存在的。不同的主体对法的价值有着不同的价值观念。立法者、执法者、守法者,角色是互换的,但作为不同的角色,又有着相对的独立性质,其价值观念也会因角色的变换而有所差异。第三,对于同一客体,不同的主体或同一主体在不同的场合有着不完全相同的价值认识。

价值多元有其存在的客观依据。有的学者在探讨价值多元的表现时说,价值的多元化可以表现在职业的多元化上、社团的多元化上、文化的多元化上、思想的多元化上、性别与年龄的多元化上。[①]其实，这些既是多元化的表现，也是多元化的成因。在总体上，价值的多元来源于社会的多元。而社会的多元又存在和表现在这些不同的方面。作为法的价值也有多元的属性，多元的法的价值也是由以上各个方面所决定的。在现代社会，职业的划分何其纷繁，“七十二行”早已不敷概括了。如果要进行详尽的划分，可能没有人能说清楚究竟有多少种职业。不同职业本身就有不同的价值，而不同职业的人对于同一法的价值客体又会有不同的认识。现代社会中，人被编织在不同社会组织的网络之中，一个人既可能是某个党派的成员，也可能是某个企业、事业单位的职工或者国家机关的官员、工会会员、作协会员等。各个社会组织或社会团体对于法的价值认识，并不完全相同。文化是一个内涵极为丰富的概念，有主流文化与非主流文化、都市文化与乡村文化、传统文化与现代文化。各种文化相互交错，彼此冲突、融合，文化中本身就有对法的认知，同时它们又可能在有意与无意的情形下作用于法的价值，使法的价值也多元化。思想更是以千姿百态，甚至无姿无态的多元状态存在。思想的多元与法的价值多元具有特别直接的关系，因为法的价值永远也必须与意志连在一起。如果说性别基本上只能是或男或女二元，那么年龄却必须是多元的。不同年龄阶段会形成不同的价值认知单元也是正常的。社会认识上有“代沟”或者“代差”的问题。在高速发展的现代社会中，代沟或代差也呈现多元化发展，中学生与小学生、大学生与中学生、硕士生与本科生、博士生与硕士生都有代沟、代差或准代沟、准代差。代沟、代差对于法的价值也有重要的影响。

面对价值多元，面对法的价值多元，有的人也许会希求价值一元。实际上，真正绝对的价值一元是没有过的。即使表面的价值一元的时代也早已成为过去。只有在高度专制之下，才会有价值一元的绝对要求，那是社会不发达、人类落后与愚昧的结果。不论人们是否喜欢包括法的价值多元在内的社会价值多元，但都可以肯定，价值多元包括法的价值多元是无法回避的事实。

---

① 杨国枢：《开放的多元社会》，东大图书公司1985年版，第7～10页。

（二）价值多元对立法中价值实现的影响

在立法上，立法机构内部会因价值多元而发生争议。立法中的价值多元及其相互的碰撞，表现是十分明晰的。不同价值观念指导下的立法见解，在立法活动中都可能寻求相应的方式加以表达。价值多元会导致不休的争论，甚至使许多法律无法在短期内获得通过，更难以得到集体的一致通过。

例如，我国第六届全国人民代表大会第四次会议（1984）审议《专利法》草案时，就为“保护专利权与推广先进技术的关系”发生了激烈的争论。一种观点认为，只要是公有制单位享有发明专利权，均不得拒绝其他公有制单位为执行国家计划而利用其专利发明。另一种观点则认为，即使是全民所有制企业之间，也不能要求一方不得拒绝提供专利发明。[①] 这一争议的背后也就是法的效益价值与权利价值之争。前者认为效益优先，后者认为权利优先。

再如，我国第七届全国人大常委会第 23 次会议（1991）讨论收养法时，关于“建立收养关系是否必须办理公证”的争议。第一种意见认为，收养子女是一种变更人身权利义务关系的比较重大的民事行为，收养关系的设立应有一定的法律程序，而这个程序就是公证。第二种意见认为，收养是民事行为，不要以公权力加以限制，不要行政干预。第三种意见认为，收养子女有不同情况，应具体情况具体分析，凡是收养弃婴和社会福利机构抚养的孤儿的，不必办理公证；凡是因生父母有特殊困难而收养的，随其意愿，公证与不公证亦可；而涉外收养则必须登记和办理公证。[②] 在这些争议的背后是各立法官员对于社会秩序、公民自由权利等价值的地位与关系的不同认识。

价值多元对于立法的影响是经常的。立法中的许多争议都无非是立法价值取向的争议。在立法技术上的争议是相对容易协调或达成一致的，而在价值认识上的争议则是很难统一的。

---

① 宋汝棼：《参加立法工作琐记》（上），中国法制出版社 1994 年版，第 39 ~ 40 页。

② 宋汝棼：《参加立法工作琐记》（下），中国法制出版社 1994 年版，第 118 ~ 120 页。

价值多元对于立法的影响是巨大的。它至少可能导致立法速度的减缓，影响立法的进程，使一些早该制定的法律被久拖不决，导致一些立法资源的浪费。

但是，价值多元对于立法更是有益的。因为，不同价值认识者之间的争论，可以给未参与争论者提供价值认识的材料、知识和智慧，帮助其作出自己的价值判断。争议者相互之间也可以通过争议而使自己的见解被更加详尽地论证，最后作出或坚持或改变或放弃的结论；也可以通过争议说服对方，说服其他立法参与者和社会民众。更有意义的是通过争议，可以使立法更加完善，更加民主化和科学化。正如上面所论及，价值多元的主要缺陷在于会延缓立法进程。但如果客观地看待这一状况，其实也并不存在多大的问题。因为，其一，立法机构有其最终的表决机制，完全可以将争议在形式上终结而不至于旷日持久，避免过大地影响立法效率。其二，各方相持不下，也正说明相应法律的仓促出台是不适宜或有太大风险的。如果确信“恶法恶于无法”的观念，价值多元的这一后果也应是有益的。其三，不同价值认识的争议有助于摒弃偏见，而使立法正得其宜。综观价值多元在立法上的影响，其意义应予以充分的肯定。

至于以某种价值认识掩盖某种“私欲”而导致的“价值多元”，是立法中的确存在的。这里的“私欲”往往并不是个人的私欲而是一定组织或群体之私欲。在立法参与者中要彻底消除“私欲”是不可能的。因为，立法官员往往都是一定利益的代表。在道德上要求其出以公心，在实际中是无法保证的。这种无法保证是一种“不正常的正常现象”。但这种无法保证无须特别担心。因为：其一，这种“私欲”具有一定的合理性。一个代表作为某个行业、党派、社团、地区、阶层、性别的代表，为其被代表者之“私”而行动或发言，应当认为是正常的，甚至是他的责任。其二，这种“私欲”不会是无限的，至少它要受到自身理性、社会公德、公众舆论的限制和批判，也会受到争议规则和表决规则的限制和制约。一个女性立法官员会比男性立法官员更加强调女权，但是绝大多数女性立法官员并不会要求歧视男性。其三，任何立法官员的“私欲”都必然会受到其他立法官员的“私欲”的抵制和反对，从而使各种“私欲”得以中和而得其中道。因此,即使立法官员具有某种“私欲”也并不可怕,可怕的是一个社会、一个立法机关没有足以让各种“私欲”充分冲突而得其中道的机制——民主以及规范这些冲突的立法规则——法律(宪法和立法法等)。

(三)价值多元对执法中价值实现的影响

要对价值多元具有较为全面的认识,应当注意对于以下几个问题的思考与探究。

首先,守法者和执法者可否具有多元价值认识的问题。守法者,只要不违反法律,不论其关于法定价值认识是否多元,它对于法的价值实现本身都不具有直接影响,也都不是社会所能和所应强求的,都应当将其视为思想自由的表现,予以足够的尊重。但对于执法者应否有多元价值认识的问题,就远非那么简单,因为它与法的价值实现息息相关。执法者不应当有多元的价值认识。除了法定价值之外,他们应当是价值中立的。在应然意义上,执法者必须绝对忠实于法律在立法时所确定的价值取向。在法定价值之外,执法者就自己所处理的案件而言不应有自己独立于法律之外的关于法的价值认识。①

其次,在实然层面上执法者有无价值多元的问题。对于守法者,可以肯定,其价值认识是多元的,而且也无法强求其一元。对于执法者,应该要求其与法律既定的价值取向保持一元,但是实际上无法做到。任何执法者或者执法机构都无法做到绝对的价值中立。其原因有主观的,也有客观的。第一,执法者往往不是一个人,而是由多个人所构成的。多个人由于其出生环境、一般学识、法律知识、法律经验、道德修养、经济状况、社会地位、家庭环境、人生阅历等的差异,对于同一法律事实的认定会有分歧,对于同一法律的理解也会有差异。第二,法律事实本身也是复杂的、多维的,它本身就可能导致执法者产生不同的认识。第三,法律规范总是简洁的,简洁的法律在理解时就难免会产生歧义,导致多元的认知。第四,从法律

---

① 将执法者与守法者相混淆是非常有害的,会直接影响法治和整个法的价值的实现。在现实中,将二者混淆甚至将二者倒置的事实是堪忧的。

规定到具体适用,必须要有法律解释,法律解释中也会产生认识的差异,引起认识上的分歧。第五,法律的适用必须依赖必要的推理,而执法者的推理能力的差异也会导致认识的不同。这些产生分歧的原因和分歧本身,并不都仅仅表现为技术的差别,往往都与价值认识密切相关,而直接导致价值多元或表现为价值多元。

执法者价值多元产生的不可避免是从实然的角度,在总体上考察的结论,仅是指其在产生上的和总体上的不可避免,而不是说每个具体的价值多元冲突就不可解决或者不可同一。执法者有价值多元也不是指在任何一个案件、任何一个裁决上都一定会产生价值多元的矛盾。因为法律的规定具有确定性,在既定的语法规则之下对于法律文字的理解也具有相当大的确定性,推理过程也有逻辑的规则可供遵循,人们也还具有共同的理性与良知。至于素质的差异,也可以尽力避免或者通过组织程序在一定程度上加以解决。

认识到执法者在实然层面的价值多元,对于正确设置监督法律制度具有非常重要的意义。因为价值多元就可能导致发生错判,于是就要设置一套监督修正制度,使错误的裁判在作出的过程中能被修正,在裁判作出后能被纠正。

执法者的价值多元会延缓司法进程,会导致错案发生,会给恶意执法者曲解法律、枉法裁判留下可乘之机。面对执法者在认识上价值多元的现实,在目标上应当力争实现执法者的认识与法定价值一致,保持执法的价值中立;在现实中,则要郑重对待执法中因价值多元所引发的法律问题,确保法的价值能够成为社会的法治现实。

第十七章　法的价值评价

法的价值评价是法的价值研究的核心内容之一,也是法的价值实现的重要形式。本书将对法的价值评价做一个总体概括,对法的价值评价与法的制定、实施之间的关系进行探讨,进而解析法的价值评价的基本过程。

一、法的价值评价诠释

法的价值评价的概念、标准、形式问题是对相关问题进行认知的基本问题。法的价值评价与价值判断、事实判断之间的关系涉及法的适用的实践问题,更涉及一些高深的理论问题。对这些问题的探讨,必将有助于对法的价值评价做更深入的思考。

(一)法的价值评价解析

价值评价是评价主体衡量价值客体对于特定价值主体的意义的认识过程与结论。其中的价值评价结论,常常被称为价值判断。法的价值评价是主体根据一定主体的需要,衡量作为价值客体的法或法现象是否满足一定主体需要以及在多大程度上满足一定主体需要的一种认识或判断。其中的一定主体可能是评价主体本身,也可能不是评价主体自身。这种判断以应然为结论的基点,所关心的是法应当是怎样的以及现实的法与应然的法有何差异,实然的法律在怎样的程度上实现了应然的法的价值。

法的价值评价不同于法的价值本身。它以价值的客观存在作为基础,是对特定客体价值状况的认识,而不是价值。

法的价值评价主体在总体上讲,应当是法的价值主体,是具有社会性的个人、群体和人的总体,但是评价主体并不都是与价值主体同一的。法的价值评价的标准是评价主体所认识到的价值主体关于法的需要。这种需要可能为多种因素所决定,但并不是各种本能需要的直观反映。经过人的理智,被用作评价标准的需要实际上是被主体进行了主体化后的需要。法的价值评价的对象是客体满足需要的状况,即客体是否满足了主体的需要以及这种满足的程度如何。

法的价值评价是法和法的实践中不可缺少的活动与存在。“价值评判(werturteile)在法中起着重要作用。法律秩序中充满了价值判断。你只要读《基本法》第1~20条就知道了!任何完整的法律规范都是以实现特定的价值观为目的,并评价特定的法益和行为方式。在规范的事实构成与法律效果的联系中总是存在立法的价值判断。”①

法的价值评价对于法的价值选择具有重要意义。因为没有这种评价,法的价值选择就无法进行,主体在若干可供选择的法的价值面前就会无所适从。如果法的价值评价出现失误,也就可能使法的价值选择出现错误,导致主体所不期望的后果发生。

法的价值评价是法的价值更新的过程与桥梁。法的价值总是要随着时代的发展而不断更新的。立法无法摆脱对于法的价值评价的依赖。法的价值更新,不仅是一个立法的问题,而且也存在于法的实施的各个环节。社会现实的法的价值也需要通过法的社会实践得以更新。这种更新的途径必然是一个又一个的法的价值评价递进式的不断推演。法的价值更新甚至包括倒退都需要依赖法的价值评价。有学者早已揭示过法的价值评价的这一意义。他说,

---

① [德]伯恩·魏德士:《法理学》,丁小春、吴越译,法律出版社2003年版,第55页。

“价值体系的内容绝不是固定不变的。各种社会价值都是历史的产物，因此社会生活的变化必然使社会价值乃至法律价值发生变化。其根本内容发生的突然变化，通常是由立法造成的。此时，法律价值体系亦随之发生突然的变革，这种情况下最极端的例子是革命。而与之相反，部分地、末梢地、缓慢地变化，通常是依对每一个具体事件的审判去进行的。尽管后一种变化是循序渐进的，但如同将小石头投入池水中会引起波纹四散一样，它或多或少会影响到法律价值体系中的其他部分，进而实现价值体系的新的统一、新的均衡，即创造出新的结构。落后于时代的法律在进步的审判中不断地向前发展或相反，革命的立法和进步的立法在这一过程中逐渐被反革命或反动的势力所压倒，进而使整个法律价值体系逆历史的发展而行。总之，不管在何种情形下，价值体系的新的统一都是通过每一个具体的价值判断完成的”。[①]

法的价值评价是人们根据自身的需要和特定的价值标准对法现象所进行的价值估量、价值比较、价值批评和价值预测。它是法的价值评价主体对于法的价值客体的现实状况或可能后果的反映。

从法的价值评价的对象来看，作为价值评价客体的是法现象。它包括各种法律文件（规范性法律文件和非规范性法律文件）、法律制度、法律规范、法律行为、法律事件等。

法的价值评价的方式主要有价值估量、价值比较、价值批评、价值预测等。法的价值估量，也可以称之为法的价值测定，是指对某一法现象对于人的意义的量度计算。法的价值比较是指对两种及其以上的法现象的价值进行对比，以确立相互位置、共同点、不同处以及相互的联系与影响等。法的价值批评是法的价值主体根据价值法则对特定法现象或法的价值作出的系统分析和表达的具体意见。法的价值预测是人对于法未来价值状况所作的推测。

法的价值评价的根据有两个：一是评价者自身或相应主体的需要；二是评价者确认的价值标准。评价者自身的需要具有一定的主

---

① ［日］川岛武宜：《现代化与法》，王志安等译，中国政法大学出版社1994年版，第249～250页。

观性，但也具有一定的客观性。人的需要不是凭空产生的，它以人的物质生活条件和精神生活条件为依据。法的价值评价者的需要也会在价值评价的活动和过程中得到表现。法的价值评价不仅以评价者自身的需要为根据，而且评价者也会自觉地运用自身的法的价值标准进行价值评价。评价者自身的价值标准直接关系到评价的活动、过程及其结果。如果说评价者的需求是其评价的客观基础，那么评价者的价值标准就是其评价的思想根据。法的价值评价者总是根据一定的需要和一定的价值标准来进行价值评价的。

（二）法的价值评价的标准

法的价值评价标准，即人们用以评价法现象价值意义的尺度。这种尺度包含法的价值准则、信念、理想、学说等。

法的价值准则很多。人类不断地对自己的价值准则进行提炼、升华，并作出代代相传的经典性浓缩，凝练成极为简明的语词与概念。这些语词和概念为生命、自由、平等、人权、秩序、公正、人的全面自由发展等，也包括伦理意义上的对、好、善、美、荣等或者中国传统社会的仁、义、礼、智、信或孝、悌、忠、信、礼、义、廉、耻等。中国传统社会的价值准则被具体应用到法律上，则表述为正直、公平、礼、仁、惩恶、划一、善等价值准则。

法的价值信念是人们关于法的价值的内心确信的看法。这些看法存乎人们包括价值评价主体的内心，在相关主体的评价活动中会自觉不自觉地表现出来，并被评价者作为衡量法现象的价值状态的标准。法的价值信念是在人的社会化过程中形成并具有确定性的观念。它是人们用以衡量法的价值的内在意识，是人们在社会生活中长期积淀而成的。一旦形成便不易改变，具有相当的确定性。

法的价值理想是人们对法应有价值状况的合理想象或希望。这种想象和希望本身也就是人们的一种追求和目标。在法的价值评价中，评价者会根据它来作出自己的价值判定。法的价值理想具有崇高性、目标性，是人们期待的状态。法的价值理想并不绝然区别于法的价值准则与价值信念。它们三者时常都是交叉的，只是各自强调的重点有所不同罢了。在这三者之中，法的价值理想具有更崇高的目标意义。

法的价值学说是人们研究法的价值的系统的学术主张，是法的价值研究的学术成果。法的价值学说与价值准则、信念、理想相比较，具有更大的理论性和系统性。理性化的法的价值追求总是以一定的法的价值学说做指导，并以一定的法的价值学说作为根据的。法的价值学说往往被法的价值评价者作为评价法的价值的理论标准。价值评价主体是广泛的，价值学说并不是所有的价值评价主体都具有的。法的价值学说是法的价值评价标准中理论层次最高的部分，往往只为少部分评价主体所具有。

（三）法的价值评价的形式

法的价值评价主体对法的价值的评价必然要有具体的评价形式。从不同的角度考察，可以看到法的价值评价的多种形式。

从法的价值评价主体的状况来看，法的价值评价形式有三种：一是个人评价；二是社会评价；三是权威评价。个人的法的价值评价是主体个人个别地、分散地作出的价值评价。它是普遍的法的价值评价形式。由于受个人切身体验、心理状态、理解能力和社会地位等的局限，它不可能达到整体的、系统化的法的价值评价水平，是社会对法的价值的感性的、直观的评价。但是它却是其他法的价值评价的感性材料来源和准备。个人评价的共同部分就构成了社会的价值评价。社会的法的价值评价是通过各种大众传播媒介所表达的，人们在法的价值上的共同心理、情感、认识等。在社会法的价值评价的基础上又形成权威的法的价值评价。权威评价可能是由社会的代表机构（国家机关及其官员）作出的，它从社会管理系统出发，着眼于社会。权威评价也可能是由专家学者作出的，它从特殊的专业理论出发，着眼于理性。这两种法的价值评价对于整个社会的法的价值评价具有一定的指导性和说服力，影响着个人评价和社会评价。

从法的价值评价对象的状况来看，法的价值评价形式有两种，即专项评价和总体评价。法的价值的专项评价是对法的某一方面价值的评价，属于法的价值评价的子系统。法的价值的总体评价是建立在各专项评价基础之上的综合性价值评价，是法的专项价值共融、整合的结果，是一种难度较大的价值评价。当然，总体的法的价值评价也有层次之别，许多重大的法的价值的总体评价往往都是由国家的专门机构或学术组织、政治领袖或专家学者来进行的。法的价值的专项评价是总体评价的基础，总体评价是专项评价的概括，二者相互影响。

（四）法的价值评价与价值判断

对价值评价与价值判断，学术界有着不同的认识。有的哲学家认为，价值评价也就是价值判断，二者之间没有差异；也有哲学家认为价值评价不同于价值判断，二者有着重要的差异。

主张价值评价就是价值判断的哲学家是非常普遍的。杜威就认为，“评价和判断是同一个词的含义，评价也就是判断”。[①]“杜威认为，价值（valuing）是一个模糊的字眼，它既指判断或评价，又指直接的喜爱、珍惜、嗜好、看重等。”[②]中国研究价值理论的有关学者认为“评价作为一种价值判断，可以是肯定判断，判定为一种正价值；也可以是否定判断，判定为一种负价值”。[③]这种说法直接将价值评价与价值判断等同了起来。专门研究评价理论的学者有的也认为，评价的最基本形式有三：一是以人的需要为尺度，对已有的客体作出价值判断；二是以人的需要为尺度，对将形成的客体的价值作出判断；三是将同样都具有价值的客体进行比较，从而确定其中哪一个是更有价值、更值得争取的，这是对价值序列的判断，也可称为对价值程度的判断。[④]其实他还是把评价归结为价值判断。

也有主张价值评价不同于价值判断的哲学家。英国的W. D. 拉蒙特就认为，价值判断的外延大于价值评价。他说，价值判断有两种形式：一是“单纯的、绝对的”（认定某物是好或坏）；二是“比较的、相对的”（认定事物“好的程度”）。在广义上，二者都可以说是价值判断或价值评价，但严格地说，只有讨论相对的、比较的价值判

---

① 王克千：《价值之探求》，黑龙江教育出版社1989年版，第85页。

② 王克千：《价值之探求》，黑龙江教育出版社1989年版，第85页。

③ 熊则坤、李林昆：《价值·价值观的冲突》，中国人民公安大学出版社1994年版，第169页。

④ 冯平：《评价论》，东方出版社1995年版，第2～4页。

断，才是评价。[①]

一般来说，价值评价与价值判断是同义语，二者并无严格的语义差异。如果仔细分辨和对人们使用的情况做进一步的分析，还是可以发现一些细微的差别的。可以认为，价值评价包括对客体价值状况认识的过程和结论，而价值判断主要是指价值评价的结论。价值评价包含价值判断在内，是对于价值进行估量、预测和比较的过程与结果的总称。对于这种细微的差别，有的哲学家也予以了注意。他们在将二者大体等同的同时，也注意到，“评价有两种用法，其一是作为名词使用的评价，它指谓评价活动；其二是作为名词而使用的评价，指评价结果。……指谓评价活动结果的评价，也就是我们以价值判断所指谓的那种实在”。[②]

根据以上的认识，可以认为，法的价值评价，也就是特定主体对于客体价值的认识过程及其结论。在一般意义上，法的价值评价与法的价值判断基本上是同义的；在细微的语义与具体的使用上，法的价值判断更侧重于指法的价值评价的结果或结论。

对法现象进行评价，包括对特定的法现象的价值量的认识或者预测以及对于不同法现象价值量进行的比较。这种认识的过程和结果（结论）也都属于法的价值评价的范畴。评价的结果或结论，不论是用什么方式来表达，都可以说是对于价值所作出的判断。这种价值判断，也属于价值评价。

（五）法的价值评价与法的事实判断

法的事实判断是人们对于现象客观情况的认识。法的事实判断是指作为主体的人，对法的实际情况的认识。它具有很强的客观性，是主体对于一定法现象认识的结果。它所关注的是实际上的法是怎样的，或者说法实际上是怎样的。

有的学者认为，在哲学领域“研究者们把一些极为重要的问题忽略了：价值与事实、价值评价与事实判断之间的区别一直未能引

---

① ［英］W. D. 拉蒙特：《价值判断》，马俊峰等译，中国人民大学出版社 1992 年版，第 3 页“译者前言”。

② 冯平：《评价论》，东方出版社 1995 年版，第 112 页。

起注意和讨论。以致把价值混同于事实,把价值评价混同于事实判断,把论证和检验知识的方法原封不动地搬到了价值领域,这便是'传统'的价值研究的特点和历史局限"。[①] 而"20 世纪关于价值判断的种种争论和围绕着价值判断的种种困惑,都是由发现价值判断与事实判断的区别开始的"。[②] 从这些论述中,不难看出区别价值评价与事实判断的意义。法的价值评价与事实判断之间的差异是不容忽视的。这种差异主要表现在以下几个方面。

第一,结构要素不同。法的价值评价必须有三个最基本的构成要素:一是主体,也即作出法的价值评价的人;二是客体,即客观的法现象,包括法律制度、法律事实等;三是主体的需要,常常表现为一系列用价值准则来概括的主体需求,如自由、平等、人权、公正等。法的事实判断则无须三个构成要素,而仅需要两个要素:一是主体,即作出事实判断的人;二是客体,即客观的法现象。它无须第三个因素——人的需要的加入。如果有了第三个因素加入,甚至会使事实判断失真,使事实判断不成其为事实判断。

第二,信息需求不同。法的价值评价中既需要客体状况的信息,也需要主体需要的信息。这两种信息是构成价值评价的要素与条件,缺少任何一种信息,法的价值评价都无法进行。但法的事实判断则不然。它仅要求客体的信息,至于主体自身的信息的有无,并不影响法的事实判断的进行,也不影响法的事实判断的结果。

第三,存在意义不同。法的价值评价的意义在于,揭示作为客体的法的现象的性质、功能和其他各种状况与法的价值主体的需要之间的关系。其属于价值论的范畴,是主体确定自己将如何行为的根据与条件。法的事实判断的意义在于,揭示客体自身的性质、特点和其他状况。其属于认识论的范畴,是主体认识法的现象的手段与途径。

第四,主观程度不同。法的事实判断因主体判断的目的性、认识能力与水平的主观性,会具有一定的主观性,但客观性是其最基

---

① 王宏维:《社会价值:统摄与驱动》,人民出版社 1995 年版,第 3 页。
② 冯平:《评价论》,东方出版社 1995 年版,第 252 页。

本的属性。避免主观性的介入,往往是主体努力的重要方面。“价值判断作为判断,本身是一种认识。作为一种认识,下判断者在作价值判断时,可以而且应该以超利害的、不带偏见的旁观者的冷静的、审视的态度,从各种可能的角度进行全面的考察分析。”①实际上,在法的价值评价中,不仅主体的判断具有主观性,主体在对客体认识上可能具有主观性,而且主体对主体需要的认识上也具有主观性,甚至具有更高程度的主观性。判断者的知识、好恶、观念、兴趣都可能影响其判断的结果。因此,法的价值评价的主观性程度远比法的事实判断的主观性程度高。

第五,各自要求不同。法的事实判断应当要求是真实的。如果不真实,事实判断就是错误的。有关的当事人有权要求更正或者要求撤销对于事实的判定。但是价值评价则不同。价值评价原则上是自由的,也是不能被撤销的。即使是违法的价值评价,也只能要求相应的判断不再出现,而无法撤销。国家或其司法机关既无权也不可能撤销某一不当的价值评价。“在法律实践中,经验(描述)性语句(事实主张/tatsachenbehauptung)和价值判断之间区别总是非常重要,例如在名誉损害中,有关他人的事实原则上必须真实的并且可以证明。当事人可以依据事实主张不真实而提起撤销(widerruf)之诉。相反,价值判断原则上是自由的。同样,只要不是出于恶意、敌意或侮辱伤害(诽谤式批评/schmähkritik),对人或事实状态的批评也是自由的,因为这是一个判断问题。对违法的价值判断不能要求撤销,只能要求停止(unterlassung)。因此,国家对观点和价值判断并不享有强行撤销权。”②

法的价值评价与事实判断之间的联系十分密切。因为:

其一,法的事实判断是价值评价的基础。价值评价必须以对客体信息和主体信息的准确把握作为前提。主体对于客体信息和主体信息的把握过程,实际上也是事实判断的过程。只有事实判断存

---

① 刘永富:《价值哲学的新视野》,中国社会科学出版社 2002 年版,第 101 ~ 102 页。

② [德]伯恩·魏德士:《法理学》,丁小春、吴越译,法律出版社 2003 年版,第 55 页。

在，人们才可能进行价值评价；只有事实判断都是准确的，人们的价值评价才可能得以正确进行。

其二，法的价值评价与事实判断共同形成了人类法的认识整体。人类对于法现象的认识，这种认识本身，并不是人类的终极目的。人类认识法现象的目的在于准确把握和驾驭法，使人类社会自己创造的这一独特的"产品"能够更好地服务于人类自身。因此，没有价值评价的事实判断，在一定程度上会丧失自己的目的。只有将法的价值评价与事实判断结合起来，人类对法的认识才可能全面并具有应有的意义。

二、法的价值评价与法的制定

在法的制定中，法的价值评价有利于立法机关创制具有较好价值状况的法律制度，有利于立法机关通过法的价值评价修正既有法律制度，补充既有法律制度，也有利于立法机关通过法的价值评价废止具有零价值、负价值的法律制度。法的价值评价可以不断促使法律制度的价值优化，促进法的制度文明。

立法需要若干价值评价作为达成其价值目标的手段。立法不过是一定价值认识和评价的记录。立法者在立法之前，总是有自己既定的价值追求和目标。在民事上，立法者从价值角度认识到不当得利是违反公正准则的，于是才规定了不当得利者所取得的利益及其孳息应当返还因此而受到损失的人，不能归还原物的应偿还其价金。如果不当得利的原因是行为人作出了违法和显然对国家和社会有害的行为，为了维护国家利益和公共秩序，不当得利人从他方所得的一切利益应没收而归国家所有。立法者认识到行为人对行为内容有重大误解、显失公平是违反价值准则的结果，为了维护公平的价值准则，于是就在民事立法中规定，行为人对行为内容有重大误解、显失公平的民事行为是可以变更或者撤销的民事行为。一旦被撤销，从行为开始时起就无效。在刑事上，立法者从价值角度认识到人的生命是宝贵的，法应当予以保护，于是才制定了惩罚故意杀人罪的刑法规定。立法者从价值角度认识到人的健康是人的重要权利，而且是人得以较好生存的基本条件。有了这种价值认识,立法者才将健康作为法所保护的对象,将故意伤害、过失伤害等有害健康的行为列为违法犯罪。在行政法上,立法者认识到必须保护公民的合法权益不被拥有强权的行政权力所侵犯,于是才创制了行政复议法规和行政诉讼法等予以救济和保护。对此,有的法学家早就予以了关注。有的学者就写道:"立法以价值判断为依据是非常明显的。例如,先有'因被欺诈或被强迫而向他人转让了财产权的人,可请求恢复其财产权'的价值判断,然后才有依据该价值判断制定的'现在对该财产权所有或占有的人必须返还的规定'。"①

就具体的法律规定来讲,每一个规则就是一个或若干个价值评价的产物。通过对于一个行为的法律肯定或否定——法律总是表明着对每一种法律行为的肯定或否定——来标示自己对于相应法律行为的价值评价。凡是法律鼓励的行为,在价值上就一定是法律所肯定的;凡是法律禁止的行为,在价值上就一定是法律所否定的。"在规范的事实构成与法律效果的联系中总是存在立法者的价值判断。"②

价值评价的冲突表现为立法的矛盾。或者说,立法的冲突是由价值评价的冲突所导致的。例如我国 1982 年宪法,只授予了人民法院的独立审判权和人民检察院的独立检察权,而并未授予中央人民政府——国务院独立行政权。在一定程度上保障司法独立,是我国宪法的价值取向。1982 年制定的《全国人民代表大会组织法》规定了人民代表对于国务院的质询权,而未规定对于人民法院、人民检察院的质询权。1983 年修订的《中华人民共和国人民法院组织法》《中华人民共和国人民检察院组织法》根据宪法的规定,也未规定人民代表对于人民法院、人民检察院的质询权。然而 1986 年修订的《中华人民共和国地方各级人民代表大会和地方各级人民政府组织法》第 23 条和 1995 年修订的该法第 28 条,都规定了地方各级人民代表大会举行会议的时候,代表 10 人以上联名可以书面提出

---

① [日]川岛武宜:《现代化与法》,王志安等译,中国政法大学出版社 1994 年版,第 244 页。

② [德]伯恩·魏德士:《法理学》,丁小春、吴越译,法律出版社 2003 年版,第 55 页。

对本级人民政府和它所属各工作部门以及人民法院、人民检察院的质询案。为什么会有如此的矛盾？表面上是制度设置的差异,实际上、根本上是价值评价的差异。不管不同立法的立法者是否同意、是否意识到、是否争论过这种差异,这种差异都是客观存在的,是体现在矛盾的立法之间的。这种差异就在于如何判定人民法院、人民检察院的现有状况能否真正独立行使职权,能否通过依法独立行使职权,实现司法公正。对于国务院设置"质询",对于人民法院和人民检察院不设置"质询",实际上是立法者关于人民法院、人民检察院应当独立行使职权,应当通过依法独立行使职权来实现司法公正的价值评价的表现。反之,则在一定程度上表现了对现有司法机关能否独立行使职权与能否实现司法公正的怀疑,是立法者否定性价值评价的表现。[①]

价值评价的改变表现为立法的变化。立法的变化是法的价值评价变化的重要体现。例如,在我国以前的计划经济条件下,计划成为生产、交换的准则,自由不可能成为人们关于经济法律的价值追求,立法中也不会有契约自由的法律规定。当我国社会开始向市场经济转变以后,经济自由就日益为社会所认可。包括在经济自由中的契约自由也逐步为社会所认识,人们的相关价值评价也发生了变化。以前被否定的价值准则——契约自由,渐渐地获得了社会的认同,并被体现在民事立法之中,成为民事活动的重要原则。在高度集权的价值观念之下,国家权力至高无上,人民的自由难以得到尊重和保护。那时候,不可能出现依法行政、国家责任的法律规定。随着民主政治的发展,自由价值观将集权价值观取代,人民对于国家权力的运作就会根据自己的价值认识作出相应的价值评价,要求依法行政、确立国家责任的法律就会产生。我国行政诉讼法、国家赔偿法的从无到有,就反映了我国社会相应价值评价的转变过程。

立法技术的发达程度影响法的价值评价的表达。立法技术的含义众说纷纭,大体上说,它包括立法的体制技术、程序技术和表达

---

① 这只是一种解读,对于这一现象,还可以作出其他与法的价值相关或不相关的解释。

技术。不管如何给立法技术下定义,法律的结构形式、修改和废止的方式、法律文体、法典编纂的方法都是立法技术的内容。从严格的意义上讲,立法技术对于法的价值评价表达的影响也是不可忽略的。立法技术的欠缺所导致的立法疏漏必将影响法的价值评价在立法中的良好体现。

三、法的价值评价与法的实施

法的价值评价与法的实施之间的关系,是法的价值评价研究的重要内容。法的实施包含法的适用、遵守和监督等几个方面。法的价值评价也体现在这各个环节之中。法的价值评价在这每一个环节都发挥着重要作用,产生着重要影响。

(一)法的价值评价与法的适用

在法的适用中,法的价值评价直接影响着法律执行机关及其工作人员的执法积极性,影响着法律执行的价值状态。执法机关及其工作人员对有关法律现象的价值认识对其执法行为具有重大影响。当然,值得特别指出的是,执法人员执法中对法现象的价值评价应受法律制度中体现的价值观念的制约,并自觉服从和实现立法所赋予的价值精神。否则就可能出现执法者僭越职权,变相立法,出现畸形的"执法者立法"现象。所以,法官们在解释法时"往往必须弄清楚它们得以颁布与认可所赖以为基础的目的和价值论方面的考虑。对法律制度与社会制度中所固有的价值评价进行这种考察,显然与司法机关主观设定的价值模式不同"。[①] 执法者执法中的价值评价应受制于法律制度本身固有的价值模式,但是在法律制度的价值倾向无法确定或有多种方案、多种解释时,选择何种价值就不能不依赖执法者的价值评价了。在法律制度既定的价值倾向之下,执法者的具体价值判定也还在一定程度上有赖于执法者的价值评价。总之,可以肯定并必须予以强调的是,执法中的价值判定必须尊重法律制度在立法上固有的价值倾向,而不能听任执法者随意的价值

---

① [美]博登海默:《法理学:法律哲学与法律方法》,邓正来译,中国政法大学出版社 1999 年版,第 504 页。

评价。执法者的法的价值评价只有在法律制度固有的价值倾向之下，在固有的价值倾向未及的领域才有发挥作用的余地。

法的价值评价是执法官员的基本活动。执法官员的执法活动也是若干价值评价交替或同步进行的过程。任何一名执法官员一旦承办某个案件，接触案件事实或者证据，就会根据自己的法律知识，根据现实的法律规定，对案件的各种问题进行价值评价，对如何进行案件的执法工作形成自己的意见。有时，执法官员就是根据法律规定，在作出一定法的价值评价的基础上去开展自己的执法工作的，包括根据自己的价值评价，去查明案件真相，寻找法律根据，推进各个法律程序。诚如日本学者在研究法的价值时所说，“我们经常可以看到，有许多案件仅依法律条文的字句进行逻辑推论是无法解决的。为什么会产生这种现象呢？因为条文中使用的概念通常由内容（含义）不甚明确的日常用语所构成。即使赋予某一技术概念以特有的含义，亦无法覆盖具体生活中的方方面面。在这种情况下，仅依条文的字句进行逻辑推理是不可能导出审判的结论的。它要求法官在具体的事件中必须依据各种事实关系与条文规定的内容进行对照，自己去作出价值判断”。[①]“总之，在审判的过程中，法官的确是进行价值判断的，而且这种作为审判依据的价值判断往往与审判的逻辑说明同时或先于逻辑说明进行，二者在现实中相互交错、相互影响。”[②]

执法中的法的解释也需要价值评价作为技术手段。法律规定并非都是明白的。法的解释是执法官员经常的活动。法的解释与执法官员的价值评价是紧密相关的。每一种不同的解释都与解释主体自己的价值认识相关，并受其影响。它本身就是一种价值评价。同一法律规定的解释不同，其后果也是不同的。

立法的价值设定与执法官员的价值评价的关系对于执法状况有着重要影响。首先，执法官员总是力图理解立法的价值设定，根

---

① ［日］川岛武宜：《现代化与法》，王志安等译，中国政法大学出版社1994年版，第245～246页。

② ［日］川岛武宜：《现代化与法》，王志安等译，中国政法大学出版社1994年版，第246页。

据立法的原意作出价值评价。如果执法官员根据逻辑推理,从法的规定中得出的法的价值设定与自己的价值评价一致,无须更多的周折,执法官员即可将他所选择的法律适用于具体的案件。但是,当对法的规定的价值设定有疑问或者不明确时,就必须根据立法目的、法的精神以及整个法的价值设定,来解释法律规定。然后,再将有关法的规定适用。如果执法官员发现自己的价值评价与从法的规定中推理所得的价值评价相矛盾,那就需要进一步思考何以如此:是对法的规定有误解,对法的规定的价值设定有错误认识,还是自己的价值评价出了问题。由于法所设定的价值,执法官员无权改变,因此,执法官员只能遵照法的规定,按照法的价值设定适用法律。当然,这与允许"法官造法"的判例法国家的情况不同。判例法国家的法官可以通过必要的法律程序创制新的判例,以矫正以往判例的价值设定,但他们也必须尊崇法的价值原理、价值准则,以及法定程序,而不能随心所欲地为所欲为。

在没有具体法律规定的情况下,执法官员的执法更需要依赖价值评价。这时的价值评价有着其他方法都不可能具有的独特作用。"当法官在未规定案件中创制新的规范或废弃过时的规则以采纳某种适时规则的时候,价值判断在司法过程中会发挥最大限度的作用。在这类情形中,法官在权衡诉讼过程所具有的利弊时运用的辩证推理,往往缺乏相对确定性,有时还缺乏演绎、归纳和类推等推理形式所具有的那种无可辩驳的说服力。简言之,在不受先已存在的规范和原则指导的相互冲突的利益间进行选择,就需要进行价值判断。"①

执法文书是执法官员价值评价的外化。执法官员综观全案,到结案时总得给案件一个结论。这个结论一般都是由一定的法律文书来记载和表现的。不管是行政案件、刑事案件还是民事案件,其执法的裁决文书都是相应执法官员价值评价的外化。执法官员对于生命、秩序、自由、平等、人权、公正和人的全面发展等的理解,就

---

① [美]博登海默:《法理学:法律哲学与法律方法》,邓正来译,中国政法大学出版社 1999 年版,第 503 页。

会体现在其执法文书之中。执法文书是执法官员价值评价的体现与结果。

对于同一案件事实的不同裁决主张，是执法官员不同价值评价的表现。对于同一案件或者同一案件事实（包括证据），不同的执法官员可能有不同的裁决主张。这种分歧，在一定意义上就可能是其相互之间价值评价的分歧。对于丈夫强奸妻子是否构成强奸罪的司法争议，也就包括价值评价的争议。20世纪后期，某国，一丈夫到丈母娘家强奸了与之生气的妻子。妻子向法院起诉控告其强奸罪。法院一些法官认为构成强奸罪（不妨称之为“构成论”），一些认为不构成强奸罪（不妨称之为“否定论”）。构成论的主要观点为三：一是强奸罪的本质就是违反妇女意志与之发生性行为。不管行为人是其丈夫或不是其丈夫，只要违反妇女意志，都是一样的，无须顾及行为人的身份。二是惩治强奸罪的法的价值意义就在于保护妇女的性的不可侵犯性。因此，不能因为强奸的犯罪人是该妇女的丈夫就可以免除。不追究强奸罪实际上是对立法价值设定的否定。三是保护女性是人权的重要内容，法律之所以要特别以制裁强奸罪来保护女性，是因为女性是弱者。如果不依法办事，就既不符合人权原则，也不符合法治精神。否定论的主要观点也为三：一是妇女的性的不可侵犯性是相对于丈夫之外的人而言的，对于丈夫，已经不存在侵犯性的问题。二是如果认为可以追究丈夫的强奸罪，就使所有的丈夫都处于危险之中，使所有的丈夫都有被指控构成强奸罪的危险。三是保护女性是人权的内容，但是它不是以牺牲男性的权利作为代价的，更不应以牺牲所有丈夫的安全作为代价。保护女权也要保护男女平等，平等正是法治的价值要求。否定论者还举例说明，在历史也曾经发生过类似案件，但都被当时的法官裁决为不构成犯罪，现在同样应当判决无罪。构成论者却认为，时代已经发展了，绝对不能因为以前没有判决过类似犯罪，就得出现在也不能作出无罪判决的结论。类似案例不仅发生在西方，而且也发生在了包括中国在内的许多国家。这场争论远未结束。然而，这种争论绝不仅是司法上的争论，它至少表现了不同执法官员的价值评价的分歧。

执法官员的价值评价应当尽力避免主观因素的介入，使自己对相关法律事实的认识，具有最大的客观性质。因为过多的主观因素的介入就会使法的价值评价具有更大的主观性与随意性，而较少客观性与科学性。尽管执法官员的价值评价无法摆脱主观因素的影响，甚至还要依赖一定的主观因素，但为了使自己的评价能得到公众的认可，具有社会认同和社会公正，执法官员在作出价值评价的过程中，必须努力克服主观因素的不良影响。凯尔森说："如果将某种行为是否符合法律规范的陈述称为价值判断，那么，这是一个客观价值判断，必须同用以表达判断人意愿或感情的主观价值判断明确地划分开来。特定行为是合法或非法的陈述是不以判断人的愿望和感情为转移的；它只能用一种客观的方式来测定。"①

应特别注意的是，执法官员在执法中，绝对不能随意地进行价值评价。因为，价值评价往往比以规范为基础作出的判决具有更大的不确定性和不可知性，会更多地受到执法官员主观因素的影响而使执法失去公平与统一。这样就可能有违法制要求和法治准则，有违法的平等精神，有违法的公正。因此，执法既必须依赖价值评价，也必须限制价值评价。法学家们已经注意到了这一问题的存在。"先进的法律制度往往倾向于限制价值论推理（axiological reasoning）在司法过程中的适用范围，因为以主观的司法价值偏爱为基础的判决，通常要比以正式或非正式的社会规范为基础的判决表现出更大程度的不确定性与不可预见性。"②

（二）法的价值评价与法的遵守和监督

社会成员对于法现象的价值评价直接制约着其守法的积极性。在法的遵守中，社会民众对法现象的价值评价与其守法状况密切相关。如果社会民众对法律制度的价值评价不高或者畸形，社会民众的守法意识就不会很强，就可能公然地蔑视甚至违反法律制度。如果社会民众对某种法律行为的价值评价不正常，把邪恶当作了正

---

①［美］凯尔森：《法与国家的一般理论》，沈宗灵译，中国大百科全书出版社 1996 年版，第 14 页。

②［美］博登海默：《法理学：法律哲学与法律方法》，邓正来译，中国政法大学出版社 1999 年版，第 504 页。

义，那么社会民众就可能把邪恶之举当作正义之行，不但不举报违法甚而会以身试法。社会民众的价值评价对于整个社会的守法都具有重大影响。

在法的监督或称法律监督中，法律监督者对法律制度或法律行为、法律事件等法律现象的价值评价对于法的监督具有至关重要的意义。法律监督者监督行为的勤勉与懈怠，除了受监督者素质等因素的影响外，还可能受到监督者对有关法律现象价值评价的影响。尽管监督者的价值评价必须以法律制度固有的价值为依归，但这种影响从来都是不容否认的客观事实。如果法律监督者对某一现象的价值评价与有关法律制度的固有价值相同或一致，其监督就可能较为及时、有效、有力。否则，法律监督就难免为监察者所厌恶，抵制，进而导致监督的乏和无效。

四、法的价值评价的过程

法的价值评价包含价值感觉与价值感觉的理性化两个方面或两个层次。对这两个层面的认识，对于全面把握法的价值评价过程，是非常重要的。对于相关问题的思考必然会深化对法的价值评价过程的理解，完善法的价值理论。

（一）法的价值感觉

对法的价值进行评价，是一个困难的过程，也是一个很难把握的过程。在价值评价中，可供选择和遵从的价值是多元的。在价值评价的过程中会出现以下几个难题：一是即使是对诸如生命、自由、平等、人权、秩序、正义等基本价值，人们也有不同的理解。至于在整个价值问题上，人们的认识分歧就更大。人类对价值的认识差异远未终结，还有很多很大的分歧。二是在价值评价中，人们面对的可供抉择的价值目标有哪些，只有在具体的法律条件之下，才可以具体地了解，难以抽象地一概而论。在不同的法律条件之下，供人们选择的价值目标也是不同的，因而就无法制定一个定则随处使用。三是每一个价值都有其被遵从的根据和道理。对不同的价值进行比对、鉴别，并有选择地运用，恰如“熊掌”与“鱼”均人之所欲也。要有所取舍，其困难的程度是可以想见的。四是每一个价值，每一个在法的价值评价中需要使用的价值，它与整个人类，与整个国家法的价值体系之间的关系如何以及如何协调它们之间的关系，也是艰难的问题。五是法的价值与社会关系之间的关系，也需要评价，进行正确的认识和处理，如何使它们之间的关系被科学而正确地对待，同样是一个不容易的事情。有的法学家的有关论述并不精当，但他们也注意到了其中的许多问题。“法律价值判断究竟是如何进行的呢？法律价值判断是如何避开与法律价值体系之间的矛盾或在不使其发生矛盾的状况下实施的呢？此外，如何才能确定法律价值判断与社会关系的现实相符合呢？这些问题看上去非常简单，但实际上是极其困难的。因为在一个法律价值体系之中，存在各种各样必须遵从的法律价值。当遵从其中之一的法律价值（例如，个人的财产权、个人的基本人权等）时，往往会与其他的法律价值（例如，交易界的整体利益、‘公共福利’等）发生冲突（从眼前来看可能被判断为不当的情况，若从长远的角度来看则可能是非常正确的）。因为现实中的社会关系是非常复杂的，某一法律价值判断将与其他什么样的法律价值发生冲突，事前并不清楚，某一法律价值判断与对其他问题所作的法律价值判断是否矛盾事前也不清楚。”①

价值评价的过程，除了具有人们尚未彻底揭示的某些普遍规律之外，更有不同评价主体的个别差异。对于普遍的规律，由于深入研究者甚少，而难知其三味；对于各主体的评价过程，更是难以把握。日本法学家川岛武宜认为，法的价值判断的过程的出发点就是法律感觉。对此，称之为“法律感觉”还不如称之为“法的价值感觉”更为准确。

法的价值感觉是包含在法律感觉之中的。人们在开始社会化的时候，即开始了包括法的价值感觉在内的法律感觉。一旦他面对特定的社会关系和行为，就可以自然作出法的价值评价。这种法的价值评价能力成为每一个评价主体个性的构成部分。川岛武宜说，

---

① ［日］川岛武宜：《现代化与法》，王志安等译，中国政法大学出版社 1994 年版，第 250 页。

“就好像视觉和听觉对光和声音的‘感觉’那样，该社会中处于支配地位的法律价值判断若以一定的社会关系为前提条件，也会形成反射，法律价值判断完全变成了一种‘感觉’。这就是所谓的法律‘感觉’”。[①] 川岛武宜对于法律感觉的描述，实际上也是对本书中所说的“法的价值感觉”的描述，了解其论述，对于理解法的价值感觉是很有助益的。

法的价值感觉具有很大的作用。立法者、执法者、法律服务工作者，可以统称为法律工作者，都应当具有良好的法的价值感觉。法律工作者的法律活动常常不是在对自己的活动进行理性的价值评价后做出的，而往往是基于自己的价值感觉而做出的。因此，法的价值感觉是在法律工作者自觉不自觉的情况下发挥作用的，是法律工作者对于特定法律现象作出的初步反映。也正因如此，法的价值感觉的作用远比某种理论或者学说更加有效。法的价值感觉为法律工作者如何去寻找可以适用的法律，提供心理引导、着眼点和入手处。

法律工作者的法的价值评价都有价值感觉的阶段。价值感觉具有较大的非理性成分，但即使是价值感觉，也不能与基本的法律价值相矛盾。作为基本价值的内容，不同的学者有不同的认识。有的认为基本价值包括秩序、公平和个人自由，有的认为包括秩序、自由、平等、人权、效益、权利、法治、民主等。不论人们怎么认识法的基本价值，对于基本价值的服从，都是必需的。“在立法者和法官对具体的问题进行法律价值判断时，通常总要注意到该具体的价值判断不应该与基本的法律价值相矛盾。”[②]

（二）法的价值感觉的理性化

法的价值评价首先是法的价值感觉，但是它不应当仅仅局限于法的价值感觉。因为，没有理性化的感觉，总带有天然的缺陷。一是法的价值感觉受制于主体的个别性，它难以成为若干主体共同、

① ［日］川岛武宜：《现代化与法》，王志安等译，中国政法大学出版社 1994 年版，第 251 页。

② ［日］川岛武宜：《现代化与法》，王志安等译，中国政法大学出版社 1994 年版，第 249 页。

一致的价值认识，其获得认同的可能性相对较小。二是法的价值感觉具有太大的随意性。个别的价值主体首先总是从自身出发凭直觉做出价值评价的，它可能因为自身际遇、环境的改变而改变，确定性程度相对较低。三是法的价值感觉具有非理性性质。法的价值感觉是主体直觉的结果，直觉与理性相比较，必然缺乏科学性。法的价值感觉对于立法者和执法者来说，都是特别重要，而必然具有的。任何立法者面对需要自己处理的立法事务，任何执法官员面对需要自己处理的执法事务，都会有自己的最直接而初步的价值评价——价值感觉。它的出现无须过多地考证与仔细地分析，它是法的价值评价的最初步的阶段和首要过程。若仅止于此，法的价值评价就必定不可能达到预期目的。

法的价值感觉的理性化，是法的价值评价在价值感觉基础上的深化和完善。这种理性化就是要克服法的价值感觉的个别性、随意性和非理性，以追求法的价值评价的公认性、确定性与科学性。实现价值评价的理性化，必然要求法律工作者具有较高的素质。法律工作者不应是法律工匠而应是法律工程师，其必须具有作为基础的法律知识，在必要的法律知识之上，还需要把握法的基本价值与整个价值体系，具有运用价值评价技术、将价值评价理性化的能力。

具有必要的法律知识，是价值感觉理性化的重要前提。法律知识对于法的价值评价具有基本的意义。法的价值良好感觉是以良好的法律知识作为条件的，否则这种感觉就极有可能是一种错觉。如果说理性的法的价值评价是一种高智能的法律活动的话，进行评价者必须具有足够的法律智商。这种智商不是凭空产生的，它需要评价者具有较好的法律知识作为基础。一定的法律知识是法的价值评价理性化的前提和手段。

把握法的基本价值以及整个法的价值体系，才能更好地将价值感觉理性化。法的价值是非常丰富的，内容也很难有统一的认识，但是其中一些最基本的价值，却是人们普遍认可的可以作为基准的价值。这些基本价值以及它们与其他价值之间的关系，都是应当予以把握的。“在现在的私法体系中，个人的法律主体性、私有财产制度和契约自由的原则是最基本的法律价值。在这些基本价值的基础上还存在其他的各种法律价值，它们共同构成了一个统一的体系。在这一统一的法律价值体系中，我们可以指出基本价值和其他价值之间的层次关系。各种法律价值判断与构成其基准的法律价值及其该基准价值在价值体系中的地位是相应的，在法律规范体系中的地位也是确定的。”[①]对于法的基准价值以及法的价值体系，任何法律工作者都应当有深切的理解和良好的把握。

运用价值评价技术将每一个价值评价理性化。每一个价值评价，在最初都是价值感觉。超越价值感觉的发展，一是对于基准价值以及整个价值体系的把握；二是将每一个初步的价值评价理性化。这种理性化，需要一系列技术性要素作用的发挥。技术性要素的运用，包括立法技术、法的解释技术、执法技术等的运用在内。通过这些技术要素的运用，克服价值感觉中的个别性、随意性和非理性，使法的价值评价具有公认性、确定性和科学性。

立法是一个把具体社会关系进行概括，为社会创制出调整相应社会关系的一般规则的过程。因此，立法可能是对一个个具体的社会关系做出的价值评价，但作为其结果的法律规则，却不是对于个别具体社会关系适用的法律规则，而是具有普遍性，能被反复适用的一般规范。立法过程也是一个理性化的抽象、分析、归纳、预测的技术操作过程。这个过程的理性程度决定了立法结果的理性程度。这个过程也是法的价值感觉理性化的过程，它也同样决定了立法的价值评价的理性化程度。

执法与法律服务中的价值评价，也有一个将价值感觉理性化的过程。这个过程与执法、法律服务主体的价值认识和价值评价能力有着很大的关系。许多错案的发生，也是相应主体价值评价长期处于价值感觉状态的结果，也是价值评价理性化程度不高或未能理性化的结果。

---

① ［日］川岛武宜：《现代化与法》，王志安等译，中国政法大学出版社 1994 年版，第 251～252 页。

第十八章　法的价值冲突诠释

法的价值冲突研究是法的价值研究的必要内容,法的价值冲突的解决是法的价值研究的重要目的。法的价值冲突解决得好,就可以以最小的法律成本获得最佳的法的效益;如果法的价值冲突解决得不好,就可能出现不必要的成本浪费,得不偿失,甚至有失无得。所以,如何使法的价值冲突获得有效、有益的解决,就成了法的价值研究至关重要的问题和极其重要的目的。为了寻找法的价值冲突的最佳解决方案,我们不得不从法的价值冲突的概念、表现、原因上进行探索。

一、法的价值冲突解读

对法的价值冲突的含义进行探究是价值冲突研究的起点。法的价值冲突如同其他的价值冲突一样,是令人苦恼的问题,但是它也是人类理性的产物,是法的发展与运作的必然结果。如果人类没有理性,就不会有价值的冲突。法的价值冲突是法发展的结果,也是社会发展的结果。法的价值冲突的发生本身就会在一定意义上推动着社会发展和思维进步。法的价值冲突的一次次解决,就是人类进步的一个个足迹。

法的价值冲突的含义非常丰富,它可能是指法的价值准则、观念之间固有的内在矛盾及其现实化；它可能是指不同价值主体之间在价值观念、认识、选择等问题上的相互对立情形；它还可能是指法律体系、法律制度、法律规范之间冲突所蕴含的价值对立状态。

法的价值冲突首先指的是价值准则和观念本身固有的矛盾。价值准则是人类生活中逐步固化与精练形成的基本观念。人类活动的多目标性，既是人类进步的表现，也是人类社会的必然。多种目标就意味着多种价值选择与价值追求。这些选择与追求之间会存在某种冲突是必然的。比如我们将会论述到的自由与秩序之间、自由与平等之间、公正与效率之间、秩序与正义之间都会有内在的矛盾存在。这些矛盾一旦体现在社会的实际生活之中，它们就成为社会现实的价值冲突。

法的价值冲突也表现为不同的价值主体在价值观念、认识、选择等问题上的相互对立。这是由价值主体的意识性与多元性所决定的。只要价值主体是有意识的，不同的价值主体之间，甚至同一价值主体自身就会产生在价值上的矛盾情形。就不同主体来说表现为相互之间在价值问题上的不一致，互相矛盾。就同一主体来说，则表现为在相关问题上的迟疑不决、自相矛盾、彷徨痛苦、无所适从等。除了人的意识属性会导致价值冲突之外，人的多元性同样是价值冲突的根源。由于人有意识存在，人又以多元的状态存在，人与人之间、人的群体与个体之间、人的群体与群体之间乃至人与社会之间都会产生价值上的矛盾情形，从而构成价值冲突。这些价值冲突如果是与法相关或者是存在于法的某个方面与环节，就形成了法的价值冲突。法的价值冲突如同其他价值冲突一样可能是不同主体在观念上的分歧，也可能是在认识上的差异，还可能是选择上的对立，也可能是同一主体在这几个方面的难以抉择。

法的价值冲突也大量地存在于不同法律体系、法律制度、法律规范之间。不同的法律制度之间会存在某种价值冲突，这是难以避免的。市场经济法律体系的价值必然不同于计划经济法律体系的价值；民主法制法律体系的价值必然不同于专制集权法律体系的价值。如果这些法律体系不是并存的，当然不存在冲突的问题。但是一旦不同性质的法律体系并存或相互作用、相互转换的时候，法律体系的价值冲突就会表现出来。从法律制度意义上说,市场竞争的法律制度首要保障的是自由、效率等价值的实现,市场秩序方面的法律制度首要保障的是秩序、安全等价值的实现,而社会保障的法律制度更侧重的是平等、公共幸福等价值。宪法上的公民权利规定侧重于保障公民权利及其实现,行政法上的社会管理可能侧重于政府管理而对公民权利予以适度制约。在同一法律制度中也会有价值冲突。这是因为一个法律制度,乃至一个法典,所调整的都不是单一的社会关系,涉及的也不是单一的价值主体,所追求的都不是单一的价值目标。所以就是同一法律制度之中也会有规则之间的价值冲突。法律制度、规则等都蕴含和体现着一定的价值观念,遵循和追求着特定的价值目标。自身的表述乃至对社会纠纷的解决,也有着价值上的取舍,价值冲突当然存乎其间。

法的价值冲突是必然的,法的价值并不是人类不期而遇的麻烦,也不是人类无可奈何的烦恼。其实法的价值冲突具有积极的社会意义和实践意义。首先,法的价值冲突导源于人的意识性和多元性,价值冲突的出现是人类思想丰富的具体表现。其次,法的价值冲突的解决是人类进步的阶梯,法的价值冲突的解决是人类进步的表现。

人类的思想是不断丰富的,价值目标的多元状态是在人类社会的进步发展中形成的。这些多元的价值,还会相互碰撞而不断扩展和丰富。价值观念、目标、认识、选择上的不断发展,是人类进步的表现,是人类思想进步的反映。在人类只为生存而努力的时候,人类的精神生活必然是贫乏的。随着人类从简单的生存追求中走出,除了具有生存的需要之外,还要谋求安全、安宁、快乐、幸福、全面自由发展等,人类的视野更加开阔,认识不断提升,人类的精神领域也更加丰富多彩,这是人类进步的一个重要方面。法的价值冲突的产生也是人类在法的精神领域丰富发展的表现。

法的价值冲突其实也是人类不断进步的阶梯。对价值冲突稍微加以分析就会发现,所有的价值冲突包括法的价值冲突,都是有始无终的事业。无尽的人类发展蕴含着无尽的价值冲突。旧的冲突被解决,新的冲突又会产生。随着社会广延度的扩展,价值冲突的量度会不断累加。面对价值冲突的如此情形,不能悲观地认为人类永远没有彻底解放的尽头,其实应该认识到每一次冲突都是人类进步的一个阶梯,解决一个冲突就是跨上一个新的台阶。解决价值冲突的路虽然没有终结,但是人类的脚步却也在不断迈进。价值冲突的出现是人类面临的台阶,价值冲突的解决则是人类迈进的脚步。法的价值冲突的一次次出现、一次次解决,就是我们在法的价值问题上、在法的道路上的不断进取。

二、法的价值冲突的表现

法的价值是一个多元、多维、多层次的庞大体系,其中包含各种观念和准则。不同的法体现着不同的价值观念与价值准则。不同时代、国家、阶级、群体、个人在法律实践和法律理论上可能具有不同的法的价值观念与价值准则。不同的法的价值观念和价值准则各自内部和相互之间的矛盾,就是法的价值冲突。这种冲突不仅表现在不同法的价值观念和价值准则之间,而且也表现在法的价值观念和价值准则的不同性质或形式上。法的价值冲突的表现是极为广泛的,为了做一个基本的概括,本书仅从价值观念和价值准则两个视角加以考察。

(一)法的价值观念的冲突

法的价值观念的冲突是在多重意义上存在的。人们至少可以从主体、地域、时间意义三个角度来进行思考。从主体、地域、时间三个方面来考察法的价值观的冲突,是对相关问题进行研究的三个重要而基本的方面。

1. 主体意义上的价值观冲突

从法的价值观的主体角度看,法的价值观冲突可能存在于多个方面的主体之间。个人与个人之间,个人与组织之间,民族与民族之间,民族与国家之间,国家与国际社会之间,国家、民族与世界之间等,难以尽数。但是就总体上说,法的价值观冲突不外乎表现为主体自身的价值观冲突和主体相互的价值观冲突。

主体自身的价值观冲突。主体自身的法的价值观冲突是由主体多重属性的相互矛盾所导致的。同一主体,包括同一个体、同一群体都处于复杂的社会背景之下和复杂的社会环境之中,从不同的角度出发,就可能产生不同的价值认识和价值期求。多项法的价值不可协调或不可统一,就必然会出现法的价值观念的冲突。主体一旦出现这种冲突,就表现为自己思想或行为上的犹豫、彷徨或迷惑。执法官员经常遇到的坚持法制与追求正义之间的冲突,就可能是自身的冲突。东汉时,赵娥杀死杀父仇人,法官在自己的价值观念上认为赵娥是正义的,但是又明知这种行为法律是要制裁的。放跑赵娥,实现了自己认定的正义,而又违背了作为法官必须坚持的法制。于是该法官痛苦地做出决定,放跑赵娥,自己也辞职而去。这一决定只是因赵娥的反对而未成。该法官所面临的就是自身的价值观冲突。

主体相互的价值观冲突。主体相互的法的价值观冲突又可以分为个体与个体之间、个体与群体之间、群体与群体之间的法的价值观冲突。一是个体与个体间的法的价值观冲突。在现实社会中,由于每个个体的生活条件、自身状况的差异,他们就可能具有不同的价值观念。不同法的价值观,就立法者来说,会影响其立法行为和立法结果;就执法者来说,会影响其对法的理解和执行;就守法者来说,会影响其守法热情和守法状况。总之,个体与个体在法的价值问题上的分歧,必然会影响立法、执法、守法等各个法制环节,体现在法制和法治的全过程中。二是个体与群体间的法的价值观冲突。群体是个体结合而成的组织,是基于共同的生活方式、行为方式、理想追求等,在社会生活中组合而成的共同体。它包括企业组织、事业单位、国家机关、政治党派,乃至民族、阶级、国家。个体是群体的构成元素。个体是群体的基础,群体是个体的集合。一般地说,一定群体中的个体与群体的法的价值观是一致的,个体法的价值观是群体法的价值观的个别,群体法的价值观是个体法的价值观的一般。一般寓于个别之中,一般不等于个别,个别也不能取代一般,因而个别与一般、个体与群体法的价值观上的差别与分歧就不可避免。至于群体外部的个体与群体的法的价值观冲突就更为普遍。在法的价值观上,个体与群体间的相互左右或相互出入,就形成了个体与群体间的法的价值观冲突。三是群体与群体间的法的价值观冲突。社会群体当然有自己的群体利益。群体利益的差别就决定了群体间法的价值观上的冲突。群体间的利益差别是群体间法的价值观冲突的客观基础。在历史和现实中，民族冲突、种族冲突、阶级冲突、政党冲突、社团冲突等往往都包含法的价值观念的冲突在内。特定阶级、政党间的敌对状态和敌对斗争无不体现在法的价值观念的冲突上。群体间法的价值观的冲突是法的价值冲突的重要表现形式。

2. 时间意义上的价值观冲突

时间的差异，尤其是比较长的时间——时代之间的差异，往往会导致法的价值观冲突。在时间意义的价值观冲突上，有当代法律与历史法律的价值观冲突，有当代法律与未来法律的价值观冲突等。社会主义社会、资本主义社会、封建社会、奴隶社会的法律价值观冲突，既是阶级意义的价值观冲突，也是时间意义的价值观冲突。就整个时间意义的法的价值观冲突来说，最典型的应当是法的现代价值观与传统价值观之间的冲突。

历史的本来情形、历史的延续与传递形成了既有的传统。既然是传统就有着生生不息的活力，就会在社会中不断发挥出作为传统的作用。它会以人们内在意识的形式存在于人们的内心世界和心灵深处，并外化于人们的言论与行为之中，代代相承。传统的法的价值观总是悠远绵长的。法的现代价值观，如同现代的内涵与外延一样总是不断变化着的。每一个时代都有它相应的价值观，这是没有疑问的，并与传统的价值观存在诸多的差异。在法的领域也是这样，现代社会的法的价值观必然不同于传统中的法的价值观。二者之间会有历史联系与上下传承，但是二者之间也必然会有矛盾与冲突。

3. 地域意义上的价值观冲突

法的价值观当然地具有文化的特点，甚至是文化的构成部分。文化的地域性决定了价值观的地域性。不同空间生活的人们会有不同的价值观，这是自然的，也是必然的。法的价值观的差异在不同地域上的表现也是十分明显的。它往往表现为本土的价值观与外域的价值观之间的冲突或者是来自不同地域的法的价值观之间的冲突。

本土的价值观是本土文化积淀形成的，是经过历史过滤与传承发展而来的，是一定区域内价值观的历史与现实综合统一的整体。它在历史与现实中整合为一体，成为一个完整的内在相对协调的体系。一个国家或民族法的价值观也是在特定区域长期固化的结果，是一个观念整体，与其政治、经济、文化具有天然的联系，并且互为因果。外域的价值观也是与外域政治、经济、文化相联系的整体。如果本土与外域毫无联系，它们之间也就不可能产生冲突。人类的发展越来越打破地域的局限，不同地区之间的交流日益频繁。这种频繁的交流就为冲突提供了时空条件。从法律意义上讲，不同区域之间的政治、经济、文化往来，必然导致法律上的互相碰撞。法律的、制度的许多冲突都不过是价值观冲突的表现而已。随着世界交流的增多，冲突就会增多，而冲突的增多也为融合提供了条件和动力。但是融合总是最后的结果，而冲突总是首先遇到的难题。

当代世界，国际上的许多法律冲突并不一定就是或者仅仅是各自利益或意识形态的原因，而且完全可能是由不同地域的价值观所导致的。价值观的冲突是法律上认识与实践冲突的重要原因。不同国家之间，在国际法上的认识差异、观点分歧，都在一定程度上受制于法的价值观分歧。

（二）法的价值准则的冲突

法的不同价值准则具有不同的价值目标。它们之间难免会有矛盾。从法的价值的准则来看，法的价值冲突表现为自由与平等的冲突、自由与秩序的冲突、秩序与正义的冲突、平等与正义的冲突、秩序与人权的冲突、秩序与理性的冲突，等等。在此本书仅着重论述以下几个方面。

1. 自由与平等的冲突

自由与平等是极其重要的法的价值，总的说来，二者并不矛盾。但在一些特定的情况下，自由与平等却可能出现冲突，或可能因自由而损失平等，或因平等而损失自由，自由与平等不可兼得。自由与平等的冲突不是今天才出现的，它们自始皆然，而且早已引起了社会学家、伦理学家和法学家等的极大关注。

自由与平等的冲突是以它们在人性上的差异性质作为根据的。自由以人的个体性为首要的基础,而平等则以人的社会性为基础。个人与社会之间的矛盾长期存在,自由与平等之间的冲突也可能随时发生。

自由与平等的侧重点不同也决定了二者之间会有冲突产生。自由侧重于个人意志的自由、行为的不受约束以及自身的发展,而平等则侧重于人与人之间关系的对等。自由立足于主体自身,平等立足于人与人之间的关系。

在20世纪70年代末80年代初的4年时间里,欧洲价值体系研究小组对欧洲九国进行了多达12463张答卷的民意调查。其中包括邀请欧洲人对自由和平等做出选择。他们中有49%的人选择自由,35%的人选择平等,9%的人说"两者都不喜欢",7%的人不予回答。选择自由者与选择平等者的总比值为1.40。具体说来,英国为3.00,荷兰为1.84,比利时为1.77,法国为1.64,丹麦为1.41,爱尔兰为1.21,但在意大利却为0.96,联邦德国为0.95,西班牙为0.92。可见,他们对自由与平等的选择也非千篇一律。在整个欧洲,他们中有的人认为:自由和平等同样重要。但是,如果必须在两者之者做出选择,那么,自由更加重要,也就是说,每个人都应该有可能自由地生活并且不受限制地发展。有的人认为:毫无疑问,自由和平等是重要的。但如果我必须做出选择,那么平等最为重要,这就是说,任何人不应该受到歧视,社会各阶级之间的差别不应该如此大。①

法的自由价值和平等价值的冲突,首先,表现在立法上。是把自由摆在第一位还是把平等摆在第一位,往往使立法者颇费心力。立法者的选择不同,在具体的立法结果上也会呈现出极大的差异。其次,也表现在执法上。执法者在自由与平等相冲突时是选择自由还是选择平等,当然要受法律规范所体现的价值选择的影响。然而在许多场合和许多方面,执法者的执法活动仍存在对自由和平等做

---

① [法]斯托策尔:《当代欧洲人的价值观念》,陆象淦译,社会科学文献出版社1988年版,第48~49、210页。

出选择的空间。执法中的自由与平等的取舍既要受制于法律规范的价值倾向,也要受制于执法机关及其工作人员的价值倾向。对自由与平等的取舍往往导致执法后果的迥然不同,使案件的处理结果处于或"公正"或"不公正"的境地。最后,法的自由与平等的冲突也表现在法的理解、遵守、监督和评价上。人们对自由与平等的不同选择会导致人们对法的不同理解和不同评价,也会影响民众遵守法律规定的状况和监督法的实施的情形。

2. 自由与秩序的冲突

自由强调的是主体个性的发挥,而秩序强调的是有序状态的建立与维持。自由难免有打破既有平衡——秩序的趋势,秩序有在一定程度上压抑自由,维持平衡的规定性。因此,二者之间的冲突就在所难免。

当欧洲人被问及"在接受命令时应无条件服从还是首先弄清楚它们是否正确"时,选择前者的大有人在,为32%,而选择后者的也不甘示弱,为41%,其余为不愿回答等。显然前者偏重于秩序,后者偏重于自由。在对维护言论自由、允许一切人对政府的重大决策更多地表达自己的意见或维护国家秩序两个方面进行选择时,也出现了类似的情况。有的人偏重自由,有的人偏重秩序。①

在法上强调自由高于秩序的主张包括三种情形:一是认为,法及其确保的秩序在立法上就必须对自由退让,它只能是自由的确认者、分配者、保护者而不是自由的否定者、妨碍者。自由绝对地高于法及其秩序,法及其秩序绝对地服从自由。立法者不得以秩序为由制定否定或限制自由的法。二是认为,在既定的法之下,在法的实施中,当自由与秩序发生冲突时,应强调自由而不惜牺牲秩序。三是认为,自由全面地高于法和秩序,以秩序损害自由的法本身都不是良好的法。为了自由,不仅可以不要秩序也可以不要法。在法上强调秩序高于自由的主张也包括三种情形:一是认为,法是秩序的化身,法和秩序的存在本身就是对自由的束缚和规制,因而自由必

① [法]斯托策尔:《当代欧洲人的价值观念》,陆象淦译,社会科学文献出版社1988年版,第32页。

须以秩序为依归,以法律为准绳。秩序是立法追求的目的,自由是立法制约的对象。二是认为,在法确定了自由和秩序的位置之后,二者发生冲突,自由应无条件地服从秩序。执法者可以为秩序而忽视自由或剥夺、限制某些自由。三是认为,秩序全面地高于自由。在立法上要以秩序为目标,自由服从秩序。在执法上,如果自由与秩序发生冲突,人们甚至应当不顾法的规定以牺牲自由为代价来谋取秩序。

自由与秩序的关系,是辩证的对立统一关系。二者在实际的法律操作上的对立,往往令法律家和法学家们难取难舍,甚至无所适从。

3. 秩序与正义的冲突

秩序与正义,作为法的价值来说一般是可以协调并存的。但是,为了秩序,人们有时不得不放弃正义,为了正义,人们有时也不得不在一定程度上牺牲秩序。为此,二者之间也难免会相互冲突。

博登海默在其著作中谈到,一个法律制度若要恰当地完成其职能,就不仅要力求实现正义,而且还要致力于创造秩序。这一论断可能会受到质疑,因为一仆不能同侍二主。当这二主所追求的是截然不同的目标,发布的是互不一致的命令,而且几乎每从事一定的行为方针他们就发现其目标相左时,这种质疑便可能是正确的。[①] 在秩序与正义没有冲突的时候是没有什么问题的。而在二者冲突时就令人疑虑了。

从抽象的意义上讲,秩序与正义各有其利。一般地说,秩序有利于统治,有利于创造安定的社会环境,有利于社会的持续发展和稳步前进。然而没有正义作为基础的秩序,必然是难以长期维持的秩序。正义有利于满足人的精神需求和心理平衡,有利于创设和维护良好的秩序。然而在特定情况下,秩序也会与正义悖离,为了正义而不得不牺牲一定的秩序或为了秩序而不得不牺牲一定的正义。其中最典型的法律事例是民法和国际法上的关于“时效”——包括

---

① [美]博登海默:《法理学:法律哲学与法律方法》,邓正来译,中国政法大学出版社 1999 年版,第 318 页。

占有时效或丧失时效的法律规定。

是否设立民事时效制度,实际上是必要的秩序与根本的正义之间的冲突。因为一个人合法或者非法占有他人财物很长的时间,权利人都不行使请求权利,使得相应财产归属一直处于未定状态,过多地出现类似情况,必然导致所有权秩序的混乱,影响民事活动。如果没有时效制度,原所有人的财产未被法所强行剥夺,正义虽然被维护了,但这种混乱状况就无法得以依法了结,所有权状况将长期呈现出混乱的状况。设立了民事时效制度,就可以在一定程度上解决相应问题,使民事流转的基础——财产所有状况不断被秩序化。但是民事的正义也因此会受到一定的影响。法所维护的就可能是不正义而不是正义。时效制度就是法学家们在对秩序与正义之间的冲突进行平衡后,以维护秩序为主,并兼顾正义的产物。法学家们也深知这一点,于是他们有的甚至主张:在超过时效期间以后,义务人愿意履行义务的,允许其履行;表示愿意履行的,可以引起时效的中断;已经履行的,既不得要求撤回已经履行的义务,也不得要求返还依照义务而交付的相关财物。有些国家也在法律上予以了认可法学家们的这些认识。这些见解的根据就在于法学家们对于时效制度价值意义——以正义为根本的秩序与正义之协调的准确把握。根据就在于正义是根本的,秩序是必要的。

国际法上的时效制度,也是在这样的矛盾的状态中产生的。一国的领土,被一国善意或恶意占有了很长时间。被侵害的权利国从未做出过任何权利主张行为,使相应领土的归属处于实际上的不确定状态。有的国际法学家引入了古罗马法中的民事时效制度。但是,它一直未能得到国际法学家们的一致认可。其原因就在于在价值目标和价值准则上的秩序与正义的冲突。设立时效制度,秩序得到了维护,正义就会受到一定的损害。不设立时效制度,正义未受到损害,但秩序也得不到维持。国际法学家们总是陷入两难境地。于是国际法学家们努力寻找尽可能兼顾二者的解决办法。最后,只得在首重秩序的基础上兼顾正义,拟制了国际法上的时效制度。国际法学家清楚地知道,“国际法上的时效和国内法上的时效有同样的合理基础,即安定和秩序的考虑”。[1] 因时效而取得领土,并不是完全正义的。

法的价值在秩序与正义之间谋求的正义理应是有秩序的正义,谋求的秩序理应是正义的秩序。然而在正义与秩序的实际运作中又往往形成了一个又一个重大的理论和实践难题。

价值准则之间的冲突是纵横交错、错综复杂的。这里所论及的只是极少的部分。生命与正义之间、正义与自由之间、人权与正义之间等都会产生冲突。哈耶克曾经指出,“当下社会对‘社会正义’的普遍信奉,很可能还对自由文明所具有的大多数其他价值构成了最严重的威胁”。[2] “追求‘社会公正’的努力也同样会产生极不可欲的后果;尤其需要指出的是,这种努力还趋于把传统道德价值赖以演化扩展的不可或缺的环境给摧毁掉;而这不可或缺的环境便是人身自由。”[3]

三、法的价值冲突的解析

对于法的价值冲突稍作分析,就可以发现法的价值冲突存在于法的各个环节的内部和相互之间。法的价值冲突在性质上,最基本的有着真实冲突和虚拟的冲突、抽象冲突和具体冲突的划分。同时,法的价值冲突还以多种结构状态存在,对此,均有必要加以逐一的阐释。

(一)法的价值冲突的环节

法的价值冲突可能在法的各个环节的内部和各个环节相互之间出现。研究法的价值冲突出现的环节,有助于更好地认识法的价值冲突的情形,拟制法的价值冲突的解决措施和方案。

---

① [英]劳特派特修订:《奥本海国际法》(上卷),第二分册,王铁崖、陈体强译,商务印书馆1981年版,第91页。

② 转引自邓正来:《规则 · 秩序 · 无知》,生活 · 读书 · 新知三联书店2004年版,第389页。

③ 转引自邓正来:《规则 · 秩序 · 无知》,生活 · 读书 · 新知三联书店2004年版,第389页。

1. 法的各个环节内部的价值冲突

立法环节的价值冲突。立法环节中的价值冲突是经常的价值冲突之一。在立法上的许多争论和矛盾都可以归因于价值冲突。具有不同价值认识的立法者在同一个法律的制定过程中,他们会有不同的立法主张。不同立法主张之间的冲突中也就包含相关的法的价值冲突。这种不同主张可能首先就表现在对于某些法律应当或者不应当制定上。因为法所应当调整的范围问题,是法律和法学上的重大问题。不应当由法律调整的社会方面如果被法律调整了,就会扼杀社会的活力,过度制约人们的自由。但如果法的调控范围过于狭窄,又会使一些社会方面的问题无法可依,使社会秩序遭到破坏。赞成或者反对制定某一法律,很可能就是对于有关问题上的自由和秩序的不同认识、不同价值取向所致。当然是否赞成制定某一法律,也可能是基于条件是否成熟的考虑。在这种考虑之中,也是无法排除价值因素的介入的。面对共同认为不成熟的条件,依然有的立法者会主张制定,有的立法者会反对制定。这里同样有对于相关价值的认识和选择的问题。立法上的不同主张也可能是针对某一个具体的规定而产生的。在具体的法律制度设置上,经常都会发生不同价值观念和价值选择上的冲突。例如在我国收养法的制定中,有的立法者就认为,所有的收养关系都必须公证,有的立法者则持完全相反的观点。前者认为收养是一个重大的法律关系,为了拟制血亲关系的良好建立和减少不必要的混乱——维护家庭秩序,设置公证为必经程序是必要的。也有的立法者认为,收养是一种民事行为,应当留给当事人以更多的自由处置的空间,而不应做硬性的公证规定。收养关系的建立是否必须做公证应视不同的情况而定,应分别收养的情形分别对待,并适当尊重当事人的意愿。① 这种制度设置的争论实际上也是不同价值认识的争论。

执法环节的价值冲突。执法环节也可能发生价值冲突。一个案件的处理方式,在特定的情况下,可能是多个的。执法者选用何

① 宋汝棼:《参加立法工作琐记》(下),中国法制出版社 1995 年版,第 118 ~ 122 页。

种方式来处理案件,就表现着执法官员不同的价值观念。不同价值观念做指导的处理方法就可能有不同的结果。执法中,法的价值冲突的解决方式及其结果制约着执法的状况。执法中的价值冲突,可能是执法官员自己的价值观念冲突。一个案件,它所涉及的社会方面是广泛的,它的影响也可能是多方面的。执法官员有时也会因自身的价值观念冲突而不知所措。执法官员自身的价值观念冲突如果得不到很好的解决,他们就可能面对一个又一个的裁决方案犹豫不决。这样就会影响执法效率和效益,甚至会导致错案的发生。执法中的价值冲突也可能是执法官员与执法官员之间的价值冲突。一个案件,如果是由多个执法官员共同办理的,执法官员之间也可能产生价值认识上的分歧。在司法审判中,合议庭组成人员常常会对同一案件具有不同的裁判意见。这些不同意见除了对事实的不同认定和对法律的不同理解之外,一个重要的原因可能就是法官在价值认识上的差异。其实,就是在事实认定和法律理解上,也可能发生价值观念的冲突。执法中的价值冲突还包含执法官员与有关当事人之间的价值冲突、执法官员与其他参与人(如代理人、辩护人)之间的价值冲突。这种冲突也是经常的。它只能通过法定的程序来解决。在执法官员适用法律的过程中,当事人和其他参与人都可以依法表达自己的价值认识。在执法结果产生以后,当事人和其他参与人还可以通过申请复议、提起诉讼、提起上诉和申诉等方式,使自己与原执法官员之间的价值冲突得以解决。当然,即使当事人与其他参与人与执法官员之间的冲突仍然不能解决,他们可以在自己的思想中保留自己的价值认识,但在行为上还必须服从有效的法律裁决。

守法环节的价值冲突。在法的遵守中,也会产生法的价值冲突。同一守法主体对于法的价值的矛盾把握,是法的价值冲突在守法中的主要表现之一。而不同的守法主体对于法的价值的不同见解,往往也是导致其相互之间价值冲突的重要原因。守法中的价值冲突会使守法受阻,甚至导致违法犯罪。守法中的价值冲突只有寄希望于守法者法律意识的增强,自觉放弃不恰当的法的价值认识,使自己的法的价值认识与立法所确定的价值准则保持一致。只有这样守法者才可能解决有关的价值冲突，才不会由守法者演变为违法者。社会公众（公民）与法律规范之间的价值观念的冲突也会在守法上表现出来。在迅速发展的现实社会中，价值观的变化往往是迅速的，而既有的法律规范所包含的价值观念则是相对稳定的。二者之间的冲突就必然会存在和表现出来。正如德国的法学家所注意到的，“法律共同体中价值观的内容和活力则比有关法律条文的变化更加迅速，以致公民价值观与法律规范的价值标准之间常常出现紧张关系（例如，临时非婚同居的普遍存在与对此进行调整的必要性之间的关系）”。① 这主要是由社会价值观变化的迅速性质与法律规范的价值观念的保守性质之间的冲突所导致。

2. 法的各个环节相互的价值冲突

执法与立法的价值冲突。执法的价值观念不应当与立法的价值观念产生冲突。因为在立法的价值观念已经确定的情况下，执法者不能也不应当有独立于立法价值观念之外的法的价值观念，否则就只能导致执法的混乱，导致执法的违法。执法者应当将实现法律，包括实现法的价值作为自己的人生理想，视法的价值为自己的执法生命。他们在执法过程中的所作所为不过是实践法定的价值准则而已。执法者对于立法所确定的价值准则只有予以理解和贯彻的问题。他们的执法无权也不能对立法的价值准则进行任何变易，否则就是违法犯罪。但是，他们对于立法所确立的法的价值的理解和贯彻，就必须介入其主观的因素。在这一环节上执法者的价值观念就会自觉和不自觉地对已经制定的法律的执行产生影响。写在纸上的法律还不是社会中现实的法律，而经过了执行的法律才是真正的法律。执法者所影响的是比纸面上的法律更具有现实意义的生活中的法律。说执法者不能动摇立法所确立的价值准则，只能是应然意义上的。在社会实际生活中，法的价值不可能不受执法者的影响。既然执法者在对于法律的理解和贯彻中可能因自己的价值认识而影响法的价值，执法者有意或者无意之间都可能出现其

---

① ［德］伯恩·魏德士：《法理学》，丁小春、吴越译，法律出版社 2003 年版，第 23 页。

价值观念与法定价值观念之间的冲突。在这时，执法者能否抑制自我而服从法律，就是对其执法品德的考验了。说这是一种考验，也仅仅是针对具有较好的法律良知的执法者而言的，对于任意执法的执法者来说，他们根本就不会在乎，其实，考验与不考验，对于他们来说是根本不存在的。执法者的价值观念与立法的价值设定相冲突，也可能是由执法者的偏执所造成的。有的执法者并不认为立法所确定的价值准则是自己执法活动的最高准绳，而真正的最高准绳是他自己的价值认识，是他自己的价值观念。这种情形的出现与执法官员的自以为是，有着极大的关系。在他们看来，法律是不足遵从的，法定的价值准则是不必去悉心揣摩和体悟的。其实他们根本就不相信法，相信的只是他们自己。执法与立法的价值冲突，也可能是因为执法官员受到非常因素的干扰而既不遵从法定价值准则，也不遵从自己的价值认识，而是听命于不可告人动机。在任何时代，以法谋私、贿赂执法官员都将无法彻底禁绝，只是或多或少的问题。执法官员因此而亵渎法的价值的情形并非个别。在这种情况下，法定的价值准则当然会被执法官员所遗忘。他们在表面上所持有的价值认识只是他们要达成自己非法目的的幌子。这种价值认识必然是与立法中所设定的价值准则相背离和冲突的。

守法与执法的价值冲突。守法与执法之间会出现一定的价值冲突是必然的。守法和执法是从不同角度来认识法和法的价值的，因而在法的价值的观念上偶尔就会有所分歧。守法与执法的价值冲突的解决只能依靠立法所确定的价值准则来评价。在一般的情况下，执法的价值观念与立法的价值观念是一致的，但由于种种原因，二者之间也会出现不一致，乃至相互矛盾的地方。所以不能说在守法的价值观念与执法的价值观念产生冲突的时候，就一定是守法出了问题。

守法与立法的价值冲突。守法与立法之间的价值冲突也会产生。这种冲突的产生有可能是缘于立法的失误，但是从严格的法治意义上讲，只要立法的价值设定没有邪恶到不能为整个社会所接受，没有邪恶到不能通过法内途径予以解决的程度，守法就应当无条件地服从立法所确定的价值准则。更多的情况是因为守法者对于法的价值的误解,从而导致了守法与立法的价值冲突。因此而产生冲突的情况,也是非常普遍的,而且远比立法中的失误普遍。在这种情况下,守法的价值认识毫无疑问地应当服从法定的价值准则。

（二）法的价值冲突的性质

从法的价值冲突的性质来看,法的价值冲突表现为真实的冲突和虚拟的冲突,抽象的冲突和具体的冲突。

1. 真实冲突和虚拟冲突

人们认识的法的价值冲突或许是客观真实存在的,或许是主观虚拟产生的。那种客观存在的,非因人们误解产生的法的价值冲突,可以称之为法的价值的真实冲突;那种非客观存在的,仅是人们主观误解而以为存在、实际上并不存在的法的价值冲突,可以称之为法的价值的虚拟冲突。简单地说,法的价值的真实冲突也就是实实在在客观存在的冲突,而法的价值的虚拟冲突则是由于人们认识上的错误,以为存在其实根本就不存在的冲突。事实上,许多法的价值冲突都是由于人们认识的错误而出现的虚拟冲突。

对法的价值冲突人们都只有认识了它,才可能努力地克服它或解决它。不管是法的价值的真实冲突还是法的价值的虚拟冲突,在冲突存在时的价值主体的主观上,都是认可的,而且没有真实与虚拟的区别。在价值主体看来,它们都是真实的。鉴于此,人们所寻找的价值冲突的解决原则、解决方式应是对它们均适用,而又对价值主体有益而无害的。如果能够寻找到这样的原则和方式,那么就没有必要花费过大的精力去彻底分清法的价值冲突的真实或虚拟性质。实际上,也不可能完全彻底地分清法的价值冲突的真实性和虚拟性,这是由法律现象的复杂性和人类认识的局限性所决定的。

2. 抽象冲突和具体冲突

法的价值冲突可能是从抽象意义上讲的、一般而恒久的冲突。如人们一般抽象地说的法上的平等与自由、正义与秩序、秩序与民主等的冲突。在并不置身于特定的历史条件、并不表现为现实的社会矛盾的时候,这些冲突的存在仅是纯理念的形式,称为抽象的法的价值冲突。

法的价值冲突也可能是从实在意义上讲的、具体而特定的冲突。如在制定游行示威法时，立法的首要目的是自由还是秩序的冲突；在对待具体犯罪时，保护社会自由与维护社会秩序的冲突；在具体案件中，一方言论自由与另一方人格尊严的冲突；等等。这些冲突在社会现实中直接表现出来，能否解决它，怎么解决它，都会对社会产生实在的影响。

法的价值的具体冲突是抽象冲突的现实化。具体冲突的解决侧重实证，抽象冲突的解决侧重理性。抽象冲突的解决原理、原则对于具体冲突的解决具有指导意义，具体冲突的解决既是抽象冲突解决原理、原则的实践，又是对它的丰富和充实。本章的宗旨之一，也在于通过从理性角度对抽象冲突的探讨和研究，为具体冲突的解决提供一些可供参考的思路。

（三）法的价值冲突的结构形式

从法的价值冲突的形式来看，法的价值冲突表现为二元价值冲突和多元价值冲突。

法的价值冲突的冲突元素至少是二元的，如自由与秩序、秩序与正义、自由与平等的冲突。二元价值冲突的形式基本上包括两类：一是有 A 无 B、有 B 无 A 的二者只取其一的冲突形式，可以称之为排他冲突。二是 A 首 B 从、B 首 A 从或 A 主 B 次、B 主 A 次的冲突形式，可以称之为位列冲突。位列冲突与排他冲突并不是截然分离的，而是可以相互转化的。其实，如果在位列冲突中，只要要求找到“首”“主”为 A 或 B 时，位列冲突就转化为排他冲突，因为“首”或“主”是唯一的、排他的、独占的。如果在排他冲突中，要求排列冲突元素的主次、首从，排他冲突也就转化成了位列冲突。

法的价值冲突的冲突元素可能是多元的。多个元素相互交织构成的法的价值冲突情况远比二元法的价值冲突复杂。例如自由、平等、秩序三者间的冲突，自由、平等、秩序、正义四者间的冲突。在 ABCD 四元素中，或取 AB 而去 CD，或取 BC 而去 AD，依次类推；或在 ABCD 中排出首次、主从位列；等等。稍加分析，就不难发现，多元法的价值冲突实际上是由多个二元法的价值冲突构成的。人们完全可以把多元法的价值冲突转化为多个二元法的价值冲突来研究，综合评断，以找出解决法的价值冲突的办法。

四、法的价值冲突的原因

法的价值冲突的原因是多样的，至少可以从法的价值的主体原因、社会原因和文化原因三个方面来加以分析。

（一）法的价值冲突的主体原因

从法的价值冲突的主体方面来考察，应该认为主体的多元性、多样性和多层次性都是其得以或者能够产生的原因。

1. 价值主体的多元性

法的价值主体相当广泛，远不是单一的。从社会主体的角度看，国家、国家机关、企业单位、事业组织、社会团体、公民都是法的价值主体。而国家机关中又包括立法机关、司法机关、行政机关，社会团体中又包含政治党派、群众组织等。从法制主体的角度看，法的价值主体包括法的制定主体、法的适用主体和法的遵守主体。在法的制定主体中，又包括中央法的制定主体和地方法的制定主体，而中央法的制定主体和地方法的制定主体又可以根据其立法权限的划分被分为若干层次或等级。至于法的适用主体，则包括司法机关和行政执法机关。司法机关中有审判机关、检察机关；行政执法机关中有司法行政机关、警察机关，乃至工商机关、税务机关等。法的价值主体的多元性必然导致多元的价值观念并存，法的价值冲突的产生就在所难免。

法的价值主体并不只是静态的。他们除了有静态的角色分配以外，还有动态的角色变换。法的制定主体、适用主体、遵守主体之间并没有绝然的分别。价值主体社会角色的变换也是价值主体多元性的重要表现。它们可以使同一主体因不同的角色而产生自身的价值冲突或与其他主体间的价值冲突。

2. 价值主体的多样性

法的价值主体包含群体主体和个体主体。群体主体中的每一个单元都有各不完全相同的规模、范围、大小、级别、类别、地位、作用、性质、隶属、构成等。个体主体中的每一个单元都有不尽相同的经济收入、心理状态、政治态度以及性别、年龄、出身、道德、文化等。

不同法的价值主体拥有不同的价值愿望、价值要求、价值标准和价值满足感。这些就必然导致相互在价值上的矛盾和冲突。让·斯托策尔的《当代欧洲人的价值观念》以1981年在欧洲九国进行的价值体系调查作为基础,在论述人们对自由价值的优先选择时也得结论如下:

就整个欧洲而言,对自由的优先选择是首先同收入水平联系在一起的。收入优厚者选择自由的人数的频率与收入较低者选择自由的人的频率之间的比值达到1.42这个最高值。换句话说,最富裕的人(在调查中占10%)在自由与平等之间优先选择自由者比不太富裕的人(占50%)多1.5倍。

就心理学角度而言,较多选择自由的人一般都情感满足度较高,感到比较幸福,对生活比较满意,不认为生活缺乏意义,不感到孤独,一言以蔽之,他们并不属于失意和忧郁寡欢者的行列。就整个欧洲而言,优先选择自由,而不选择平等,这种情况是同政治态度联系在一起的。就性别而言,妇女不如男人那样关心自由,如果从各国对自由的关心程度这一点来对男人和妇女中间的不同选择做一比较,可以再次看到相关系数为负值。[①]

3. 价值主体的多层次性

法的价值主体是可以根据不同的划分方法划分为不同层次的。其中就包括阶级和阶层的划分。就阶级和阶层属性来说,不同阶级或阶层属性的法的价值主体具有不同的法的价值观念。法的价值在不同阶级和阶层的主体之间的冲突就不可避免。欧洲九国价值体系调查也表明,由于社会阶级不同而产生的优先选择差异,这是表现得最明确的相关状况。在选择自由的比例最低的西班牙人中间(36%的人选择自由,39%的人选择平等),在上层阶级的优先选择与下层阶级的优先选择之间的比值达到1.76(上层阶级中选择自由者占51%÷下层阶级中选择自由者29%)。在选择自由的比例最高的英国人中间(69%选择自由,23%选择平等),各阶级之间

---

① [法]斯托策尔:《当代欧洲人的价值观念》,陆象淦译,社会科学文献出版社1988年版,第50~51页。

优先选择平等的比值仅为1.09(73% ÷67%)。价值因阶级而产生的冲突,不仅直接表现在社会阶级的分层上,而且也表现在与社会阶级分层直接联系的社会收入上。在欧洲的上述调查中,如前所述,就整个欧洲而言,对自由的优先选择是首先同收入水平联系在一起的。这实际上也是法的价值主体阶级属性导致法的价值冲突的表现。①

(二)法的价值冲突的社会原因

法的价值冲突的形成也是由社会需要的多元性与多层次性、社会生活的广泛性与复杂性和社会条件的多重性与变化性所决定的。

1. 社会需要的多元性与多层次性

社会是由人、众多的人组成的整体。这些人包括单个的人(个体)和多个的人的结合(群体)。不同的个体、不同的群体在社会生活中会产生不同的需要。同一个人、同一个群体在不同的时间、不同的地点以及不同的境况下也会有不同的需要,而且一个人、一个群体也还可能在同一时间、同一情况下存在多种需要。人的需要的多元、多层次状况决定了受人的需要制约和影响的法的价值观念必然是多元多层次的。多元多层次的法的价值观念体现在立法、执法、守法、法的监督的各个环节上,就必然表现为法的价值之间的各种冲突。

2. 社会生活的广泛性与复杂性

社会生活是丰富多彩的,十分广泛复杂。从不同的角度考察社会生活都可以得到这一结论。从社会生活的主体看,有个人生活、集体生活或群体生活。从社会生活的内容看,有政治生活、经济生活、文化生活或物质生活和精神生活,等等。社会生活随着社会的发展,人际交往的频繁而逐步发展,越来越广泛复杂。社会生活的广泛复杂构成了法的价值冲突的先决条件。在社会生活中扮演着各种社会角色的形形色色的人们,对法的价值的认识、理解、愿望、要求、希冀就必然会形形色色,甚至迥然相异。人们在法上的价值

---

① [法]斯托策尔:《当代欧洲人的价值观念》,陆象淦译,社会科学文献出版社1988年版,第48~51页。

冲突就势必产生。

3. 社会条件的多重性与变化性

社会条件从静态来看是多重的。有作为社会基础的物质条件，也有建立在一定物质条件基础之上的精神条件。人正是在各种物质条件之上精神条件之下生存并发展的。人们的物质条件和精神条件，就一个国家来说，在平面上由不同情形的众多板块构成，在截面上由不同情形的众多层次构成。社会条件的变化，首先是由社会物质生产、精神生产的发展所导致的，其次也可能由社会主体的迁徙、流动所导致。社会条件的变化是一刻不停地进行的。社会条件的多重属性和变化属性以及发展变化的不平衡都可能导致人们在法的价值上的矛盾和对立。

（三）法的价值冲突的文化原因

法的价值冲突产生的原因是很多的，除了上面所论及的主体原因和社会原因之外，还有文化原因。法的价值冲突可能因此而得以产生。不同的国家、种族、民族，乃至不同区域的人们都可能因此不同文化而对同一法律现象产生不同的价值认识，从而出现价值冲突。文化的差异几乎是普遍的导致价值冲突的重要原因。文化在一定意义上是文明的同义语。针对不同文明所导致的价值冲突，有的学者甚至归结出“价值观冲突实质上表现了不同文明之间的冲突，或者说是建立在不同文明的基础上的，是不同文明在价值观方面的集中对抗和整体意义上的冲突，而不仅仅是单纯的物质利益方面或意识形态方面或文化观念方面的冲突”。①

从国际法的角度来看，不同国家之间的法的价值冲突，也就是不同文化冲突的表现和结果。在国际社会之中强势文化总是要以他的标准与观念来要求弱势文化向自己看齐。这往往是导致国家之间法的价值观念冲突的重要的原因。这种冲突是强势文化称霸的结果，也是弱势文化抗争的表现。“在不同文明形态的碰撞的过程中，文明发展的不同程度和强弱之分开始显现，弱势文明与强势

---

① 陈新汉、冯溪屏主编：《现代化与价值冲突》，上海人民出版社 2003 年版，第 95 页。

文明的差异得以凸显。由于强势文明视自己为文明进步的代言人，对弱势文明表现出明显的歧视，而弱势文明在受到强势文明的强大的歧视压力下，不可避免地会起来反抗强势文明对自己的歧视，开始与所谓的强势文明发生严重冲突和对抗。这样，文明的冲突及价值冲突就不可避免地发生了。”①所以才有学者认为文明的冲突会导致世界秩序的重建。②

“为了衡量不同文化在这类对立价值的立场”，有学者设计了许多两难情境。问题设置为：“若是你与某位值勤中的安全保卫部门同事喝酒聊天时，工厂里不幸发生意外事件，并且有位工人受了伤。全国工业安全委员会于是进行调查，并要求你作证，这件案子除了你之外，再也没有任何其他目击证人。你认为那位朋友有权要求你保证他吗？（A）绝对有权利；（B）可能有权利；（C）毫无权利。”这一题目不是为考察法的价值冲突设计的，但它在一定程度上反映了相关的法的价值冲突的情况。通过对 12 个国家管理者的调查，表示“毫无权利”的比例分别为：美国 94%，荷兰 92%，奥地利 91%，加拿大 91%，德国 90%，瑞典 89%，英国 82%，比利时 67%，日本 66%，新加坡 59%，意大利 56%，法国 53%。

与此同时，他们还进行了一个关于“友谊”观念的调查。它与前一个调查相映成趣。题目是“你是某大公司某事业部门主管，有一位部属最近常常迟到，而你知道他的家庭出了点问题。你认为这位部属有权要求你特别关照他吗？（A）绝对有权利；（B）可能有权利；（C）毫无权利。”回答“毫无权利”的比例分别是：美国 95%，德国 94%，瑞典 91%，英国 84%，荷兰 82%，奥地利 82%，加拿大 81%，新加坡 61%，比利时 57%，日本 56%，法国 53%，意大利 47%。

如果将以上两个并行的调查做一个对比研究则会有一些新的发现。如果以 80% 的赞成率作为分界线，就会清楚地看到，美国、

---

① 陈新汉、冯溪屏主编：《现代化与价值冲突》，上海人民出版社 2003 年版，第 95 页。

② ［美］亨廷顿：《文明的冲突与世界秩序的重建》，周琪等译，新华出版社 2002 年版。

荷兰、奥地利、加拿大、德国、瑞典、英国7国在两个调查中，其赞成“毫无权利”的比例都在80%以上，而比利时、日本、新加坡、意大利、法国5国都在80%，甚至都是在70%以下。如果说，前一个调查比较能体现法律观念的话，后一个调查则比较能体现道德观念。二者之间的如此吻合，应当说不是偶然。一个国家的文化，包括历史、道德、风俗、习惯、宗教，乃至法律观念都是一个整体，必然会相互影响。从这里，不难发现，这12国企业管理者在法的价值观念上所受到的道德影响以及如何与道德的价值认识保持了同一。不同国家之间的法的价值冲突，其实与其文化等的差异密切相关。①

① ［英］查尔斯·汉普登—特纳、阿尔方斯·特龙佩纳斯：《国家竞争力——创造财富的价值体系》，徐联恩译，海南出版社1997年版，第24～25页。其中引号内的句子为其原文，尽管其中“保证”等用语难以理解，但亦未敢擅改。分析为笔者所做。

第十九章　法的价值冲突的解决

法的价值冲突的研究是极为艰难而最为必需的。在特定价值主体看来，自己所追求的一切的价值都是美好的。但是主体与主体之间以及主体自身都会产生价值的冲突。这往往是导致认识分歧、行为冲突和结果差异的根本原因。解决这些美好的价值之间的冲突，使人类获得最佳包括最适当的价值选择和价值目标，才是整个价值研究的现实目的。

一、法的价值冲突解决的意义

法的价值冲突是法的价值产生以来就不可避免的。解决法的价值冲突，是法的价值冲突存在期间的永恒课题。

解决法的价值冲突，是认识和研究法的价值、法的价值冲突的目的。法的价值冲突在法律社会中，是普遍存在的。人们面对冲突着的法的价值，首先总是努力去寻找其冲突的原因之所在，表现为何。但是，最终必然会去寻找解决这些冲突的方式、方法、手段、途径。只有法的价值冲突解决了，我们才能说对于法的价值、法的价值冲突认识和研究的意义实现了。否则，对于法的价值和法的价值冲突的认识和研究，就在很大程度上失去了应有的意义。

解决法的价值冲突，是人类法律进步的需要。法律有其发展的过程。人类在自己的法律发展中会遇到许多困难和难题。其中就不乏价值的困难与难题。这些困难和难题，如果得不到很好解决，人类在法律上的前进步伐就会因此而减缓，甚至受到阻碍。人类的法律发展总是以不断解决法的价值冲突作为过程和手段的。一次又一次法的价值冲突解决的累加，就为法律的发展奠定了进步的现实基础，或者是提高了法的理论水准，或者是促进了立法发展，或者是推动了法的实施进程。

解决法的价值冲突，是人类实现法律的需要。在法律制度的实施中，执法官员会不断遇到数不胜数的价值冲突。如果这些冲突不被解决，法律就无法被实施。如果在解决冲突的过程中，执法官员出现失误，就会导致冤假错案的发生。总之，无论是法的价值冲突不被解决或者不被很好解决，法律都同样不能转化为客观的社会现实，法律的实施都会成为问题。人类创制法律的目的显然在于实现它对社会生活的实际效用，而不是仅为人类的精神生活增加一个简单的道具。法的实现的过程，从法的价值角度来讲，也就是一个一个价值冲突被解决的过程。

法的价值冲突的成功解决，可以使冲突着的价值各方都能在一定程度上得以实现其价值。对于这一点，英国法学家戴西[①]早就做出过论述，并为庞德论述法的价值问题时所引证：怎样才能既不削弱联合行动的权利，又不剥夺个人自由权的价值；怎样才能既不限制联合行动的权利，又不破坏个别公民的自由权或政府的权力？目前到处都提出了这个问题，而且任何一个地方都没有得到一个相当满意的解决，了解这一点是极为重要的。这个事实至少提出了两个结论：一个结论是，在英国关于在处理我们的团体法时所感到的困难，其所以产生，在很大程度上，既非由于雇主的贪婪，也非由于工人的无理取闹，而是由于事物的性质；另一个结论是，使两种根本冲

---

① 戴西（1835—1922），我国的许多著作翻译为戴雪，英国法学家，著有《英宪精义》等。

突的权利(即个人自由的权利和结社的权利)得到协调的方法,充其量只能是在这两者之间达成一个大体妥协。这样一种对理论上不能解决的问题的实际解决办法,有时是可能的。我国现行的诽谤法,就可以证明这一点。某甲的随意说话或写作的权利和某乙的在财产或品格上不因某甲的言论自由而受到损害的权利,诽谤法就是这两者之间的大体的妥协。这种妥协是成功的,它实质上容许了言论自由,同时又保护了英国人不受诽谤。[①]

二、法的价值冲突的解决方式

法的价值冲突的解决方式,是解决相关价值冲突所必需,是解决价值冲突的路径。最经常的解决方式有主体认同方式和外在统一方式;民主方式与专制方式;不违法方式与违法方式。

(一)主体认同方式和外在统一方式

从法的价值主体相互之间在解决冲突中的心理状态来考察价值冲突的解决方式,就可以概括为主体认同方式和外在统一方式。

法的价值冲突的解决,首先可能通过主体认同方式解决。法的价值主体对冲突着的法的价值产生了共同的认识,并在此共识的基础上又产生了共同的价值决策,法的价值主体因此共识、共同决策而使法的价值冲突得以解决的方式,即是法的价值冲突的主体认同的解决方式。这种解决方式是最为有效的解决方式。各个价值主体在其中的意愿是不受强迫的,是自主的。法的价值主体要实现认同,其途径是多样的。可能是主体自觉意识的结果,即因主体之自觉而实现的认同。可能是被其他主体的说服而达成的认同,也即是被说服的认同。这两种认同方式都是相关主体运用自己理性思维的结果。也有一种认同,我们可以称之为盲从的认同。这种认同不具有意识的自觉性和主动性,而是相关主体因别人(多数人、权威人物)认同,而表现出的认同态度。虽然不同形式的认同,其理性程度

---

① [英]戴西:《十九世纪英国的法律和舆论》(英文版),第 468 页,转引自[美]庞德:《通过法律的社会控制·法律的任务》,沈宗灵、董世忠译,商务印书馆 1984 年版,第 59 页。

具有较大的差异，但是，它们都能解决价值冲突。

法的有的价值冲突并不能因主体认同而获得解决，于是法的价值冲突的外在统一就成了解决法的价值冲突的重要方式。所谓外在统一，是相对于主体认同而言的。它是法的价值主体面对法的价值冲突不能通过主体认同获得解决而不得已才为之的解决方式，因而也是解决法的价值冲突的主要方式。在法的价值冲突出现以后，无法通过主体认同加以解决时，可以通过少数服从多数的方式解决冲突，也可以通过下级服从上级的方式解决冲突，还可以通过强权控制的方式解决冲突。虽然它们都是外在统一的冲突解决方式，但是其层次差别是颇大的。少数服从多数可以认为是民主的方式，下级服从上级也是特定情况下的一种必要的解决方式，而强权控制的方式则有专制或者专横的嫌疑。

在社会生活中，以上两种价值冲突的解决方式都是被经常采用的。主体认同的方式是最好的，但并不是唯一的。因为，在总体上，人类所追求的价值是多元的，而不同的价值准则之间会有冲突，是正常的；人与人之间也会具有不同的价值认识以及不同的价值认识之间会有冲突，这也是正常的；等等。而要解决这些冲突仅仅依靠主体认同，是无法完全办到的，因此外在统一的方式就有了存在的必要。问题不在于是否使用外在统一的方式来解决价值冲突，而在于如何使用外在统一的方式。在法院的合议庭，在仲裁委员会的仲裁庭，其组成人员之间都会发生价值冲突。在主体认同的方式无法解决的时候，都必须使用外在统一的解决方法，只有通过外在统一的方式他们才可能做出一个便于当事人执行的法律裁决。在多个人之间出现价值冲突，而又无法使各个主体达到认同的情况下，少数服从多数的解决方式也不失为一个好的方式。特定情况下的下级服从上级也是必要的解决方式。关键在于外在统一的解决方式应当有制度保障和程序保证。法律应当也的确在一定程度上为这种外在统一的解决方式提供了具体操作的手段与程序。

（二）民主方式与专制方式

在法的价值冲突的解决中，由于主体与主体之间的地位、关系及其解决冲突的途径不同，法的价值冲突的解决方式有民主的方式和专制的方式之分。也就是说,在法的价值冲突产生后,价值主体就面临着如何解决冲突的问题。由于价值主体的地位、互动方式的不同,法的价值冲突问题就可能以民主的方式或专制的方式解决。

以民主方式解决法的价值冲突,系指以民主作为解决价值冲突的过程和手段的冲突解决方式。民主的解决方式是一种良好的解决方式。虽然作为结果,它不是各个主体对于冲突的共知共识,它的解决内容也并不为所有的主体所认同,但是,从应然的意义上,它的实体内容是多数人所认可的,它的解决程序是所有人都认可的。解决价值冲突的民主方式,并不是在任何社会都存在的。只有在民主的国家、民主的统治者那里,民主的解决方式才可能出现并真正地发挥解决法的价值冲突的应有作用。人类限于自己的认识和客观的条件,能否对价值冲突做出最好的实际解决是或然的,但是人类应当采用民主的方式解决价值冲突却是必然的,而且在方式上也只有民主的方式是最好的,最能避免错误的。

以专制方式解决法的价值冲突,系指以专制作为解决价值冲突的出发点、过程、手段和归宿。这种解决方式无需民主,并以民主作为解决法的价值冲突的障碍。专制方式是专制统治解决法的价值冲突的根本方法,与民主方式根本对立,也是对真正的法的价值的反动。任何真正的民主统治都必须随时反对专制、警惕专制。因为用专制的方式解决法的价值冲突,从急功近利的角度看远比用民主的方式解决更加简便快捷,更能为统治者所随心所欲,更有利于统治者的专横;但其危害却非常巨大,它可能破坏人类的整个价值体系,阻碍社会的文明发展,甚至首先在精神生活方面导致人类的倒退。

（三）不违法方式与违法方式

如果从法的价值冲突的解决方式与法律之间的关系来看,法的价值冲突有不违法的解决方式和违法的解决方式。我们所反对的是违法的解决方式,主张的是不违法的解决方式。

法的价值冲突的不违法解决方式,是指冲突着的法的价值主体采取不违反法律规定的方式来达成冲突价值及其认识的统一,从而解决价值冲突的方式。反之,如果冲突着的法的价值主体采取违法的方式，使冲突着的价值和价值认识统一起来，这种解决价值冲突的方式就是违法的价值冲突解决方式。采用不违法的解决方式或是采用违法的解决方式，是与相关主体的法律意识和法治意识紧密联系在一起的。

法的价值冲突的不违法解决方式，是法的价值冲突的正常解决途径。在民主和法治的国家里，不论是立法还是法的实施上的价值冲突，都应当也都可以通过不违法的方式解决。任何违法的解决方式都是不允许的。这都是从应然的意义上说的，在实际中，就是民主与法治的国家，也同样可能出现违法的冲突解决方式。实际上，这时的民主和法治就已经被专横或非法所代替了。在专制和集权的国家里，甚至连法本身都不重要，更何况法的价值、法的价值冲突的解决方式呢？法的价值冲突或者不被理会，或者被以任性或违法的方式解决。任性或违法的解决方式常常是与专制、专横、集权联系在一起的。一个国家从专制走向民主、从人治走向法治的过程，也是其法的价值冲突从任性或违法走向不违法的过程。社会的法治化，必然包括法的价值冲突解决方式的法治化。

三、法的价值冲突的既有解决原则

中外历代法学家们曾提出了关于法的价值冲突的许许多多解决原则。其中最著名的莫过于利害原则、苦乐原则、法的价值等级体系论、法的价值中心论等。然而这些原则和理论又怎样呢？本书拟冒昧地予以评述。

（一）利害原则

法的价值冲突上的利害原则，即“两利相较取其大，两害相较取其轻”。这一原则几乎是一个古今中外公认的基本原则。在历史和现实中，这一原则主要有三层含义：一是在利与利相比较时取其大的利；二是在害与害相比较时取其小的害；三是利与害相比较时，当然是取利而弃害。这一原则有其一定的合理成分。利害是人所必须考虑的。趋利避害是人所共有的心理与行为取向。它既是个人对待社会和人生际遇的行为准则，也是人类社会得以发展进步的重要原因和经验总结。这一原则的确可以在一定程度上解决法的价值冲突。但是这一原则的弊端也十分明显。一是这种利害相较显得比较机械简单,而实际的价值冲突中,要对多种方案的利害进行机械比较往往是十分困难的;二是这种利害相较显得片面局限,似乎法的价值仅限于利害而已,而实际上,法的价值并不都是可以用利害来简单化的;三是这种利害相较过于强调实在的功利,难免会导致对实在功利之外的其他因素的忽视,因为法的每一个价值其内涵中都包含十分丰富的内容;四是利害相较的目的在于价值的取舍,利害原则对于解决二元价值冲突尚可,对于多元价值冲突的解决就较难适用,对于排他冲突尚可,对于位列冲突也难以适用。

(二)苦乐原则

在法的价值冲突的解决上,还有一个相当著名的原则——苦乐原则,也即避苦求乐的功利主义原则。避苦求乐原则是边沁作为其功利原则的核心内容创立的。边沁在从事律师工作转而从事法的理论研究,尤其是立法理论研究之后,"他曾自问,有没有一个普遍的标准可以用来衡量每种法律的价值。读了休谟的论文以后,他找到了这个标准,就是功利主义"。[①] 他说:"大自然将人类置于两位国王,即痛苦和快乐的统治之下。只有他们能指挥我们应该做什么以及决定我们要做什么。是非标准为一方,因果链锁为另一方,这二者都系在他们的宝座上。凡我们所做的、所说的、所想的,都受他们的管辖;我们能够做的想摆脱对他们屈服的一切努力只能说明并肯定这种屈从关系。"[②]边沁提出了避苦求乐的原则,对快乐和痛苦做出了较为详尽的分类,提出了快乐和痛苦的计算方法。边沁的避苦求乐原则主要是用于指导立法的,实际上也被当作了一个解决法的价值冲突的基本原则。避苦求乐与趋利避害一样,也是人类的心理和行为取向。苦乐,对于人类来说具有最直观的感受,将其作为价值冲突的解决方式显然有其独特的价值。尽管有的人不怕苦,但不怕苦绝不是为了苦,而是为了乐,为了他人之乐,为了自己之乐,为了人类之乐。只有为了乐的苦,才是有意义的苦,否则,就是人的

---

① 张宏生主编:《西方法律思想史》,北京大学出版社 1983 年版,第 348 页。

② 《西方法律思想史资料选编》,北京大学出版社 1983 年版,第 484 页。

心理和行为的误区。使用苦乐原则来解决价值冲突当然是有意义的。然而，运用这一原则来解决法的价值冲突，也并不比利害原则优越多少。它把法的价值评价建立在苦乐之上，一是同样具有机械简单的缺点；二是同样具有片面局限的缺点，而且其片面局限的缺点较之利害原则似乎有过之而无不及；三是同样显得过于强调实在功利，忽视了实在功利之外的其他因素；四是同样难以适用于多元冲突和位列冲突。

（三）法的价值等级体系论

为了解决法的价值冲突，许多学者都希求建立起某种固定的、可以高度量化、精确化的法的价值等级体系。在法的价值冲突发生时，可以依据法的价值等级体系的价值等级决定价值选择，从而解决法的价值冲突。这种想法是很美好的。如果真能建立起这样的体系，那是人类求之不得的至宝。因为，它将比其他任何解决方式都更加简便。只要将冲突的价值按图索骥般地在等级体系中查找与比对，一下就解决问题了。但是，价值体系的构建并不是那么简单。时至今日，也还未见有一个完善的法的价值等级体系在理论上确立起来。有的学者提出过类似的价值等级体系，但是，由于其未能予以足够精确的量化，实际上成为无法付诸操作的价值等级体系。笔者也曾在数年中构思一个“完备的法的价值的等级体系”，但后来终于放弃了这个设想。事实上，要建立一个固定的、精确量化的法的价值等级体系是不可能的。因为，法的价值中的每一个价值都是人们所需要的。要抽象地确定各种价值的某种量度，判别各种价值的等级，建立一个机械的以等级来建构的法的价值体系，根本不可能。在“熊掌”与“鱼”之间，不从具体出发地决定究竟是选择“熊掌”或是选择“鱼”，而是要将“熊掌”与“鱼”的价值量化后，根据度量来确定，显然是不切实际的幻想。因为二者本身就是无法精确量化的，抽象地进行选择，往往都难免出现错误。

也许是因为无法在价值目标之间进行层次位阶的设定，梅尔克和凯尔森倡导了“法律秩序位阶结构说”。根据德国法学家魏德士教授的论述，解决法律内部的价值评价冲突的工具之一当属法律秩序位阶结构学说。它由梅尔克（A. Merk）创立、通过凯尔森得以发展并继而成为通说。其出发点是,并非一切法律规范处于同一位阶。换言之,它们在法律秩序中的位置是不同的。这是法律秩序的“位阶结构”或曰“层级结构”。在出现价值评价矛盾(“规范冲突”)时,上位阶的法优于下位阶的法。① 根据这一学说,魏德士教授定义了各种法律渊源以及从中产生的法律规定的排列顺序:(1)超国家的法律规范(欧共体法)。(2)宪法规范。(3)包含强行法内容的联邦法律。只有上位阶不存在相关的法律规范,下位阶的(选择性的)法律规范才介入。(4)联邦的行政法规和联邦的自治机构的章程。(5)州宪法(联邦法优于州宪法)。(6)包含强行法内容的各州的法律。(7)州的行政法规和章程。(8)习惯法,前提当然是得到国家机关的认可。(9)通说认为,法官法不是法律渊源。在缺乏法律规定的情况下,法官法在实践中具有代替法律的功能,换言之,法官法可以填补漏洞或者修正现有的法律评价。(10)如果国家法律没有规定集体协议具有优先地位,那么劳动法中的集体规范性合同就位于国家法律之下。这些法律制度的位阶结构对于法律适用者具有约束力。在寻找适用于个案的法律规范时,它提供了重要的指引。② 魏德士教授的这一认识,是与他把法律秩序(法律制度和法律规范)看作价值判断体系的理论一致的,而且这一认识正是以这一理论作为基础的。他认为,“法律秩序被设计为越来越协调的、深思熟虑的、无矛盾的法律的(和法官法)的价值判断体系。”③“基本法作为最高位阶的国内法,其适用方式是特殊的,这是因为宪法定义并确定着整个法律秩序的‘基本价值’。同样也规定了它(这些基本价值)对一切法律秩序领域的效力和作用强度。但是,其他的法律与具体规范也都包含了法律确定的价值标准。这些

---

① [德]伯恩·魏德士:《法理学》,丁小春、吴越译,法律出版社 2003 年版,第 122~123页。

② [德]伯恩·魏德士:《法理学》,丁小春、吴越译,法律出版社 2003 年版,第 122~123页。

③ [德]伯恩·魏德士:《法理学》,丁小春、吴越译,法律出版社 2003 年版,第 330 页。

价值标准根据法律秩序的层级结构在总体上形成了‘价值体系’”。①

需要说明的是：我们无法建立直接排列将各种价值量度化的法的价值等级体系，并不意味着不能建立法的价值体系。作为一个非具体量度化的整体性的价值体系，是存在的，也是可以建立的。对于这个体系，从不同的角度可以对其进行不同的观测与描述。本书也有所论述，但是，一些学者设想作为法的价值冲突解决方法的价值体系或价值等级体系，显然不是我所论述的那种意义上的价值体系。

用设定法的规范价值等级体系的方式来解决法的价值冲突，在一定意义上是有效的，但是，其也仅仅限于不同等级的法律规范有规定的情形，才会有用。如果任何法律规范中都没有规定或者同级法律规范中有矛盾或不同的规定，恐怕法律秩序位阶结构说也就无济于事了。

（四）法的价值中心论

许多学者也许看到以上解决原则和方法的不易，所以转而寻求其他的解决方法。他们提出了“价值中心论”。如果价值中心论能够被确立，那么对于解决价值冲突无疑是一个成功的尝试。然而，价值中心论是不切实际的。

首先，价值中心论难免会导致价值认识上的偏颇，使被视为中心的价值失去中庸而公允的性质。有的学者认为法的价值应以自由为中心，有的学者认为应以平等为中心，有的学者认为应以秩序为中心，有的学者认为应以效益为中心……这些“中心”学说各有所得是十分明显的，但各有所失也相当清楚。自由中心论当然有利于人的发展、人的解放，但是也可能因此而忽视平等、忽视秩序等；平等中心说，当然有利于心理的平衡、社会的稳定，但是也可能因此而忽视自由、忽视效益等；秩序中心论，当然有利于社会的稳定、人们的安全，但是也可能因此而忽视人的自由、社会的文明等；效益中

---

① ［德］伯恩·魏德士：《法理学》，丁小春、吴越译，法律出版社2003年版，第331～332页。

心论，当然有利于社会的发展、经济的繁荣，但是也可能因此而忽视人们的自由、人权的保护等。以任何一个价值准则作为中心，都有无法克服的弊端。

其次，价值是多元的，价值冲突必然是多元的，没有一个绝对的中心可以被适用于所有的价值冲突。即使以自由为中心，可以解决一切与自由有关的价值冲突，但它无法解决与自由无关的其他价值冲突，诸如正义与秩序的冲突、平等与效益的冲突等。也就是说，价值是多元的，任何一个被视为中心的价值都无法解决所有的价值冲突。价值的多元性是价值中心论的又一障碍。

最后，与某一价值相联系的价值冲突中，也不能机械地坚持某一价值为中心。价值冲突的解决总是以具体的价值状况作为现实基础的，机械地坚持某种固定的中心，难免会误入歧途。因为在甲环境中，坚持自由中心是对的，但在乙环境中也许只有坚持平等中心才是对的。比如市场经济方面的法律将是以自由为中心的，而社会保障方面的法律将是以平等为中心的。面对价值中心的相对性，价值中心论就会受到严重的挑战，甚至被否定。

四、法的价值冲突解决原则的新思考

要解决法的价值冲突，不能用单一的“利害”标准或“苦乐”标准进行价值计算，也不能根据某种中心来决定价值取舍或位列。同时，也应当拒绝纯粹抽象地谈论法的价值的优先选择，强调价值的取舍和位列应根据具体的价值冲突状况及其相关因素来确定；应当拒绝绝对具体地衡量、评价法的价值问题，强调具体与抽象、现实与未来、目前与长远的有机结合；应当从实在与理性、具体与抽象、现实与未来、个别与一般的结合出发，进行全面估价，再做出价值决策。要解决法的价值冲突，必须首先确立一些基本原则，并据以进行综合的价值测评来寻找方案，解决价值冲突。

（一）遵从基本价值

法的基本价值是法的各个环节都必须遵从的准则。诚如有的学者所言，“任何值得被称为法律制度的制度，必须关注某些超越特定社会结构和经济结构相对性的基本价值”。[①] 法的基本价值的意义,应当是体现在立法和法的实施中的所有价值场合的。“在立法者和法官对具体的问题进行法律价值判断时,通常总要注意到该具体的价值判断不应该与基本的法律价值相矛盾。价值判断提出的这种体系上的整合性的要求,对于立法者和法官来说,是非常重要的。为什么要这样说呢? 因为每一个具体的价值判断若不与体系保持整合性,那么,具体的价值判断的最终结果就会导致否定根本的、比较重要的法律价值。”[②]“倘若将法理学简化为方法论问题,那么法理学就有如一个领航员,尽管他拥有极好的测量工具和计算仪器,但却找不到可靠的固定坐标(无线信号发射点、灯塔和星星)来确定其立足点和目标。法学和法律实践在哪里并且怎样才能发现监督其发展的法律内容与标准的可靠点,这个问题是无法避免的。这个固着点就是法律秩序的基本价值及其效力基础。”[③]

法的基本价值是法的其他价值必须遵从的价值,并且是其他价值的评价准则。法的价值中除基本价值之外的其他价值都必须遵从法的基本价值,其他价值必须服从基本价值。法的基本价值是一个有机联系的整体:秩序是人类生存的基本条件,人权是人类生存和发展的必需,公正是人类社会得以维持的保证。三者是一个整体,都共同服务于共同的最终目标——人类的全面发展。对于法的基本价值,不同的人会有不完全相同的看法。在不同的时代,人们也会存在认识的差异。但无论人们如何认识基本价值的基本内容,在衡量人类的法和法的价值的良恶时,法的基本价值总是最基本的评价准则。凡是违反法的基本价值的法都是恶法,至少都不是良法。

法的基本价值是法的抵抗权的终极根据。人类有时有权运用

---

① [美]博登海默:《法理学:法律哲学与法律方法》,邓正来译,中国政法大学出版社 1999 年版,“作者致中文版前言”。

② [日]川岛武宜:《现代化与法》,王志安等译,中国政法大学出版社 1994 年版,第 249 页。

③ [德]伯恩·魏德士:《法理学》,丁小春、吴越译,法律出版社 2003 年版,第 422 页。

法的基本价值来对抗已有的法律制度及其所确立的法的价值。在法学理论和法律制度上,人民对于恶法抵抗权的理论和规定,都是以法的基本价值作为根据的。自然法学的许多学者如格劳秀斯、斯宾诺沙、洛克等就主张人民对于违反正义的恶法有反对的权利。鉴于纳粹德国的灾难,联邦德国的基本法(宪法)授权:在类似纳粹那样的不正义出现以后,人们又没有其他方法可以救济时,人们都享有抵抗权。这种抵抗当然包括对于纳粹式法律的抵抗。在我国,鉴于农民的合法权益一直难以得到有效的保障,为了保护农民的合法权益,我国一些法规就赋予了农民对于乱收费的规章制度的抵抗权。鉴于我国企业深受乱摊派之苦,严重影响了企业正常的生产经营,损害了职工的合法权益,于是,我国法律也赋予了企业对于乱摊派,包括乱摊派的规章制度的抵抗权。这些抵抗权的赋予和行使都是以法的基本价值作为依据的。抵抗权是社会在不得已的情况下采用的矫正措施。它只能在两种情形下使用:一是实为不得已。已经没有其他任何的方法可以解决,只能抵抗。二是有法律的授权。二者只要有其一即可。抵抗权的赋予与行使都是以法的基本价值——秩序、人权和正义作为根据的。这里特别需要强调的是,抵抗权存在的情形是极其个别的、特例的,而不是普遍的。绝不能让抵抗权成为违法的任性。①

法的基本价值是执法者对于法定价值理解的基础和对法律规定进行具体适用的指针。执法者在理解法的价值出现疑问或者困难的时候,应当以基本价值作为自己价值判断的思想根据。但值得注意的是,法官等执法者可以依法认定公民是否享有抵抗权,但在执法中不能自己行使抵抗权。这是执法者的身份所要求的,也是为了法定价值得以实现而要求的。执法者应当首先遵从法定价值。至多只能在法定的范围内根据基本价值,对法律规定(而不是法定价值)予以适当处置,即在法定幅度内调整,但始终不得违反法律的

① 法的抵抗权理论,法学教育中没有涉及,法学研究中也极少研究,这是需要引起法学理论界重视的一个重要的实践问题和理论问题。由于写作主题的限制,在这里,我们不可能做更多的探讨。

规定。执法者以自己对于法的基本价值的理解而修正法律，是错误的；执法者不考虑法的基本价值的要求来适用法律，甚至走到法的基本价值所要求的反面，执法者也同样是有责任的。

（二）坚持法定价值

法治原则，包括法律至上原则，是法的价值冲突解决中必须坚持的原则。在法律设定有价值准则的时候，遵守既定的价值准则是最为必要的。有法律作为根据的，必须遵守法律的既有规定。这是最符合形式法治的价值要求。

在法定价值存在的情况下，实际上是不存在真正的价值冲突的。存在的仅仅是虚假的价值冲突，往往是有关主体自身的价值认识与法定价值产生了矛盾。如果按照自己的价值认识去行为，会违反法的价值要求，如果不按自己的价值认识去行为，自己又无法说服自己而产生的冲突——自身价值认识与法定价值准则的冲突；或者是由有关价值主体自身对法的价值认识的错误与法的价值准则之间的冲突而产生的冲突——对法定价值准则的错误认识与法定价值准则的冲突。实际上，在这里，这些冲突的根源在于相关主体自身的价值观念。只要相关主体具有坚决服从法律的品格，能够克服自己与法的价值不相一致的认识，价值冲突也就很容易予以解决。因为这两种冲突，从严格的意义上讲，都是有关主体的误解所致，是由主体的认识错误而导致的虚假的价值冲突。

在社会成员法律意识淡薄、法的价值认识水平低下的情况下，社会成员自己对法的价值的认识与法定的价值目标发生冲突时，既不愿依法办事，又不能一意孤行而产生的法的价值冲突是最普遍的。但是，就是在有关主体关于法的价值认识的水平很高的情况下，也有可能产生类似的法的价值冲突。只是这时的冲突少些，容易解决一些而已。因为，这种冲突往往导源于相关主体的偏执。在冲突产生的时候，相关主体是意识到冲突的存在的，因此冲突的过程也是社会成员思想痛苦的过程。最终若能坚持法定价值优先的原则，按照法定价值准则行事，价值冲突也就得到了解决，否则，也可以解决相应的价值冲突。只是这种解决对于一般的社会成员就可能是违法犯罪，对于立法者就可能是制定出违反宪法或者立法法的法律制度,对于执法官员就可能是枉法裁判。

在社会成员法律意识淡薄、法的价值认识水平低下的情况下,更易于发生社会成员自己对法定价值准则的错误认识与法定价值准则之间的冲突。这种冲突的表现是相关主体的执迷不悟。这种价值冲突在实际中大量存在,并不为有关主体自觉认识。这种冲突寄希望于主体当时的自身力量是难以解决的——因为他并不知道自己发生了价值认识错误。除非他自己意识觉醒或者为他人所警示或告知,而发现了自己的价值认识错误。解决这种价值冲突的措施,一是提高相关主体的法的价值认识水平,使之能有对于价值认识错误的自觉警醒;二是在法律上为矫正法的价值认识错误设定保障制度,并保证这种制度被严格遵行。

在一般意义上,根据法定价值准则来解决价值冲突,是解决价值冲突的首要措施。面对任何价值冲突,我们都有必要考虑是否是有关主体自己的价值观念与法的价值准则的冲突,或者是不是有关主体对法定价值准则的错误认识与法定价值准则之间的冲突。如果是,有关主体就应当遵循法治原则,按照法定价值准则解决相关的价值冲突。

需要努力解决的更难的法的价值冲突,是那些根据法律的既有规定无法进行价值抉择,而进行何种价值抉择都不违反法律的情况下的价值冲突。它包括,一是法律上没有规定,而又必须在法律上予以解决的价值冲突;二是法律上有规定,但进行何种解决都不违反法定价值准则的价值冲突。第一种情形主要出现在立法和民事商事法律适用方面以及一般的社会生活之中。第二种情形则主要出现在立法、执法、守法等各个法律环节。对于这两种情形的法的价值冲突的解决,得考虑采取以下的价值冲突解决原则。

(三)考虑适当成本

这是解决法的价值冲突的重要原则。因为一般地,一定效益的产生或获得总是以一定成本的支出作为前提和代价的。没有成本的投入就没有效益的产出,法的价值追求也同理亦然。在法的价值之间发生冲突时,最有必要之举在于对各种方案进行成本测算。其目的在于尽特定主体之所能,以解决法的价值冲突:确定取舍,确定位列，实现最佳的价值取舍或最有效益的价值位列组合，达到最佳的价值效益。这是因为，第一，主体所能承受的成本支付量并不是无限的。任何美好的价值追求，其成本都不应超出主体的实际支付能力，否则就只能是好大喜功、劳民伤财、得不偿失。第二，效益的好坏与多少，并不是与成本的投入量绝对成正比的。少的成本使用得好，可能获得好的、多的效益；多的成本使用得不好，可能获得差的、少的效益。基于以上分析，如果成本过大，既可能超过主体的承受能力，也可能导致成本的浪费；如果成本过低，又达不到理想的效益水平，实现不了法的预期价值。准确地测算成本并根据成本测算做出价值选择对于解决价值冲突显得特别重要。在法的价值追求的成本测算中应注意以下几个主要的数量。

第一，确定各种冲突的价值元素、解决方案在具体情况下的分别效益量。这是对具体价值目标进行考虑、评估的首要环节，也是确定某种元素或方案的根本动因。

第二，确定各种冲突的价值元素、解决方案要实现各自具体效益量所需的成本量。这是对成本的预测，它很难准确确定，但却是进行可行性考虑的必需。尽可能准确地计算成本量是防止错误发生的关键。

第三，主体所能承受的成本量。这是对于相应方案取舍的决定性因素，是进行可行性考量的最根本的依据，它甚至是某一方案的最终决定因素，甚至具有“一票否决”的意义。

适当成本中的“成本”是对客体进行预测的结果，“适当”是对主体因素加以考虑的结果。对于“成本”多少，人们需要获得的是准确乃至精确的计算。成本计算中的精准度越大，对于人们的价值选择和价值冲突的解决越有利。“适当”是在“成本”计算的基础上，结合主体能力的考虑。成本是否“适当”，是相对于特定主体而言的，离开具体的主体来讨论，就变得没有了意义。成本“适当”与否总是针对特定主体而得出的结论，要基于“适当成本”对于主体的依赖性，所以，也可以说，适当与否也是随着主体情况的变化而变化的。过去不适当的，现在也许是适当的；现在适当的，未来未必是适当的。反之，同理亦然。

在确定了以上数量并根据各种情况评估了以上数量的基础上，还应再考虑其他的解决法的价值冲突的原则，最终寻找到解决法的价值冲突的方案。

（四）追求最佳效益

追求最佳效益是人类行为的重要原则，也是解决法的价值冲突的重要目标。在法的价值冲突中以最佳效益原则来解决冲突，无疑是相当重要的。借用经济分析理论来表述，可以这样认为：可供选择的若干个价值方案中，所选择的价值方案 S_x 必须是在可供选择的范围中效益最佳的。如果在所选价值或方案 S_x 的效益之上发现了另外的价值或方案 S_n 具有更高的效益，就应选择效益更好的 S_n 而不是 S_x。

最佳效益是以最佳结构、最佳运行为保障的。为了谋求最佳效益，必须首先进行最佳结构的建构或者选择。最佳结构的建构或选择必须考虑系统方法，尤其是系统方法中的整体原则、整体优化原则。整体状态对于效益具有决定性的影响。最佳运行中包含运行的正常和运行的高效。运行的正常至少是指运行中无（或极少）内在障碍和外在阻碍，并且无（或极少有）对外界的负面影响。运行的高效强调的是运行的速度。如果没有运行的正常和高效也就不可能有最佳的运行，当然也就没有最佳的效益。

最佳效益原则是解决价值冲突的核心原则之一。人类任何时候都不可能彻底抛弃功利。功利始终是人类活动的动因或者动力来源。只是功利也有高尚与庸俗、善良与邪恶、公正与偏私的差异。人类行为在道德上的本质差异不在于是否追求功利，而在于追求的是什么功利和怎么追求功利；人类行为在法律上的本质差异也不在于是否追求功利，而在于追求功利的内容与方式是否违反法律的规定和是否违法。

（五）实现补偿有余

在法的价值冲突的解决上，如能有得无失，何乐而不为呢？当然谈不到补偿的问题。然而，在解决法的价值冲突时，或许不得不因追求某种价值而在一定程度上损害另一种价值。这就是代价或者成本。这就必须坚持补偿有余的原则，争取得大于失，效益大于成本,收益大于代价。在“得”补偿了“失”之后尚有余裕,就可以说,能“得”的方案从得失上讲是可行的。否则,如果得失相当,就徒劳无益;如果得小于失,就有害无益。补偿有余,是解决法的价值冲突时必须坚持的最低原则。有了这一原则做保障,法以及法律调整的社会才能避免因价值的错误决策导致的损失,才能获得真正的效益,得到发展。

补偿有余中的补偿有可能是真实的补偿,即得失同类,“得”确实能补偿“失”;也有可能是虚拟补偿,即得失异类,“得”无法补偿“失”。在得失异类,得失无法互补,得归得、失归失的时候,就应当进行全面测评,以寻求最佳的选择方案和途径,以尽可能小的“失”获得尽可能多的“得”。

补偿有余仅是一个最基本的原则,它甚至是追求最佳效益的基础和起点。在法的价值冲突的解决中,当然应在补偿有余的基础上尽最大可能地争取最大的“得”。对于最大的“得”的追求,也就是谋求最佳效益,争取效益的最大化。效益最佳化不可脱离最基本的补偿有余,否则,就可能在价值冲突的解决中得不偿失,出现错误或者失误。

以上原则是在借鉴传统法的价值冲突解决原则和现代经济学帕累托原理、经济分析法学库斯定律的基础上,根据法的价值冲突的实际提出的。必须遵从法的基本价值,在坚持法定价值的原则之下,综合运用其后的三大原则。它们若能在解决法的价值冲突时起到一定的参考或辅助作用,对法的价值的实现必定会有所裨益,对法的价值的研究也许会有所推进。

以上原则各自有不同的来源、不同的含义与内容。它们之间也难免会存在某种冲突或矛盾。遵从基本价值的原则,显然与自然法学的主张具有一定的思想联系,甚至继承了自然法学说的理性部分。坚持法定价值,则与分析实证主义法学具有借鉴的关系,具有重大的现实意义。它是解决法的现实价值冲突的最实在的具体原则。后面的三个原则是在吸收经济分析法学基本观念和基本原理基础上提出的。对于本书的这种主张,也有学者认为其不具有或自然法学,或实证主义法学,或经济分析法学的纯粹性质。更像是几者混杂而成的产物，存在内在的矛盾性质。对于这种批评，笔者认为既是有道理的，也是难以甚至是无法避免的。本书的第一版和笔者另外的著作中，称该理论为综合测评理论，与此有着逻辑的联系。这种思想理路，正是本书所无法回避的，也不愿回避的。

以上的几个原则，不论怎样，其运用都还得依赖主体主观能动性的发挥。以上所提及的数量，都不是具体的数量，都需要特定的主体来确定，因此对主体认识的依赖性颇强。同样值得特别注意的是，尽管笔者在以上的文字中使用了“成本量”“效益量”，但是笔者并不认为，成本量和效益量是绝对的数量。要对其进行明晰的数量化，必然是十分困难的，它只是用于帮助我们对有关价值元素进行比对、评价的概略数量而已。

主要参考文献

严存生:《法律的价值》,陕西人民出版社 1991 年版。

严存生:《法的价值问题研究》,中国政法大学出版社 2002 年版。

杜飞进等:《法律价值论》,人民出版社 1993 年版。

乔克裕、黎晓平:《法律价值论》,中国政法大学出版社 1991 年版。

杨震:《法价值哲学导论》,中国社会科学出版社 2004 年版。

谢鹏程:《基本法律价值》,山东人民出版社 2000 年版。

李猛等编:《韦伯:法律与价值》,上海人民出版社 2001 年版。

张东荪:《价值哲学》,世界书局 1934 年版。

张素民:《价值论》,世界书局 1934 年版。

李德顺:《价值论》,中国人民大学出版社 1987 年版。

李德顺、马俊峰:《价值论原理》,陕西人民出版社 2002 年版。

李德顺主编:《价值学大词典》,中国人民大学出版社 1995 年版。

杜齐才:《价值与价值观念》,广东人民出版社

1987 年版。
王宏维:《社会价值:统摄与驱动》,人民出版社 1995 年版。
王玉梁:《追寻价值——重读杜威》,四川人民出版社 1997 年版。
冯景源主编:《现代西方价值观透视》,中国人民大学出版社 1993 年版。
江畅、戴茂堂:《西方价值观念与当代中国》,湖北人民出版社 1997 年版。
刘翔:《中国传统价值观诠释学》,上海三联书店 1996 年版。
毛崇杰:《颠覆与重建:后批评中的价值体系》,社会科学文献出版社 2002 年版。
王玉梁、[日]岩崎允胤主编:《价值与发展》,陕西人民教育出版社 1999 年版。
刘永富:《价值哲学的新视野》,中国社会科学出版社 2002 年版。
李从军:《价值体系的历史选择》,人民出版社 1992 年版。
蒋庆、盛洪:《以善致善》,上海三联书店 2004 年版。
吴忠民:《社会公正论》,山东人民出版社 2004 年版。
袁贵仁:《人的哲学》,工人出版社 1988 年版。
冯平:《评价论》,东方出版社 1995 年版。
郑成良:《法律之内的正义》,法律出版社 2002 年版。
谢晖:《法律信仰的理念与基础》,山东人民出版社 1997 年版。
周勇:《少数人权利的法理》,社会科学文献出版社 2002 年版。
夏勇:《人权的基本概念》,中国政法大学出版社 1992 年版。
李林主编:《当代人权理论与实践》,吉林人民出版社 1996 年版。
紫竹编:《中国传统人生哲学纵横谈》,齐鲁书社 1992 年版。
黄南森等主编:《人学理论与历史》,北京出版社 2004 年版。
宋飞林:《现代社会学》,上海人民出版社 1987 年版。
李步云:《走向法治》,湖南人民出版社 1998 年版。
李步云主编:《立法法研究》,湖南人民出版社 1998 年版。

李步云主编:《宪法比较研究》,法律出版社 1998 年版。

刘瀚:《法学与法制》,社会科学文献出版社 1994 年版。

郭道晖:《法的时代精神》,湖南人民出版社 1997 年版。

郭道晖:《法的时代呼唤》,中国民主与法制出版社 1998 年版。

赵震江主编:《法律社会学》,法律出版社 1998 年版。

吕世伦:《西方法律思潮源流论》,中国人民公安大学出版社 1993 年版。

吕世伦、文正邦主编:《法哲学论》,中国人民大学出版社 1999 年版。

朱景文主编:《当代西方后现代法学》,法律出版社 2002 年版。

沈宗灵:《现代西方法理学》,北京大学出版社 1992 年版。

孙国华主编:《法理学教程》,中国人民大学出版社 1994 年版。

卢云主编:《法学基础理论》,中国政法大学出版社 1994 年版。

卢云主编:《法理学》,四川人民出版社 1993 年版。

卢云:《卢云法学文论》,法律出版社 1999 年版。

张文显:《二十世纪西方法学思潮研究》,法律出版社 1996 年版。

张文显:《法学基本范畴研究》,中国政法大学出版社 1993 年版。

张文显主编:《法理学》,法律出版社 1997 年版。

信春鹰:《中国的法律制度及其改革》,法律出版社 1999 年版。

邓正来:《规则·秩序·无知》,生活·读书·新知三联书店 2004 年版。

倪正茂:《法哲学经纬》,上海社会科学院出版社 1996 年版。

章若龙主编:《新编法理学》,华中师范大学出版社 1990 年版。

梁治平:《法辩——中国法的过去、现在与未来》,贵州人民出版社 1992 年版。

梁治平编:《法律解释问题》,法律出版社 1998 年版。

汪太贤:《西方法治主义的源与流》,法律出版社 2001 年版。

张宏生主编:《西方法律思想史》,北京大学出版社 1983 年版。

周辅成编:《西方伦理学名著选辑》(上卷),商务印书馆 1961

年版。
张国华主编:《中国法律思想史》,法律出版社 1982 年版。
张华金主编:《自由论》,上海人民出版社 1990 年版。
柳文超、李培湘主编:《西方自由民主研究》,重庆出版社 1990 年版。
俞荣根:《儒家法思想通论》,广西人民出版社 1992 年版。
林剑鸣:《法与中国社会》,吉林文史出版社 1988 年版。
范忠信、郑定、詹学农:《情理法与中国人》,中国人民大学出版社 1992 年版。
王人博、程燎原:《法治论》,山东人民出版社 1998 年第 2 版。
程燎原、王人博:《赢得神圣——权利救济通论》,山东人民出版社 1993 年版。
王云五主编:《云五社会科学大辞典 · 社会学》,台湾商务印书馆股份有限公司 1971 年版。
刘星:《西方法学初步》,广东人民出版社 1998 年版。
王政庭:《中外法庭论辩选萃》,东方出版社 1990 年版。
林顿:《世纪审判》,吉林人民出版社 1996 年版。
梁漱溟:《中国社会与人生》,中国文联出版社 1996 年版。
陈海龙:《法家智谋》,武汉测绘科技大学出版社 1998 年版。
张中秋:《中西法律文化比较研究》,南京大学出版社 1991 年版。
高鸿钧:《伊斯兰法:传统与现代化》,社会科学出版社 1996 年版。
黎建飞:《立法学》,重庆出版社 1992 年版。
吴大英、任允正、李林:《比较立法制度》,群众出版社 1992 年版。
杨国枢:《开放的多元社会》,东大图书公司印行 1985 年版。
宋汝棼:《参加立法工作琐记》(上),中国法制出版社 1994 年版。
宋汝棼:《参加立法工作琐记》(下),中国法制出版社 1995 年版。

吕世伦:《现代西方法学流派》,中国大百科全书出版社 2002 年版。

程燎原、江山:《法治与政治权威》,清华大学出版社 2001 年版。

[德]埃德蒙德·胡塞尔:《伦理学与价值论的基本问题》,艾四林、安仕侗译,中国城市出版社 2002 年版。

[法]斯托策尔:《当代欧洲人的价值观念》,陆象淦译,社会科学文献出版社 1988 年版。

[美]培里等:《价值和评价》,刘继编选,中国人民大学出版社 1989 年版。

[英]查尔斯·汉普登—特纳、阿尔方斯·特龙佩纳斯:《国家竞争力——创造财富的价值体系》,徐联恩译,海南出版社 1997 年版。

[英]彼得·斯坦、约翰·香德:《西方社会的法律价值》,王献平译,中国人民公安大学出版社 1990 年版。

[日]川岛武宜:《现代化与法》,王志安等译,中国政法大学出版社 1994 年版。

[英]沃克:《牛津法律大辞典》,邓正来等译,光明日报出版社 1988 年版。

[美]孙隆基:《中国文化的深层结构》,广西师范大学出版社 2004 年版。

[美]迈克尔·D. 贝勒斯:《法律的原则》,张文显等译,中国大百科全书出版社 1996 年版。

[美]博登海默:《法理学:法律哲学与法律方法》,邓正来译,中国政法大学出版社 1999 年版。

[美]庞德:《通过法律的社会控制·法律的任务》,沈宗灵、董世忠译,商务印书馆 1984 年版。

[美]塞德曼等:《法律秩序与社会改革》,时宜人译,中国政法大学出版社 1992 年版。

[美]宾克莱:《理想的冲突——西方社会中变化着的价值观念》,马元德等译,商务印书馆 1988 年版。

[英]休谟:《人性论》,关文运译,商务印书馆 1980 年版。

[古希腊]亚里士多德:《政治学》,吴寿彭译,商务印书馆 1965 年版。

[德]黑格尔:《法哲学原理》,范扬、张企泰译,商务印书馆 1979 年版。

[荷]亨利·范·马尔赛文、格尔·范·德·唐:《成文宪法的比较研究》,陈云生译,华夏出版社 1987 年版。

[美]金勇义:《中国与西方的法律观念》,陈国平、韦向阳、李存捧译,辽宁人民出版社 1989 年版。

[奥]凯尔森:《国家与法的一般理论》,沈宗灵译,中国大百科全书出版社 1996 年版。

[英]劳特派特修订:《奥本海国际法》,王铁崖、陈体强译,商务印书馆 1981 年版。

[苏]雅维茨:《法的一般理论——哲学和社会问题》,朱景文译,辽宁人民出版社 1986 年版。

[法]卢梭:《社会契约论》,何兆武译,商务印书馆 1980 年版。

[法]勒鲁:《论平等》,王允道译,商务印书馆 1988 年版。

[英]霍布斯:《利维坦》,黎思复等译,商务印书馆 1934 年版。

[英]洛克:《政府论》,叶启芳等译,商务印书馆 1983 年版。

[法]孟德斯鸠:《论法的精神》,张雁深译,商务印书馆 1982 年版。

[法]罗伯斯庇尔:《革命法制和审判》,赵函舆译,商务印书馆 1979 年版。

[美]罗尔斯:《正义论》,何怀宏等译,中国社会科学出版社 1988 年版。

[美]戈尔丁:《法律哲学》,齐海滨译,三联书店 1987 年版。

[日]池田大作:《我的人学》,铭九等译,北京大学出版社 1992 年版。

[德]拉德布鲁赫:《法学导论》,米健、朱林译,中国大百科全书出版社 1997 年版。

Peter Stein and John Shand: *Legal Values in Western Society*, 1974 Edinburgh University Press.

Aleksander Peczenikyu: *On Law and Reason*, 1989 Kluwer Academic Publishers.

Howard Abadinsky: *Law and Justice-An Introduction to the American Legal System* (*Second Edition*), Nelson-Hall Publishers, Reprinted 1993.

附录:《法律价值》后记

本书用大量篇幅论述了法律的秩序价值、文明价值、民主价值、法治价值、理性价值、权利价值、自由价值、平等价值、人权价值、正义价值等。但这并不意味着法律就是秩序、文明、民主、法治、理性、权利、自由、平等、人权和正义等。法律追求她们,以她们作为自己价值的准则,是因为他本身就拥有她们?是因为他实现了她们?是因为他缺少她们?是他不可能实现她们而又渴求她们?令人疑虑。

法律理应是美好的、善良的和公正的,但在现实中,又难免陷于严酷、邪恶和偏私。人们究竟为什么要创设法律?法律究竟能在哪些方面在多大程度上满足人的需要?法律怎么才能远离邪恶而趋向正义?

历史时代提供了较好的探索环境。

笔者耗费了近八年的时间,终于有了本书的这一结果。在即将结束这一写作之际,需要特别说明的:

本书的写作得到了我的导师卢云教授的大力支持。尤其是本书的第十五章《中国法律价值观》的主要内容,还是在我攻读硕士学位研究生时作为硕士学位论文在卢云教授的指导下写成的。在本书即将付梓之际又蒙卢云教授欣然赐序。对此,学生不能不由衷地感激。

其实,要感激的远不止卢云教授,还有我的小学老师、中学老师、大学老师、研究生时代的其他老师,以及一切给我以教诲、帮助和关心的老师们。是他们把我从一个蒙智未开的顽童培养成了法学硕士、副教授。没有他们的教导和帮助,就没有我的今天,也没有您手上的这一著作。可是我一直未能向老师们真诚地说一声谢谢。这正是我要把这一著作献给他们的原因,并将以此永志不忘,永远怀想。

本书或许并不成功,但她的确是笔者学术生涯的一个逗号、法学思考的一段小结,是一个大体真实或许有所畸形的我。

卓泽渊

1994 年 6 月

第一版后记

法的价值研究对于我来说，是非常艰苦的。首先是因为，法的价值本身就是一个困难的问题。千百年来，多少法学家都在致力于对于法的价值的探讨，然而与法的价值理论发展的极致相比较，仍然很难说取得了多大的成就。但是“价值问题虽然是一个困难的问题。它是法律科学所不能回避的”。[①]任何值得被称为法律制度的制度，必须关注某些超越特定社会结构和经济结构相对性的基本价值。[②]所以，也有许多学者明知不可为而为之。笔者就是其中之一。笔者实在算不得有多少法学知识，但却有着许多学者一样的对于法的价值的痴迷。不揣冒昧地一次又一次去探究它。虽然，我前前后后花费了十多年的精力，但收效甚微。这一著作显然只是法的价值研究长河中的一朵并不漂亮的浪花。其次是因为，法的价值研究远非仅是一个法学的课题，它需要足够的各门社会科学知识。“我们必须注意对于把价值的尺度或准则的问题看作比法学问题更为广泛得多这一点的承认——即认为价值尺度问题是各门社会科学共有的一个问题，既要在

---

① ［美］庞德：《通过法律的社会控制·法律的任务》沈宗灵、董世忠译，商务印书馆 1984 年版，第 55 页。

② ［美］博登海默：《法理学——法哲学及其方法》邓正来译，华夏出版社 1987 年版，“作者致中文版前言”。

法学上这样看待,又要在从其与法律科学一切有待解决的问题的特殊关系上去看待。”①法的价值研究,除了必须具有良好的法学理论知识之外,还需要对于各个法学部门、法律制度、司法实践的相当了解。除了对法学、法律、司法实践的学习之外,还需要对有关的哲学、人类学、政治学、社会学、经济学、伦理学、宗教学等众多理论的了解,这对于学识有限的我来说是困难的。

法的价值的内容,异乎寻常的丰富,远非本书所涉及的些许方面。诸如自然法、安全、财产等价值准则,甚至是很重要的价值准则,本书都未能予以专门的论述。所以,本书不过是法的价值研究中的一点努力。实不敢断言是否能给法的价值研究添砖加瓦。所幸的是,我从未因自知力弱而稍有懈怠,终算有了现在这一阶段性的“成果”。欣慰与惭愧并存,并有几分恐惧。实在不敢以此面对我的老师、我的学友,乃至一切把我作为老师的同学。

本书用大量篇幅论述了法的秩序价值、文明价值、民主价值、法治价值、理性价值、权利价值、自由价值、平等价值、人权价值、正义价值、人的全面发展价值等。但这并不意味着法就是秩序、文明、民主、法治、理性、权利、自由、平等、人权、正义和人的全面发展等。法追求她们,以她们作为自己价值的准则,是因为他本身就拥有她们?是因为他实现了她们?是因为他缺少她们?是他不可能实现她们而又渴求她们?令人疑虑。法,理应是美好的、善良的和正义的,是合于一切价值理想的。但现实中,又难免陷于严酷、邪恶和偏私,与价值目标背道而驰。人们究竟为什么要创设法?法究竟能在哪些方面、在多大程度上满足人的需要?法怎么才能远离邪恶而趋向正义,有益于人的全面发展?人类面对法,这一天使与魔鬼的复合体,应当怎样保持自我、发展自我、完善自我,使世界因人而美丽,使人因世界而美丽?使法因人而产生和存在,使人因法而善良和完善?

历史时代提供了较好的探索环境。从1987年攻读法学理论硕士学位研究生开始,我就开始了对法的价值的专门研究,耗费了近

① [美]庞德:《通过法律的社会控制·法律的任务》沈宗灵、董世忠译,商务印书馆1984年版,第66~67页。

八年的时间，终于有了由重庆大学出版社出版的《法律价值》一书，该书的写作得到了我的导师卢云教授的大力支持。尤其是《中国法的价值观》部分的主要内容，是在我攻读硕士学位研究生时作为硕士学位论文在卢云教授的指导下写成的。后来该书付梓之际又蒙卢云教授欣然赐序。对此，学生不能不由衷地感激。《法律价值》一书出版后，得到了法学界众多师友的肯定、批评和帮助。本人也以该书等学术论著获得了中国杰出青年法学家提名奖，破格晋升了教授。晋升教授后，卢云老师与我谈过关于在学术上学生应当如何发展的问题。并且说，他一直在为我的学术发展考虑。在他的启发下，我又思考着对法的价值进行新的研究。遗憾的是，正在我继续研究法的价值问题的时候，他悄然地离开了我们，离开了我们这些令他难以忘怀，并终生关怀的学生。每当我致力于这一研究，他的音容笑貌就浮现在我眼前。正是在卢老师的鼓励下我继续进行着法的价值研究的艰难跋涉。

在本书的写作中，又得到了李步云教授、韩延龙教授的指点和帮助，借此真诚地向他们致以深深的谢意。

其实，要感激的远不止卢云教授、李步云教授、韩延龙教授，还有我的小学老师、中学老师、大学老师、研究生时代的其他老师，以及一切给我以教诲、帮助和关心的老师们。是他们把我从一个蒙智未开的顽童培养成了法学教授。没有他们的教导和帮助，就没有我的今天，也没有您手上的这一著作。这仍是我要把这一著作献给他们的原因，并将以此永志不忘，永远怀想。

我的妻子龚瑜女士，本是从事国际法学教学工作的。她在完成她自己的工作之余给了我很大的帮助。尤其是在我尚未运用电脑进行写作之前，她为我抄写了大量文稿。在日常的研究和生活中给了我更多的帮助。

本书或许并不成功，但她仍是笔者学术生涯的一个逗号、法学思考的一段小结，但的确是一个大体真实或许有所畸形的我。

卓泽渊

1999 年 3 月定稿于北京

第二版后记

在法的价值领域，我从1987年攻读硕士学位，准备硕士学位论文以来，已经做了长达近二十年的学习与研究。我的硕士学位论文《中国的法律价值观》和博士学位论文《法的价值总论》可以说是其中的两个小结。我先后出版了《法律价值》（重庆大学出版社1994年版）、《法的价值论》（法律出版社“中国当代法学文库”系列1999年版）和《法的价值总论》（人民出版社2001年版）三个版本的同类著作。重复的著述既标示着我对法的价值认识的进步与发展，同时也表明了我的无知与浅薄。面对法的浩瀚而深奥的价值理论，我总感到自己特别渺小。

法律出版社出版《法的价值论》后的数年来，许多学校都将其列为法学博士和硕士研究生的必读书目。其实，它已经在好几年前就缺销了，我恳请法律出版社不要重印，以等待我的修订。但是修订的计划总是一拖再拖。之所以不敢随意重印，实在是缘于我自己的羞愧难当和自知之明。可以说，从这一著作交付出版之时起，我就开始了新的修订工作。其后，不知有多少个难眠之夜，笔耕不辍；不知有多少回夜半惊起，记录心得；也不知有多少次人在旅途，奋笔疾书。几年来，我不断地将别人的批评和自己的检省诉诸笔端，也用自己最大的决心将今是而昨非的文字，做了断然的修正与删减。

人们总觉得今是而昨非，我亦如此，其实安知不会明是而今非。每一个版本的著作其实都是阶段性的，这个版本虽然修正了以前的一些谬误，但是也许又出现了新的谬误；有的认识还会在未来的学习与研究中被深化。这次再版后，我也不清楚在什么时候还会再修订，但是我相信一定会。在学习与思考的推进中，岁月荏苒，初生牛犊的勇气渐渐消失在苍茫之中，留下的多是人到中年的惭愧。岁月让学者走向衰老，但未必会使其思想更加深刻。我的悲哀也如是。

近二十年在法的价值领域的思考，导致了许多的不眠之夜和无眠之夜。在特定时刻的静夜，也曾有过痛彻肺腑的心灵伤痛，甚至抑制不住的发自内心的哭泣。心灵之泪洗涤着灵魂，也留下了更深刻的记忆和更急切的期待。面对期待的失落和无望，也使我更理性与冷静地看待社会与人生。代替幼稚的也许并不都是成熟，其间也杂存着哀婉，当然也包含几分自以为是的坚韧。我的法的价值理论研究，与其说是我的不断努力或者自觉羞愧的贡献，还不如说是我思想发展的历程、思维演绎的过程、理论推进的足迹和生命延续的剪影。如果说法律出版社出版的《法的价值论》第一版，还包含晋升职称等现实利益甚至庸俗功利的话，这第二版更多的是远离现实功利的思想表达或学术认知。这一修订，几乎没有了申报高一级职称、装饰学科门面、申请博士授予权、完成课题任务等利益考量。比较纯粹的学术愿望，是这次修订的根本动因。当然我也知道，这离对学术的绝对真诚还有距离，因为现实的各种羁绊以及自我的认识局限，并不都是我意识到和克服了的。

在这里，我要特别感谢我的妻子龚瑜女士。她的催促与帮助，是我进行此次修订的推动力量。要在繁杂的教学工作、行政事务等的间歇，对一部 52 万字的学术著作进行全面修订，历时数年，也可以说是一个浩大的个人工程。尤其是对于天生愚钝的我，更是艰难。多年来，夫人的帮助和督促发挥了很大的作用。家务的管理、女儿的教育更多地依赖于她。想来，对于她们我实在有些愧疚，也当然地充满着感激。

位于北京的中央党校，是我工作的地方。我总是那么幸运，如同我在重庆的西南政法大学一样，优秀的领导、可敬的尊长、友好的同辈和向上的学生总是无私地给予我帮助与友谊,使我的学术、工作与生活充满了阳光。他们或者是我的领导,让我感受到关爱;他们或者是我的尊长,是我学习的榜样;他们或者是我的同辈,给我思想以启迪;他们或者是我的朋友,给我无私的友谊;他们或者是我的学生,与我共同地探讨。他们有如灿烂的阳光,总是不断地将我的心底照亮。

法律出版社的朋友们给我的信赖,我一直珍藏在胸并感动不已。社长黄闽先生总是随时给予我帮助,前社长贾京平先生在法律出版社期间曾经并一直支持着我的著作出版。学术出版分社的茅院生分社长以及刘彦沣编辑的帮助,是本书得以再版的重要支持。他们给我的友谊源于我们的学术交往,更源于他们崇高的精神境界。在此,特别地向他们表示诚挚的谢意。

夜深了,我的心并没有像夜色一样沉重。夜的宁静映衬出的是我内心的激荡。我的心在无垠的精神世界中翱翔翻飞。今夜,还有几分春寒,但是鲜花也正在这春夜中静静绽放,灿烂也正在这春夜里慢慢酝酿。我们没有理由不用自己的热情去迎接晨曦与真正的辉煌。但愿在清晨展现的,是神圣,是美好,是我们真正的价值目标的现实化。

卓泽渊

2006 年春夜于大有庄

第三版后记

从第二版出版，到现在又是大约 10 年的时光。回想将近 30 年前开始进行法的价值研究的硕士研究生期间（1987 ~ 1990 年），不禁感慨万千。

我的硕士学位论文写的就是《中国的法律价值观》，是在我国著名法理学家、我的硕士研究生导师卢云教授的指导下完成的。这也是我于 1994 年在重庆大学出版《法律价值》一书的构成部分。其实《法律价值》是我的法的价值论著作的真正第一版。1999 年，法律出版将我的法律价值论研究成果，列入“当代法学文库”以《法的价值》为书名出版了第一版。我的博士学位论文为《法的价值总论》，它蕴含了我的导师、中国社会科学院法学研究所研究员、其研究生院教授、著名法学家李步云教授、韩延龙教授热情指导的心血，于 2001 年由人民出版社出版。2006 年法律出版社又出版了《法的价值论》第二版。法律出版社当年的领导贾京平先生、现在的领导黄闽先生以及当年的学术分社社长茅院生先生都给了我极大帮助，至今心怀感激。我在法的价值论研究上的各个版本的著作，都耗费了出版社责任编辑的大量心血，当年重庆大学出版社《法律价值》的责任编辑李长惠、法律出版社《法的价值论》第一版的责任编辑刘彦沣、陈慧，第二版责任编辑刘彦沣，以及现在第三版的责任编辑韩向臣都令我深深感动，在此深表谢意。为了保留对于每一个版本的记忆，我特别在这第三版的末尾附上了各个版次的后记，以资怀想，作者也可以从中管窥我研究法的价值论长达30年的学术历程。

屈指算来，我从事法的价值论研究已有30年之久。在20世纪80年代开始研究价值论的时候，我还是一个20多岁的青年。当时，国内哲学领域甚至还将价值论视为禁区，法学领域更是少人问津法的价值研究。现在，哲学领域的价值论研究已经取得了很多成就，法的价值理论已经被写进了每一部《法理学》教科书，并得到了整个法学领域的认可。中国法的价值论的发展令人欣慰。

早在2015年，法律出版社黄闽社长及其时任学术分社社长的朱宁女士都表达了希望我将《法的价值论》(第二版)修订后出版第三版之意，但是，由于我实在太忙而延宕至今。这次再版，继续得到了社长黄闽先生、总编辑孙志华先生、学术分社社长孙东育女士以及分社助理高山先生的无私帮助。

从修订出版第二版到现在又是将近10年了，岁月匆匆若白驹过隙。前后相距10年，但是我的思考从来都没有停止过。在这次修订中，我对第二版的文字进行了梳理，对于一些错漏进行了补正。当年的锐气渐渐衰退，但是对于学术的探究却愈加理性。如果说我的第二版比第一版更加科学的话，第三版应该比第二版更加学理。为此，我几乎删除了一切非学理的东西，甚至将一些我认为可能影响学理的东西都作了坚决的删除，对一些理论观点进行了订正，更加明确地认为法的价值主体有个体与群体之别，是对个体、群体、类的价值的统一。对于个体的人来说，法的最基础价值是生命，最高价值是自由；对于群体的人来说，法的最基础价值是秩序，最高价值是公正；对于类来说，最高的价值则是每个人乃至一切人的全面发展。

时光无涯，人生有限。希望这新版的《法的价值论》能够为中国的法的价值论研究做一些新的贡献。现在又是新春，但是，总使人觉得料峭春寒,心中更升起了无限的期待。希望中国的学术界和法学界能够寒云晓开千秋雪,暖雨晴开一径花。

卓泽渊

2017 年 2 月 13 日

天
Borderless
下

图书在版编目(CIP)数据

法的价值论 / 卓泽渊著.—3版.—北京：法律出版社，2017
ISBN 978-7-5197-1097-2

Ⅰ.①法… Ⅱ.①卓… Ⅲ.①法学—价值(哲学) Ⅳ.①D90

中国版本图书馆CIP数据核字(2017)第172686号

法的价值论（第三版）
FADE JIAZHILUN（DI-SAN BAN）
卓泽渊 著

责任编辑 韩向臣
装帧设计 乔智炜

开本 720毫米×960毫米 1/16
版本 2018年1月第3版
出版 法律出版社
总发行 中国法律图书有限公司
印刷 中煤（北京）印务有限公司

印张 36.25 **字数** 499千
印次 2018年1月第1次印刷
编辑统筹 学术·对外出版分社
经销 新华书店
责任印制 陶松

法律出版社/北京市丰台区莲花池西里7号(100073)
网址/www.lawpress.com.cn
投稿邮箱/info@lawpress.com.cn 销售热线/010-63939792
举报维权邮箱/jbwq@lawpress.com.cn 咨询电话/010-63939796

中国法律图书有限公司/北京市丰台区莲花池西里7号(100073)
全国各地中法图分、子公司销售电话：
统一销售客服/400-660-6393
第一法律书店/010-63939781/9782 西安分公司/029-85330678 重庆分公司/023-67453036
上海分公司/021-62071639/1636 深圳分公司/0755-83072995

书号： ISBN 978-7-5197-1097-2 **定价：** 118.00元
(如有缺页或倒装，中国法律图书有限公司负责退换)